CÓDIGO DE PROCESSO CIVIL

LEI Nº 13.105, DE 16 DE MARÇO DE 2015

Atualizado até as alterações publicadas no *DOU* de 17 de FEVEREIRO de 2023

O livro é a porta que se abre para a realização do homem.
Jair Lot Vieira

Supervisão editorial
JAIR LOT VIEIRA

CÓDIGO DE PROCESSO CIVIL

LEI Nº 13.105, DE 16 DE MARÇO DE 2015

Atualizado até as alterações publicadas no
DOU de 17 de FEVEREIRO de 2023

8ª EDIÇÃO
2023

▶ **ÍNDICE REMISSIVO**
▶ **NOTAS REMISSIVAS**
▶ **SÚMULAS**

Copyright desta edição © 2023 by Edipro Edições Profissionais Ltda.

Todos os direitos reservados. Nenhuma parte deste livro poderá ser reproduzida ou transmitida de qualquer forma ou por quaisquer meios, eletrônicos ou mecânicos, incluindo fotocópia, gravação ou qualquer sistema de armazenamento e recuperação de informações, sem permissão por escrito do editor.

Grafia conforme o novo Acordo Ortográfico da Língua Portuguesa.

8ª edição, 2023.

Atualizada até a Lei nº 14.365, de 2.6.2022, e o *DOU* de 17.2.2023.

Editores: Jair Lot Vieira e Maíra Lot Vieira Micales
Produção editorial: Karine Moreto de Almeida
Notas remissivas: Valéria Maria Sant'Anna
Revisão: Equipe Edipro
Diagramação: Karina Tenório
Capa: Karine Moreto de Almeida
Adaptação de capa: Aniele de Macedo Estevo

Dados Internacionais de Catalogação na Publicação (CIP)
(Câmara Brasileira do Livro, SP, Brasil)

Código de processo civil : lei nº 13.105, de 16 de março de 2015 / supervisão editorial Jair Lot Vieira. – 8. ed. – São Paulo : Edipro, 2023.

ISBN 978-65-5660-106-9

1. Processo civil – Leis e legislação – Brasil I. Vieira, Jair Lot.

23-141464   CDU-347.9(81)(094.4)

Índice para catálogo sistemático:
1. Brasil : Código de processo civil : 347.9(81)(094.4)

Inajara Pires de Souza – Bibliotecária – CRB PR-001652/O

São Paulo: (11) 3107-7050 • Bauru: (14) 3234-4121
www.edipro.com.br • edipro@edipro.com.br
 @editoraedipro   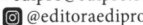 @editoraedipro

SUMÁRIO

LEI DE INTRODUÇÃO ÀS NORMAS DO DIREITO BRASILEIRO
DECRETO-LEI Nº 4.657, DE 4 DE SETEMBRO DE 1942
Atualizado até a Lei nº 13.655, de 25.4.2018.

LEI DE INTRODUÇÃO ÀS NORMAS DO DIREITO BRASILEIRO (arts. 1º a 30) 19

REGULAMENTO DA LEI DE INTRODUÇÃO ÀS NORMAS DO DIREITO BRASILEIRO
DECRETO Nº 9.830, DE 10 DE JUNHO DE 2019

REGULAMENTO DA LEI DE INTRODUÇÃO ÀS NORMAS DO DIREITO BRASILEIRO (arts. 1º a 25) 29

CÓDIGO DE PROCESSO CIVIL
LEI Nº 13.105, DE 16 DE MARÇO DE 2015
Atualizada até a Lei nº 14.365, de 2.6.2022.

PARTE GERAL
(arts. 1º a 317)

LIVRO I
DAS NORMAS PROCESSUAIS CIVIS
(arts. 1º a 15)

TÍTULO ÚNICO – **DAS NORMAS FUNDAMENTAIS E DA APLICAÇÃO DAS NORMAS PROCESSUAIS** (arts. 1º a 15) 41

    Capítulo I – Das Normas Fundamentais do Processo Civil (arts. 1º a 12) 41

    Capítulo II – Da Aplicação das Normas Processuais (arts. 13 a 15) ... 43

LIVRO II
DA FUNÇÃO JURISDICIONAL
(arts. 16 a 69)

TÍTULO I – DA JURISDIÇÃO E DA AÇÃO (arts. 16 a 20) 44

TÍTULO II – DOS LIMITES DA JURISDIÇÃO NACIONAL E DA COOPERAÇÃO INTERNACIONAL (arts. 21 a 41) 44

   Capítulo I – Dos Limites da Jurisdição Nacional (arts. 21 a 25) 44

   Capítulo II – Da Cooperação Internacional (arts. 26 a 41) 45

      Seção I – Disposições Gerais (arts. 26 e 27) 45

      Seção II – Do Auxílio Direto (arts. 28 a 34) 46

      Seção III – Da Carta Rogatória (arts. 35 e 36) 47

      Seção IV – Disposições Comuns às Seções Anteriores (arts. 37 a 41) 47

TÍTULO III – DA COMPETÊNCIA INTERNA (arts. 42 a 69) 47

   Capítulo I – Da Competência (arts. 42 a 66) 47

      Seção I – Disposições Gerais (arts. 42 a 53) 47

      Seção II – Da Modificação da Competência (arts. 54 a 63) 50

      Seção III – Da Incompetência (arts. 64 a 66) 51

   Capítulo II – Da Cooperação Nacional (arts. 67 a 69) 51

LIVRO III
DOS SUJEITOS DO PROCESSO
(arts. 70 a 187)

TÍTULO I – DAS PARTES E DOS PROCURADORES (arts. 70 a 112) ... 52

   Capítulo I – Da Capacidade Processual (arts. 70 a 76) 52

   Capítulo II – Dos Deveres das Partes e de seus Procuradores (arts. 77 a 102) 54

      Seção I – Dos Deveres (arts. 77 e 78) 54

      Seção II – Da Responsabilidade das Partes por Dano Processual (arts. 79 a 81) 55

      Seção III – Das Despesas, dos Honorários Advocatícios e das Multas (arts. 82 a 97) 56

      Seção IV – Da Gratuidade da Justiça (arts. 98 a 102) 61

   Capítulo III – Dos Procuradores (arts. 103 a 107) 64

   Capítulo IV – Da Sucessão das Partes e dos Procuradores (arts. 108 a 112) 65

TÍTULO II – DO LITISCONSÓRCIO (arts. 113 a 118) 66

TÍTULO III – DA INTERVENÇÃO DE TERCEIROS (arts. 119 a 138) 67

CÓDIGO DE PROCESSO CIVIL **SUMÁRIO**

Capítulo I – Da Assistência (arts. 119 a 124) 67
   Seção I – Disposições Comuns (arts. 119 e 120) 67
   Seção II – Da Assistência Simples (arts. 121 a 123) 67
   Seção III – Da Assistência Litisconsorcial (art. 124) 68
Capítulo II – Da Denunciação da Lide (arts. 125 a 129) 68
Capítulo III – Do Chamamento ao Processo (arts. 130 a 132) 69
Capítulo IV – Do Incidente de Desconsideração da Personalidade Jurídica (arts. 133 a 137) 69
Capítulo V – Do *Amicus Curiae* (art. 138) 70

TÍTULO IV – DO JUIZ E DOS AUXILIARES DA JUSTIÇA (arts. 139 a 175) 70
  Capítulo I – Dos Poderes, dos Deveres e da Responsabilidade do Juiz (arts. 139 a 143) 70
  Capítulo II – Dos Impedimentos e da Suspeição (arts. 144 a 148) 72
  Capítulo III – Dos Auxiliares da Justiça (arts. 149 a 175) 74
   Seção I – Do Escrivão, do Chefe de Secretaria e do Oficial de Justiça (arts. 150 a 155) 75
   Seção II – Do Perito (arts. 156 a 158) 76
   Seção III – Do Depositário e do Administrador (arts. 159 a 161) 77
   Seção IV – Do Intérprete e do Tradutor (arts. 162 a 164) 78
   Seção V – Dos Conciliadores e Mediadores Judiciais (arts. 165 a 175) 78

TÍTULO V – DO MINISTÉRIO PÚBLICO (arts. 176 a 181) 81
TÍTULO VI – DA ADVOCACIA PÚBLICA (arts. 182 a 184) 82
TÍTULO VII – DA DEFENSORIA PÚBLICA (arts. 185 a 187) 82

LIVRO IV
DOS ATOS PROCESSUAIS
(arts. 188 a 293)

TÍTULO I – DA FORMA, DO TEMPO E DO LUGAR DOS ATOS PROCESSUAIS (arts. 188 a 235) 83
  Capítulo I – Da Forma dos Atos Processuais (arts. 188 a 211) 83
   Seção I – Dos Atos em Geral (arts. 188 a 192) 83
   Seção II – Da Prática Eletrônica de Atos Processuais (arts. 193 a 199) 84
   Seção III – Dos Atos das Partes (arts. 200 a 202) 85
   Seção IV – Dos Pronunciamentos do Juiz (arts. 203 a 205) 85
   Seção V – Dos Atos do Escrivão ou do Chefe de Secretaria (arts. 206 a 211) 86

Capítulo II – Do Tempo e do Lugar dos Atos Processuais
(arts. 212 a 217) 87
   Seção I – Do Tempo (arts. 212 a 216) 87
   Seção II – Do Lugar (art. 217) 87
Capítulo III – Dos Prazos (arts. 218 a 235) 88
   Seção I – Disposições Gerais (arts. 218 a 232) 88
   Seção II – Da Verificação dos Prazos e das Penalidades
   (arts. 233 a 235) 90

TÍTULO II – DA COMUNICAÇÃO DOS ATOS PROCESSUAIS
(arts. 236 a 275) 91
  Capítulo I – Disposições Gerais (arts. 236 e 237) 91
  Capítulo II – Da Citação (arts. 238 a 259) 92
  Capítulo III – Das Cartas (arts. 260 a 268) 98
  Capítulo IV – Das Intimações (arts. 269 a 275) 99

TÍTULO III – DAS NULIDADES (arts. 276 a 283) 101
TÍTULO IV – DA DISTRIBUIÇÃO E DO REGISTRO (arts. 284 a 290) 102
TÍTULO V – DO VALOR DA CAUSA (arts. 291 a 293) 103

LIVRO V
DA TUTELA PROVISÓRIA
(arts. 294 a 311)

TÍTULO I – DISPOSIÇÕES GERAIS (arts. 294 a 299) 104
TÍTULO II – DA TUTELA DE URGÊNCIA (arts. 300 a 310) 104
  Capítulo I – Disposições Gerais (arts. 300 a 302) 104
  Capítulo II – Do Procedimento da Tutela Antecipada Requerida
  em Caráter Antecedente (arts. 303 e 304) 105
  Capítulo III – Do Procedimento da Tutela Cautelar Requerida
  em Caráter Antecedente (arts. 305 a 310) 106
TÍTULO III – DA TUTELA DA EVIDÊNCIA (art. 311) 107

LIVRO VI
DA FORMAÇÃO, DA SUSPENSÃO E DA EXTINÇÃO DO PROCESSO
(arts. 312 a 317)

TÍTULO I – DA FORMAÇÃO DO PROCESSO (art. 312) 108
TÍTULO II – DA SUSPENSÃO DO PROCESSO (arts. 313 a 315) 108
TÍTULO III – DA EXTINÇÃO DO PROCESSO (arts. 316 e 317) 110

CÓDIGO DE PROCESSO CIVIL　SUMÁRIO

PARTE ESPECIAL
(arts. 318 a 1.072)

LIVRO I
DO PROCESSO DE CONHECIMENTO E DO CUMPRIMENTO DE SENTENÇA
(arts. 318 a 770)

TÍTULO I – DO PROCEDIMENTO COMUM (arts. 318 a 512) 111

Capítulo I – Disposições Gerais (art. 318) 111

Capítulo II – Da Petição Inicial (arts. 319 a 331) 111

   Seção I – Dos Requisitos da Petição Inicial (arts. 319 a 321) 111

   Seção II – Do Pedido (arts. 322 a 329) 112

   Seção III – Do Indeferimento da Petição Inicial (arts. 330 e 331) 113

Capítulo III – Da Improcedência Liminar do Pedido (art. 332) 114

Capítulo IV – Da Conversão da Ação Individual em Ação Coletiva (art. 333) 114

Capítulo V – Da Audiência de Conciliação ou de Mediação (art. 334) ... 114

Capítulo VI – Da Contestação (arts. 335 a 342) 116

Capítulo VII – Da Reconvenção (art. 343) 118

Capítulo VIII – Da Revelia (arts. 344 a 346) 118

Capítulo IX – Das Providências Preliminares e do Saneamento (arts. 347 a 353) 119

   Seção I – Da Não Incidência dos Efeitos da Revelia (arts. 348 e 349) 119

   Seção II – Do Fato Impeditivo, Modificativo ou Extintivo do Direito do Autor (art. 350) 119

   Seção III – Das Alegações do Réu (arts. 351 a 353) 119

Capítulo X – Do Julgamento Conforme o Estado do Processo (arts. 354 a 357) 119

   Seção I – Da Extinção do Processo (art. 354) 119

   Seção II – Do Julgamento Antecipado do Mérito (art. 355) 120

   Seção III – Do Julgamento Antecipado Parcial do Mérito (art. 356) 120

   Seção IV – Do Saneamento e da Organização do Processo (art. 357) 120

Capítulo XI – Da Audiência de Instrução e Julgamento (arts. 358 a 368) 121

Capítulo XII – Das Provas (arts. 369 a 484) 123

SUMÁRIO — CÓDIGO DE PROCESSO CIVIL

Seção I – Disposições Gerais (arts. 369 a 380) 123
Seção II – Da Produção Antecipada da Prova (arts. 381 a 383) 125
Seção III – Da Ata Notarial (art. 384) 126
Seção IV – Do Depoimento Pessoal (arts. 385 a 388) 126
Seção V – Da Confissão (arts. 389 a 395) 127
Seção VI – Da Exibição de Documento ou Coisa (arts. 396 a 404) ... 127
Seção VII – Da Prova Documental (arts. 405 a 438) 129
    Subseção I – Da Força Probante dos Documentos (arts. 405 a 429) ... 129
    Subseção II – Da Arguição de Falsidade (arts. 430 a 433) 132
    Subseção III – Da Produção da Prova Documental (arts. 434 a 438) ... 133
Seção VIII – Dos Documentos Eletrônicos (arts. 439 a 441) 134
Seção IX – Da Prova Testemunhal (arts. 442 a 463) 134
    Subseção I – Da Admissibilidade e do Valor da Prova Testemunhal (arts. 442 a 449) ... 134
    Subseção II – Da Produção da Prova Testemunhal (arts. 450 a 463) ... 135
Seção X – Da Prova Pericial (arts. 464 a 480) 138
Seção XI – Da Inspeção Judicial (arts. 481 a 484) 142

Capítulo XIII – Da Sentença e da Coisa Julgada (arts. 485 a 508) ... 142
Seção I – Disposições Gerais (arts. 485 a 488) 142
Seção II – Dos Elementos e dos Efeitos da Sentença (arts. 489 a 495) ... 144
Seção III – Da Remessa Necessária (art. 496) 146
Seção IV – Do Julgamento das Ações Relativas às Prestações de Fazer, de Não Fazer e de Entregar Coisa (arts. 497 a 501) ... 147
Seção V – Da Coisa Julgada (arts. 502 a 508) 147

Capítulo XIV – Da Liquidação de Sentença (arts. 509 a 512) 148

TÍTULO II – DO CUMPRIMENTO DA SENTENÇA (arts. 513 a 538) ... 149

Capítulo I – Disposições Gerais (arts. 513 a 519) 149

Capítulo II – Do Cumprimento Provisório da Sentença que Reconhece a Exigibilidade de Obrigação de Pagar Quantia Certa (arts. 520 a 522) ... 151

Capítulo III – Do Cumprimento Definitivo da Sentença que Reconhece a Exigibilidade de Obrigação de Pagar Quantia Certa (arts. 523 a 527) ... 152

Capítulo IV – Do Cumprimento de Sentença que Reconheça a Exigibilidade de Obrigação de Prestar Alimentos (arts. 528 a 533) ... 155

Capítulo V – Do Cumprimento de Sentença que Reconheça a Exigibilidade de Obrigação de Pagar Quantia Certa pela Fazenda Pública (arts. 534 e 535) 157

Capítulo VI – Do Cumprimento de Sentença que Reconheça a Exigibilidade de Obrigação de Fazer, de Não Fazer ou de Entregar Coisa (arts. 536 a 538) 159

Seção I – Do Cumprimento de Sentença que Reconheça a Exigibilidade de Obrigação de Fazer ou de Não Fazer (arts. 536 e 537) 159

Seção II – Do Cumprimento de Sentença que Reconheça a Exigibilidade de Obrigação de Entregar Coisa (art. 538) 160

TÍTULO III – DOS PROCEDIMENTOS ESPECIAIS (arts. 539 a 770) 160

Capítulo I – Da Ação de Consignação em Pagamento (arts. 539 a 549) 160

Capítulo II – Da Ação de Exigir Contas (arts. 550 a 553) 162

Capítulo III – Das Ações Possessórias (arts. 554 a 568) 163

Seção I – Disposições Gerais (arts. 554 a 559) 163

Seção II – Da Manutenção e da Reintegração de Posse (arts. 560 a 566) 164

Seção III – Do Interdito Proibitório (arts. 567 e 568) 165

Capítulo IV – Da Ação de Divisão e da Demarcação de Terras Particulares (arts. 569 a 598) 165

Seção I – Disposições Gerais (arts. 569 a 573) 165

Seção II – Da Demarcação (arts. 574 a 587) 166

Seção III – Da Divisão (arts. 588 a 598) 167

Capítulo V – Da Ação de Dissolução Parcial de Sociedade (arts. 599 a 609) 169

Capítulo VI – Do Inventário e da Partilha (arts. 610 a 673) 171

Seção I – Disposições Gerais (arts. 610 a 614) 171

Seção II – Da Legitimidade para Requerer o Inventário (arts. 615 e 616) 172

Seção III – Do Inventariante e das Primeiras Declarações (arts. 617 a 625) 172

Seção IV – Das Citações e das Impugnações (arts. 626 a 629) 175

Seção V – Da Avaliação e do Cálculo do Imposto (arts. 630 a 638) ... 176

Seção VI – Das Colações (arts. 639 a 641) 176

Seção VII – Do Pagamento das Dívidas (arts. 642 a 646) 177

Seção VIII – Da Partilha (arts. 647 a 658) 178

SUMÁRIO — CÓDIGO DE PROCESSO CIVIL

Seção IX – Do Arrolamento (arts. 659 a 667) 180

Seção X – Disposições Comuns a Todas as Seções (arts. 668 a 673) 181

Capítulo VII – Dos Embargos de Terceiro (arts. 674 a 681) 182

Capítulo VIII – Da Oposição (arts. 682 a 686) 184

Capítulo IX – Da Habilitação (arts. 687 a 692) 184

Capítulo X – Das Ações de Família (arts. 693 a 699) 185

Capítulo XI – Da Ação Monitória (arts. 700 a 702) 186

Capítulo XII – Da Homologação do Penhor Legal (arts. 703 a 706) ... 187

Capítulo XIII – Da Regulação de Avaria Grossa (arts. 707 a 711) 188

Capítulo XIV – Da Restauração de Autos (arts. 712 a 718) 189

Capítulo XV – Dos Procedimentos de Jurisdição Voluntária (arts. 719 a 770) 190

Seção I – Disposições Gerais (arts. 719 a 725) 190

Seção II – Da Notificação e da Interpelação (arts. 726 a 729) 191

Seção III – Da Alienação Judicial (art. 730) 191

Seção IV – Do Divórcio e da Separação Consensuais, da Extinção Consensual de União Estável e da Alteração do Regime de Bens do Matrimônio (arts. 731 a 734) 191

Seção V – Dos Testamentos e dos Codicilos (arts. 735 a 737) 192

Seção VI – Da Herança Jacente (arts. 738 a 743) 193

Seção VII – Dos Bens dos Ausentes (arts. 744 e 745) 195

Seção VIII – Das Coisas Vagas (art. 746) 195

Seção IX – Da Interdição (arts. 747 a 758) 196

Seção X – Disposições Comuns à Tutela e à Curatela (arts. 759 a 763) 198

Seção XI – Da Organização e da Fiscalização das Fundações (arts. 764 e 765) 198

Seção XII – Da Ratificação dos Protestos Marítimos e dos Processos Testemunháveis Formados a Bordo (arts. 766 a 770) 199

LIVRO II
DO PROCESSO DE EXECUÇÃO
(arts. 771 a 925)

TÍTULO I – DA EXECUÇÃO EM GERAL (arts. 771 a 796) 200

Capítulo I – Disposições Gerais (arts. 771 a 777) 200

Capítulo II – Das Partes (arts. 778 a 780) 201

CÓDIGO DE PROCESSO CIVIL **SUMÁRIO**

Capítulo III – Da Competência (arts. 781 e 782) 202

Capítulo IV – Dos Requisitos Necessários para Realizar
Qualquer Execução (arts. 783 a 788) 202

Seção I – Do Título Executivo (arts. 783 a 785) 202

Seção II – Da Exigibilidade da Obrigação (arts. 786 a 788) 203

Capítulo V – Da Responsabilidade Patrimonial (arts. 789 a 796) 204

TÍTULO II – DAS DIVERSAS ESPÉCIES DE EXECUÇÃO
(arts. 797 a 913) 206

Capítulo I – Disposições Gerais (arts. 797 a 805) 206

Capítulo II – Da Execução para a Entrega de Coisa (arts. 806 a 813) ... 208

Seção I – Da Entrega de Coisa Certa (arts. 806 a 810) 208

Seção II – Da Entrega de Coisa Incerta (arts. 811 a 813) 209

Capítulo III – Da Execução das Obrigações de Fazer ou de Não
Fazer (arts. 814 a 823) 209

Seção I – Disposições Comuns (art. 814) 209

Seção II – Da Obrigação de Fazer (arts. 815 a 821) 210

Seção III – Da Obrigação de Não Fazer (arts. 822 e 823) 210

Capítulo IV – Da Execução por Quantia Certa (arts. 824 a 909) 211

Seção I – Disposições Gerais (arts. 824 a 826) 211

Seção II – Da Citação do Devedor e do Arresto (arts. 827 a 830) ... 211

Seção III – Da Penhora, do Depósito e da Avaliação (arts. 831 a 875) ... 212

Subseção I – Do Objeto da Penhora (arts. 831 a 836) 212

Subseção II – Da Documentação da Penhora, de seu Registro
e do Depósito (arts. 837 a 844) 214

Subseção III – Do Lugar de Realização da Penhora
(arts. 845 e 846) 215

Subseção IV – Das Modificações da Penhora (arts. 847 a 853) 216

Subseção V – Da Penhora de Dinheiro em Depósito
ou em Aplicação Financeira (art. 854) 217

Subseção VI – Da Penhora de Créditos (arts. 855 a 860) 218

Subseção VII – Da Penhora das Quotas ou das Ações
de Sociedades Personificadas (art. 861) 219

Subseção VIII – Da Penhora de Empresa, de Outros
Estabelecimentos e de Semoventes (arts. 862 a 865) 220

Subseção IX – Da Penhora de Percentual de Faturamento
de Empresa (art. 866) 221

Subseção X – Da Penhora de Frutos e Rendimentos de Coisa
Móvel ou Imóvel (arts. 867 a 869) 221

Subseção XI – Da Avaliação (arts. 870 a 875) 222

Seção IV – Da Expropriação de Bens (arts. 876 a 903) 223
   Subseção I – Da Adjudicação (arts. 876 a 878) 223
   Subseção II – Da Alienação (arts. 879 a 903) 224
Seção V – Da Satisfação do Crédito (arts. 904 a 909) 230
Capítulo V – Da Execução Contra a Fazenda Pública (art. 910) 231
Capítulo VI – Da Execução de Alimentos (arts. 911 a 913) 232
TÍTULO III – DOS EMBARGOS À EXECUÇÃO (arts. 914 a 920) 232
TÍTULO IV – DA SUSPENSÃO E DA EXTINÇÃO DO PROCESSO DE EXECUÇÃO (arts. 921 a 925) 235
Capítulo I – Da Suspensão do Processo de Execução (arts. 921 a 923) 235
Capítulo II – Da Extinção do Processo de Execução (arts. 924 e 925) ... 236

LIVRO III
DOS PROCESSOS NOS TRIBUNAIS E DOS MEIOS DE IMPUGNAÇÃO DAS DECISÕES JUDICIAIS
(arts. 926 a 1.044)

TÍTULO I – DA ORDEM DOS PROCESSOS E DOS PROCESSOS DE COMPETÊNCIA ORIGINÁRIA DOS TRIBUNAIS (arts. 926 a 993) 237
Capítulo I – Disposições Gerais (arts. 926 a 928) 237
Capítulo II – Da Ordem dos Processos no Tribunal (arts. 929 a 946) ... 238
Capítulo III – Do Incidente de Assunção de Competência (art. 947) 243
Capítulo IV – Do Incidente de Arguição de Inconstitucionalidade (arts. 948 a 950) 243
Capítulo V – Do Conflito de Competência (arts. 951 a 959) 244
Capítulo VI – Da Homologação de Decisão Estrangeira e da Concessão do *Exequatur* à Carta Rogatória (arts. 960 a 965) 245
Capítulo VII – Da Ação Rescisória (arts. 966 a 975) 246
Capítulo VIII – Do Incidente de Resolução de Demandas Repetitivas (arts. 976 a 987) 249
Capítulo IX – Da Reclamação (arts. 988 a 993) 252
TÍTULO II – DOS RECURSOS (arts. 994 a 1.044) 254
Capítulo I – Disposições Gerais (arts. 994 a 1.008) 254
Capítulo II – Da Apelação (arts. 1.009 a 1.014) 256
Capítulo III – Do Agravo de Instrumento (arts. 1.015 a 1.020) 258

CÓDIGO DE PROCESSO CIVIL **SUMÁRIO**

Capítulo IV – Do Agravo Interno (art. 1.021) 260

Capítulo V – Dos Embargos de Declaração (arts. 1.022 a 1.026) 261

Capítulo VI – Dos Recursos para o Supremo Tribunal Federal e para o Superior Tribunal de Justiça (arts. 1.027 a 1.044) 263

Seção I – Do Recurso Ordinário (arts. 1.027 e 1.028) 263

Seção II – Do Recurso Extraordinário e do Recurso Especial (arts. 1.029 a 1.041) 264

Subseção I – Disposições Gerais (arts. 1.029 a 1.035) 264

Subseção II – Do Julgamento dos Recursos Extraordinário e Especial Repetitivos (arts. 1.036 a 1.041) 267

Seção III – Do Agravo em Recurso Especial e em Recurso Extraordinário (art. 1.042) 271

Seção IV – Dos Embargos de Divergência (arts. 1.043 e 1.044) ... 272

LIVRO COMPLEMENTAR
DISPOSIÇÕES FINAIS E TRANSITÓRIAS
(arts. 1.045 a 1.072)

DISPOSIÇÕES FINAIS E TRANSITÓRIAS (arts. 1.045 a 1.072) 273

ANEXOS 283

Anexo I – Resoluções do Tribunal Superior do Trabalho 283

Resolução nº 203, de 15 de março de 2016 – *Processo Trabalhista – Aplicação do CPC* [art. 15 do CPC] [Atualizada até as alterações promovidas pela Instrução Normativa nº 41, editada pela Resolução nº 221, de 21.6.2018] 283

Instrução Normativa nº 39/2016 – *Dispõe sobre as normas do Código de Processo Civil de 2015 aplicáveis e inaplicáveis ao Processo do Trabalho, de forma não exaustiva* [Atualizada até as alterações promovidas pela Instrução Normativa nº 41, editada pela Resolução nº 221, de 21.6.2018] 284

Resolução nº 221, de 21 de junho de 2018 – *Edita a Instrução Normativa n° 41, que dispõe sobre as normas da CLT, com as alterações da Lei nº 13.467/2017 e sua aplicação ao processo do trabalho* 288

Instrução Normativa nº 41/2018 – *Dispõe sobre a aplicação das normas processuais da Consolidação das Leis do Trabalho alteradas pela Lei nº 13.467, de 13 de julho de 2017* 289

SUMÁRIO CÓDIGO DE PROCESSO CIVIL

Anexo II – Resoluções do Conselho Nacional de Justiça 291

Resolução CNJ nº 34, de 24 de abril de 2007 – *Dispõe sobre o exercício de atividades do magistério pelos integrantes da magistratura nacional* [art. 144, VII, do CPC] [Atualizada até as alterações promovidas pela Resolução CNJ nº 373, de 12.2.2021] 291

Resolução CNJ nº 35, de 24 de abril de 2007 – *Disciplina a lavratura dos atos notariais relacionados a inventário, partilha, separação consensual, divórcio consensual e extinção consensual de união estável por via administrativa* [arts. 659 e 733 do CPC] [Atualizada até as alterações promovidas pela Resolução CNJ nº 452, de 22.4.2022] 292

Resolução CNJ nº 105, de 6 de abril de 2010 – *Dispõe sobre a documentação dos depoimentos por meio do sistema audiovisual e realização de interrogatório e inquirição de testemunhas por videoconferência* [arts. 195; e 367, § 5º, do CPC] [Atualizada até as alterações promovidas pela Resolução CNJ nº 326, de 26.6.2020] 296

Resolução CNJ nº 125, de 29 de novembro de 2010 – *Dispõe sobre a Política Judiciária Nacional de tratamento adequado dos conflitos de interesses no âmbito do Poder Judiciário e dá outras providências* [arts. 3º, 165 a 175, 334 e 694 do CPC] [Atualizada até as alterações promovidas pela Resolução CNJ nº 390, de 6.5.2021] 297

Anexo I – Diretrizes Curriculares 304

Anexo II – Setores de Solução de Conflitos e Cidadania 306

Anexo III – Código de Ética de Conciliadores e Mediadores Judiciais 306

Anexo IV – Dados Estatísticos 308

Resolução CNJ nº 185, de 18 de dezembro de 2013 – *Institui o Sistema Processo Judicial Eletrônico – PJe como sistema de processamento de informações e prática de atos processuais e estabelece os parâmetros para sua implementação e funcionamento* [arts. 195, 257, II, e 439 a 441 do CPC] [Atualizada até as alterações promovidas pela Resolução CNJ nº 469, de 31.8.2022] 308

Resolução CNJ nº 200, de 3 de março de 2015 – *Disciplina causa de impedimento de magistrado prevista no art. 134, IV, do Código de Processo Civil* [art. 144, III, do CPC] 317

Resolução CNJ nº 202, de 27 de outubro de 2015 – *Regulamenta o prazo para a devolução dos pedidos de vista nos processos jurisdicionais e administrativos no âmbito do Poder Judiciário* [arts. 12 e 940 do CPC] 318

CÓDIGO DE PROCESSO CIVIL **SUMÁRIO**

Resolução CNJ nº 232, de 13 de julho de 2016 – *Fixa os valores dos honorários a serem pagos aos peritos, no âmbito da Justiça de primeiro e segundo graus, nos termos do disposto no art. 95, § 3º, II, do Código de Processo Civil – Lei nº 13.105/2015* [art. 95, § 3º, do CPC] [Atualizada até as alterações promovidas pela Resolução CNJ nº 326, de 26.6.2020] 319

Anexo – Tabela Honorários Periciais 320

Resolução CNJ nº 233, de 13 de julho de 2016 – *Dispõe sobre a criação de cadastro de profissionais e órgãos técnicos ou científicos no âmbito da Justiça de primeiro e segundo graus* [arts. 156 ss. do CPC] [Atualizada até as alterações promovidas pela Resolução CNJ nº 475, de 12.9.2022] 321

Resolução CNJ nº 235, de 13 de julho de 2016 – *Dispõe sobre a padronização de procedimentos administrativos decorrentes de julgamentos de repercussão geral, de casos repetitivos e de incidente de assunção de competência previstos na Lei nº 13.105, de 16 de março de 2015 (Código de Processo Civil), no Superior Tribunal de Justiça, no Tribunal Superior Eleitoral, no Tribunal Superior do Trabalho, no Superior Tribunal Militar, nos Tribunais Regionais Federais, nos Tribunais Regionais do Trabalho e nos Tribunais de Justiça dos Estados e do Distrito Federal, e dá outras providências* [art. 979, caput e §§ 1º e 3º, do CPC] [Atualizada até as alterações promovidas pela Resolução CNJ nº 444, de 25.2.2022] 323

Resolução CNJ nº 236, de 13 de julho de 2016 – *Regulamenta, no âmbito do Poder Judiciário, procedimentos relativos à alienação judicial por meio eletrônico, na forma preconizada pelo art. 882, § 1º, do novo Código de Processo Civil (Lei nº 13.105/2015)* [arts. 880, § 3º; e 882, § 1º, do CPC] 326

Resolução CNJ nº 244, de 12 de setembro de 2016 – *Dispõe sobre a regulamentação do expediente forense no período natalino e da suspensão dos prazos processuais, e dá outras providências* [art. 220 do CPC] 330

Resolução CNJ nº 271, de 11 de dezembro de 2018 – *Fixa parâmetros de remuneração a ser paga aos conciliadores e mediadores judiciais, nos termos do disposto no art. 169 do Código de Processo Civil – Lei nº 13.105/2015 – e no art. 13 da Lei de Mediação – Lei nº 13.140/2015* [art. 169 CPC] 331

Anexo – Tabela de Remuneração 333

Resolução CNJ nº 455, de 27 de abril de 2022 – *Institui o Portal de Serviços do Poder Judiciário (PSPJ), na Plataforma Digital do Poder Judiciário (PDPJ-Br), para usuários externos* [arts. 196; 205, § 3º; 246, §§ 1º e 2º; 270; 272; 285, parágrafo único; e 1.050 do CPC] 333

Resolução CNJ nº 460, de 6 de maio de 2022 – *Dispõe sobre a instalação, implementação e aperfeiçoamento da Justiça Itinerante, no âmbito dos Tribunais Regionais Federais, dos Tribunais Regionais do Trabalho e dos Tribunais de Justiça e dá outras providências* 338

Anexo III – Enunciados do Fórum Permanente de Processualistas Civis – FPPC 341

Anexo IV – Enunciados da Escola Nacional de Formação e Aperfeiçoamento de Magistrados – ENFAM 378

Anexo V – Enunciados do Conselho da Justiça Federal 382

Anexo VI – Enunciados Administrativos do Superior Tribunal de Justiça 391

Anexo VII – Súmulas do Supremo Tribunal Federal 392

Súmulas STF superadas pela redação do atual CPC 394

Anexo VIII – Súmulas Vinculantes do Supremo Tribunal Federal 396

Anexo IX – Temas com Repercussão Geral do Supremo Tribunal Federal 397

Anexo X – Súmulas do Superior Tribunal de Justiça 400

ÍNDICE REMISSIVO 405

LEI DE INTRODUÇÃO ÀS NORMAS DO DIREITO BRASILEIRO

DECRETO-LEI Nº 4.657, DE 4 DE SETEMBRO DE 1942

Atualizado até a Lei nº 13.655, de 25.4.2018.

Lei de Introdução às Normas do Direito Brasileiro.

(*) Ementa com redação dada pela Lei nº 12.376/2010.

O Presidente da República, usando da atribuição que lhe confere o art. 180 da Constituição, decreta:

Art. 1º. Salvo disposição contrária, a lei começa a vigorar em todo o país 45 (quarenta e cinco) dias depois de oficialmente publicada.

§ 1º. Nos Estados estrangeiros, a obrigatoriedade da lei brasileira, quando admitida, se inicia 3 (três) meses depois de oficialmente publicada.

§ 2º. (Revogado).

(*) § 2º revogado pela Lei nº 12.036/2009.

§ 3º. Se, antes de entrar a lei em vigor, ocorrer nova publicação de seu texto, destinada a correção, o prazo deste artigo e dos parágrafos anteriores começará a correr da nova publicação.

§ 4º. As correções a texto de lei já em vigor consideram-se lei nova.

Art. 2º. Não se destinando à vigência temporária, a lei terá vigor até que outra a modifique ou revogue.

§ 1º. A lei posterior revoga a anterior quando expressamente o declare, quando seja com ela incompatível ou quando regule inteiramente a matéria de que tratava a lei anterior.

§ 2º. A lei nova, que estabeleça disposições gerais ou especiais a par das já existentes, não revoga nem modifica a lei anterior.

§ 3º. Salvo disposição em contrário, a lei revogada não se restaura por ter a lei revogadora perdido a vigência.

Art. 3º. Ninguém se escusa de cumprir a lei, alegando que não a conhece.

(*) Vide Súmula 485 do STJ.

Art. 4º. Quando a lei for omissa, o juiz decidirá o caso de acordo com a analogia, os costumes e os princípios gerais de direito.

Art. 5º. Na aplicação da lei, o juiz atenderá aos fins sociais a que ela se dirige e às exigências do bem comum.

Art. 6º. A Lei em vigor terá efeito imediato e geral, respeitados o ato jurídico perfeito, o direito adquirido e a coisa julgada.

(*) Art. 6º, *caput*, com redação dada pela Lei nº 3.238/1957.

§ 1º. Reputa-se ato jurídico perfeito o já consumado segundo a lei vigente ao tempo em que se efetuou.

(*) § 1º acrescido pela Lei nº 3.238/1957.

§ 2º. Consideram-se adquiridos assim os direitos que o seu titular, ou alguém por ele, possa exercer, como aqueles cujo começo do exercício tenha termo pré-fixo, ou condição preestabelecida inalterável, a arbítrio de outrem.

(*) § 2º acrescido pela Lei nº 3.238/1957.
(*) Vide arts. 121, 126, 130, 131 e 135 do CC.

§ 3º. Chama-se coisa julgada ou caso julgado a decisão judicial de que já não caiba recurso.

(*) § 3º acrescido pela Lei nº 3.238/1957.

Art. 7º. A lei do país em que domiciliada a pessoa determina as regras sobre o começo e o fim da personalidade, o nome, a capacidade e os direitos de família.

(*) Vide arts. 1º a 10, 11, 21, 22 a 39, 70 a 78 e 1.511 a 1.638 do CC.

§ 1º. Realizando-se o casamento no Brasil, será aplicada a lei brasileira quanto aos impedimentos dirimentes e às formalidades da celebração.

(*) Vide arts. 1.517, 1.521, 1.523 e 1.533 a 1.542 do CC.

§ 2º. O casamento de estrangeiros poderá celebrar-se perante autoridades diplomáticas ou consulares do país de ambos os nubentes.

(*) § 2º com redação dada pela Lei nº 3.238/1957.
(*) Vide art. 1.544 do CC.

§ 3º. Tendo os nubentes domicílio diverso, regerá os casos de invalidade do matrimônio a lei do primeiro domicílio conjugal.

(*) Vide arts. 1.548 a 1.564 do CC.

§ 4º. O regime de bens, legal ou convencional, obedece à lei do país em que tiverem os nubentes domicílio, e, se este for diverso, a do primeiro domicílio conjugal.

(*) Vide arts. 1.639 a 1.641 e 1.653 a 1.688 do CC.

§ 5º. O estrangeiro casado, que se naturalizar brasileiro, pode, mediante expressa anuência de seu cônjuge, requerer ao juiz, no ato de entrega do decreto de naturalização, se apostile ao mesmo a adoção do regime de comunhão parcial de bens, respeitados os direitos de terceiros e dada esta adoção ao competente registro.

(*) § 5º com redação dada pela Lei nº 6.515/1977.
(*) Vide art. 1.658 a 1.666 do CC.

§ 6º. O divórcio realizado no estrangeiro, se um ou ambos os cônjuges forem brasileiros, só será reconhecido no Brasil depois de 1 (um) ano da data da sentença, salvo se houver sido antecedida de separação judicial por igual prazo, caso em que a homologação produzirá efeito imediato, obedecidas as condições estabelecidas para a eficácia das sentenças estrangeiras no país. O Superior Tribunal de Justiça, na forma de seu regimento interno, poderá reexaminar, a requerimento do interessado, decisões já proferidas em pedidos de homologação de sentenças estrangeiras de divórcio de brasileiros, a fim de que passem a produzir todos os efeitos legais.

(*) § 6º com redação dada pela Lei nº 12.036/2009.
(*) Vide art. 15 da LINDB.
(*) Vide art. 1.571, IV, do CC.
(*) Vide Súmula 381 do STF.

§ 7º. Salvo o caso de abandono, o domicílio do chefe da família estende-se ao outro cônjuge e aos filhos não emancipados, e o do tutor ou curador aos incapazes sob sua guarda.

(*) Vide arts. 3º, 4º e 76 do CC.

§ 8º. Quando a pessoa não tiver domicílio, considerar-se-á domiciliada no lugar de sua residência ou naquele em que se encontre.

(*) Vide arts. 70 a 73 do CC.
(*) Vide Enunciado 408 do CJF.

Art. 8º. Para qualificar os bens e regular as relações a eles concernentes, aplicar-se-á a lei do país em que estiverem situados.

§ 1º. Aplicar-se-á a lei do país em que for domiciliado o proprietário, quanto aos bens móveis que ele trouxer ou se destinarem a transporte para outros lugares.

§ 2º. O penhor regula-se pela lei do domicílio que tiver a pessoa, em cuja posse se encontre a coisa apenhada.

(*) Vide art. 1.431 a 1.472 do CJF.

Art. 9º. Para qualificar e reger as obrigações, aplicar-se-á a lei do país em que se constituírem.

§ 1º. Destinando-se a obrigação a ser executada no Brasil e dependendo de forma essencial, será esta observada, admitidas as peculiaridades da lei estrangeira quanto aos requisitos extrínsecos do ato.

§ 2º. A obrigação resultante do contrato reputa-se constituída no lugar em que residir o proponente.

(*) Vide art. 435 do CC.

Art. 10. A sucessão por morte ou por ausência obedece à lei do país em que domiciliado o defunto ou o desaparecido, qualquer que seja a natureza e a situação dos bens.

(*) Vide arts. 26 a 39 e 1.784 a 1.990 do CC.

§ 1º. A sucessão de bens de estrangeiros, situados no País, será regulada pela lei brasileira em benefício do cônjuge ou dos filhos brasileiros, ou de quem os represente, sempre que não lhes seja mais favorável a lei pessoal do *de cujus*.

(*) § 1º com redação dada pela Lei nº 9.047/1995.

§ 2º. A lei do domicílio do herdeiro ou legatário regula a capacidade para suceder.

(*) Vide arts. 1.787 e 1.798 a 1.803 do CC.

Art. 11. As organizações destinadas a fins de interesse coletivo, como as sociedades e as fundações, obedecem à lei do Estado em que se constituírem.

(*) Vide arts. 62 a 69 e 981 a 1.141 do CC.

§ 1º. Não poderão, entretanto, ter no Brasil filiais, agências ou estabelecimentos antes de serem os atos constitutivos aprovados pelo Governo brasileiro, ficando sujeitas à lei brasileira.

(*) Vide art. 1.134 a 1.141 e 1.150 a 1.154 do CC.

§ 2º. Os Governos estrangeiros, bem como as organizações de qualquer natureza, que eles tenham constituído, dirijam ou hajam investido de funções públicas, não poderão adquirir no Brasil bens imóveis ou susceptíveis de desapropriação.

ART. 12   LEI DE INTRODUÇÃO ÀS NORMAS DO DIREITO BRASILEIRO

§ 3º. Os Governos estrangeiros podem adquirir a propriedade dos prédios necessários à sede dos representantes diplomáticos ou dos agentes consulares.

(*) Vide Lei nº 4.331/1964.

Art. 12. É competente a autoridade judiciária brasileira, quando for o réu domiciliado no Brasil ou aqui tiver de ser cumprida a obrigação.

§ 1º. Só à autoridade judiciária brasileira compete conhecer das ações relativas a imóveis situados no Brasil.

§ 2º. A autoridade judiciária brasileira cumprirá, concedido o *exequatur* e segundo a forma estabelecida pele lei brasileira, as diligências deprecadas por autoridade estrangeira competente, observando a lei desta, quanto ao objeto das diligências.

Art. 13. A prova dos fatos ocorridos em país estrangeiro rege-se pela lei que nele vigorar, quanto ao ônus e aos meios de produzir-se, não admitindo os tribunais brasileiros provas que a lei brasileira desconheça.

(*) Vide arts. 109 e 212 a 232 do CC.

Art. 14. Não conhecendo a lei estrangeira, poderá o juiz exigir de quem a invoca prova do texto e da vigência.

Art. 15. Será executada no Brasil a sentença proferida no estrangeiro, que reúna os seguintes requisitos:

(*) V. art. 12, § 2º, da LINDB.

a) haver sido proferida por juiz competente;

b) terem sido os partes citadas ou haver-se legalmente verificado à revelia;

c) ter passado em julgado e estar revestida das formalidades necessárias para a execução no lugar em que foi proferida;

(*) Vide Súmula 420 do STF.

d) estar traduzida por intérprete autorizado;

e) ter sido homologada pelo Supremo Tribunal Federal.

(*) Vide art. 105, I, "i", da CF.

Parágrafo único. (Revogado).

(*) Parágrafo único revogado pela Lei nº 12.036/2009.

Art. 16. Quando, nos termos dos artigos precedentes, se houver de aplicar a lei estrangeira, ter-se-á em vista a disposição desta, sem considerar-se qualquer remissão por ela feita a outra lei.

Art. 17. As leis, atos e sentenças de outro país, bem como quaisquer declarações de vontade, não terão eficácia no Brasil, quando ofenderem a soberania nacional, a ordem pública e os bons costumes.

Art. 18. Tratando-se de brasileiros, são competentes as autoridades consulares brasileiras para lhes celebrar o casamento e os mais atos de Registro Civil e de tabelionato, inclusive o registro de nascimento e de óbito dos filhos de brasileiro ou brasileira nascido no país da sede do Consulado.

(*) Art. 18, caput, com redação dada pela Lei nº 3.238/1957.

§ 1º. As autoridades consulares brasileiras também poderão celebrar a separação consensual e o divórcio consensual de brasileiros, não havendo filhos menores ou incapazes do casal e observados os requisitos legais quanto aos prazos, devendo constar da respectiva escritura pública as disposições relativas à descrição e à partilha dos bens comuns e à pensão alimentícia e, ainda, ao acordo quanto à retomada pelo cônjuge de seu nome de solteiro ou à manutenção do nome adotado quando se deu o casamento.

(*) § 1º acrescido pela Lei nº 12.874/2013.

§ 2º. É indispensável a assistência de advogado, devidamente constituído, que se dará mediante a subscrição de petição, juntamente com ambas as partes, ou com apenas uma delas, caso a outra constitua advogado próprio, não se fazendo necessário que a assinatura do advogado conste da escritura pública.

(*) § 2º acrescido pela Lei nº 12.874/2013.

Art. 19. Reputam-se válidos todos os atos indicados no artigo anterior e celebrados pelos cônsules brasileiros na vigência do Decreto-Lei nº 4.657, de 4 de setembro de 1942, desde que satisfaçam todos os requisitos legais.

(*) Art. 19, *caput*, acrescido pela Lei nº 3.238/1957.

Parágrafo único. No caso em que a celebração desses atos tiver sido recusada pelas autoridades consulares, com fundamento no artigo 18 do mesmo Decreto-Lei, ao interessado é facultado renovar o pedido dentro em 90 (noventa) dias contados da data da publicação desta lei.

(*) Parágrafo único acrescido pela Lei nº 3.238/1957.

Art. 20. Nas esferas administrativa, controladora e judicial, não se decidirá com base em valores jurídicos abstratos sem que sejam consideradas as consequências práticas da decisão.

Parágrafo único. A motivação demonstrará a necessidade e a adequação da medida imposta ou da invalidação de ato, contrato, ajuste, processo ou norma administrativa, inclusive em face das possíveis alternativas.

(*) Art. 20 acrescido pela Lei nº 13.655/2018.
(*) Vide Decreto nº 9.830/2019, que regulamenta este artigo.

Art. 21. A decisão que, nas esferas administrativa, controladora ou judicial, decretar a invalidação de ato, contrato, ajuste, processo ou norma administrativa deverá indicar de modo expresso suas consequências jurídicas e administrativas.

Parágrafo único. A decisão a que se refere o *caput* deste artigo deverá, quando for o caso, indicar as condições para que a regularização ocorra de modo proporcional e equânime e sem prejuízo aos interesses gerais, não se podendo impor aos sujeitos atingidos ônus ou perdas que, em função das peculiaridades do caso, sejam anormais ou excessivos.

(*) Art. 21 acrescido pela Lei nº 13.655/2018.
(*) Vide Decreto nº 9.830/2019, que regulamenta este artigo.

Art. 22. Na interpretação de normas sobre gestão pública, serão considerados os obstáculos e as dificuldades reais do gestor e as exigências das políticas públicas a seu cargo, sem prejuízo dos direitos dos administrados.

§ 1º. Em decisão sobre regularidade de conduta ou validade de ato, contrato, ajuste, processo ou norma administrativa, serão consideradas as circunstâncias práticas que houverem imposto, limitado ou condicionado a ação do agente.

§ 2º. Na aplicação de sanções, serão consideradas a natureza e a gravidade da infração cometida, os danos que dela provierem para a administração pública, as circunstâncias agravantes ou atenuantes e os antecedentes do agente.

§ 3º. As sanções aplicadas ao agente serão levadas em conta na dosimetria das demais sanções de mesma natureza e relativas ao mesmo fato.

(*) Art. 22 acrescido pela Lei nº 13.655/2018.
(*) Vide Decreto nº 9.830/2019, que regulamenta este artigo.

Art. 23. A decisão administrativa, controladora ou judicial que estabelecer interpretação ou orientação nova sobre norma de conteúdo indeterminado, impondo novo dever ou novo condicionamento de direito, deverá prever regime de transição quando indispensável para que o novo dever ou condicionamento de direito seja cumprido de modo proporcional, equânime e eficiente e sem prejuízo aos interesses gerais.

Parágrafo único. (Vetado).

(*) Art. 23 acrescido pela Lei nº 13.655/2018.
(*) Vide Decreto nº 9.830/2019, que regulamenta este artigo.

Art. 24. A revisão, nas esferas administrativa, controladora ou judicial, quanto à validade de ato, contrato, ajuste, processo ou norma administrativa cuja produção já se houver completado levará em conta as orientações gerais da época, sendo vedado que, com base em mudança posterior de orientação geral, se declarem inválidas situações plenamente constituídas.

Parágrafo único. Consideram-se orientações gerais as interpretações e especificações contidas em atos públicos de caráter geral ou em jurisprudência judicial ou administrativa majoritária, e ainda as adotadas por prática administrativa reiterada e de amplo conhecimento público.

(*) Art. 24 acrescido pela Lei nº 13.655/2018.
(*) Vide Decreto nº 9.830/2019, que regulamenta este artigo.

Art. 25. (Vetado).

(*) Art. 25 acrescido pela Lei nº 13.655/2018.

Art. 26. Para eliminar irregularidade, incerteza jurídica ou situação contenciosa na aplicação do direito público, inclusive no caso de expedição de licença, a autoridade administrativa poderá, após oitiva do órgão jurídico e, quando for o caso, após realização de consulta pública, e presentes razões de relevante interesse geral, celebrar compromisso com os interessados, observada a legislação aplicável, o qual só produzirá efeitos a partir de sua publicação oficial.

§ 1º. O compromisso referido no *caput* deste artigo:

I – buscará solução jurídica proporcional, equânime, eficiente e compatível com os interesses gerais;

II – (vetado);

III – não poderá conferir desoneração permanente de dever ou condicionamento de direito reconhecidos por orientação geral;

IV – deverá prever com clareza as obrigações das partes, o prazo para seu cumprimento e as sanções aplicáveis em caso de descumprimento.

§ 2º. (Vetado).

(*) Art. 26 acrescido pela Lei nº 13.655/2018.
(*) Vide Decreto nº 9.830/2019, que regulamenta este artigo.

Art. 27. A decisão do processo, nas esferas administrativa, controladora ou judicial, poderá impor compensação por benefícios indevidos ou prejuízos anormais ou injustos resultantes do processo ou da conduta dos envolvidos.

§ 1º. A decisão sobre a compensação será motivada, ouvidas previamente as partes sobre seu cabimento, sua forma e, se for o caso, seu valor.

§ 2º. Para prevenir ou regular a compensação, poderá ser celebrado compromisso processual entre os envolvidos.

(*) Art. 27 acrescido pela Lei nº 13.655/2018.
(*) Vide Decreto nº 9.830/2019, que regulamenta este artigo.

Art. 28. O agente público responderá pessoalmente por suas decisões ou opiniões técnicas em caso de dolo ou erro grosseiro.

§ 1º. (Vetado).
§ 2º. (Vetado).
§ 3º. (Vetado).

(*) Art. 28 acrescido pela Lei nº 13.655/2018.
(*) Vide Decreto nº 9.830/2019, que regulamenta este artigo.

Art. 29. Em qualquer órgão ou Poder, a edição de atos normativos por autoridade administrativa, salvo os de mera organização interna, poderá ser precedida de consulta pública para manifestação de interessados, preferencialmente por meio eletrônico, a qual será considerada na decisão.

§ 1º. A convocação conterá a minuta do ato normativo e fixará o prazo e demais condições da consulta pública, observadas as normas legais e regulamentares específicas, se houver.

§ 2º. (Vetado).

(*) Art. 29 acrescido pela Lei nº 13.655/2018.
(*) Vide Decreto nº 9.830/2019, que regulamenta este artigo.

Art. 30. As autoridades públicas devem atuar para aumentar a segurança jurídica na aplicação das normas, inclusive por meio de regulamentos, súmulas administrativas e respostas a consultas.

Parágrafo único. Os instrumentos previstos no *caput* deste artigo terão caráter vinculante em relação ao órgão ou entidade a que se destinam, até ulterior revisão.

(*) Art. 30 acrescido pela Lei nº 13.655/2018.
(*) Vide Decreto nº 9.830/2019, que regulamenta este artigo.

Rio de Janeiro, 4 de setembro de 1942, 121º da Independência e 54º da República.

Getúlio Vargas
DOU de 4.9.1942 – Retificações: DOU de 8.10.1942 e 17.6.1943

REGULAMENTO DA LEI DE INTRODUÇÃO ÀS NORMAS DO DIREITO BRASILEIRO

DECRETO Nº 9.830, DE 10 DE JUNHO DE 2019

Regulamenta o disposto nos art. 20 ao art. 30 do Decreto-Lei nº 4.657, de 4 de setembro de 1942, que institui a Lei de Introdução às Normas do Direito Brasileiro.

O Presidente da República, no uso das atribuições que lhe confere o art. 84, *caput*, incisos IV e VI, alínea "a", da Constituição, e tendo em vista o disposto nos art. 20 ao art. 30 do Decreto-Lei nº 4.657, de 4 de setembro de 1942,

Decreta:

Capítulo I
DISPOSIÇÕES PRELIMINARES

Objeto

Art. 1º. Este Decreto regulamenta o disposto nos art. 20 ao art. 30 do Decreto-Lei nº 4.657, de 4 de setembro de 1942, que institui a Lei de Introdução às Normas do Direito Brasileiro.

Capítulo II
DA DECISÃO

Motivação e decisão

Art. 2º. A decisão será motivada com a contextualização dos fatos, quando cabível, e com a indicação dos fundamentos de mérito e jurídicos.

§ 1º. A motivação da decisão conterá os seus fundamentos e apresentará a congruência entre as normas e os fatos que a embasaram, de forma argumentativa.

§ 2º. A motivação indicará as normas, a interpretação jurídica, a jurisprudência ou a doutrina que a embasaram.

§ 3º. A motivação poderá ser constituída por declaração de concordância com o conteúdo de notas técnicas, pareceres, informações, decisões ou propostas que precederam a decisão.

Motivação e decisão baseadas em valores jurídicos abstratos

Art. 3º. A decisão que se basear exclusivamente em valores jurídicos abstratos observará o disposto no art. 2º e as consequências práticas da decisão.

§ 1º. Para fins do disposto neste Decreto, consideram-se valores jurídicos abstratos aqueles previstos em normas jurídicas com alto grau de indeterminação e abstração.

§ 2º. Na indicação das consequências práticas da decisão, o decisor apresentará apenas aquelas consequências práticas que, no exercício diligente de sua atuação, consiga vislumbrar diante dos fatos e fundamentos de mérito e jurídicos.

§ 3º. A motivação demonstrará a necessidade e a adequação da medida imposta, inclusive consideradas as possíveis alternativas e observados os critérios de adequação, proporcionalidade e de razoabilidade.

Motivação e decisão na invalidação

Art. 4º. A decisão que decretar invalidação de atos, contratos, ajustes, processos ou normas administrativos observará o disposto no art. 2º e indicará, de modo expresso, as suas consequências jurídicas e administrativas.

§ 1º. A consideração das consequências jurídicas e administrativas é limitada aos fatos e fundamentos de mérito e jurídicos que se espera do decisor no exercício diligente de sua atuação.

§ 2º. A motivação demonstrará a necessidade e a adequação da medida imposta, consideradas as possíveis alternativas e observados os critérios de proporcionalidade e de razoabilidade.

§ 3º. Quando cabível, a decisão a que se refere o *caput* indicará, na modulação de seus efeitos, as condições para que a regularização ocorra de forma proporcional e equânime e sem prejuízo aos interesses gerais.

§ 4º. Na declaração de invalidade de atos, contratos, ajustes, processos ou normas administrativos, o decisor poderá, consideradas as consequências jurídicas e administrativas da decisão para a administração pública e para o administrado:

I – restringir os efeitos da declaração; ou

II – decidir que sua eficácia se iniciará em momento posteriormente definido.

§ 5º. A modulação dos efeitos da decisão buscará a mitigação dos ônus ou das perdas dos administrados ou da administração pública que sejam anormais ou excessivos em função das peculiaridades do caso.

Revisão quanto à validade por mudança de orientação geral

Art. 5º. A decisão que determinar a revisão quanto à validade de atos, contratos, ajustes, processos ou normas administrativos cuja produção de efeitos esteja em curso ou que tenha sido concluída levará em consideração as orientações gerais da época.

§ 1º. É vedado declarar inválida situação plenamente constituída devido à mudança posterior de orientação geral.

§ 2º. O disposto no § 1º não exclui a possibilidade de suspensão de efeitos futuros de relação em curso.

§ 3º. Para fins do disposto neste artigo, consideram-se orientações gerais as interpretações e as especificações contidas em atos públicos de caráter geral ou em jurisprudência judicial ou administrativa majoritária e as adotadas por prática administrativa reiterada e de amplo conhecimento público.

§ 4º. A decisão a que se refere o *caput* será motivada na forma do disposto nos art. 2º, art. 3º ou art. 4º.

Motivação e decisão na nova interpretação de norma de conteúdo indeterminado

Art. 6º. A decisão administrativa que estabelecer interpretação ou orientação nova sobre norma de conteúdo indeterminado e impuser novo dever ou novo condicionamento de direito, preverá regime de transição, quando indispensável para que o novo dever ou o novo condicionamento de direito seja cumprido de modo proporcional, equânime e eficiente e sem prejuízo aos interesses gerais.

§ 1º. A instituição do regime de transição será motivada na forma do disposto nos art. 2º, art. 3º ou art. 4º.

§ 2º. A motivação considerará as condições e o tempo necessário para o cumprimento proporcional, equânime e eficiente do novo dever ou do novo condicionamento de direito e os eventuais prejuízos aos interesses gerais.

§ 3º. Considera-se nova interpretação ou nova orientação aquela que altera o entendimento anterior consolidado.

(*) Vide Enunciado 727 do FPPC.

Regime de transição

Art. 7º. Quando cabível, o regime de transição preverá:

I – os órgãos e as entidades da administração pública e os terceiros destinatários;

II – as medidas administrativas a serem adotadas para adequação à interpretação ou à nova orientação sobre norma de conteúdo indeterminado; e

III – o prazo e o modo para que o novo dever ou novo condicionamento de direito seja cumprido.

Interpretação de normas sobre gestão pública

Art. 8º. Na interpretação de normas sobre gestão pública, serão considerados os obstáculos, as dificuldades reais do agente público e as exigências das políticas públicas a seu cargo, sem prejuízo dos direitos dos administrados.

§ 1º. Na decisão sobre a regularidade de conduta ou a validade de atos, contratos, ajustes, processos ou normas administrativos, serão consideradas as circunstâncias práticas que impuseram, limitaram ou condicionaram a ação do agente público.

§ 2º. A decisão a que se refere o § 1º observará o disposto nos art. 2º, art. 3º ou art. 4º.

Compensação

Art. 9º. A decisão do processo administrativo poderá impor diretamente à pessoa obrigada compensação por benefícios indevidos ou prejuízos anormais ou injustos resultantes do processo ou da conduta dos envolvidos, com a finalidade de evitar procedimentos contenciosos de ressarcimento de danos.

§ 1º. A decisão do processo administrativo é de competência da autoridade pública, que poderá exigir compensação por benefícios indevidamente fruídos pelo particular ou por prejuízos resultantes do processo ou da conduta do particular.

§ 2º. A compensação prevista no *caput* será motivada na forma do disposto nos art. 2º, art. 3º ou art. 4º e será precedida de manifestação das partes obrigadas sobre seu cabimento, sua forma e, se for o caso, seu valor.

§ 3º. A compensação poderá ser efetivada por meio do compromisso com os interessados a que se refere o art. 10.

Capítulo III
DOS INSTRUMENTOS

Compromisso

Art. 10. Na hipótese de a autoridade entender conveniente para eliminar irregularidade, incerteza jurídica ou situações contenciosas na aplicação do direito público, poderá celebrar compromisso com os interessados, observada a legislação aplicável e as seguintes condições:

I – após oitiva do órgão jurídico;

II – após realização de consulta pública, caso seja cabível; e

III – presença de razões de relevante interesse geral.

§ 1º. A decisão de celebrar o compromisso a que se refere o *caput* será motivada na forma do disposto no art. 2º.

§ 2º. O compromisso:

I – buscará solução proporcional, equânime, eficiente e compatível com os interesses gerais;

II – não poderá conferir desoneração permanente de dever ou condicionamento de direito reconhecido por orientação geral; e

III – preverá:

a) as obrigações das partes;

b) o prazo e o modo para seu cumprimento;

c) a forma de fiscalização quanto a sua observância;

d) os fundamentos de fato e de direito;

e) a sua eficácia de título executivo extrajudicial; e

f) as sanções aplicáveis em caso de descumprimento.

§ 3º. O compromisso firmado somente produzirá efeitos a partir de sua publicação.

§ 4º. O processo que subsidiar a decisão de celebrar o compromisso será instruído com:

I – o parecer técnico conclusivo do órgão competente sobre a viabilidade técnica, operacional e, quando for o caso, sobre as obrigações orçamentário-financeiras a serem assumidas;

II – o parecer conclusivo do órgão jurídico sobre a viabilidade jurídica do compromisso, que conterá a análise da minuta proposta;

III – a minuta do compromisso, que conterá as alterações decorrentes das análises técnica e jurídica previstas nos incisos I e II; e

IV – a cópia de outros documentos que possam auxiliar na decisão de celebrar o compromisso.

§ 5º. Na hipótese de o compromisso depender de autorização do Advogado-Geral da União e de Ministro de Estado, nos termos do disposto no § 4º do art. 1º ou no art. 4º-A da Lei nº 9.469, de 10 de julho de 1997, ou ser firmado pela Advocacia-Geral da União, o processo de que trata o § 3º será acompanhado de manifestação de interesse da autoridade máxima do órgão ou da entidade da administração pública na celebração do compromisso.

§ 6º. Na hipótese de que trata o § 5º, a decisão final quanto à celebração do compromisso será do Advogado-Geral da União, nos termos do disposto no parágrafo único do art. 4º-A da Lei nº 9.469, de 1997.

Termo de ajustamento de gestão

Art. 11. Poderá ser celebrado termo de ajustamento de gestão entre os agentes públicos e os órgãos de controle interno da administração pública com a finalidade de corrigir falhas apontadas em ações de controle, aprimorar procedimentos, assegurar a continuidade da execução do objeto, sempre que possível, e garantir o atendimento do interesse geral.

(*) Vide Enunciado 729 do FPPC.

§ 1º. A decisão de celebrar o termo de ajustamento de gestão será motivada na forma do disposto no art. 2º.

§ 2º. Não será celebrado termo de ajustamento de gestão na hipótese de ocorrência de dano ao erário praticado por agentes públicos que agirem com dolo ou erro grosseiro.

§ 3º. A assinatura de termo de ajustamento de gestão será comunicada ao órgão central do sistema de controle interno.

Capítulo IV
DA RESPONSABILIZAÇÃO DO AGENTE PÚBLICO

Responsabilização na hipótese de dolo ou erro grosseiro

Art. 12. O agente público somente poderá ser responsabilizado por suas decisões ou opiniões técnicas se agir ou se omitir com dolo, direto ou eventual, ou cometer erro grosseiro, no desempenho de suas funções.

§ 1º. Considera-se erro grosseiro aquele manifesto, evidente e inescusável praticado com culpa grave, caracterizado por ação ou omissão com elevado grau de negligência, imprudência ou imperícia.

§ 2º. Não será configurado dolo ou erro grosseiro do agente público se não restar comprovada, nos autos do processo de responsabilização, situação ou circunstância fática capaz de caracterizar o dolo ou o erro grosseiro.

§ 3º. O mero nexo de causalidade entre a conduta e o resultado danoso não implica responsabilização, exceto se comprovado o dolo ou o erro grosseiro do agente público.

§ 4º. A complexidade da matéria e das atribuições exercidas pelo agente público serão consideradas em eventual responsabilização do agente público.

§ 5º. O montante do dano ao erário, ainda que expressivo, não poderá, por si só, ser elemento para caracterizar o erro grosseiro ou o dolo.

§ 6º. A responsabilização pela opinião técnica não se estende de forma automática ao decisor que a adotou como fundamento de decidir e somente se configurará se estiverem presentes elementos suficientes para o decisor aferir o dolo ou o erro grosseiro da opinião técnica ou se houver conluio entre os agentes.

§ 7º. No exercício do poder hierárquico, só responderá por culpa *in vigilando* aquele cuja omissão caracterizar erro grosseiro ou dolo.

§ 8º. O disposto neste artigo não exime o agente público de atuar de forma diligente e eficiente no cumprimento dos seus deveres constitucionais e legais.

Análise de regularidade da decisão

Art. 13. A análise da regularidade da decisão não poderá substituir a atribuição do agente público, dos órgãos ou das entidades da administração pública no exercício de suas atribuições e competências, inclusive quanto à definição de políticas públicas.

§ 1º. A atução♦ de órgãos de controle privilegiará ações de prevenção antes de processos sancionadores.

♦ Publicação oficial: "atução".
Entendemos que seria: "atuação". (N.E.).

§ 2º. A eventual estimativa de prejuízo causado ao erário não poderá ser considerada isolada e exclusivamente como motivação para se concluir pela irregularidade de atos, contratos, ajustes, processos ou normas administrativos.

Direito de regresso, defesa judicial e extrajudicial

Art. 14. No âmbito do Poder Executivo federal, o direito de regresso previsto no § 6º do art. 37 da Constituição somente será exercido na hipótese de o agente público ter agido com dolo ou erro grosseiro em suas decisões ou opiniões técnicas, nos termos do disposto no art. 28 do Decreto-Lei nº 4.657, de 1942, e com observância aos princípios constitucionais da proporcionalidade e da razoabilidade.

(*) Vide Enunciado 730 do FPPC.

Art. 15. O agente público federal que tiver que se defender, judicial ou extrajudicialmente, por ato ou conduta praticada no exercício regular de suas atribuições institucionais, poderá solicitar à Advocacia-Geral da União que avalie a verossimilhança de suas alegações e a consequente possibilidade de realizar sua defesa, nos termos do disposto no art. 22 da Lei nº 9.028, de 12 de abril de 1995, e nas demais normas de regência.

Decisão que impuser sanção ao agente público

Art. 16. A decisão que impuser sanção ao agente público considerará:

I – a natureza e a gravidade da infração cometida;

II – os danos que dela provierem para a administração pública;

III – as circunstâncias agravantes ou atenuantes;

IV – os antecedentes do agente;

V – o nexo de causalidade; e

VI – a culpabilidade do agente.

§ 1º. A motivação da decisão a que se refere o *caput* observará o disposto neste Decreto.

§ 2º. As sanções aplicadas ao agente público serão levadas em conta na dosimetria das demais sanções da mesma natureza e relativas ao mesmo fato.

Art. 17. O disposto no art. 12 não afasta a possibilidade de aplicação de sanções previstas em normas disciplinares, inclusive nos casos de ação ou de omissão culposas de natureza leve.

Capítulo V
DA SEGURANÇA JURÍDICA NA APLICAÇÃO DAS NORMAS

Consulta pública para edição de atos normativos

Art. 18. A edição de atos normativos por autoridade administrativa poderá ser precedida de consulta pública para manifestação de interessados, preferencialmente por meio eletrônico.

§ 1º. A decisão pela convocação de consulta pública será motivada na forma do disposto no art. 3º.

§ 2º. A convocação de consulta pública conterá a minuta do ato normativo, disponibilizará a motivação do ato e fixará o prazo e as demais condições.

§ 3º. A autoridade decisora não será obrigada a comentar ou considerar individualmente as manifestações apresentadas e poderá agrupar manifestações por conexão e eliminar aquelas repetitivas ou de conteúdo não conexo ou irrelevante para a matéria em apreciação.

§ 4º. As propostas de consulta pública que envolverem atos normativos sujeitos a despacho presidencial serão formuladas nos termos do disposto no Decreto nº 9.191, de 1º de novembro de 2017.

Segurança jurídica na aplicação das normas

Art. 19. As autoridades públicas atuarão com vistas a aumentar a segurança jurídica na aplicação das normas, inclusive por meio de normas complementares, orientações normativas, súmulas, enunciados e respostas a consultas.

Parágrafo único. Os instrumentos previstos no *caput* terão caráter vinculante em relação ao órgão ou à entidade da administração pública a que se destinarem, até ulterior revisão.

Parecer do Advogado-Geral da União e de consultorias jurídicas e súmulas da Advocacia-Geral da União

Art. 20. O parecer do Advogado-Geral da União de que tratam os art. 40 e art. 41 da Lei Complementar nº 73, 10 de fevereiro de 1993, aprovado pelo Presidente da República e publicado no Diário Oficial da União juntamente com o despacho presidencial, vincula os órgãos e as entidades da administração pública federal, que ficam obrigados a lhe dar fiel cumprimento.

§ 1º. O parecer do Advogado-Geral da União aprovado pelo Presidente da República, mas não publicado, obriga apenas as repartições interessadas, a partir do momento em que dele tenham ciência.

§ 2º. Os pareceres de que tratam o *caput* e o § 1º têm prevalência sobre outros mecanismos de uniformização de entendimento.

Art. 21. Os pareceres das consultorias jurídicas e dos órgãos de assessoramento jurídico, de que trata o art. 42 da Lei Complementar nº 73, de 1993, aprovados pelo respectivo Ministro de Estado, vinculam o órgão e as respectivas entidades vinculadas.

Orientações normativas

Art. 22. A autoridade que representa órgão central de sistema poderá editar orientações normativas ou enunciados que vincularão os órgãos setoriais e seccionais.

§ 1º. As controvérsias jurídicas sobre a interpretação de norma, instrução ou orientação de órgão central de sistema poderão ser submetidas à Advocacia-Geral da União.

§ 2º. A submissão à Advocacia-Geral da União de que trata o § 1º será instruída com a posição do órgão jurídico do órgão central de sistema, do órgão jurídico que divergiu e dos outros órgãos que se pronunciaram sobre o caso.

Enunciados

Art. 23. A autoridade máxima de órgão ou da entidade da administração pública poderá editar enunciados que vinculem o próprio órgão ou a entidade e os seus órgãos subordinados.

Transparência

Art. 24. Compete aos órgãos e às entidades da administração pública manter atualizados, em seus sítios eletrônicos, as normas complementares, as orientações normativas, as súmulas e os enunciados a que se referem os art. 19 ao art. 23.

Vigência

Art. 25. Este Decreto entra em vigor na data de sua publicação.

Brasília, 10 de junho de 2019; 198º da Independência e 131º da República.

Jair Messias Bolsonaro
DOU de 11.6.2019

CÓDIGO DE PROCESSO CIVIL

LEI Nº 13.105, DE 16 DE MARÇO DE 2015

Atualizada até a Lei nº 14.365, de 2.6.2022.

Código de Processo Civil.

A Presidenta da República,

Faço saber que o Congresso Nacional decreta e eu sanciono a seguinte Lei:

PARTE GERAL

LIVRO I
DAS NORMAS PROCESSUAIS CIVIS

TÍTULO ÚNICO
DAS NORMAS FUNDAMENTAIS E DA APLICAÇÃO DAS NORMAS PROCESSUAIS

(*) Vide Enunciados 369 e 370 do FPPC.

Capítulo I
DAS NORMAS FUNDAMENTAIS DO PROCESSO CIVIL

Art. 1º. O processo civil será ordenado, disciplinado e interpretado conforme os valores e as normas fundamentais estabelecidos na Constituição da República Federativa do Brasil, observando-se as disposições deste Código.

(*) V. arts. 14 e 1.046 do CPC.

Art. 2º. O processo começa por iniciativa da parte e se desenvolve por impulso oficial, salvo as exceções previstas em lei.

(*) V. arts. 141, 322 a 329, 736, 738 e 744 do CPC.

Art. 3º. Não se excluirá da apreciação jurisdicional ameaça ou lesão a direito.

§ 1º. É permitida a arbitragem, na forma da lei.

§ 2º. O Estado promoverá, sempre que possível, a solução consensual dos conflitos.

(*) Vide Enunciados 485, 573, 617 e 618 do FPPC.

§ 3º. A conciliação, a mediação e outros métodos de solução consensual de conflitos deverão ser estimulados por juízes, advogados, defensores públicos e membros do Ministério Público, inclusive no curso do processo judicial.

(*) V. art. 165 do CPC.
(*) Vide Resolução CNJ nº 125/2010.
(*) Vide Enunciados 371, 485, 573, 618 e 717 do FPPC.
(*) Vide Súmula 485 do STJ.

Art. 4º. As partes têm o direito de obter em prazo razoável a solução integral do mérito, incluída a atividade satisfativa.

(*) Vide Enunciados 292, 372, 373, 386, 387 e 574 do FPPC.
(*) Vide Tema 836 do STF.

Art. 5º. Aquele que de qualquer forma participa do processo deve comportar-se de acordo com a boa-fé.

(*) V. arts. 79 a 81; 322, § 2º; 435, parágrafo único; e 489, § 3º, do CPC.
(*) Vide Enunciados 6, 286, 374, 375, 376, 377 e 378 do FPPC.

Art. 6º. Todos os sujeitos do processo devem cooperar entre si para que se obtenha, em tempo razoável, decisão de mérito justa e efetiva.

(*) Vide Enunciados 6, 106, 373, 378, 519, 550, 657, 667 e 676 do FPPC.

Art. 7º. É assegurada às partes paridade de tratamento em relação ao exercício de direitos e faculdades processuais, aos meios de defesa, aos ônus, aos deveres e à aplicação de sanções processuais, competindo ao juiz zelar pelo efetivo contraditório.

(*) Vide Enunciados 107, 235, 379 e 659 do FPPC.
(*) Vide Súmula Vinculante 14 do STF.

Art. 8º. Ao aplicar o ordenamento jurídico, o juiz atenderá aos fins sociais e às exigências do bem comum, resguardando e promovendo a dignidade da pessoa humana e observando a proporcionalidade, a razoabilidade, a legalidade, a publicidade e a eficiência.

(*) Vide Enunciados 106, 380, 396, 574, 620 e 667 do FPPC.

Art. 9º. Não se proferirá decisão contra uma das partes sem que ela seja previamente ouvida.

(*) Vide Enunciados 108, 235, 381, 614 e 635 do FPPC.
(*) Vide Enunciado 55 da ENFAM.

Parágrafo único. O disposto no *caput* não se aplica:

I – à tutela provisória de urgência;

(*) V. arts. 294 e 300 a 302 do CPC.

II – às hipóteses de tutela da evidência previstas no art. 311, incisos II e III;

III – à decisão prevista no art. 701.

Art. 10. O juiz não pode decidir, em grau algum de jurisdição, com base em fundamento a respeito do qual não se tenha dado às partes oportunidade de se manifestar, ainda que se trate de matéria sobre a qual deva decidir de ofício.

(*) V. arts. 332, § 1º; e 927, § 1º, do CPC.
(*) Vide Enunciados 2, 109, 235, 259, 394, 458, 459, 550, 594, 601, 632, 635, 657 e 720 do FPPC.
(*) Vide Enunciados 1, 2, 3, 4, 5 e 55 da ENFAM.

Art. 11. Todos os julgamentos dos órgãos do Poder Judiciário serão públicos, e fundamentadas todas as decisões, sob pena de nulidade.

(*) V. arts. 152, V; 368; 489; 490; e 1.013, § 3º, IV, do CPC.
(*) Vide Enunciados 620 e 699 do FPPC.

Parágrafo único. Nos casos de segredo de justiça, pode ser autorizada a presença somente das partes, de seus advogados, de defensores públicos ou do Ministério Público.

(*) V. art. 189 do CPC.

Art. 12. Os juízes e os tribunais atenderão, preferencialmente, à ordem cronológica de conclusão para proferir sentença ou acórdão.

(*) Art. 12, caput, com redação dada pela Lei nº 13.256/2016.
(*) V. art. 153 do CPC.
(*) Vide Resolução CNJ nº 202/2015.
(*) Vide Enunciados 382 e 486 do FPPC.
(*) Vide Enunciado 34 da ENFAM.

§ 1º. A lista de processos aptos a julgamento deverá estar permanentemente à disposição para consulta pública em cartório e na rede mundial de computadores.

§ 2º. Estão excluídos da regra do *caput*:

(*) Vide Enunciados 32 e 33 da ENFAM.

I – as sentenças proferidas em audiência, homologatórias de acordo ou de improcedência liminar do pedido;

II – o julgamento de processos em bloco para aplicação de tese jurídica firmada em julgamento de casos repetitivos;

III – o julgamento de recursos repetitivos ou de incidente de resolução de demandas repetitivas;

(*) V. arts. 1.036 a 1.041 do CPC.

IV – as decisões proferidas com base nos arts. 485 e 932;

V – o julgamento de embargos de declaração;

(*) V. arts. 1.022 a 1.026 do CPC.

VI – o julgamento de agravo interno;

(*) V. art. 1.021 do CPC.

VII – as preferências legais e as metas estabelecidas pelo Conselho Nacional de Justiça;

VIII – os processos criminais, nos órgãos jurisdicionais que tenham competência penal;

IX – a causa que exija urgência no julgamento, assim reconhecida por decisão fundamentada.

§ 3º. Após elaboração de lista própria, respeitar-se-á a ordem cronológica das conclusões entre as preferências legais.

§ 4º. Após a inclusão do processo na lista de que trata o § 1º, o requerimento formulado pela parte não altera a ordem cronológica para a decisão, exceto quando implicar a reabertura da instrução ou a conversão do julgamento em diligência.

§ 5º. Decidido o requerimento previsto no § 4º, o processo retornará à mesma posição em que anteriormente se encontrava na lista.

§ 6º. Ocupará o primeiro lugar na lista prevista no § 1º ou, conforme o caso, no § 3º, o processo que:

I – tiver sua sentença ou acórdão anulado, salvo quando houver necessidade de realização de diligência ou de complementação da instrução;

II – se enquadrar na hipótese do art. 1.040, inciso II.

Capítulo II
DA APLICAÇÃO DAS NORMAS PROCESSUAIS

Art. 13. A jurisdição civil será regida pelas normas processuais brasileiras, ressalvadas as disposições específicas previstas em tratados, convenções ou acordos internacionais de que o Brasil seja parte.

Art. 14. A norma processual não retroagirá e será aplicável imediatamente aos processos em curso, respeitados os atos processuais praticados e as situações jurídicas consolidadas sob a vigência da norma revogada.

(*) V. arts. 1.046, § 1º; 1.047; e 1.054 do CPC.
(*) Vide Enunciado 616 do FPPC.

Art. 15. Na ausência de normas que regulem processos eleitorais, trabalhistas ou administrativos, as disposições deste Código lhes serão aplicadas supletiva e subsidiariamente.

(*) Vide Resolução 203 do TST.

(*) Vide Enunciados 108, 109, 112, 124, 126, 131, 139, 145, 151, 155, 159, 162, 167, 171, 199, 200, 245, 246, 250, 266, 270, 294, 302, 304, 325, 326, 329, 330, 331, 332, 333, 335, 347, 350, 352 e 353 do FPPC.
(*) Vide Enunciados 2, 3, 16, 19, 20 e 37 do CJF.
(*) Vide Temas 36, 74, 242 e 928 do STF.

LIVRO II
DA FUNÇÃO JURISDICIONAL

TÍTULO I
DA JURISDIÇÃO E DA AÇÃO

Art. 16. A jurisdição civil é exercida pelos juízes e pelos tribunais em todo o território nacional, conforme as disposições deste Código.

Art. 17. Para postular em juízo é necessário ter interesse e legitimidade.

Art. 18. Ninguém poderá pleitear direito alheio em nome próprio, salvo quando autorizado pelo ordenamento jurídico.

Parágrafo único. Havendo substituição processual, o substituído poderá intervir como assistente litisconsorcial.

(*) Vide Enunciados 110, 487 e 667 do FPPC.

Art. 19. O interesse do autor pode limitar-se à declaração:

(*) Vide Enunciados 111 e 437 do FPPC.

I – da existência, da inexistência ou do modo de ser de uma relação jurídica;

(*) V. arts. 20 e 322 do CPC.

II – da autenticidade ou da falsidade de documento.

(*) V. art. 430, parágrafo único, do CPC.

Art. 20. É admissível a ação meramente declaratória, ainda que tenha ocorrido a violação do direito.

TÍTULO II
DOS LIMITES DA JURISDIÇÃO NACIONAL E DA COOPERAÇÃO INTERNACIONAL

Capítulo I
DOS LIMITES DA JURISDIÇÃO NACIONAL

Art. 21. Compete à autoridade judiciária brasileira processar e julgar as ações em que:

I – o réu, qualquer que seja a sua nacionalidade, estiver domiciliado no Brasil;

II – no Brasil tiver de ser cumprida a obrigação;

III – o fundamento seja fato ocorrido ou ato praticado no Brasil.

Parágrafo único. Para o fim do disposto no inciso I, considera-se domiciliada no Brasil a pessoa jurídica estrangeira que nele tiver agência, filial ou sucursal.

(*) V. art. 75, X e § 3º, do CPC.

Art. 22. Compete, ainda, à autoridade judiciária brasileira processar e julgar as ações:

I – de alimentos, quando:

a) o credor tiver domicílio ou residência no Brasil;

b) o réu mantiver vínculos no Brasil, tais como posse ou propriedade de bens, recebimento de renda ou obtenção de benefícios econômicos;

II – decorrentes de relações de consumo, quando o consumidor tiver domicílio ou residência no Brasil;

III – em que as partes, expressa ou tacitamente, se submeterem à jurisdição nacional.

Art. 23. Compete à autoridade judiciária brasileira, com exclusão de qualquer outra:

I – conhecer de ações relativas a imóveis situados no Brasil;

II – em matéria de sucessão hereditária, proceder à confirmação de testamento particular e ao inventário e à partilha de bens situados no Brasil, ainda que o autor da herança seja de nacionalidade estrangeira ou tenha domicílio fora do território nacional;

III – em divórcio, separação judicial ou dissolução de união estável, proceder à partilha de bens situados no Brasil, ainda que o titular seja de nacionalidade estrangeira ou tenha domicílio fora do território nacional.

Art. 24. A ação proposta perante tribunal estrangeiro não induz litispendência e não obsta a que a autoridade judiciária brasileira conheça da mesma causa e das que lhe são conexas, ressalvadas as disposições em contrário de tratados internacionais e acordos bilaterais em vigor no Brasil.

Parágrafo único. A pendência de causa perante a jurisdição brasileira não impede a homologação de sentença judicial estrangeira quando exigida para produzir efeitos no Brasil.

Art. 25. Não compete à autoridade judiciária brasileira o processamento e o julgamento da ação quando houver cláusula de eleição de foro exclusivo estrangeiro em contrato internacional, arguida pelo réu na contestação.

§ 1º. Não se aplica o disposto no *caput* às hipóteses de competência internacional exclusiva previstas neste Capítulo.

§ 2º. Aplica-se à hipótese do *caput* o art. 63, §§ 1º a 4º.

Capítulo II
DA COOPERAÇÃO INTERNACIONAL

Seção I
Disposições Gerais

Art. 26. A cooperação jurídica internacional será regida por tratado de que o Brasil faz parte e observará:

I – o respeito às garantias do devido processo legal no Estado requerente;

II – a igualdade de tratamento entre nacionais e estrangeiros, residentes ou não no Brasil, em relação ao acesso à justiça e à tramitação dos processos, assegurando-se assistência judiciária aos necessitados;

III – a publicidade processual, exceto nas hipóteses de sigilo previstas na legislação brasileira ou na do Estado requerente;

IV – a existência de autoridade central para recepção e transmissão dos pedidos de cooperação;

V – a espontaneidade na transmissão de informações a autoridades estrangeiras.

§ 1º. Na ausência de tratado, a cooperação jurídica internacional poderá realizar-se com base em reciprocidade, manifestada por via diplomática.

§ 2º. Não se exigirá a reciprocidade referida no § 1º para homologação de sentença estrangeira.

(*) V. arts. 960 a 965 do CPC.

§ 3º. Na cooperação jurídica internacional não será admitida a prática de atos que contrariem ou que produzam resultados incompatíveis com as normas fundamentais que regem o Estado brasileiro.

(*) Vide Enunciado 27 do FPPC.

§ 4º. O Ministério da Justiça exercerá as funções de autoridade central na ausência de designação específica.

Art. 27. A cooperação jurídica internacional terá por objeto:

I – citação, intimação e notificação judicial e extrajudicial;

II – colheita de provas e obtenção de informações;

III – homologação e cumprimento de decisão;

IV – concessão de medida judicial de urgência;

V – assistência jurídica internacional;

VI – qualquer outra medida judicial ou extrajudicial não proibida pela lei brasileira.

Seção II
Do Auxílio Direto

Art. 28. Cabe auxílio direto quando a medida não decorrer diretamente de decisão de autoridade jurisdicional estrangeira a ser submetida a juízo de delibação no Brasil.

Art. 29. A solicitação de auxílio direto será encaminhada pelo órgão estrangeiro interessado à autoridade central, cabendo ao Estado requerente assegurar a autenticidade e a clareza do pedido.

Art. 30. Além dos casos previstos em tratados de que o Brasil faz parte, o auxílio direto terá os seguintes objetos:

I – obtenção e prestação de informações sobre o ordenamento jurídico e sobre processos administrativos ou jurisdicionais findos ou em curso;

II – colheita de provas, salvo se a medida for adotada em processo, em curso no estrangeiro, de competência exclusiva de autoridade judiciária brasileira;

III – qualquer outra medida judicial ou extrajudicial não proibida pela lei brasileira.

Art. 31. A autoridade central brasileira comunicar-se-á diretamente com suas congêneres e, se necessário, com outros órgãos estrangeiros responsáveis pela tramitação e pela execução de pedidos de cooperação enviados e recebidos pelo Estado brasileiro, respeitadas disposições específicas constantes de tratado.

Art. 32. No caso de auxílio direto para a prática de atos que, segundo a lei brasileira, não necessitem de prestação jurisdicional, a autoridade central adotará as providências necessárias para seu cumprimento.

Art. 33. Recebido o pedido de auxílio direto passivo, a autoridade central o encaminhará à Advocacia-Geral da União, que requererá em juízo a medida solicitada.

Parágrafo único. O Ministério Público requererá em juízo a medida solicitada quando for autoridade central.

(*) V. arts. 960 a 965 do CPC.

Art. 34. Compete ao juízo federal do lugar em que deva ser executada a medida apreciar pedido de auxílio direto passivo que demande prestação de atividade jurisdicional.

Seção III
Da Carta Rogatória

Art. 35. (Vetado).

Art. 36. O procedimento da carta rogatória perante o Superior Tribunal de Justiça é de jurisdição contenciosa e deve assegurar às partes as garantias do devido processo legal.

§ 1º. A defesa restringir-se-á à discussão quanto ao atendimento dos requisitos para que o pronunciamento judicial estrangeiro produza efeitos no Brasil.

§ 2º. Em qualquer hipótese, é vedada a revisão do mérito do pronunciamento judicial estrangeiro pela autoridade judiciária brasileira.

Seção IV
Disposições Comuns às Seções Anteriores

Art. 37. O pedido de cooperação jurídica internacional oriundo de autoridade brasileira competente será encaminhado à autoridade central para posterior envio ao Estado requerido para lhe dar andamento.

Art. 38. O pedido de cooperação oriundo de autoridade brasileira competente e os documentos anexos que o instruem serão encaminhados à autoridade central, acompanhados de tradução para a língua oficial do Estado requerido.

Art. 39. O pedido passivo de cooperação jurídica internacional será recusado se configurar manifesta ofensa à ordem pública.

Art. 40. A cooperação jurídica internacional para execução de decisão estrangeira dar-se-á por meio de carta rogatória ou de ação de homologação de sentença estrangeira, de acordo com o art. 960.

Art. 41. Considera-se autêntico o documento que instruir pedido de cooperação jurídica internacional, inclusive tradução para a língua portuguesa, quando encaminhado ao Estado brasileiro por meio de autoridade central ou por via diplomática, dispensando-se ajuramentação, autenticação ou qualquer procedimento de legalização.

Parágrafo único. O disposto no *caput* não impede, quando necessária, a aplicação pelo Estado brasileiro do princípio da reciprocidade de tratamento.

TÍTULO III
DA COMPETÊNCIA INTERNA

Capítulo I
DA COMPETÊNCIA

Seção I
Disposições Gerais

Art. 42. As causas cíveis serão processadas e decididas pelo juiz nos limites de sua competência, ressalvado às partes o direito de instituir juízo arbitral, na forma da lei.

Art. 43. Determina-se a competência no momento do registro ou da distribuição da petição inicial, sendo irrelevantes as modificações do estado de fato ou de direito ocorridas posteriormente, salvo quando suprimirem órgão judiciário ou alterarem a competência absoluta.

(*) V. arts. 54 a 63 e 312 do CPC.
(*) Vide Enunciado 479 do FPPC.

Art. 44. Obedecidos os limites estabelecidos pela Constituição Federal, a competência é determinada pelas normas previstas neste Código ou em legislação especial, pelas normas de organização judiciária e, ainda, no que couber, pelas constituições dos Estados.

(*) Vide Enunciado 236 do FPPC.
(*) Vide Súmula Vinculante 27 do STF.
(*) Vide Temas 43, 90, 190, 242, 305, 374, 859 e 1.075 do STF.

Art. 45. Tramitando o processo perante outro juízo, os autos serão remetidos ao juízo federal competente se nele intervier a União, suas empresas públicas, entidades autárquicas e fundações, ou conselho de fiscalização de atividade profissional, na qualidade de parte ou de terceiro interveniente, exceto as ações:

(*) Vide Súmula 218 do STF.
(*) Vide Súmula 570 do STJ.

I – de recuperação judicial, falência, insolvência civil e acidente de trabalho;

II – sujeitas à justiça eleitoral e à justiça do trabalho.

§ 1º. Os autos não serão remetidos se houver pedido cuja apreciação seja de competência do juízo perante o qual foi proposta a ação.

§ 2º. Na hipótese do § 1º, o juiz, ao não admitir a cumulação de pedidos em razão da incompetência para apreciar qualquer deles, não examinará o mérito daquele em que exista interesse da União, de suas entidades autárquicas ou de suas empresas públicas.

§ 3º. O juízo federal restituirá os autos ao juízo estadual sem suscitar conflito se o ente federal cuja presença ensejou a remessa for excluído do processo.

Art. 46. A ação fundada em direito pessoal ou em direito real sobre bens móveis será proposta, em regra, no foro de domicílio do réu.

§ 1º. Tendo mais de um domicílio, o réu será demandado no foro de qualquer deles.

§ 2º. Sendo incerto ou desconhecido o domicílio do réu, ele poderá ser demandado onde for encontrado ou no foro de domicílio do autor.

§ 3º. Quando o réu não tiver domicílio ou residência no Brasil, a ação será proposta no foro de domicílio do autor, e, se este também residir fora do Brasil, a ação será proposta em qualquer foro.

§ 4º. Havendo 2 (dois) ou mais réus com diferentes domicílios, serão demandados no foro de qualquer deles, à escolha do autor.

§ 5º. A execução fiscal será proposta no foro de domicílio do réu, no de sua residência ou no do lugar onde for encontrado.

(*) Vide Súmula 58 do STJ.

Art. 47. Para as ações fundadas em direito real sobre imóveis é competente o foro de situação da coisa.

(*) V. arts. 23, I; 62; e 63 do CPC.

§ 1º. O autor pode optar pelo foro de domicílio do réu ou pelo foro de eleição se o litígio não recair sobre direito de propriedade, vizinhança, servidão, divisão e demarcação de terras e de nunciação de obra nova.

§ 2º. A ação possessória imobiliária será proposta no foro de situação da coisa, cujo juízo tem competência absoluta.

Art. 48. O foro de domicílio do autor da herança, no Brasil, é o competente para o inventário, a partilha, a arrecadação, o cumprimento de disposições de última vontade, a impugnação ou anulação de partilha extrajudicial e para todas as ações em que o espólio for réu, ainda que o óbito tenha ocorrido no estrangeiro.

Parágrafo único. Se o autor da herança não possuía domicílio certo, é competente:

I – o foro de situação dos bens imóveis;

II – havendo bens imóveis em foros diferentes, qualquer destes;

III – não havendo bens imóveis, o foro do local de qualquer dos bens do espólio.

Art. 49. A ação em que o ausente for réu será proposta no foro de seu último domicílio, também competente para a arrecadação, o inventário, a partilha e o cumprimento de disposições testamentárias.

Art. 50. A ação em que o incapaz for réu será proposta no foro de domicílio de seu representante ou assistente.

Art. 51. É competente o foro de domicílio do réu para as causas em que seja autora a União.

Parágrafo único. Se a União for a demandada, a ação poderá ser proposta no foro de domicílio do autor, no de ocorrência do ato ou fato que originou a demanda, no de situação da coisa ou no Distrito Federal.

Art. 52. É competente o foro de domicílio do réu para as causas em que seja autor Estado ou o Distrito Federal.

Parágrafo único. Se Estado ou o Distrito Federal for o demandado, a ação poderá ser proposta no foro de domicílio do autor, no de ocorrência do ato ou fato que originou a demanda, no de situação da coisa ou na capital do respectivo ente federado.

Art. 53. É competente o foro:

I – para a ação de divórcio, separação, anulação de casamento e reconhecimento ou dissolução de união estável:

(*) V. art. 23, III, do CPC.

(*) Vide Enunciado 108 do CJF.

a) de domicílio do guardião de filho incapaz;

b) do último domicílio do casal, caso não haja filho incapaz;

c) de domicílio do réu, se nenhuma das partes residir no antigo domicílio do casal;

d) de domicílio da vítima de violência doméstica e familiar, nos termos da Lei nº 11.340, de 7 de agosto de 2006 (Lei Maria da Penha);

(*) Alínea "d" acrescida pela Lei nº 13.894/2019.

II – de domicílio ou residência do alimentando, para a ação em que se pedem alimentos;

III – do lugar:

a) onde está a sede, para a ação em que for ré pessoa jurídica;

(*) Vide Súmula 206 do STJ.

b) onde se acha agência ou sucursal, quanto às obrigações que a pessoa jurídica contraiu;

(*) Vide Súmula 206 do STJ.

c) onde exerce suas atividades, para a ação em que for ré sociedade ou associação sem personalidade jurídica;

d) onde a obrigação deve ser satisfeita, para a ação em que se lhe exigir o cumprimento;

(*) Vide Súmula 363 do STF.

e) de residência do idoso, para a causa que verse sobre direito previsto no respectivo estatuto;

f) da sede da serventia notarial ou de registro, para a ação de reparação de dano por ato praticado em razão do ofício;

IV – do lugar do ato ou fato para a ação:

a) de reparação de dano;

b) em que for réu administrador ou gestor de negócios alheios;

V – de domicílio do autor ou do local do fato, para a ação de reparação de dano sofrido em razão de delito ou acidente de veículos, inclusive aeronaves.

(*) Vide Súmula 540 do STJ.

Seção II
Da Modificação da Competência

Art. 54. A competência relativa poderá modificar-se pela conexão ou pela continência, observado o disposto nesta Seção.

(*) V. arts. 43; 65; 154, IV, "d"; e 286 do CPC.

Art. 55. Reputam-se conexas 2 (duas) ou mais ações quando lhes for comum o pedido ou a causa de pedir.

(*) Vide Súmula 383 do STJ.

§ 1º. Os processos de ações conexas serão reunidos para decisão conjunta, salvo se um deles já houver sido sentenciado.

(*) Vide Súmula 235 do STJ.

§ 2º. Aplica-se o disposto no *caput*:

I – à execução de título extrajudicial e à ação de conhecimento relativa ao mesmo ato jurídico;

II – às execuções fundadas no mesmo título executivo.

(*) Vide Enunciado 237 do FPPC.

§ 3º. Serão reunidos para julgamento conjunto os processos que possam gerar risco de prolação de decisões conflitantes ou contraditórias caso decididos separadamente, mesmo sem conexão entre eles.

Art. 56. Dá-se a continência entre 2 (duas) ou mais ações quando houver identidade quanto às partes e à causa de pedir, mas o pedido de uma, por ser mais amplo, abrange o das demais.

Art. 57. Quando houver continência e a ação continente tiver sido proposta anteriormente, no processo relativo à ação contida será proferida sentença sem resolução de mérito, caso contrário, as ações serão necessariamente reunidas.

(*) Vide Enunciado 630 do FPPC.

Art. 58. A reunião das ações propostas em separado far-se-á no juízo prevento, onde serão decididas simultaneamente.

(*) Vide Enunciado 630 do FPPC.
(*) Vide Súmula 489 do STJ.

Art. 59. O registro ou a distribuição da petição inicial torna prevento o juízo.

(*) V. art. 312 do CPC.

Art. 60. Se o imóvel se achar situado em mais de um Estado, comarca, seção ou subseção judiciária, a competência territorial do juízo prevento estender-se-á sobre a totalidade do imóvel.

Art. 61. A ação acessória será proposta no juízo competente para a ação principal.

(*) V. art. 299 do CPC.

LIVRO II – DA FUNÇÃO JURISDICIONAL

Art. 62. A competência determinada em razão da matéria, da pessoa ou da função é inderrogável por convenção das partes.

Art. 63. As partes podem modificar a competência em razão do valor e do território, elegendo foro onde será proposta ação oriunda de direitos e obrigações.

(*) V. art. 25, § 2º, do CPC.
(*) Vide Enunciado 668 do FPPC.

§ 1º. A eleição de foro só produz efeito quando constar de instrumento escrito e aludir expressamente a determinado negócio jurídico.

(*) Vide Enunciado 39 da ENFAM.
(*) Vide Súmula 33 do STJ.

§ 2º. O foro contratual obriga os herdeiros e sucessores das partes.

§ 3º. Antes da citação, a cláusula de eleição de foro, se abusiva, pode ser reputada ineficaz de ofício pelo juiz, que determinará a remessa dos autos ao juízo do foro de domicílio do réu.

§ 4º. Citado, incumbe ao réu alegar a abusividade da cláusula de eleição de foro na contestação, sob pena de preclusão.

Seção III
Da Incompetência

Art. 64. A incompetência, absoluta ou relativa, será alegada como questão preliminar de contestação.

(*) V. arts. 337, II; e 340 do CPC.
(*) Vide Súmula 33 do STJ.

§ 1º. A incompetência absoluta pode ser alegada em qualquer tempo e grau de jurisdição e deve ser declarada de ofício.

(*) V. arts. 535, V; 917, V; 957; e 966, II, do CPC.

§ 2º. Após manifestação da parte contrária, o juiz decidirá imediatamente a alegação de incompetência.

§ 3º. Caso a alegação de incompetência seja acolhida, os autos serão remetidos ao juízo competente.

(*) Vide Enunciado 488 do FPPC.

§ 4º. Salvo decisão judicial em sentido contrário, conservar-se-ão os efeitos de decisão proferida pelo juízo incompetente até que outra seja proferida, se for o caso, pelo juízo competente.

(*) Vide Enunciados 238, 488 e 686 do FPPC.

Art. 65. Prorrogar-se-á a competência relativa se o réu não alegar a incompetência em preliminar de contestação.

Parágrafo único. A incompetência relativa pode ser alegada pelo Ministério Público nas causas em que atuar.

(*) V. art. 337, II, do CPC.

Art. 66. Há conflito de competência quando:

(*) V. arts. 951 a 959 do CPC.
(*) Vide Enunciado 713 do FPPC.
(*) Vide Súmula 59 do STJ.

I – 2 (dois) ou mais juízes se declaram competentes;

II – 2 (dois) ou mais juízes se consideram incompetentes, atribuindo um ao outro a competência;

III – entre 2 (dois) ou mais juízes surge controvérsia acerca da reunião ou separação de processos.

Parágrafo único. O juiz que não acolher a competência declinada deverá suscitar o conflito, salvo se a atribuir a outro juízo.

(*) Vide Tema 128 do STF.

Capítulo II
DA COOPERAÇÃO NACIONAL

Art. 67. Aos órgãos do Poder Judiciário, estadual ou federal, especializado ou comum, em todas as instâncias e graus de jurisdição, inclusive aos tribunais superiores, incumbe o dever de recíproca cooperação, por meio de seus magistrados e servidores.

(*) Vide Enunciados 669, 670, 710, 711 e 712 do FPPC.

Art. 68. Os juízos poderão formular entre si pedido de cooperação para prática de qualquer ato processual.

(*) Vide Enunciados 669, 711 e 712 do FPPC.

Art. 69. O pedido de cooperação jurisdicional deve ser prontamente atendido, prescinde de forma específica e pode ser executado como:

(*) V. arts. 236 e 237 do CPC.
(*) Vide Enunciados 669, 670, 686, 687, 688, 695, 712 e 713 do FPPC.

I – auxílio direto;

II – reunião ou apensamento de processos;

III – prestação de informações;

IV – atos concertados entre os juízes cooperantes.

§ 1º. As cartas de ordem, precatória e arbitral seguirão o regime previsto neste Código.

(*) V. arts. 232 e 237 do CPC.
(*) Vide Enunciado 4 do FPPC.

§ 2º. Os atos concertados entre os juízes cooperantes poderão consistir, além de outros, no estabelecimento de procedimento para:

I – a prática de citação, intimação ou notificação de ato;

II – a obtenção e apresentação de provas e a coleta de depoimentos;

(*) Vide Enunciado 671 do FPPC.

III – a efetivação de tutela provisória;

IV – a efetivação de medidas e providências para recuperação e preservação de empresas;

V – a facilitação de habilitação de créditos na falência e na recuperação judicial;

VI – a centralização de processos repetitivos;

VII – a execução de decisão jurisdicional.

§ 3º. O pedido de cooperação judiciária pode ser realizado entre órgãos jurisdicionais de diferentes ramos do Poder Judiciário.

(*) Vide Enunciado 5 do FPPC.

LIVRO III
DOS SUJEITOS DO PROCESSO

TÍTULO I
DAS PARTES E DOS PROCURADORES

Capítulo I
DA CAPACIDADE PROCESSUAL

Art. 70. Toda pessoa que se encontre no exercício de seus direitos tem capacidade para estar em juízo.

(*) V. art. 75 do CPC.
(*) Vide Tema 82 do STF.

Art. 71. O incapaz será representado ou assistido por seus pais, por tutor ou por curador, na forma da lei.

(*) V. art. 178, II, do CPC.

Art. 72. O juiz nomeará curador especial ao:

I – incapaz, se não tiver representante legal ou se os interesses deste colidirem com os daquele, enquanto durar a incapacidade;

II – réu preso revel, bem como ao réu revel citado por edital ou com hora certa, enquanto não for constituído advogado.

(*) V. arts. 245, §§ 4º e 5º; e 671 do CPC.
(*) Vide Súmula 196 do STJ.

Parágrafo único. A curatela especial será exercida pela Defensoria Pública, nos termos da lei.

Art. 73. O cônjuge necessitará do consentimento do outro para propor ação que verse sobre direito real imobiliário, salvo quando casados sob o regime de separação absoluta de bens.

§ 1º. Ambos os cônjuges serão necessariamente citados para a ação:

I – que verse sobre direito real imobiliário, salvo quando casados sob o regime de separação absoluta de bens;

II – resultante de fato que diga respeito a ambos os cônjuges ou de ato praticado por eles;

III – fundada em dívida contraída por um dos cônjuges a bem da família;

IV – que tenha por objeto o reconhecimento, a constituição ou a extinção de ônus sobre imóvel de um ou de ambos os cônjuges.

§ 2º. Nas ações possessórias, a participação do cônjuge do autor ou do réu somente é indispensável nas hipóteses de compose ou de ato por ambos praticado.

§ 3º. Aplica-se o disposto neste artigo à união estável comprovada nos autos.

Art. 74. O consentimento previsto no art. 73 pode ser suprido judicialmente quando for negado por um dos cônjuges sem justo motivo, ou quando lhe seja impossível concedê-lo.

Parágrafo único. A falta de consentimento, quando necessário e não suprido pelo juiz, invalida o processo.

(*) V. arts. 337, IX; 352; e 485, IV, do CPC.

Art. 75. Serão representados em juízo, ativa e passivamente:

I – a União, pela Advocacia-Geral da União, diretamente ou mediante órgão vinculado;

II – o Estado e o Distrito Federal, por seus procuradores;

III – o Município, por seu prefeito, procurador ou Associação de Representação de Municípios, quando expressamente autorizada;

(*) Inciso III com redação dada pela Lei nº 14.341/2022.

IV – a autarquia e a fundação de direito público, por quem a lei do ente federado designar;

V – a massa falida, pelo administrador judicial;

VI – a herança jacente ou vacante, por seu curador;

(*) V. art. 739, § 1º, I, do CPC.

VII – o espólio, pelo inventariante;

VIII – a pessoa jurídica, por quem os respectivos atos constitutivos designarem ou, não havendo essa designação, por seus diretores;

IX – a sociedade e a associação irregulares e outros entes organizados sem personalidade jurídica, pela pessoa a quem couber a administração de seus bens;

X – a pessoa jurídica estrangeira, pelo gerente, representante ou administrador de sua filial, agência ou sucursal aberta ou instalada no Brasil;

XI – o condomínio, pelo administrador ou síndico.

§ 1º. Quando o inventariante for dativo, os sucessores do falecido serão intimados no processo no qual o espólio seja parte.

(*) V. art. 618, I, do CPC.

§ 2º. A sociedade ou associação sem personalidade jurídica não poderá opor a irregularidade de sua constituição quando demandada.

§ 3º. O gerente de filial ou agência presume-se autorizado pela pessoa jurídica estrangeira a receber citação para qualquer processo.

§ 4º. Os Estados e o Distrito Federal poderão ajustar compromisso recíproco para prática de ato processual por seus procuradores em favor de outro ente federado, mediante convênio firmado pelas respectivas procuradorias.

(*) Vide Enunciado 383 do FPPC.

§ 5º. A representação judicial do Município pela Associação de Representação de Municípios somente poderá ocorrer em questões de interesse comum dos Municípios associados e dependerá de autorização do respectivo chefe do Poder Executivo municipal, com indicação específica do direito ou da obrigação a ser objeto das medidas judiciais.

(*) § 5º acrescido pela Lei nº 14.341/2022.

Art. 76. Verificada a incapacidade processual ou a irregularidade da representação da parte, o juiz suspenderá o processo e designará prazo razoável para que seja sanado o vício.

(*) V. arts. 321; e 485, IV, do CPC.

§ 1º. Descumprida a determinação, caso o processo esteja na instância originária:

I – o processo será extinto, se a providência couber ao autor;

II – o réu será considerado revel, se a providência lhe couber;

III – o terceiro será considerado revel ou excluído do processo, dependendo do polo em que se encontre.

§ 2º. Descumprida a determinação em fase recursal perante tribunal de justiça, tribunal regional federal ou tribunal superior, o relator:

I – não conhecerá do recurso, se a providência couber ao recorrente;

II – determinará o desentranhamento das contrarrazões, se a providência couber ao recorrido.

(*) Vide Enunciado 83 do FPPC.

Capítulo II
DOS DEVERES DAS PARTES E DE SEUS PROCURADORES

Seção I
Dos Deveres

Art. 77. Além de outros previstos neste Código, são deveres das partes, de seus procuradores e de todos aqueles que de qualquer forma participem do processo:

I – expor os fatos em juízo conforme a verdade;

II – não formular pretensão ou de apresentar defesa quando cientes de que são destituídas de fundamento;

III – não produzir provas e não praticar atos inúteis ou desnecessários à declaração ou à defesa do direito;

IV – cumprir com exatidão as decisões jurisdicionais, de natureza provisória ou final, e não criar embaraços à sua efetivação;

(*) V. arts. 80 e 379 do CPC.
(*) Vide Enunciado 678 do FPPC.

V – declinar, no primeiro momento que lhes couber falar nos autos, o endereço residencial ou profissional onde receberão intimações, atualizando essa informação sempre que ocorrer qualquer modificação temporária ou definitiva;

VI – não praticar inovação ilegal no estado de fato de bem ou direito litigioso.

VII – informar e manter atualizados seus dados cadastrais perante os órgãos do Poder Judiciário e, no caso do § 6º do art. 246 deste Código, da Administração Tributária, para recebimento de citações e intimações.

(*) Inciso VII acrescido pela Lei nº 14.195/2021.

§ 1º. Nas hipóteses dos incisos IV e VI, o juiz advertirá qualquer das pessoas mencionadas no *caput* de que sua conduta poderá ser punida como ato atentatório à dignidade da justiça.

(*) V. art. 360 do CPC.

§ 2º. A violação ao disposto nos incisos IV e VI constitui ato atentatório à dignidade da justiça, devendo o juiz, sem prejuízo das sanções criminais, civis e processuais cabíveis, aplicar ao responsável multa de até vinte por cento do valor da causa, de acordo com a gravidade da conduta.

§ 3º. Não sendo paga no prazo a ser fixado pelo juiz, a multa prevista no § 2º será inscrita como dívida ativa da União ou do Estado após o trânsito em julgado da decisão que a fixou, e sua execução observará o procedimento da execução fiscal, revertendo-se aos fundos previstos no art. 97.

§ 4º. A multa estabelecida no § 2º poderá ser fixada independentemente da incidência das previstas nos arts. 523, § 1º, e 536, § 1º.

§ 5º. Quando o valor da causa for irrisório ou inestimável, a multa prevista no § 2º poderá ser fixada em até 10 (dez) vezes o valor do salário-mínimo.

§ 6º. Aos advogados públicos ou privados e aos membros da Defensoria Pública e do Ministério Público não se aplica o disposto nos §§ 2º a 5º, devendo eventual responsabilidade disciplinar ser apurada pelo respectivo órgão de classe ou corregedoria, ao qual o juiz oficiará.

§ 7º. Reconhecida violação ao disposto no inciso VI, o juiz determinará o restabelecimento do estado anterior, podendo, ainda, proibir a parte de falar nos autos até a purgação do atentado, sem prejuízo da aplicação do § 2º.

§ 8º. O representante judicial da parte não pode ser compelido a cumprir decisão em seu lugar.

Art. 78. É vedado às partes, a seus procuradores, aos juízes, aos membros do Ministério Público e da Defensoria Pública e a qualquer pessoa que participe do processo empregar expressões ofensivas nos escritos apresentados.

(*) V. arts. 139, III; e 360, IV, do CPC.

§ 1º. Quando expressões ou condutas ofensivas forem manifestadas oral ou presencialmente, o juiz advertirá o ofensor de que não as deve usar ou repetir, sob pena de lhe ser cassada a palavra.

(*) V. art. 360, I a III, do CPC.

§ 2º. De ofício ou a requerimento do ofendido, o juiz determinará que as expressões ofensivas sejam riscadas e, a requerimento do ofendido, determinará a expedição de certidão com inteiro teor das expressões ofensivas e a colocará à disposição da parte interessada.

Seção II
Da Responsabilidade das Partes por Dano Processual

Art. 79. Responde por perdas e danos aquele que litigar de má-fé como autor, réu ou interveniente.

(*) V. arts. 302 e 776 do CPC.

Art. 80. Considera-se litigante de má-fé aquele que:

(*) V. arts. 77; 142; 772, II; e 774 do CPC.

I – deduzir pretensão ou defesa contra texto expresso de lei ou fato incontroverso;

II – alterar a verdade dos fatos;

III – usar do processo para conseguir objetivo ilegal;

IV – opuser resistência injustificada ao andamento do processo;

V – proceder de modo temerário em qualquer incidente ou ato do processo;

VI – provocar incidente manifestamente infundado;

VII – interpuser recurso com intuito manifestamente protelatório.

Art. 81. De ofício ou a requerimento, o juiz condenará o litigante de má-fé a pagar multa, que deverá ser superior a um por cento e inferior a dez por cento do valor corrigido da causa, a indenizar a parte contrária pelos prejuízos que esta sofreu e a arcar com os honorários advocatícios e com todas as despesas que efetuou.

§ 1º. Quando forem 2 (dois) ou mais os litigantes de má-fé, o juiz condenará cada um na proporção de seu respectivo interesse na causa ou solidariamente aqueles que se coligaram para lesar a parte contrária.

§ 2º. Quando o valor da causa for irrisório ou inestimável, a multa poderá ser fixada em até 10 (dez) vezes o valor do salário-mínimo.

§ 3º. O valor da indenização será fixado pelo juiz ou, caso não seja possível mensurá-lo, liquidado por arbitramento ou pelo procedimento comum, nos próprios autos.

(*) V. arts. 96; 202; 258; 468, § 1º; e 896, § 2º, do CPC.

(*) Vide Enunciado 490 do FPPC.

Seção III
Das Despesas, dos Honorários Advocatícios e das Multas

Art. 82. Salvo as disposições concernentes à gratuidade da justiça, incumbe às partes prover as despesas dos atos que realizarem ou requererem no processo, antecipando-lhes o pagamento, desde o início até a sentença final ou, na execução, até a plena satisfação do direito reconhecido no título.

(*) V. arts. 88; 268; 290; 462; 701, § 1º; e 968, II, do CPC.

§ 1º. Incumbe ao autor adiantar as despesas relativas a ato cuja realização o juiz determinar de ofício ou a requerimento do Ministério Público, quando sua intervenção ocorrer como fiscal da ordem jurídica.

(*) V. arts. 91, 95 e 266 do CPC.

§ 2º. A sentença condenará o vencido a pagar ao vencedor as despesas que antecipou.

(*) V. art. 974, parágrafo único, do CPC.

Art. 83. O autor, brasileiro ou estrangeiro, que residir fora do Brasil ou deixar de residir no país ao longo da tramitação de processo prestará caução suficiente ao pagamento das custas e dos honorários de advogado da parte contrária nas ações que propuser, se não tiver no Brasil bens imóveis que lhes assegurem o pagamento.

§ 1º. Não se exigirá a caução de que trata o *caput*:

I – quando houver dispensa prevista em acordo ou tratado internacional de que o Brasil faz parte;

(*) Vide Enunciado 4 do CJF.

II – na execução fundada em título extrajudicial e no cumprimento de sentença;

III – na reconvenção.

(*) V. art. 343 do CPC.

§ 2º. Verificando-se no trâmite do processo que se desfalcou a garantia, poderá o interessado exigir reforço da caução, justificando seu pedido com a indicação da depreciação do bem dado em garantia e a importância do reforço que pretende obter.

Art. 84. As despesas abrangem as custas dos atos do processo, a indenização de viagem, a remuneração do assistente técnico e a diária de testemunha.

(*) V. art. 462 do CPC.

Art. 85. A sentença condenará o vencido a pagar honorários ao advogado do vencedor.

(*) Vide Enunciados 241 e 661 do FPPC.
(*) Vide Enunciado 5 do CJF.
(*) Vide Súmulas 512 e 616 do STF.
(*) Vide Tema 116 do STF.
(*) Vide Súmulas 14, 105, 110, 111, 303 e 453 do STJ.

§ 1º. São devidos honorários advocatícios na reconvenção, no cumprimento de sentença, provisório ou definitivo, na execução, resistida ou não, e nos recursos interpostos, cumulativamente.

(*) V. art. 526, § 2º, do CPC.
(*) Vide Enunciado 451 do FPPC.
(*) Vide Enunciado 118 do CJF.

§ 2º. Os honorários serão fixados entre o mínimo de dez e o máximo de vinte por cento sobre o valor da condenação, do proveito econômico obtido ou, não sendo possível mensurá-lo, sobre o valor atualizado da causa, atendidos:

(*) V. § 20 deste artigo.
(*) Vide Enunciado 8 do CJF.

I – o grau de zelo do profissional;
II – o lugar de prestação do serviço;
III – a natureza e a importância da causa;
IV – o trabalho realizado pelo advogado e o tempo exigido para o seu serviço.

(*) V. arts. 291; e 509, § 3º, do CPC.
(*) Vide Enunciados 14 e 17 da ENFAM.

§ 3º. Nas causas em que a Fazenda Pública for parte, a fixação dos honorários observará os critérios estabelecidos nos incisos I a IV do § 2º e os seguintes percentuais:

(*) V. § 20 deste artigo.
(*) Vide Enunciado 8 do CJF.

I – mínimo de dez e máximo de vinte por cento sobre o valor da condenação ou do proveito econômico obtido até 200 (duzentos) salários-mínimos;

II – mínimo de oito e máximo de dez por cento sobre o valor da condenação ou do proveito econômico obtido acima de 200 (duzentos) salários-mínimos até 2.000 (dois mil) salários-mínimos;

III – mínimo de cinco e máximo de oito por cento sobre o valor da condenação ou do proveito econômico obtido acima de 2.000 (dois mil) salários-mínimos até 20.000 (vinte mil) salários-mínimos;

IV – mínimo de três e máximo de cinco por cento sobre o valor da condenação ou do proveito econômico obtido acima de 20.000 (vinte mil) salários-mínimos até 100.000 (cem mil) salários-mínimos;

V – mínimo de um e máximo de três por cento sobre o valor da condenação ou do proveito econômico obtido acima de 100.000 (cem mil) salários-mínimos.

(*) Vide Enunciado 240 do FPPC.
(*) Vide Enunciado 15 da ENFAM.
(*) Vide Súmula 185 do STF.
(*) Vide Súmula 345 do STJ.

§ 4º. Em qualquer das hipóteses do § 3º:

(*) V. § 20 deste artigo.

I – os percentuais previstos nos incisos I a V devem ser aplicados desde logo, quando for líquida a sentença;

II – não sendo líquida a sentença, a definição do percentual, nos termos previstos nos incisos I a V, somente ocorrerá quando liquidado o julgado;

III – não havendo condenação principal ou não sendo possível mensurar o proveito econômico obtido, a condenação em honorários dar-se-á sobre o valor atualizado da causa;

IV – será considerado o salário-mínimo vigente quando prolatada sentença líquida ou o que estiver em vigor na data da decisão de liquidação.

§ 5º. Quando, conforme o caso, a condenação contra a Fazenda Pública ou o benefício econômico obtido pelo vencedor ou o valor da causa for superior ao valor previsto no inciso I do § 3º, a fixação do percentual de honorários deve observar a faixa inicial e, naquilo que a exceder, a faixa subsequente, e assim sucessivamente.

(*) V. § 20 deste artigo.

§ 6º. Os limites e critérios previstos nos §§ 2º e 3º aplicam-se independentemente de qual seja o conteúdo da decisão, inclusive aos casos de improcedência ou de sentença sem resolução de mérito.

(*) V. § 20 deste artigo.

§ 6º-A. Quando o valor da condenação ou do proveito econômico obtido ou o valor atualizado da causa for líquido ou liquidável, para fins de fixação dos honorários advocatícios, nos termos dos §§ 2º e 3º, é proibida a apreciação equitativa, salvo nas hipóteses expressamente previstas no § 8º deste artigo.

(*) § 6º-A acrescido pela Lei nº 14.365/2022.
(*) V. § 20 deste artigo.

§ 7º. Não serão devidos honorários no cumprimento de sentença contra a Fazenda Pública que enseje expedição de precatório, desde que não tenha sido impugnada.

(*) Vide Enunciado 293 FPPC.

§ 8º. Nas causas em que for inestimável ou irrisório o proveito econômico ou, ainda, quando o valor da causa for muito baixo, o juiz fixará o valor dos honorários por apreciação equitativa, observando o disposto nos incisos do § 2º.

(*) V. § 20 deste artigo.
(*) V. art. 338, parágrafo único, do CPC.
(*) Vide Enunciados 6 e 8 do CJF.
(*) Vide Súmulas 153 e 201 do STJ.
(*) Vide Súmula 345 do STJ.

§ 8º-A. Na hipótese do § 8º deste artigo, para fins de fixação equitativa de honorários sucumbenciais, o juiz deverá observar os valores recomendados pelo Conselho Seccional da Ordem dos Advogados do Brasil a título de honorários advocatícios ou o limite mínimo de 10% (dez por cento) estabelecido no § 2º deste artigo, aplicando-se o que for maior.

(*) § 8º-A acrescido pela Lei nº 14.365/2022.
(*) V. § 20 deste artigo.

§ 9º. Na ação de indenização por ato ilícito contra pessoa, o percentual de honorários incidirá sobre a soma das prestações vencidas acrescida de 12 (doze) prestações vincendas.

(*) V. § 20 deste artigo.
(*) Vide Súmulas 234 e 389 do STF.

§ 10. Nos casos de perda do objeto, os honorários serão devidos por quem deu causa ao processo.

(*) V. § 20 deste artigo.

§ 11. O tribunal, ao julgar recurso, majorará os honorários fixados anteriormente levando em conta o trabalho adicional realizado em grau recursal,

LIVRO III – DOS SUJEITOS DO PROCESSO **ART. 88**

observando, conforme o caso, o disposto nos §§ 2º a 6º, sendo vedado ao tribunal, no cômputo geral da fixação de honorários devidos ao advogado do vencedor, ultrapassar os respectivos limites estabelecidos nos §§ 2º e 3º para a fase de conhecimento.

(*) Vide Enunciados 241, 242, 243 e 621 do FPPC.
(*) Vide Enunciado 16 da ENFAM.
(*) Vide Enunciado 7 do CJF.
(*) Vide Enunciado Administrativo 7 do STJ.

§ 12. Os honorários referidos no § 11 são cumuláveis com multas e outras sanções processuais, inclusive as previstas no art. 77.

§ 13. As verbas de sucumbência arbitradas em embargos à execução rejeitados ou julgados improcedentes e em fase de cumprimento de sentença serão acrescidas no valor do débito principal, para todos os efeitos legais.

§ 14. Os honorários constituem direito do advogado e têm natureza alimentar, com os mesmos privilégios dos créditos oriundos da legislação do trabalho, sendo vedada a compensação em caso de sucumbência parcial.

(*) Vide Enunciado 244 do FPPC.
(*) Vide Súmula Vinculante 47 do STF.
(*) Vide Tema 18 do STF.

§ 15. O advogado pode requerer que o pagamento dos honorários que lhe caibam seja efetuado em favor da sociedade de advogados que integra na qualidade de sócio, aplicando-se à hipótese o disposto no § 14.

§ 16. Quando os honorários forem fixados em quantia certa, os juros moratórios incidirão a partir da data do trânsito em julgado da decisão.

§ 17. Os honorários serão devidos quando o advogado atuar em causa própria.

§ 18. Caso a decisão transitada em julgado seja omissa quanto ao direito aos honorários ou ao seu valor, é cabível ação autônoma para sua definição e cobrança.

(*) Vide Enunciados 7 e 8 do FPPC.

§ 19. Os advogados públicos perceberão honorários de sucumbência, nos termos da lei.

(*) Vide Enunciado 384 do FPPC.

§ 20. O disposto nos §§ 2º, 3º, 4º, 5º, 6º, 6º-A, 8º, 8º-A, 9º e 10 deste artigo aplica-se aos honorários fixados por arbitramento judicial.

(*) § 20 acrescido pela Lei nº 14.365/2022.

Art. 86. Se cada litigante for, em parte, vencedor e vencido, serão proporcionalmente distribuídas entre eles as despesas.

(*) Vide Súmula 306 do STJ.

Parágrafo único. Se um litigante sucumbir em parte mínima do pedido, o outro responderá, por inteiro, pelas despesas e pelos honorários.

(*) V. art. 87 do CPC.

Art. 87. Concorrendo diversos autores ou diversos réus, os vencidos respondem proporcionalmente pelas despesas e pelos honorários.

§ 1º. A sentença deverá distribuir entre os litisconsortes, de forma expressa, a responsabilidade proporcional pelo pagamento das verbas previstas no *caput*.

§ 2º. Se a distribuição de que trata o § 1º não for feita, os vencidos responderão solidariamente pelas despesas e pelos honorários.

(*) V. art. 86 do CPC.

Art. 88. Nos procedimentos de jurisdição voluntária, as despesas serão adiantadas pelo requerente e rateadas entre os interessados.

(*) V. arts. 82 e 719 a 770 do CPC.

Art. 89. Nos juízos divisórios, não havendo litígio, os interessados pagarão as despesas proporcionalmente a seus quinhões.

(*) V. arts. 569 a 598 do CPC.

Art. 90. Proferida sentença com fundamento em desistência, em renúncia ou em reconhecimento do pedido, as despesas e os honorários serão pagos pela parte que desistiu, renunciou ou reconheceu.

§ 1º. Sendo parcial a desistência, a renúncia ou o reconhecimento, a responsabilidade pelas despesas e pelos honorários será proporcional à parcela reconhecida, à qual se renunciou ou da qual se desistiu.

§ 2º. Havendo transação e nada tendo as partes disposto quanto às despesas, estas serão divididas igualmente.

§ 3º. Se a transação ocorrer antes da sentença, as partes ficam dispensadas do pagamento das custas processuais remanescentes, se houver.

(*) Vide Enunciado 112 do FPPC.

§ 4º. Se o réu reconhecer a procedência do pedido e, simultaneamente, cumprir integralmente a prestação reconhecida, os honorários serão reduzidos pela metade.

(*) Vide Enunciados 9 e 10 do CJF.

Art. 91. As despesas dos atos processuais praticados a requerimento da Fazenda Pública, do Ministério Público ou da Defensoria Pública serão pagas ao final pelo vencido.

(*) V. art. 82, § 1º, do CPC.
(*) Vide Súmula 483 do STJ.

§ 1º. As perícias requeridas pela Fazenda Pública, pelo Ministério Público ou pela Defensoria Pública poderão ser realizadas por entidade pública ou, havendo previsão orçamentária, ter os valores adiantados por aquele que requerer a prova.

§ 2º. Não havendo previsão orçamentária no exercício financeiro para adiantamento dos honorários periciais, eles serão pagos no exercício seguinte ou ao final, pelo vencido, caso o processo se encerre antes do adiantamento a ser feito pelo ente público.

Art. 92. Quando, a requerimento do réu, o juiz proferir sentença sem resolver o mérito, o autor não poderá propor novamente a ação sem pagar ou depositar em cartório as despesas e os honorários a que foi condenado.

(*) V. art. 485, § 2º, do CPC.

Art. 93. As despesas de atos adiados ou cuja repetição for necessária ficarão a cargo da parte, do auxiliar da justiça, do órgão do Ministério Público ou da Defensoria Pública ou do juiz que, sem justo motivo, houver dado causa ao adiamento ou à repetição.

(*) V. arts. 143; 233; 362, § 3º; e 455, § 5º, do CPC.

Art. 94. Se o assistido for vencido, o assistente será condenado ao pagamento das custas em proporção à atividade que houver exercido no processo.

(*) V. arts. 119, 121 e 124 do CPC.

Art. 95. Cada parte adiantará a remuneração do assistente técnico que houver indicado, sendo a do perito adiantada pela parte que houver requerido a perícia ou rateada quando a perícia for determinada de ofício ou requerida por ambas as partes.

(*) V. arts. 82, § 1º; 84; e 464 a 480 do CPC.
(*) Vide Súmula 232 do STJ.

LIVRO III – DOS SUJEITOS DO PROCESSO　　ART. 98

§ 1º. O juiz poderá determinar que a parte responsável pelo pagamento dos honorários do perito deposite em juízo o valor correspondente.

§ 2º. A quantia recolhida em depósito bancário à ordem do juízo será corrigida monetariamente e paga de acordo com o art. 465, § 4º.

§ 3º. Quando o pagamento da perícia for de responsabilidade de beneficiário de gratuidade da justiça, ela poderá ser:

I – custeada com recursos alocados no orçamento do ente público e realizada por servidor do Poder Judiciário ou por órgão público conveniado;

II – paga com recursos alocados no orçamento da União, do Estado ou do Distrito Federal, no caso de ser realizada por particular, hipótese em que o valor será fixado conforme tabela do tribunal respectivo ou, em caso de sua omissão, do Conselho Nacional de Justiça.

(*) Vide Resolução CNJ nº 232 /2016.

§ 4º. Na hipótese do § 3º, o juiz, após o trânsito em julgado da decisão final, oficiará a Fazenda Pública para que promova, contra quem tiver sido condenado ao pagamento das despesas processuais, a execução dos valores gastos com a perícia particular ou com a utilização de servidor público ou da estrutura de órgão público, observando-se, caso o responsável pelo pagamento das despesas seja beneficiário de gratuidade da justiça, o disposto no art. 98, § 2º.

(*) Vide Enunciado 622 do FPPC.

§ 5º. Para fins de aplicação do § 3º, é vedada a utilização de recursos do fundo de custeio da Defensoria Pública.

Art. 96. O valor das sanções impostas ao litigante de má-fé reverterá em benefício da parte contrária, e o valor das sanções impostas aos serventuários pertencerá ao Estado ou à União.

(*) V. arts. 81; 202; 258; 468, § 1º; e 896, § 2º, do CPC.

Art. 97. A União e os Estados podem criar fundos de modernização do Poder Judiciário, aos quais serão revertidos os valores das sanções pecuniárias processuais destinadas à União e aos Estados, e outras verbas previstas em lei.

(*) V. art. 77, § 3º, do CPC.

Seção IV
Da Gratuidade da Justiça

(*) Vide Enunciado 624 do FPPC.

Art. 98. A pessoa natural ou jurídica, brasileira ou estrangeira, com insuficiência de recursos para pagar as custas, as despesas processuais e os honorários advocatícios tem direito à gratuidade da justiça, na forma da lei.

(*) Vide Enunciado 113 do FPPC.

§ 1º. A gratuidade da justiça compreende:

I – as taxas ou as custas judiciais;

II – os selos postais;

III – as despesas com publicação na imprensa oficial, dispensando-se a publicação em outros meios;

IV – a indenização devida à testemunha que, quando empregada, receberá do empregador salário integral, como se em serviço estivesse;

V – as despesas com a realização de exame de código genético – DNA e de outros exames considerados essenciais;

VI – os honorários do advogado e do perito e a remuneração do intérprete ou do tradutor nomeado para apresentação de versão em português de documento redigido em língua estrangeira;

VII – o custo com a elaboração de memória de cálculo, quando exigida para instauração da execução;

VIII – os depósitos previstos em lei para interposição de recurso, para propositura de ação e para a prática de outros atos processuais inerentes ao exercício da ampla defesa e do contraditório;

(*) Vide Enunciado 623 do FPPC.

IX – os emolumentos devidos a notários ou registradores em decorrência da prática de registro, averbação ou qualquer outro ato notarial necessário à efetivação de decisão judicial ou à continuidade de processo judicial no qual o benefício tenha sido concedido.

§ 2º. A concessão de gratuidade não afasta a responsabilidade do beneficiário pelas despesas processuais e pelos honorários advocatícios decorrentes de sua sucumbência.

(*) Vide Enunciado 622 do FPPC.

§ 3º. Vencido o beneficiário, as obrigações decorrentes de sua sucumbência ficarão sob condição suspensiva de exigibilidade e somente poderão ser executadas se, nos 5 (cinco) anos subsequentes ao trânsito em julgado da decisão que as certificou, o credor demonstrar que deixou de existir a situação de insuficiência de recursos que justificou a concessão de gratuidade, extinguindo-se, passado esse prazo, tais obrigações do beneficiário.

(*) Vide Enunciado 622 do FPPC.

§ 4º. A concessão de gratuidade não afasta o dever de o beneficiário pagar, ao final, as multas processuais que lhe sejam impostas.

(*) Vide Enunciado 623 do FPPC.

§ 5º. A gratuidade poderá ser concedida em relação a algum ou a todos os atos processuais, ou consistir na redução percentual de despesas processuais que o beneficiário tiver de adiantar no curso do procedimento.

(*) Vide Enunciado 612 do FPPC.

§ 6º. Conforme o caso, o juiz poderá conceder direito ao parcelamento de despesas processuais que o beneficiário tiver de adiantar no curso do procedimento.

(*) Vide Enunciado 612 do FPPC.

§ 7º. Aplica-se o disposto no art. 95, §§ 3º a 5º, ao custeio dos emolumentos previstos no § 1º, inciso IX, do presente artigo, observada a tabela e as condições da lei estadual ou distrital respectiva.

(*) Vide Enunciado 622 do FPPC.

§ 8º. Na hipótese do § 1º, inciso IX, havendo dúvida fundada quanto ao preenchimento atual dos pressupostos para a concessão de gratuidade, o notário ou registrador, após praticar o ato, pode requerer, ao juízo competente para decidir questões notariais ou registrais, a revogação total ou parcial do benefício ou a sua substituição pelo parcelamento de que trata o § 6º deste artigo, caso em que o beneficiário será citado para, em 15 (quinze) dias, manifestar-se sobre esse requerimento.

Art. 99. O pedido de gratuidade da justiça pode ser formulado na petição inicial, na contestação, na petição para ingresso de terceiro no processo ou em recurso.

§ 1º. Se superveniente à primeira manifestação da parte na instância, o pedido poderá ser formulado por petição simples, nos autos do próprio processo, e não suspenderá seu curso.

LIVRO III – DOS SUJEITOS DO PROCESSO　　**ART. 102**

§ 2º. O juiz somente poderá indeferir o pedido se houver nos autos elementos que evidenciem a falta dos pressupostos legais para a concessão de gratuidade, devendo, antes de indeferir o pedido, determinar à parte a comprovação do preenchimento dos referidos pressupostos.

(*) Vide Enunciado 385 do FPPC.

§ 3º. Presume-se verdadeira a alegação de insuficiência deduzida exclusivamente por pessoa natural.

§ 4º. A assistência do requerente por advogado particular não impede a concessão de gratuidade da justiça.

(*) Vide Enunciado 245 do FPPC.

§ 5º. Na hipótese do § 4º, o recurso que verse exclusivamente sobre valor de honorários de sucumbência fixados em favor do advogado de beneficiário estará sujeito a preparo, salvo se o próprio advogado demonstrar que tem direito à gratuidade.

§ 6º. O direito à gratuidade da justiça é pessoal, não se estendendo a litisconsorte ou a sucessor do beneficiário, salvo requerimento e deferimento expressos.

§ 7º. Requerida a concessão de gratuidade da justiça em recurso, o recorrente estará dispensado de comprovar o recolhimento do preparo, incumbindo ao relator, neste caso, apreciar o requerimento e, se indeferi-lo, fixar prazo para realização do recolhimento.

(*) Vide Enunciados 246 e 613 do FPPC.

Art. 100. Deferido o pedido, a parte contrária poderá oferecer impugnação na contestação, na réplica, nas contrarrazões de recurso ou, nos casos de pedido superveniente ou formulado por terceiro, por meio de petição simples, a ser apresentada no prazo de 15 (quinze) dias, nos autos do próprio processo, sem suspensão de seu curso.

Parágrafo único. Revogado o benefício, a parte arcará com as despesas processuais que tiver deixado de adiantar e pagará, em caso de má-fé, até o décuplo de seu valor a título de multa, que será revertida em benefício da Fazenda Pública estadual ou federal e poderá ser inscrita em dívida ativa.

Art. 101. Contra a decisão que indeferir a gratuidade ou a que acolher pedido de sua revogação caberá agravo de instrumento, exceto quando a questão for resolvida na sentença, contra a qual caberá apelação.

§ 1º. O recorrente estará dispensado do recolhimento de custas até decisão do relator sobre a questão, preliminarmente ao julgamento do recurso.

§ 2º. Confirmada a denegação ou a revogação da gratuidade, o relator ou o órgão colegiado determinará ao recorrente o recolhimento das custas processuais, no prazo de 5 (cinco) dias, sob pena de não conhecimento do recurso.

(*) V. art. 1.015, V, do CPC.

Art. 102. Sobrevindo o trânsito em julgado de decisão que revoga a gratuidade, a parte deverá efetuar o recolhimento de todas as despesas de cujo adiantamento foi dispensada, inclusive as relativas ao recurso interposto, se houver, no prazo fixado pelo juiz, sem prejuízo de aplicação das sanções previstas em lei.

Parágrafo único. Não efetuado o recolhimento, o processo será extinto sem resolução de mérito, tratando-se do autor, e, nos demais casos, não poderá ser deferida a realização de nenhum ato ou diligência requerida

Capítulo III
DOS PROCURADORES

Art. 103. A parte será representada em juízo por advogado regularmente inscrito na Ordem dos Advogados do Brasil.

Parágrafo único. É lícito à parte postular em causa própria quando tiver habilitação legal.

(*) V. arts. 106; 111; 287, *caput*; e 313, § 3º, do CPC.

Art. 104. O advogado não será admitido a postular em juízo sem procuração, salvo para evitar preclusão, decadência ou prescrição, ou para praticar ato considerado urgente.

(*) V. art. 287, parágrafo único, I, do CPC.
(*) Vide Súmula 644 do STF.

§ 1º. Nas hipóteses previstas no *caput*, o advogado deverá, independentemente de caução, exibir a procuração no prazo de 15 (quinze) dias, prorrogável por igual período por despacho do juiz.

§ 2º. O ato não ratificado será considerado ineficaz relativamente àquele em cujo nome foi praticado, respondendo o advogado pelas despesas e por perdas e danos.

(*) Vide Enunciado 83 do FPPC.

Art. 105. A procuração geral para o foro, outorgada por instrumento público ou particular assinado pela parte, habilita o advogado a praticar todos os atos do processo, exceto receber citação, confessar, reconhecer a procedência do pedido, transigir, desistir, renunciar ao direito sobre o qual se funda a ação, receber, dar quitação, firmar compromisso e assinar declaração de hipossuficiência econômica, que devem constar de cláusula específica.

(*) V. art. 390, § 1º, do CPC.

§ 1º. A procuração pode ser assinada digitalmente, na forma da lei.

§ 2º. A procuração deverá conter o nome do advogado, seu número de inscrição na Ordem dos Advogados do Brasil e endereço completo.

§ 3º. Se o outorgado integrar sociedade de advogados, a procuração também deverá conter o nome dessa, seu número de registro na Ordem dos Advogados do Brasil e endereço completo.

§ 4º. Salvo disposição expressa em sentido contrário constante do próprio instrumento, a procuração outorgada na fase de conhecimento é eficaz para todas as fases do processo, inclusive para o cumprimento de sentença.

Art. 106. Quando postular em causa própria, incumbe ao advogado:

I – declarar, na petição inicial ou na contestação, o endereço, seu número de inscrição na Ordem dos Advogados do Brasil e o nome da sociedade de advogados da qual participa, para o recebimento de intimações;

II – comunicar ao juízo qualquer mudança de endereço.

(*) V. art. 103, parágrafo único, do CPC.

§ 1º. Se o advogado descumprir o disposto no inciso I, o juiz ordenará que se supra a omissão, no prazo de 5 (cinco) dias, antes de determinar a citação do réu, sob pena de indeferimento da petição.

(*) V. arts. 76; 321; e 330, IV, do CPC.
(*) Vide Enunciado 425 do FPPC.

§ 2º. Se o advogado infringir o previsto no inciso II, serão consideradas válidas as intimações enviadas

LIVRO III – DOS SUJEITOS DO PROCESSO   ART. 111

por carta registrada ou meio eletrônico ao endereço constante dos autos.

Art. 107. O advogado tem direito a:

I – examinar, em cartório de fórum e secretaria de tribunal, mesmo sem procuração, autos de qualquer processo, independentemente da fase de tramitação, assegurados a obtenção de cópias e o registro de anotações, salvo na hipótese de segredo de justiça, nas quais apenas o advogado constituído terá acesso aos autos;

(*) V. art. 189, § 1º, do CPC.
(*) Vide Súmula Vinculante 14.

II – requerer, como procurador, vista dos autos de qualquer processo, pelo prazo de 5 (cinco) dias;

(*) V. art. 234 do CPC.

III – retirar os autos do cartório ou da secretaria, pelo prazo legal, sempre que neles lhe couber falar por determinação do juiz, nos casos previstos em lei.

(*) V. art. 234 do CPC.

§ 1º. Ao receber os autos, o advogado assinará carga em livro ou documento próprio.

§ 2º. Sendo o prazo comum às partes, os procuradores poderão retirar os autos somente em conjunto ou mediante prévio ajuste, por petição nos autos.

§ 3º. Na hipótese do § 2º, é lícito ao procurador retirar os autos para obtenção de cópias, pelo prazo de 2 (duas) a 6 (seis) horas, independentemente de ajuste e sem prejuízo da continuidade do prazo.

§ 4º. O procurador perderá no mesmo processo o direito a que se refere o § 3º se não devolver os autos tempestivamente, salvo se o prazo for prorrogado pelo juiz.

§ 5º. O disposto no inciso I do *caput* deste artigo aplica-se integralmente a processos eletrônicos.

(*) § 5º acrescido pela Lei nº 13.793/2019.

Capítulo IV
DA SUCESSÃO DAS PARTES E DOS PROCURADORES

Art. 108. No curso do processo, somente é lícita a sucessão voluntária das partes nos casos expressos em lei.

(*) V. arts. 43; e 778, § 1º, do CPC.

Art. 109. A alienação da coisa ou do direito litigioso por ato entre vivos, a título particular, não altera a legitimidade das partes.

(*) V. art. 808 do CPC.
(*) Vide Enunciado 115 do FPPC.

§ 1º. O adquirente ou cessionário não poderá ingressar em juízo, sucedendo o alienante ou cedente, sem que o consinta a parte contrária.

§ 2º. O adquirente ou cessionário poderá intervir no processo como assistente litisconsorcial do alienante ou cedente.

(*) V. arts. 119 a 124 do CPC.

§ 3º. Estendem-se os efeitos da sentença proferida entre as partes originárias ao adquirente ou cessionário.

Art. 110. Ocorrendo a morte de qualquer das partes, dar-se-á a sucessão pelo seu espólio ou pelos seus sucessores, observado o disposto no art. 313, §§ 1º e 2º.

(*) V. arts. 75, VII; 485, IX; 687; e 1.004 do CPC.
(*) Vide Enunciado 115 do FPPC.

Art. 111. A parte que revogar o mandato outorgado a seu advogado constituirá, no mesmo ato, outro que assuma o patrocínio da causa.

Parágrafo único. Não sendo constituído novo procurador no prazo de 15 (quinze) dias, observar-se-á o disposto no art. 76.

Art. 112. O advogado poderá renunciar ao mandato a qualquer tempo, provando, na forma prevista neste Código, que comunicou a renúncia ao mandante, a fim de que este nomeie sucessor.

(*) V. art. 313, I, do CPC.

§ 1º. Durante os 10 (dez) dias seguintes, o advogado continuará a representar o mandante, desde que necessário para lhe evitar prejuízo.

§ 2º. Dispensa-se a comunicação referida no *caput* quando a procuração tiver sido outorgada a vários advogados e a parte continuar representada por outro, apesar da renúncia.

TÍTULO II
DO LITISCONSÓRCIO

Art. 113. Duas ou mais pessoas podem litigar, no mesmo processo, em conjunto, ativa ou passivamente, quando:

I – entre elas houver comunhão de direitos ou de obrigações relativamente à lide;

II – entre as causas houver conexão pelo pedido ou pela causa de pedir;

(*) V. art. 55 do CPC.

(*) Vide Súmula 235 do STJ.

III – ocorrer afinidade de questões por ponto comum de fato ou de direito.

§ 1º. O juiz poderá limitar o litisconsórcio facultativo quanto ao número de litigantes na fase de conhecimento, na liquidação de sentença ou na execução, quando este comprometer a rápida solução do litígio ou dificultar a defesa ou o cumprimento da sentença.

(*) V. art. 534, § 1º, do CPC.

(*) Vide Enunciados 116, 117, 386 e 387 do FPPC.

§ 2º. O requerimento de limitação interrompe o prazo para manifestação ou resposta, que recomeçará da intimação da decisão que o solucionar.

(*) V. art. 534, § 1º, do CPC.

(*) Vide Enunciado 10 do FPPC.

Art. 114. O litisconsórcio será necessário por disposição de lei ou quando, pela natureza da relação jurídica controvertida, a eficácia da sentença depender da citação de todos que devam ser litisconsortes.

(*) V. art. 73 do CPC.

(*) Vide Súmula 631 do STF.

Art. 115. A sentença de mérito, quando proferida sem a integração do contraditório, será:

I – nula, se a decisão deveria ser uniforme em relação a todos que deveriam ter integrado o processo;

(*) Vide Enunciado 638 do FPPC.

II – ineficaz, nos outros casos, apenas para os que não foram citados.

(*) V. art. 967, IV, do CPC.

Parágrafo único. Nos casos de litisconsórcio passivo necessário, o juiz determinará ao autor que requeira a citação de todos que devam ser litisconsortes, dentro do prazo que assinar, sob pena de extinção do processo.

(*) V. art. 485, III, do CPC.

(*) Vide Súmula 631 do STF.

Art. 116. O litisconsórcio será unitário quando, pela natureza da relação jurídica, o juiz tiver de decidir o mérito de modo uniforme para todos os litisconsortes.

(*) Vide Enunciados 11, 118 e 119 do FPPC.

Art. 117. Os litisconsortes serão considerados, em suas relações com a parte adversa, como litigantes distintos, exceto no litisconsórcio unitário, caso em que os atos e as omissões de um não prejudicarão os outros, mas os poderão beneficiar.

(*) V. arts. 116; 345, I; 391; e 1.005 do CPC.

(*) Vide Enunciados 102 e 584 do FPPC.

Art. 118. Cada litisconsorte tem o direito de promover o andamento do processo, e todos devem ser intimados dos respectivos atos.

(*) V. art. 229 do CPC.

TÍTULO III
DA INTERVENÇÃO DE TERCEIROS

Capítulo I
DA ASSISTÊNCIA

Seção I
Disposições Comuns

Art. 119. Pendendo causa entre 2 (duas) ou mais pessoas, o terceiro juridicamente interessado em que a sentença seja favorável a uma delas poderá intervir no processo para assisti-la.

(*) V. arts. 94 e 99 do CPC.

(*) Vide Enunciado 388 do FPPC.

Parágrafo único. A assistência será admitida em qualquer procedimento e em todos os graus de jurisdição, recebendo o assistente o processo no estado em que se encontre.

(*) Vide Enunciado 487 do FPPC.

Art. 120. Não havendo impugnação no prazo de 15 (quinze) dias, o pedido do assistente será deferido, salvo se for caso de rejeição liminar.

Parágrafo único. Se qualquer parte alegar que falta ao requerente interesse jurídico para intervir, o juiz decidirá o incidente, sem suspensão do processo.

Seção II
Da Assistência Simples

Art. 121. O assistente simples atuará como auxiliar da parte principal, exercerá os mesmos poderes e sujeitar-se-á aos mesmos ônus processuais que o assistido.

(*) V. art. 94 do CPC.

Parágrafo único. Sendo revel ou, de qualquer outro modo, omisso o assistido, o assistente será considerado seu substituto processual.

(*) Vide Enunciado 501 do FPPC.

Art. 122. A assistência simples não obsta a que a parte principal reconheça a procedência do pedido, desista da ação, renuncie ao direito sobre o que se funda a ação ou transija sobre direitos controvertidos.

(*) Vide Enunciado 389 do FPPC.

Art. 123. Transitada em julgado a sentença no processo em que interveio o assistente, este não poderá, em processo posterior, discutir a justiça da decisão, salvo se alegar e provar que:

I – pelo estado em que recebeu o processo ou pelas declarações e pelos atos do assistido, foi impedido de produzir provas suscetíveis de influir na sentença;

II – desconhecia a existência de alegações ou de provas das quais o assistido, por dolo ou culpa, não se valeu.

Seção III
Da Assistência Litisconsorcial

Art. 124. Considera-se litisconsorte da parte principal o assistente sempre que a sentença influir na relação jurídica entre ele e o adversário do assistido.

(*) V. arts. 94 e 229 do CPC.
(*) Vide Enunciado 11 do FPPC.

Capítulo II
DA DENUNCIAÇÃO DA LIDE

Art. 125. É admissível a denunciação da lide, promovida por qualquer das partes:

I – ao alienante imediato, no processo relativo à coisa cujo domínio foi transferido ao denunciante, a fim de que possa exercer os direitos que da evicção lhe resultam;

II – àquele que estiver obrigado, por lei ou pelo contrato, a indenizar, em ação regressiva, o prejuízo de quem for vencido no processo.

(*) Vide Enunciado 121 do FPPC.
(*) Vide Súmula 188 do STF.

§ 1º. O direito regressivo será exercido por ação autônoma quando a denunciação da lide for indeferida, deixar de ser promovida ou não for permitida.

(*) Vide Enunciado 120 do FPPC.

§ 2º. Admite-se uma única denunciação sucessiva, promovida pelo denunciado, contra seu antecessor imediato na cadeia dominial ou quem seja responsável por indenizá-lo, não podendo o denunciado sucessivo promover nova denunciação, hipótese em que eventual direito de regresso será exercido por ação autônoma.

Art. 126. A citação do denunciado será requerida na petição inicial, se o denunciante for autor, ou na contestação, se o denunciante for réu, devendo ser realizada na forma e nos prazos previstos no art. 131.

Art. 127. Feita a denunciação pelo autor, o denunciado poderá assumir a posição de litisconsorte do denunciante e acrescentar novos argumentos à petição inicial, procedendo-se em seguida à citação do réu.

(*) V. arts. 113 a 118 do CPC.

Art. 128. Feita a denunciação pelo réu:

I – se o denunciado contestar o pedido formulado pelo autor, o processo prosseguirá tendo, na ação principal, em litisconsórcio, denunciante e denunciado;

II – se o denunciado for revel, o denunciante pode deixar de prosseguir com sua defesa, eventualmente oferecida, e abster-se de recorrer, restringindo sua atuação à ação regressiva;

III – se o denunciado confessar os fatos alegados pelo autor na ação principal, o denunciante poderá prosseguir com sua defesa ou, aderindo a tal reconhecimento, pedir apenas a procedência da ação de regresso.

(*) V. art. 389 do CPC.

Parágrafo único. Procedente o pedido da ação principal, pode o autor, se for o caso, requerer o cumprimento da sentença também contra o denunciado, nos limites da condenação deste na ação regressiva.

(*) Vide Enunciado 121 do FPPC.

Art. 129. Se o denunciante for vencido na ação principal, o juiz passará ao julgamento da denunciação da lide.

(*) Vide Enunciado 122 do FPPC.

Parágrafo único. Se o denunciante for vencedor, a ação de denunciação não terá o seu pedido examinado, sem prejuízo da condenação do denunciante ao pagamento das verbas de sucumbência em favor do denunciado.

Capítulo III
DO CHAMAMENTO AO PROCESSO

Art. 130. É admissível o chamamento ao processo, requerido pelo réu:

I – do afiançado, na ação em que o fiador for réu;

II – dos demais fiadores, na ação proposta contra um ou alguns deles;

III – dos demais devedores solidários, quando o credor exigir de um ou de alguns o pagamento da dívida comum.

Art. 131. A citação daqueles que devam figurar em litisconsórcio passivo será requerida pelo réu na contestação e deve ser promovida no prazo de 30 (trinta) dias, sob pena de ficar sem efeito o chamamento.

(*) V. art. 126 do CPC.

Parágrafo único. Se o chamado residir em outra comarca, seção ou subseção judiciárias, ou em lugar incerto, o prazo será de 2 (dois) meses.

Art. 132. A sentença de procedência valerá como título executivo em favor do réu que satisfizer a dívida, a fim de que possa exigi-la, por inteiro, do devedor principal, ou, de cada um dos codevedores, a sua quota, na proporção que lhes tocar.

(*) V. art. 771 ss. do CPC.

Capítulo IV
DO INCIDENTE DE DESCONSIDERAÇÃO DA PERSONALIDADE JURÍDICA

(*) Vide Enunciados 11, 110 e 111 do CJF.

Art. 133. O incidente de desconsideração da personalidade jurídica será instaurado a pedido da parte ou do Ministério Público, quando lhe couber intervir no processo.

(*) V. arts. 178 e 1.062 do CPC.
(*) Vide Enunciados 123, 124, 247 e 529 do FPPC.
(*) Vide Enunciado 53 da ENFAM.

§ 1º. O pedido de desconsideração da personalidade jurídica observará os pressupostos previstos em lei.

§ 2º. Aplica-se o disposto neste Capítulo à hipótese de desconsideração inversa da personalidade jurídica.

Art. 134. O incidente de desconsideração é cabível em todas as fases do processo de conhecimento, no cumprimento de sentença e na execução fundada em título executivo extrajudicial.

(*) V. art. 790, VII, do CPC.
(*) Vide Enunciados 125, 126 e 529 do FPPC.

§ 1º. A instauração do incidente será imediatamente comunicada ao distribuidor para as anotações devidas.

§ 2º. Dispensa-se a instauração do incidente se a desconsideração da personalidade jurídica for requerida na petição inicial, hipótese em que será citado o sócio ou a pessoa jurídica.

(*) Vide Enunciados 248 e 689 do FPPC.

§ 3º. A instauração do incidente suspenderá o processo, salvo na hipótese do § 2º.

§ 4º. O requerimento deve demonstrar o preenchimento dos pressupostos legais específicos para desconsideração da personalidade jurídica.

Art. 135. Instaurado o incidente, o sócio ou a pessoa jurídica será citado para manifestar-se e requerer as provas cabíveis no prazo de 15 (quinze) dias.

Art. 136. Concluída a instrução, se necessária, o incidente será resolvido por decisão interlocutória.

(*) Vide Enunciado 390 do FPPC.

Parágrafo único. Se a decisão for proferida pelo relator, cabe agravo interno.

Art. 137. Acolhido o pedido de desconsideração, a alienação ou a oneração de bens, havida em fraude de execução, será ineficaz em relação ao requerente.

Capítulo V
DO *AMICUS CURIAE*

Art. 138. O juiz ou o relator, considerando a relevância da matéria, a especificidade do tema objeto da demanda ou a repercussão social da controvérsia, poderá, por decisão irrecorrível, de ofício ou a requerimento das partes ou de quem pretenda manifestar-se, solicitar ou admitir a participação de pessoa natural ou jurídica, órgão ou entidade especializada, com representatividade adequada, no prazo de 15 (quinze) dias de sua intimação.

(*) Vide Enunciados 127, 128, 249, 250, 388, 392, 393, 395, 460, 575, 619, 659 e 690 do FPPC.
(*) Vide Enunciados 12 e 82 do CJF.

§ 1º. A intervenção de que trata o *caput* não implica alteração de competência nem autoriza a interposição de recursos, ressalvadas a oposição de embargos de declaração e a hipótese do § 3º.

(*) Vide Enunciado 394 do FPPC.

§ 2º. Caberá ao juiz ou ao relator, na decisão que solicitar ou admitir a intervenção, definir os poderes do *amicus curiae*.

§ 3º. O *amicus curiae* pode recorrer da decisão que julgar o incidente de resolução de demandas repetitivas.

(*) Vide Enunciado 391 do FPPC.

TÍTULO IV
DO JUIZ E DOS AUXILIARES DA JUSTIÇA

Capítulo I
DOS PODERES, DOS DEVERES E DA RESPONSABILIDADE DO JUIZ

Art. 139. O juiz dirigirá o processo conforme as disposições deste Código, incumbindo-lhe:

(*) Vide Enunciado 645 do FPPC.

I – assegurar às partes igualdade de tratamento;

(*) Vide Enunciado 107 do FPPC.
(*) Vide Súmula 121 do STJ.

II – velar pela duração razoável do processo;

III – prevenir ou reprimir qualquer ato contrário à dignidade da justiça e indeferir postulações meramente protelatórias;

(*) V. arts. 78; 360; 772, II; e 774 do CPC.

LIVRO III – DOS SUJEITOS DO PROCESSO **ART. 139**

IV – determinar todas as medidas indutivas, coercitivas, mandamentais ou sub-rogatórias necessárias para assegurar o cumprimento de ordem judicial, inclusive nas ações que tenham por objeto prestação pecuniária;

(*) V. art. 77, § 4º, do CPC.

(*) Vide Enunciados 12, 396, 525, 714, 715 e 716 do FPPC.

(*) Vide Enunciado 48 da ENFAM.

V – promover, a qualquer tempo, a autocomposição, preferencialmente com auxílio de conciliadores e mediadores judiciais;

(*) Vide Enunciados 485, 618 e 673 do FPPC.

VI – dilatar os prazos processuais e alterar a ordem de produção dos meios de prova, adequando-os às necessidades do conflito de modo a conferir maior efetividade à tutela do direito;

(*) Vide Enunciados 116, 129, 179, 251, 581 e 673 do FPPC.

(*) Vide Enunciado 35 da ENFAM.

(*) Vide Enunciado 13 do CJF.

VII – exercer o poder de polícia, requisitando, quando necessário, força policial, além da segurança interna dos fóruns e tribunais;

VIII – determinar, a qualquer tempo, o comparecimento pessoal das partes, para inquiri-las sobre os fatos da causa, hipótese em que não incidirá a pena de confesso;

IX – determinar o suprimento de pressupostos processuais e o saneamento de outros vícios processuais;

X – quando se deparar com diversas demandas individuais repetitivas, oficiar o Ministério Público, a Defensoria Pública e, na medida do possível, outros legitimados a que se referem o art. 5º da Lei nº 7.347, de 24 de julho de 1985,♦ e o art. 82 da Lei nº 8.078, de 11 de setembro de 1990,♦♦ para, se for o caso, promover a propositura da ação coletiva respectiva.

♦ Lei nº 7.347, de 24 de julho de 1985, que disciplina a ação civil pública de responsabilidade por danos causados ao meio ambiente, ao consumidor, a bens e direitos de valor artístico, estético, histórico, turístico e paisagístico (vetado) e dá outras providências: "***Art. 5º.*** *Têm legitimidade para propor a ação principal e a ação cautelar: I – o Ministério Público; II – a Defensoria Pública; III – a União, os Estados, o Distrito Federal e os Municípios; IV – a autarquia, empresa pública, fundação ou sociedade de economia mista; V – a associação que, concomitantemente: a) esteja constituída há pelo menos 1 (um) ano nos termos da lei civil; b) inclua, entre suas finalidades institucionais, a proteção ao patrimônio público e social, ao meio ambiente, ao consumidor, à ordem econômica, à livre concorrência, aos direitos de grupos raciais, étnicos ou religiosos ou ao patrimônio artístico, estético, histórico, turístico e paisagístico. § 1º. O Ministério Público, se não intervier no processo como parte, atuará obrigatoriamente como fiscal da lei. § 2º. Fica facultado ao Poder Público e a outras associações legitimadas nos termos deste artigo habilitar-se como litisconsortes de qualquer das partes. § 3º. Em caso de desistência infundada ou abandono da ação por associação legitimada, o Ministério Público ou outro legitimado assumirá a titularidade ativa. § 4°. O requisito da pré-constituição poderá ser dispensado pelo juiz, quando haja manifesto interesse social evidenciado pela dimensão ou característica do dano, ou pela relevância do bem jurídico a ser protegido. § 5°. Admitir-se-á o litisconsórcio facultativo entre os Ministérios Públicos da União, do Distrito Federal e dos Estados na defesa dos interesses e direitos de que cuida esta Lei. § 6°. Os órgãos públicos legitimados poderão tomar dos interessados compromisso de ajustamento de sua conduta às exigências legais, mediante cominações, que terá eficácia de título executivo extrajudicial.".*

♦♦ Lei nº 8.078, de 11 de setembro de 1990 – Código de Defesa do Consumidor: "***Art. 82.*** *Para os fins do art. 81, parágrafo único, são legitimados concorrentemente: I – o Ministério Público, II – a União, os Estados, os Municípios e o Distrito Federal; III – as entidades e órgãos* *da Administração Pública, direta ou indireta, ainda que sem personalidade jurídica, especificamente destinados à defesa dos interesses e direitos protegidos por este Código; IV – as associações legalmente constituídas há pelo menos um ano e que incluam entre seus fins institucionais a defesa dos interesses e direitos protegidos por este Código, dispensada a autorização assemblear. § 1º. O requisito da pré-constituição pode ser dispensado pelo juiz, nas ações previstas nos arts. 91 e seguintes, quando haja manifesto interesse social evidenciado pela dimensão ou característica do dano, ou pela relevância do bem jurídico a ser protegido. § 2º. (Vetado). § 3º. (Vetado).".*

(*) Vide Enunciados 119, 658 e 666 do FPPC.

Parágrafo único. A dilação de prazos prevista no inciso VI somente pode ser determinada antes de encerrado o prazo regular.

(*) Vide Enunciado 129 do FPPC.

Art. 140. O juiz não se exime de decidir sob a alegação de lacuna ou obscuridade do ordenamento jurídico.

Parágrafo único. O juiz só decidirá por equidade nos casos previstos em lei.

Art. 141. O juiz decidirá o mérito nos limites propostos pelas partes, sendo-lhe vedado conhecer de questões não suscitadas a cujo respeito a lei exige iniciativa da parte.

(*) V. arts. 490 e 492 do CPC.

Art. 142. Convencendo-se, pelas circunstâncias, de que autor e réu se serviram do processo para praticar ato simulado ou conseguir fim vedado por lei, o juiz proferirá decisão que impeça os objetivos das partes, aplicando, de ofício, as penalidades da litigância de má-fé.

(*) V. arts. 79; 80; 96; 139, III; e 190 do CPC.
(*) Vide Enunciado 410 do FPPC.

Art. 143. O juiz responderá, civil e regressivamente, por perdas e danos quando:

I – no exercício de suas funções, proceder com dolo ou fraude;

II – recusar, omitir ou retardar, sem justo motivo, providência que deva ordenar de ofício ou a requerimento da parte.

Parágrafo único. As hipóteses previstas no inciso II somente serão verificadas depois que a parte requerer ao juiz que determine a providência e o requerimento não for apreciado no prazo de 10 (dez) dias.

(*) V. arts. 93 e 235 do CPC.

Capítulo II
DOS IMPEDIMENTOS E DA SUSPEIÇÃO

Art. 144. Há impedimento do juiz, sendo-lhe vedado exercer suas funções no processo:

(*) V. arts. 146; e 966, II, do CPC.
(*) Vide Enunciado 489 do FPPC.

I – em que interveio como mandatário da parte, oficiou como perito, funcionou como membro do Ministério Público ou prestou depoimento como testemunha;

(*) V. art. 452, I, do CPC.

II – de que conheceu em outro grau de jurisdição, tendo proferido decisão;

(*) Vide Súmula 252 do STF.

III – quando nele estiver postulando, como defensor público, advogado ou membro do Ministério Público, seu cônjuge ou companheiro, ou qualquer parente, consanguíneo ou afim, em linha reta ou colateral, até o terceiro grau, inclusive;

(*) V. § 1º deste artigo.
(*) Vide Resolução CNJ nº 200/2015.

IV – quando for parte no processo ele próprio, seu cônjuge ou compa-

LIVRO III – DOS SUJEITOS DO PROCESSO **ART. 146**

nheiro, ou parente, consanguíneo ou afim, em linha reta ou colateral, até o terceiro grau, inclusive;

V – quando for sócio ou membro de direção ou de administração de pessoa jurídica parte no processo;

VI – quando for herdeiro presuntivo, donatário ou empregador de qualquer das partes;

VII – em que figure como parte instituição de ensino com a qual tenha relação de emprego ou decorrente de contrato de prestação de serviços;

(*) Vide Resolução CNJ nº 34 /2007.

VIII – em que figure como parte cliente do escritório de advocacia de seu cônjuge, companheiro ou parente, consanguíneo ou afim, em linha reta ou colateral, até o terceiro grau, inclusive, mesmo que patrocinado por advogado de outro escritório;

IX – quando promover ação contra a parte ou seu advogado.

§ 1º. Na hipótese do inciso III, o impedimento só se verifica quando o defensor público, o advogado ou o membro do Ministério Público já integrava o processo antes do início da atividade judicante do juiz.

§ 2º. É vedada a criação de fato superveniente a fim de caracterizar impedimento do juiz.

§ 3º. O impedimento previsto no inciso III também se verifica no caso de mandato conferido a membro de escritório de advocacia que tenha em seus quadros advogado que individualmente ostente a condição nele prevista, mesmo que não intervenha diretamente no processo.

Art. 145. Há suspeição do juiz:

(*) V. art. 146 do CPC.

(*) Vide Enunciado 489 do FPPC.

I – amigo íntimo ou inimigo de qualquer das partes ou de seus advogados;

II – que receber presentes de pessoas que tiverem interesse na causa antes ou depois de iniciado o processo, que aconselhar alguma das partes acerca do objeto da causa ou que subministrar meios para atender às despesas do litígio;

III – quando qualquer das partes for sua credora ou devedora, de seu cônjuge ou companheiro ou de parentes destes, em linha reta até o terceiro grau, inclusive;

IV – interessado no julgamento do processo em favor de qualquer das partes.

§ 1º. Poderá o juiz declarar-se suspeito por motivo de foro íntimo, sem necessidade de declarar suas razões.

§ 2º. Será ilegítima a alegação de suspeição quando:

I – houver sido provocada por quem a alega;

II – a parte que a alega houver praticado ato que signifique manifesta aceitação do arguido.

Art. 146. No prazo de 15 (quinze) dias, a contar do conhecimento do fato, a parte alegará o impedimento ou a suspeição, em petição específica dirigida ao juiz do processo, na qual indicará o fundamento da recusa, podendo instruí-la com documentos em que se fundar a alegação e com rol de testemunhas.

(*) V. arts. 144; 145; 313, III; 535, § 1º; e 966, II, do CPC.

§ 1º. Se reconhecer o impedimento ou a suspeição ao receber a petição, o juiz ordenará imediatamente a remessa dos autos a seu substituto legal, caso contrário, determinará a autuação em apartado da petição e, no prazo de 15 (quinze) dias, apresentará suas razões, acompanhadas de documentos e de rol de testemunhas, se houver, ordenando a remessa do incidente ao tribunal.

§ 2º. Distribuído o incidente, o relator deverá declarar os seus efeitos, sendo que, se o incidente for recebido:

I – sem efeito suspensivo, o processo voltará a correr;

II – com efeito suspensivo, o processo permanecerá suspenso até o julgamento do incidente.

§ 3º. Enquanto não for declarado o efeito em que é recebido o incidente ou quando este for recebido com efeito suspensivo, a tutela de urgência será requerida ao substituto legal.

§ 4º. Verificando que a alegação de impedimento ou de suspeição é improcedente, o tribunal rejeitá-la-á.

§ 5º. Acolhida a alegação, tratando-se de impedimento ou de manifesta suspeição, o tribunal condenará o juiz nas custas e remeterá os autos ao seu substituto legal, podendo o juiz recorrer da decisão.

§ 6º. Reconhecido o impedimento ou a suspeição, o tribunal fixará o momento a partir do qual o juiz não poderia ter atuado.

§ 7º. O tribunal decretará a nulidade dos atos do juiz, se praticados quando já presente o motivo de impedimento ou de suspeição.

Art. 147. Quando 2 (dois) ou mais juízes forem parentes, consanguíneos ou afins, em linha reta ou colateral, até o terceiro grau, inclusive, o primeiro que conhecer do processo impede que o outro nele atue, caso em que o segundo se escusará, remetendo os autos ao seu substituto legal.

Art. 148. Aplicam-se os motivos de impedimento e de suspeição:

(*) V. art. 535, § 1º, do CPC.

I – ao membro do Ministério Público;

(*) V. arts. 176 a 181 do CPC.

II – aos auxiliares da justiça;

(*) V. art. 156, § 4º, do CPC.

III – aos demais sujeitos imparciais do processo.

§ 1º. A parte interessada deverá arguir o impedimento ou a suspeição, em petição fundamentada e devidamente instruída, na primeira oportunidade em que lhe couber falar nos autos.

(*) V. §§ 3º e 4º deste artigo.

§ 2º. O juiz mandará processar o incidente em separado e sem suspensão do processo, ouvindo o arguido no prazo de 15 (quinze) dias e facultando a produção de prova, quando necessária.

(*) V. § 4º deste artigo.

§ 3º. Nos tribunais, a arguição a que se refere o § 1º será disciplinada pelo regimento interno.

§ 4º. O disposto nos §§ 1º e 2º não se aplica à arguição de impedimento ou de suspeição de testemunha.

Capítulo III
DOS AUXILIARES DA JUSTIÇA

Art. 149. São auxiliares da Justiça, além de outros cujas atribuições sejam determinadas pelas

LIVRO III – DOS SUJEITOS DO PROCESSO **ART. 153**

normas de organização judiciária, o escrivão, o chefe de secretaria, o oficial de justiça, o perito, o depositário, o administrador, o intérprete, o tradutor, o mediador, o conciliador judicial, o partidor, o distribuidor, o contabilista e o regulador de avarias.

Seção I
Do Escrivão, do Chefe de Secretaria e do Oficial de Justiça

Art. 150. Em cada juízo haverá um ou mais ofícios de justiça, cujas atribuições serão determinadas pelas normas de organização judiciária.

Art. 151. Em cada comarca, seção ou subseção judiciária haverá, no mínimo, tantos oficiais de justiça quantos sejam os juízos.

Art. 152. Incumbe ao escrivão ou ao chefe de secretaria:

(*) V. arts. 206 a 211 do CPC.

I – redigir, na forma legal, os ofícios, os mandados, as cartas precatórias e os demais atos que pertençam ao seu ofício;

II – efetivar as ordens judiciais, realizar citações e intimações, bem como praticar todos os demais atos que lhe forem atribuídos pelas normas de organização judiciária;

III – comparecer às audiências ou, não podendo fazê-lo, designar servidor para substituí-lo;

IV – manter sob sua guarda e responsabilidade os autos, não permitindo que saiam do cartório, exceto:

a) quando tenham de seguir à conclusão do juiz;

b) com vista a procurador, à Defensoria Pública, ao Ministério Público ou à Fazenda Pública;

c) quando devam ser remetidos ao contabilista ou ao partidor;

d) quando forem remetidos a outro juízo em razão da modificação da competência;

V – fornecer certidão de qualquer ato ou termo do processo, independentemente de despacho, observadas as disposições referentes ao segredo de justiça;

(*) V. art. 189 do CPC.

VI – praticar, de ofício, os atos meramente ordinatórios.

§ 1º. O juiz titular editará ato a fim de regulamentar a atribuição prevista no inciso VI.

§ 2º. No impedimento do escrivão ou chefe de secretaria, o juiz convocará substituto e, não o havendo, nomeará pessoa idônea para o ato.

Art. 153. O escrivão ou o chefe de secretaria atenderá, preferencialmente, à ordem cronológica de recebimento para publicação e efetivação dos pronunciamentos judiciais.

(*) Art. 153, *caput*, com redação dada pela Lei nº 13.256/2016.

(*) Vide Enunciado 34 da ENFAM.

(*) Vide Enunciado 14 do CJF.

§ 1º. A lista de processos recebidos deverá ser disponibilizada, de forma permanente, para consulta pública.

§ 2º. Estão excluídos da regra do *caput*:

I – os atos urgentes, assim reconhecidos pelo juiz no pronunciamento judicial a ser efetivado;

II – as preferências legais.

§ 3º. Após elaboração de lista própria, respeitar-se-ão a ordem cronológica de recebimento entre os atos urgentes e as preferências legais.

§ 4º. A parte que se considerar preterida na ordem cronológica poderá reclamar, nos próprios autos, ao juiz do processo, que requisitará informações ao servidor, a serem prestadas no prazo de 2 (dois) dias.

§ 5º. Constatada a preterição, o juiz determinará o imediato cumprimento do ato e a instauração de processo administrativo disciplinar contra o servidor.

Art. 154. Incumbe ao oficial de justiça:

I – fazer pessoalmente citações, prisões, penhoras, arrestos e demais diligências próprias do seu ofício, sempre que possível na presença de 2 (duas) testemunhas, certificando no mandado o ocorrido, com menção ao lugar, ao dia e à hora;

II – executar as ordens do juiz a que estiver subordinado;

III – entregar o mandado em cartório após seu cumprimento;

IV – auxiliar o juiz na manutenção da ordem;

V – efetuar avaliações, quando for o caso;

VI – certificar, em mandado, proposta de autocomposição apresentada por qualquer das partes, na ocasião de realização de ato de comunicação que lhe couber.

Parágrafo único. Certificada a proposta de autocomposição prevista no inciso VI, o juiz ordenará a intimação da parte contrária para manifestar-se, no prazo de 5 (cinco) dias, sem prejuízo do andamento regular do processo, entendendo-se o silêncio como recusa.

Art. 155. O escrivão, o chefe de secretaria e o oficial de justiça são responsáveis, civil e regressivamente, quando:

I – sem justo motivo, se recusarem a cumprir no prazo os atos impostos pela lei ou pelo juiz a que estão subordinados;

II – praticarem ato nulo com dolo ou culpa.

Seção II
Do Perito

(*) Vide Resolução CNJ nº 233/2016.

Art. 156. O juiz será assistido por perito quando a prova do fato depender de conhecimento técnico ou científico.

(*) V. art. 468 do CPC.
(*) Vide Súmula 232 do STJ.

§ 1º. Os peritos serão nomeados entre os profissionais legalmente habilitados e os órgãos técnicos ou científicos devidamente inscritos em cadastro mantido pelo tribunal ao qual o juiz está vinculado.

§ 2º. Para formação do cadastro, os tribunais devem realizar consulta pública, por meio de divulgação na rede mundial de computadores ou em jornais de grande circulação, além de consulta direta a universidades, a conselhos de classe, ao Ministério Público, à Defensoria Pública e à Ordem dos Advogados do Brasil, para a indicação de profissionais ou de órgãos técnicos interessados.

§ 3º. Os tribunais realizarão avaliações e reavaliações periódicas para manutenção do cadastro, considerando a formação profissional, a atualização do conhecimento e a experiência dos peritos interessados.

LIVRO III – DOS SUJEITOS DO PROCESSO   ART. 161

§ 4º. Para verificação de eventual impedimento ou motivo de suspeição, nos termos dos arts. 148 e 467, o órgão técnico ou científico nomeado para realização da perícia informará ao juiz os nomes e os dados de qualificação dos profissionais que participarão da atividade.

§ 5º. Na localidade onde não houver inscrito no cadastro disponibilizado pelo tribunal, a nomeação do perito é de livre escolha pelo juiz e deverá recair sobre profissional ou órgão técnico ou científico comprovadamente detentor do conhecimento necessário à realização da perícia.

Art. 157. O perito tem o dever de cumprir o ofício no prazo que lhe designar o juiz, empregando toda sua diligência, podendo escusar-se do encargo alegando motivo legítimo.

(*) V. arts. 164, 466 e 467 do CPC.

§ 1º. A escusa será apresentada no prazo de 15 (quinze) dias, contado da intimação, da suspeição ou do impedimento supervenientes, sob pena de renúncia ao direito a alegá-la.

§ 2º. Será organizada lista de peritos na vara ou na secretaria, com disponibilização dos documentos exigidos para habilitação à consulta de interessados, para que a nomeação seja distribuída de modo equitativo, observadas a capacidade técnica e a área de conhecimento.

Art. 158. O perito que, por dolo ou culpa, prestar informações inverídicas responderá pelos prejuízos que causar à parte e ficará inabilitado para atuar em outras perícias no prazo de 2 (dois) a 5 (cinco) anos, independentemente das demais sanções previstas em lei, devendo o juiz comunicar o fato ao respectivo órgão de classe para adoção das medidas que entender cabíveis.

(*) V. art. 164 do CPC.

Seção III
Do Depositário e do Administrador

Art. 159. A guarda e a conservação de bens penhorados, arrestados, sequestrados ou arrecadados serão confiadas a depositário ou a administrador, não dispondo a lei de outro modo.

(*) V. art. 840 do CPC.

Art. 160. Por seu trabalho o depositário ou o administrador perceberá remuneração que o juiz fixará levando em conta a situação dos bens, ao tempo do serviço e às dificuldades de sua execução.

Parágrafo único. O juiz poderá nomear um ou mais prepostos por indicação do depositário ou do administrador.

Art. 161. O depositário ou o administrador responde pelos prejuízos que, por dolo ou culpa, causar à parte, perdendo a remuneração que lhe foi arbitrada, mas tem o direito a haver o que legitimamente despendeu no exercício do encargo.

(*) V. art. 553 do CPC.

Parágrafo único. O depositário infiel responde civilmente pelos prejuízos causados, sem prejuízo de sua responsabilidade penal e da imposição de sanção por ato atentatório à dignidade da justiça.

(*) Vide Súmula Vinculante 25 do STF.
(*) Vide Súmula 419 do STJ.

Seção IV
Do Intérprete e do Tradutor

Art. 162. O juiz nomeará intérprete ou tradutor quando necessário para:

(*) V. art. 192 do CPC.

I – traduzir documento redigido em língua estrangeira;

II – verter para o português as declarações das partes e das testemunhas que não conhecerem o idioma nacional;

III – realizar a interpretação simultânea dos depoimentos das partes e testemunhas com deficiência auditiva que se comuniquem por meio da Língua Brasileira de Sinais, ou equivalente, quando assim for solicitado.

Art. 163. Não pode ser intérprete ou tradutor quem:

(*) V. art. 148, II, do CPC.

I – não tiver a livre administração de seus bens;

II – for arrolado como testemunha ou atuar como perito no processo;

III – estiver inabilitado para o exercício da profissão por sentença penal condenatória, enquanto durarem seus efeitos.

Art. 164. O intérprete ou tradutor, oficial ou não, é obrigado a desempenhar seu ofício, aplicando-se-lhe o disposto nos arts. 157 e 158.

Seção V
Dos Conciliadores e Mediadores Judiciais

(*) Vide Resolução CNJ nº 125/2010.
(*) Vide Enunciado 397 do FPPC.
(*) Vide Enunciados 57, 58, 59 e 60 da ENFAM.

Art. 165. Os tribunais criarão centros judiciários de solução consensual de conflitos, responsáveis pela realização de sessões e audiências de conciliação e mediação e pelo desenvolvimento de programas destinados a auxiliar, orientar e estimular a autocomposição.

(*) V. art. 334 do CPC.

§ 1º. A composição e a organização dos centros serão definidas pelo respectivo tribunal, observadas as normas do Conselho Nacional de Justiça.

§ 2º. O conciliador, que atuará preferencialmente nos casos em que não houver vínculo anterior entre as partes, poderá sugerir soluções para o litígio, sendo vedada a utilização de qualquer tipo de constrangimento ou intimidação para que as partes conciliem.

(*) Vide Enunciado 187 do FPPC.

§ 3º. O mediador, que atuará preferencialmente nos casos em que houver vínculo anterior entre as partes, auxiliará aos interessados a compreender as questões e os interesses em conflito, de modo que eles possam, pelo restabelecimento da comunicação, identificar, por si próprios, soluções consensuais que gerem benefícios mútuos.

Art. 166. A conciliação e a mediação são informadas pelos princípios da independência, da imparcialidade, da autonomia da vontade, da confidencialidade, da oralidade, da informalidade e da decisão informada.

(*) Vide Enunciados 187 e 618 do FPPC.
(*) Vide Enunciado 62 da ENFAM.

§ 1º. A confidencialidade estende-se a todas as informações produzidas no curso do procedimento, cujo teor não poderá ser utilizado para fim diverso daquele previsto por expressa deliberação das partes.

§ 2º. Em razão do dever de sigilo, inerente às suas funções, o conciliador e o mediador, assim como os membros de suas equipes, não poderão divulgar ou depor acerca de fatos ou elementos oriundos da conciliação ou da mediação.

§ 3º. Admite-se a aplicação de técnicas negociais, com o objetivo de proporcionar ambiente favorável à autocomposição.

§ 4º. A mediação e a conciliação serão regidas conforme a livre autonomia dos interessados, inclusive no que diz respeito à definição das regras procedimentais.

(*) Vide Enunciados 576 e 577 do FPPC.

Art. 167. Os conciliadores, os mediadores e as câmaras privadas de conciliação e mediação serão inscritos em cadastro nacional e em cadastro de tribunal de justiça ou de tribunal regional federal, que manterá registro de profissionais habilitados, com indicação de sua área profissional.

§ 1º. Preenchendo o requisito da capacitação mínima, por meio de curso realizado por entidade credenciada, conforme parâmetro curricular definido pelo Conselho Nacional de Justiça em conjunto com o Ministério da Justiça, o conciliador ou o mediador, com o respectivo certificado, poderá requerer sua inscrição no cadastro nacional e no cadastro de tribunal de justiça ou de tribunal regional federal.

§ 2º. Efetivado o registro, que poderá ser precedido de concurso público, o tribunal remeterá ao diretor do foro da comarca, seção ou subseção judiciária onde atuará o conciliador ou o mediador os dados necessários para que seu nome passe a constar da respectiva lista, a ser observada na distribuição alternada e aleatória, respeitado o princípio da igualdade dentro da mesma área de atuação profissional.

§ 3º. Do credenciamento das câmaras e do cadastro de conciliadores e mediadores constarão todos os dados relevantes para a sua atuação, tais como o número de processos de que participou, o sucesso ou insucesso da atividade, a matéria sobre a qual versou a controvérsia, bem como outros dados que o tribunal julgar relevantes.

(*) Vide Enunciado 625 do FPPC.

§ 4º. Os dados colhidos na forma do § 3º serão classificados sistematicamente pelo tribunal, que os publicará, ao menos anualmente, para conhecimento da população e para fins estatísticos e de avaliação da conciliação, da mediação, das câmaras privadas de conciliação e de mediação, dos conciliadores e dos mediadores.

§ 5º. Os conciliadores e mediadores judiciais cadastrados na forma do *caput*, se advogados, estarão impedidos de exercer a advocacia nos juízos em que desempenhem suas funções.

§ 6º. O tribunal poderá optar pela criação de quadro próprio de conciliadores e mediadores, a ser preenchido por concurso público de provas e títulos, observadas as disposições deste Capítulo.

Art. 168. As partes podem escolher, de comum acordo, o conciliador, o mediador ou a câmara privada de conciliação e de mediação.

(*) Vide Enunciado 618 do FPPC.

§ 1º. O conciliador ou mediador escolhido pelas partes poderá ou não estar cadastrado no tribunal.

§ 2º. Inexistindo acordo quanto à escolha do mediador ou conciliador, haverá distribuição entre aqueles ca-

Art. 169. Ressalvada a hipótese do art. 167, § 6º, o conciliador e o mediador receberão pelo seu trabalho remuneração prevista em tabela fixada pelo tribunal, conforme parâmetros estabelecidos pelo Conselho Nacional de Justiça.

(*) Vide Resolução CNJ nº 271/2018.

§ 1º. A mediação e a conciliação podem ser realizadas como trabalho voluntário, observada a legislação pertinente e a regulamentação do tribunal.

§ 2º. Os tribunais determinarão o percentual de audiências não remuneradas que deverão ser suportadas pelas câmaras privadas de conciliação e mediação, com o fim de atender aos processos em que deferida gratuidade da justiça, como contrapartida de seu credenciamento.

Art. 170. No caso de impedimento, o conciliador ou mediador o comunicará imediatamente, de preferência por meio eletrônico, e devolverá os autos ao juiz do processo ou ao coordenador do centro judiciário de solução de conflitos, devendo este realizar nova distribuição.

Parágrafo único. Se a causa de impedimento for apurada quando já iniciado o procedimento, a atividade será interrompida, lavrando-se ata com relatório do ocorrido e solicitação de distribuição para novo conciliador ou mediador.

Art. 171. No caso de impossibilidade temporária do exercício da função, o conciliador ou mediador informará o fato ao centro, preferencialmente por meio eletrônico, para que, durante o período em que perdurar a impossibilidade, não haja novas distribuições.

Art. 172. O conciliador e o mediador ficam impedidos, pelo prazo de 1 (um) ano, contado do término da última audiência em que atuaram, de assessorar, representar ou patrocinar qualquer das partes.

Art. 173. Será excluído do cadastro de conciliadores e mediadores aquele que:

I – agir com dolo ou culpa na condução da conciliação ou da mediação sob sua responsabilidade ou violar qualquer dos deveres decorrentes do art. 166, §§ 1º e 2º;

II – atuar em procedimento de mediação ou conciliação, apesar de impedido ou suspeito.

§ 1º. Os casos previstos neste artigo serão apurados em processo administrativo.

§ 2º. O juiz do processo ou o juiz coordenador do centro de conciliação e mediação, se houver, verificando atuação inadequada do mediador ou conciliador, poderá afastá-lo de suas atividades por até 180 (cento e oitenta) dias, por decisão fundamentada, informando o fato imediatamente ao tribunal para instauração do respectivo processo administrativo.

Art. 174. A União, os Estados, o Distrito Federal e os Municípios criarão câmaras de mediação e conciliação, com atribuições relacionadas à solução consensual de conflitos no âmbito administrativo, tais como:

I – dirimir conflitos envolvendo órgãos e entidades da administração pública;

II – avaliar a admissibilidade dos pedidos de resolução de conflitos, por meio de conciliação, no âmbito da administração pública;

III – promover, quando couber, a celebração de termo de ajustamento de conduta.

(*) Vide Enunciados 398 e 717 do FPPC.

Art. 175. As disposições desta Seção não excluem outras formas de conciliação e mediação extrajudiciais vinculadas a órgãos institucionais ou realizadas por intermédio de profissionais independentes, que poderão ser regulamentadas por lei específica.

Parágrafo único. Os dispositivos desta Seção aplicam-se, no que couber, às câmaras privadas de conciliação e mediação.

TÍTULO V
DO MINISTÉRIO PÚBLICO

(*) Vide Súmulas 99, 234 e 329 do STJ.

Art. 176. O Ministério Público atuará na defesa da ordem jurídica, do regime democrático e dos interesses e direitos sociais e individuais indisponíveis.

Art. 177. O Ministério Público exercerá o direito de ação em conformidade com suas atribuições constitucionais.

(*) V. arts. 91; 778, § 1º, I; 967, III; e 996 do CPC.
(*) Vide Temas 56 e 471 do STF.
(*) Vide Súmulas 594 e 601 do STJ.

Art. 178. O Ministério Público será intimado para, no prazo de 30 (trinta) dias, intervir como fiscal da ordem jurídica nas hipóteses previstas em lei ou na Constituição Federal e nos processos que envolvam:

(*) V. arts. 279; 626; 721; 735, § 2º; 737, § 2º; 740, § 6º; 951, parágrafo único; e 967, parágrafo único, do CPC.

I – interesse público ou social;

II – interesse de incapaz;

III – litígios coletivos pela posse de terra rural ou urbana.

(*) Vide Súmula 226 do STJ.

Parágrafo único. A participação da Fazenda Pública não configura, por si só, hipótese de intervenção do Ministério Público.

Art. 179. Nos casos de intervenção como fiscal da ordem jurídica, o Ministério Público:

I – terá vista dos autos depois das partes, sendo intimado de todos os atos do processo;

II – poderá produzir provas, requerer as medidas processuais pertinentes e recorrer.

(*) V. arts. 234 e 235 do CPC.
(*) Vide Enunciado 467 do FPPC.

Art. 180. O Ministério Público gozará de prazo em dobro para manifestar-se nos autos, que terá início a partir de sua intimação pessoal, nos termos do art. 183, § 1º.

(*) V. arts. 230 e 269 a 275 do CPC.
(*) Vide Enunciado 399 do FPPC.
(*) Vide Súmula 116 do STJ.

§ 1º. Findo o prazo para manifestação do Ministério Público sem o oferecimento de parecer, o juiz requisitará os autos e dará andamento ao processo.

§ 2º. Não se aplica o benefício da contagem em dobro quando a lei estabelecer, de forma expressa, prazo próprio para o Ministério Público.

Art. 181. O membro do Ministério Público será civil e regressivamente responsável quando agir com dolo ou fraude no exercício de suas funções.

TÍTULO VI
DA ADVOCACIA PÚBLICA

Art. 182. Incumbe à Advocacia Pública, na forma da lei, defender e promover os interesses públicos da União, dos Estados, do Distrito Federal e dos Municípios, por meio da representação judicial, em todos os âmbitos federativos, das pessoas jurídicas de direito público que integram a administração direta e indireta.

Art. 183. A União, os Estados, o Distrito Federal, os Municípios e suas respectivas autarquias e fundações de direito público gozarão de prazo em dobro para todas as suas manifestações processuais, cuja contagem terá início a partir da intimação pessoal.

(*) Vide Enunciados 399 e 400 do FPPC.
(*) Vide Súmula 116 do STJ.

§ 1º. A intimação pessoal far-se-á por carga, remessa ou meio eletrônico.

(*) V. arts. 180, 186 e 230 do CPC.
(*) Vide Enunciados 401 e 578 do FPPC.

§ 2º. Não se aplica o benefício da contagem em dobro quando a lei estabelecer, de forma expressa, prazo próprio para o ente público.

Art. 184. O membro da Advocacia Pública será civil e regressivamente responsável quando agir com dolo ou fraude no exercício de suas funções.

TÍTULO VII
DA DEFENSORIA PÚBLICA

Art. 185. A Defensoria Pública exercerá a orientação jurídica, a promoção dos direitos humanos e a defesa dos direitos individuais e coletivos dos necessitados, em todos os graus, de forma integral e gratuita.

(*) Vide Tema 607 do STF.
(*) Vide Súmula 421 do STJ.

Art. 186. A Defensoria Pública gozará de prazo em dobro para todas as suas manifestações processuais.

§ 1º. O prazo tem início com a intimação pessoal do defensor público, nos termos do art. 183, § 1º.

(*) V. arts. 230 e 269 a 275 do CPC.

§ 2º. A requerimento da Defensoria Pública, o juiz determinará a intimação pessoal da parte patrocinada quando o ato processual depender de providência ou informação que somente por ela possa ser realizada ou prestada.

(*) Vide Enunciado 626 do FPPC.
(*) Vide Enunciado 15 do CJF.

§ 3º. O disposto no *caput* aplica-se aos escritórios de prática jurídica das faculdades de Direito reconhecidas na forma da lei e às entidades que prestam assistência jurídica gratuita em razão de convênios firmados com a Defensoria Pública.

(*) Vide Enunciado 626 do FPPC.

§ 4º. Não se aplica o benefício da contagem em dobro quando a lei estabelecer, de forma expressa, prazo próprio para a Defensoria Pública.

Art. 187. O membro da Defensoria Pública será civil e regressivamente responsável quando agir com dolo ou fraude no exercício de suas funções.

LIVRO IV
DOS ATOS PROCESSUAIS

TÍTULO I
DA FORMA, DO TEMPO E DO LUGAR DOS ATOS PROCESSUAIS

Capítulo I
DA FORMA DOS ATOS PROCESSUAIS

Seção I
Dos Atos em Geral

Art. 188. Os atos e os termos processuais independem de forma determinada, salvo quando a lei expressamente a exigir, considerando-se válidos os que, realizados de outro modo, lhe preencham a finalidade essencial.

(*) V. arts. 277 e 283 do CPC.

Art. 189. Os atos processuais são públicos, todavia tramitam em segredo de justiça os processos:

(*) V. arts. 107, I; 152, V; e 368 do CPC.

I – em que o exija o interesse público ou social;

II – que versem sobre casamento, separação de corpos, divórcio, separação, união estável, filiação, alimentos e guarda de crianças e adolescentes;

III – em que constem dados protegidos pelo direito constitucional à intimidade;

IV – que versem sobre arbitragem, inclusive sobre cumprimento de carta arbitral, desde que a confidencialidade estipulada na arbitragem seja comprovada perante o juízo.

(*) Vide Enunciados 13 e 15 do FPPC.

§ 1º. O direito de consultar os autos de processo que tramite em segredo de justiça e de pedir certidões de seus atos é restrito às partes e aos seus procuradores.

§ 2º. O terceiro que demonstrar interesse jurídico pode requerer ao juiz certidão do dispositivo da sentença, bem como de inventário e de partilha resultantes de divórcio ou separação.

Art. 190. Versando o processo sobre direitos que admitam autocomposição, é lícito às partes plenamente capazes estipular mudanças no procedimento para ajustá-lo às especificidades da causa e convencionar sobre os seus ônus, poderes, faculdades e deveres processuais, antes ou durante o processo.

(*) V. art. 200 do CPC.

(*) Vide Enunciados 6, 17, 19, 20, 21, 115, 131, 132, 133, 135, 252, 253, 254, 255, 256, 257, 258, 260, 261, 262, 392, 402, 403, 404, 405, 406, 407, 408, 409, 410, 411, 412, 413, 490, 569, 579, 580 e 628 do FPPC.

(*) Vide Enunciados 36, 37, 38 e 41 da ENFAM.

(*) Vide Enunciados 16, 17, 18, 112, 113, 114, 115, 152 e 153 do CJF.

Parágrafo único. De ofício ou a requerimento, o juiz controlará a validade das convenções previstas neste artigo, recusando-lhes aplicação somente nos casos de nulidade ou de inserção abusiva em contrato de adesão ou em que alguma parte se encontre em manifesta situação de vulnerabilidade.

(*) Vide Enunciados 16, 18, 134, 259, 491, 492, 493 e 628 do FPPC.

Art. 191. De comum acordo, o juiz e as partes podem fixar calendário para a prática dos atos processuais, quando for o caso.

(*) V. art. 277 do CPC.
(*) Vide Enunciados 299, 413 e 494 do FPPC.
(*) Vide Enunciado 38 da ENFAM.
(*) Vide Enunciados 16 e 113 do CJF.

§ 1º. O calendário vincula as partes e o juiz, e os prazos nele previstos somente serão modificados em casos excepcionais, devidamente justificados.

(*) Vide Enunciado 414 do FPPC.

§ 2º. Dispensa-se a intimação das partes para a prática de ato processual ou a realização de audiência cujas datas tiverem sido designadas no calendário.

Art. 192. Em todos os atos e termos do processo é obrigatório o uso da língua portuguesa.

(*) V. arts. 162 a 164 do CPC.

Parágrafo único. O documento redigido em língua estrangeira somente poderá ser juntado aos autos quando acompanhado de versão para a língua portuguesa tramitada por via diplomática ou pela autoridade central, ou firmada por tradutor juramentado.

(*) Vide Súmula 259 do STF.

Seção II
Da Prática Eletrônica de Atos Processuais

Art. 193. Os atos processuais podem ser total ou parcialmente digitais, de forma a permitir que sejam produzidos, comunicados, armazenados e validados por meio eletrônico, na forma da lei.

Parágrafo único. O disposto nesta Seção aplica-se, no que for cabível, à prática de atos notariais e de registro.

Art. 194. Os sistemas de automação processual respeitarão a publicidade dos atos, o acesso e a participação das partes e de seus procuradores, inclusive nas audiências e sessões de julgamento, observadas as garantias da disponibilidade, independência da plataforma computacional, acessibilidade e interoperabilidade dos sistemas, serviços, dados e informações que o Poder Judiciário administre no exercício de suas funções.

(*) Vide Enunciados 263, 264 e 265 do FPPC.

Art. 195. O registro de ato processual eletrônico deverá ser feito em padrões abertos, que atenderão aos requisitos de autenticidade, integridade, temporalidade, não repúdio, conservação e, nos casos que tramitem em segredo de justiça, confidencialidade, observada a infraestrutura de chaves públicas unificada nacionalmente, nos termos da lei.

(*) Vide Resolução CNJ nº 185/2013.

Art. 196. Compete ao Conselho Nacional de Justiça e, supletivamente, aos tribunais, regulamentar a prática e a comunicação oficial de atos processuais por meio eletrônico e velar pela compatibilidade dos sistemas, disciplinando a incorporação progressiva de novos avanços tecnológicos e editando, para esse fim, os atos que forem necessários, respeitadas as normas fundamentais deste Código.

(*) Vide Resolução CNJ nº 455/2022.

Art. 197. Os tribunais divulgarão as informações constantes de seu sistema de automação em página própria na rede mundial de computadores, gozando a divulgação de presunção de veracidade e confiabilidade.

Parágrafo único. Nos casos de problema técnico do sistema e de erro ou omissão do auxiliar da justiça responsável pelo registro dos andamentos, poderá ser configurada a justa causa prevista no art. 223, *caput* e § 1º.

(*) Vide Enunciado 724 do FPPC.

Art. 198. As unidades do Poder Judiciário deverão manter gratuitamente, à disposição dos interessados, equipamentos necessários à prática de atos processuais e à consulta e ao acesso ao sistema e aos documentos dele constantes.

Parágrafo único. Será admitida a prática de atos por meio não eletrônico no local onde não estiverem disponibilizados os equipamentos previstos no *caput*.

Art. 199. As unidades do Poder Judiciário assegurarão às pessoas com deficiência acessibilidade aos seus sítios na rede mundial de computadores, ao meio eletrônico de prática de atos judiciais, à comunicação eletrônica dos atos processuais e à assinatura eletrônica.

Seção III
Dos Atos das Partes

Art. 200. Os atos das partes consistentes em declarações unilaterais ou bilaterais de vontade produzem imediatamente a constituição, modificação ou extinção de direitos processuais.

(*) Vide Enunciados 260, 261 e 495 do FPPC.
(*) Vide Enunciados 152 e 153 do CJF.

Parágrafo único. A desistência da ação só produzirá efeitos após homologação judicial.

(*) V. arts. 90; 343, § 2º; 485, VIII, §§ 4º e 5º; e 775 do CPC.
(*) Vide Enunciado 133 do FPPC.

Art. 201. As partes poderão exigir recibo de petições, arrazoados, papéis e documentos que entregarem em cartório.

Art. 202. É vedado lançar nos autos cotas marginais ou interlineares, as quais o juiz mandará riscar, impondo a quem as escrever multa correspondente à metade do salário-mínimo.

(*) V. arts. 81 e 96 do CPC.

Seção IV
Dos Pronunciamentos do Juiz

Art. 203. Os pronunciamentos do juiz consistirão em sentenças, decisões interlocutórias e despachos.

(*) V. art. 226 do CPC.

§ 1º. Ressalvadas as disposições expressas dos procedimentos especiais, sentença é o pronunciamento por meio do qual o juiz, com fundamento nos arts. 485 e 487, põe fim à fase cognitiva do procedimento comum, bem como extingue a execução.

§ 2º. Decisão interlocutória é todo pronunciamento judicial de natureza decisória que não se enquadre no § 1º.

(*) V. art. 1.015 do CPC.
(*) Vide Enunciado 103 do FPPC.

§ 3º. São despachos todos os demais pronunciamentos do juiz praticados no processo, de ofício ou a requerimento da parte.

§ 4º. Os atos meramente ordinatórios, como a juntada e a vista obrigatória, independem de despacho, devendo ser praticados de ofício pelo servidor e revistos pelo juiz quando necessário.

Art. 204. Acórdão é o julgamento colegiado proferido pelos tribunais.

Art. 205. Os despachos, as decisões, as sentenças e os acórdãos serão redigidos, datados e assinados pelos juízes.

(*) V. art. 210 do CPC.

(*) Vide Enunciado 665 do FPPC.

§ 1º. Quando os pronunciamentos previstos no *caput* forem proferidos oralmente, o servidor os documentará, submetendo-os aos juízes para revisão e assinatura.

§ 2º. A assinatura dos juízes, em todos os graus de jurisdição, pode ser feita eletronicamente, na forma da lei.

§ 3º. Os despachos, as decisões interlocutórias, o dispositivo das sentenças e a ementa dos acórdãos serão publicados no Diário de Justiça Eletrônico.

(*) Vide Resolução CNJ nº 455/2022.

Seção V
Dos Atos do Escrivão ou do Chefe de Secretaria

Art. 206. Ao receber a petição inicial de processo, o escrivão ou o chefe de secretaria a autuará, mencionando o juízo, a natureza do processo, o número de seu registro, os nomes das partes e a data de seu início, e procederá do mesmo modo em relação aos volumes em formação.

(*) V. art. 152 do CPC.

Art. 207. O escrivão ou o chefe de secretaria numerará e rubricará todas as folhas dos autos.

Parágrafo único. À parte, ao procurador, ao membro do Ministério Público, ao defensor público e aos auxiliares da justiça é facultado rubricar as folhas correspondentes aos atos em que intervierem.

Art. 208. Os termos de juntada, vista, conclusão e outros semelhantes constarão de notas datadas e rubricadas pelo escrivão ou pelo chefe de secretaria.

Art. 209. Os atos e os termos do processo serão assinados pelas pessoas que neles intervierem, todavia, quando essas não puderem ou não quiserem firmá-los, o escrivão ou o chefe de secretaria certificará a ocorrência.

§ 1º. Quando se tratar de processo total ou parcialmente documentado em autos eletrônicos, os atos processuais praticados na presença do juiz poderão ser produzidos e armazenados de modo integralmente digital em arquivo eletrônico inviolável, na forma da lei, mediante registro em termo, que será assinado digitalmente pelo juiz e pelo escrivão ou chefe de secretaria, bem como pelos advogados das partes.

§ 2º. Na hipótese do § 1º, eventuais contradições na transcrição deverão ser suscitadas oralmente no momento de realização do ato, sob pena de preclusão, devendo o juiz decidir de plano e ordenar o registro, no termo, da alegação e da decisão.

Art. 210. É lícito o uso da taquigrafia, da estenotipia ou de outro método idôneo em qualquer juízo ou tribunal.

(*) V. arts. 152, III; e 205 do CPC.

Art. 211. Não se admitem nos atos e termos processuais espaços em branco, salvo os que forem inutilizados, assim como entrelinhas, emendas ou rasuras, exceto quando expressamente ressalvadas.

(*) V. art. 426 do CPC.

Capítulo II
DO TEMPO E DO LUGAR DOS ATOS PROCESSUAIS

Seção I
Do Tempo

Art. 212. Os atos processuais serão realizados em dias úteis, das 6 (seis) às 20 (vinte) horas.

(*) Vide Enunciado 415 do FPPC.

§ 1º. Serão concluídos após as 20 (vinte) horas os atos iniciados antes, quando o adiamento prejudicar a diligência ou causar grave dano.

§ 2º. Independentemente de autorização judicial, as citações, intimações e penhoras poderão realizar-se no período de férias forenses, onde as houver, e nos feriados ou dias úteis fora do horário estabelecido neste artigo, observado o disposto no art. 5º, inciso XI, da Constituição Federal.

(*) V. arts. 214 e 216 do CPC.

§ 3º. Quando o ato tiver de ser praticado por meio de petição em autos não eletrônicos, essa deverá ser protocolada no horário de funcionamento do fórum ou tribunal, conforme o disposto na lei de organização judiciária local.

Art. 213. A prática eletrônica de ato processual pode ocorrer em qualquer horário até as 24 (vinte e quatro) horas do último dia do prazo.

Parágrafo único. O horário vigente no juízo perante o qual o ato deve ser praticado será considerado para fins de atendimento do prazo.

Art. 214. Durante as férias forenses e nos feriados, não se praticarão atos processuais, excetuando-se:

I – os atos previstos no art. 212, § 2º;

II – a tutela de urgência.

(*) V. art. 216 do CPC.

Art. 215. Processam-se durante as férias forenses, onde as houver, e não se suspendem pela superveniência delas:

I – os procedimentos de jurisdição voluntária e os necessários à conservação de direitos, quando puderem ser prejudicados pelo adiamento;

(*) V. arts. 719 a 770 do CPC.

II – a ação de alimentos e os processos de nomeação ou remoção de tutor e curador;

(*) V. arts. 528 a 531 do CPC.

III – os processos que a lei determinar.

Art. 216. Além dos declarados em lei, são feriados, para efeito forense, os sábados, os domingos e os dias em que não haja expediente forense.

Seção II
Do Lugar

Art. 217. Os atos processuais realizar-se-ão ordinariamente na sede do juízo, ou, excepcionalmente, em outro lugar em razão de deferência, de interesse da justiça, da natureza do ato ou de obstáculo arguido pelo interessado e acolhido pelo juiz.

(*) V. arts. 454, 481 e 483 do CPC.

Capítulo III
DOS PRAZOS

Seção I
Disposições Gerais

Art. 218. Os atos processuais serão realizados nos prazos prescritos em lei.

(*) Vide Enunciados 107 e 267 do FPPC.

§ 1º. Quando a lei for omissa, o juiz determinará os prazos em consideração à complexidade do ato.

§ 2º. Quando a lei ou o juiz não determinar prazo, as intimações somente obrigarão a comparecimento após decorridas 48 (quarenta e oito) horas.

§ 3º. Inexistindo preceito legal ou prazo determinado pelo juiz, será de 5 (cinco) dias o prazo para a prática de ato processual a cargo da parte.

§ 4º. Será considerado tempestivo o ato praticado antes do termo inicial do prazo.

(*) Vide Enunciados 22, 23 e 266 do FPPC.

Art. 219. Na contagem de prazo em dias, estabelecido por lei ou pelo juiz, computar-se-ão somente os dias úteis.

(*) Vide Enunciados 268, 415, 416, 477 e 579 do FPPC.
(*) Vide Enunciado 45 da ENFAM.
(*) Vide Enunciados 19, 20 e 116 do CJF.

Parágrafo único. O disposto neste artigo aplica-se somente aos prazos processuais.

Art. 220. Suspende-se o curso do prazo processual nos dias compreendidos entre 20 de dezembro e 20 de janeiro, inclusive.

(*) Vide Resolução CNJ nº 244/2016.
(*) Vide Enunciado 269 do FPPC.
(*) Vide Enunciado 21 do CJF.

§ 1º. Ressalvadas as férias individuais e os feriados instituídos por lei, os juízes, os membros do Ministério Público, da Defensoria Pública e da Advocacia Pública e os auxiliares da Justiça exercerão suas atribuições durante o período previsto no *caput*.

§ 2º. Durante a suspensão do prazo, não se realizarão audiências nem sessões de julgamento.

Art. 221. Suspende-se o curso do prazo por obstáculo criado em detrimento da parte ou ocorrendo qualquer das hipóteses do art. 313, devendo o prazo ser restituído por tempo igual ao que faltava para sua complementação.

(*) Vide Súmula 173 do STF.

Parágrafo único. Suspendem-se os prazos durante a execução de programa instituído pelo Poder Judiciário para promover a autocomposição, incumbindo aos tribunais especificar, com antecedência, a duração dos trabalhos.

Art. 222. Na comarca, seção ou subseção judiciária onde for difícil o transporte, o juiz poderá prorrogar os prazos por até 2 (dois) meses.

§ 1º. Ao juiz é vedado reduzir prazos peremptórios sem anuência das partes.

(*) Vide Enunciado 579 do FPPC.

§ 2º. Havendo calamidade pública, o limite previsto no *caput* para prorrogação de prazos poderá ser excedido.

Art. 223. Decorrido o prazo, extingue-se o direito de praticar ou de

LIVRO IV – DOS ATOS PROCESSUAIS **ART. 229**

emendar o ato processual, independentemente de declaração judicial, ficando assegurado, porém, à parte provar que não o realizou por justa causa.

§ 1º. Considera-se justa causa o evento alheio à vontade da parte e que a impediu de praticar o ato por si ou por mandatário.

(*) Vide Enunciado 626 do FPPC.

§ 2º. Verificada a justa causa, o juiz permitirá à parte a prática do ato no prazo que lhe assinar.

(*) V. art. 1.004 do CPC.

(*) Vide Enunciado 626 do FPPC.

Art. 224. Salvo disposição em contrário, os prazos serão contados excluindo o dia do começo e incluindo o dia do vencimento.

(*) V. arts. 230 a 232; 975, § 1º; e 1.003 do CPC.

§ 1º. Os dias do começo e do vencimento do prazo serão protraídos para o primeiro dia útil seguinte, se coincidirem com dia em que o expediente forense for encerrado antes ou iniciado depois da hora normal ou houver indisponibilidade da comunicação eletrônica.

(*) Vide Enunciado 270 do FPPC.

§ 2º. Considera-se como data de publicação o primeiro dia útil seguinte ao da disponibilização da informação no Diário da Justiça eletrônico.

§ 3º. A contagem do prazo terá início no primeiro dia útil que seguir ao da publicação.

(*) Vide Súmula 117 do STJ.

Art. 225. A parte poderá renunciar ao prazo estabelecido exclusivamente em seu favor, desde que o faça de maneira expressa.

Art. 226. O juiz proferirá:

I – os despachos no prazo de 5 (cinco) dias;

II – as decisões interlocutórias no prazo de 10 (dez) dias;

III – as sentenças no prazo de 30 (trinta) dias.

(*) V. arts. 143, 227, 235 e 366 do CPC.

Art. 227. Em qualquer grau de jurisdição, havendo motivo justificado, pode o juiz exceder, por igual tempo, os prazos a que está submetido.

(*) V. art. 226 do CPC.

Art. 228. Incumbirá ao serventuário remeter os autos conclusos no prazo de 1 (um) dia e executar os atos processuais no prazo de 5 (cinco) dias, contado da data em que:

I – houver concluído o ato processual anterior, se lhe foi imposto pela lei;

(*) V. art. 155, I, do CPC.

II – tiver ciência da ordem, quando determinada pelo juiz.

§ 1º. Ao receber os autos, o serventuário certificará o dia e a hora em que teve ciência da ordem referida no inciso II.

§ 2º. Nos processos em autos eletrônicos, a juntada de petições ou de manifestações em geral ocorrerá de forma automática, independentemente de ato de serventuário da justiça.

Art. 229. Os litisconsortes que tiverem diferentes procuradores, de escritórios de advocacia distintos, terão prazos contados em dobro para todas as suas manifestações, em qualquer juízo ou tribunal, independentemente de requerimento.

(*) V. arts. 118; 124; 231, § 1º; 525, § 3º; e 915, § 3º, do CPC.

(*) Vide Súmula 641 do STF.

§ 1º. Cessa a contagem do prazo em dobro se, havendo apenas 2 (dois) réus, é oferecida defesa por apenas um deles.

ART. 230 CÓDIGO DE PROCESSO CIVIL – PARTE GERAL

§ 2º. Não se aplica o disposto no *caput* aos processos em autos eletrônicos.

(*) Vide Enunciado 275 do FPPC.

Art. 230. O prazo para a parte, o procurador, a Advocacia Pública, a Defensoria Pública e o Ministério Público será contado da citação, da intimação ou da notificação.

Art. 231. Salvo disposição em sentido diverso, considera-se dia do começo do prazo:

(*) V. arts. 224, § 1º; 230; 335, III; 915; e 1.003, § 2º, do CPC.

(*) Vide Enunciado 271 do FPPC.

I – a data de juntada aos autos do aviso de recebimento, quando a citação ou a intimação for pelo correio;

II – a data de juntada aos autos do mandado cumprido, quando a citação ou a intimação for por oficial de justiça;

III – a data de ocorrência da citação ou da intimação, quando ela se der por ato do escrivão ou do chefe de secretaria;

IV – o dia útil seguinte ao fim da dilação assinada pelo juiz, quando a citação ou a intimação for por edital;

V – o dia útil seguinte à consulta ao teor da citação ou da intimação ou ao término do prazo para que a consulta se dê, quando a citação ou a intimação for eletrônica;

VI – a data de juntada do comunicado de que trata o art. 232 ou, não havendo esse, a data de juntada da carta aos autos de origem devidamente cumprida, quando a citação ou a intimação se realizar em cumprimento de carta;

VII – a data de publicação, quando a intimação se der pelo Diário da Justiça impresso ou eletrônico;

VIII – o dia da carga, quando a intimação se der por meio da retirada dos autos, em carga, do cartório ou da secretaria.

IX – o quinto dia útil seguinte à confirmação, na forma prevista na mensagem de citação, do recebimento da citação realizada por meio eletrônico.

(*) Inciso IX acrescido pela Lei nº 14.195/2021.

§ 1º. Quando houver mais de um réu, o dia do começo do prazo para contestar corresponderá à última das datas a que se referem os incisos I a VI do *caput*.

(*) Vide Enunciado 629 do FPPC.

§ 2º. Havendo mais de um intimado, o prazo para cada um é contado individualmente.

(*) Vide Enunciado 272 do FPPC.

§ 3º. Quando o ato tiver de ser praticado diretamente pela parte ou por quem, de qualquer forma, participe do processo, sem a intermediação de representante judicial, o dia do começo do prazo para cumprimento da determinação judicial corresponderá à data em que se der a comunicação.

§ 4º. Aplica-se o disposto no inciso II do *caput* à citação com hora certa.

Art. 232. Nos atos de comunicação por carta precatória, rogatória ou de ordem, a realização da citação ou da intimação será imediatamente informada, por meio eletrônico, pelo juiz deprecado ao juiz deprecante.

(*) V. arts. 69, § 1º; 231, VI; e 237 do CPC.

Seção II
Da Verificação dos Prazos e das Penalidades

Art. 233. Incumbe ao juiz verificar se o serventuário excedeu, sem

LIVRO IV – DOS ATOS PROCESSUAIS **ART. 236**

motivo legítimo, os prazos estabelecidos em lei.

§ 1º. Constatada a falta, o juiz ordenará a instauração de processo administrativo, na forma da lei.

§ 2º. Qualquer das partes, o Ministério Público ou a Defensoria Pública poderá representar ao juiz contra o serventuário que injustificadamente exceder os prazos previstos em lei.

(*) V. arts. 93 e 228 do CPC.

Art. 234. Os advogados públicos ou privados, o defensor público e o membro do Ministério Público devem restituir os autos no prazo do ato a ser praticado.

§ 1º. É lícito a qualquer interessado exigir os autos do advogado que exceder prazo legal.

§ 2º. Se, intimado, o advogado não devolver os autos no prazo de 3 (três) dias, perderá o direito à vista fora de cartório e incorrerá em multa correspondente à metade do salário-mínimo.

§ 3º. Verificada a falta, o juiz comunicará o fato à seção local da Ordem dos Advogados do Brasil para procedimento disciplinar e imposição de multa.

§ 4º. Se a situação envolver membro do Ministério Público, da Defensoria Pública ou da Advocacia Pública, a multa, se for o caso, será aplicada ao agente público responsável pelo ato.

§ 5º. Verificada a falta, o juiz comunicará o fato ao órgão competente responsável pela instauração de procedimento disciplinar contra o membro que atuou no feito.

Art. 235. Qualquer parte, o Ministério Público ou a Defensoria Pública poderá representar ao corregedor do tribunal ou ao Conselho Nacional de Justiça contra juiz ou relator que injustificadamente exceder os prazos previstos em lei, regulamento ou regimento interno.

§ 1º. Distribuída a representação ao órgão competente e ouvido previamente o juiz, não sendo caso de arquivamento liminar, será instaurado procedimento para apuração da responsabilidade, com intimação do representado por meio eletrônico para, querendo, apresentar justificativa no prazo de 15 (quinze) dias.

§ 2º. Sem prejuízo das sanções administrativas cabíveis, em até 48 (quarenta e oito) horas após a apresentação ou não da justificativa de que trata o § 1º, se for o caso, o corregedor do tribunal ou o relator no Conselho Nacional de Justiça determinará a intimação do representado por meio eletrônico para que, em 10 (dez) dias, pratique o ato.

§ 3º. Mantida a inércia, os autos serão remetidos ao substituto legal do juiz ou do relator contra o qual se representou para decisão em 10 (dez) dias.

(*) V. art. 143 do CPC.

TÍTULO II
DA COMUNICAÇÃO DOS ATOS PROCESSUAIS

Capítulo I
DISPOSIÇÕES GERAIS

Art. 236. Os atos processuais serão cumpridos por ordem judicial.

(*) V. arts. 67 a 69 e 232 do CPC.

§ 1º. Será expedida carta para a prática de atos fora dos limites territoriais do tribunal, da comarca, da seção ou da subseção judiciárias, ressalvadas as hipóteses previstas em lei.

§ 2º. O tribunal poderá expedir carta para juízo a ele vinculado, se o ato houver de se realizar fora dos limites territoriais do local de sua sede.

§ 3º. Admite-se a prática de atos processuais por meio de videoconferência ou outro recurso tecnológico de transmissão de sons e imagens em tempo real.

Art. 237. Será expedida carta:

I – de ordem, pelo tribunal, na hipótese do § 2º do art. 236;

II – rogatória, para que órgão jurisdicional estrangeiro pratique ato de cooperação jurídica internacional, relativo a processo em curso perante órgão jurisdicional brasileiro;

III – precatória, para que órgão jurisdicional brasileiro pratique ou determine o cumprimento, na área de sua competência territorial, de ato relativo a pedido de cooperação judiciária formulado por órgão jurisdicional de competência territorial diversa;

IV – arbitral, para que órgão do Poder Judiciário pratique ou determine o cumprimento, na área de sua competência territorial, de ato objeto de pedido de cooperação judiciária formulado por juízo arbitral, inclusive os que importem efetivação de tutela provisória.

(*) Vide Enunciado 24 do FPPC.

Parágrafo único. Se o ato relativo a processo em curso na justiça federal ou em tribunal superior houver de ser praticado em local onde não haja vara federal, a carta poderá ser dirigida ao juízo estadual da respectiva comarca.

Capítulo II
DA CITAÇÃO

Art. 238. Citação é o ato pelo qual são convocados o réu, o executado ou o interessado para integrar a relação processual.

(*) V. arts. 240, 243, 246, 280 e 329 do CPC.

Parágrafo único. A citação será efetivada em até 45 (quarenta e cinco) dias a partir da propositura da ação.

(*) Parágrafo único acrescido pela Lei nº 14.195/2021.

Art. 239. Para a validade do processo é indispensável a citação do réu ou do executado, ressalvadas as hipóteses de indeferimento da petição inicial ou de improcedência liminar do pedido.

(*) V. art. 332 do CPC.

§ 1º. O comparecimento espontâneo do réu ou do executado supre a falta ou a nulidade da citação, fluindo a partir desta data o prazo para apresentação de contestação ou de embargos à execução.

§ 2º. Rejeitada a alegação de nulidade, tratando-se de processo de:

I – conhecimento, o réu será considerado revel;

II – execução, o feito terá seguimento.

Art. 240. A citação válida, ainda quando ordenada por juízo incompetente, induz litispendência, torna litigiosa a coisa e constitui em mora o devedor, ressalvado o disposto nos arts. 397 e 398 da Lei nº 10.406, de 10 de janeiro de 2002 (Código Civil)♦.

♦ Lei nº 10.406, de 10 de janeiro de 2002 – Código Civil: "***Art. 397.*** *O inadimplemento da obrigação, positiva e líquida, no seu termo, constitui de pleno direito em mora o devedor. Parágrafo*

único. Não havendo termo, a mora se constitui mediante interpelação judicial ou extrajudicial.
Art. 398. *Nas obrigações provenientes de ato ilícito, considera-se o devedor em mora, desde que o praticou.".*

(*) V. arts. 58 e 312 do CPC.

(*) Vide Enunciado 117 do FPPC.

(*) Vide Súmulas 106, 204 e 426 do STJ.

§ 1º. A interrupção da prescrição, operada pelo despacho que ordena a citação, ainda que proferido por juízo incompetente, retroagirá à data de propositura da ação.

(*) V. art. 312 do CPC.

(*) Vide Enunciados 10 e 136 do FPPC.

§ 2º. Incumbe ao autor adotar, no prazo de 10 (dez) dias, as providências necessárias para viabilizar a citação, sob pena de não se aplicar o disposto no § 1º.

(*) V. art. 802 do CPC.

§ 3º. A parte não será prejudicada pela demora imputável exclusivamente ao serviço judiciário.

§ 4º. O efeito retroativo a que se refere o § 1º aplica-se à decadência e aos demais prazos extintivos previstos em lei.

Art. 241. Transitada em julgado a sentença de mérito proferida em favor do réu antes da citação, incumbe ao escrivão ou ao chefe de secretaria comunicar-lhe o resultado do julgamento.

(*) V. art. 152, II, do CPC.

Art. 242. A citação será pessoal, podendo, no entanto, ser feita na pessoa do representante legal ou do procurador do réu, do executado ou do interessado.

(*) V. arts. 71; 73, § 1º; e 75 do CPC.

(*) Vide Súmula 429 do STJ.

§ 1º. Na ausência do citando, a citação será feita na pessoa de seu mandatário, administrador, preposto ou gerente, quando a ação se originar de atos por eles praticados.

§ 2º. O locador que se ausentar do Brasil sem cientificar o locatário de que deixou, na localidade onde estiver situado o imóvel, procurador com poderes para receber citação será citado na pessoa do administrador do imóvel encarregado do recebimento dos aluguéis, que será considerado habilitado para representar o locador em juízo.

§ 3º. A citação da União, dos Estados, do Distrito Federal, dos Municípios e de suas respectivas autarquias e fundações de direito público será realizada perante o órgão de Advocacia Pública responsável por sua representação judicial.

Art. 243. A citação poderá ser feita em qualquer lugar em que se encontre o réu, o executado ou o interessado.

Parágrafo único. O militar em serviço ativo será citado na unidade em que estiver servindo, se não for conhecida sua residência ou nela não for encontrado.

Art. 244. Não se fará a citação, salvo para evitar o perecimento do direito:

I – de quem estiver participando de ato de culto religioso;

II – de cônjuge, de companheiro ou de qualquer parente do morto, consanguíneo ou afim, em linha reta ou na linha colateral em segundo grau, no dia do falecimento e nos 7 (sete) dias seguintes;

III – de noivos, nos 3 (três) primeiros dias seguintes ao casamento;

IV – de doente, enquanto grave o seu estado.

Art. 245. Não se fará citação quando se verificar que o citando é mentalmente incapaz ou está impossibilitado de recebê-la.

§ 1º. O oficial de justiça descreverá e certificará minuciosamente a ocorrência.

§ 2º. Para examinar o citando, o juiz nomeará médico, que apresentará laudo no prazo de 5 (cinco) dias.

§ 3º. Dispensa-se a nomeação de que trata o § 2º se pessoa da família apresentar declaração do médico do citando que ateste a incapacidade deste.

§ 4º. Reconhecida a impossibilidade, o juiz nomeará curador ao citando, observando, quanto à sua escolha, a preferência estabelecida em lei e restringindo a nomeação à causa.

§ 5º. A citação será feita na pessoa do curador, a quem incumbirá a defesa dos interesses do citando.

Art. 246. A citação será feita preferencialmente por meio eletrônico, no prazo de até 2 (dois) dias úteis, contado da decisão que a determinar, por meio dos endereços eletrônicos indicados pelo citando no banco de dados do Poder Judiciário, conforme regulamento do Conselho Nacional de Justiça.

(*) Art. 246, *caput*, com redação dada pela Lei nº 14.195/2021.

I – (revogado);

(*) Inciso I revogado pela Lei nº 14.195/2021.

II – (revogado);

(*) Inciso II revogado pela Lei nº 14.195/2021.

III – (revogado);

(*) Inciso III revogado pela Lei nº 14.195/2021.

IV – (revogado);

(*) Inciso IV revogado pela Lei nº 14.195/2021.

V – (revogado).

(*) Inciso V revogado pela Lei nº 14.195/2021.

§ 1º. As empresas públicas e privadas são obrigadas a manter cadastro nos sistemas de processo em autos eletrônicos, para efeito de recebimento de citações e intimações, as quais serão efetuadas preferencialmente por esse meio.

(*) § 1º com redação dada pela Lei nº 14.195/2021.

(*) V. arts. 513, § 2º, III; 876, III; e 1.051 do CPC.

(*) Vide Resolução CNJ nº 455/2022.

§ 1º-A. A ausência de confirmação, em até 3 (três) dias úteis, contados do recebimento da citação eletrônica, implicará a realização da citação:

I – pelo correio;

II – por oficial de justiça;

III – pelo escrivão ou chefe de secretaria, se o citando comparecer em cartório;

IV – por edital.

(*) § 1º-A acrescido pela Lei nº 14.195/2021.

§ 1º-B. Na primeira oportunidade de falar nos autos, o réu citado nas formas previstas nos incisos I, II, III e IV do § 1º-A deste artigo deverá apresentar justa causa para a ausência de confirmação do recebimento da citação enviada eletronicamente.

(*) § 1º-B acrescido pela Lei nº 14.195/2021.

§ 1º-C. Considera-se ato atentatório à dignidade da justiça, passível de multa de até 5% (cinco por cento) do valor da causa, deixar de confirmar no prazo legal, sem justa causa, o recebimento da citação recebida por meio eletrônico.

(*) § 1º-C acrescido pela Lei nº 14.195/2021.

§ 2º. O disposto no § 1º aplica-se à União, aos Estados, ao Distrito Federal, aos Municípios e às entidades da administração indireta.

(*) V. art. 1.050 do CPC.

(*) Vide Resolução CNJ nº 455/2022.

§ 3º. Na ação de usucapião de imóvel, os confinantes serão citados pessoalmente, exceto quando tiver por objeto unidade autônoma de prédio em condomínio, caso em que tal citação é dispensada.

(*) Vide Enunciado 25 do FPPC.

§ 4º. As citações por correio eletrônico serão acompanhadas das orientações para realização da confirmação de recebimento e de código identificador que permitirá a sua identificação na página eletrônica do órgão judicial citante.

(*) § 4º acrescido
pela Lei nº 14.195/2021.

§ 5º. As microempresas e as pequenas empresas somente se sujeitam ao disposto no § 1º deste artigo quando não possuírem endereço eletrônico cadastrado no sistema integrado da Rede Nacional para a Simplificação do Registro e da Legalização de Empresas e Negócios (Redesim).

(*) § 5º acrescido
pela Lei nº 14.195/2021.

§ 6º. Para os fins do § 5º deste artigo, deverá haver compartilhamento de cadastro com o órgão do Poder Judiciário, incluído o endereço eletrônico constante do sistema integrado da Redesim, nos termos da legislação aplicável ao sigilo fiscal e ao tratamento de dados pessoais.

(*) § 6º acrescido
pela Lei nº 14.195/2021.

(*) Vide Inciso VII do art. 77.

Art. 247. A citação será feita por meio eletrônico ou pelo correio para qualquer comarca do País, exceto:

(*) Art. 247, *caput*, com redação dada pela Lei nº 14.195/2021.

(*) V. arts. 249; 274; 576, *caput*; e 626, § 1º, do CPC.

I – nas ações de estado, observado o disposto no art. 695, § 3º;

II – quando o citando for incapaz;

III – quando o citando for pessoa de direito público;

IV – quando o citando residir em local não atendido pela entrega domiciliar de correspondência;

V – quando o autor, justificadamente, a requerer de outra forma.

Art. 248. Deferida a citação pelo correio, o escrivão ou o chefe de secretaria remeterá ao citando cópias da petição inicial e do despacho do juiz e comunicará o prazo para resposta, o endereço do juízo e o respectivo cartório.

(*) Vide Súmula 429 do STJ.

§ 1º. A carta será registrada para entrega ao citando, exigindo-lhe o carteiro, ao fazer a entrega, que assine o recibo.

§ 2º. Sendo o citando pessoa jurídica, será válida a entrega do mandado a pessoa com poderes de gerência geral ou de administração ou, ainda, a funcionário responsável pelo recebimento de correspondências.

§ 3º. Da carta de citação no processo de conhecimento constarão os requisitos do art. 250.

§ 4º. Nos condomínios edilícios ou nos loteamentos com controle de acesso, será válida a entrega do mandado a funcionário da portaria responsável pelo recebimento de correspondência, que, entretanto, poderá recusar o recebimento, se declarar, por escrito, sob as penas da lei, que o destinatário da correspondência está ausente.

Art. 249. A citação será feita por meio de oficial de justiça nas hipóteses previstas neste Código ou em lei, ou quando frustrada a citação pelo correio.

Art. 250. O mandado que o oficial de justiça tiver de cumprir conterá:

(*) V. art. 248, § 3º; e 264 do CPC.

I – os nomes do autor e do citando e seus respectivos domicílios ou residências;

II – a finalidade da citação, com todas as especificações constantes da petição inicial, bem como a menção do prazo para contestar, sob pena de revelia, ou para embargar a execução;

III – a aplicação de sanção para o caso de descumprimento da ordem, se houver;

IV – se for o caso, a intimação do citando para comparecer, acompanhado de advogado ou de defensor público, à audiência de conciliação ou de mediação, com a menção do dia, da hora e do lugar do comparecimento;

(*) V. art. 334, § 8º, do CPC.

(*) Vide Enunciado 273 do FPPC.

V – a cópia da petição inicial, do despacho ou da decisão que deferir tutela provisória;

VI – a assinatura do escrivão ou do chefe de secretaria e a declaração de que o subscreve por ordem do juiz.

Art. 251. Incumbe ao oficial de justiça procurar o citando e, onde o encontrar, citá-lo:

I – lendo-lhe o mandado e entregando-lhe a contrafé;

II – portando por fé se recebeu ou recusou a contrafé;

III – obtendo a nota de ciente ou certificando que o citando não a apôs no mandado.

Art. 252. Quando, por 2 (duas) vezes, o oficial de justiça houver procurado o citando em seu domicílio ou residência sem o encontrar, deverá, havendo suspeita de ocultação, intimar qualquer pessoa da família ou, em sua falta, qualquer vizinho de que, no dia útil imediato, voltará a fim de efetuar a citação, na hora que designar.

Parágrafo único. Nos condomínios edilícios ou nos loteamentos com controle de acesso, será válida a intimação a que se refere o *caput* feita a funcionário da portaria responsável pelo recebimento de correspondência.

Art. 253. No dia e na hora designados, o oficial de justiça, independentemente de novo despacho, comparecerá ao domicílio ou à residência do citando a fim de realizar a diligência.

§ 1º. Se o citando não estiver presente, o oficial de justiça procurará informar-se das razões da ausência, dando por feita a citação, ainda que o citando se tenha ocultado em outra comarca, seção ou subseção judiciárias.

§ 2º. A citação com hora certa será efetivada mesmo que a pessoa da família ou o vizinho que houver sido intimado esteja ausente, ou se, embora presente, a pessoa da família ou o vizinho se recusar a receber o mandado.

§ 3º. Da certidão da ocorrência, o oficial de justiça deixará contrafé com qualquer pessoa da família ou vizinho, conforme o caso, declarando-lhe o nome.

§ 4º. O oficial de justiça fará constar do mandado a advertência de que será nomeado curador especial se houver revelia.

Art. 254. Feita a citação com hora certa, o escrivão ou chefe de secretaria enviará ao réu, executado ou interessado, no prazo de 10 (dez) dias, contado da data da juntada do mandado aos autos, carta, telegrama ou correspondência eletrônica, dando-lhe de tudo ciência.

(*) V. art. 72, II, do CPC.

Art. 255. Nas comarcas contíguas de fácil comunicação e nas que se situem na mesma região metropolitana, o oficial de justiça poderá efetuar, em qualquer delas, citações, intimações, notificações, penhoras e quaisquer outros atos executivos.

Art. 256. A citação por edital será feita:

(*) V. art. 513, § 2º, IV, do CPC.

I – quando desconhecido ou incerto o citando;

II – quando ignorado, incerto ou inacessível o lugar em que se encontrar o citando;

III – nos casos expressos em lei.

(*) V. arts. 576; 626, § 1º; e 830, § 2º, do CPC.

§ 1º. Considera-se inacessível, para efeito de citação por edital, o país que recusar o cumprimento de carta rogatória.

§ 2º. No caso de ser inacessível o lugar em que se encontrar o réu, a notícia de sua citação será divulgada também pelo rádio, se na comarca houver emissora de radiodifusão.

§ 3º. O réu será considerado em local ignorado ou incerto se infrutíferas as tentativas de sua localização, inclusive mediante requisição pelo juízo de informações sobre seu endereço nos cadastros de órgãos públicos ou de concessionárias de serviços públicos.

Art. 257. São requisitos da citação por edital:

I – a afirmação do autor ou a certidão do oficial informando a presença das circunstâncias autorizadoras;

II – a publicação do edital na rede mundial de computadores, no sítio do respectivo tribunal e na plataforma de editais do Conselho Nacional de Justiça, que deve ser certificada nos autos;

(*) Vide Resolução CNJ nº 158/2012.

III – a determinação, pelo juiz, do prazo, que variará entre 20 (vinte) e 60 (sessenta) dias, fluindo da data da publicação única ou, havendo mais de uma, da primeira;

IV – a advertência de que será nomeado curador especial em caso de revelia.

Parágrafo único. O juiz poderá determinar que a publicação do edital seja feita também em jornal local de ampla circulação ou por outros meios, considerando as peculiaridades da comarca, da seção ou da subseção judiciárias.

Art. 258. A parte que requerer a citação por edital, alegando dolosamente a ocorrência das circunstâncias autorizadoras para sua realização, incorrerá em multa de 5 (cinco) vezes o salário-mínimo.

Parágrafo único. A multa reverterá em benefício do citando.

(*) V. art. 96 do CPC.

Art. 259. Serão publicados editais:

I – na ação de usucapião de imóvel;

II – na ação de recuperação ou substituição de título ao portador;

III – em qualquer ação em que seja necessária, por determinação legal, a provocação, para participação no processo, de interessados incertos ou desconhecidos.

(*) V. arts. 576, parágrafo único; e 626, § 1º, do CPC.

(*) Vide Enunciado 119 do FPPC.

Capítulo III
DAS CARTAS

Art. 260. São requisitos das cartas de ordem, precatória e rogatória:

(*) V. arts. 263 e 264 do CPC.

(*) Vide Enunciado 26 do FPPC.

I – a indicação dos juízes de origem e de cumprimento do ato;

II – o inteiro teor da petição, do despacho judicial e do instrumento do mandato conferido ao advogado;

III – a menção do ato processual que lhe constitui o objeto;

IV – o encerramento com a assinatura do juiz.

§ 1º. O juiz mandará trasladar para a carta quaisquer outras peças, bem como instruí-la com mapa, desenho ou gráfico, sempre que esses documentos devam ser examinados, na diligência, pelas partes, pelos peritos ou pelas testemunhas.

§ 2º. Quando o objeto da carta for exame pericial sobre documento, este será remetido em original, ficando nos autos reprodução fotográfica.

§ 3º. A carta arbitral atenderá, no que couber, aos requisitos a que se refere o *caput* e será instruída com a convenção de arbitragem e com as provas da nomeação do árbitro e de sua aceitação da função.

(*) Vide Enunciado 417 do FPPC.

Art. 261. Em todas as cartas o juiz fixará o prazo para cumprimento, atendendo à facilidade das comunicações e à natureza da diligência.

(*) V. arts. 313, V, "b"; e 377 do CPC.

§ 1º. As partes deverão ser intimadas pelo juiz do ato de expedição da carta.

§ 2º. Expedida a carta, as partes acompanharão o cumprimento da diligência perante o juízo destinatário, ao qual compete a prática dos atos de comunicação.

§ 3º. A parte a quem interessar o cumprimento da diligência cooperará para que o prazo a que se refere o *caput* seja cumprido.

Art. 262. A carta tem caráter itinerante, podendo, antes ou depois de lhe ser ordenado o cumprimento, ser encaminhada a juízo diverso do que dela consta, a fim de se praticar o ato.

Parágrafo único. O encaminhamento da carta a outro juízo será imediatamente comunicado ao órgão expedidor, que intimará as partes.

Art. 263. As cartas deverão, preferencialmente, ser expedidas por meio eletrônico, caso em que a assinatura do juiz deverá ser eletrônica, na forma da lei.

Art. 264. A carta de ordem e a carta precatória por meio eletrônico, por telefone ou por telegrama conterão, em resumo substancial, os requisitos mencionados no art. 250, especialmente no que se refere à aferição da autenticidade.

Art. 265. O secretário do tribunal, o escrivão ou o chefe de secre-

LIVRO IV – DOS ATOS PROCESSUAIS **ART. 270**

taria do juízo deprecante transmitirá, por telefone, a carta de ordem ou a carta precatória ao juízo em que houver de se cumprir o ato, por intermédio do escrivão do primeiro ofício da primeira vara, se houver na comarca mais de um ofício ou de uma vara, observando-se, quanto aos requisitos, o disposto no art. 264.

§ 1º. O escrivão ou o chefe de secretaria, no mesmo dia ou no dia útil imediato, telefonará ou enviará mensagem eletrônica ao secretário do tribunal, ao escrivão ou ao chefe de secretaria do juízo deprecante, lendo-lhe os termos da carta e solicitando-lhe que os confirme.

§ 2º. Sendo confirmada, o escrivão ou o chefe de secretaria submeterá a carta a despacho.

Art. 266. Serão praticados de ofício os atos requisitados por meio eletrônico e de telegrama, devendo a parte depositar, contudo, na secretaria do tribunal ou no cartório do juízo deprecante, a importância correspondente às despesas que serão feitas no juízo em que houver de praticar-se o ato.

(*) V. art. 82, § 1º, do CPC.

Art. 267. O juiz recusará cumprimento a carta precatória ou arbitral, devolvendo-a com decisão motivada quando:

(*) Vide Enunciado 27 do FPPC.

I – a carta não estiver revestida dos requisitos legais;

(*) V. art. 260 do CPC.
(*) Vide Enunciados 26 e 417 do FPPC.

II – faltar ao juiz competência em razão da matéria ou da hierarquia;

III – o juiz tiver dúvida acerca de sua autenticidade.

Parágrafo único. No caso de incompetência em razão da matéria ou da hierarquia, o juiz deprecado, conforme o ato a ser praticado, poderá remeter a carta ao juiz ou ao tribunal competente.

Art. 268. Cumprida a carta, será devolvida ao juízo de origem no prazo de 10 (dez) dias, independentemente de traslado, pagas as custas pela parte.

Capítulo IV
DAS INTIMAÇÕES

Art. 269. Intimação é o ato pelo qual se dá ciência a alguém dos atos e dos termos do processo.

§ 1º. É facultado aos advogados promover a intimação do advogado da outra parte por meio do correio, juntando aos autos, a seguir, cópia do ofício de intimação e do aviso de recebimento.

§ 2º. O ofício de intimação deverá ser instruído com cópia do despacho, da decisão ou da sentença.

§ 3º. A intimação da União, dos Estados, do Distrito Federal, dos Municípios e de suas respectivas autarquias e fundações de direito público será realizada perante o órgão de Advocacia Pública responsável por sua representação judicial.

Art. 270. As intimações realizam-se, sempre que possível, por meio eletrônico, na forma da lei.

(*) Vide Resolução CNJ nº 455/2022.

Parágrafo único. Aplica-se ao Ministério Público, à Defensoria Pública e à Advocacia Pública o disposto no § 1º do art. 246.

(*) V. art. 1.050 do CPC.

Art. 271. O juiz determinará de ofício as intimações em processos pendentes, salvo disposição em contrário.

Art. 272. Quando não realizadas por meio eletrônico, consideram-se feitas as intimações pela publicação dos atos no órgão oficial.

(*) Vide Resolução CNJ nº 455/2022.

§ 1º. Os advogados poderão requerer que, na intimação a eles dirigida, figure apenas o nome da sociedade a que pertençam, desde que devidamente registrada na Ordem dos Advogados do Brasil.

§ 2º. Sob pena de nulidade, é indispensável que da publicação constem os nomes das partes e de seus advogados, com o respectivo número de inscrição na Ordem dos Advogados do Brasil, ou, se assim requerido, da sociedade de advogados.

§ 3º. A grafia dos nomes das partes não deve conter abreviaturas.

§ 4º. A grafia dos nomes dos advogados deve corresponder ao nome completo e ser a mesma que constar da procuração ou que estiver registrada na Ordem dos Advogados do Brasil.

§ 5º. Constando dos autos pedido expresso para que as comunicações dos atos processuais sejam feitas em nome dos advogados indicados, o seu desatendimento implicará nulidade.

§ 6º. A retirada dos autos do cartório ou da secretaria em carga pelo advogado, por pessoa credenciada a pedido do advogado ou da sociedade de advogados, pela Advocacia Pública, pela Defensoria Pública ou pelo Ministério Público implicará intimação de qualquer decisão contida no processo retirado, ainda que pendente de publicação.

(*) Vide Enunciado 274 do FPPC.

§ 7º. O advogado e a sociedade de advogados deverão requerer o respectivo credenciamento para a retirada de autos por preposto.

§ 8º. A parte arguirá a nulidade da intimação em capítulo preliminar do próprio ato que lhe caiba praticar, o qual será tido por tempestivo se o vício for reconhecido.

§ 9º. Não sendo possível a prática imediata do ato diante da necessidade de acesso prévio aos autos, a parte limitar-se-á a arguir a nulidade da intimação, caso em que o prazo será contado da intimação da decisão que a reconheça.

Art. 273. Se inviável a intimação por meio eletrônico e não houver na localidade publicação em órgão oficial, incumbirá ao escrivão ou chefe de secretaria intimar de todos os atos do processo os advogados das partes:

I – pessoalmente, se tiverem domicílio na sede do juízo;

II – por carta registrada, com aviso de recebimento, quando forem domiciliados fora do juízo.

Art. 274. Não dispondo a lei de outro modo, as intimações serão feitas às partes, aos seus representantes legais, aos advogados e aos demais sujeitos do processo pelo correio ou, se presentes em cartório, diretamente pelo escrivão ou chefe de secretaria.

Parágrafo único. Presumem-se válidas as intimações dirigidas ao endereço constante dos autos, ainda que não recebidas pessoalmente pelo interessado, se a modificação temporária ou definitiva não tiver sido devidamente comunicada ao juízo, fluindo os prazos a partir da juntada aos autos do comprovante de entrega da correspondência no primitivo endereço.

(*) V. arts. 513, §§ 4º e 5º; 841, § 4º; e 876, § 2º, do CPC.

Art. 275. A intimação será feita por oficial de justiça quando frustrada a realização por meio eletrônico ou pelo correio.

§ 1º. A certidão de intimação deve conter:

I – a indicação do lugar e a descrição da pessoa intimada, mencionando, quando possível, o número de seu documento de identidade e o órgão que o expediu;

II – a declaração de entrega da contrafé;

III – a nota de ciente ou a certidão de que o interessado não a apôs no mandado.

§ 2º. Caso necessário, a intimação poderá ser efetuada com hora certa ou por edital.

TÍTULO III
DAS NULIDADES

Art. 276. Quando a lei prescrever determinada forma sob pena de nulidade, a decretação desta não pode ser requerida pela parte que lhe deu causa.

Art. 277. Quando a lei prescrever determinada forma, o juiz considerará válido o ato se, realizado de outro modo, lhe alcançar a finalidade.

(*) V. arts. 188; 191; e 938, § 1º, do CPC.

Art. 278. A nulidade dos atos deve ser alegada na primeira oportunidade em que couber à parte falar nos autos, sob pena de preclusão.

Parágrafo único. Não se aplica o disposto no *caput* às nulidades que o juiz deva decretar de ofício, nem prevalece a preclusão provando a parte legítimo impedimento.

(*) V. art. 485, § 3º, do CPC.

Art. 279. É nulo o processo quando o membro do Ministério Público não for intimado a acompanhar o feito em que deva intervir.

§ 1º. Se o processo tiver tramitado sem conhecimento do membro do Ministério Público, o juiz invalidará os atos praticados a partir do momento em que ele deveria ter sido intimado.

§ 2º. A nulidade só pode ser decretada após a intimação do Ministério Público, que se manifestará sobre a existência ou a inexistência de prejuízo.

(*) V. art. 178 do CPC.

Art. 280. As citações e as intimações serão nulas quando feitas sem observância das prescrições legais.

(*) V. art. 242 do CPC.

Art. 281. Anulado o ato, consideram-se de nenhum efeito todos os subsequentes que dele dependam, todavia, a nulidade de uma parte do ato não prejudicará as outras que dela sejam independentes.

(*) Vide Enunciados 276 e 277 do FPPC.

Art. 282. Ao pronunciar a nulidade, o juiz declarará que atos são atingidos e ordenará as providências necessárias a fim de que sejam repetidos ou retificados.

(*) V. arts. 352; 932, parágrafo único; e 938, § 1º, do CPC.

(*) Vide Enunciados 276, 277 e 279 do FPPC.

§ 1º. O ato não será repetido nem sua falta será suprida quando não prejudicar a parte.

§ 2º. Quando puder decidir o mérito a favor da parte a quem aproveite a decretação da nulidade, o juiz não a pronunciará nem mandará repetir o ato ou suprir-lhe a falta.

(*) Vide Enunciado 278 do FPPC.

Art. 283. O erro de forma do processo acarreta unicamente a anulação dos atos que não possam ser aproveitados, devendo ser praticados os que forem necessários a fim de se observarem as prescrições legais.

(*) V. art. 188 do CPC.

Parágrafo único. Dar-se-á o aproveitamento dos atos praticados desde que não resulte prejuízo à defesa de qualquer parte.

TÍTULO IV
DA DISTRIBUIÇÃO E DO REGISTRO

Art. 284. Todos os processos estão sujeitos a registro, devendo ser distribuídos onde houver mais de um juiz.

(*) V. art. 206 do CPC.

Art. 285. A distribuição, que poderá ser eletrônica, será alternada e aleatória, obedecendo-se rigorosa igualdade.

Parágrafo único. A lista de distribuição deverá ser publicada no Diário de Justiça.

(*) Vide Resolução CNJ nº 455/2022.

Art. 286. Serão distribuídas por dependência as causas de qualquer natureza:

I – quando se relacionarem, por conexão ou continência, com outra já ajuizada;

(*) V. arts. 54 a 57 e 188 do CPC.

(*) Vide Súmula 235 do STJ.

II – quando, tendo sido extinto o processo sem resolução de mérito, for reiterado o pedido, ainda que em litisconsórcio com outros autores ou que sejam parcialmente alterados os réus da demanda;

III – quando houver ajuizamento de ações nos termos do art. 55, § 3º, ao juízo prevento.

Parágrafo único. Havendo intervenção de terceiro, reconvenção ou outra hipótese de ampliação objetiva do processo, o juiz, de ofício, mandará proceder à respectiva anotação pelo distribuidor.

(*) V. arts. 119 a 138 e 343 do CPC.

Art. 287. A petição inicial deve vir acompanhada de procuração, que conterá os endereços do advogado, eletrônico e não eletrônico.

(*) Vide Enunciado 139 do FPPC.

Parágrafo único. Dispensa-se a juntada da procuração:

I – no caso previsto no art. 104;

II – se a parte estiver representada pela Defensoria Pública;

III – se a representação decorrer diretamente de norma prevista na Constituição Federal ou em lei.

Art. 288. O juiz, de ofício ou a requerimento do interessado, corrigirá o erro ou compensará a falta de distribuição.

Art. 289. A distribuição poderá ser fiscalizada pela parte, por seu procurador, pelo Ministério Público e pela Defensoria Pública.

Art. 290. Será cancelada a distribuição do feito se a parte, intimada na pessoa de seu advogado, não realizar o pagamento das custas e despesas de ingresso em 15 (quinze) dias.

(*) Vide Enunciado 280 do FPPC.

TÍTULO V
DO VALOR DA CAUSA

Art. 291. A toda causa será atribuído valor certo, ainda que não tenha conteúdo econômico imediatamente aferível.

Art. 292. O valor da causa constará da petição inicial ou da reconvenção e será:

(*) Vide Enunciado 178 do FPPC.

I – na ação de cobrança de dívida, a soma monetariamente corrigida do principal, dos juros de mora vencidos e de outras penalidades, se houver, até a data de propositura da ação;

II – na ação que tiver por objeto a existência, a validade, o cumprimento, a modificação, a resolução, a resilição ou a rescisão de ato jurídico, o valor do ato ou o de sua parte controvertida;

III – na ação de alimentos, a soma de 12 (doze) prestações mensais pedidas pelo autor;

IV – na ação de divisão, de demarcação e de reivindicação, o valor de avaliação da área ou do bem objeto do pedido;

V – na ação indenizatória, inclusive a fundada em dano moral, o valor pretendido;

VI – na ação em que há cumulação de pedidos, a quantia correspondente à soma dos valores de todos eles;

(*) V. arts. 327 e 555 do CPC.

VII – na ação em que os pedidos são alternativos, o de maior valor;

VIII – na ação em que houver pedido subsidiário, o valor do pedido principal.

§ 1º. Quando se pedirem prestações vencidas e vincendas, considerar-se-á o valor de umas e outras.

§ 2º. O valor das prestações vincendas será igual a uma prestação anual, se a obrigação for por tempo indeterminado ou por tempo superior a 1 (um) ano, e, se por tempo inferior, será igual à soma das prestações.

§ 3º. O juiz corrigirá, de ofício e por arbitramento, o valor da causa quando verificar que não corresponde ao conteúdo patrimonial em discussão ou ao proveito econômico perseguido pelo autor, caso em que se procederá ao recolhimento das custas correspondentes.

Art. 293. O réu poderá impugnar, em preliminar da contestação, o valor atribuído à causa pelo autor, sob pena de preclusão, e o juiz decidirá a respeito, impondo, se for o caso, a complementação das custas.

(*) V. art. 98, § 6º, do CPC.

LIVRO V
DA TUTELA PROVISÓRIA

TÍTULO I
DISPOSIÇÕES GERAIS

(*) Vide Enunciado 418 do FPPC.

Art. 294. A tutela provisória pode fundamentar-se em urgência ou evidência.

Parágrafo único. A tutela provisória de urgência, cautelar ou antecipada, pode ser concedida em caráter antecedente ou incidental.

(*) V. arts. 188, 300, 305, 311, 519 e 691 do CPC.
(*) Vide Enunciado 496 do FPPC.

Art. 295. A tutela provisória requerida em caráter incidental independe do pagamento de custas.

Art. 296. A tutela provisória conserva sua eficácia na pendência do processo, mas pode, a qualquer tempo, ser revogada ou modificada.

(*) Vide Enunciado 39 do CJF.

Parágrafo único. Salvo decisão judicial em contrário, a tutela provisória conservará a eficácia durante o período de suspensão do processo.

(*) Vide Enunciado 140 do FPPC.
(*) Vide Enunciado 41 do CJF.

Art. 297. O juiz poderá determinar as medidas que considerar adequadas para efetivação da tutela provisória.

(*) V. art. 519 do CPC.
(*) Vide Enunciado 627 do FPPC.
(*) Vide Enunciado 38 do CJF.
(*) Vide Súmula 212 do STJ.

Parágrafo único. A efetivação da tutela provisória observará as normas referentes ao cumprimento provisório da sentença, no que couber.

(*) Vide Enunciados 490, 497 e 498 do FPPC.

Art. 298. Na decisão que conceder, negar, modificar ou revogar a tutela provisória, o juiz motivará seu convencimento de modo claro e preciso.

(*) V. arts. 11; 489; 1.015, I; e 1.021 do CPC.
(*) Vide Enunciados 29, 30, 141, 142 e 730 do FPPC.
(*) Vide Enunciado 45 do CJF.

Art. 299. A tutela provisória será requerida ao juízo da causa e, quando antecedente, ao juízo competente para conhecer do pedido principal.

Parágrafo único. Ressalvada disposição especial, na ação de competência originária de tribunal e nos recursos a tutela provisória será requerida ao órgão jurisdicional competente para apreciar o mérito.

(*) Vide Súmulas 634 e 635 do STF.

TÍTULO II
DA TUTELA DE URGÊNCIA

Capítulo I
DISPOSIÇÕES GERAIS

(*) Vide Enunciados 41 e 42 do CJF.

Art. 300. A tutela de urgência será concedida quando houver elementos que evidenciem a probabilidade do direito e o perigo de dano ou o risco ao resultado útil do processo.

(*) Vide Enunciados 143 e 496 do FPPC.

§ 1º. Para a concessão da tutela de urgência, o juiz pode, conforme o caso, exigir caução real ou fidejussória idônea para ressarcir os danos que a outra parte possa vir a sofrer, podendo a caução ser dispensada se a parte economicamente hipossuficiente não puder oferecê-la.

(*) Vide Enunciados 71, 497 e 498 do FPPC.

§ 2º. A tutela de urgência pode ser concedida liminarmente ou após justificação prévia.

(*) V. art. 9º, parágrafo único, I, do CPC.
(*) Vide Enunciados 496 e 647 do FPPC.

§ 3º. A tutela de urgência de natureza antecipada não será concedida quando houver perigo de irreversibilidade dos efeitos da decisão.

(*) Vide Enunciado 419 do FPPC.
(*) Vide Enunciado 25 da ENFAM.
(*) Vide Enunciado 40 do CJF.

Art. 301. A tutela de urgência de natureza cautelar pode ser efetivada mediante arresto, sequestro, arrolamento de bens, registro de protesto contra alienação de bem e qualquer outra medida idônea para asseguração do direito.

(*) V. art. 554, § 3º, do CPC.
(*) Vide Enunciado 31 do FPPC.

Art. 302. Independentemente da reparação por dano processual, a parte responde pelo prejuízo que a efetivação da tutela de urgência causar à parte adversa, se:

I – a sentença lhe for desfavorável;
(*) Vide Enunciado 39 do CJF.

II – obtida liminarmente a tutela em caráter antecedente, não fornecer os meios necessários para a citação do requerido no prazo de 5 (cinco) dias;

III – ocorrer a cessação da eficácia da medida em qualquer hipótese legal;

(*) Vide Enunciado 499 do FPPC.

IV – o juiz acolher a alegação de decadência ou prescrição da pretensão do autor.

Parágrafo único. A indenização será liquidada nos autos em que a medida tiver sido concedida, sempre que possível.

(*) Vide Enunciado 499 do FPPC.

Capítulo II
DO PROCEDIMENTO DA TUTELA ANTECIPADA REQUERIDA EM CARÁTER ANTECEDENTE

Art. 303. Nos casos em que a urgência for contemporânea à propositura da ação, a petição inicial pode limitar-se ao requerimento da tutela antecipada e à indicação do pedido de tutela final, com a exposição da lide, do direito que se busca realizar e do perigo de dano ou do risco ao resultado útil do processo.

(*) V. art. 305, parágrafo único, do CPC.

§ 1º. Concedida a tutela antecipada a que se refere o *caput* deste artigo:

I – o autor deverá aditar a petição inicial, com a complementação de sua argumentação, a juntada de novos documentos e a confirmação do pedido de tutela final, em 15 (quinze) dias ou em outro prazo maior que o juiz fixar;

(*) Vide Enunciados 581 e 692 do FPPC.

II – o réu será citado e intimado para a audiência de conciliação ou de mediação na forma do art. 334;

III – não havendo autocomposição, o prazo para contestação será contado na forma do art. 335.

§ 2º. Não realizado o aditamento a que se refere o inciso I do § 1º deste artigo, o processo será extinto sem resolução do mérito.

§ 3º. O aditamento a que se refere o inciso I do § 1º deste artigo dar-se-á nos mesmos autos, sem incidência de novas custas processuais.

§ 4º. Na petição inicial a que se refere o *caput* deste artigo, o autor terá de indicar o valor da causa, que deve levar em consideração o pedido de tutela final.

(*) Vide Enunciado 44 do CJF.

§ 5º. O autor indicará na petição inicial, ainda, que pretende valer-se do benefício previsto no *caput* deste artigo.

§ 6º. Caso entenda que não há elementos para a concessão de tutela antecipada, o órgão jurisdicional determinará a emenda da petição inicial em até 5 (cinco) dias, sob pena de ser indeferida e de o processo ser extinto sem resolução de mérito.

Art. 304. A tutela antecipada, concedida nos termos do art. 303, torna-se estável se da decisão que a conceder não for interposto o respectivo recurso.

(*) Vide Enunciados 420, 421, 500, 501 e 582 do FPPC.

(*) Vide Enunciados 18 e 28 da ENFAM.

(*) Vide Enunciados 43 e 130 do CJF.

§ 1º. No caso previsto no *caput*, o processo será extinto.

§ 2º. Qualquer das partes poderá demandar a outra com o intuito de rever, reformar ou invalidar a tutela antecipada estabilizada nos termos do *caput*.

§ 3º. A tutela antecipada conservará seus efeitos enquanto não revista, reformada ou invalidada por decisão de mérito proferida na ação de que trata o § 2º.

§ 4º. Qualquer das partes poderá requerer o desarquivamento dos autos em que foi concedida a medida, para instruir a petição inicial da ação a que se refere o § 2º, prevento o juízo em que a tutela antecipada foi concedida.

(*) V. art. 59 do CPC.

§ 5º. O direito de rever, reformar ou invalidar a tutela antecipada, previsto no § 2º deste artigo, extingue-se após 2 (dois) anos, contados da ciência da decisão que extinguiu o processo, nos termos do § 1º.

(*) Vide Enunciado 26 da ENFAM.

§ 6º. A decisão que concede a tutela não fará coisa julgada, mas a estabilidade dos respectivos efeitos só será afastada por decisão que a revir, reformar ou invalidar, proferida em ação ajuizada por uma das partes, nos termos do § 2º deste artigo.

(*) Vide Enunciados 32 e 33 do FPPC.
(*) Vide Enunciado 27 da ENFAM.

Capítulo III
DO PROCEDIMENTO DA TUTELA CAUTELAR REQUERIDA EM CARÁTER ANTECEDENTE

(*) Vide Enunciado 503 do FPPC.

Art. 305. A petição inicial da ação que visa à prestação de tutela cautelar em caráter antecedente indicará a lide e seu fundamento, a exposição sumária do direito que se objetiva assegurar e o perigo de dano ou o risco ao resultado útil do processo.

LIVRO V – DA TUTELA PROVISÓRIA ART. 311

Parágrafo único. Caso entenda que o pedido a que se refere o *caput* tem natureza antecipada, o juiz observará o disposto no art. 303.

(*) V. arts. 319 a 321 do CPC.
(*) Vide Enunciados 502 e 693 do FPPC.

Art. 306. O réu será citado para, no prazo de 5 (cinco) dias, contestar o pedido e indicar as provas que pretende produzir.

(*) V. arts. 214 e 229 do CPC.

Art. 307. Não sendo contestado o pedido, os fatos alegados pelo autor presumir-se-ão aceitos pelo réu como ocorridos, caso em que o juiz decidirá dentro de 5 (cinco) dias.

Parágrafo único. Contestado o pedido no prazo legal, observar-se-á o procedimento comum.

(*) Vide Enunciado 381 do FPPC.

Art. 308. Efetivada a tutela cautelar, o pedido principal terá de ser formulado pelo autor no prazo de 30 (trinta) dias, caso em que será apresentado nos mesmos autos em que deduzido o pedido de tutela cautelar, não dependendo do adiantamento de novas custas processuais.

(*) Vide Enunciado 692 do FPPC.
(*) Vide Súmula 482 do STJ.

§ 1º. O pedido principal pode ser formulado conjuntamente com o pedido de tutela cautelar.

§ 2º. A causa de pedir poderá ser aditada no momento de formulação do pedido principal.

§ 3º. Apresentado o pedido principal, as partes serão intimadas para a audiência de conciliação ou de mediação, na forma do art. 334, por seus advogados ou pessoalmente, sem necessidade de nova citação do réu.

§ 4º. Não havendo autocomposição, o prazo para contestação será contado na forma do art. 335.

Art. 309. Cessa a eficácia da tutela concedida em caráter antecedente, se:

I – o autor não deduzir o pedido principal no prazo legal;

(*) V. arts. 302, III; e 668 do CPC.

II – não for efetivada dentro de 30 (trinta) dias;

(*) Vide Enunciado 46 do CJF.

III – o juiz julgar improcedente o pedido principal formulado pelo autor ou extinguir o processo sem resolução de mérito.

(*) Vide Enunciados 499 e 504 do FPPC.

Parágrafo único. Se por qualquer motivo cessar a eficácia da tutela cautelar, é vedado à parte renovar o pedido, salvo sob novo fundamento.

Art. 310. O indeferimento da tutela cautelar não obsta a que a parte formule o pedido principal, nem influi no julgamento desse, salvo se o motivo do indeferimento for o reconhecimento de decadência ou de prescrição.

(*) V. art. 302, IV, do CPC.

TÍTULO III
DA TUTELA DA EVIDÊNCIA

Art. 311. A tutela da evidência será concedida, independentemente da demonstração de perigo de dano ou de risco ao resultado útil do processo, quando:

(*) V. art. 995, parágrafo único; 1.012, § 4º; 1.019, I; 1.026, § 1º; e 1.029, § 5º, do CPC.
(*) Vide Enunciados 35, 217, 422, 423 e 496 do FPPC.
(*) Vide Enunciados 49 e 135 do CJF.

I – ficar caracterizado o abuso do direito de defesa ou o manifesto propósito protelatório da parte;

(*) V. art. 80 do CPC.
(*) Vide Enunciado 34 do FPPC.
(*) Vide Enunciado 47 do CJF.

II – as alegações de fato puderem ser comprovadas apenas documentalmente e houver tese firmada em julgamento de casos repetitivos ou em súmula vinculante;

(*) V. art. 9º, parágrafo único, II, do CPC.
(*) Vide Enunciados 30 e 31 da ENFAM.
(*) Vide Enunciado 48 do CJF.

III – se tratar de pedido reipersecutório fundado em prova documental adequada do contrato de depósito, caso em que será decretada a ordem de entrega do objeto custodiado, sob cominação de multa;

(*) V. art. 9º, parágrafo único, II, do CPC.
(*) Vide Enunciado 29 da ENFAM.

IV – a petição inicial for instruída com prova documental suficiente dos fatos constitutivos do direito do autor, a que o réu não oponha prova capaz de gerar dúvida razoável.

Parágrafo único. Nas hipóteses dos incisos II e III, o juiz poderá decidir liminarmente.

LIVRO VI
DA FORMAÇÃO, DA SUSPENSÃO E DA EXTINÇÃO DO PROCESSO

TÍTULO I
DA FORMAÇÃO DO PROCESSO

Art. 312. Considera-se proposta a ação quando a petição inicial for protocolada, todavia, a propositura da ação só produz quanto ao réu os efeitos mencionados no art. 240 depois que for validamente citado.

(*) V. arts. 43 e 59 do CPC.
(*) Vide Enunciados 117, 367 e 539 do FPPC.

TÍTULO II
DA SUSPENSÃO DO PROCESSO

Art. 313. Suspende-se o processo:

(*) V. arts. 220, 221 e 921 do CPC.

I – pela morte ou pela perda da capacidade processual de qualquer das partes, de seu representante legal ou de seu procurador;

(*) V. arts. 76, 110, 112 e 687 a 692 do CPC.

II – pela convenção das partes;

(*) V. § 4º deste artigo.
(*) Vide Enunciado 580 do FPPC.

III – pela arguição de impedimento ou de suspeição;

(*) V. arts. 144 a 146 do CPC.

IV – pela admissão de incidente de resolução de demandas repetitivas;

(*) V. art. 976 do CPC.
(*) Vide Enunciado 92 do FPPC.

V – quando a sentença de mérito:

a) depender do julgamento de outra causa ou da declaração de existência ou de inexistência de relação

LIVRO VI – DA FORMAÇÃO, DA SUSPENSÃO E DA EXTINÇÃO DO PROCESSO — ART. 313

jurídica que constitua o objeto principal de outro processo pendente;

(*) V. § 4º deste artigo.
(*) V. art. 315 do CPC.

b) tiver de ser proferida somente após a verificação de determinado fato ou a produção de certa prova, requisitada a outro juízo;

(*) V. arts. 261 e 377 do CPC.
(*) Vide Enunciado 695 do FPPC.

VI – por motivo de força maior;

VII – quando se discutir em juízo questão decorrente de acidentes e fatos da navegação de competência do Tribunal Marítimo;

VIII – nos demais casos que este Código regula;

(*) V. art. 76 do CPC.

IX – pelo parto ou pela concessão de adoção, quando a advogada responsável pelo processo constituir a única patrona da causa;

(*) Inciso IX acrescido pela Lei nº 13.363/2016.

X – quando o advogado responsável pelo processo constituir o único patrono da causa e tornar-se pai.

(*) Inciso X acrescido pela Lei nº 13.363/2016.

§ 1º. Na hipótese do inciso I, o juiz suspenderá o processo, nos termos do art. 689.

(*) V. art. 110 do CPC.

§ 2º. Não ajuizada ação de habilitação, ao tomar conhecimento da morte, o juiz determinará a suspensão do processo e observará o seguinte:

I – falecido o réu, ordenará a intimação do autor para que promova a citação do respectivo espólio, de quem for o sucessor ou, se for o caso, dos herdeiros, no prazo que designar, de no mínimo 2 (dois) e no máximo 6 (seis) meses;

II – falecido o autor e sendo transmissível o direito em litígio, determinará a intimação de seu espólio, de quem for o sucessor ou, se for o caso, dos herdeiros, pelos meios de divulgação que reputar mais adequados, para que manifestem interesse na sucessão processual e promovam a respectiva habilitação no prazo designado, sob pena de extinção do processo sem resolução de mérito.

(*) V. arts. 110, 687 e 1.004 do CPC.

§ 3º. No caso de morte do procurador de qualquer das partes, ainda que iniciada a audiência de instrução e julgamento, o juiz determinará que a parte constitua novo mandatário, no prazo de 15 (quinze) dias, ao final do qual extinguirá o processo sem resolução de mérito, se o autor não nomear novo mandatário, ou ordenará o prosseguimento do processo à revelia do réu, se falecido o procurador deste.

(*) V. art. 346 do CPC.

§ 4º. O prazo de suspensão do processo nunca poderá exceder 1 (um) ano nas hipóteses do inciso V e 6 (seis) meses naquela prevista no inciso II.

§ 5º. O juiz determinará o prosseguimento do processo assim que esgotados os prazos previstos no § 4º.

§ 6º. No caso do inciso IX, o período de suspensão será de 30 (trinta) dias, contado a partir da data do parto ou da concessão da adoção, mediante apresentação de certidão de nascimento ou documento similar que comprove a realização do parto, ou de termo judicial que tenha concedido a adoção, desde que haja notificação ao cliente.

(*) § 6º acrescido pela Lei nº 13.363/2016.

§ 7º. No caso do inciso X, o período de suspensão será de 8 (oito) dias, contado a partir da data do parto ou da concessão da adoção, mediante apresentação de certidão de nascimento ou documento similar que comprove a realização do parto, ou de termo judicial que tenha concedido a adoção, desde que haja notificação ao cliente.

(*) § 7º acrescido pela Lei nº 13.363/2016.

Art. 314. Durante a suspensão é vedado praticar qualquer ato processual, podendo o juiz, todavia, determinar a realização de atos urgentes a fim de evitar dano irreparável, salvo no caso de arguição de impedimento e de suspeição.

(*) V. arts. 214, 220, 297 e 923 do CPC.

Art. 315. Se o conhecimento do mérito depender de verificação da existência de fato delituoso, o juiz pode determinar a suspensão do processo até que se pronuncie a justiça criminal.

(*) V. arts. 313, caput, V, "a", e § 4º; e 921 do CPC.

§ 1º. Se a ação penal não for proposta no prazo de 3 (três) meses, contado da intimação do ato de suspensão, cessará o efeito desse, incumbindo ao juiz cível examinar incidentemente a questão prévia.

§ 2º. Proposta a ação penal, o processo ficará suspenso pelo prazo máximo de 1 (um) ano, ao final do qual aplicar-se-á o disposto na parte final do § 1º.

TÍTULO III
DA EXTINÇÃO DO PROCESSO

Art. 316. A extinção do processo dar-se-á por sentença.

(*) V. arts. 485 a 487 do CPC.

Art. 317. Antes de proferir decisão sem resolução de mérito, o juiz deverá conceder à parte oportunidade para, se possível, corrigir o vício.

(*) V. art. 485 do CPC.
(*) Vide Enunciados 657 e 666 do FPPC.
(*) Vide Enunciado 120 do CJF.

PARTE ESPECIAL

LIVRO I
DO PROCESSO DE CONHECIMENTO E DO CUMPRIMENTO DE SENTENÇA

TÍTULO I
DO PROCEDIMENTO COMUM

Capítulo I
DISPOSIÇÕES GERAIS

Art. 318. Aplica-se a todas as causas o procedimento comum, salvo disposição em contrário deste Código ou de lei.

Parágrafo único. O procedimento comum aplica-se subsidiariamente aos demais procedimentos especiais e ao processo de execução.

(*) Vide Enunciados 86 e 119 do CJF.

Capítulo II
DA PETIÇÃO INICIAL

Seção I
Dos Requisitos da Petição Inicial

Art. 319. A petição inicial indicará:

(*) V. arts. 99; 106, I; 330; e 968 do CPC.
(*) Vide Enunciado 145 do FPPC.

I – o juízo a que é dirigida;

II – os nomes, os prenomes, o estado civil, a existência de união estável, a profissão, o número de inscrição no Cadastro de Pessoas Físicas ou no Cadastro Nacional da Pessoa Jurídica, o endereço eletrônico, o domicílio e a residência do autor e do réu;

(*) Vide Súmula 558 do STJ.

III – o fato e os fundamentos jurídicos do pedido;

(*) Vide Enunciados 281 e 282 do FPPC.

IV – o pedido com as suas especificações;

(*) V. arts. 322 a 329 do CPC.

V – o valor da causa;

(*) V. arts. 291 a 293 do CPC.

VI – as provas com que o autor pretende demonstrar a verdade dos fatos alegados;

(*) V. arts. 369 a 484 do CPC.

VII – a opção do autor pela realização ou não de audiência de conciliação ou de mediação.

(*) V. art. 334 do CPC.

§ 1º. Caso não disponha das informações previstas no inciso II, poderá o autor, na petição inicial, requerer ao juiz diligências necessárias a sua obtenção.

(*) V. art. 524, I, do CPC.
(*) Vide Enunciados 283 e 519 do FPPC.

§ 2º. A petição inicial não será indeferida se, a despeito da falta de informações a que se refere o inciso II, for possível a citação do réu.

(*) V. art. 524, I, do CPC.

§ 3º. A petição inicial não será indeferida pelo não atendimento ao disposto no inciso II deste artigo se a obtenção de tais informações tornar impossível ou excessivamente oneroso o acesso à justiça.

(*) V. art. 524, I, do CPC.

Art. 320. A petição inicial será instruída com os documentos indispensáveis à propositura da ação.

(*) V. arts. 290; 341, II; 345, III; 406; 434; e 798 do CPC.
(*) Vide Enunciado 283 do FPPC.
(*) Vide Súmula 389 do STJ.

Art. 321. O juiz, ao verificar que a petição inicial não preenche os requisitos dos arts. 319 e 320 ou que apresenta defeitos e irregularidades capazes de dificultar o julgamento de mérito, determinará que o autor, no prazo de 15 (quinze) dias, a emende ou a complete, indicando com precisão o que deve ser corrigido ou completado.

(*) Vide Enunciados 284, 292, 296 e 425 do FPPC.

Parágrafo único. Se o autor não cumprir a diligência, o juiz indeferirá a petição inicial.

(*) V. arts. 330; 331; e 485, I, do CPC.

Seção II
Do Pedido

Art. 322. O pedido deve ser certo.

(*) V. art. 329, I, do CPC.

§ 1º. Compreendem-se no principal os juros legais, a correção monetária e as verbas de sucumbência, inclusive os honorários advocatícios.

(*) Vide Súmula 254 do STF.
(*) Vide Súmula 176 do STJ.

§ 2º. A interpretação do pedido considerará o conjunto da postulação e observará o princípio da boa-fé.

(*) Vide Enunciados 285, 286, 378 e 726 do FPPC.
(*) Vide Enunciado 1 do CJF.

Art. 323. Na ação que tiver por objeto cumprimento de obrigação em prestações sucessivas, essas serão consideradas incluídas no pedido, independentemente de declaração expressa do autor, e serão incluídas na condenação, enquanto durar a obrigação, se o devedor, no curso do processo, deixar de pagá-las ou de consigná-las.

(*) V. art. 541 do CPC.
(*) Vide Enunciado 505 do FPPC.
(*) Vide Enunciado 85 do CJF.

Art. 324. O pedido deve ser determinado.

§ 1º. É lícito, porém, formular pedido genérico:

I – nas ações universais, se o autor não puder individuar os bens demandados;

II – quando não for possível determinar, desde logo, as consequências do ato ou do fato;

III – quando a determinação do objeto ou do valor da condenação depender de ato que deva ser praticado pelo réu.

§ 2º. O disposto neste artigo aplica-se à reconvenção.

Art. 325. O pedido será alternativo quando, pela natureza da obrigação, o devedor puder cumprir a prestação de mais de um modo.

Parágrafo único. Quando, pela lei ou pelo contrato, a escolha couber ao devedor, o juiz lhe assegurará o direito de cumprir a prestação de um ou de outro modo, ainda que o autor não tenha formulado pedido alternativo.

Art. 326. É lícito formular mais de um pedido em ordem subsidiária, a fim de que o juiz conheça do posterior, quando não acolher o anterior.

(*) V. art. 327, § 3º, do CPC.
(*) Vide Enunciados 287 e 288 do FPPC.

Parágrafo único. É lícito formular mais de um pedido, alternativamente, para que o juiz acolha um deles.

(*) Vide Enunciado 102 do FPPC.

Art. 327. É lícita a cumulação, em um único processo, contra o mesmo réu, de vários pedidos, ainda que entre eles não haja conexão.

(*) Vide Enunciado 109 do CJF.
(*) Vide Súmula 170 do STJ.

§ 1º. São requisitos de admissibilidade da cumulação que:

(*) Vide Enunciado 506 do FPPC.

I – os pedidos sejam compatíveis entre si;

II – seja competente para conhecer deles o mesmo juízo;

(*) Vide Enunciado 289 do FPPC.

III – seja adequado para todos os pedidos o tipo de procedimento.

§ 2º. Quando, para cada pedido, corresponder tipo diverso de procedimento, será admitida a cumulação se o autor empregar o procedimento comum, sem prejuízo do emprego das técnicas processuais diferenciadas previstas nos procedimentos especiais a que se sujeitam um ou mais pedidos cumulados, que não forem incompatíveis com as disposições sobre o procedimento comum.

(*) Vide Enunciado 672 do FPPC.

§ 3º. O inciso I do § 1º não se aplica às cumulações de pedidos de que trata o art. 326.

Art. 328. Na obrigação indivisível com pluralidade de credores, aquele que não participou do processo receberá sua parte, deduzidas as despesas na proporção de seu crédito.

Art. 329. O autor poderá:

(*) Vide Enunciado 428 do FPPC.
(*) Vide Enunciado 35 do CJF.

I – até a citação, aditar ou alterar o pedido ou a causa de pedir, independentemente de consentimento do réu;

II – até o saneamento do processo, aditar ou alterar o pedido e a causa de pedir, com consentimento do réu, assegurado o contraditório mediante a possibilidade de manifestação deste no prazo mínimo de 15 (quinze) dias, facultado o requerimento de prova suplementar.

(*) Vide Enunciados 111 e 490 do FPPC.

Parágrafo único. Aplica-se o disposto neste artigo à reconvenção e à respectiva causa de pedir.

(*) V. art. 343 do CPC.

Seção III
Do Indeferimento da Petição Inicial

Art. 330. A petição inicial será indeferida quando:

(*) V. arts. 319 a 321; e 700, § 4º, do CPC.
(*) Vide Enunciado 292 do FPPC.
(*) Vide Enunciado 22 do CJF.

I – for inepta;

II – a parte for manifestamente ilegítima;

III – o autor carecer de interesse processual;

IV – não atendidas as prescrições dos arts. 106 e 321.

§ 1º. Considera-se inepta a petição inicial quando:

I – lhe faltar pedido ou causa de pedir;

(*) V. arts. 322 a 329 do CPC.

II – o pedido for indeterminado, ressalvadas as hipóteses legais em que se permite o pedido genérico;

III – da narração dos fatos não decorrer logicamente a conclusão;

IV – contiver pedidos incompatíveis entre si.

§ 2º. Nas ações que tenham por objeto a revisão de obrigação decorrente de empréstimo, de financiamento ou de alienação de bens, o autor terá de, sob pena de inépcia, discriminar na petição inicial, dentre as obrigações contratuais, aquelas que pretende controverter, além de quantificar o valor incontroverso do débito.

(*) Vide Enunciado 289 do FPPC.

§ 3º. Na hipótese do § 2º, o valor incontroverso deverá continuar a ser pago no tempo e modo contratados.

Art. 331. Indeferida a petição inicial, o autor poderá apelar, facultado ao juiz, no prazo de 5 (cinco) dias, retratar-se.

(*) Vide Enunciados 291 e 293 do FPPC.

§ 1º. Se não houver retratação, o juiz mandará citar o réu para responder ao recurso.

§ 2º. Sendo a sentença reformada pelo tribunal, o prazo para a contestação começará a correr da intimação do retorno dos autos, observado o disposto no art. 334.

§ 3º. Não interposta a apelação, o réu será intimado do trânsito em julgado da sentença.

Capítulo III
DA IMPROCEDÊNCIA LIMINAR DO PEDIDO

Art. 332. Nas causas que dispensem a fase instrutória, o juiz, independentemente da citação do réu, julgará liminarmente improcedente o pedido que contrariar:

(*) V. arts. 4º; e 968, § 4º, do CPC.
(*) Vide Enunciados 507 e 705 do FPPC.
(*) Vide Enunciado 43 da ENFAM.

I – enunciado de súmula do Supremo Tribunal Federal ou do Superior Tribunal de Justiça;

(*) V. art. 927, IV, do CPC.
(*) Vide Enunciado 146 do FPPC.

II – acórdão proferido pelo Supremo Tribunal Federal ou pelo Superior Tribunal de Justiça em julgamento de recursos repetitivos;

III – entendimento firmado em incidente de resolução de demandas repetitivas ou de assunção de competência;

(*) V. arts. 926; e 932, IV, "c", do CPC.

IV – enunciado de súmula de tribunal de justiça sobre direito local.

(*) Vide Enunciado 43 da ENFAM.

§ 1º. O juiz também poderá julgar liminarmente improcedente o pedido se verificar, desde logo, a ocorrência de decadência ou de prescrição.

(*) V. art. 487, parágrafo único, do CPC.
(*) Vide Enunciado 294 do FPPC.

§ 2º. Não interposta a apelação, o réu será intimado do trânsito em julgado da sentença, nos termos do art. 241.

§ 3º. Interposta a apelação, o juiz poderá retratar-se em 5 (cinco) dias.

(*) Vide Enunciados 291, 293 e 508 do FPPC.

§ 4º. Se houver retratação, o juiz determinará o prosseguimento do processo, com a citação do réu, e, se não houver retratação, determinará a citação do réu para apresentar contrarrazões, no prazo de 15 (quinze) dias.

Capítulo IV
DA CONVERSÃO DA AÇÃO INDIVIDUAL EM AÇÃO COLETIVA

Art. 333. (Vetado).

Capítulo V
DA AUDIÊNCIA DE CONCILIAÇÃO OU DE MEDIAÇÃO

(*) Vide Lei nº 13.140/2015, que dispõe sobre a mediação judicial e extrajudicial.
(*) Vide Resolução CNJ nº 125/2010, que dispõe sobre a política judiciária nacional de tratamento adequado dos conflitos de interesses no âmbito do Poder Judiciário.

LIVRO I – DO PROCESSO DE CONHECIMENTO E DO CUMPRIMENTO (...)   **ART. 334**

(*) Vide Provimento CNJ nº 67/2018, que dispõe sobre os procedimentos de conciliação e de mediação nos serviços notariais e de registro do Brasil.

Art. 334. Se a petição inicial preencher os requisitos essenciais e não for o caso de improcedência liminar do pedido, o juiz designará audiência de conciliação ou de mediação com antecedência mínima de 30 (trinta) dias, devendo ser citado o réu com pelo menos 20 (vinte) dias de antecedência.

(*) V. arts. 3º, § 2º; 190; 238 a 259; 303, § 1º, II; e 308, § 3º, do CPC.

(*) Vide Resolução CNJ nº 125/2010.

(*) Vide Enunciados 509, 573 e 628 do FPPC.

(*) Vide Enunciado 56 da ENFAM.

(*) Vide Enunciados 23 e 25 do CJF.

§ 1º. O conciliador ou mediador, onde houver, atuará necessariamente na audiência de conciliação ou de mediação, observando o disposto neste Código, bem como as disposições da lei de organização judiciária.

§ 2º. Poderá haver mais de uma sessão destinada à conciliação e à mediação, não podendo exceder a 2 (dois) meses da data de realização da primeira sessão, desde que necessárias à composição das partes.

(*) Vide Lei nº 13.140/2015, que dispõe: "***Art. 28.** O procedimento de mediação judicial deverá ser concluído em até sessenta dias, contados da primeira sessão, salvo quando as partes, de comum acordo, requererem sua prorrogação. [...]*".

§ 3º. A intimação do autor para a audiência será feita na pessoa de seu advogado.

§ 4º. A audiência não será realizada:

I – se ambas as partes manifestarem, expressamente, desinteresse na composição consensual;

(*) V. arts. 165 a 175; e 335, I, do CPC.

(*) Vide Enunciado 673 do FPPC.

(*) Vide Enunciado 61 da ENFAM.

II – quando não se admitir a autocomposição.

(*) V. art. 335, § 2º, do CPC.

(*) Vide Enunciados 639 e 717 do FPPC.

(*) Vide Enunciado 24 do CJF.

§ 5º. O autor deverá indicar, na petição inicial, seu desinteresse na autocomposição, e o réu deverá fazê-lo, por petição, apresentada com 10 (dez) dias de antecedência, contados da data da audiência.

(*) Vide Enunciado 61 da ENFAM.

§ 6º. Havendo litisconsórcio, o desinteresse na realização da audiência deve ser manifestado por todos os litisconsortes.

(*) V. art. 335, § 1º, do CPC.

§ 7º. A audiência de conciliação ou de mediação pode realizar-se por meio eletrônico, nos termos da lei.

§ 8º. O não comparecimento injustificado do autor ou do réu à audiência de conciliação é considerado ato atentatório à dignidade da justiça e será sancionado com multa de até dois por cento da vantagem econômica pretendida ou do valor da causa, revertida em favor da União ou do Estado.

(*) Vide Enunciado 273 do FPPC.

(*) Vide Enunciados 26, 67 e 121 do CJF.

§ 9º. As partes devem estar acompanhadas por seus advogados ou defensores públicos.

§ 10. A parte poderá constituir representante, por meio de procuração específica, com poderes para negociar e transigir.

§ 11. A autocomposição obtida será reduzida a termo e homologada por sentença.

§ 12. A pauta das audiências de conciliação ou de mediação será organizada de modo a respeitar o intervalo mínimo de 20 (vinte) minutos entre o início de uma e o início da seguinte.

(*) Vide Enunciados 151, 295 e 583 do FPPC.

ART. 335 CÓDIGO DE PROCESSO CIVIL – PARTE ESPECIAL

Capítulo VI
DA CONTESTAÇÃO

Art. 335. O réu poderá oferecer contestação, por petição, no prazo de 15 (quinze) dias, cujo termo inicial será a data:

(*) V. arts. 99; 303, § 1º, III; 308, § 4º; 331, § 2º; 337; 340; 343; 344; 434; e 697 do CPC.
(*) Vide Enunciado 510 do FPPC.
(*) Vide Enunciado 124 do CJF.

I – da audiência de conciliação ou de mediação, ou da última sessão de conciliação, quando qualquer parte não comparecer ou, comparecendo, não houver autocomposição;

(*) Vide Enunciado 122 do CJF.

II – do protocolo do pedido de cancelamento da audiência de conciliação ou de mediação apresentado pelo réu, quando ocorrer a hipótese do art. 334, § 4º, inciso I;

III – prevista no art. 231, de acordo com o modo como foi feita a citação, nos demais casos.

§ 1º. No caso de litisconsórcio passivo, ocorrendo a hipótese do art. 334, § 6º, o termo inicial previsto no inciso II será, para cada um dos réus, a data de apresentação de seu respectivo pedido de cancelamento da audiência.

§ 2º. Quando ocorrer a hipótese do art. 334, § 4º, inciso II, havendo litisconsórcio passivo e o autor desistir da ação em relação a réu ainda não citado, o prazo para resposta correrá da data de intimação da decisão que homologar a desistência.

Art. 336. Incumbe ao réu alegar, na contestação, toda a matéria de defesa, expondo as razões de fato e de direito com que impugna o pedido do autor e especificando as provas que pretende produzir.

(*) V. arts. 106, I; e 341 do CPC.
(*) Vide Enunciado 248 do FPPC.

Art. 337. Incumbe ao réu, antes de discutir o mérito, alegar:

(*) V. arts. 341 e 351 do CPC.

I – inexistência ou nulidade da citação;

(*) V. arts. 238 a 259 e 280 do CPC.

II – incompetência absoluta e relativa;

(*) V. arts. 62; 63, § 4º; 64; e 340 do CPC.

III – incorreção do valor da causa;
IV – inépcia da petição inicial;

(*) V. art. 330, I, do CPC.

V – perempção;
VI – litispendência;

(*) V. §§ 1º a 3º deste artigo.
(*) V. art. 240 do CPC.

VII – coisa julgada;

(*) V. § 4º deste artigo.
(*) V. arts. 502 a 508 do CPC.

VIII – conexão;

(*) V. art. 55 do CPC.
(*) Vide Súmula 235 do STJ.

IX – incapacidade da parte, defeito de representação ou falta de autorização;

(*) V. art. 76 do CPC.

X – convenção de arbitragem;

(*) Vide Enunciado 580 do FPPC.
(*) Vide Súmula 485 do STJ.

XI – ausência de legitimidade ou de interesse processual;

(*) V. art. 339 do CPC.

XII – falta de caução ou de outra prestação que a lei exige como preliminar;

XIII – indevida concessão do benefício de gratuidade de justiça.

(*) V. arts. 99 e 100 do CPC.
(*) Vide Enunciado 624 do FPPC.

LIVRO I – DO PROCESSO DE CONHECIMENTO E DO CUMPRIMENTO (...) **ART. 341**

§ 1º. Verifica-se a litispendência ou a coisa julgada quando se reproduz ação anteriormente ajuizada.

(*) V. art. 502 do CPC.

§ 2º. Uma ação é idêntica a outra quando possui as mesmas partes, a mesma causa de pedir e o mesmo pedido.

§ 3º. Há litispendência quando se repete ação que está em curso.

§ 4º. Há coisa julgada quando se repete ação que já foi decidida por decisão transitada em julgado.

§ 5º. Excetuadas a convenção de arbitragem e a incompetência relativa, o juiz conhecerá de ofício das matérias enumeradas neste artigo.

§ 6º. A ausência de alegação da existência de convenção de arbitragem, na forma prevista neste Capítulo, implica aceitação da jurisdição estatal e renúncia ao juízo arbitral.

Art. 338. Alegando o réu, na contestação, ser parte ilegítima ou não ser o responsável pelo prejuízo invocado, o juiz facultará ao autor, em 15 (quinze) dias, a alteração da petição inicial para substituição do réu.

(*) Vide Enunciados 152 e 511 do FPPC.

Parágrafo único. Realizada a substituição, o autor reembolsará as despesas e pagará os honorários ao procurador do réu excluído, que serão fixados entre três e cinco por cento do valor da causa ou, sendo este irrisório, nos termos do art. 85, § 8º.

(*) V. art. 339, § 1º, do CPC.

Art. 339. Quando alegar sua ilegitimidade, incumbe ao réu indicar o sujeito passivo da relação jurídica discutida sempre que tiver conhecimento, sob pena de arcar com as despesas processuais e de indenizar o autor pelos prejuízos decorrentes da falta de indicação.

(*) V. arts. 79 a 81 do CPC.
(*) Vide Enunciados 42, 44 e 511 do FPPC.
(*) Vide Enunciado 123 do CJF.

§ 1º. O autor, ao aceitar a indicação, procederá, no prazo de 15 (quinze) dias, à alteração da petição inicial para a substituição do réu, observando-se, ainda, o parágrafo único do art. 338.

(*) Vide Enunciado 152 do FPPC.

§ 2º. No prazo de 15 (quinze) dias, o autor pode optar por alterar a petição inicial para incluir, como litisconsorte passivo, o sujeito indicado pelo réu.

(*) Vide Enunciado 152 do FPPC.

Art. 340. Havendo alegação de incompetência relativa ou absoluta, a contestação poderá ser protocolada no foro de domicílio do réu, fato que será imediatamente comunicado ao juiz da causa, preferencialmente por meio eletrônico.

(*) V. arts. 53 e 64 do CPC.

§ 1º. A contestação será submetida a livre distribuição ou, se o réu houver sido citado por meio de carta precatória, juntada aos autos dessa carta, seguindo-se a sua imediata remessa para o juízo da causa.

§ 2º. Reconhecida a competência do foro indicado pelo réu, o juízo para o qual for distribuída a contestação ou a carta precatória será considerado prevento.

(*) Vide Enunciado 426 do FPPC.

§ 3º. Alegada a incompetência nos termos do *caput*, será suspensa a realização da audiência de conciliação ou de mediação, se tiver sido designada.

§ 4º. Definida a competência, o juízo competente designará nova data para a audiência de conciliação ou de mediação.

Art. 341. Incumbe também ao réu manifestar-se precisamente sobre as alegações de fato constantes da petição inicial, presumindo-se verdadeiras as não impugnadas, salvo se:

(*) V. arts. 344 e 345 do CPC.

I – não for admissível, a seu respeito, a confissão;

II – a petição inicial não estiver acompanhada de instrumento que a lei considerar da substância do ato;

III – estiverem em contradição com a defesa, considerada em seu conjunto.

Parágrafo único. O ônus da impugnação especificada dos fatos não se aplica ao defensor público, ao advogado dativo e ao curador especial.

Art. 342. Depois da contestação, só é lícito ao réu deduzir novas alegações quando:

I – relativas a direito ou a fato superveniente;

II – competir ao juiz conhecer delas de ofício;

III – por expressa autorização legal, puderem ser formuladas em qualquer tempo e grau de jurisdição.

Capítulo VII
DA RECONVENÇÃO

Art. 343. Na contestação, é lícito ao réu propor reconvenção para manifestar pretensão própria, conexa com a ação principal ou com o fundamento da defesa.

(*) Vide Enunciados 45, 282 e 689 do FPPC.

§ 1º. Proposta a reconvenção, o autor será intimado, na pessoa de seu advogado, para apresentar resposta no prazo de 15 (quinze) dias.

§ 2º. A desistência da ação ou a ocorrência de causa extintiva que impeça o exame de seu mérito não obsta ao prosseguimento do processo quanto à reconvenção.

§ 3º. A reconvenção pode ser proposta contra o autor e terceiro.

(*) Vide Enunciados 46, 629 e 674 do FPPC.

§ 4º. A reconvenção pode ser proposta pelo réu em litisconsórcio com terceiro.

(*) Vide Enunciado 674 do FPPC.

§ 5º. Se o autor for substituto processual, o reconvinte deverá afirmar ser titular de direito em face do substituído, e a reconvenção deverá ser proposta em face do autor, também na qualidade de substituto processual.

§ 6º. O réu pode propor reconvenção independentemente de oferecer contestação.

Capítulo VIII
DA REVELIA

Art. 344. Se o réu não contestar a ação, será considerado revel e presumir-se-ão verdadeiras as alegações de fato formuladas pelo autor.

(*) V. arts. 76, § 1º, II; e 355, II do CPC.

Art. 345. A revelia não produz o efeito mencionado no art. 344 se:

I – havendo pluralidade de réus, algum deles contestar a ação;

II – o litígio versar sobre direitos indisponíveis;

(*) V. art. 392 do CPC.

III – a petição inicial não estiver acompanhada de instrumento que a lei considere indispensável à prova do ato;

(*) V. art. 341, II, do CPC.

IV – as alegações de fato formuladas pelo autor forem inverossímeis ou estiverem em contradição com prova constante dos autos.

Art. 346. Os prazos contra o revel que não tenha patrono nos autos

LIVRO I – DO PROCESSO DE CONHECIMENTO E DO CUMPRIMENTO (...)   ART. 354

fluirão da data de publicação do ato decisório no órgão oficial.

Parágrafo único. O revel poderá intervir no processo em qualquer fase, recebendo-o no estado em que se encontrar.

(*) V. art. 355, II, do CPC.

Capítulo IX
DAS PROVIDÊNCIAS PRELIMINARES E DO SANEAMENTO

Art. 347. Findo o prazo para a contestação, o juiz tomará, conforme o caso, as providências preliminares constantes das seções deste Capítulo.

Seção I
Da Não Incidência dos Efeitos da Revelia

Art. 348. Se o réu não contestar a ação, o juiz, verificando a inocorrência do efeito da revelia previsto no art. 344, ordenará que o autor especifique as provas que pretenda produzir, se ainda não as tiver indicado.

Art. 349. Ao réu revel será lícita a produção de provas, contrapostas às alegações do autor, desde que se faça representar nos autos a tempo de praticar os atos processuais indispensáveis a essa produção.

(*) V. art. 355, II, do CPC.

Seção II
Do Fato Impeditivo, Modificativo ou Extintivo do Direito do Autor

Art. 350. Se o réu alegar fato impeditivo, modificativo ou extintivo do direito do autor, este será ouvido no prazo de 15 (quinze) dias, permitindo-lhe o juiz a produção de prova.

(*) V. art. 373, II, do CPC.
(*) Vide Enunciados 152, 381 e 629 do FPPC.

Seção III
Das Alegações do Réu

Art. 351. Se o réu alegar qualquer das matérias enumeradas no art. 337, o juiz determinará a oitiva do autor no prazo de 15 (quinze) dias, permitindo-lhe a produção de prova.

(*) Vide Enunciados 152 e 381 do FPPC.

Art. 352. Verificando a existência de irregularidades ou de vícios sanáveis, o juiz determinará sua correção em prazo nunca superior a 30 (trinta) dias.

(*) V. arts. 76 e 283 do CPC.

Art. 353. Cumpridas as providências preliminares ou não havendo necessidade delas, o juiz proferirá julgamento conforme o estado do processo, observando o que dispõe o Capítulo X.

Capítulo X
DO JULGAMENTO CONFORME O ESTADO DO PROCESSO

Seção I
Da Extinção do Processo

Art. 354. Ocorrendo qualquer das hipóteses previstas nos arts. 485 e 487, incisos II e III, o juiz proferirá sentença.

Parágrafo único. A decisão a que se refere o *caput* pode dizer respeito a apenas parcela do processo, caso em que será impugnável por agravo de instrumento.

(*) V. art. 1.015 do CPC.
(*) Vide Enunciados 103, 354, 576, 611 e 705 do FPPC.

Seção II
Do Julgamento Antecipado do Mérito

Art. 355. O juiz julgará antecipadamente o pedido, proferindo sentença com resolução de mérito, quando:

(*) V. art. 550, § 4º, do CPC.
(*) Vide Enunciado 27 do CJF.

I – não houver necessidade de produção de outras provas;

(*) Vide Enunciado 297 do FPPC.

II – o réu for revel, ocorrer o efeito previsto no art. 344 e não houver requerimento de prova, na forma do art. 349.

Seção III
Do Julgamento Antecipado Parcial do Mérito

Art. 356. O juiz decidirá parcialmente o mérito quando um ou mais dos pedidos formulados ou parcela deles:

(*) Vide Enunciados 513 e 630 do FPPC.
(*) Vide Enunciados 117, 126 e 127 do CJF.

I – mostrar-se incontroverso;

II – estiver em condições de imediato julgamento, nos termos do art. 355.

§ 1º. A decisão que julgar parcialmente o mérito poderá reconhecer a existência de obrigação líquida ou ilíquida.

(*) Vide Enunciado 512 do FPPC.

§ 2º. A parte poderá liquidar ou executar, desde logo, a obrigação reconhecida na decisão que julgar parcialmente o mérito, independentemente de caução, ainda que haja recurso contra essa interposto.

(*) Vide Enunciado 49 da ENFAM.

§ 3º. Na hipótese do § 2º, se houver trânsito em julgado da decisão, a execução será definitiva.

§ 4º. A liquidação e o cumprimento da decisão que julgar parcialmente o mérito poderão ser processados em autos suplementares, a requerimento da parte ou a critério do juiz.

§ 5º. A decisão proferida com base neste artigo é impugnável por agravo de instrumento.

(*) V. art. 1.015 do CPC.
(*) Vide Enunciados 103 e 611 do FPPC.
(*) Vide Enunciados 61 e 125 do CJF.

Seção IV
Do Saneamento e da Organização do Processo

Art. 357. Não ocorrendo nenhuma das hipóteses deste Capítulo, deverá o juiz, em decisão de saneamento e de organização do processo:

(*) V. art. 139 do CPC.
(*) Vide Enunciados 28 e 29 do CJF.

I – resolver as questões processuais pendentes, se houver;

II – delimitar as questões de fato sobre as quais recairá a atividade probatória, especificando os meios de prova admitidos;

III – definir a distribuição do ônus da prova, observado o art. 373;

(*) Vide Enunciado 128 do CJF.

IV – delimitar as questões de direito relevantes para a decisão do mérito;

V – designar, se necessário, audiência de instrução e julgamento.

LIVRO I – DO PROCESSO DE CONHECIMENTO E DO CUMPRIMENTO (...)   **ART. 360**

§ 1º. Realizado o saneamento, as partes têm o direito de pedir esclarecimentos ou solicitar ajustes, no prazo comum de 5 (cinco) dias, findo o qual a decisão se torna estável.

(*) Vide Enunciados 675 e 694 do FPPC.

§ 2º. As partes podem apresentar ao juiz, para homologação, delimitação consensual das questões de fato e de direito a que se referem os incisos II e IV, a qual, se homologada, vincula as partes e o juiz.

(*) Vide Enunciados 428 e 631 do FPPC.

§ 3º. Se a causa apresentar complexidade em matéria de fato ou de direito, deverá o juiz designar audiência para que o saneamento seja feito em cooperação com as partes, oportunidade em que o juiz, se for o caso, convidará as partes a integrar ou esclarecer suas alegações.

(*) Vide Enunciados 298, 299, 428, 631 e 676 do FPPC.

§ 4º. Caso tenha sido determinada a produção de prova testemunhal, o juiz fixará prazo comum não superior a 15 (quinze) dias para que as partes apresentem rol de testemunhas.

(*) V. art. 451 do CPC.
(*) Vide Enunciado 694 do FPPC.

§ 5º. Na hipótese do § 3º, as partes devem levar, para a audiência prevista, o respectivo rol de testemunhas.

(*) V. art. 451 do CPC.

§ 6º. O número de testemunhas arroladas não pode ser superior a 10 (dez), sendo 3 (três), no máximo, para a prova de cada fato.

§ 7º. O juiz poderá limitar o número de testemunhas levando em conta a complexidade da causa e dos fatos individualmente considerados.

(*) Vide Enunciados 300 e 677 do FPPC.

§ 8º. Caso tenha sido determinada a produção de prova pericial, o juiz deve observar o disposto no art. 465 e, se possível, estabelecer, desde logo, calendário para sua realização.

§ 9º. As pautas deverão ser preparadas com intervalo mínimo de 1 (uma) hora entre as audiências.

(*) Vide Enunciados 151 e 295 do FPPC.

Capítulo XI
DA AUDIÊNCIA DE INSTRUÇÃO E JULGAMENTO

Art. 358. No dia e na hora designados, o juiz declarará aberta a audiência de instrução e julgamento e mandará apregoar as partes e os respectivos advogados, bem como outras pessoas que dela devam participar.

Art. 359. Instalada a audiência, o juiz tentará conciliar as partes, independentemente do emprego anterior de outros métodos de solução consensual de conflitos, como a mediação e a arbitragem.

(*) Vide Enunciado 429 do FPPC.

Art. 360. O juiz exerce o poder de polícia, incumbindo-lhe:

I – manter a ordem e o decoro na audiência;

(*) V. art. 139, III, IV, do CPC.

II – ordenar que se retirem da sala de audiência os que se comportarem inconvenientemente;

III – requisitar, quando necessário, força policial;

(*) V. art. 139, VII, do CPC.

IV – tratar com urbanidade as partes, os advogados, os membros do Ministério Público e da Defensoria Pública e qualquer pessoa que participe do processo;

V – registrar em ata, com exatidão, todos os requerimentos apresentados em audiência.

Art. 361. As provas orais serão produzidas em audiência, ouvindo-se nesta ordem, preferencialmente:

I – o perito e os assistentes técnicos, que responderão aos quesitos de esclarecimentos requeridos no prazo e na forma do art. 477, caso não respondidos anteriormente por escrito;

II – o autor e, em seguida, o réu, que prestarão depoimentos pessoais;

(*) V. arts. 385 a 388 do CPC.

III – as testemunhas arroladas pelo autor e pelo réu, que serão inquiridas.

(*) V. arts. 450 a 463 do CPC.

Parágrafo único. Enquanto depuserem o perito, os assistentes técnicos, as partes e as testemunhas, não poderão os advogados e o Ministério Público intervir ou apartear, sem licença do juiz.

(*) Vide Enunciado 430 do FPPC.

Art. 362. A audiência poderá ser adiada:

I – por convenção das partes;

II – se não puder comparecer, por motivo justificado, qualquer pessoa que dela deva necessariamente participar;

III – por atraso injustificado de seu início em tempo superior a 30 (trinta) minutos do horário marcado.

§ 1º. O impedimento deverá ser comprovado até a abertura da audiência, e, não o sendo, o juiz procederá à instrução.

§ 2º. O juiz poderá dispensar a produção das provas requeridas pela parte cujo advogado ou defensor público não tenha comparecido à audiência, aplicando-se a mesma regra ao Ministério Público.

§ 3º. Quem der causa ao adiamento responderá pelas despesas acrescidas.

(*) V. art. 93 do CPC.

Art. 363. Havendo antecipação ou adiamento da audiência, o juiz, de ofício ou a requerimento da parte, determinará a intimação dos advogados ou da sociedade de advogados para ciência da nova designação.

Art. 364. Finda a instrução, o juiz dará a palavra ao advogado do autor e do réu, bem como ao membro do Ministério Público, se for o caso de sua intervenção, sucessivamente, pelo prazo de 20 (vinte) minutos para cada um, prorrogável por 10 (dez) minutos, a critério do juiz.

(*) V. art. 10 do CPC.

§ 1º. Havendo litisconsorte ou terceiro interveniente, o prazo, que formará com o da prorrogação um só todo, dividir-se-á entre os do mesmo grupo, se não convencionarem de modo diverso.

§ 2º. Quando a causa apresentar questões complexas de fato ou de direito, o debate oral poderá ser substituído por razões finais escritas, que serão apresentadas pelo autor e pelo réu, bem como pelo Ministério Público, se for o caso de sua intervenção, em prazos sucessivos de 15 (quinze) dias, assegurada vista dos autos.

Art. 365. A audiência é uma e contínua, podendo ser excepcional e justificadamente cindida na ausência de perito ou de testemunha, desde que haja concordância das partes.

LIVRO I – DO PROCESSO DE CONHECIMENTO E DO CUMPRIMENTO (...) ART. 371

Parágrafo único. Diante da impossibilidade de realização da instrução, do debate e do julgamento no mesmo dia, o juiz marcará seu prosseguimento para a data mais próxima possível, em pauta preferencial.

Art. 366. Encerrado o debate ou oferecidas as razões finais, o juiz proferirá sentença em audiência ou no prazo de 30 (trinta) dias.

Art. 367. O servidor lavrará, sob ditado do juiz, termo que conterá, em resumo, o ocorrido na audiência, bem como, por extenso, os despachos, as decisões e a sentença, se proferida no ato.

(*) V. art. 459, § 3º, do CPC.

§ 1º. Quando o termo não for registrado em meio eletrônico, o juiz rubricar-lhe-á as folhas, que serão encadernadas em volume próprio.

§ 2º. Subscreverão o termo o juiz, os advogados, o membro do Ministério Público e o escrivão ou chefe de secretaria, dispensadas as partes, exceto quando houver ato de disposição para cuja prática os advogados não tenham poderes.

(*) V. art. 209 do CPC.

§ 3º. O escrivão ou chefe de secretaria trasladará para os autos cópia autêntica do termo de audiência.

§ 4º. Tratando-se de autos eletrônicos, observar-se-á o disposto neste Código, em legislação específica e nas normas internas dos tribunais.

§ 5º. A audiência poderá ser integralmente gravada em imagem e em áudio, em meio digital ou analógico, desde que assegure o rápido acesso das partes e dos órgãos julgadores, observada a legislação específica.

(*) V. arts. 210 e 460 do CPC.

(*) Vide Resolução CNJ nº 105/2010.

§ 6º. A gravação a que se refere o § 5º também pode ser realizada diretamente por qualquer das partes, independentemente de autorização judicial.

Art. 368. A audiência será pública, ressalvadas as exceções legais.

(*) V. arts. 11 e 189 do CPC.

Capítulo XII
DAS PROVAS

Seção I
Disposições Gerais

Art. 369. As partes têm o direito de empregar todos os meios legais, bem como os moralmente legítimos, ainda que não especificados neste Código, para provar a verdade dos fatos em que se funda o pedido ou a defesa e influir eficazmente na convicção do juiz.

(*) Vide Enunciados 50, 301, 516 e 636 do FPPC.

(*) Vide Tema 237 do STF.

Art. 370. Caberá ao juiz, de ofício ou a requerimento da parte, determinar as provas necessárias ao julgamento do mérito.

(*) V. art. 139, VI, do CPC.

(*) Vide Enunciados 50 e 514 do FPPC.

Parágrafo único. O juiz indeferirá, em decisão fundamentada, as diligências inúteis ou meramente protelatórias.

(*) V. arts. 77, III; e 139, III, do CPC.

Art. 371. O juiz apreciará a prova constante dos autos, independentemente do sujeito que a tiver promovido, e indicará na decisão as razões da formação de seu convencimento.

(*) V. arts. 479; e 489, II, do CPC.

(*) Vide Enunciados 515 e 516 do FPPC.

Art. 372. O juiz poderá admitir a utilização de prova produzida em outro processo, atribuindo-lhe o valor que considerar adequado, observado o contraditório.

(*) Vide Enunciado 52 do FPPC.
(*) Vide Enunciado 30 do CJF.

Art. 373. O ônus da prova incumbe:

(*) V. art. 357, III, do CPC.

I – ao autor, quanto ao fato constitutivo de seu direito;

II – ao réu, quanto à existência de fato impeditivo, modificativo ou extintivo do direito do autor.

§ 1º. Nos casos previstos em lei ou diante de peculiaridades da causa relacionadas à impossibilidade ou à excessiva dificuldade de cumprir o encargo nos termos do *caput* ou à maior facilidade de obtenção da prova do fato contrário, poderá o juiz atribuir o ônus da prova de modo diverso, desde que o faça por decisão fundamentada, caso em que deverá dar à parte a oportunidade de se desincumbir do ônus que lhe foi atribuído.

(*) V. art. 1.015, XI, do CPC.
(*) Vide Enunciados 302 e 632 do FPPC.

§ 2º. A decisão prevista no § 1º deste artigo não pode gerar situação em que a desincumbência do encargo pela parte seja impossível ou excessivamente difícil.

(*) Vide Enunciado 302 do FPPC.

§ 3º. A distribuição diversa do ônus da prova também pode ocorrer por convenção das partes, salvo quando:

I – recair sobre direito indisponível da parte;

(*) V. arts. 345, II; e 392 do CPC.

II – tornar excessivamente difícil a uma parte o exercício do direito.

§ 4º. A convenção de que trata o § 3º pode ser celebrada antes ou durante o processo.

Art. 374. Não dependem de prova os fatos:

I – notórios;

II – afirmados por uma parte e confessados pela parte contrária;

(*) V. arts. 389 a 395 do CPC.

III – admitidos no processo como incontroversos;

IV – em cujo favor milita presunção legal de existência ou de veracidade.

Art. 375. O juiz aplicará as regras de experiência comum subministradas pela observação do que ordinariamente acontece e, ainda, as regras de experiência técnica, ressalvado, quanto a estas, o exame pericial.

(*) Vide Enunciado 517 do FPPC.

Art. 376. A parte que alegar direito municipal, estadual, estrangeiro ou consuetudinário provar-lhe-á o teor e a vigência, se assim o juiz determinar.

Art. 377. A carta precatória, a carta rogatória e o auxílio direto suspenderão o julgamento da causa no caso previsto no art. 313, inciso V, alínea "b", quando, tendo sido requeridos antes da decisão de saneamento, a prova neles solicitada for imprescindível.

(*) Vide Enunciado 696 do FPPC.

Parágrafo único. A carta precatória e a carta rogatória não devolvidas no prazo ou concedidas sem efeito suspensivo poderão ser juntadas aos autos a qualquer momento.

Art. 378. Ninguém se exime do dever de colaborar com o Poder Judiciário para o descobrimento da verdade.

(*) Vide Enunciado 51 do FPPC.
(*) Vide Enunciado 31 do CJF.

LIVRO I – DO PROCESSO DE CONHECIMENTO E DO CUMPRIMENTO (...) **ART. 382**

Art. 379. Preservado o direito de não produzir prova contra si própria, incumbe à parte:

(*) Vide Enunciado 51 do FPPC.
(*) Vide Enunciado 31 do CJF.

I – comparecer em juízo, respondendo ao que lhe for interrogado;

II – colaborar com o juízo na realização de inspeção judicial que for considerada necessária;

(*) V. arts. 481 a 484 do CPC.

III – praticar o ato que lhe for determinado.

Art. 380. Incumbe ao terceiro, em relação a qualquer causa:

I – informar ao juiz os fatos e as circunstâncias de que tenha conhecimento;

II – exibir coisa ou documento que esteja em seu poder.

(*) V. arts. 396 e 401 do CPC.
(*) Vide Enunciado 678 do FPPC.

Parágrafo único. Poderá o juiz, em caso de descumprimento, determinar, além da imposição de multa, outras medidas indutivas, coercitivas, mandamentais ou sub-rogatórias.

**Seção II
Da Produção Antecipada da Prova**

Art. 381. A produção antecipada da prova será admitida nos casos em que:

(*) V. arts. 214, II; e 700, § 1º, do CPC.
(*) Vide Enunciados 633 e 634 do FPPC.
(*) Vide Enunciados 50, 118 e 129 do CJF.

I – haja fundado receio de que venha a tornar-se impossível ou muito difícil a verificação de certos fatos na pendência da ação;

II – a prova a ser produzida seja suscetível de viabilizar a autocomposição ou outro meio adequado de solução de conflito;

III – o prévio conhecimento dos fatos possa justificar ou evitar o ajuizamento de ação.

(*) Vide Enunciado 602 do FPPC.

§ 1º. O arrolamento de bens observará o disposto nesta Seção quando tiver por finalidade apenas a realização de documentação e não a prática de atos de apreensão.

§ 2º. A produção antecipada da prova é da competência do juízo do foro onde esta deva ser produzida ou do foro de domicílio do réu.

§ 3º. A produção antecipada da prova não previne a competência do juízo para a ação que venha a ser proposta.

§ 4º. O juízo estadual tem competência para produção antecipada de prova requerida em face da União, de entidade autárquica ou de empresa pública federal se, na localidade, não houver vara federal.

§ 5º. Aplica-se o disposto nesta Seção àquele que pretender justificar a existência de algum fato ou relação jurídica para simples documento e sem caráter contencioso, que exporá, em petição circunstanciada, a sua intenção.

Art. 382. Na petição, o requerente apresentará as razões que justificam a necessidade de antecipação da prova e mencionará com precisão os fatos sobre os quais a prova há de recair.

§ 1º. O juiz determinará, de ofício ou a requerimento da parte, a citação de interessados na produção da prova ou no fato a ser provado, salvo se inexistente caráter contencioso.

§ 2º. O juiz não se pronunciará sobre a ocorrência ou a inocorrência do fato, nem sobre as respectivas consequências jurídicas.

§ 3º. Os interessados poderão requerer a produção de qualquer prova no mesmo procedimento, desde que relacionada ao mesmo fato, salvo se a sua produção conjunta acarretar excessiva demora.

§ 4º. Neste procedimento, não se admitirá defesa ou recurso, salvo contra decisão que indeferir totalmente a produção da prova pleiteada pelo requerente originário.

(*) Vide Enunciado 32 do CJF.

Art. 383. Os autos permanecerão em cartório durante 1 (um) mês para extração de cópias e certidões pelos interessados.

Parágrafo único. Findo o prazo, os autos serão entregues ao promovente da medida.

Seção III
Da Ata Notarial

Art. 384. A existência e o modo de existir de algum fato podem ser atestados ou documentados, a requerimento do interessado, mediante ata lavrada por tabelião.

Parágrafo único. Dados representados por imagem ou som gravados em arquivos eletrônicos poderão constar da ata notarial.

Seção IV
Do Depoimento Pessoal
(*) Vide Enunciado 33 do CJF.

Art. 385. Cabe à parte requerer o depoimento pessoal da outra parte, a fim de que esta seja interrogada na audiência de instrução e julgamento, sem prejuízo do poder do juiz de ordená-lo de ofício.

(*) V. arts. 379, I; e 389 do CPC.
(*) Vide Enunciado 584 do FPPC.

§ 1º. Se a parte, pessoalmente intimada para prestar depoimento pessoal e advertida da pena de confesso, não comparecer ou, comparecendo, se recusar a depor, o juiz aplicar-lhe-á a pena.

§ 2º. É vedado a quem ainda não depôs assistir ao interrogatório da outra parte.

§ 3º. O depoimento pessoal da parte que residir em comarca, seção ou subseção judiciária diversa daquela onde tramita o processo poderá ser colhido por meio de videoconferência ou outro recurso tecnológico de transmissão de sons e imagens em tempo real, o que poderá ocorrer, inclusive, durante a realização da audiência de instrução e julgamento.

Art. 386. Quando a parte, sem motivo justificado, deixar de responder ao que lhe for perguntado ou empregar evasivas, o juiz, apreciando as demais circunstâncias e os elementos de prova, declarará, na sentença, se houve recusa de depor.

(*) Vide Enunciado 635 do FPPC.

Art. 387. A parte responderá pessoalmente sobre os fatos articulados, não podendo servir-se de escritos anteriormente preparados, permitindo-lhe o juiz, todavia, a consulta a notas breves, desde que objetivem completar esclarecimentos.

Art. 388. A parte não é obrigada a depor sobre fatos:

I – criminosos ou torpes que lhe forem imputados;

II – a cujo respeito, por estado ou profissão, deva guardar sigilo;

LIVRO I – DO PROCESSO DE CONHECIMENTO E DO CUMPRIMENTO (...)   ART. 397

III – acerca dos quais não possa responder sem desonra própria, de seu cônjuge, de seu companheiro ou de parente em grau sucessível;

IV – que coloquem em perigo a vida do depoente ou das pessoas referidas no inciso III.

Parágrafo único. Esta disposição não se aplica às ações de estado e de família.

Seção V
Da Confissão

Art. 389. Há confissão, judicial ou extrajudicial, quando a parte admite a verdade de fato contrário ao seu interesse e favorável ao do adversário.

(*) V. art. 371 do CPC.

Art. 390. A confissão judicial pode ser espontânea ou provocada.

§ 1º. A confissão espontânea pode ser feita pela própria parte ou por representante com poder especial.

(*) V. art. 105, *caput*, do CPC.

§ 2º. A confissão provocada constará do termo de depoimento pessoal.

Art. 391. A confissão judicial faz prova contra o confitente, não prejudicando, todavia, os litisconsortes.

Parágrafo único. Nas ações que versarem sobre bens imóveis ou direitos reais sobre imóveis alheios, a confissão de um cônjuge ou companheiro não valerá sem a do outro, salvo se o regime de casamento for o de separação absoluta de bens.

(*) V. arts. 117; e 128, III, do CPC.

Art. 392. Não vale como confissão a admissão, em juízo, de fatos relativos a direitos indisponíveis.

§ 1º. A confissão será ineficaz se feita por quem não for capaz de dispor do direito a que se referem os fatos confessados.

§ 2º. A confissão feita por um representante somente é eficaz nos limites em que este pode vincular o representado.

Art. 393. A confissão é irrevogável, mas pode ser anulada se decorreu de erro de fato ou de coação.

Parágrafo único. A legitimidade para a ação prevista no *caput* é exclusiva do confitente e pode ser transferida a seus herdeiros se ele falecer após a propositura.

Art. 394. A confissão extrajudicial, quando feita oralmente, só terá eficácia nos casos em que a lei não exija prova literal.

Art. 395. A confissão é, em regra, indivisível, não podendo a parte que a quiser invocar como prova aceitá-la no tópico que a beneficiar e rejeitá-la no que lhe for desfavorável, porém cindir-se-á quando o confitente a ela aduzir fatos novos, capazes de constituir fundamento de defesa de direito material ou de reconvenção.

(*) V. art. 343 do CPC.

Seção VI
Da Exibição
de Documento ou Coisa

Art. 396. O juiz pode ordenar que a parte exiba documento ou coisa que se encontre em seu poder.

(*) V. arts. 380, II; e 772, III, do CPC.
(*) Vide Enunciados 53, 283 e 518 do FPPC.
(*) Vide Súmula 372 do STJ.

Art. 397. O pedido formulado pela parte conterá:

I – a descrição, tão completa quanto possível, do documento ou da coisa, ou das categorias de documentos ou de coisas buscados;

(*) Inciso I com redação dada pela Lei nº 14.195/2021.

II – a finalidade da prova, com indicação dos fatos que se relacionam com o documento ou com a coisa, ou com suas categorias;

(*) Inciso II com redação dada pela Lei nº 14.195/2021.

III – as circunstâncias em que se funda o requerente para afirmar que o documento ou a coisa existe, ainda que a referência seja a categoria de documentos ou de coisas, e se acha em poder da parte contrária.

(*) Inciso III com redação dada pela Lei nº 14.195/2021.

Art. 398. O requerido dará sua resposta nos 5 (cinco) dias subsequentes à sua intimação.

(*) V. art. 400, I, do CPC.

Parágrafo único. Se o requerido afirmar que não possui o documento ou a coisa, o juiz permitirá que o requerente prove, por qualquer meio, que a declaração não corresponde à verdade.

Art. 399. O juiz não admitirá a recusa se:

I – o requerido tiver obrigação legal de exibir;

II – o requerido tiver aludido ao documento ou à coisa, no processo, com o intuito de constituir prova;

III – o documento, por seu conteúdo, for comum às partes.

Art. 400. Ao decidir o pedido, o juiz admitirá como verdadeiros os fatos que, por meio do documento ou da coisa, a parte pretendia provar se:

I – o requerido não efetuar a exibição nem fizer nenhuma declaração no prazo do art. 398;

II – a recusa for havida por ilegítima.

Parágrafo único. Sendo necessário, o juiz pode adotar medidas indutivas, coercitivas, mandamentais ou sub-rogatórias para que o documento seja exibido.

(*) Vide Enunciado 54 do FPPC.

Art. 401. Quando o documento ou a coisa estiver em poder de terceiro, o juiz ordenará sua citação para responder no prazo de 15 (quinze) dias.

(*) V. art. 380, II, do CPC.

Art. 402. Se o terceiro negar a obrigação de exibir ou a posse do documento ou da coisa, o juiz designará audiência especial, tomando-lhe o depoimento, bem como o das partes e, se necessário, o de testemunhas, e em seguida proferirá decisão.

Art. 403. Se o terceiro, sem justo motivo, se recusar a efetuar a exibição, o juiz ordenar-lhe-á que proceda ao respectivo depósito em cartório ou em outro lugar designado, no prazo de 5 (cinco) dias, impondo ao requerente que o ressarça pelas despesas que tiver.

Parágrafo único. Se o terceiro descumprir a ordem, o juiz expedirá mandado de apreensão, requisitando, se necessário, força policial, sem prejuízo da responsabilidade por crime de desobediência, pagamento de multa e outras medidas indutivas, coercitivas, mandamentais ou sub-rogatórias necessárias para assegurar a efetivação da decisão.

(*) Vide Enunciado 54 do FPPC.

Art. 404. A parte e o terceiro se escusam de exibir, em juízo, o documento ou a coisa se:

LIVRO I – DO PROCESSO DE CONHECIMENTO E DO CUMPRIMENTO (...)

I – concernente a negócios da própria vida da família;

II – sua apresentação puder violar dever de honra;

III – sua publicidade redundar em desonra à parte ou ao terceiro, bem como a seus parentes consanguíneos ou afins até o terceiro grau, ou lhes representar perigo de ação penal;

IV – sua exibição acarretar a divulgação de fatos a cujo respeito, por estado ou profissão, devam guardar segredo;

V – subsistirem outros motivos graves que, segundo o prudente arbítrio do juiz, justifiquem a recusa da exibição;

VI – houver disposição legal que justifique a recusa da exibição.

Parágrafo único. Se os motivos de que tratam os incisos I a VI do *caput* disserem respeito a apenas uma parcela do documento, a parte ou o terceiro exibirá a outra em cartório, para dela ser extraída cópia reprográfica, de tudo sendo lavrado auto circunstanciado.

(*) V. arts. 388, II; e 772, III, do CPC.

Seção VII
Da Prova Documental

Subseção I
Da Força Probante dos Documentos

(*) V. art. 192, parágrafo único, do CPC.

Art. 405. O documento público faz prova não só da sua formação, mas também dos fatos que o escrivão, o chefe de secretaria, o tabelião ou o servidor declarar que ocorreram em sua presença.

Art. 406. Quando a lei exigir instrumento público como da substância do ato, nenhuma outra prova, por mais especial que seja, pode suprir-lhe a falta.

Art. 407. O documento feito por oficial público incompetente ou sem a observância das formalidades legais, sendo subscrito pelas partes, tem a mesma eficácia probatória do documento particular.

(*) V. arts. 411, 424 e 425 do CPC.

Art. 408. As declarações constantes do documento particular escrito e assinado ou somente assinado presumem-se verdadeiras em relação ao signatário.

Parágrafo único. Quando, todavia, contiver declaração de ciência de determinado fato, o documento particular prova a ciência, mas não o fato em si, incumbindo o ônus de prová-lo ao interessado em sua veracidade.

(*) V. arts. 411, 424 e 425 do CPC.

Art. 409. A data do documento particular, quando a seu respeito surgir dúvida ou impugnação entre os litigantes, provar-se-á por todos os meios de direito.

Parágrafo único. Em relação a terceiros, considerar-se-á datado o documento particular:

I – no dia em que foi registrado;

II – desde a morte de algum dos signatários;

III – a partir da impossibilidade física que sobreveio a qualquer dos signatários;

IV – da sua apresentação em repartição pública ou em juízo;

V – do ato ou do fato que estabeleça, de modo certo, a anterioridade da formação do documento.

(*) Vide Súmula 132 do STJ.

Art. 410. Considera-se autor do documento particular:

I – aquele que o fez e o assinou;

II – aquele por conta de quem ele foi feito, estando assinado;

III – aquele que, mandando compô-lo, não o firmou porque, conforme a experiência comum, não se costuma assinar, como livros empresariais e assentos domésticos.

Art. 411. Considera-se autêntico o documento quando:

I – o tabelião reconhecer a firma do signatário;

II – a autoria estiver identificada por qualquer outro meio legal de certificação, inclusive eletrônico, nos termos da lei;

III – não houver impugnação da parte contra quem foi produzido o documento.

Art. 412. O documento particular de cuja autenticidade não se duvida prova que o seu autor fez a declaração que lhe é atribuída.

Parágrafo único. O documento particular admitido expressa ou tacitamente é indivisível, sendo vedado à parte que pretende utilizar-se dele aceitar os fatos que lhe são favoráveis e recusar os que são contrários ao seu interesse, salvo se provar que estes não ocorreram.

(*) V. arts. 395 e 419 do CPC.

Art. 413. O telegrama, o radiograma ou qualquer outro meio de transmissão tem a mesma força probatória do documento particular se o original constante da estação expedidora tiver sido assinado pelo remetente.

(*) V. art. 1.003, § 4º, CPC.

Parágrafo único. A firma do remetente poderá ser reconhecida pelo tabelião, declarando-se essa circunstância no original depositado na estação expedidora.

Art. 414. O telegrama ou o radiograma presume-se conforme com o original, provando as datas de sua expedição e de seu recebimento pelo destinatário.

Art. 415. As cartas e os registros domésticos provam contra quem os escreveu quando:

I – enunciam o recebimento de um crédito;

II – contêm anotação que visa a suprir a falta de título em favor de quem é apontado como credor;

III – expressam conhecimento de fatos para os quais não se exija determinada prova.

Art. 416. A nota escrita pelo credor em qualquer parte de documento representativo de obrigação, ainda que não assinada, faz prova em benefício do devedor.

Parágrafo único. Aplica-se essa regra tanto para o documento que o credor conservar em seu poder quanto para aquele que se achar em poder do devedor ou de terceiro.

Art. 417. Os livros empresariais provam contra seu autor, sendo lícito ao empresário, todavia, demonstrar, por todos os meios permitidos em direito, que os lançamentos não correspondem à verdade dos fatos.

Art. 418. Os livros empresariais que preencham os requisitos exigidos por lei provam a favor de seu autor no litígio entre empresários.

Art. 419. A escrituração contábil é indivisível, e, se dos fatos que resultam dos lançamentos, uns são favoráveis ao interesse de seu autor

LIVRO I – DO PROCESSO DE CONHECIMENTO E DO CUMPRIMENTO (...) ART. 425

e outros lhe são contrários, ambos serão considerados em conjunto, como unidade.

Art. 420. O juiz pode ordenar, a requerimento da parte, a exibição integral dos livros empresariais e dos documentos do arquivo:

I – na liquidação de sociedade;

II – na sucessão por morte de sócio;

III – quando e como determinar a lei.

Art. 421. O juiz pode, de ofício, ordenar à parte a exibição parcial dos livros e dos documentos, extraindo-se deles a suma que interessar ao litígio, bem como reproduções autenticadas.

(*) Vide Súmula 260 do STF.

Art. 422. Qualquer reprodução mecânica, como a fotográfica, a cinematográfica, a fonográfica ou de outra espécie, tem aptidão para fazer prova dos fatos ou das coisas representadas, se a sua conformidade com o documento original não for impugnada por aquele contra quem foi produzida.

§ 1º. As fotografias digitais e as extraídas da rede mundial de computadores fazem prova das imagens que reproduzem, devendo, se impugnadas, ser apresentada a respectiva autenticação eletrônica ou, não sendo possível, realizada perícia.

§ 2º. Se se tratar de fotografia publicada em jornal ou revista, será exigido um exemplar original do periódico, caso impugnada a veracidade pela outra parte.

§ 3º. Aplica-se o disposto neste artigo à forma impressa de mensagem eletrônica.

Art. 423. As reproduções dos documentos particulares, fotográficas ou obtidas por outros processos de repetição, valem como certidões sempre que o escrivão ou o chefe de secretaria certificar sua conformidade com o original.

Art. 424. A cópia de documento particular tem o mesmo valor probante que o original, cabendo ao escrivão, intimadas as partes, proceder à conferência e certificar a conformidade entre a cópia e o original.

(*) V. arts. 407, 408, 411 e 425 do CPC.

Art. 425. Fazem a mesma prova que os originais:

I – as certidões textuais de qualquer peça dos autos, do protocolo das audiências ou de outro livro a cargo do escrivão ou do chefe de secretaria, se extraídas por ele ou sob sua vigilância e por ele subscritas;

II – os traslados e as certidões extraídas por oficial público de instrumentos ou documentos lançados em suas notas;

III – as reproduções dos documentos públicos, desde que autenticadas por oficial público ou conferidas em cartório com os respectivos originais;

IV – as cópias reprográficas de peças do próprio processo judicial declaradas autênticas pelo advogado, sob sua responsabilidade pessoal, se não lhes for impugnada a autenticidade;

V – os extratos digitais de bancos de dados públicos e privados, desde que atestado pelo seu emitente, sob as penas da lei, que as informações conferem com o que consta na origem;

VI – as reproduções digitalizadas de qualquer documento público ou particular, quando juntadas aos autos pelos órgãos da justiça e seus auxiliares, pelo Ministério Público e seus auxiliares, pela Defensoria Pública e seus auxiliares, pelas procuradorias, pelas repartições públicas em geral e por advogados, ressalvada a alegação motivada e fundamentada de adulteração.

§ 1º. Os originais dos documentos digitalizados mencionados no inciso VI deverão ser preservados pelo seu detentor até o final do prazo para propositura de ação rescisória.

§ 2º. Tratando-se de cópia digital de título executivo extrajudicial ou de documento relevante à instrução do processo, o juiz poderá determinar seu depósito em cartório ou secretaria.

Art. 426. O juiz apreciará fundamentadamente a fé que deva merecer o documento, quando em ponto substancial e sem ressalva contiver entrelinha, emenda, borrão ou cancelamento.

Art. 427. Cessa a fé do documento público ou particular sendo-lhe declarada judicialmente a falsidade.

Parágrafo único. A falsidade consiste em:

I – formar documento não verdadeiro;

II – alterar documento verdadeiro.

Art. 428. Cessa a fé do documento particular quando:

I – for impugnada sua autenticidade e enquanto não se comprovar sua veracidade;

II – assinado em branco, for impugnado seu conteúdo, por preenchimento abusivo.

Parágrafo único. Dar-se-á abuso quando aquele que recebeu documento assinado com texto não escrito no todo ou em parte formá-lo ou completá-lo por si ou por meio de outrem, violando o pacto feito com o signatário.

Art. 429. Incumbe o ônus da prova quando:

I – se tratar de falsidade de documento ou de preenchimento abusivo, à parte que a arguir;

II – se tratar de impugnação da autenticidade, à parte que produziu o documento.

Subseção II
Da Arguição de Falsidade

Art. 430. A falsidade deve ser suscitada na contestação, na réplica ou no prazo de 15 (quinze) dias, contado a partir da intimação da juntada do documento aos autos.

Parágrafo único. Uma vez arguida, a falsidade será resolvida como questão incidental, salvo se a parte requerer que o juiz a decida como questão principal, nos termos do inciso II do art. 19.

Art. 431. A parte arguirá a falsidade expondo os motivos em que funda a sua pretensão e os meios com que provará o alegado.

Art. 432. Depois de ouvida a outra parte no prazo de 15 (quinze) dias, será realizado o exame pericial.

(*) V. art. 478 do CPC.

Parágrafo único. Não se procederá ao exame pericial se a parte que produziu o documento concordar em retirá-lo.

Art. 433. A declaração sobre a falsidade do documento, quando suscitada como questão principal, constará da parte dispositiva da sentença e sobre ela incidirá também a autoridade da coisa julgada.

Subseção III
Da Produção da Prova Documental

Art. 434. Incumbe à parte instruir a petição inicial ou a contestação com os documentos destinados a provar suas alegações.

Parágrafo único. Quando o documento consistir em reprodução cinematográfica ou fonográfica, a parte deverá trazê-lo nos termos do *caput*, mas sua exposição será realizada em audiência, intimando-se previamente as partes.

Art. 435. É lícito às partes, em qualquer tempo, juntar aos autos documentos novos, quando destinados a fazer prova de fatos ocorridos depois dos articulados ou para contrapô-los aos que foram produzidos nos autos.

Parágrafo único. Admite-se também a juntada posterior de documentos formados após a petição inicial ou a contestação, bem como dos que se tornaram conhecidos, acessíveis ou disponíveis após esses atos, cabendo à parte que os produzir comprovar o motivo que a impediu de juntá-los anteriormente e incumbindo ao juiz, em qualquer caso, avaliar a conduta da parte de acordo com o art. 5º.

Art. 436. A parte, intimada a falar sobre documento constante dos autos, poderá:

I – impugnar a admissibilidade da prova documental;

II – impugnar sua autenticidade;

III – suscitar sua falsidade, com ou sem deflagração do incidente de arguição de falsidade;

IV – manifestar-se sobre seu conteúdo.

Parágrafo único. Nas hipóteses dos incisos II e III, a impugnação deverá basear-se em argumentação específica, não se admitindo alegação genérica de falsidade.

(*) V. art. 437, § 1º, do CPC.

Art. 437. O réu manifestar-se-á na contestação sobre os documentos anexados à inicial, e o autor manifestar-se-á na réplica sobre os documentos anexados à contestação.

§ 1º. Sempre que uma das partes requerer a juntada de documento aos autos, o juiz ouvirá, a seu respeito, a outra parte, que disporá do prazo de 15 (quinze) dias para adotar qualquer das posturas indicadas no art. 436.

§ 2º. Poderá o juiz, a requerimento da parte, dilatar o prazo para manifestação sobre a prova documental produzida, levando em consideração a quantidade e a complexidade da documentação.

(*) Vide Enunciado 107 do FPPC.

Art. 438. O juiz requisitará às repartições públicas, em qualquer tempo ou grau de jurisdição:

I – as certidões necessárias à prova das alegações das partes;

II – os procedimentos administrativos nas causas em que forem interessados a União, os Estados, o Distrito Federal, os Municípios ou entidades da administração indireta.

§ 1º. Recebidos os autos, o juiz mandará extrair, no prazo máximo e improrrogável de 1 (um) mês, certidões ou reproduções fotográficas das peças que indicar e das que forem indicadas pelas partes, e, em seguida, devolverá os autos à repartição de origem.

§ 2º. As repartições públicas poderão fornecer todos os documentos em meio eletrônico, conforme disposto em lei, certificando, pelo mesmo meio, que se trata de extrato fiel do que consta em seu banco de dados ou no documento digitalizado.

Seção VIII
Dos Documentos Eletrônicos
(*) Vide Resolução CNJ nº 185/2013.

Art. 439. A utilização de documentos eletrônicos no processo convencional dependerá de sua conversão à forma impressa e da verificação de sua autenticidade, na forma da lei.

(*) Vide Enunciado 636 do FPPC.

Art. 440. O juiz apreciará o valor probante do documento eletrônico não convertido, assegurado às partes o acesso ao seu teor.

(*) Vide Enunciado 636 do FPPC.

Art. 441. Serão admitidos documentos eletrônicos produzidos e conservados com a observância da legislação específica.

Seção IX
Da Prova Testemunhal

Subseção I
Da Admissibilidade e do Valor da Prova Testemunhal

Art. 442. A prova testemunhal é sempre admissível, não dispondo a lei de modo diverso.

Art. 443. O juiz indeferirá a inquirição de testemunhas sobre fatos:

I – já provados por documento ou confissão da parte;

II – que só por documento ou por exame pericial puderem ser provados.

Art. 444. Nos casos em que a lei exigir prova escrita da obrigação, é admissível a prova testemunhal quando houver começo de prova por escrito, emanado da parte contra a qual se pretende produzir a prova.

Art. 445. Também se admite a prova testemunhal quando o credor não pode ou não podia, moral ou materialmente, obter a prova escrita da obrigação, em casos como o de parentesco, de depósito necessário ou de hospedagem em hotel ou em razão das práticas comerciais do local onde contraída a obrigação.

Art. 446. É lícito à parte provar com testemunhas:

I – nos contratos simulados, a divergência entre a vontade real e a vontade declarada;

II – nos contratos em geral, os vícios de consentimento.

Art. 447. Podem depor como testemunhas todas as pessoas, exceto as incapazes, impedidas ou suspeitas.

§ 1º. São incapazes:

I – o interdito por enfermidade ou deficiência mental;

II – o que, acometido por enfermidade ou retardamento mental, ao tempo em que ocorreram os fatos, não podia discerni-los, ou, ao tempo em que deve depor, não está habilitado a transmitir as percepções;

III – o que tiver menos de 16 (dezesseis) anos;

IV – o cego e o surdo, quando a ciência do fato depender dos sentidos que lhes faltam.

§ 2º. São impedidos:

I – o cônjuge, o companheiro, o ascendente e o descendente em qualquer grau e o colateral, até o terceiro grau, de alguma das partes, por con-

LIVRO I – DO PROCESSO DE CONHECIMENTO E DO CUMPRIMENTO (...)　　ART. 453

sanguinidade ou afinidade, salvo se o exigir o interesse público ou, tratando-se de causa relativa ao estado da pessoa, não se puder obter de outro modo a prova que o juiz repute necessária ao julgamento do mérito;

(*) V. art. 452 do CPC.

II – o que é parte na causa;

III – o que intervém em nome de uma parte, como o tutor, o representante legal da pessoa jurídica, o juiz, o advogado e outros que assistam ou tenham assistido as partes.

§ 3º. São suspeitos:

I – o inimigo da parte ou o seu amigo íntimo;

II – o que tiver interesse no litígio.

§ 4º. Sendo necessário, pode o juiz admitir o depoimento das testemunhas menores, impedidas ou suspeitas.

(*) V. art. 457, § 1º, do CPC.

§ 5º. Os depoimentos referidos no § 4º serão prestados independentemente de compromisso, e o juiz lhes atribuirá o valor que possam merecer.

Art. 448. A testemunha não é obrigada a depor sobre fatos:

(*) V. art. 388 do CPC.

I – que lhe acarretem grave dano, bem como ao seu cônjuge ou companheiro e aos seus parentes consanguíneos ou afins, em linha reta ou colateral, até o terceiro grau;

II – a cujo respeito, por estado ou profissão, deva guardar sigilo.

(*) V. art. 457, § 3º, do CPC.

Art. 449. Salvo disposição especial em contrário, as testemunhas devem ser ouvidas na sede do juízo.

Parágrafo único. Quando a parte ou a testemunha, por enfermidade ou por outro motivo relevante, estiver impossibilitada de comparecer, mas não de prestar depoimento, o juiz designará, conforme as circunstâncias, dia, hora e lugar para inquiri-la.

Subseção II
Da Produção
da Prova Testemunhal

Art. 450. O rol de testemunhas conterá, sempre que possível, o nome, a profissão, o estado civil, a idade, o número de inscrição no Cadastro de Pessoas Físicas, o número de registro de identidade e o endereço completo da residência e do local de trabalho.

(*) Vide Enunciado 519 do FPPC.
(*) Vide Enunciado 34 do CJF.

Art. 451. Depois de apresentado o rol de que tratam os §§ 4º e 5º do art. 357, a parte só pode substituir a testemunha:

I – que falecer;

II – que, por enfermidade, não estiver em condições de depor;

III – que, tendo mudado de residência ou de local de trabalho, não for encontrada.

Art. 452. Quando for arrolado como testemunha, o juiz da causa:

I – declarar-se-á impedido, se tiver conhecimento de fatos que possam influir na decisão, caso em que será vedado à parte que o incluiu no rol desistir de seu depoimento;

(*) V. art. 144, I, do CPC.

II – se nada souber, mandará excluir o seu nome.

Art. 453. As testemunhas depõem, na audiência de instrução e julgamento, perante o juiz da causa, exceto:

(*) V. arts. 217 e 449 do CPC.

I – as que prestam depoimento antecipadamente;

II – as que são inquiridas por carta.

§ 1º. A oitiva de testemunha que residir em comarca, seção ou subseção judiciária diversa daquela onde tramita o processo poderá ser realizada por meio de videoconferência ou outro recurso tecnológico de transmissão e recepção de sons e imagens em tempo real, o que poderá ocorrer, inclusive, durante a audiência de instrução e julgamento.

§ 2º. Os juízos deverão manter equipamento para a transmissão e recepção de sons e imagens a que se refere o § 1º.

Art. 454. São inquiridos em sua residência ou onde exercem sua função:

I – o presidente e o vice-presidente da República;

II – os ministros de Estado;

III – os ministros do Supremo Tribunal Federal, os conselheiros do Conselho Nacional de Justiça e os ministros do Superior Tribunal de Justiça, do Superior Tribunal Militar, do Tribunal Superior Eleitoral, do Tribunal Superior do Trabalho e do Tribunal de Contas da União;

IV – o procurador-geral da República e os conselheiros do Conselho Nacional do Ministério Público;

V – o advogado-geral da União, o procurador-geral do Estado, o procurador-geral do Município, o defensor público-geral federal e o defensor público-geral do Estado;

VI – os senadores e os deputados federais;

VII – os governadores dos Estados e do Distrito Federal;

VIII – o prefeito;

IX – os deputados estaduais e distritais;

X – os desembargadores dos Tribunais de Justiça, dos Tribunais Regionais Federais, dos Tribunais Regionais do Trabalho e dos Tribunais Regionais Eleitorais e os conselheiros dos Tribunais de Contas dos Estados e do Distrito Federal;

XI – o procurador-geral de justiça;

XII – o embaixador de país que, por lei ou tratado, concede idêntica prerrogativa a agente diplomático do Brasil.

§ 1º. O juiz solicitará à autoridade que indique dia, hora e local a fim de ser inquirida, remetendo-lhe cópia da petição inicial ou da defesa oferecida pela parte que a arrolou como testemunha.

§ 2º. Passado 1 (um) mês sem manifestação da autoridade, o juiz designará dia, hora e local para o depoimento, preferencialmente na sede do juízo.

§ 3º. O juiz também designará dia, hora e local para o depoimento, quando a autoridade não comparecer, injustificadamente, à sessão agendada para a colheita de seu testemunho no dia, hora e local por ela mesma indicados.

Art. 455. Cabe ao advogado da parte informar ou intimar a testemunha por ele arrolada do dia, da hora e do local da audiência designada, dispensando-se a intimação do juízo.

§ 1º. A intimação deverá ser realizada por carta com aviso de recebimento, cumprindo ao advogado juntar aos autos, com antecedência de pelo menos 3 (três) dias da data da audiência, cópia da correspondência de intimação e do comprovante de recebimento.

LIVRO I – DO PROCESSO DE CONHECIMENTO E DO CUMPRIMENTO (...) ART. 459

§ 2º. A parte pode comprometer-se a levar a testemunha à audiência, independentemente da intimação de que trata o § 1º, presumindo-se, caso a testemunha não compareça, que a parte desistiu de sua inquirição.

§ 3º. A inércia na realização da intimação a que se refere o § 1º importa desistência da inquirição da testemunha.

§ 4º. A intimação será feita pela via judicial quando:

I – for frustrada a intimação prevista no § 1º deste artigo;

II – sua necessidade for devidamente demonstrada pela parte ao juiz;

III – figurar no rol de testemunhas servidor público ou militar, hipótese em que o juiz o requisitará ao chefe da repartição ou ao comando do corpo em que servir;

IV – a testemunha houver sido arrolada pelo Ministério Público ou pela Defensoria Pública;

(*) Vide Enunciado 15 do CJF.

V – a testemunha for uma daquelas previstas no art. 454.

(*) Vide Enunciado 155 do FPPC.

§ 5º. A testemunha que, intimada na forma do § 1º ou do § 4º, deixar de comparecer sem motivo justificado será conduzida e responderá pelas despesas do adiamento.

(*) V. art. 93 do CPC.

Art. 456. O juiz inquirirá as testemunhas separada e sucessivamente, primeiro as do autor e depois as do réu, e providenciará para que uma não ouça o depoimento das outras.

Parágrafo único. O juiz poderá alterar a ordem estabelecida no *caput* se as partes concordarem.

Art. 457. Antes de depor, a testemunha será qualificada, declarará ou confirmará seus dados e informará se tem relações de parentesco com a parte ou interesse no objeto do processo.

§ 1º. É lícito à parte contraditar a testemunha, arguindo-lhe a incapacidade, o impedimento ou a suspeição, bem como, caso a testemunha negue os fatos que lhe são imputados, provar a contradita com documentos ou com testemunhas, até 3 (três), apresentadas no ato e inquiridas em separado.

§ 2º. Sendo provados ou confessados os fatos a que se refere o § 1º, o juiz dispensará a testemunha ou lhe tomará o depoimento como informante.

§ 3º. A testemunha pode requerer ao juiz que a escuse de depor, alegando os motivos previstos neste Código, decidindo o juiz de plano após ouvidas as partes.

Art. 458. Ao início da inquirição, a testemunha prestará o compromisso de dizer a verdade do que souber e lhe for perguntado.

(*) V. arts. 5º; e 447, §§ 4º e 5º, do CPC.

Parágrafo único. O juiz advertirá à testemunha que incorre em sanção penal quem faz afirmação falsa, cala ou oculta a verdade.

(*) Vide Súmula 165 do STJ.

Art. 459. As perguntas serão formuladas pelas partes diretamente à testemunha, começando pela que a arrolou, não admitindo o juiz aquelas que puderem induzir a resposta, não tiverem relação com as questões de fato objeto da atividade probatória ou importarem repetição de outra já respondida.

(*) Vide Enunciado 156 do FPPC.

ART. 460

§ 1º. O juiz poderá inquirir a testemunha tanto antes quanto depois da inquirição feita pelas partes.

(*) Vide Enunciado 157 do FPPC.

§ 2º. As testemunhas devem ser tratadas com urbanidade, não se lhes fazendo perguntas ou considerações impertinentes, capciosas ou vexatórias.

§ 3º. As perguntas que o juiz indeferir serão transcritas no termo, se a parte o requerer.

(*) Vide Enunciado 158 do FPPC.

Art. 460. O depoimento poderá ser documentado por meio de gravação.

§ 1º. Quando digitado ou registrado por taquigrafia, estenotipia ou outro método idôneo de documentação, o depoimento será assinado pelo juiz, pelo depoente e pelos procuradores.

§ 2º. Se houver recurso em processo em autos não eletrônicos, o depoimento somente será digitado quando for impossível o envio de sua documentação eletrônica.

§ 3º. Tratando-se de autos eletrônicos, observar-se-á o disposto neste Código e na legislação específica sobre a prática eletrônica de atos processuais.

Art. 461. O juiz pode ordenar, de ofício ou a requerimento da parte:

I – a inquirição de testemunhas referidas nas declarações da parte ou das testemunhas;

(*) V. art. 370 do CPC.

II – a acareação de 2 (duas) ou mais testemunhas ou de alguma delas com a parte, quando, sobre fato determinado que possa influir na decisão da causa, divergirem as suas declarações.

(*) V. art. 80 do CPC.

§ 1º. Os acareados serão reperguntados para que expliquem os pontos de divergência, reduzindo-se a termo o ato de acareação.

§ 2º. A acareação pode ser realizada por videoconferência ou por outro recurso tecnológico de transmissão de sons e imagens em tempo real.

Art. 462. A testemunha pode requerer ao juiz o pagamento da despesa que efetuou para comparecimento à audiência, devendo a parte pagá-la logo que arbitrada ou depositá-la em cartório dentro de 3 (três) dias.

(*) V. art. 84 CPC.

Art. 463. O depoimento prestado em juízo é considerado serviço público.

Parágrafo único. A testemunha, quando sujeita ao regime da legislação trabalhista, não sofre, por comparecer à audiência, perda de salário nem desconto no tempo de serviço.

Seção X
Da Prova Pericial

Art. 464. A prova pericial consiste em exame, vistoria ou avaliação.

(*) V. art. 381 do CPC.

§ 1º. O juiz indeferirá a perícia quando:

I – a prova do fato não depender de conhecimento especial de técnico;

II – for desnecessária em vista de outras provas produzidas;

III – a verificação for impraticável.

§ 2º. De ofício ou a requerimento das partes, o juiz poderá, em substituição à perícia, determinar a produção de prova técnica simplificada, quando o ponto controvertido for de menor complexidade.

LIVRO I – DO PROCESSO DE CONHECIMENTO E DO CUMPRIMENTO (...) ART. 468

§ 3º. A prova técnica simplificada consistirá apenas na inquirição de especialista, pelo juiz, sobre ponto controvertido da causa que demande especial conhecimento científico ou técnico.

§ 4º. Durante a arguição, o especialista, que deverá ter formação acadêmica específica na área objeto de seu depoimento, poderá valer-se de qualquer recurso tecnológico de transmissão de sons e imagens com o fim de esclarecer os pontos controvertidos da causa.

Art. 465. O juiz nomeará perito especializado no objeto da perícia e fixará de imediato o prazo para a entrega do laudo.

§ 1º. Incumbe às partes, dentro de 15 (quinze) dias contados da intimação do despacho de nomeação do perito:

I – arguir o impedimento ou a suspeição do perito, se for o caso;

(*) V. art. 467 do CPC.

II – indicar assistente técnico;

III – apresentar quesitos.

(*) V. art. 470, II, do CPC.

§ 2º. Ciente da nomeação, o perito apresentará em 5 (cinco) dias:

I – proposta de honorários;

II – currículo, com comprovação de especialização;

III – contatos profissionais, em especial o endereço eletrônico, para onde serão dirigidas as intimações pessoais.

§ 3º. As partes serão intimadas da proposta de honorários para, querendo, manifestar-se no prazo comum de 5 (cinco) dias, após o que o juiz arbitrará o valor, intimando-se as partes para os fins do art. 95.

§ 4º. O juiz poderá autorizar o pagamento de até cinquenta por cento dos honorários arbitrados a favor do perito no início dos trabalhos, devendo o remanescente ser pago apenas ao final, depois de entregue o laudo e prestados todos os esclarecimentos necessários.

§ 5º. Quando a perícia for inconclusiva ou deficiente, o juiz poderá reduzir a remuneração inicialmente arbitrada para o trabalho.

§ 6º. Quando tiver de realizar-se por carta, poder-se-á proceder à nomeação de perito e à indicação de assistentes técnicos no juízo ao qual se requisitar a perícia.

(*) V. art. 260, § 2º, do CPC.

Art. 466. O perito cumprirá escrupulosamente o encargo que lhe foi cometido, independentemente de termo de compromisso.

§ 1º. Os assistentes técnicos são de confiança da parte e não estão sujeitos a impedimento ou suspeição.

§ 2º. O perito deve assegurar aos assistentes das partes o acesso e o acompanhamento das diligências e dos exames que realizar, com prévia comunicação, comprovada nos autos, com antecedência mínima de 5 (cinco) dias.

Art. 467. O perito pode escusar-se ou ser recusado por impedimento ou suspeição.

(*) V. arts. 148, II; e 156, § 4º, do CPC.

Parágrafo único. O juiz, ao aceitar a escusa ou ao julgar procedente a impugnação, nomeará novo perito.

Art. 468. O perito pode ser substituído quando:

I – faltar-lhe conhecimento técnico ou científico;

II – sem motivo legítimo, deixar de cumprir o encargo no prazo que lhe foi assinado.

ART. 469   CÓDIGO DE PROCESSO CIVIL – PARTE ESPECIAL

§ 1º. No caso previsto no inciso II, o juiz comunicará a ocorrência à corporação profissional respectiva, podendo, ainda, impor multa ao perito, fixada tendo em vista o valor da causa e o possível prejuízo decorrente do atraso no processo.

(*) V. arts. 81 e 96 do CPC.

§ 2º. O perito substituído restituirá, no prazo de 15 (quinze) dias, os valores recebidos pelo trabalho não realizado, sob pena de ficar impedido de atuar como perito judicial pelo prazo de 5 (cinco) anos.

§ 3º. Não ocorrendo a restituição voluntária de que trata o § 2º, a parte que tiver realizado o adiantamento dos honorários poderá promover execução contra o perito, na forma dos arts. 513 e seguintes deste Código, com fundamento na decisão que determinar a devolução do numerário.

Art. 469. As partes poderão apresentar quesitos suplementares durante a diligência, que poderão ser respondidos pelo perito previamente ou na audiência de instrução e julgamento.

Parágrafo único. O escrivão dará à parte contrária ciência da juntada dos quesitos aos autos.

Art. 470. Incumbe ao juiz:

I – indeferir quesitos impertinentes;

II – formular os quesitos que entender necessários ao esclarecimento da causa.

Art. 471. As partes podem, de comum acordo, escolher o perito, indicando-o mediante requerimento, desde que:

(*) Vide Enunciado 637 do FPPC.

I – sejam plenamente capazes;

II – a causa possa ser resolvida por autocomposição.

§ 1º. As partes, ao escolher o perito, já devem indicar os respectivos assistentes técnicos para acompanhar a realização da perícia, que se realizará em data e local previamente anunciados.

§ 2º. O perito e os assistentes técnicos devem entregar, respectivamente, laudo e pareceres em prazo fixado pelo juiz.

§ 3º. A perícia consensual substitui, para todos os efeitos, a que seria realizada por perito nomeado pelo juiz.

Art. 472. O juiz poderá dispensar prova pericial quando as partes, na inicial e na contestação, apresentarem, sobre as questões de fato, pareceres técnicos ou documentos elucidativos que considerar suficientes.

Art. 473. O laudo pericial deverá conter:

I – a exposição do objeto da perícia;

II – a análise técnica ou científica realizada pelo perito;

III – a indicação do método utilizado, esclarecendo-o e demonstrando ser predominantemente aceito pelos especialistas da área do conhecimento da qual se originou;

IV – resposta conclusiva a todos os quesitos apresentados pelo juiz, pelas partes e pelo órgão do Ministério Público.

§ 1º. No laudo, o perito deve apresentar sua fundamentação em linguagem simples e com coerência lógica, indicando como alcançou suas conclusões.

§ 2º. É vedado ao perito ultrapassar os limites de sua designação, bem como emitir opiniões pessoais que excedam o exame técnico ou científico do objeto da perícia.

§ 3º. Para o desempenho de sua função, o perito e os assistentes técnicos podem valer-se de todos os meios necessários, ouvindo testemunhas, obtendo informações, solicitando documentos que estejam em poder da parte, de terceiros ou em repartições públicas, bem como instruir o laudo com planilhas, mapas, plantas, desenhos, fotografias ou outros elementos necessários ao esclarecimento do objeto da perícia.

Art. 474. As partes terão ciência da data e do local designados pelo juiz ou indicados pelo perito para ter início a produção da prova.

Art. 475. Tratando-se de perícia complexa que abranja mais de uma área de conhecimento especializado, o juiz poderá nomear mais de um perito, e a parte, indicar mais de um assistente técnico.

Art. 476. Se o perito, por motivo justificado, não puder apresentar o laudo dentro do prazo, o juiz poderá conceder-lhe, por uma vez, prorrogação pela metade do prazo originalmente fixado.

Art. 477. O perito protocolará o laudo em juízo, no prazo fixado pelo juiz, pelo menos 20 (vinte) dias antes da audiência de instrução e julgamento.

(*) V. art. 361, I, do CPC.

§ 1º. As partes serão intimadas para, querendo, manifestar-se sobre o laudo do perito do juízo no prazo comum de 15 (quinze) dias, podendo o assistente técnico de cada uma das partes, em igual prazo, apresentar seu respectivo parecer.

(*) V. art. 107, § 2º, do CPC.

§ 2º. O perito do juízo tem o dever de, no prazo de 15 (quinze) dias, esclarecer ponto:

I – sobre o qual exista divergência ou dúvida de qualquer das partes, do juiz ou do órgão do Ministério Público;

II – divergente apresentado no parecer do assistente técnico da parte.

§ 3º. Se ainda houver necessidade de esclarecimentos, a parte requererá ao juiz que mande intimar o perito ou o assistente técnico a comparecer à audiência de instrução e julgamento, formulando, desde logo, as perguntas, sob forma de quesitos.

§ 4º. O perito ou o assistente técnico será intimado por meio eletrônico, com pelo menos 10 (dez) dias de antecedência da audiência.

Art. 478. Quando o exame tiver por objeto a autenticidade ou a falsidade de documento ou for de natureza médico-legal, o perito será escolhido, de preferência, entre os técnicos dos estabelecimentos oficiais especializados, a cujos diretores o juiz autorizará a remessa dos autos, bem como do material sujeito a exame.

§ 1º. Nas hipóteses de gratuidade de justiça, os órgãos e as repartições oficiais deverão cumprir a determinação judicial com preferência, no prazo estabelecido.

§ 2º. A prorrogação do prazo referido no § 1º pode ser requerida motivadamente.

§ 3º. Quando o exame tiver por objeto a autenticidade da letra e da firma, o perito poderá requisitar, para efeito de comparação, documentos existentes em repartições públicas e, na falta destes, poderá requerer ao juiz que a pessoa a quem se atribuir a autoria do documento lance em folha de papel, por cópia ou sob ditado, dizeres diferentes, para fins de comparação.

Art. 479. O juiz apreciará a prova pericial de acordo com o disposto no art. 371, indicando na sentença os motivos que o levaram a considerar ou a deixar de considerar as conclusões do laudo, levando em conta o método utilizado pelo perito.

Art. 480. O juiz determinará, de ofício ou a requerimento da parte, a realização de nova perícia quando a matéria não estiver suficientemente esclarecida.

(*) V. arts. 370 e 873 do CPC.

§ 1º. A segunda perícia tem por objeto os mesmos fatos sobre os quais recaiu a primeira e destina-se a corrigir eventual omissão ou inexatidão dos resultados a que esta conduziu.

§ 2º. A segunda perícia rege-se pelas disposições estabelecidas para a primeira.

§ 3º. A segunda perícia não substitui a primeira, cabendo ao juiz apreciar o valor de uma e de outra.

Seção XI
Da Inspeção Judicial

Art. 481. O juiz, de ofício ou a requerimento da parte, pode, em qualquer fase do processo, inspecionar pessoas ou coisas, a fim de se esclarecer sobre fato que interesse à decisão da causa.

(*) V. arts. 370 e 379 do CPC.

Art. 482. Ao realizar a inspeção, o juiz poderá ser assistido por um ou mais peritos.

Art. 483. O juiz irá ao local onde se encontre a pessoa ou a coisa quando:

I – julgar necessário para a melhor verificação ou interpretação dos fatos que deva observar;

II – a coisa não puder ser apresentada em juízo sem consideráveis despesas ou graves dificuldades;

III – determinar a reconstituição dos fatos.

Parágrafo único. As partes têm sempre direito a assistir à inspeção, prestando esclarecimentos e fazendo observações que considerem de interesse para a causa.

Art. 484. Concluída a diligência, o juiz mandará lavrar auto circunstanciado, mencionando nele tudo quanto for útil ao julgamento da causa.

Parágrafo único. O auto poderá ser instruído com desenho, gráfico ou fotografia.

Capítulo XIII
DA SENTENÇA E DA COISA JULGADA

Seção I
Disposições Gerais

Art. 485. O juiz não resolverá o mérito quando:

(*) V. arts. 12, § 2º, IV; 203, § 1º; 354, parágrafo único; 486, *caput*; 488; 1.009; e 1.013, § 3º, I, do CPC.

(*) Vide Enunciado 611 do FPPC.

(*) Vide Enunciado 5 do CJF.

I – indeferir a petição inicial;

(*) V. arts. 321, parágrafo único; 330; 331; e 486, § 1º, do CPC.

II – o processo ficar parado durante mais de 1 (um) ano por negligência das partes;

III – por não promover os atos e as diligências que lhe incumbir, o au-

LIVRO I – DO PROCESSO DE CONHECIMENTO E DO CUMPRIMENTO (...) ART. 487

tor abandonar a causa por mais de 30 (trinta) dias;

(*) V. art. 115, parágrafo único, CPC.
(*) Vide Súmulas 216 e 631 do STF.
(*) Vide Súmula 240 do STJ.

IV – verificar a ausência de pressupostos de constituição e de desenvolvimento válido e regular do processo;

(*) V. art. 486, § 1º, do CPC.

V – reconhecer a existência de perempção, de litispendência ou de coisa julgada;

(*) V. art. 337, V, do CPC.

VI – verificar ausência de legitimidade ou de interesse processual;

(*) V. art. 486, § 1º, do CPC.

VII – acolher a alegação de existência de convenção de arbitragem ou quando o juízo arbitral reconhecer sua competência;

(*) V. arts. 486, § 1º; e 1.015, III, do CPC.
(*) Vide Enunciados 47, 48, 136, 153, 434 e 435 do FPPC.

VIII – homologar a desistência da ação;

(*) V. art. 200 do CPC.

IX – em caso de morte da parte, a ação for considerada intransmissível por disposição legal; e

X – nos demais casos prescritos neste Código.

§ 1º. Nas hipóteses descritas nos incisos II e III, a parte será intimada pessoalmente para suprir a falta no prazo de 5 (cinco) dias.

§ 2º. No caso do § 1º, quanto ao inciso II, as partes pagarão proporcionalmente as custas, e, quanto ao inciso III, o autor será condenado ao pagamento das despesas e dos honorários de advogado.

(*) V. arts. 90 e 92 do CPC.

§ 3º. O juiz conhecerá de ofício da matéria constante dos incisos IV, V, VI e IX, em qualquer tempo e grau de jurisdição, enquanto não ocorrer o trânsito em julgado.

§ 4º. Oferecida a contestação, o autor não poderá, sem o consentimento do réu, desistir da ação.

(*) Vide Tema 530 do STF.

§ 5º. A desistência da ação pode ser apresentada até a sentença.

§ 6º. Oferecida a contestação, a extinção do processo por abandono da causa pelo autor depende de requerimento do réu.

§ 7º. Interposta a apelação em qualquer dos casos de que tratam os incisos deste artigo, o juiz terá 5 (cinco) dias para retratar-se.

(*) Vide Enunciados 159 e 520 do FPPC.
(*) Vide Enunciado 68 do CJF.

Art. 486. O pronunciamento judicial que não resolve o mérito não obsta a que a parte proponha de novo a ação.

§ 1º. No caso de extinção em razão de litispendência e nos casos dos incisos I, IV, VI e VII do art. 485, a propositura da nova ação depende da correção do vício que levou à sentença sem resolução do mérito.

§ 2º. A petição inicial, todavia, não será despachada sem a prova do pagamento ou do depósito das custas e dos honorários de advogado.

§ 3º. Se o autor der causa, por 3 (três) vezes, a sentença fundada em abandono da causa, não poderá propor nova ação contra o réu com o mesmo objeto, ficando-lhe ressalvada, entretanto, a possibilidade de alegar em defesa o seu direito.

Art. 487. Haverá resolução de mérito quando o juiz:

(*) V. art. 203, § 1º, do CPC.
(*) Vide Enunciado 611 do FPPC.

ART. 488 CÓDIGO DE PROCESSO CIVIL – PARTE ESPECIAL

I – acolher ou rejeitar o pedido formulado na ação ou na reconvenção;

(*) V. art. 1.015, II, do CPC.
(*) Vide Enunciados 103 e 160 do FPPC.

II – decidir, de ofício ou a requerimento, sobre a ocorrência de decadência ou prescrição;

(*) V. art. 354, parágrafo único, do CPC.
(*) Vide Enunciado 161 do FPPC.

III – homologar:

a) o reconhecimento da procedência do pedido formulado na ação ou na reconvenção;

b) a transação;

c) a renúncia à pretensão formulada na ação ou na reconvenção.

(*) V. art. 354, parágrafo único, do CPC.

Parágrafo único. Ressalvada a hipótese do § 1º do art. 332, a prescrição e a decadência não serão reconhecidas sem que antes seja dada às partes oportunidade de manifestar-se.

(*) V. art. 115 do CPC.
(*) Vide Enunciado 521 do FPPC.

Art. 488. Desde que possível, o juiz resolverá o mérito sempre que a decisão for favorável à parte a quem aproveitaria eventual pronunciamento nos termos do art. 485.

(*) Vide Enunciado 666 do FPPC.

Seção II
Dos Elementos e dos Efeitos da Sentença

Art. 489. São elementos essenciais da sentença:

(*) Vide Enunciados 486 e 640 do FPPC.
(*) Vide Enunciado 47 da ENFAM.
(*) Vide Enunciado 37 do CJF.

I – o relatório, que conterá os nomes das partes, a identificação do caso, com a suma do pedido e da contestação, e o registro das principais ocorrências havidas no andamento do processo;

(*) Vide Enunciados 162 e 522 do FPPC.

II – os fundamentos, em que o juiz analisará as questões de fato e de direito;

(*) V. arts. 11 e 371 do CPC.
(*) Vide Enunciados 6 e 10 da ENFAM.

III – o dispositivo, em que o juiz resolverá as questões principais que as partes lhe submeterem.

§ 1º. Não se considera fundamentada qualquer decisão judicial, seja ela interlocutória, sentença ou acórdão, que:

(*) V. arts. 140; e 1.022, parágrafo único, II, do CPC.
(*) Vide Enunciados 303, 304, 307, 308, 309, 515, 516, 517, 665 e 699 do FPPC.
(*) Vide Enunciado 19 da ENFAM.

I – se limitar à indicação, à reprodução ou à paráfrase de ato normativo, sem explicar sua relação com a causa ou a questão decidida;

II – empregar conceitos jurídicos indeterminados, sem explicar o motivo concreto de sua incidência no caso;

III – invocar motivos que se prestariam a justificar qualquer outra decisão;

IV – não enfrentar todos os argumentos deduzidos no processo capazes de, em tese, infirmar a conclusão adotada pelo julgador;

(*) Vide Enunciados 128, 305, 394, 523, 524 e 585 do FPPC.
(*) Vide Enunciados 12, 13 e 40 da ENFAM.

V – se limitar a invocar precedente ou enunciado de súmula, sem identificar seus fundamentos determinantes nem demonstrar que o caso sob julgamento se ajusta àqueles fundamentos;

(*) Vide Enunciados 459, 462 e 704 do FPPC.
(*) Vide Enunciados 7, 8, 9 e 11 da ENFAM.
(*) Vide Enunciado 59 do CJF.

LIVRO I – DO PROCESSO DE CONHECIMENTO E DO CUMPRIMENTO (...) **ART. 495**

VI – deixar de seguir enunciado de súmula, jurisprudência ou precedente invocado pela parte, sem demonstrar a existência de distinção no caso em julgamento ou a superação do entendimento.

(*) Vide Enunciados 306, 431, 459, 462 e 704 do FPPC.
(*) Vide Enunciados 9 e 11 da ENFAM.
(*) Vide Enunciado 59 do CJF.

§ 2º. No caso de colisão entre normas, o juiz deve justificar o objeto e os critérios gerais da ponderação efetuada, enunciando as razões que autorizam a interferência na norma afastada e as premissas fáticas que fundamentam a conclusão.

(*) Vide Enunciados 562 e 699 do FPPC.

§ 3º. A decisão judicial deve ser interpretada a partir da conjugação de todos os seus elementos e em conformidade com o princípio da boa-fé.

(*) V. art. 927, § 1º, do CPC.
(*) Vide Enunciado 378 do FPPC.

Art. 490. O juiz resolverá o mérito acolhendo ou rejeitando, no todo ou em parte, os pedidos formulados pelas partes.

(*) V. arts. 141 e 1.009 ss. do CPC.
(*) Vide Enunciado 20 da ENFAM.

Art. 491. Na ação relativa à obrigação de pagar quantia, ainda que formulado pedido genérico, a decisão definirá desde logo a extensão da obrigação, o índice de correção monetária, a taxa de juros, o termo inicial de ambos e a periodicidade da capitalização dos juros, se for o caso, salvo quando:

I – não for possível determinar, de modo definitivo, o montante devido;

II – a apuração do valor devido depender da produção de prova de realização demorada ou excessivamente dispendiosa, assim reconhecida na sentença.

§ 1º. Nos casos previstos neste artigo, seguir-se-á a apuração do valor devido por liquidação.

§ 2º. O disposto no *caput* também se aplica quando o acórdão alterar a sentença.

(*) V. arts. 322 a 324 do CPC.

Art. 492. É vedado ao juiz proferir decisão de natureza diversa da pedida, bem como condenar a parte em quantidade superior ou em objeto diverso do que lhe foi demandado.

(*) Vide Enunciado 525 do FPPC.

Parágrafo único. A decisão deve ser certa, ainda que resolva relação jurídica condicional.

(*) V. art. 141 do CPC.

Art. 493. Se, depois da propositura da ação, algum fato constitutivo, modificativo ou extintivo do direito influir no julgamento do mérito, caberá ao juiz tomá-lo em consideração, de ofício ou a requerimento da parte, no momento de proferir a decisão.

(*) V. arts. 329 e 342 do CPC.
(*) Vide Enunciados 631 e 718 do FPPC.

Parágrafo único. Se constatar de ofício o fato novo, o juiz ouvirá as partes sobre ele antes de decidir.

Art. 494. Publicada a sentença, o juiz só poderá alterá-la:

(*) V. arts. 505 e 656 do CPC.

I – para corrigir-lhe, de ofício ou a requerimento da parte, inexatidões materiais ou erros de cálculo;

(*) Vide Enunciado 654 do FPPC.

II – por meio de embargos de declaração.

(*) V. arts. 1.022 a 1.026 do CPC.

Art. 495. A decisão que condenar o réu ao pagamento de prestação consistente em dinheiro e a que determinar a conversão de prestação de fazer, de não fazer ou de dar coisa em prestação pecuniária valerão como título constitutivo de hipoteca judiciária.

(*) Vide Enunciado 310 do FPPC.

(*) Vide Tema 73 do STF.

§ 1º. A decisão produz a hipoteca judiciária:

I – embora a condenação seja genérica;

II – ainda que o credor possa promover o cumprimento provisório da sentença ou esteja pendente arresto sobre bem do devedor;

III – mesmo que impugnada por recurso dotado de efeito suspensivo.

§ 2º. A hipoteca judiciária poderá ser realizada mediante apresentação de cópia da sentença perante o cartório de registro imobiliário, independentemente de ordem judicial, de declaração expressa do juiz ou de demonstração de urgência.

§ 3º. No prazo de até 15 (quinze) dias da data de realização da hipoteca, a parte informá-la-á ao juízo da causa, que determinará a intimação da outra parte para que tome ciência do ato.

§ 4º. A hipoteca judiciária, uma vez constituída, implicará, para o credor hipotecário, o direito de preferência, quanto ao pagamento, em relação a outros credores, observada a prioridade no registro.

§ 5º. Sobrevindo a reforma ou a invalidação da decisão que impôs o pagamento de quantia, a parte responderá, independentemente de culpa, pelos danos que a outra parte tiver sofrido em razão da constituição da garantia, devendo o valor da indenização ser liquidado e executado nos próprios autos.

Seção III
Da Remessa Necessária

Art. 496. Está sujeita ao duplo grau de jurisdição, não produzindo efeito senão depois de confirmada pelo tribunal, a sentença:

(*) Vide Enunciado 311 do FPPC.

I – proferida contra a União, os Estados, o Distrito Federal, os Municípios e suas respectivas autarquias e fundações de direito público;

(*) Vide Enunciado 164 do FPPC.

II – que julgar procedentes, no todo ou em parte, os embargos à execução fiscal.

(*) Vide Súmulas 45 e 325 do STJ.

§ 1º. Nos casos previstos neste artigo, não interposta a apelação no prazo legal, o juiz ordenará a remessa dos autos ao tribunal, e, se não o fizer, o presidente do respectivo tribunal avocá-los-á.

(*) Vide Enunciado 432 do FPPC.

§ 2º. Em qualquer dos casos referidos no § 1º, o tribunal julgará a remessa necessária.

§ 3º. Não se aplica o disposto neste artigo quando a condenação ou o proveito econômico obtido na causa for de valor certo e líquido inferior a:

I – 1.000 (mil) salários-mínimos para a União e as respectivas autarquias e fundações de direito público;

II – 500 (quinhentos) salários-mínimos para os Estados, o Distrito Federal, as respectivas autarquias e fundações de direito público e os Municípios que constituam capitais dos Estados;

III – 100 (cem) salários-mínimos para todos os demais Municípios e respectivas autarquias e fundações de direito público.

(*) Vide Súmula 490 do STJ.

§ 4º. Também não se aplica o disposto neste artigo quando a sentença estiver fundada em:

I – súmula de tribunal superior;

II – acórdão proferido pelo Supremo Tribunal Federal ou pelo Superior Tribunal de Justiça em julgamento de recursos repetitivos;

(*) V. arts. 1.036 a 1.041 do CPC.

III – entendimento firmado em incidente de resolução de demandas repetitivas ou de assunção de competência;

IV – entendimento coincidente com orientação vinculante firmada no âmbito administrativo do próprio ente público, consolidada em manifestação, parecer ou súmula administrativa.

(*) Vide Enunciados 312 e 433 do FPPC.

Seção IV
Do Julgamento das Ações Relativas às Prestações de Fazer, de Não Fazer e de Entregar Coisa

Art. 497. Na ação que tenha por objeto a prestação de fazer ou de não fazer, o juiz, se procedente o pedido, concederá a tutela específica ou determinará providências que assegurem a obtenção de tutela pelo resultado prático equivalente.

(*) V. arts. 513 e 536 do CPC.

(*) Vide Enunciados 525 e 526 do FPPC.

Parágrafo único. Para a concessão da tutela específica destinada a inibir a prática, a reiteração ou a continuação de um ilícito, ou a sua remoção, é irrelevante a demonstração da ocorrência de dano ou da existência de culpa ou dolo.

Art. 498. Na ação que tenha por objeto a entrega de coisa, o juiz, ao conceder a tutela específica, fixará o prazo para o cumprimento da obrigação.

Parágrafo único. Tratando-se de entrega de coisa determinada pelo gênero e pela quantidade, o autor individualizá-la-á na petição inicial, se lhe couber a escolha, ou, se a escolha couber ao réu, este a entregará individualizada, no prazo fixado pelo juiz.

(*) V. art. 538 do CPC.

Art. 499. A obrigação somente será convertida em perdas e danos se o autor o requerer ou se impossível a tutela específica ou a obtenção de tutela pelo resultado prático equivalente.

Art. 500. A indenização por perdas e danos dar-se-á sem prejuízo da multa fixada periodicamente para compelir o réu ao cumprimento específico da obrigação.

(*) V. art. 537 do CPC.

Art. 501. Na ação que tenha por objeto a emissão de declaração de vontade, a sentença que julgar procedente o pedido, uma vez transitada em julgado, produzirá todos os efeitos da declaração não emitida.

Seção V
Da Coisa Julgada

Art. 502. Denomina-se coisa julgada material a autoridade que torna imutável e indiscutível a decisão de mérito não mais sujeita a recurso.

(*) Vide Enunciado 436 do FPPC.

Art. 503. A decisão que julgar total ou parcialmente o mérito tem força de lei nos limites da questão principal expressamente decidida.

(*) V. arts. 490, 492 e 1.054 do CPC.

(*) Vide Enunciado 367 do FPPC.

§ 1º. O disposto no *caput* aplica-se à resolução de questão prejudicial, decidida expressa e incidentemente no processo, se:

(*) Vide Enunciados 638 e 696 do FPPC.

I – dessa resolução depender o julgamento do mérito;

II – a seu respeito tiver havido contraditório prévio e efetivo, não se aplicando no caso de revelia;

III – o juízo tiver competência em razão da matéria e da pessoa para resolvê-la como questão principal.

(*) V. art. 1.054 do CPC.

(*) Vide Enunciados 111, 165, 313, 338, 437, 438 e 439 do FPPC.

(*) Vide Enunciado 35 do CJF.

§ 2º. A hipótese do § 1º não se aplica se no processo houver restrições probatórias ou limitações à cognição que impeçam o aprofundamento da análise da questão prejudicial.

(*) Vide Enunciados 313 e 439 do FPPC.

Art. 504. Não fazem coisa julgada:

I – os motivos, ainda que importantes para determinar o alcance da parte dispositiva da sentença;

II – a verdade dos fatos, estabelecida como fundamento da sentença.

Art. 505. Nenhum juiz decidirá novamente as questões já decididas relativas à mesma lide, salvo:

I – se, tratando-se de relação jurídica de trato continuado, sobreveio modificação no estado de fato ou de direito, caso em que poderá a parte pedir a revisão do que foi estatuído na sentença;

II – nos demais casos prescritos em lei.

(*) V. arts. 493 e 494 do CPC.

Art. 506. A sentença faz coisa julgada às partes entre as quais é dada, não prejudicando terceiros.

(*) Vide Enunciados 234, 436, 638 e 696 do FPPC.

(*) Vide Enunciado 36 do CJF.

Art. 507. É vedado à parte discutir no curso do processo as questões já decididas a cujo respeito se operou a preclusão.

Art. 508. Transitada em julgado a decisão de mérito, considerar-se-ão deduzidas e repelidas todas as alegações e as defesas que a parte poderia opor tanto ao acolhimento quanto à rejeição do pedido.

Capítulo XIV
DA LIQUIDAÇÃO DE SENTENÇA

(*) Vide Enunciado 145 do CJF.

Art. 509. Quando a sentença condenar ao pagamento de quantia ilíquida, proceder-se-á à sua liquidação, a requerimento do credor ou do devedor:

I – por arbitramento, quando determinado pela sentença, convencionado pelas partes ou exigido pela natureza do objeto da liquidação;

II – pelo procedimento comum, quando houver necessidade de alegar e provar fato novo.

§ 1º. Quando na sentença houver uma parte líquida e outra ilíqui-

LIVRO I – DO PROCESSO DE CONHECIMENTO E DO CUMPRIMENTO (...) ART. 513

da, ao credor é lícito promover simultaneamente a execução daquela e, em autos apartados, a liquidação desta.

§ 2º. Quando a apuração do valor depender apenas de cálculo aritmético, o credor poderá promover, desde logo, o cumprimento da sentença.

§ 3º. O Conselho Nacional de Justiça desenvolverá e colocará à disposição dos interessados programa de atualização financeira.

(*) Vide Enunciado 17 da ENFAM.

§ 4º. Na liquidação é vedado discutir de novo a lide ou modificar a sentença que a julgou.

(*) Vide Enunciado 485 do FPPC.

Art. 510. Na liquidação por arbitramento, o juiz intimará as partes para a apresentação de pareceres ou documentos elucidativos, no prazo que fixar, e, caso não possa decidir de plano, nomeará perito, observando-se, no que couber, o procedimento da prova pericial.

Art. 511. Na liquidação pelo procedimento comum, o juiz determinará a intimação do requerido, na pessoa de seu advogado ou da sociedade de advogados a que estiver vinculado, para, querendo, apresentar contestação no prazo de 15 (quinze) dias, observando-se, a seguir, no que couber, o disposto no Livro I da Parte Especial deste Código.

Art. 512. A liquidação poderá ser realizada na pendência de recurso, processando-se em autos apartados no juízo de origem, cumprindo ao liquidante instruir o pedido com cópias das peças processuais pertinentes.

TÍTULO II
DO CUMPRIMENTO DA SENTENÇA

Capítulo I
DISPOSIÇÕES GERAIS

(*) V. art. 468, § 3º, do CPC.

Art. 513. O cumprimento da sentença será feito segundo as regras deste Título, observando-se, no que couber e conforme a natureza da obrigação, o disposto no Livro II da Parte Especial deste Código.

(*) V. arts. 771 a 925 do CPC.
(*) Vide Enunciado 84 do CJF.

§ 1º. O cumprimento da sentença que reconhece o dever de pagar quantia, provisório ou definitivo, far-se-á a requerimento do exequente.

§ 2º. O devedor será intimado para cumprir a sentença:

I – pelo Diário da Justiça, na pessoa de seu advogado constituído nos autos;

II – por carta com aviso de recebimento, quando representado pela Defensoria Pública ou quando não tiver procurador constituído nos autos, ressalvada a hipótese do inciso IV;

(*) Vide Enunciado 15 do CJF.

III – por meio eletrônico, quando, no caso do § 1º do art. 246, não tiver procurador constituído nos autos;

IV – por edital, quando, citado na forma do art. 256, tiver sido revel na fase de conhecimento.

§ 3º. Na hipótese do § 2º, incisos II e III, considera-se realizada a intimação quando o devedor houver mudado de endereço sem prévia comunicação ao juízo, observado o disposto no parágrafo único do art. 274.

§ 4º. Se o requerimento a que alude o § 1º for formulado após 1 (um) ano do trânsito em julgado da sentença, a intimação será feita na pessoa do devedor, por meio de carta com aviso de recebimento encaminhada ao endereço constante dos autos, observado o disposto no parágrafo único do art. 274 e no § 3º deste artigo.

§ 5º. O cumprimento da sentença não poderá ser promovido em face do fiador, do coobrigado ou do corresponsável que não tiver participado da fase de conhecimento.

(*) Vide Enunciado 485 do FPPC.

Art. 514. Quando o juiz decidir relação jurídica sujeita a condição ou termo, o cumprimento da sentença dependerá de demonstração de que se realizou a condição ou de que ocorreu o termo.

(*) V. arts. 798, I, "c"; 803, III; e 917, § 2º, V, do CPC.

Art. 515. São títulos executivos judiciais, cujo cumprimento dar-se-á de acordo com os artigos previstos neste Título:

(*) Vide Enunciado 87 do CJF.

I – as decisões proferidas no processo civil que reconheçam a exigibilidade de obrigação de pagar quantia, de fazer, de não fazer ou de entregar coisa;

(*) Vide Enunciado 642 do FPPC.

II – a decisão homologatória de autocomposição judicial;

III – a decisão homologatória de autocomposição extrajudicial de qualquer natureza;

IV – o formal e a certidão de partilha, exclusivamente em relação ao inventariante, aos herdeiros e aos sucessores a título singular ou universal;

V – o crédito de auxiliar da justiça, quando as custas, emolumentos ou honorários tiverem sido aprovados por decisão judicial;

(*) Vide Enunciado 527 do FPPC.

VI – a sentença penal condenatória transitada em julgado;

VII – a sentença arbitral;

VIII – a sentença estrangeira homologada pelo Superior Tribunal de Justiça;

IX – a decisão interlocutória estrangeira, após a concessão do *exequatur* à carta rogatória pelo Superior Tribunal de Justiça;

(*) Vide Enunciado 440 do FPPC.

X – (vetado).

§ 1º. Nos casos dos incisos VI a IX, o devedor será citado no juízo cível para o cumprimento da sentença ou para a liquidação no prazo de 15 (quinze) dias.

(*) Vide Enunciado 85 do CJF.

§ 2º. A autocomposição judicial pode envolver sujeito estranho ao processo e versar sobre relação jurídica que não tenha sido deduzida em juízo.

Art. 516. O cumprimento da sentença efetuar-se-á perante:

I – os tribunais, nas causas de sua competência originária;

II – o juízo que decidiu a causa no primeiro grau de jurisdição;

III – o juízo cível competente, quando se tratar de sentença penal condenatória, de sentença arbitral, de sentença estrangeira ou de acórdão proferido pelo Tribunal Marítimo.

(*) Vide Enunciado 440 do FPPC.

Parágrafo único. Nas hipóteses dos incisos II e III, o exequente poderá optar pelo juízo do atual domicílio do executado, pelo juízo do local onde se encontrem os bens sujeitos à execução ou pelo juízo do local onde deva ser executada a obrigação de fazer ou de não fazer, casos em que a remes-

LIVRO I – DO PROCESSO DE CONHECIMENTO E DO CUMPRIMENTO (...) ART. 520

sa dos autos do processo será solicitada ao juízo de origem.

Art. 517. A decisão judicial transitada em julgado poderá ser levada a protesto, nos termos da lei, depois de transcorrido o prazo para pagamento voluntário previsto no art. 523.

(*) V. art. 528, § 1º, do CPC.

§ 1º. Para efetivar o protesto, incumbe ao exequente apresentar certidão de teor da decisão.

§ 2º. A certidão de teor da decisão deverá ser fornecida no prazo de 3 (três) dias e indicará o nome e a qualificação do exequente e do executado, o número do processo, o valor da dívida e a data de decurso do prazo para pagamento voluntário.

§ 3º. O executado que tiver proposto ação rescisória para impugnar a decisão exequenda pode requerer, a suas expensas e sob sua responsabilidade, a anotação da propositura da ação à margem do título protestado.

(*) Vide Enunciado 679 do FPPC.

§ 4º. A requerimento do executado, o protesto será cancelado por determinação do juiz, mediante ofício a ser expedido ao cartório, no prazo de 3 (três) dias, contado da data de protocolo do requerimento, desde que comprovada a satisfação integral da obrigação.

(*) Vide Enunciado 538 do FPPC.

Art. 518. Todas as questões relativas à validade do procedimento de cumprimento da sentença e dos atos executivos subsequentes poderão ser arguidas pelo executado nos próprios autos e nestes serão decididas pelo juiz.

(*) Vide Enunciado 93 do CJF.

Art. 519. Aplicam-se as disposições relativas ao cumprimento da sentença, provisório ou definitivo, e à liquidação, no que couber, às decisões que concederem tutela provisória.

Capítulo II
DO CUMPRIMENTO PROVISÓRIO DA SENTENÇA QUE RECONHECE A EXIGIBILIDADE DE OBRIGAÇÃO DE PAGAR QUANTIA CERTA

Art. 520. O cumprimento provisório da sentença impugnada por recurso desprovido de efeito suspensivo será realizado da mesma forma que o cumprimento definitivo, sujeitando-se ao seguinte regime:

I – corre por iniciativa e responsabilidade do exequente, que se obriga, se a sentença for reformada, a reparar os danos que o executado haja sofrido;

(*) Vide Enunciado 490 do FPPC.

II – fica sem efeito, sobrevindo decisão que modifique ou anule a sentença objeto da execução, restituindo-se as partes ao estado anterior e liquidando-se eventuais prejuízos nos mesmos autos;

III – se a sentença objeto de cumprimento provisório for modificada ou anulada apenas em parte, somente nesta ficará sem efeito a execução;

IV – o levantamento de depósito em dinheiro e a prática de atos que importem transferência de posse ou alienação de propriedade ou de outro direito real, ou dos quais possa resultar grave dano ao executado, dependem de caução suficiente e idônea, arbitrada de plano pelo juiz e prestada nos próprios autos.

(*) V. art. 521 do CPC.
(*) Vide Enunciados 262, 497 e 697 do FPPC.
(*) Vide Enunciados 88 e 136 do CJF.

§ 1º. No cumprimento provisório da sentença, o executado poderá apresentar impugnação, se quiser, nos termos do art. 525.

§ 2º. A multa e os honorários a que se refere o § 1º do art. 523 são devidos no cumprimento provisório de sentença condenatória ao pagamento de quantia certa.

(*) Vide Enunciado 528 do FPPC.

§ 3º. Se o executado comparecer tempestivamente e depositar o valor, com a finalidade de isentar-se da multa, o ato não será havido como incompatível com o recurso por ele interposto.

§ 4º. A restituição ao estado anterior a que se refere o inciso II não implica o desfazimento da transferência de posse ou da alienação de propriedade ou de outro direito real eventualmente já realizada, ressalvado, sempre, o direito à reparação dos prejuízos causados ao executado.

§ 5º. Ao cumprimento provisório de sentença que reconheça obrigação de fazer, de não fazer ou de dar coisa aplica-se, no que couber, o disposto neste Capítulo.

Art. 521. A caução prevista no inciso IV do art. 520 poderá ser dispensada nos casos em que:

(*) Vide Enunciados 262 e 498 do FPPC.

I – o crédito for de natureza alimentar, independentemente de sua origem;

II – o credor demonstrar situação de necessidade;

III – pender o agravo do art. 1.042;

(*) Inciso III com redação dada pela Lei nº 13.256/2016.

IV – a sentença a ser provisoriamente cumprida estiver em consonância com súmula da jurisprudência do Supremo Tribunal Federal ou do Superior Tribunal de Justiça ou em conformidade com acórdão proferido no julgamento de casos repetitivos.

Parágrafo único. A exigência de caução será mantida quando da dispensa possa resultar manifesto risco de grave dano de difícil ou incerta reparação.

Art. 522. O cumprimento provisório da sentença será requerido por petição dirigida ao juízo competente.

Parágrafo único. Não sendo eletrônicos os autos, a petição será acompanhada de cópias das seguintes peças do processo, cuja autenticidade poderá ser certificada pelo próprio advogado, sob sua responsabilidade pessoal:

I – decisão exequenda;

II – certidão de interposição do recurso não dotado de efeito suspensivo;

III – procurações outorgadas pelas partes;

IV – decisão de habilitação, se for o caso;

V – facultativamente, outras peças processuais consideradas necessárias para demonstrar a existência do crédito.

Capítulo III
DO CUMPRIMENTO DEFINITIVO DA SENTENÇA QUE RECONHECE A EXIGIBILIDADE DE OBRIGAÇÃO DE PAGAR QUANTIA CERTA

Art. 523. No caso de condenação em quantia certa, ou já fixada em liquidação, e no caso de decisão sobre parcela incontroversa, o cumprimento definitivo da sentença far-se-á a requerimento do exequente, sendo o executado intimado para pagar o débito, no prazo de 15 (quinze) dias, acrescido de custas, se houver.

(*) V. arts. 517 e 525 do CPC.

(*) Vide Enunciados 529 e 642 do FPPC.

(*) Vide Enunciados 89 e 92 do CJF.

§ 1º. Não ocorrendo pagamento voluntário no prazo do *caput*, o débito será acrescido de multa de dez por cento e, também, de honorários de advogado de dez por cento.

(*) V. arts. 77; § 4º, 520, § 2º; e 534 do CPC.
(*) Vide Enunciado 528 do FPPC.
(*) Vide Súmulas 517 e 519 do STJ.

§ 2º. Efetuado o pagamento parcial no prazo previsto no *caput*, a multa e os honorários previstos no § 1º incidirão sobre o restante.

(*) Vide Enunciado 450 do FPPC.

§ 3º. Não efetuado tempestivamente o pagamento voluntário, será expedido, desde logo, mandado de penhora e avaliação, seguindo-se os atos de expropriação.

(*) V. art. 831 ss. do CPC.
(*) Vide Enunciado 12 do FPPC.

Art. 524. O requerimento previsto no art. 523 será instruído com demonstrativo discriminado e atualizado do crédito, devendo a petição conter:

(*) Vide Enunciado 590 do FPPC.
(*) Vide Enunciado 91 do CJF.

I – o nome completo, o número de inscrição no Cadastro de Pessoas Físicas ou no Cadastro Nacional da Pessoa Jurídica do exequente e do executado, observado o disposto no art. 319, §§ 1º a 3º;

II – o índice de correção monetária adotado;

III – os juros aplicados e as respectivas taxas;

IV – o termo inicial e o termo final dos juros e da correção monetária utilizados;

V – a periodicidade da capitalização dos juros, se for o caso;

VI – especificação dos eventuais descontos obrigatórios realizados;

VII – indicação dos bens passíveis de penhora, sempre que possível.

§ 1º. Quando o valor apontado no demonstrativo aparentemente exceder os limites da condenação, a execução será iniciada pelo valor pretendido, mas a penhora terá por base a importância que o juiz entender adequada.

§ 2º. Para a verificação dos cálculos, o juiz poderá valer-se de contabilista do juízo, que terá o prazo máximo de 30 (trinta) dias para efetuá-la, exceto se outro lhe for determinado.

§ 3º. Quando a elaboração do demonstrativo depender de dados em poder de terceiros ou do executado, o juiz poderá requisitá-los, sob cominação do crime de desobediência.

§ 4º. Quando a complementação do demonstrativo depender de dados adicionais em poder do executado, o juiz poderá, a requerimento do exequente, requisitá-los, fixando prazo de até 30 (trinta) dias para o cumprimento da diligência.

§ 5º. Se os dados adicionais a que se refere o § 4º não forem apresentados pelo executado, sem justificativa, no prazo designado, reputar-se-ão corretos os cálculos apresentados pelo exequente apenas com base nos dados de que dispõe.

Art. 525. Transcorrido o prazo previsto no art. 523 sem o pagamento voluntário, inicia-se o prazo de 15 (quinze) dias para que o executado, independentemente de penhora ou nova intimação, apresente, nos próprios autos, sua impugnação.

(*) V. art. 520, § 1º, do CPC.
(*) Vide Enunciados 529, 545 e 586 do FPPC.
(*) Vide Enunciados 90 e 93 do CJF.

§ 1º. Na impugnação, o executado poderá alegar:

ART. 525

I – falta ou nulidade da citação se, na fase de conhecimento, o processo correu à revelia;

II – ilegitimidade de parte;

III – inexequibilidade do título ou inexigibilidade da obrigação;

IV – penhora incorreta ou avaliação errônea;

V – excesso de execução ou cumulação indevida de execuções;

(*) V. art. 917, § 2º, do CPC.

VI – incompetência absoluta ou relativa do juízo da execução;

VII – qualquer causa modificativa ou extintiva da obrigação, como pagamento, novação, compensação, transação ou prescrição, desde que supervenientes à sentença.

(*) Vide Enunciados 56 e 57 do FPPC.

§ 2º. A alegação de impedimento ou suspeição observará o disposto nos arts. 146 e 148.

§ 3º. Aplica-se à impugnação o disposto no art. 229.

§ 4º. Quando o executado alegar que o exequente, em excesso de execução, pleiteia quantia superior à resultante da sentença, cumprir-lhe-á declarar de imediato o valor que entende correto, apresentando demonstrativo discriminado e atualizado de seu cálculo.

(*) Vide Enunciados 590 e 719 do FPPC.

§ 5º. Na hipótese do § 4º, não apontado o valor correto ou não apresentado o demonstrativo, a impugnação será liminarmente rejeitada, se o excesso de execução for o seu único fundamento, ou, se houver outro, a impugnação será processada, mas o juiz não examinará a alegação de excesso de execução.

(*) Vide Enunciado 55 da ENFAM.

(*) Vide Enunciados 94 e 95 do CJF.

§ 6º. A apresentação de impugnação não impede a prática dos atos executivos, inclusive os de expropriação, podendo o juiz, a requerimento do executado e desde que garantido o juízo com penhora, caução ou depósito suficientes, atribuir-lhe efeito suspensivo, se seus fundamentos forem relevantes e se o prosseguimento da execução for manifestamente suscetível de causar ao executado grave dano de difícil ou incerta reparação.

(*) V. art. 831 ss. do CPC.

(*) Vide Enunciados 531, 546, 547 e 681 do FPPC.

§ 7º. A concessão de efeito suspensivo a que se refere o § 6º não impedirá a efetivação dos atos de substituição, de reforço ou de redução da penhora e de avaliação dos bens.

§ 8º. Quando o efeito suspensivo atribuído à impugnação disser respeito apenas a parte do objeto da execução, esta prosseguirá quanto à parte restante.

(*) Vide Enunciado 547 do FPPC.

§ 9º. A concessão de efeito suspensivo à impugnação deduzida por um dos executados não suspenderá a execução contra os que não impugnaram, quando o respectivo fundamento disser respeito exclusivamente ao impugnante.

§ 10. Ainda que atribuído efeito suspensivo à impugnação, é lícito ao exequente requerer o prosseguimento da execução, oferecendo e prestando, nos próprios autos, caução suficiente e idônea a ser arbitrada pelo juiz.

§ 11. As questões relativas a fato superveniente ao término do prazo para apresentação da impugnação, assim como aquelas relativas à validade e à adequação da penhora, da avaliação e dos atos executivos sub-

LIVRO I – DO PROCESSO DE CONHECIMENTO E DO CUMPRIMENTO (...) ART. 528

sequentes, podem ser arguidas por simples petição, tendo o executado, em qualquer dos casos, o prazo de 15 (quinze) dias para formular esta arguição, contado da comprovada ciência do fato ou da intimação do ato.

(*) Vide Enunciado 531 do FPPC.

§ 12. Para efeito do disposto no inciso III do § 1º deste artigo, considera-se também inexigível a obrigação reconhecida em título executivo judicial fundado em lei ou ato normativo considerado inconstitucional pelo Supremo Tribunal Federal, ou fundado em aplicação ou interpretação da lei ou do ato normativo tido pelo Supremo Tribunal Federal como incompatível com a Constituição Federal, em controle de constitucionalidade concentrado ou difuso.

(*) Vide Enunciado 58 do FPPC.

§ 13. No caso do § 12, os efeitos da decisão do Supremo Tribunal Federal poderão ser modulados no tempo, em atenção à segurança jurídica.

(*) Vide Enunciados 58 e 176 do FPPC.

§ 14. A decisão do Supremo Tribunal Federal referida no § 12 deve ser anterior ao trânsito em julgado da decisão exequenda.

(*) V. art. 1.057 do CPC.

§ 15. Se a decisão referida no § 12 for proferida após o trânsito em julgado da decisão exequenda, caberá ação rescisória, cujo prazo será contado do trânsito em julgado da decisão proferida pelo Supremo Tribunal Federal.

(*) V. arts. 966 e 1.057 do CPC.

Art. 526. É lícito ao réu, antes de ser intimado para o cumprimento da sentença, comparecer em juízo e oferecer em pagamento o valor que entender devido, apresentando memória discriminada do cálculo.

§ 1º. O autor será ouvido no prazo de 5 (cinco) dias, podendo impugnar o valor depositado, sem prejuízo do levantamento do depósito a título de parcela incontroversa.

§ 2º. Concluindo o juiz pela insuficiência do depósito, sobre a diferença incidirão multa de dez por cento e honorários advocatícios, também fixados em dez por cento, seguindo-se a execução com penhora e atos subsequentes.

(*) V. art. 85, §§ 1º e 2º, do CPC.

§ 3º. Se o autor não se opuser, o juiz declarará satisfeita a obrigação e extinguirá o processo.

(*) V. art. 924, II, do CPC.

Art. 527. Aplicam-se as disposições deste Capítulo ao cumprimento provisório da sentença, no que couber.

Capítulo IV
DO CUMPRIMENTO DE SENTENÇA QUE RECONHEÇA A EXIGIBILIDADE DE OBRIGAÇÃO DE PRESTAR ALIMENTOS

Art. 528. No cumprimento de sentença que condene ao pagamento de prestação alimentícia ou de decisão interlocutória que fixe alimentos, o juiz, a requerimento do exequente, mandará intimar o executado pessoalmente para, em 3 (três) dias, pagar o débito, provar que o fez ou justificar a impossibilidade de efetuá-lo.

(*) V. arts. 531 e 911 do CPC.
(*) Vide Enunciado 146 do CJF.

§ 1º. Caso o executado, no prazo referido no *caput*, não efetue o pagamento, não prove que o efetuou ou não apresente justificativa da impossibilidade de efetuá-lo, o juiz mandará protestar o pronunciamento judicial, aplicando-se, no que couber, o disposto no art. 517.

§ 2º. Somente a comprovação de fato que gere a impossibilidade absoluta de pagar justificará o inadimplemento.

§ 3º. Se o executado não pagar ou se a justificativa apresentada não for aceita, o juiz, além de mandar protestar o pronunciamento judicial na forma do § 1º, decretar-lhe-á a prisão pelo prazo de 1 (um) a 3 (três) meses.

§ 4º. A prisão será cumprida em regime fechado, devendo o preso ficar separado dos presos comuns.

§ 5º. O cumprimento da pena não exime o executado do pagamento das prestações vencidas e vincendas.

§ 6º. Paga a prestação alimentícia, o juiz suspenderá o cumprimento da ordem de prisão.

§ 7º. O débito alimentar que autoriza a prisão civil do alimentante é o que compreende até as 3 (três) prestações anteriores ao ajuizamento da execução e as que se vencerem no curso do processo.

(*) Vide Enunciado 147 do CJF.

§ 8º. O exequente pode optar por promover o cumprimento da sentença ou decisão desde logo, nos termos do disposto neste Livro, Título II, Capítulo III, caso em que não será admissível a prisão do executado, e, recaindo a penhora em dinheiro, a concessão de efeito suspensivo à impugnação não obsta a que o exequente levante mensalmente a importância da prestação.

(*) V. art. 833, § 2º, do CPC.
(*) Vide Enunciado 587 do FPPC.

§ 9º. Além das opções previstas no art. 516, parágrafo único, o exequente pode promover o cumprimento da sentença ou decisão que condena ao pagamento de prestação alimentícia no juízo de seu domicílio.

Art. 529. Quando o executado for funcionário público, militar, diretor ou gerente de empresa ou empregado sujeito à legislação do trabalho, o exequente poderá requerer o desconto em folha de pagamento da importância da prestação alimentícia.

(*) V. arts. 833, IV, § 2º; e 912 CPC.

§ 1º. Ao proferir a decisão, o juiz oficiará à autoridade, à empresa ou ao empregador, determinando, sob pena de crime de desobediência, o desconto a partir da primeira remuneração posterior do executado, a contar do protocolo do ofício.

§ 2º. O ofício conterá o nome e o número de inscrição no Cadastro de Pessoas Físicas do exequente e do executado, a importância a ser descontada mensalmente, o tempo de sua duração e a conta na qual deve ser feito o depósito.

§ 3º. Sem prejuízo do pagamento dos alimentos vincendos, o débito objeto de execução pode ser descontado dos rendimentos ou rendas do executado, de forma parcelada, nos termos do *caput* deste artigo, contanto que, somado à parcela devida, não ultrapasse cinquenta por cento de seus ganhos líquidos.

(*) V. art. 833, § 2º, do CPC.
(*) Vide Enunciado 587 do FPPC.

Art. 530. Não cumprida a obrigação, observar-se-á o disposto nos arts. 831 e seguintes.

(*) Vide Súmula 144 do STJ.

Art. 531. O disposto neste Capítulo aplica-se aos alimentos definitivos ou provisórios.

LIVRO I – DO PROCESSO DE CONHECIMENTO E DO CUMPRIMENTO (...)

§ 1º. A execução dos alimentos provisórios, bem como a dos alimentos fixados em sentença ainda não transitada em julgado, se processa em autos apartados.

§ 2º. O cumprimento definitivo da obrigação de prestar alimentos será processado nos mesmos autos em que tenha sido proferida a sentença.

Art. 532. Verificada a conduta procrastinatória do executado, o juiz deverá, se for o caso, dar ciência ao Ministério Público dos indícios da prática do crime de abandono material.

Art. 533. Quando a indenização por ato ilícito incluir prestação de alimentos, caberá ao executado, a requerimento do exequente, constituir capital cuja renda assegure o pagamento do valor mensal da pensão.

§ 1º. O capital a que se refere o *caput*, representado por imóveis ou por direitos reais sobre imóveis suscetíveis de alienação, títulos da dívida pública ou aplicações financeiras em banco oficial, será inalienável e impenhorável enquanto durar a obrigação do executado, além de constituir-se em patrimônio de afetação.

§ 2º. O juiz poderá substituir a constituição do capital pela inclusão do exequente em folha de pagamento de pessoa jurídica de notória capacidade econômica ou, a requerimento do executado, por fiança bancária ou garantia real, em valor a ser arbitrado de imediato pelo juiz.

§ 3º. Se sobrevier modificação nas condições econômicas, poderá a parte requerer, conforme as circunstâncias, redução ou aumento da prestação.

§ 4º. A prestação alimentícia poderá ser fixada tomando por base o salário-mínimo.

§ 5º. Finda a obrigação de prestar alimentos, o juiz mandará liberar o capital, cessar o desconto em folha ou cancelar as garantias prestadas.

Capítulo V
DO CUMPRIMENTO DE SENTENÇA QUE RECONHEÇA A EXIGIBILIDADE DE OBRIGAÇÃO DE PAGAR QUANTIA CERTA PELA FAZENDA PÚBLICA

Art. 534. No cumprimento de sentença que impuser à Fazenda Pública o dever de pagar quantia certa, o exequente apresentará demonstrativo discriminado e atualizado do crédito contendo:

(*) V. arts. 496 e 910 do CPC.
(*) Vide Súmula 339 do STJ.

I – o nome completo e o número de inscrição no Cadastro de Pessoas Físicas ou no Cadastro Nacional da Pessoa Jurídica do exequente;

II – o índice de correção monetária adotado;

III – os juros aplicados e as respectivas taxas;

IV – o termo inicial e o termo final dos juros e da correção monetária utilizados;

V – a periodicidade da capitalização dos juros, se for o caso;

VI – a especificação dos eventuais descontos obrigatórios realizados.

§ 1º. Havendo pluralidade de exequentes, cada um deverá apresentar o seu próprio demonstrativo, aplicando-se à hipótese, se for o caso, o disposto nos §§ 1º e 2º do art. 113.

ART. 535

§ 2º. A multa prevista no § 1º do art. 523 não se aplica à Fazenda Pública.

Art. 535. A Fazenda Pública será intimada na pessoa de seu representante judicial, por carga, remessa ou meio eletrônico, para, querendo, no prazo de 30 (trinta) dias e nos próprios autos, impugnar a execução, podendo arguir:

I – falta ou nulidade da citação se, na fase de conhecimento, o processo correu à revelia;

II – ilegitimidade de parte;

III – inexequibilidade do título ou inexigibilidade da obrigação;

IV – excesso de execução ou cumulação indevida de execuções;

V – incompetência absoluta ou relativa do juízo da execução;

(*) V. art. 64, § 1º, do CPC.

VI – qualquer causa modificativa ou extintiva da obrigação, como pagamento, novação, compensação, transação ou prescrição, desde que supervenientes ao trânsito em julgado da sentença.

(*) Vide Enunciado 57 do FPPC.

§ 1º. A alegação de impedimento ou suspeição observará o disposto nos arts. 146 e 148.

§ 2º. Quando se alegar que o exequente, em excesso de execução, pleiteia quantia superior à resultante do título, cumprirá à executada declarar de imediato o valor que entende correto, sob pena de não conhecimento da arguição.

(*) Vide Enunciado 719 do FPPC.

(*) Vide Enunciado 55 da ENFAM.

§ 3º. Não impugnada a execução ou rejeitadas as arguições da executada:

(*) Vide Enunciado 532 do FPPC.

I – expedir-se-á, por intermédio do presidente do tribunal competente, precatório em favor do exequente, observando-se o disposto na Constituição Federal;

II – por ordem do juiz, dirigida à autoridade na pessoa de quem o ente público foi citado para o processo, o pagamento de obrigação de pequeno valor será realizado no prazo de 2 (dois) meses contado da entrega da requisição, mediante depósito na agência de banco oficial mais próxima da residência do exequente.

(*) Vide ADI 5534: "ACÓRDÃO: (...) acordam, em sessão virtual do Plenário de 11 a 18/12/20, por maioria, em julgar parcialmente procedente o pedido formulado na ação direta, declarando a constitucionalidade do art. 535, § 3º, inciso II, do Código de Processo Civil e conferindo interpretação conforme à Constituição ao art. 535, § 4º, do CPC, no sentido de que, para efeito de determinação do regime de pagamento do valor incontroverso, deve ser observado o valor total da condenação, conforme tese firmada no RE com repercussão geral nº 1.205.530 (Tema 28).".

§ 4º. Tratando-se de impugnação parcial, a parte não questionada pela executada será, desde logo, objeto de cumprimento.

§ 5º. Para efeito do disposto no inciso III do *caput* deste artigo, considera-se também inexigível a obrigação reconhecida em título executivo judicial fundado em lei ou ato normativo considerado inconstitucional pelo Supremo Tribunal Federal, ou fundado em aplicação ou interpretação da lei ou do ato normativo tido pelo Supremo Tribunal Federal como incompatível com a Constituição Federal, em controle de constitucionalidade concentrado ou difuso.

(*) Vide Enunciado 58 do FPPC.

§ 6º. No caso do § 5º, os efeitos da decisão do Supremo Tribunal Federal poderão ser modulados no tempo, de modo a favorecer a segurança jurídica.

(*) Vide Enunciado 58 do FPPC.

§ 7º. A decisão do Supremo Tribunal Federal referida no § 5º deve ter sido proferida antes do trânsito em julgado da decisão exequenda.

(*) V. art. 1.057 do CPC.

§ 8º. Se a decisão referida no § 5º for proferida após o trânsito em julgado da decisão exequenda, caberá ação rescisória, cujo prazo será contado do trânsito em julgado da decisão proferida pelo Supremo Tribunal Federal.

(*) V. art. 1.057 do CPC.

Capítulo VI
DO CUMPRIMENTO DE SENTENÇA QUE RECONHEÇA A EXIGIBILIDADE DE OBRIGAÇÃO DE FAZER, DE NÃO FAZER OU DE ENTREGAR COISA

Seção I
Do Cumprimento de Sentença que Reconheça a Exigibilidade de Obrigação de Fazer ou de Não Fazer

Art. 536. No cumprimento de sentença que reconheça a exigibilidade de obrigação de fazer ou de não fazer, o juiz poderá, de ofício ou a requerimento, para a efetivação da tutela específica ou a obtenção de tutela pelo resultado prático equivalente, determinar as medidas necessárias à satisfação do exequente.

(*) V. arts. 497 a 501 e 814 a 823 do CPC.
(*) Vide Enunciado 12 do FPPC.

§ 1º. Para atender ao disposto no *caput*, o juiz poderá determinar, entre outras medidas, a imposição de multa, a busca e apreensão, a remoção de pessoas e coisas, o desfazimento de obras e o impedimento de atividade nociva, podendo, caso necessário, requisitar o auxílio de força policial.

(*) V. art. 77, § 4º, do CPC.

§ 2º. O mandado de busca e apreensão de pessoas e coisas será cumprido por 2 (dois) oficiais de justiça, observando-se o disposto no art. 846, §§ 1º a 4º, se houver necessidade de arrombamento.

§ 3º. O executado incidirá nas penas de litigância de má-fé quando injustificadamente descumprir a ordem judicial, sem prejuízo de sua responsabilização por crime de desobediência.

(*) Vide Enunciado 533 do FPPC.

§ 4º. No cumprimento de sentença que reconheça a exigibilidade de obrigação de fazer ou de não fazer, aplica-se o art. 525, no que couber.

§ 5º. O disposto neste artigo aplica-se, no que couber, ao cumprimento de sentença que reconheça deveres de fazer e de não fazer de natureza não obrigacional.

(*) Vide Enunciados 441 e 442 do FPPC.

Art. 537. A multa independe de requerimento da parte e poderá ser aplicada na fase de conhecimento, em tutela provisória ou na sentença, ou na fase de execução, desde que seja suficiente e compatível com a obrigação e que se determine prazo razoável para cumprimento do preceito.

(*) V. art. 500 do CPC.
(*) Vide Enunciado 526 do FPPC.
(*) Vide Enunciado 96 do CJF.
(*) Vide Súmula 410 do STJ.

§ 1º. O juiz poderá, de ofício ou a requerimento, modificar o valor ou a periodicidade da multa vincenda ou excluí-la, caso verifique que:

I – se tornou insuficiente ou excessiva;

II – o obrigado demonstrou cumprimento parcial superveniente da obrigação ou justa causa para o descumprimento.

§ 2º. O valor da multa será devido ao exequente.

§ 3º. A decisão que fixa a multa é passível de cumprimento provisório, devendo ser depositada em juízo, permitido o levantamento do valor após o trânsito em julgado da sentença favorável à parte.

(*) § 3º com redação dada pela Lei nº 13.256/2016.

(*) V. art. 8º do CPC.

(*) Vide Enunciados 526 e 627 do FPPC.

§ 4º. A multa será devida desde o dia em que se configurar o descumprimento da decisão e incidirá enquanto não for cumprida a decisão que a tiver cominado.

(*) V. art. 8º do CPC.

§ 5º. O disposto neste artigo aplica-se, no que couber, ao cumprimento de sentença que reconheça deveres de fazer e de não fazer de natureza não obrigacional.

(*) Vide Enunciados 441 e 442 do FPPC.

Seção II
Do Cumprimento de Sentença que Reconheça a Exigibilidade de Obrigação de Entregar Coisa

Art. 538. Não cumprida a obrigação de entregar coisa no prazo estabelecido na sentença, será expedido mandado de busca e apreensão ou de imissão na posse em favor do credor, conforme se tratar de coisa móvel ou imóvel.

§ 1º. A existência de benfeitorias deve ser alegada na fase de conhecimento, em contestação, de forma discriminada e com atribuição, sempre que possível e justificadamente, do respectivo valor.

§ 2º. O direito de retenção por benfeitorias deve ser exercido na contestação, na fase de conhecimento.

§ 3º. Aplicam-se ao procedimento previsto neste artigo, no que couber, as disposições sobre o cumprimento de obrigação de fazer ou de não fazer.

(*) V. arts. 536 e 537 do CPC.

TÍTULO III
DOS PROCEDIMENTOS ESPECIAIS

Capítulo I
DA AÇÃO DE CONSIGNAÇÃO EM PAGAMENTO

Art. 539. Nos casos previstos em lei, poderá o devedor ou terceiro requerer, com efeito de pagamento, a consignação da quantia ou da coisa devida.

§ 1º. Tratando-se de obrigação em dinheiro, poderá o valor ser depositado em estabelecimento bancário, oficial onde houver, situado no lugar do pagamento, cientificando-se o credor por carta com aviso de recebimento, assinado o prazo de 10 (dez) dias para a manifestação de recusa.

§ 2º. Decorrido o prazo do § 1º, contado do retorno do aviso de recebimento, sem a manifestação de recusa, considerar-se-á o devedor liberado da obrigação, ficando à disposição do credor a quantia depositada.

LIVRO I – DO PROCESSO DE CONHECIMENTO E DO CUMPRIMENTO (...) ART. 546

§ 3º. Ocorrendo a recusa, manifestada por escrito ao estabelecimento bancário, poderá ser proposta, dentro de 1 (um) mês, a ação de consignação, instruindo-se a inicial com a prova do depósito e da recusa.

(*) V. art. 542, I, do CPC.

§ 4º. Não proposta a ação no prazo do § 3º, ficará sem efeito o depósito, podendo levantá-lo o depositante.

Art. 540. Requerer-se-á a consignação no lugar do pagamento, cessando para o devedor, à data do depósito, os juros e os riscos, salvo se a demanda for julgada improcedente.

(*) V. art. 53, III, "d", do CPC.
(*) Vide Enunciado 59 do FPPC.

Art. 541. Tratando-se de prestações sucessivas, consignada uma delas, pode o devedor continuar a depositar, no mesmo processo e sem mais formalidades, as que se forem vencendo, desde que o faça em até 5 (cinco) dias contados da data do respectivo vencimento.

(*) V. art. 323 do CPC.
(*) Vide Enunciado 60 do FPPC.

Art. 542. Na petição inicial, o autor requererá:

(*) V. art. 292, § 1º, do CPC.

I – o depósito da quantia ou da coisa devida, a ser efetivado no prazo de 5 (cinco) dias contados do deferimento, ressalvada a hipótese do art. 539, § 3º;

II – a citação do réu para levantar o depósito ou oferecer contestação.

Parágrafo único. Não realizado o depósito no prazo do inciso I, o processo será extinto sem resolução do mérito.

Art. 543. Se o objeto da prestação for coisa indeterminada e a escolha couber ao credor, será este citado para exercer o direito dentro de 5 (cinco) dias, se outro prazo não constar de lei ou do contrato, ou para aceitar que o devedor a faça, devendo o juiz, ao despachar a petição inicial, fixar lugar, dia e hora em que se fará a entrega, sob pena de depósito.

Art. 544. Na contestação, o réu poderá alegar que:

I – não houve recusa ou mora em receber a quantia ou a coisa devida;

II – foi justa a recusa;

III – o depósito não se efetuou no prazo ou no lugar do pagamento;

IV – o depósito não é integral.

Parágrafo único. No caso do inciso IV, a alegação somente será admissível se o réu indicar o montante que entende devido.

Art. 545. Alegada a insuficiência do depósito, é lícito ao autor completá-lo, em 10 (dez) dias, salvo se corresponder a prestação cujo inadimplemento acarrete a rescisão do contrato.

§ 1º. No caso do *caput*, poderá o réu levantar, desde logo, a quantia ou a coisa depositada, com a consequente liberação parcial do autor, prosseguindo o processo quanto à parcela controvertida.

(*) Vide Enunciado 61 do FPPC.

§ 2º. A sentença que concluir pela insuficiência do depósito determinará, sempre que possível, o montante devido e valerá como título executivo, facultado ao credor promover-lhe o cumprimento nos mesmos autos, após liquidação, se necessária.

Art. 546. Julgado procedente o pedido, o juiz declarará extinta a obrigação e condenará o réu ao pagamento de custas e honorários advocatícios.

Parágrafo único. Proceder-se-á do mesmo modo se o credor receber e der quitação.

Art. 547. Se ocorrer dúvida sobre quem deva legitimamente receber o pagamento, o autor requererá o depósito e a citação dos possíveis titulares do crédito para provarem o seu direito.

Art. 548. No caso do art. 547:

I – não comparecendo pretendente algum, converter-se-á o depósito em arrecadação de coisas vagas;

(*) V. art. 746 do CPC.

II – comparecendo apenas um, o juiz decidirá de plano;

III – comparecendo mais de um, o juiz declarará efetuado o depósito e extinta a obrigação, continuando o processo a correr unicamente entre os presuntivos credores, observado o procedimento comum.

(*) Vide Enunciados 62, 534 e 535 do FPPC.

Art. 549. Aplica-se o procedimento estabelecido neste Capítulo, no que couber, ao resgate do aforamento.

Capítulo II
DA AÇÃO DE EXIGIR CONTAS

Art. 550. Aquele que afirmar ser titular do direito de exigir contas requererá a citação do réu para que as preste ou ofereça contestação no prazo de 15 (quinze) dias.

(*) Vide Súmula 259 do STJ.

§ 1º. Na petição inicial, o autor especificará, detalhadamente, as razões pelas quais exige as contas, instruindo-a com documentos comprobatórios dessa necessidade, se existirem.

§ 2º. Prestadas as contas, o autor terá 15 (quinze) dias para se manifestar, prosseguindo-se o processo na forma do Capítulo X do Título I deste Livro♦.

♦ Título I, Capítulo X: "Do Julgamento Conforme o Estado do Processo" (arts. 354 a 357 do CPC).

§ 3º. A impugnação das contas apresentadas pelo réu deverá ser fundamentada e específica, com referência expressa ao lançamento questionado.

§ 4º. Se o réu não contestar o pedido, observar-se-á o disposto no art. 355.

§ 5º. A decisão que julgar procedente o pedido condenará o réu a prestar as contas no prazo de 15 (quinze) dias, sob pena de não lhe ser lícito impugnar as que o autor apresentar.

(*) V. arts. 551, § 2º; e 1.015, II, do CPC.
(*) Vide Enunciado 177 do FPPC.

§ 6º. Se o réu apresentar as contas no prazo previsto no § 5º, seguir-se-á o procedimento do § 2º, caso contrário, o autor apresentá-las-á no prazo de 15 (quinze) dias, podendo o juiz determinar a realização de exame pericial, se necessário.

Art. 551. As contas do réu serão apresentadas na forma adequada, especificando-se as receitas, a aplicação das despesas e os investimentos, se houver.

§ 1º. Havendo impugnação específica e fundamentada pelo autor, o juiz estabelecerá prazo razoável para que o réu apresente os documentos justificativos dos lançamentos individualmente impugnados.

LIVRO I – DO PROCESSO DE CONHECIMENTO E DO CUMPRIMENTO (...) **ART. 556**

§ 2º. As contas do autor, para os fins do art. 550, § 5º, serão apresentadas na forma adequada, já instruídas com os documentos justificativos, especificando-se as receitas, a aplicação das despesas e os investimentos, se houver, bem como o respectivo saldo.

Art. 552. A sentença apurará o saldo e constituirá título executivo judicial.

Art. 553. As contas do inventariante, do tutor, do curador, do depositário e de qualquer outro administrador serão prestadas em apenso aos autos do processo em que tiver sido nomeado.

(*) V. art. 161 do CPC.

Parágrafo único. Se qualquer dos referidos no *caput* for condenado a pagar o saldo e não o fizer no prazo legal, o juiz poderá destituí-lo, sequestrar os bens sob sua guarda, glosar o prêmio ou a gratificação a que teria direito e determinar as medidas executivas necessárias à recomposição do prejuízo.

Capítulo III
DAS AÇÕES POSSESSÓRIAS

Seção I
Disposições Gerais

(*) V. art. 47, § 2º, do CPC.
(*) Vide Súmula 637 do STJ.

Art. 554. A propositura de uma ação possessória em vez de outra não obstará a que o juiz conheça do pedido e outorgue a proteção legal correspondente àquela cujos pressupostos estejam provados.

(*) V. arts. 47, § 1º; e 73, § 2º, do CPC.
(*) Vide Enunciados 178 e 328 do FPPC.

§ 1º. No caso de ação possessória em que figure no polo passivo grande número de pessoas, serão feitas a citação pessoal dos ocupantes que forem encontrados no local e a citação por edital dos demais, determinando-se, ainda, a intimação do Ministério Público e, se envolver pessoas em situação de hipossuficiência econômica, da Defensoria Pública.

§ 2º. Para fim da citação pessoal prevista no § 1º, o oficial de justiça procurará os ocupantes no local por uma vez, citando-se por edital os que não forem encontrados.

§ 3º. O juiz deverá determinar que se dê ampla publicidade da existência da ação prevista no § 1º e dos respectivos prazos processuais, podendo, para tanto, valer-se de anúncios em jornal ou rádio locais, da publicação de cartazes na região do conflito e de outros meios.

(*) V. art. 301 do CPC.
(*) Vide Enunciados 63 e 620 do FPPC.

Art. 555. É lícito ao autor cumular ao pedido possessório o de:

I – condenação em perdas e danos;

II – indenização dos frutos.

Parágrafo único. Pode o autor requerer, ainda, imposição de medida necessária e adequada para:

I – evitar nova turbação ou esbulho;

II – cumprir-se a tutela provisória ou final.

Art. 556. É lícito ao réu, na contestação, alegando que foi o ofendido em sua posse, demandar a proteção possessória e a indenização pelos prejuízos resultantes da turbação ou do esbulho cometido pelo autor.

(*) Vide Enunciado 443 do FPPC.

Art. 557. Na pendência de ação possessória é vedado, tanto ao autor quanto ao réu, propor ação de reconhecimento do domínio, exceto se a pretensão for deduzida em face de terceira pessoa.

(*) Vide Enunciado 65 do FPPC.
(*) Vide Súmula 487 do STF.

Parágrafo único. Não obsta à manutenção ou à reintegração de posse a alegação de propriedade ou de outro direito sobre a coisa.

Art. 558. Regem o procedimento de manutenção e de reintegração de posse as normas da Seção II deste Capítulo• quando a ação for proposta dentro de ano e dia da turbação ou do esbulho afirmado na petição inicial.

♦ Seção II: "Da Manutenção e da Reintegração de Posse" (arts. 560 a 566 do CPC).

Parágrafo único. Passado o prazo referido no *caput*, será comum o procedimento, não perdendo, contudo, o caráter possessório.

Art. 559. Se o réu provar, em qualquer tempo, que o autor provisoriamente mantido ou reintegrado na posse carece de idoneidade financeira para, no caso de sucumbência, responder por perdas e danos, o juiz designar-lhe-á o prazo de 5 (cinco) dias para requerer caução, real ou fidejussória, sob pena de ser depositada a coisa litigiosa, ressalvada a impossibilidade da parte economicamente hipossuficiente.

(*) Vide Enunciados 179 e 180 do FPPC.

Seção II
Da Manutenção e da Reintegração de Posse

Art. 560. O possuidor tem direito a ser mantido na posse em caso de turbação e reintegrado em caso de esbulho.

Art. 561. Incumbe ao autor provar:

I – a sua posse;

(*) V. art. 373, I, do CPC.

II – a turbação ou o esbulho praticado pelo réu;

III – a data da turbação ou do esbulho;

IV – a continuação da posse, embora turbada, na ação de manutenção, ou a perda da posse, na ação de reintegração.

Art. 562. Estando a petição inicial devidamente instruída, o juiz deferirá, sem ouvir o réu, a expedição do mandado liminar de manutenção ou de reintegração, caso contrário, determinará que o autor justifique previamente o alegado, citando-se o réu para comparecer à audiência que for designada.

Parágrafo único. Contra as pessoas jurídicas de direito público não será deferida a manutenção ou a reintegração liminar sem prévia audiência dos respectivos representantes judiciais.

Art. 563. Considerada suficiente a justificação, o juiz fará logo expedir mandado de manutenção ou de reintegração.

Art. 564. Concedido ou não o mandado liminar de manutenção ou de reintegração, o autor promoverá, nos 5 (cinco) dias subsequentes, a citação do réu para, querendo, contestar a ação no prazo de 15 (quinze) dias.

Parágrafo único. Quando for ordenada a justificação prévia, o prazo para contestar será contado da intimação da decisão que deferir ou não a medida liminar.

Art. 565. No litígio coletivo pela posse de imóvel, quando o esbulho ou a turbação afirmado na petição inicial houver ocorrido há mais de ano e dia, o juiz, antes de apreciar o pedido de concessão da medida liminar, deverá designar audiência de mediação, a realizar-se em até 30 (trinta) dias, que observará o disposto nos §§ 2º e 4º.

(*) Vide Enunciados 66, 67 e 328 do FPPC.

§ 1º. Concedida a liminar, se essa não for executada no prazo de 1 (um) ano, a contar da data de distribuição, caberá ao juiz designar audiência de mediação, nos termos dos §§ 2º a 4º deste artigo.

§ 2º. O Ministério Público será intimado para comparecer à audiência, e a Defensoria Pública será intimada sempre que houver parte beneficiária de gratuidade da justiça.

§ 3º. O juiz poderá comparecer à área objeto do litígio quando sua presença se fizer necessária à efetivação da tutela jurisdicional.

§ 4º. Os órgãos responsáveis pela política agrária e pela política urbana da União, de Estado ou do Distrito Federal e de Município onde se situe a área objeto do litígio poderão ser intimados para a audiência, a fim de se manifestarem sobre seu interesse no processo e sobre a existência de possibilidade de solução para o conflito possessório.

§ 5º. Aplica-se o disposto neste artigo ao litígio sobre propriedade de imóvel.

Art. 566. Aplica-se, quanto ao mais, o procedimento comum.

(*) V. arts. 318 a 512 do CPC.

Seção III
Do Interdito Proibitório

Art. 567. O possuidor direto ou indireto que tenha justo receio de ser molestado na posse poderá requerer ao juiz que o segure da turbação ou esbulho iminente, mediante mandado proibitório em que se comine ao réu determinada pena pecuniária caso transgrida o preceito.

Art. 568. Aplica-se ao interdito proibitório o disposto na Seção II deste Capítulo.

Capítulo IV
DA AÇÃO DE DIVISÃO E DA DEMARCAÇÃO DE TERRAS PARTICULARES

Seção I
Disposições Gerais

Art. 569. Cabe:

I – ao proprietário a ação de demarcação, para obrigar o seu confinante a estremar os respectivos prédios, fixando-se novos limites entre eles ou aviventando-se os já apagados;

(*) Vide Enunciados 68 e 69 do FPPC.

II – ao condômino a ação de divisão, para obrigar os demais consortes a estremar os quinhões.

(*) V. arts. 47, § 1º; e 73, § 2º, do CPC.

Art. 570. É lícita a cumulação dessas ações, caso em que deverá processar-se primeiramente a demarcação total ou parcial da coisa comum, citando-se os confinantes e os condôminos.

Art. 571. A demarcação e a divisão poderão ser realizadas por

ART. 572

escritura pública, desde que maiores, capazes e concordes todos os interessados, observando-se, no que couber, os dispositivos deste Capítulo.

Art. 572. Fixados os marcos da linha de demarcação, os confinantes considerar-se-ão terceiros quanto ao processo divisório, ficando-lhes, porém, ressalvado o direito de vindicar os terrenos de que se julguem despojados por invasão das linhas limítrofes constitutivas do perímetro ou de reclamar indenização correspondente ao seu valor.

§ 1º. No caso do *caput*, serão citados para a ação todos os condôminos, se a sentença homologatória da divisão ainda não houver transitado em julgado, e todos os quinhoeiros dos terrenos vindicados, se a ação for proposta posteriormente.

§ 2º. Neste último caso, a sentença que julga procedente a ação, condenando a restituir os terrenos ou a pagar a indenização, valerá como título executivo em favor dos quinhoeiros para haverem dos outros condôminos que forem parte na divisão ou de seus sucessores a título universal, na proporção que lhes tocar, a composição pecuniária do desfalque sofrido.

Art. 573. Tratando-se de imóvel georreferenciado, com averbação no registro de imóveis, pode o juiz dispensar a realização de prova pericial.

Seção II
Da Demarcação

Art. 574. Na petição inicial, instruída com os títulos da propriedade, designar-se-á o imóvel pela situação e pela denominação, descrever-se-ão os limites por constituir, aviventar ou renovar e nomear-se-ão todos os confinantes da linha demarcanda.

(*) V. arts. 47, § 1º; 73, § 2º; e 292, IV, do CPC.

Art. 575. Qualquer condômino é parte legítima para promover a demarcação do imóvel comum, requerendo a intimação dos demais para, querendo, intervir no processo.

(*) V. art. 598 do CPC.

Art. 576. A citação dos réus será feita por correio, observado o disposto no art. 247.

Parágrafo único. Será publicado edital, nos termos do inciso III do art. 259.

(*) V. arts. 589 e 598 do CPC.

Art. 577. Feitas as citações, terão os réus o prazo comum de 15 (quinze) dias para contestar.

(*) V. arts. 589 e 598 do CPC.

Art. 578. Após o prazo de resposta do réu, observar-se-á o procedimento comum.

(*) V. arts. 589 e 598 do CPC.

Art. 579. Antes de proferir a sentença, o juiz nomeará um ou mais peritos para levantar o traçado da linha demarcanda.

Art. 580. Concluídos os estudos, os peritos apresentarão minucioso laudo sobre o traçado da linha demarcanda, considerando os títulos, os marcos, os rumos, a fama da vizinhança, as informações de antigos moradores do lugar e outros elementos que coligirem.

(*) Vide Enunciado 70 do FPPC.

Art. 581. A sentença que julgar procedente o pedido determinará o traçado da linha demarcanda.

LIVRO I – DO PROCESSO DE CONHECIMENTO E DO CUMPRIMENTO (...) **ART. 588**

Parágrafo único. A sentença proferida na ação demarcatória determinará a restituição da área invadida, se houver, declarando o domínio ou a posse do prejudicado, ou ambos.

Art. 582. Transitada em julgado a sentença, o perito efetuará a demarcação e colocará os marcos necessários.

Parágrafo único. Todas as operações serão consignadas em planta e memorial descritivo com as referências convenientes para a identificação, em qualquer tempo, dos pontos assinalados, observada a legislação especial que dispõe sobre a identificação do imóvel rural.

(*) V. art. 584 do CPC.

Art. 583. As plantas serão acompanhadas das cadernetas de operações de campo e do memorial descritivo, que conterá:

I – o ponto de partida, os rumos seguidos e a aviventação dos antigos com os respectivos cálculos;

II – os acidentes encontrados, as cercas, os valos, os marcos antigos, os córregos, os rios, as lagoas e outros;

III – a indicação minuciosa dos novos marcos cravados, dos antigos aproveitados, das culturas existentes e da sua produção anual;

IV – a composição geológica dos terrenos, bem como a qualidade e a extensão dos campos, das matas e das capoeiras;

V – as vias de comunicação;

VI – as distâncias a pontos de referência, tais como rodovias federais e estaduais, ferrovias, portos, aglomerações urbanas e polos comerciais;

VII – a indicação de tudo o mais que for útil para o levantamento da linha ou para a identificação da linha já levantada.

Art. 584. É obrigatória a colocação de marcos tanto na estação inicial, dita marco primordial, quanto nos vértices dos ângulos, salvo se algum desses últimos pontos for assinalado por acidentes naturais de difícil remoção ou destruição.

(*) V. arts. 582; e 596, parágrafo único, do CPC.
(*) Vide Enunciado 636 do FPPC.

Art. 585. A linha será percorrida pelos peritos, que examinarão os marcos e os rumos, consignando em relatório escrito a exatidão do memorial e da planta apresentados pelo agrimensor ou as divergências porventura encontradas.

(*) V. art. 596, parágrafo único, do CPC.

Art. 586. Juntado aos autos o relatório dos peritos, o juiz determinará que as partes se manifestem sobre ele no prazo comum de 15 (quinze) dias.

Parágrafo único. Executadas as correções e as retificações que o juiz determinar, lavrar-se-á, em seguida, o auto de demarcação em que os limites demarcandos serão minuciosamente descritos de acordo com o memorial e a planta.

(*) V. art. 597, § 1º, do CPC.

Art. 587. Assinado o auto pelo juiz e pelos peritos, será proferida a sentença homologatória da demarcação.

(*) V. art. 1.012, § 1º, I, do CPC.

Seção III
Da Divisão

Art. 588. A petição inicial será instruída com os títulos de domínio do promovente e conterá:

I – a indicação da origem da comunhão e a denominação, a situação, os limites e as características do imóvel;

II – o nome, o estado civil, a profissão e a residência de todos os condôminos, especificando-se os estabelecidos no imóvel com benfeitorias e culturas;

III – as benfeitorias comuns.

(*) V. arts. 47, § 1º; 73, § 2º; e 292, IV, do CPC.

Art. 589. Feitas as citações como preceitua o art. 576, prosseguir-se-á na forma dos arts. 577 e 578.

Art. 590. O juiz nomeará um ou mais peritos para promover a medição do imóvel e as operações de divisão, observada a legislação especial que dispõe sobre a identificação do imóvel rural.

Parágrafo único. O perito deverá indicar as vias de comunicação existentes, as construções e as benfeitorias, com a indicação dos seus valores e dos respectivos proprietários e ocupantes, as águas principais que banham o imóvel e quaisquer outras informações que possam concorrer para facilitar a partilha.

Art. 591. Todos os condôminos serão intimados a apresentar, dentro de 10 (dez) dias, os seus títulos, se ainda não o tiverem feito, e a formular os seus pedidos sobre a constituição dos quinhões.

Art. 592. O juiz ouvirá as partes no prazo comum de 15 (quinze) dias.

§ 1º. Não havendo impugnação, o juiz determinará a divisão geodésica do imóvel.

(*) V. art. 89 do CPC.

§ 2º. Havendo impugnação, o juiz proferirá, no prazo de 10 (dez) dias, decisão sobre os pedidos e os títulos que devam ser atendidos na formação dos quinhões.

Art. 593. Se qualquer linha do perímetro atingir benfeitorias permanentes dos confinantes feitas há mais de 1 (um) ano, serão elas respeitadas, bem como os terrenos onde estiverem, os quais não se computarão na área dividenda.

Art. 594. Os confinantes do imóvel dividendo podem demandar a restituição dos terrenos que lhes tenham sido usurpados.

§ 1º. Serão citados para a ação todos os condôminos, se a sentença homologatória da divisão ainda não houver transitado em julgado, e todos os quinhoeiros dos terrenos vindicados, se a ação for proposta posteriormente.

§ 2º. Nesse último caso terão os quinhoeiros o direito, pela mesma sentença que os obrigar à restituição, a haver dos outros condôminos do processo divisório ou de seus sucessores a título universal a composição pecuniária proporcional ao desfalque sofrido.

Art. 595. Os peritos proporão, em laudo fundamentado, a forma da divisão, devendo consultar, quanto possível, a comodidade das partes, respeitar, para adjudicação a cada condômino, a preferência dos terrenos contíguos às suas residências e benfeitorias e evitar o retalhamento dos quinhões em glebas separadas.

Art. 596. Ouvidas as partes, no prazo comum de 15 (quinze) dias, sobre o cálculo e o plano da divisão, o juiz deliberará a partilha.

Parágrafo único. Em cumprimento dessa decisão, o perito procederá à

LIVRO I – DO PROCESSO DE CONHECIMENTO E DO CUMPRIMENTO (...)   ART. 599

demarcação dos quinhões, observando, além do disposto nos arts. 584 e 585, as seguintes regras:

I – as benfeitorias comuns que não comportarem divisão cômoda serão adjudicadas a um dos condôminos mediante compensação;

II – instituir-se-ão as servidões que forem indispensáveis em favor de uns quinhões sobre os outros, incluindo o respectivo valor no orçamento para que, não se tratando de servidões naturais, seja compensado o condômino aquinhoado com o prédio serviente;

III – as benfeitorias particulares dos condôminos que excederem à área a que têm direito serão adjudicadas ao quinhoeiro vizinho mediante reposição;

IV – se outra coisa não acordarem as partes, as compensações e as reposições serão feitas em dinheiro.

Art. 597. Terminados os trabalhos e desenhados na planta os quinhões e as servidões aparentes, o perito organizará o memorial descritivo.

(*) V. art. 89 do CPC.

§ 1º. Cumprido o disposto no art. 586, o escrivão, em seguida, lavrará o auto de divisão, acompanhado de uma folha de pagamento para cada condômino.

§ 2º. Assinado o auto pelo juiz e pelo perito, será proferida sentença homologatória da divisão.

(*) V. art. 1.012, § 1º, I, do CPC.

§ 3º. O auto conterá:

I – a confinação e a extensão superficial do imóvel;

II – a classificação das terras com o cálculo das áreas de cada consorte e com a respectiva avaliação ou, quando a homogeneidade das terras não determinar diversidade de valores, a avaliação do imóvel na sua integridade;

III – o valor e a quantidade geométrica que couber a cada condômino, declarando-se as reduções e as compensações resultantes da diversidade de valores das glebas componentes de cada quinhão.

§ 4º. Cada folha de pagamento conterá:

I – a descrição das linhas divisórias do quinhão, mencionadas as confinantes;

II – a relação das benfeitorias e das culturas do próprio quinhoeiro e das que lhe foram adjudicadas por serem comuns ou mediante compensação;

III – a declaração das servidões instituídas, especificados os lugares, a extensão e o modo de exercício.

Art. 598. Aplica-se às divisões o disposto nos arts. 575 a 578.

Capítulo V
DA AÇÃO DE DISSOLUÇÃO PARCIAL DE SOCIEDADE

Art. 599. A ação de dissolução parcial de sociedade pode ter por objeto:

I – a resolução da sociedade empresária contratual ou simples em relação ao sócio falecido, excluído ou que exerceu o direito de retirada ou recesso; e

II – a apuração dos haveres do sócio falecido, excluído ou que exerceu o direito de retirada ou recesso; ou

III – somente a resolução ou a apuração de haveres.

§ 1º. A petição inicial será necessariamente instruída com o contrato social consolidado.

§ 2º. A ação de dissolução parcial de sociedade pode ter também por objeto a sociedade anônima de capital fechado quando demonstrado, por acionista ou acionistas que representem cinco por cento ou mais do capital social, que não pode preencher o seu fim.

Art. 600. A ação pode ser proposta:

I – pelo espólio do sócio falecido, quando a totalidade dos sucessores não ingressar na sociedade;

II – pelos sucessores, após concluída a partilha do sócio falecido;

III – pela sociedade, se os sócios sobreviventes não admitirem o ingresso do espólio ou dos sucessores do falecido na sociedade, quando esse direito decorrer do contrato social;

IV – pelo sócio que exerceu o direito de retirada ou recesso, se não tiver sido providenciada, pelos demais sócios, a alteração contratual consensual formalizando o desligamento, depois de transcorridos 10 (dez) dias do exercício do direito;

V – pela sociedade, nos casos em que a lei não autoriza a exclusão extrajudicial; ou

VI – pelo sócio excluído.

Parágrafo único. O cônjuge ou companheiro do sócio cujo casamento, união estável ou convivência terminou poderá requerer a apuração de seus haveres na sociedade, que serão pagos à conta da quota social titulada por este sócio.

Art. 601. Os sócios e a sociedade serão citados para, no prazo de 15 (quinze) dias, concordar com o pedido ou apresentar contestação.

Parágrafo único. A sociedade não será citada se todos os seus sócios o forem, mas ficará sujeita aos efeitos da decisão e à coisa julgada.

Art. 602. A sociedade poderá formular pedido de indenização compensável com o valor dos haveres a apurar.

Art. 603. Havendo manifestação expressa e unânime pela concordância da dissolução, o juiz a decretará, passando-se imediatamente à fase de liquidação.

§ 1º. Na hipótese prevista no *caput*, não haverá condenação em honorários advocatícios de nenhuma das partes, e as custas serão rateadas segundo a participação das partes no capital social.

§ 2º. Havendo contestação, observar-se-á o procedimento comum, mas a liquidação da sentença seguirá o disposto neste Capítulo.

Art. 604. Para apuração dos haveres, o juiz:

I – fixará a data da resolução da sociedade;

II – definirá o critério de apuração dos haveres à vista do disposto no contrato social; e

III – nomeará o perito.

§ 1º. O juiz determinará à sociedade ou aos sócios que nela permanecerem que depositem em juízo a parte incontroversa dos haveres devidos.

§ 2º. O depósito poderá ser, desde logo, levantando pelo ex-sócio, pelo espólio ou pelos sucessores.

§ 3º. Se o contrato social estabelecer o pagamento dos haveres, será observado o que nele se dispôs no depósito judicial da parte incontroversa.

Art. 605. A data da resolução da sociedade será:

I – no caso de falecimento do sócio, a do óbito;

II – na retirada imotivada, o sexagésimo dia seguinte ao do recebimento, pela sociedade, da notificação do sócio retirante;

III – no recesso, o dia do recebimento, pela sociedade, da notificação do sócio dissidente;

IV – na retirada por justa causa de sociedade por prazo determinado e na exclusão judicial de sócio, a do trânsito em julgado da decisão que dissolver a sociedade; e

V – na exclusão extrajudicial, a data da assembleia ou da reunião de sócios que a tiver deliberado.

Art. 606. Em caso de omissão do contrato social, o juiz definirá, como critério de apuração de haveres, o valor patrimonial apurado em balanço de determinação, tomando-se por referência a data da resolução e avaliando-se bens e direitos do ativo, tangíveis e intangíveis, a preço de saída, além do passivo também a ser apurado de igual forma.

Parágrafo único. Em todos os casos em que seja necessária a realização de perícia, a nomeação do perito recairá preferencialmente sobre especialista em avaliação de sociedades.

Art. 607. A data da resolução e o critério de apuração de haveres podem ser revistos pelo juiz, a pedido da parte, a qualquer tempo antes do início da perícia.

Art. 608. Até a data da resolução, integram o valor devido ao ex-sócio, ao espólio ou aos sucessores a participação nos lucros ou os juros sobre o capital próprio declarados pela sociedade e, se for o caso, a remuneração como administrador.

Parágrafo único. Após a data da resolução, o ex-sócio, o espólio ou os sucessores terão direito apenas à correção monetária dos valores apurados e aos juros contratuais ou legais.

Art. 609. Uma vez apurados, os haveres do sócio retirante serão pagos conforme disciplinar o contrato social e, no silêncio deste, nos termos do § 2º do art. 1.031 da Lei nº 10.406, de 10 de janeiro de 2002 (Código Civil)♦.

♦ Lei nº 10.406, de 10 de janeiro de 2002 – Código Civil: "***Art. 1.031.*** *Nos casos em que a sociedade se resolver em relação a um sócio, o valor da sua quota, considerada pelo montante efetivamente realizado, liquidar-se-á, salvo disposição contratual em contrário, com base na situação patrimonial da sociedade, à data da resolução, verificada em balanço especialmente levantado. [...] § 2º. A quota liquidada será paga em dinheiro, no prazo de noventa dias, a partir da liquidação, salvo acordo, ou estipulação contratual em contrário.*".

Capítulo VI
DO INVENTÁRIO E DA PARTILHA

Seção I
Disposições Gerais

(*) V. arts. 47 e 48 do CPC.

Art. 610. Havendo testamento ou interessado incapaz, proceder-se-á ao inventário judicial.

(*) V. art. 23, II, do CPC.

§ 1º. Se todos forem capazes e concordes, o inventário e a partilha poderão ser feitos por escritura pública, a qual constituirá documento hábil para qualquer ato de registro, bem como para levantamento de importância depositada em instituições financeiras.

(*) Vide Enunciados 51 e 600 do CJF.

§ 2º. O tabelião somente lavrará a escritura pública se todas as partes interessadas estiverem assistidas por advogado ou por defensor público, cuja qualificação e assinatura constarão do ato notarial.

Art. 611. O processo de inventário e de partilha deve ser instaurado dentro de 2 (dois) meses, a contar da abertura da sucessão, ultimando-se nos 12 (doze) meses subsequentes, podendo o juiz prorrogar esses prazos, de ofício ou a requerimento de parte.

(*) V. arts. 48 e 615 do CPC.
(*) Vide Súmula 542 do STF.

Art. 612. O juiz decidirá todas as questões de direito desde que os fatos relevantes estejam provados por documento, só remetendo para as vias ordinárias as questões que dependerem de outras provas.

(*) V. arts. 627, § 3º; 628; 641, § 2º; e 643 do CPC.

Art. 613. Até que o inventariante preste o compromisso, continuará o espólio na posse do administrador provisório.

Art. 614. O administrador provisório representa ativa e passivamente o espólio, é obrigado a trazer ao acervo os frutos que desde a abertura da sucessão percebeu, tem direito ao reembolso das despesas necessárias e úteis que fez e responde pelo dano a que, por dolo ou culpa, der causa.

Seção II
Da Legitimidade para Requerer o Inventário

Art. 615. O requerimento de inventário e de partilha incumbe a quem estiver na posse e na administração do espólio, no prazo estabelecido no art. 611.

Parágrafo único. O requerimento será instruído com a certidão de óbito do autor da herança.

Art. 616. Têm, contudo, legitimidade concorrente:

I – o cônjuge ou companheiro supérstite;

II – o herdeiro;

III – o legatário;

IV – o testamenteiro;

V – o cessionário do herdeiro ou do legatário;

VI – o credor do herdeiro, do legatário ou do autor da herança;

VII – o Ministério Público, havendo herdeiros incapazes;

VIII – a Fazenda Pública, quando tiver interesse;

IX – o administrador judicial da falência do herdeiro, do legatário, do autor da herança ou do cônjuge ou companheiro supérstite.

Seção III
Do Inventariante e das Primeiras Declarações

Art. 617. O juiz nomeará inventariante na seguinte ordem:

(*) V. arts. 613; 624, parágrafo único; e 625 do CPC.

I – o cônjuge ou companheiro sobrevivente, desde que estivesse convivendo com o outro ao tempo da morte deste;

II – o herdeiro que se achar na posse e na administração do espólio, se não houver cônjuge ou companheiro sobrevivente ou se estes não puderem ser nomeados;

LIVRO I – DO PROCESSO DE CONHECIMENTO E DO CUMPRIMENTO (...) ART. 620

III – qualquer herdeiro, quando nenhum deles estiver na posse e na administração do espólio;

IV – o herdeiro menor, por seu representante legal;

V – o testamenteiro, se lhe tiver sido confiada a administração do espólio ou se toda a herança estiver distribuída em legados;

VI – o cessionário do herdeiro ou do legatário;

VII – o inventariante judicial, se houver;

VIII – pessoa estranha idônea, quando não houver inventariante judicial.

Parágrafo único. O inventariante, intimado da nomeação, prestará, dentro de 5 (cinco) dias, o compromisso de bem e fielmente desempenhar a função.

Art. 618. Incumbe ao inventariante:

I – representar o espólio ativa e passivamente, em juízo ou fora dele, observando-se, quanto ao dativo, o disposto no art. 75, § 1º;

II – administrar o espólio, velando-lhe os bens com a mesma diligência que teria se seus fossem;

III – prestar as primeiras e as últimas declarações pessoalmente ou por procurador com poderes especiais;

IV – exibir em cartório, a qualquer tempo, para exame das partes, os documentos relativos ao espólio;

V – juntar aos autos certidão do testamento, se houver;

VI – trazer à colação os bens recebidos pelo herdeiro ausente, renunciante ou excluído;

VII – prestar contas de sua gestão ao deixar o cargo ou sempre que o juiz lhe determinar;

VIII – requerer a declaração de insolvência.

(*) V. arts. 553, 620, 622 e 639 a 641 do CPC.

Art. 619. Incumbe ainda ao inventariante, ouvidos os interessados e com autorização do juiz:

I – alienar bens de qualquer espécie;

II – transigir em juízo ou fora dele;

III – pagar dívidas do espólio;

(*) V. arts. 642 a 646 do CPC.

IV – fazer as despesas necessárias para a conservação e o melhoramento dos bens do espólio.

Art. 620. Dentro de 20 (vinte) dias contados da data em que prestou o compromisso, o inventariante fará as primeiras declarações, das quais se lavrará termo circunstanciado, assinado pelo juiz, pelo escrivão e pelo inventariante, no qual serão exarados:

I – o nome, o estado, a idade e o domicílio do autor da herança, o dia e o lugar em que faleceu e se deixou testamento;

II – o nome, o estado, a idade, o endereço eletrônico e a residência dos herdeiros e, havendo cônjuge ou companheiro supérstite, além dos respectivos dados pessoais, o regime de bens do casamento ou da união estável;

III – a qualidade dos herdeiros e o grau de parentesco com o inventariado;

IV – a relação completa e individualizada de todos os bens do espólio, inclusive aqueles que devem ser conferidos à colação, e dos bens alheios que nele forem encontrados, descrevendo-se:

a) os imóveis, com as suas especificações, nomeadamente local em que se encontram, extensão da área, limites, confrontações, benfeitorias, origem dos títulos, números das matrículas e ônus que os gravam;

b) os móveis, com os sinais característicos;

c) os semoventes, seu número, suas espécies, suas marcas e seus sinais distintivos;

d) o dinheiro, as joias, os objetos de ouro e prata e as pedras preciosas, declarando-se-lhes especificadamente a qualidade, o peso e a importância;

e) os títulos da dívida pública, bem como as ações, as quotas e os títulos de sociedade, mencionando-se-lhes o número, o valor e a data;

f) as dívidas ativas e passivas, indicando-se-lhes as datas, os títulos, a origem da obrigação e os nomes dos credores e dos devedores;

g) direitos e ações;

h) o valor corrente de cada um dos bens do espólio.

§ 1º. O juiz determinará que se proceda:

(*) V. art. 630, parágrafo único, do CPC.

I – ao balanço do estabelecimento, se o autor da herança era empresário individual;

II – à apuração de haveres, se o autor da herança era sócio de sociedade que não anônima.

(*) Vide Súmula 265 do STF.

§ 2º. As declarações podem ser prestadas mediante petição, firmada por procurador com poderes especiais, à qual o termo se reportará.

Art. 621. Só se pode arguir sonegação ao inventariante depois de encerrada a descrição dos bens, com a declaração, por ele feita, de não existirem outros por inventariar.

Art. 622. O inventariante será removido de ofício ou a requerimento:

I – se não prestar, no prazo legal, as primeiras ou as últimas declarações;

II – se não der ao inventário andamento regular, se suscitar dúvidas infundadas ou se praticar atos meramente protelatórios;

III – se, por culpa sua, bens do espólio se deteriorarem, forem dilapidados ou sofrerem dano;

IV – se não defender o espólio nas ações em que for citado, se deixar de cobrar dívidas ativas ou se não promover as medidas necessárias para evitar o perecimento de direitos;

V – se não prestar contas ou se as que prestar não forem julgadas boas;

VI – se sonegar, ocultar ou desviar bens do espólio.

Art. 623. Requerida a remoção com fundamento em qualquer dos incisos do art. 622, será intimado o inventariante para, no prazo de 15 (quinze) dias, defender-se e produzir provas.

Parágrafo único. O incidente da remoção correrá em apenso aos autos do inventário.

Art. 624. Decorrido o prazo, com a defesa do inventariante ou sem ela, o juiz decidirá.

Parágrafo único. Se remover o inventariante, o juiz nomeará outro, observada a ordem estabelecida no art. 617.

Art. 625. O inventariante removido entregará imediatamente ao substituto os bens do espólio e, caso deixe de fazê-lo, será compelido mediante mandado de busca e apreensão ou de imissão na posse, conforme se tratar de bem móvel ou imóvel, sem prejuízo da multa a ser fixada pelo juiz em montante não superior a três por cento do valor dos bens inventariados.

Seção IV
Das Citações e das Impugnações

Art. 626. Feitas as primeiras declarações, o juiz mandará citar, para os termos do inventário e da partilha, o cônjuge, o companheiro, os herdeiros e os legatários e intimar a Fazenda Pública, o Ministério Público, se houver herdeiro incapaz ou ausente, e o testamenteiro, se houver testamento.

§ 1º. O cônjuge ou o companheiro, os herdeiros e os legatários serão citados pelo correio, observado o disposto no art. 247, sendo, ainda, publicado edital, nos termos do inciso III do art. 259.

§ 2º. Das primeiras declarações extrair-se-ão tantas cópias quantas forem as partes.

§ 3º. A citação será acompanhada de cópia das primeiras declarações.

§ 4º. Incumbe ao escrivão remeter cópias à Fazenda Pública, ao Ministério Público, ao testamenteiro, se houver, e ao advogado, se a parte já estiver representada nos autos.

Art. 627. Concluídas as citações, abrir-se-á vista às partes, em cartório e pelo prazo comum de 15 (quinze) dias, para que se manifestem sobre as primeiras declarações, incumbindo às partes:

(*) V. arts. 629, 630 e 639 do CPC.

I – arguir erros, omissões e sonegação de bens;

II – reclamar contra a nomeação de inventariante;

III – contestar a qualidade de quem foi incluído no título de herdeiro.

§ 1º. Julgando procedente a impugnação referida no inciso I, o juiz mandará retificar as primeiras declarações.

§ 2º. Se acolher o pedido de que trata o inciso II, o juiz nomeará outro inventariante, observada a preferência legal.

§ 3º. Verificando que a disputa sobre a qualidade de herdeiro a que alude o inciso III demanda produção de provas que não a documental, o juiz remeterá a parte às vias ordinárias e sobrestará, até o julgamento da ação, a entrega do quinhão que na partilha couber ao herdeiro admitido.

(*) V. art. 612 do CPC.

Art. 628. Aquele que se julgar preterido poderá demandar sua admissão no inventário, requerendo-a antes da partilha.

§ 1º. Ouvidas as partes no prazo de 15 (quinze) dias, o juiz decidirá.

§ 2º. Se para solução da questão for necessária a produção de provas que não a documental, o juiz remeterá o requerente às vias ordinárias, mandando reservar, em poder do inventariante, o quinhão do herdeiro excluído até que se decida o litígio.

(*) V. art. 612 do CPC.

Art. 629. A Fazenda Pública, no prazo de 15 (quinze) dias, após a vista de que trata o art. 627, informará ao juízo, de acordo com os dados que constam de seu cadastro imobiliário, o valor dos bens de raiz descritos nas primeiras declarações.

(*) V. art. 633 do CPC.

Seção V
Da Avaliação e do Cálculo do Imposto

Art. 630. Findo o prazo previsto no art. 627 sem impugnação ou decidida a impugnação que houver sido oposta, o juiz nomeará, se for o caso, perito para avaliar os bens do espólio, se não houver na comarca avaliador judicial.

Parágrafo único. Na hipótese prevista no art. 620, § 1º, o juiz nomeará perito para avaliação das quotas sociais ou apuração dos haveres.

(*) V. arts. 156 a 158; e 660, II, do CPC.

Art. 631. Ao avaliar os bens do espólio, o perito observará, no que for aplicável, o disposto nos arts. 872 e 873.

Art. 632. Não se expedirá carta precatória para a avaliação de bens situados fora da comarca onde corre o inventário se eles forem de pequeno valor ou perfeitamente conhecidos do perito nomeado.

Art. 633. Sendo capazes todas as partes, não se procederá à avaliação se a Fazenda Pública, intimada pessoalmente, concordar de forma expressa com o valor atribuído, nas primeiras declarações, aos bens do espólio.

(*) V. art. 629 do CPC.

Art. 634. Se os herdeiros concordarem com o valor dos bens declarados pela Fazenda Pública, a avaliação cingir-se-á aos demais.

Art. 635. Entregue o laudo de avaliação, o juiz mandará que as partes se manifestem no prazo de 15 (quinze) dias, que correrá em cartório.

§ 1º. Versando a impugnação sobre o valor dado pelo perito, o juiz a decidirá de plano, à vista do que constar dos autos.

§ 2º. Julgando procedente a impugnação, o juiz determinará que o perito retifique a avaliação, observando os fundamentos da decisão.

Art. 636. Aceito o laudo ou resolvidas as impugnações suscitadas a seu respeito, lavrar-se-á em seguida o termo de últimas declarações, no qual o inventariante poderá emendar, aditar ou completar as primeiras.

Art. 637. Ouvidas as partes sobre as últimas declarações no prazo comum de 15 (quinze) dias, proceder-se-á ao cálculo do tributo.

(*) Vide Súmulas 112, 113, 114, 115, 116, 331 e 590 do STF.

Art. 638. Feito o cálculo, sobre ele serão ouvidas todas as partes no prazo comum de 5 (cinco) dias, que correrá em cartório, e, em seguida, a Fazenda Pública.

§ 1º. Se acolher eventual impugnação, o juiz ordenará nova remessa dos autos ao contabilista, determinando as alterações que devam ser feitas no cálculo.

§ 2º. Cumprido o despacho, o juiz julgará o cálculo do tributo.

Seção VI
Das Colações

Art. 639. No prazo estabelecido no art. 627, o herdeiro obrigado à colação conferirá por termo nos autos ou por petição à qual o termo se reportará os bens que recebeu ou, se já não os possuir, trar-lhes-á o valor.

Parágrafo único. Os bens a serem conferidos na partilha, assim como as acessões e as benfeitorias que o donatário fez, calcular-se-ão pelo valor que tiverem ao tempo da abertura da sucessão.

Art. 640. O herdeiro que renunciou à herança ou o que dela foi excluído não se exime, pelo fato da renúncia ou da exclusão, de conferir, para o efeito de repor a parte inoficiosa, as liberalidades que obteve do doador.

§ 1º. É lícito ao donatário escolher, dentre os bens doados, tantos quantos bastem para perfazer a legítima e a metade disponível, entrando na partilha o excedente para ser dividido entre os demais herdeiros.

§ 2º. Se a parte inoficiosa da doação recair sobre bem imóvel que não comporte divisão cômoda, o juiz determinará que sobre ela se proceda a licitação entre os herdeiros.

§ 3º. O donatário poderá concorrer na licitação referida no § 2º e, em igualdade de condições, terá preferência sobre os herdeiros.

Art. 641. Se o herdeiro negar o recebimento dos bens ou a obrigação de os conferir, o juiz, ouvidas as partes no prazo comum de 15 (quinze) dias, decidirá à vista das alegações e das provas produzidas.

§ 1º. Declarada improcedente a oposição, se o herdeiro, no prazo improrrogável de 15 (quinze) dias, não proceder à conferência, o juiz mandará sequestrar-lhe, para serem inventariados e partilhados, os bens sujeitos à colação ou imputar ao seu quinhão hereditário o valor deles, se já não os possuir.

§ 2º. Se a matéria exigir dilação probatória diversa da documental, o juiz remeterá as partes às vias ordinárias, não podendo o herdeiro receber o seu quinhão hereditário, enquanto pender a demanda, sem prestar caução correspondente ao valor dos bens sobre os quais versar a conferência.

(*) V. art. 612 do CPC.

Seção VII
Do Pagamento das Dívidas

Art. 642. Antes da partilha, poderão os credores do espólio requerer ao juízo do inventário o pagamento das dívidas vencidas e exigíveis.

(*) V. art. 619, III, do CPC.

§ 1º. A petição, acompanhada de prova literal da dívida, será distribuída por dependência e autuada em apenso aos autos do processo de inventário.

§ 2º. Concordando as partes com o pedido, o juiz, ao declarar habilitado o credor, mandará que se faça a separação de dinheiro ou, em sua falta, de bens suficientes para o pagamento.

§ 3º. Separados os bens, tantos quantos forem necessários para o pagamento dos credores habilitados, o juiz mandará aliená-los, observando-se as disposições deste Código relativas à expropriação.

(*) V. arts. 647 e 825 do CPC.

§ 4º. Se o credor requerer que, em vez de dinheiro, lhe sejam adjudicados, para o seu pagamento, os bens já reservados, o juiz deferir-lhe-á o pedido, concordando todas as partes.

§ 5º. Os donatários serão chamados a pronunciar-se sobre a aprovação das dívidas, sempre que haja possibilidade de resultar delas a redução das liberalidades.

Art. 643. Não havendo concordância de todas as partes sobre o pedido de pagamento feito pelo credor, será o pedido remetido às vias ordinárias.

(*) V. art. 612 do CPC.

Parágrafo único. O juiz mandará, porém, reservar, em poder do inventariante, bens suficientes para pagar o credor quando a dívida constar de documento que comprove suficientemente a obrigação e a impugnação não se fundar em quitação.

Art. 644. O credor de dívida líquida e certa, ainda não vencida, pode requerer habilitação no inventário.

Parágrafo único. Concordando as partes com o pedido referido no *caput*, o juiz, ao julgar habilitado o crédito, mandará que se faça separação de bens para o futuro pagamento.

Art. 645. O legatário é parte legítima para manifestar-se sobre as dívidas do espólio:

I – quando toda a herança for dividida em legados;

(*) Vide Enunciado 181 do FPPC.

II – quando o reconhecimento das dívidas importar redução dos legados.

Art. 646. Sem prejuízo do disposto no art. 860, é lícito aos herdeiros, ao separarem bens para o pagamento de dívidas, autorizar que o inventariante os indique à penhora no processo em que o espólio for executado.

Seção VIII
Da Partilha

Art. 647. Cumprido o disposto no art. 642, § 3º, o juiz facultará às partes que, no prazo comum de 15 (quinze) dias, formulem o pedido de quinhão e, em seguida, proferirá a decisão de deliberação da partilha, resolvendo os pedidos das partes e designando os bens que devam constituir quinhão de cada herdeiro e legatário.

(*) V. art. 659 do CPC.

Parágrafo único. O juiz poderá, em decisão fundamentada, deferir antecipadamente a qualquer dos herdeiros o exercício dos direitos de usar e de fruir de determinado bem, com a condição de que, ao término do inventário, tal bem integre a cota desse herdeiro, cabendo a este, desde o deferimento, todos os ônus e bônus decorrentes do exercício daqueles direitos.

(*) V. art. 311 do CPC.
(*) Vide Enunciados 181 e 182 do FPPC.

Art. 648. Na partilha, serão observadas as seguintes regras:

I – a máxima igualdade possível quanto ao valor, à natureza e à qualidade dos bens;

II – a prevenção de litígios futuros;

III – a máxima comodidade dos coerdeiros, do cônjuge ou do companheiro, se for o caso.

Art. 649. Os bens insuscetíveis de divisão cômoda que não couberem na parte do cônjuge ou companheiro supérstite ou no quinhão de um só herdeiro serão licitados entre os interessados ou vendidos judicialmente, partilhando-se o valor apurado, salvo se houver acordo para que sejam adjudicados a todos.

(*) Vide Enunciado 187 do FPPC.

Art. 650. Se um dos interessados for nascituro, o quinhão que lhe caberá será reservado em poder do inventariante até o seu nascimento.

Art. 651. O partidor organizará o esboço da partilha de acordo com

LIVRO I – DO PROCESSO DE CONHECIMENTO E DO CUMPRIMENTO (...) **ART. 657**

a decisão judicial, observando nos pagamentos a seguinte ordem:

I – dívidas atendidas;

II – meação do cônjuge;

III – meação disponível;

IV – quinhões hereditários, a começar pelo coerdeiro mais velho.

(*) Vide Enunciados 181 e 182 do FPPC.
(*) Vide Enunciado 52 do CJF.

Art. 652. Feito o esboço, as partes manifestar-se-ão sobre esse no prazo comum de 15 (quinze) dias, e, resolvidas as reclamações, a partilha será lançada nos autos.

Art. 653. A partilha constará:

I – de auto de orçamento, que mencionará:

a) os nomes do autor da herança, do inventariante, do cônjuge ou companheiro supérstite, dos herdeiros, dos legatários e dos credores admitidos;

b) o ativo, o passivo e o líquido partível, com as necessárias especificações;

c) o valor de cada quinhão;

II – de folha de pagamento para cada parte, declarando a quota a pagar-lhe, a razão do pagamento e a relação dos bens que lhe compõem o quinhão, as características que os individualizam e os ônus que os gravam.

Parágrafo único. O auto e cada uma das folhas serão assinados pelo juiz e pelo escrivão.

Art. 654. Pago o imposto de transmissão a título de morte e juntada aos autos certidão ou informação negativa de dívida para com a Fazenda Pública, o juiz julgará por sentença a partilha.

(*) V. art. 656 do CPC.

Parágrafo único. A existência de dívida para com a Fazenda Pública não impedirá o julgamento da partilha, desde que o seu pagamento esteja devidamente garantido.

(*) Vide Enunciado 71 do FPPC.

Art. 655. Transitada em julgado a sentença mencionada no art. 654, receberá o herdeiro os bens que lhe tocarem e um formal de partilha, do qual constarão as seguintes peças:

I – termo de inventariante e título de herdeiros;

II – avaliação dos bens que constituíram o quinhão do herdeiro;

III – pagamento do quinhão hereditário;

IV – quitação dos impostos;

V – sentença.

Parágrafo único. O formal de partilha poderá ser substituído por certidão de pagamento do quinhão hereditário quando esse não exceder a 5 (cinco) vezes o salário-mínimo, caso em que se transcreverá nela a sentença de partilha transitada em julgado.

Art. 656. A partilha, mesmo depois de transitada em julgado a sentença, pode ser emendada nos mesmos autos do inventário, convindo todas as partes, quando tenha havido erro de fato na descrição dos bens, podendo o juiz, de ofício ou a requerimento da parte, a qualquer tempo, corrigir-lhe as inexatidões materiais.

Art. 657. A partilha amigável, lavrada em instrumento público, reduzida a termo nos autos do inventário ou constante de escrito particular homologado pelo juiz, pode ser anulada por dolo, coação, erro essencial ou intervenção de incapaz, observado o disposto no § 4º do art. 966.

(*) Vide Enunciado 138 do FPPC.

Parágrafo único. O direito à anulação de partilha amigável extingue-se em 1 (um) ano, contado esse prazo:

I – no caso de coação, do dia em que ela cessou;

II – no caso de erro ou dolo, do dia em que se realizou o ato;

III – quanto ao incapaz, do dia em que cessar a incapacidade.

Art. 658. É rescindível a partilha julgada por sentença:

(*) V. art. 966 do CPC.
(*) Vide Enunciado 137 do FPPC.

I – nos casos mencionados no art. 657;

II – se feita com preterição de formalidades legais;

III – se preteriu herdeiro ou incluiu quem não o seja.

(*) Vide Enunciado 183 do FPPC.

Seção IX
Do Arrolamento

Art. 659. A partilha amigável, celebrada entre partes capazes, nos termos da lei, será homologada de plano pelo juiz, com observância dos arts. 660 a 663.

§ 1º. O disposto neste artigo aplica-se, também, ao pedido de adjudicação, quando houver herdeiro único.

§ 2º. Transitada em julgado a sentença de homologação de partilha ou de adjudicação, será lavrado o formal de partilha ou elaborada a carta de adjudicação e, em seguida, serão expedidos os alvarás referentes aos bens e às rendas por ele abrangidos, intimando-se o fisco para lançamento administrativo do imposto de transmissão e de outros tributos porventura incidentes, conforme dispuser a legislação tributária, nos termos do § 2º do art. 662.

(*) Vide Resolução CNJ nº 35/2007.

Art. 660. Na petição de inventário, que se processará na forma de arrolamento sumário, independentemente da lavratura de termos de qualquer espécie, os herdeiros:

(*) V. art. 659 do CPC.

I – requererão ao juiz a nomeação do inventariante que designarem;

(*) V. arts. 613 e 618 a 625 do CPC.

II – declararão os títulos dos herdeiros e os bens do espólio, observado o disposto no art. 630;

III – atribuirão valor aos bens do espólio, para fins de partilha.

Art. 661. Ressalvada a hipótese prevista no parágrafo único do art. 663, não se procederá à avaliação dos bens do espólio para nenhuma finalidade.

(*) V. art. 659 do CPC.

Art. 662. No arrolamento, não serão conhecidas ou apreciadas questões relativas ao lançamento, ao pagamento ou à quitação de taxas judiciárias e de tributos incidentes sobre a transmissão da propriedade dos bens do espólio.

(*) V. arts. 659; e 664, § 4º, do CPC.

§ 1º. A taxa judiciária, se devida, será calculada com base no valor atribuído pelos herdeiros, cabendo ao fisco, se apurar em processo administrativo valor diverso do estimado, exigir a eventual diferença pelos meios adequados ao lançamento de créditos tributários em geral.

§ 2º. O imposto de transmissão será objeto de lançamento administrativo, conforme dispuser a legislação tributária, não ficando as autori-

LIVRO I – DO PROCESSO DE CONHECIMENTO E DO CUMPRIMENTO (...)

dades fazendárias adstritas aos valores dos bens do espólio atribuídos pelos herdeiros.

(*) V. art. 659, § 2º, do CPC.

Art. 663. A existência de credores do espólio não impedirá a homologação da partilha ou da adjudicação, se forem reservados bens suficientes para o pagamento da dívida.

(*) V. arts. 642, §§ 2º ao 4º; 644; e 659 do CPC.

Parágrafo único. A reserva de bens será realizada pelo valor estimado pelas partes, salvo se o credor, regularmente notificado, impugnar a estimativa, caso em que se promoverá a avaliação dos bens a serem reservados.

(*) V. art. 661 do CPC.

Art. 664. Quando o valor dos bens do espólio for igual ou inferior a 1.000 (mil) salários-mínimos, o inventário processar-se-á na forma de arrolamento, cabendo ao inventariante nomeado, independentemente de assinatura de termo de compromisso, apresentar, com suas declarações, a atribuição de valor aos bens do espólio e o plano da partilha.

§ 1º. Se qualquer das partes ou o Ministério Público impugnar a estimativa, o juiz nomeará avaliador, que oferecerá laudo em 10 (dez) dias.

§ 2º. Apresentado o laudo, o juiz, em audiência que designar, deliberará sobre a partilha, decidindo de plano todas as reclamações e mandando pagar as dívidas não impugnadas.

§ 3º. Lavrar-se-á de tudo um só termo, assinado pelo juiz, pelo inventariante e pelas partes presentes ou por seus advogados.

§ 4º. Aplicam-se a essa espécie de arrolamento, no que couber, as disposições do art. 672♦, relativamente ao lançamento, ao pagamento e à quitação da taxa judiciária e do imposto sobre a transmissão da propriedade dos bens do espólio.

♦ Publicação oficial: "art. 672".
Entendemos que seria: "art. 662". (N.E.).
(*) Vide Enunciado 698 do FPPC.
(*) Vide Enunciado 131 do CJF.

§ 5º. Provada a quitação dos tributos relativos aos bens do espólio e às suas rendas, o juiz julgará a partilha.

Art. 665. O inventário processar-se-á também na forma do art. 664, ainda que haja interessado incapaz, desde que concordem todas as partes e o Ministério Público.

(*) V. art. 178, II, do CPC.

Art. 666. Independerá de inventário ou de arrolamento o pagamento dos valores previstos na Lei nº 6.858, de 24 de novembro de 1980♦.

♦ Lei nº 6.858, de 24 de novembro de 1980, que dispõe sobre o pagamento, aos dependentes ou sucessores, de valores não recebidos em vida pelos respectivos titulares.

Art. 667. Aplicam-se subsidiariamente a esta Seção as disposições das Seções VII e VIII deste Capítulo.

Seção X
Disposições Comuns a Todas as Seções

Art. 668. Cessa a eficácia da tutela provisória prevista nas Seções deste Capítulo:

I – se a ação não for proposta em 30 (trinta) dias contados da data em que da decisão foi intimado o impugnante, o herdeiro excluído ou o credor não admitido;

II – se o juiz extinguir o processo de inventário com ou sem resolução de mérito.

Art. 669. São sujeitos à sobrepartilha os bens:

I – sonegados;

II – da herança descobertos após a partilha;

III – litigiosos, assim como os de liquidação difícil ou morosa;

IV – situados em lugar remoto da sede do juízo onde se processa o inventário.

Parágrafo único. Os bens mencionados nos incisos III e IV serão reservados à sobrepartilha sob a guarda e a administração do mesmo ou de diverso inventariante, a consentimento da maioria dos herdeiros.

Art. 670. Na sobrepartilha dos bens, observar-se-á o processo de inventário e de partilha.

Parágrafo único. A sobrepartilha correrá nos autos do inventário do autor da herança.

Art. 671. O juiz nomeará curador especial:

I – ao ausente, se não o tiver;

II – ao incapaz, se concorrer na partilha com o seu representante, desde que exista colisão de interesses.

(*) V. art. 72, I, do CPC.

Art. 672. É lícita a cumulação de inventários para a partilha de heranças de pessoas diversas quando houver:

(*) V. art. 664, § 4º, do CPC.

I – identidade de pessoas entre as quais devam ser repartidos os bens;

II – heranças deixadas pelos dois cônjuges ou companheiros;

(*) V. art. 673 do CPC.

III – dependência de uma das partilhas em relação à outra.

Parágrafo único. No caso previsto no inciso III, se a dependência for parcial, por haver outros bens, o juiz pode ordenar a tramitação separada, se melhor convier ao interesse das partes ou à celeridade processual.

Art. 673. No caso previsto no art. 672, inciso II, prevalecerão as primeiras declarações, assim como o laudo de avaliação, salvo se alterado o valor dos bens.

Capítulo VII
DOS EMBARGOS DE TERCEIRO

(*) Vide Súmulas 84, 134, 195 e 303 do STJ.

Art. 674. Quem, não sendo parte no processo, sofrer constrição ou ameaça de constrição sobre bens que possua ou sobre os quais tenha direito incompatível com o ato constritivo, poderá requerer seu desfazimento ou sua inibição por meio de embargos de terceiro.

§ 1º. Os embargos podem ser de terceiro proprietário, inclusive fiduciário, ou possuidor.

(*) V. art. 790, III, do CPC.

(*) Vide Súmula 621 do STF.

§ 2º. Considera-se terceiro, para ajuizamento dos embargos:

I – o cônjuge ou companheiro, quando defende a posse de bens próprios ou de sua meação, ressalvado o disposto no art. 843;

II – o adquirente de bens cuja constrição decorreu de decisão que declara a ineficácia da alienação realizada em fraude à execução;

III – quem sofre constrição judicial de seus bens por força de desconsideração da personalidade jurídica, de cujo incidente não fez parte;

IV – o credor com garantia real para obstar expropriação judicial do

LIVRO I – DO PROCESSO DE CONHECIMENTO E DO CUMPRIMENTO (...)　　ART. 681

objeto de direito real de garantia, caso não tenha sido intimado, nos termos legais dos atos expropriatórios respectivos.

Art. 675. Os embargos podem ser opostos a qualquer tempo no processo de conhecimento enquanto não transitada em julgado a sentença e, no cumprimento de sentença ou no processo de execução, até 5 (cinco) dias depois da adjudicação, da alienação por iniciativa particular ou da arrematação, mas sempre antes da assinatura da respectiva carta.

(*) Vide Enunciados 184 e 191 do FPPC.

(*) Vide Enunciado 54 da ENFAM.

(*) Vide Enunciados 102 e 132 do CJF.

Parágrafo único. Caso identifique a existência de terceiro titular de interesse em embargar o ato, o juiz mandará intimá-lo pessoalmente.

(*) Vide Enunciados 185 e 191 do FPPC.

Art. 676. Os embargos serão distribuídos por dependência ao juízo que ordenou a constrição e autuados em apartado.

(*) V. art. 914, § 2º, do CPC.

Parágrafo único. Nos casos de ato de constrição realizado por carta, os embargos serão oferecidos no juízo deprecado, salvo se indicado pelo juízo deprecante o bem constrito ou se já devolvida a carta.

Art. 677. Na petição inicial, o embargante fará a prova sumária de sua posse ou de seu domínio e da qualidade de terceiro, oferecendo documentos e rol de testemunhas.

(*) Vide Enunciados 178 e 186 do FPPC.

§ 1º. É facultada a prova da posse em audiência preliminar designada pelo juiz.

§ 2º. O possuidor direto pode alegar, além da sua posse, o domínio alheio.

§ 3º. A citação será pessoal, se o embargado não tiver procurador constituído nos autos da ação principal.

§ 4º. Será legitimado passivo o sujeito a quem o ato de constrição aproveita, assim como o será seu adversário no processo principal quando for sua a indicação do bem para a constrição judicial.

Art. 678. A decisão que reconhecer suficientemente provado o domínio ou a posse determinará a suspensão das medidas constritivas sobre os bens litigiosos objeto dos embargos, bem como a manutenção ou a reintegração provisória da posse, se o embargante a houver requerido.

(*) Vide Enunciado 186 do FPPC.

Parágrafo único. O juiz poderá condicionar a ordem de manutenção ou de reintegração provisória de posse à prestação de caução pelo requerente, ressalvada a impossibilidade da parte economicamente hipossuficiente.

Art. 679. Os embargos poderão ser contestados no prazo de 15 (quinze) dias, findo o qual se seguirá o procedimento comum.

(*) Vide Enunciado 133 do CJF.

Art. 680. Contra os embargos do credor com garantia real, o embargado somente poderá alegar que:

I – o devedor comum é insolvente;

II – o título é nulo ou não obriga a terceiro;

III – outra é a coisa dada em garantia.

Art. 681. Acolhido o pedido inicial, o ato de constrição judicial indevida será cancelado, com o reconhecimento do domínio, da manutenção da posse ou da reintegração definitiva do bem ou do direito ao embargante.

(*) Vide Enunciado 186 do FPPC.
(*) Vide Enunciado 53 do CJF.

Capítulo VIII
DA OPOSIÇÃO

Art. 682. Quem pretender, no todo ou em parte, a coisa ou o direito sobre que controvertem autor e réu poderá, até ser proferida a sentença, oferecer oposição contra ambos.

Art. 683. O opoente deduzirá o pedido em observação aos requisitos exigidos para propositura da ação.

(*) V. arts. 17 a 20, 70 a 76, 77, 103 e 319 a 321 do CPC.

Parágrafo único. Distribuída a oposição por dependência, serão os opostos citados, na pessoa de seus respectivos advogados, para contestar o pedido no prazo comum de 15 (quinze) dias.

Art. 684. Se um dos opostos reconhecer a procedência do pedido, contra o outro prosseguirá o opoente.

Art. 685. Admitido o processamento, a oposição será apensada aos autos e tramitará simultaneamente à ação originária, sendo ambas julgadas pela mesma sentença.

Parágrafo único. Se a oposição for proposta após o início da audiência de instrução, o juiz suspenderá o curso do processo ao fim da produção das provas, salvo se concluir que a unidade da instrução atende melhor ao princípio da duração razoável do processo.

Art. 686. Cabendo ao juiz decidir simultaneamente a ação originária e a oposição, desta conhecerá em primeiro lugar.

Capítulo IX
DA HABILITAÇÃO

(*) Vide Enunciado 55 do CJF.

Art. 687. A habilitação ocorre quando, por falecimento de qualquer das partes, os interessados houverem de suceder-lhe no processo.

(*) V. arts. 110; 313, I e § 1º; e 689 do CPC.
(*) Vide Enunciado 54 do CJF.

Art. 688. A habilitação pode ser requerida:

I – pela parte, em relação aos sucessores do falecido;

II – pelos sucessores do falecido, em relação à parte.

Art. 689. Proceder-se-á à habilitação nos autos do processo principal, na instância em que estiver, suspendendo-se, a partir de então, o processo.

(*) V. arts. 313, I e § 1º; e 689 do CPC.

Art. 690. Recebida a petição, o juiz ordenará a citação dos requeridos para se pronunciarem no prazo de 5 (cinco) dias.

Parágrafo único. A citação será pessoal, se a parte não tiver procurador constituído nos autos.

Art. 691. O juiz decidirá o pedido de habilitação imediatamente, salvo se este for impugnado e houver necessidade de dilação probatória diversa da documental, caso em que determinará que o pedido seja autuado em apartado e disporá sobre a instrução.

Art. 692. Transitada em julgado a sentença de habilitação, o processo principal retomará o seu curso, e cópia da sentença será juntada aos autos respectivos.

LIVRO I – DO PROCESSO DE CONHECIMENTO E DO CUMPRIMENTO (...) ART. 699

Capítulo X
DAS AÇÕES DE FAMÍLIA

(*) V. art. 53, I e II, do CPC.

Art. 693. As normas deste Capítulo aplicam-se aos processos contenciosos de divórcio, separação, reconhecimento e extinção de união estável, guarda, visitação e filiação.

(*) Vide Enunciado 72 do FPPC.

Parágrafo único. A ação de alimentos e a que versar sobre interesse de criança ou de adolescente observarão o procedimento previsto em legislação específica, aplicando-se, no que couber, as disposições deste Capítulo.

(*) Vide Enunciado 672 do FPPC.

Art. 694. Nas ações de família, todos os esforços serão empreendidos para a solução consensual da controvérsia, devendo o juiz dispor do auxílio de profissionais de outras áreas de conhecimento para a mediação e conciliação.

Parágrafo único. A requerimento das partes, o juiz pode determinar a suspensão do processo enquanto os litigantes se submetem a mediação extrajudicial ou a atendimento multidisciplinar.

(*) V. art. 695 do CPC.
(*) Vide Resolução CNJ nº 125/2010.

Art. 695. Recebida a petição inicial e, se for o caso, tomadas as providências referentes à tutela provisória, o juiz ordenará a citação do réu para comparecer à audiência de mediação e conciliação, observado o disposto no art. 694.

(*) Vide Enunciado 628 do FPPC.

§ 1º. O mandado de citação conterá apenas os dados necessários à audiência e deverá estar desacompanhado de cópia da petição inicial, assegurado ao réu o direito de examinar seu conteúdo a qualquer tempo.

§ 2º. A citação ocorrerá com antecedência mínima de 15 (quinze) dias da data designada para a audiência.

§ 3º. A citação será feita na pessoa do réu.

§ 4º. Na audiência, as partes deverão estar acompanhadas de seus advogados ou de defensores públicos.

Art. 696. A audiência de mediação e conciliação poderá dividir-se em tantas sessões quantas sejam necessárias para viabilizar a solução consensual, sem prejuízo de providências jurisdicionais para evitar o perecimento do direito.

(*) Vide Enunciado 577 do FPPC.

Art. 697. Não realizado o acordo, passarão a incidir, a partir de então, as normas do procedimento comum, observado o art. 335.

Art. 698. Nas ações de família, o Ministério Público somente intervirá quando houver interesse de incapaz e deverá ser ouvido previamente à homologação de acordo.

Parágrafo único. O Ministério Público intervirá, quando não for parte, nas ações de família em que figure como parte vítima de violência doméstica e familiar, nos termos da Lei nº 11.340, de 7 de agosto de 2006 (Lei Maria da Penha).

(*) Parágrafo único acrescido pela Lei nº 13.894/2019.
(*) V. art. 178, II, do CPC.

Art. 699. Quando o processo envolver discussão sobre fato relacionado a abuso ou a alienação parental, o juiz, ao tomar o depoimento do incapaz, deverá estar acompanhado por especialista.

Capítulo XI
DA AÇÃO MONITÓRIA

(*) Vide Enunciado 101 do CJF.

Art. 700. A ação monitória pode ser proposta por aquele que afirmar, com base em prova escrita sem eficácia de título executivo, ter direito de exigir do devedor capaz:

(*) V. art. 785 do CPC.
(*) Vide Enunciados 446 e 699 do FPPC.
(*) Vide Súmulas 233, 299, 384, 504 e 531 do STJ.

I – o pagamento de quantia em dinheiro;

II – a entrega de coisa fungível ou infungível ou de bem móvel ou imóvel;

III – o adimplemento de obrigação de fazer ou de não fazer.

§ 1º. A prova escrita pode consistir em prova oral documentada, produzida antecipadamente nos termos do art. 381.

§ 2º. Na petição inicial, incumbe ao autor explicitar, conforme o caso:

I – a importância devida, instruindo-a com memória de cálculo;

II – o valor atual da coisa reclamada;

III – o conteúdo patrimonial em discussão ou o proveito econômico perseguido.

§ 3º. O valor da causa deverá corresponder à importância prevista no § 2º, incisos I a III.

§ 4º. Além das hipóteses do art. 330, a petição inicial será indeferida quando não atendido o disposto no § 2º deste artigo.

§ 5º. Havendo dúvida quanto à idoneidade de prova documental apresentada pelo autor, o juiz intimá-lo-á para, querendo, emendar a petição inicial, adaptando-a ao procedimento comum.

(*) Vide Enunciado 188 do FPPC.

§ 6º. É admissível ação monitória em face da Fazenda Pública.

§ 7º. Na ação monitória, admite-se citação por qualquer dos meios permitidos para o procedimento comum.

(*) V. art. 246 do CPC.

Art. 701. Sendo evidente o direito do autor, o juiz deferirá a expedição de mandado de pagamento, de entrega de coisa ou para execução de obrigação de fazer ou de não fazer, concedendo ao réu prazo de 15 (quinze) dias para o cumprimento e o pagamento de honorários advocatícios de cinco por cento do valor atribuído à causa.

(*) V. arts. 9º, parágrafo único, III; 231, § 3º; e 702, § 4º, do CPC.
(*) Vide Enunciado 699 do FPPC.
(*) Vide Enunciado 18 da ENFAM.
(*) Vide Súmula 282 do STJ.

§ 1º. O réu será isento do pagamento de custas processuais se cumprir o mandado no prazo.

§ 2º. Constituir-se-á de pleno direito o título executivo judicial, independentemente de qualquer formalidade, se não realizado o pagamento e não apresentados os embargos previstos no art. 702, observando-se, no que couber, o Título II do Livro I da Parte Especial♦.

♦ Parte Especial, Livro I, Título II: "Do Cumprimento da Sentença" (arts. 513 a 538 do CPC).

§ 3º. É cabível ação rescisória da decisão prevista no *caput* quando ocorrer a hipótese do § 2º.

§ 4º. Sendo a ré Fazenda Pública, não apresentados os embargos previstos no art. 702, aplicar-se-á o disposto no art. 496, observando-se, a seguir, no que couber, o Título II do Livro I da Parte Especial♦.

♦ Parte Especial, Livro I, Título II: "Do Cumprimento da Sentença" (arts. 513 a 538 do CPC).

LIVRO I – DO PROCESSO DE CONHECIMENTO E DO CUMPRIMENTO (...) **ART. 703**

§ 5º. Aplica-se à ação monitória, no que couber, o art. 916.

Art. 702. Independentemente de prévia segurança do juízo, o réu poderá opor, nos próprios autos, no prazo previsto no art. 701, embargos à ação monitória.

(*) Vide Súmula 292 do STJ.

§ 1º. Os embargos podem se fundar em matéria passível de alegação como defesa no procedimento comum.

§ 2º. Quando o réu alegar que o autor pleiteia quantia superior à devida, cumprir-lhe-á declarar de imediato o valor que entende correto, apresentando demonstrativo discriminado e atualizado da dívida.

§ 3º. Não apontado o valor correto ou não apresentado o demonstrativo, os embargos serão liminarmente rejeitados, se esse for o seu único fundamento, e, se houver outro fundamento, os embargos serão processados, mas o juiz deixará de examinar a alegação de excesso.

§ 4º. A oposição dos embargos suspende a eficácia da decisão referida no *caput* do art. 701 até o julgamento em primeiro grau.

§ 5º. O autor será intimado para responder aos embargos no prazo de 15 (quinze) dias.

§ 6º. Na ação monitória admite-se a reconvenção, sendo vedado o oferecimento de reconvenção à reconvenção.

(*) V. art. 343 do CPC.

§ 7º. A critério do juiz, os embargos serão autuados em apartado, se parciais, constituindo-se de pleno direito o título executivo judicial em relação à parcela incontroversa.

§ 8º. Rejeitados os embargos, constituir-se-á de pleno direito o título executivo judicial, prosseguindo-se o processo em observância ao disposto no Título II do Livro I da Parte Especial, no que for cabível.

§ 9º. Cabe apelação contra a sentença que acolhe ou rejeita os embargos.

(*) V. art. 1.009 do CPC.

(*) Vide Enunciado 134 do CJF.

§ 10. O juiz condenará o autor de ação monitória proposta indevidamente e de má-fé ao pagamento, em favor do réu, de multa de até dez por cento sobre o valor da causa.

(*) V. art. 5º do CPC.

§ 11. O juiz condenará o réu que de má-fé opuser embargos à ação monitória ao pagamento de multa de até dez por cento sobre o valor atribuído à causa, em favor do autor.

(*) V. art. 5º do CPC.

Capítulo XII
DA HOMOLOGAÇÃO DO PENHOR LEGAL

Art. 703. Tomado o penhor legal nos casos previstos em lei, requererá o credor, ato contínuo, a homologação.

§ 1º. Na petição inicial, instruída com o contrato de locação ou a conta pormenorizada das despesas, a tabela dos preços e a relação dos objetos retidos, o credor pedirá a citação do devedor para pagar ou contestar na audiência preliminar que for designada.

§ 2º. A homologação do penhor legal poderá ser promovida pela via extrajudicial mediante requerimento, que conterá os requisitos previstos no § 1º deste artigo, do credor a notário de sua livre escolha.

(*) Vide Enunciado 73 do FPPC.

§ 3º. Recebido o requerimento, o notário promoverá a notificação extrajudicial do devedor para, no prazo de 5 (cinco) dias, pagar o débito ou impugnar sua cobrança, alegando por escrito uma das causas previstas no art. 704, hipótese em que o procedimento será encaminhado ao juízo competente para decisão.

§ 4º. Transcorrido o prazo sem manifestação do devedor, o notário formalizará a homologação do penhor legal por escritura pública.

Art. 704. A defesa só pode consistir em:

I – nulidade do processo;

II – extinção da obrigação;

III – não estar a dívida compreendida entre as previstas em lei ou não estarem os bens sujeitos a penhor legal;

IV – alegação de haver sido ofertada caução idônea, rejeitada pelo credor.

(*) Vide Enunciado 74 do FPPC.

Art. 705. A partir da audiência preliminar, observar-se-á o procedimento comum.

Art. 706. Homologado judicialmente o penhor legal, consolidar-se-á a posse do autor sobre o objeto.

§ 1º. Negada a homologação, o objeto será entregue ao réu, ressalvado ao autor o direito de cobrar a dívida pelo procedimento comum, salvo se acolhida a alegação de extinção da obrigação.

§ 2º. Contra a sentença caberá apelação, e, na pendência de recurso, poderá o relator ordenar que a coisa permaneça depositada ou em poder do autor.

Capítulo XIII
DA REGULAÇÃO DE AVARIA GROSSA

Art. 707. Quando inexistir consenso acerca da nomeação de um regulador de avarias, o juiz de direito da comarca do primeiro porto onde o navio houver chegado, provocado por qualquer parte interessada, nomeará um de notório conhecimento.

(*) Vide Enunciado 75 do FPPC.

Art. 708. O regulador declarará justificadamente se os danos são passíveis de rateio na forma de avaria grossa e exigirá das partes envolvidas a apresentação de garantias idôneas para que possam ser liberadas as cargas aos consignatários.

§ 1º. A parte que não concordar com o regulador quanto à declaração de abertura da avaria grossa deverá justificar suas razões ao juiz, que decidirá no prazo de 10 (dez) dias.

§ 2º. Se o consignatário não apresentar garantia idônea a critério do regulador, este fixará o valor da contribuição provisória com base nos fatos narrados e nos documentos que instruírem a petição inicial, que deverá ser caucionado sob a forma de depósito judicial ou de garantia bancária.

§ 3º. Recusando-se o consignatário a prestar caução, o regulador requererá ao juiz a alienação judicial de sua carga na forma dos arts. 879 a 903.

§ 4º. É permitido o levantamento, por alvará, das quantias necessárias ao pagamento das despesas da alienação a serem arcadas pelo consignatário, mantendo-se o saldo remanescente em depósito judicial até o encerramento da regulação.

Art. 709. As partes deverão apresentar nos autos os documentos necessários à regulação da avaria grossa em prazo razoável a ser fixado pelo regulador.

Art. 710. O regulador apresentará o regulamento da avaria grossa no prazo de até 12 (doze) meses, contado da data da entrega dos documentos nos autos pelas partes, podendo o prazo ser estendido a critério do juiz.

§ 1º. Oferecido o regulamento da avaria grossa, dele terão vista as partes pelo prazo comum de 15 (quinze) dias, e, não havendo impugnação, o regulamento será homologado por sentença.

§ 2º. Havendo impugnação ao regulamento, o juiz decidirá no prazo de 10 (dez) dias, após a oitiva do regulador.

Art. 711. Aplicam-se ao regulador de avarias os arts. 156 a 158, no que couber.

Capítulo XIV
DA RESTAURAÇÃO DE AUTOS

Art. 712. Verificado o desaparecimento dos autos, eletrônicos ou não, pode o juiz, de ofício, qualquer das partes ou o Ministério Público, se for o caso, promover-lhes a restauração.

Parágrafo único. Havendo autos suplementares, nesses prosseguirá o processo.

Art. 713. Na petição inicial, declarará a parte o estado do processo ao tempo do desaparecimento dos autos, oferecendo:

I – certidões dos atos constantes do protocolo de audiências do cartório por onde haja corrido o processo;

II – cópia das peças que tenha em seu poder;

III – qualquer outro documento que facilite a restauração.

Art. 714. A parte contrária será citada para contestar o pedido no prazo de 5 (cinco) dias, cabendo-lhe exibir as cópias, as contrafés e as reproduções dos atos e dos documentos que estiverem em seu poder.

§ 1º. Se a parte concordar com a restauração, lavrar-se-á o auto que, assinado pelas partes e homologado pelo juiz, suprirá o processo desaparecido.

§ 2º. Se a parte não contestar ou se a concordância for parcial, observar-se-á o procedimento comum.

Art. 715. Se a perda dos autos tiver ocorrido depois da produção das provas em audiência, o juiz, se necessário, mandará repeti-las.

§ 1º. Serão reinquiridas as mesmas testemunhas, que, em caso de impossibilidade, poderão ser substituídas de ofício ou a requerimento.

§ 2º. Não havendo certidão ou cópia do laudo, far-se-á nova perícia, sempre que possível pelo mesmo perito.

§ 3º. Não havendo certidão de documentos, esses serão reconstituídos mediante cópias ou, na falta dessas, pelos meios ordinários de prova.

§ 4º. Os serventuários e os auxiliares da justiça não podem eximir-se de depor como testemunhas a respeito de atos que tenham praticado ou assistido.

§ 5º. Se o juiz houver proferido sentença da qual ele próprio ou o escrivão possua cópia, esta será juntada aos autos e terá a mesma autoridade da original.

Art. 716. Julgada a restauração, seguirá o processo os seus termos.

Parágrafo único. Aparecendo os autos originais, neles se prosseguirá, sendo-lhes apensados os autos da restauração.

(*) Vide Enunciado 76 do FPPC.

Art. 717. Se o desaparecimento dos autos tiver ocorrido no tribunal, o processo de restauração será distribuído, sempre que possível, ao relator do processo.

§ 1º. A restauração far-se-á no juízo de origem quanto aos atos nele realizados.

§ 2º. Remetidos os autos ao tribunal, nele completar-se-á a restauração e proceder-se-á ao julgamento.

Art. 718. Quem houver dado causa ao desaparecimento dos autos responderá pelas custas da restauração e pelos honorários de advogado, sem prejuízo da responsabilidade civil ou penal em que incorrer.

(*) V. arts. 79 a 81 do CPC.

Capítulo XV
DOS PROCEDIMENTOS DE JURISDIÇÃO VOLUNTÁRIA

Seção I
Disposições Gerais

Art. 719. Quando este Código não estabelecer procedimento especial, regem os procedimentos de jurisdição voluntária as disposições constantes desta Seção.

Art. 720. O procedimento terá início por provocação do interessado, do Ministério Público ou da Defensoria Pública, cabendo-lhes formular o pedido devidamente instruído com os documentos necessários e com a indicação da providência judicial.

(*) Vide Enunciados 56 e 57 do CJF.

Art. 721. Serão citados todos os interessados, bem como intimado o Ministério Público, nos casos do art. 178, para que se manifestem, querendo, no prazo de 15 (quinze) dias.

(*) V. art. 279, § 1º, do CPC.

Art. 722. A Fazenda Pública será sempre ouvida nos casos em que tiver interesse.

(*) V. art. 178, parágrafo único, do CPC.

Art. 723. O juiz decidirá o pedido no prazo de 10 (dez) dias.

Parágrafo único. O juiz não é obrigado a observar critério de legalidade estrita, podendo adotar em cada caso a solução que considerar mais conveniente ou oportuna.

(*) Vide Enunciado 640 do FPPC.

Art. 724. Da sentença caberá apelação.

(*) V. art. 1.009 do CPC.

Art. 725. Processar-se-á na forma estabelecida nesta Seção o pedido de:

I – emancipação;

II – sub-rogação;

III – alienação, arrendamento ou oneração de bens de crianças ou adolescentes, de órfãos e de interditos;

IV – alienação, locação e administração da coisa comum;

V – alienação de quinhão em coisa comum;

VI – extinção de usufruto, quando não decorrer da morte do usufrutuário, do termo da sua duração ou da consolidação, e de fideicomisso, quando decorrer de renúncia ou quando ocor-

LIVRO I – DO PROCESSO DE CONHECIMENTO E DO CUMPRIMENTO (...) ART. 731

rer antes do evento que caracterizar a condição resolutória;

VII – expedição de alvará judicial;

VIII – homologação de autocomposição extrajudicial, de qualquer natureza ou valor.

Parágrafo único. As normas desta Seção aplicam-se, no que couber, aos procedimentos regulados nas seções seguintes.

Seção II
Da Notificação e da Interpelação

Art. 726. Quem tiver interesse em manifestar formalmente sua vontade a outrem sobre assunto juridicamente relevante poderá notificar pessoas participantes da mesma relação jurídica para dar-lhes ciência de seu propósito.

§ 1º. Se a pretensão for a de dar conhecimento geral ao público, mediante edital, o juiz só a deferirá se a tiver por fundada e necessária ao resguardo de direito.

§ 2º. Aplica-se o disposto nesta Seção, no que couber, ao protesto judicial.

Art. 727. Também poderá o interessado interpelar o requerido, no caso do art. 726, para que faça ou deixe de fazer o que o requerente entenda ser de seu direito.

Art. 728. O requerido será previamente ouvido antes do deferimento da notificação ou do respectivo edital:

I – se houver suspeita de que o requerente, por meio da notificação ou do edital, pretende alcançar fim ilícito;

II – se tiver sido requerida a averbação da notificação em registro público.

Art. 729. Deferida e realizada a notificação ou interpelação, os autos serão entregues ao requerente.

Seção III
Da Alienação Judicial

Art. 730. Nos casos expressos em lei, não havendo acordo entre os interessados sobre o modo como se deve realizar a alienação do bem, o juiz, de ofício ou a requerimento dos interessados ou do depositário, mandará aliená-lo em leilão, observando-se o disposto na Seção I deste Capítulo♦ e, no que couber, o disposto nos arts. 879 a 903.

♦ Seção I: "Disposições Gerais" (arts. 719 a 725 do CPC).

Seção IV
Do Divórcio e da Separação Consensuais, da Extinção Consensual de União Estável e da Alteração do Regime de Bens do Matrimônio

Art. 731. A homologação do divórcio ou da separação consensuais, observados os requisitos legais, poderá ser requerida em petição assinada por ambos os cônjuges, da qual constarão:

(*) V. art. 733 do CPC.

I – as disposições relativas à descrição e à partilha dos bens comuns;

II – as disposições relativas à pensão alimentícia entre os cônjuges;

(*) Vide Súmula 379 do STF.

III – o acordo relativo à guarda dos filhos incapazes e ao regime de visitas; e

IV – o valor da contribuição para criar e educar os filhos.

Parágrafo único. Se os cônjuges não acordarem sobre a partilha dos bens, far-se-á esta depois de homologado o divórcio, na forma estabelecida nos arts. 647 a 658.

Art. 732. As disposições relativas ao processo de homologação judicial de divórcio ou de separação consensuais aplicam-se, no que couber, ao processo de homologação da extinção consensual de união estável.

Art. 733. O divórcio consensual, a separação consensual e a extinção consensual de união estável, não havendo nascituro ou filhos incapazes e observados os requisitos legais, poderão ser realizados por escritura pública, da qual constarão as disposições de que trata o art. 731.

§ 1º. A escritura não depende de homologação judicial e constitui título hábil para qualquer ato de registro, bem como para levantamento de importância depositada em instituições financeiras.

§ 2º. O tabelião somente lavrará a escritura se os interessados estiverem assistidos por advogado ou por defensor público, cuja qualificação e assinatura constarão do ato notarial.

(*) Vide Resolução CNJ nº 35/2007.

Art. 734. A alteração do regime de bens do casamento, observados os requisitos legais, poderá ser requerida, motivadamente, em petição assinada por ambos os cônjuges, na qual serão expostas as razões que justificam a alteração, ressalvados os direitos de terceiros.

§ 1º. Ao receber a petição inicial, o juiz determinará a intimação do Ministério Público e a publicação de edital que divulgue a pretendida alteração de bens, somente podendo decidir depois de decorrido o prazo de 30 (trinta) dias da publicação do edital.

§ 2º. Os cônjuges, na petição inicial ou em petição avulsa, podem propor ao juiz meio alternativo de divulgação da alteração do regime de bens, a fim de resguardar direitos de terceiros.

§ 3º. Após o trânsito em julgado da sentença, serão expedidos mandados de averbação aos cartórios de registro civil e de imóveis e, caso qualquer dos cônjuges seja empresário, ao Registro Público de Empresas Mercantis e Atividades Afins.

Seção V
Dos Testamentos e dos Codicilos

Art. 735. Recebendo testamento cerrado, o juiz, se não achar vício externo que o torne suspeito de nulidade ou falsidade, o abrirá e mandará que o escrivão o leia em presença do apresentante.

§ 1º. Do termo de abertura constarão o nome do apresentante e como ele obteve o testamento, a data e o lugar do falecimento do testador, com as respectivas provas, e qualquer circunstância digna de nota.

§ 2º. Depois de ouvido o Ministério Público, não havendo dúvidas a serem esclarecidas, o juiz mandará registrar, arquivar e cumprir o testamento.

§ 3º. Feito o registro, será intimado o testamenteiro para assinar o termo da testamentária.

§ 4º. Se não houver testamenteiro nomeado ou se ele estiver ausente ou

LIVRO I – DO PROCESSO DE CONHECIMENTO E DO CUMPRIMENTO (...) ART. 740

não aceitar o encargo, o juiz nomeará testamenteiro dativo, observando-se a preferência legal.

§ 5º. O testamenteiro deverá cumprir as disposições testamentárias e prestar contas em juízo do que recebeu e despendeu, observando-se o disposto em lei.

Art. 736. Qualquer interessado, exibindo o traslado ou a certidão de testamento público, poderá requerer ao juiz que ordene o seu cumprimento, observando-se, no que couber, o disposto nos parágrafos do art. 735.

Art. 737. A publicação do testamento particular poderá ser requerida, depois da morte do testador, pelo herdeiro, pelo legatário ou pelo testamenteiro, bem como pelo terceiro detentor do testamento, se impossibilitado de entregá-lo a algum dos outros legitimados para requerê-la.

§ 1º. Serão intimados os herdeiros que não tiverem requerido a publicação do testamento.

§ 2º. Verificando a presença dos requisitos da lei, ouvido o Ministério Público, o juiz confirmará o testamento.

§ 3º. Aplica-se o disposto neste artigo ao codicilo e aos testamentos marítimo, aeronáutico, militar e nuncupativo.

§ 4º. Observar-se-á, no cumprimento do testamento, o disposto nos parágrafos do art. 735.

Seção VI
Da Herança Jacente

Art. 738. Nos casos em que a lei considere jacente a herança, o juiz em cuja comarca tiver domicílio o falecido procederá imediatamente à arrecadação dos respectivos bens.

Art. 739. A herança jacente ficará sob a guarda, a conservação e a administração de um curador até a respectiva entrega ao sucessor legalmente habilitado ou até a declaração de vacância.

(*) V. art. 75, VI, do CPC.

§ 1º. Incumbe ao curador:

I – representar a herança em juízo ou fora dele, com intervenção do Ministério Público;

II – ter em boa guarda e conservação os bens arrecadados e promover a arrecadação de outros porventura existentes;

III – executar as medidas conservatórias dos direitos da herança;

IV – apresentar mensalmente ao juiz balancete da receita e da despesa;

V – prestar contas ao final de sua gestão.

(*) V. art. 553 do CPC.

§ 2º. Aplica-se ao curador o disposto nos arts. 159 a 161.

Art. 740. O juiz ordenará que o oficial de justiça, acompanhado do escrivão ou do chefe de secretaria e do curador, arrole os bens e descreva-os em auto circunstanciado.

§ 1º. Não podendo comparecer ao local, o juiz requisitará à autoridade policial que proceda à arrecadação e ao arrolamento dos bens, com 2 (duas) testemunhas, que assistirão às diligências.

§ 2º. Não estando ainda nomeado o curador, o juiz designará depositário e lhe entregará os bens, mediante simples termo nos autos, depois de compromissado.

§ 3º. Durante a arrecadação, o juiz ou a autoridade policial inquirirá os moradores da casa e da vizinhança sobre a qualificação do falecido, o paradeiro de seus sucessores e a existência de outros bens, lavrando-se de tudo auto de inquirição e informação.

§ 4º. O juiz examinará reservadamente os papéis, as cartas missivas e os livros domésticos e, verificando que não apresentam interesse, mandará empacotá-los e lacrá-los para serem assim entregues aos sucessores do falecido ou queimados quando os bens forem declarados vacantes.

§ 5º. Se constar ao juiz a existência de bens em outra comarca, mandará expedir carta precatória a fim de serem arrecadados.

§ 6º. Não se fará a arrecadação, ou essa será suspensa, quando, iniciada, apresentarem-se para reclamar os bens o cônjuge ou companheiro, o herdeiro ou o testamenteiro notoriamente reconhecido e não houver oposição motivada do curador, de qualquer interessado, do Ministério Público ou do representante da Fazenda Pública.

Art. 741. Ultimada a arrecadação, o juiz mandará expedir edital, que será publicado na rede mundial de computadores, no sítio do tribunal a que estiver vinculado o juízo e na plataforma de editais do Conselho Nacional de Justiça, onde permanecerá por 3 (três) meses, ou, não havendo sítio, no órgão oficial e na imprensa da comarca, por 3 (três) vezes com intervalos de 1 (um) mês, para que os sucessores do falecido venham a habilitar-se no prazo de 6 (seis) meses contado da primeira publicação.

§ 1º. Verificada a existência de sucessor ou de testamenteiro em lugar certo, far-se-á a sua citação, sem prejuízo do edital.

§ 2º. Quando o falecido for estrangeiro, será também comunicado o fato à autoridade consular.

§ 3º. Julgada a habilitação do herdeiro, reconhecida a qualidade de testamenteiro ou provada a identidade do cônjuge ou companheiro, a arrecadação converter-se-á em inventário.

§ 4º. Os credores da herança poderão habilitar-se como nos inventários ou propor a ação de cobrança.

(*) V. arts. 642 a 646 do CPC.

Art. 742. O juiz poderá autorizar a alienação:

(*) V. art. 730 do CPC.

I – de bens móveis, se forem de conservação difícil ou dispendiosa;

II – de semoventes, quando não empregados na exploração de alguma indústria;

III – de títulos e papéis de crédito, havendo fundado receio de depreciação;

IV – de ações de sociedade quando, reclamada a integralização, não dispuser a herança de dinheiro para o pagamento;

V – de bens imóveis:

a) se ameaçarem ruína, não convindo a reparação;

b) se estiverem hipotecados e vencer-se a dívida, não havendo dinheiro para o pagamento.

§ 1º. Não se procederá, entretanto, à venda se a Fazenda Pública ou o habilitando adiantar a importância para as despesas.

§ 2º. Os bens com valor de afeição, como retratos, objetos de uso pessoal, livros e obras de arte, só serão alienados depois de declarada a vacância da herança.

Art. 743. Passado 1 (um) ano da primeira publicação do edital e não havendo herdeiro habilitado nem habilitação pendente, será a herança declarada vacante.

§ 1º. Pendendo habilitação, a vacância será declarada pela mesma sentença que a julgar improcedente, aguardando-se, no caso de serem diversas as habilitações, o julgamento da última.

§ 2º. Transitada em julgado a sentença que declarou a vacância, o cônjuge, o companheiro, os herdeiros e os credores só poderão reclamar o seu direito por ação direta.

Seção VII
Dos Bens dos Ausentes
(*) V. art. 49 do CPC.

Art. 744. Declarada a ausência nos casos previstos em lei, o juiz mandará arrecadar os bens do ausente e nomear-lhes-á curador na forma estabelecida na Seção VI, observando-se o disposto em lei.

(*) V. Seção VI - arts. 738 a 743 do CPC.

Art. 745. Feita a arrecadação, o juiz mandará publicar editais na rede mundial de computadores, no sítio do tribunal a que estiver vinculado e na plataforma de editais do Conselho Nacional de Justiça, onde permanecerá por 1 (um) ano, ou, não havendo sítio, no órgão oficial e na imprensa da comarca, durante 1 (um) ano, reproduzida de 2 (dois) em 2 (dois) meses, anunciando a arrecadação e chamando o ausente a entrar na posse de seus bens.

§ 1º. Findo o prazo previsto no edital, poderão os interessados requerer a abertura da sucessão provisória, observando-se o disposto em lei.

§ 2º. O interessado, ao requerer a abertura da sucessão provisória, pedirá a citação pessoal dos herdeiros presentes e do curador e, por editais, a dos ausentes para requererem habilitação, na forma dos arts. 689 a 692.

§ 3º. Presentes os requisitos legais, poderá ser requerida a conversão da sucessão provisória em definitiva.

§ 4º. Regressando o ausente ou algum de seus descendentes ou ascendentes para requerer ao juiz a entrega de bens, serão citados para contestar o pedido os sucessores provisórios ou definitivos, o Ministério Público e o representante da Fazenda Pública, seguindo-se o procedimento comum.

Seção VIII
Das Coisas Vagas

Art. 746. Recebendo do descobridor coisa alheia perdida, o juiz mandará lavrar o respectivo auto, do qual constará a descrição do bem e as declarações do descobridor.

§ 1º. Recebida a coisa por autoridade policial, esta a remeterá em seguida ao juízo competente.

§ 2º. Depositada a coisa, o juiz mandará publicar edital na rede mundial de computadores, no sítio do tribunal a que estiver vinculado e na plataforma de editais do Conselho Nacional de Justiça ou, não havendo sítio, no órgão oficial e na imprensa da comarca, para que o dono ou o legítimo possuidor a reclame, salvo se

ART. 747 CÓDIGO DE PROCESSO CIVIL – PARTE ESPECIAL

se tratar de coisa de pequeno valor e não for possível a publicação no sítio do tribunal, caso em que o edital será apenas afixado no átrio do edifício do fórum.

§ 3º. Observar-se-á, quanto ao mais, o disposto em lei.

Seção IX
Da Interdição

Art. 747. A interdição pode ser promovida:

I – pelo cônjuge ou companheiro;

II – pelos parentes ou tutores;

III – pelo representante da entidade em que se encontra abrigado o interditando;

IV – pelo Ministério Público.

(*) V. arts. 18, I; e 748 do CPC.

(*) Vide Enunciado 680 do FPPC.

Parágrafo único. A legitimidade deverá ser comprovada por documentação que acompanhe a petição inicial.

Art. 748. O Ministério Público só promoverá interdição em caso de doença mental grave:

I – se as pessoas designadas nos incisos I, II e III do art. 747 não existirem ou não promoverem a interdição;

II – se, existindo, forem incapazes as pessoas mencionadas nos incisos I e II do art. 747.

Art. 749. Incumbe ao autor, na petição inicial, especificar os fatos que demonstram a incapacidade do interditando para administrar seus bens e, se for o caso, para praticar atos da vida civil, bem como o momento em que a incapacidade se revelou.

Parágrafo único. Justificada a urgência, o juiz pode nomear curador provisório ao interditando para a prática de determinados atos.

Art. 750. O requerente deverá juntar laudo médico para fazer prova de suas alegações ou informar a impossibilidade de fazê-lo.

Art. 751. O interditando será citado para, em dia designado, comparecer perante o juiz, que o entrevistará minuciosamente acerca de sua vida, negócios, bens, vontades, preferências e laços familiares e afetivos e sobre o que mais lhe parecer necessário para convencimento quanto à sua capacidade para praticar atos da vida civil, devendo ser reduzidas a termo as perguntas e respostas.

§ 1º. Não podendo o interditando deslocar-se, o juiz o ouvirá no local onde estiver.

§ 2º. A entrevista poderá ser acompanhada por especialista.

§ 3º. Durante a entrevista, é assegurado o emprego de recursos tecnológicos capazes de permitir ou de auxiliar o interditando a expressar suas vontades e preferências e a responder às perguntas formuladas.

§ 4º. A critério do juiz, poderá ser requisitada a oitiva de parentes e de pessoas próximas.

Art. 752. Dentro do prazo de 15 (quinze) dias contado da entrevista, o interditando poderá impugnar o pedido.

§ 1º. O Ministério Público intervirá como fiscal da ordem jurídica.

§ 2º. O interditando poderá constituir advogado, e, caso não o faça, deverá ser nomeado curador especial.

§ 3º. Caso o interditando não constitua advogado, o seu cônjuge, companheiro ou qualquer parente sucessível poderá intervir como assistente.

Art. 753. Decorrido o prazo previsto no art. 752, o juiz determinará a produção de prova pericial para avaliação da capacidade do interditando para praticar atos da vida civil.

§ 1º. A perícia pode ser realizada por equipe composta por expertos com formação multidisciplinar.

§ 2º. O laudo pericial indicará especificadamente, se for o caso, os atos para os quais haverá necessidade de curatela.

Art. 754. Apresentado o laudo, produzidas as demais provas e ouvidos os interessados, o juiz proferirá sentença.

Art. 755. Na sentença que decretar a interdição, o juiz:

I – nomeará curador, que poderá ser o requerente da interdição, e fixará os limites da curatela, segundo o estado e o desenvolvimento mental do interdito;

II – considerará as características pessoais do interdito, observando suas potencialidades, habilidades, vontades e preferências.

§ 1º. A curatela deve ser atribuída a quem melhor possa atender aos interesses do curatelado.

§ 2º. Havendo, ao tempo da interdição, pessoa incapaz sob a guarda e a responsabilidade do interdito, o juiz atribuirá a curatela a quem melhor puder atender aos interesses do interdito e do incapaz.

§ 3º. A sentença de interdição será inscrita no registro de pessoas naturais e imediatamente publicada na rede mundial de computadores, no sítio do tribunal a que estiver vinculado o juízo e na plataforma de editais do Conselho Nacional de Justiça, onde permanecerá por 6 (seis) meses, na imprensa local, 1 (uma) vez, e no órgão oficial, por 3 (três) vezes, com intervalo de 10 (dez) dias, constando do edital os nomes do interdito e do curador, a causa da interdição, os limites da curatela e, não sendo total a interdição, os atos que o interdito poderá praticar autonomamente.

Art. 756. Levantar-se-á a curatela quando cessar a causa que a determinou.

§ 1º. O pedido de levantamento da curatela poderá ser feito pelo interdito, pelo curador ou pelo Ministério Público e será apensado aos autos da interdição.

§ 2º. O juiz nomeará perito ou equipe multidisciplinar para proceder ao exame do interdito e designará audiência de instrução e julgamento após a apresentação do laudo.

§ 3º. Acolhido o pedido, o juiz decretará o levantamento da interdição e determinará a publicação da sentença, após o trânsito em julgado, na forma do art. 755, § 3º, ou, não sendo possível, na imprensa local e no órgão oficial, por 3 (três) vezes, com intervalo de 10 (dez) dias, seguindo-se a averbação no registro de pessoas naturais.

§ 4º. A interdição poderá ser levantada parcialmente quando demonstrada a capacidade do interdito para praticar alguns atos da vida civil.

Art. 757. A autoridade do curador estende-se à pessoa e aos bens do incapaz que se encontrar sob a guarda e a responsabilidade do curatelado ao tempo da interdição, salvo se o juiz considerar outra solução como mais conveniente aos interesses do incapaz.

Art. 758. O curador deverá buscar tratamento e apoio apropriados à conquista da autonomia pelo interdito.

Seção X
Disposições Comuns à Tutela e à Curatela

Art. 759. O tutor ou o curador será intimado a prestar compromisso no prazo de 5 (cinco) dias contado da:

I – nomeação feita em conformidade com a lei;

II – intimação do despacho que mandar cumprir o testamento ou o instrumento público que o houver instituído.

§ 1º. O tutor ou o curador prestará o compromisso por termo em livro rubricado pelo juiz.

§ 2º. Prestado o compromisso, o tutor ou o curador assume a administração dos bens do tutelado ou do interditado.

Art. 760. O tutor ou o curador poderá eximir-se do encargo apresentando escusa ao juiz no prazo de 5 (cinco) dias contado:

I – antes de aceitar o encargo, da intimação para prestar compromisso;

II – depois de entrar em exercício, do dia em que sobrevier o motivo da escusa.

§ 1º. Não sendo requerida a escusa no prazo estabelecido neste artigo, considerar-se-á renunciado o direito de alegá-la.

§ 2º. O juiz decidirá de plano o pedido de escusa, e, não o admitindo, exercerá o nomeado a tutela ou a curatela enquanto não for dispensado por sentença transitada em julgado.

Art. 761. Incumbe ao Ministério Público ou a quem tenha legítimo interesse requerer, nos casos previstos em lei, a remoção do tutor ou do curador.

Parágrafo único. O tutor ou o curador será citado para contestar a arguição no prazo de 5 (cinco) dias, findo o qual observar-se-á o procedimento comum.

Art. 762. Em caso de extrema gravidade, o juiz poderá suspender o tutor ou o curador do exercício de suas funções, nomeando substituto interino.

Art. 763. Cessando as funções do tutor ou do curador pelo decurso do prazo em que era obrigado a servir, ser-lhe-á lícito requerer a exoneração do encargo.

§ 1º. Caso o tutor ou o curador não requeira a exoneração do encargo dentro dos 10 (dez) dias seguintes à expiração do termo, entender-se-á reconduzido, salvo se o juiz o dispensar.

§ 2º. Cessada a tutela ou a curatela, é indispensável a prestação de contas pelo tutor ou pelo curador, na forma da lei civil.

Seção XI
Da Organização e da Fiscalização das Fundações

Art. 764. O juiz decidirá sobre a aprovação do estatuto das fundações e de suas alterações sempre que o requeira o interessado, quando:

I – ela for negada previamente pelo Ministério Público ou por este forem exigidas modificações com as quais o interessado não concorde;

II – o interessado discordar do estatuto elaborado pelo Ministério Público.

§ 1º. O estatuto das fundações deve observar o disposto na Lei nº 10.406, de 10 de janeiro de 2002 (Código Civil).

§ 2º. Antes de suprir a aprovação, o juiz poderá mandar fazer no estatuto modificações a fim de adaptá-lo ao objetivo do instituidor.

Art. 765. Qualquer interessado ou o Ministério Público promoverá em juízo a extinção da fundação quando:

I – se tornar ilícito o seu objeto;

II – for impossível a sua manutenção;

III – vencer o prazo de sua existência.

(*) Vide Enunciado 189 do FPPC.

Seção XII
Da Ratificação dos Protestos Marítimos e dos Processos Testemunháveis Formados a Bordo

Art. 766. Todos os protestos e os processos testemunháveis formados a bordo e lançados no livro Diário da Navegação deverão ser apresentados pelo comandante ao juiz de direito do primeiro porto, nas primeiras 24 (vinte e quatro) horas de chegada da embarcação, para sua ratificação judicial.

Art. 767. A petição inicial conterá a transcrição dos termos lançados no livro Diário da Navegação e deverá ser instruída com cópias das páginas que contenham os termos que serão ratificados, dos documentos de identificação do comandante e das testemunhas arroladas, do rol de tripulantes, do documento de registro da embarcação e, quando for o caso, do manifesto das cargas sinistradas e a qualificação de seus consignatários, traduzidos, quando for o caso, de forma livre para o português.

Art. 768. A petição inicial deverá ser distribuída com urgência e encaminhada ao juiz, que ouvirá, sob compromisso a ser prestado no mesmo dia, o comandante e as testemunhas em número mínimo de 2 (duas) e máximo de 4 (quatro), que deverão comparecer ao ato independentemente de intimação.

(*) Vide Enunciado 79 do FPPC.

§ 1º. Tratando-se de estrangeiros que não dominem a língua portuguesa, o autor deverá fazer-se acompanhar por tradutor, que prestará compromisso em audiência.

§ 2º. Caso o autor não se faça acompanhar por tradutor, o juiz deverá nomear outro que preste compromisso em audiência.

Art. 769. Aberta a audiência, o juiz mandará apregoar os consignatários das cargas indicados na petição inicial e outros eventuais interessados, nomeando para os ausentes curador para o ato.

Art. 770. Inquiridos o comandante e as testemunhas, o juiz, convencido da veracidade dos termos lançados no Diário da Navegação, em audiência, ratificará por sentença o protesto ou o processo testemunhável lavrado a bordo, dispensado o relatório.

Parágrafo único. Independentemente do trânsito em julgado, o juiz determinará a entrega dos autos ao autor ou ao seu advogado, mediante a apresentação de traslado.

LIVRO II
DO PROCESSO DE EXECUÇÃO

TÍTULO I
DA EXECUÇÃO EM GERAL

Capítulo I
DISPOSIÇÕES GERAIS

Art. 771. Este Livro regula o procedimento da execução fundada em título extrajudicial, e suas disposições aplicam-se, também, no que couber, aos procedimentos especiais de execução, aos atos executivos realizados no procedimento de cumprimento de sentença, bem como aos efeitos de atos ou fatos processuais a que a lei atribuir força executiva.

(*) V. arts. 783 a 785 do CPC.
(*) Vide Enunciados 545, 586, 621, 642 e 715 do FPPC.

Parágrafo único. Aplicam-se subsidiariamente à execução as disposições do Livro I da Parte Especial.

(*) V. arts. 318 a 770 do CPC.
(*) Vide Enunciados 12, 194, 444, 450, 588 e 641 do FPPC.
(*) Vide Súmula 196 do STJ.

Art. 772. O juiz pode, em qualquer momento do processo:

I – ordenar o comparecimento das partes;

II – advertir o executado de que seu procedimento constitui ato atentatório à dignidade da justiça;

(*) V. art. 80 do CPC.
(*) Vide Enunciado 148 do CJF.

III – determinar que sujeitos indicados pelo exequente forneçam informações em geral relacionadas ao objeto da execução, tais como documentos e dados que tenham em seu poder, assinando-lhes prazo razoável.

(*) Vide Enunciado 536 do FPPC.

Art. 773. O juiz poderá, de ofício ou a requerimento, determinar as medidas necessárias ao cumprimento da ordem de entrega de documentos e dados.

Parágrafo único. Quando, em decorrência do disposto neste artigo, o juízo receber dados sigilosos para os fins da execução, o juiz adotará as medidas necessárias para assegurar a confidencialidade.

(*) Vide Enunciados 536 e 545 do FPPC.

Art. 774. Considera-se atentatória à dignidade da justiça a conduta comissiva ou omissiva do executado que:

(*) V. art. 80 do CPC.
(*) Vide Enunciados 537 e 716 do FPPC.

I – frauda a execução;

(*) V. arts. 792; 847, § 2º; e 856, § 3º, do CPC.
(*) Vide Enunciado 149 do CJF.

II – se opõe maliciosamente à execução, empregando ardis e meios artificiosos;

III – dificulta ou embaraça a realização da penhora;

IV – resiste injustificadamente às ordens judiciais;

(*) Vide Enunciado 533 do FPPC.

V – intimado, não indica ao juiz quais são e onde estão os bens sujeitos à penhora e os respectivos valores, nem exibe prova de sua propriedade e, se for o caso, certidão negativa de ônus.

LIVRO II – DO PROCESSO DE EXECUÇÃO **ART. 779**

Parágrafo único. Nos casos previstos neste artigo, o juiz fixará multa em montante não superior a vinte por cento do valor atualizado do débito em execução, a qual será revertida em proveito do exequente, exigível nos próprios autos do processo, sem prejuízo de outras sanções de natureza processual ou material.

(*) Vide Enunciado 586 do FPPC.

Art. 775. O exequente tem o direito de desistir de toda a execução ou de apenas alguma medida executiva.

(*) V. art. 200, parágrafo único, do CPC.

Parágrafo único. Na desistência da execução, observar-se-á o seguinte:

I – serão extintos a impugnação e os embargos que versarem apenas sobre questões processuais, pagando o exequente as custas processuais e os honorários advocatícios;

II – nos demais casos, a extinção dependerá da concordância do impugnante ou do embargante.

Art. 776. O exequente ressarcirá ao executado os danos que este sofreu, quando a sentença, transitada em julgado, declarar inexistente, no todo ou em parte, a obrigação que ensejou a execução.

Art. 777. A cobrança de multas ou de indenizações decorrentes de litigância de má-fé ou de prática de ato atentatório à dignidade da justiça será promovida nos próprios autos do processo.

Capítulo II
DAS PARTES

Art. 778. Pode promover a execução forçada o credor a quem a lei confere título executivo.

(*) V. arts. 783 a 785 do CPC.

§ 1º. Podem promover a execução forçada ou nela prosseguir, em sucessão ao exequente originário:

I – o Ministério Público, nos casos previstos em lei;

(*) V. art. 177 do CPC.

II – o espólio, os herdeiros ou os sucessores do credor, sempre que, por morte deste, lhes for transmitido o direito resultante do título executivo;

III – o cessionário, quando o direito resultante do título executivo lhe for transferido por ato entre vivos;

(*) V. art. 109, § 1º, do CPC.

IV – o sub-rogado, nos casos de sub-rogação legal ou convencional.

§ 2º. A sucessão prevista no § 1º independe de consentimento do executado.

Art. 779. A execução pode ser promovida contra:

(*) V. art. 789 do CPC.
(*) Vide Enunciado 445 do FPPC.
(*) Vide Súmula 581 do STJ.

I – o devedor, reconhecido como tal no título executivo;

II – o espólio, os herdeiros ou os sucessores do devedor;

III – o novo devedor que assumiu, com o consentimento do credor, a obrigação resultante do título executivo;

(*) V. art. 109, § 1º, do CPC.

IV – o fiador do débito constante em título extrajudicial;

V – o responsável titular do bem vinculado por garantia real ao pagamento do débito;

(*) Vide Enunciado 97 do CJF.

VI – o responsável tributário, assim definido em lei.

(*) V. art. 794 do CPC.

Art. 780. O exequente pode cumular várias execuções, ainda que fundadas em títulos diferentes, quando o executado for o mesmo e desde que para todas elas seja competente o mesmo juízo e idêntico o procedimento.

(*) Vide Súmula 27 do STJ.

Capítulo III
DA COMPETÊNCIA

Art. 781. A execução fundada em título extrajudicial será processada perante o juízo competente, observando-se o seguinte:

I – a execução poderá ser proposta no foro de domicílio do executado, de eleição constante do título ou, ainda, de situação dos bens a ela sujeitos;

II – tendo mais de um domicílio, o executado poderá ser demandado no foro de qualquer deles;

III – sendo incerto ou desconhecido o domicílio do executado, a execução poderá ser proposta no lugar onde for encontrado ou no foro de domicílio do exequente;

IV – havendo mais de um devedor, com diferentes domicílios, a execução será proposta no foro de qualquer deles, à escolha do exequente;

V – a execução poderá ser proposta no foro do lugar em que se praticou o ato ou em que ocorreu o fato que deu origem ao título, mesmo que nele não mais resida o executado.

Art. 782. Não dispondo a lei de modo diverso, o juiz determinará os atos executivos, e o oficial de justiça os cumprirá.

§ 1º. O oficial de justiça poderá cumprir os atos executivos determinados pelo juiz também nas comarcas contíguas, de fácil comunicação, e nas que se situem na mesma região metropolitana.

§ 2º. Sempre que, para efetivar a execução, for necessário o emprego de força policial, o juiz a requisitará.

§ 3º. A requerimento da parte, o juiz pode determinar a inclusão do nome do executado em cadastros de inadimplentes.

(*) Vide Enunciado 190 do FPPC.
(*) Vide Enunciados 98 e 99 do CJF.

§ 4º. A inscrição será cancelada imediatamente se for efetuado o pagamento, se for garantida a execução ou se a execução for extinta por qualquer outro motivo.

(*) Vide Enunciado 538 do FPPC.

§ 5º. O disposto nos §§ 3º e 4º aplica-se à execução definitiva de título judicial.

(*) V. arts. 154 e 233 do CPC.

Capítulo IV
DOS REQUISITOS NECESSÁRIOS PARA REALIZAR QUALQUER EXECUÇÃO

Seção I
Do Título Executivo

Art. 783. A execução para cobrança de crédito fundar-se-á sempre em título de obrigação certa, líquida e exigível.

Art. 784. São títulos executivos extrajudiciais:

I – a letra de câmbio, a nota promissória, a duplicata, a debênture e o cheque;

(*) Vide Súmula 258 do STJ.

II – a escritura pública ou outro documento público assinado pelo devedor;

III – o documento particular assinado pelo devedor e por 2 (duas) testemunhas;

(*) Vide Súmula 300 do STJ.

IV – o instrumento de transação referendado pelo Ministério Público, pela Defensoria Pública, pela Advocacia Pública, pelos advogados dos transatores ou por conciliador ou mediador credenciado por tribunal;

V – o contrato garantido por hipoteca, penhor, anticrese ou outro direito real de garantia e aquele garantido por caução;

VI – o contrato de seguro de vida em caso de morte;

VII – o crédito decorrente de foro e laudêmio;

VIII – o crédito, documentalmente comprovado, decorrente de aluguel de imóvel, bem como de encargos acessórios, tais como taxas e despesas de condomínio;

IX – a certidão de dívida ativa da Fazenda Pública da União, dos Estados, do Distrito Federal e dos Municípios, correspondente aos créditos inscritos na forma da lei;

X – o crédito referente às contribuições ordinárias ou extraordinárias de condomínio edilício, previstas na respectiva convenção ou aprovadas em assembleia geral, desde que documentalmente comprovadas;

(*) Vide Enunciado 527 do FPPC.

(*) Vide Enunciado 100 do CJF.

XI – a certidão expedida por serventia notarial ou de registro relativa a valores de emolumentos e demais despesas devidas pelos atos por ela praticados, fixados nas tabelas estabelecidas em lei;

(*) Vide Enunciado 527 do FPPC.

XII – todos os demais títulos aos quais, por disposição expressa, a lei atribuir força executiva.

§ 1º. A propositura de qualquer ação relativa a débito constante de título executivo não inibe o credor de promover-lhe a execução.

(*) Vide Súmula 317 do STJ.

§ 2º. Os títulos executivos extrajudiciais oriundos de país estrangeiro não dependem de homologação para serem executados.

§ 3º. O título estrangeiro só terá eficácia executiva quando satisfeitos os requisitos de formação exigidos pela lei do lugar de sua celebração e quando o Brasil for indicado como o lugar de cumprimento da obrigação.

Art. 785. A existência de título executivo extrajudicial não impede a parte de optar pelo processo de conhecimento, a fim de obter título executivo judicial.

(*) Vide Enunciado 446 do FPPC.

Seção II
Da Exigibilidade
da Obrigação

Art. 786. A execução pode ser instaurada caso o devedor não satisfaça a obrigação certa, líquida e exigível consubstanciada em título executivo.

Parágrafo único. A necessidade de simples operações aritméticas para apurar o crédito exequendo não retira a liquidez da obrigação constante do título.

Art. 787. Se o devedor não for obrigado a satisfazer sua prestação senão mediante a contraprestação do credor, este deverá provar que a adimpliu ao requerer a execução, sob pena de extinção do processo.

Parágrafo único. O executado poderá eximir-se da obrigação, depositando em juízo a prestação ou a coisa, caso em que o juiz não permitirá que o credor a receba sem cumprir a contraprestação que lhe tocar.

Art. 788. O credor não poderá iniciar a execução ou nela prosseguir se o devedor cumprir a obrigação, mas poderá recusar o recebimento da prestação se ela não corresponder ao direito ou à obrigação estabelecidos no título executivo, caso em que poderá requerer a execução forçada, ressalvado ao devedor o direito de embargá-la.

Capítulo V
DA RESPONSABILIDADE PATRIMONIAL

Art. 789. O devedor responde com todos os seus bens presentes e futuros para o cumprimento de suas obrigações, salvo as restrições estabelecidas em lei.

Art. 790. São sujeitos à execução os bens:

I – do sucessor a título singular, tratando-se de execução fundada em direito real ou obrigação reipersecutória;

II – do sócio, nos termos da lei;

III – do devedor, ainda que em poder de terceiros;

IV – do cônjuge ou companheiro, nos casos em que seus bens próprios ou de sua meação respondem pela dívida;

V – alienados ou gravados com ônus real em fraude à execução;

VI – cuja alienação ou gravação com ônus real tenha sido anulada em razão do reconhecimento, em ação autônoma, de fraude contra credores;

VII – do responsável, nos casos de desconsideração da personalidade jurídica.

(*) V. arts. 133 a 137 do CPC.

Art. 791. Se a execução tiver por objeto obrigação de que seja sujeito passivo o proprietário de terreno submetido ao regime do direito de superfície, ou o superficiário, responderá pela dívida, exclusivamente, o direito real do qual é titular o executado, recaindo a penhora ou outros atos de constrição exclusivamente sobre o terreno, no primeiro caso, ou sobre a construção ou a plantação, no segundo caso.

(*) Vide Enunciado 150 do CJF.

§ 1º. Os atos de constrição a que se refere o *caput* serão averbados separadamente na matrícula do imóvel, com a identificação do executado, do valor do crédito e do objeto sobre o qual recai o gravame, devendo o oficial destacar o bem que responde pela dívida, se o terreno, a construção ou a plantação, de modo a assegurar a publicidade da responsabilidade patrimonial de cada um deles pelas dívidas e pelas obrigações que a eles estão vinculadas.

§ 2º. Aplica-se, no que couber, o disposto neste artigo à enfiteuse, à concessão de uso especial para fins de moradia e à concessão de direito real de uso.

Art. 792. A alienação ou a oneração de bem é considerada fraude à execução:

I – quando sobre o bem pender ação fundada em direito real ou com pretensão reipersecutória, desde que a pendência do processo tenha sido averbada no respectivo registro público, se houver;

II – quando tiver sido averbada, no registro do bem, a pendência do processo de execução, na forma do art. 828;

(*) Vide Súmula 375 do STJ.
(*) Vide Tema 290 do STJ.

III – quando tiver sido averbado, no registro do bem, hipoteca judiciária ou outro ato de constrição judicial originário do processo onde foi arguida a fraude;

IV – quando, ao tempo da alienação ou da oneração, tramitava contra o devedor ação capaz de reduzi-lo à insolvência;

V – nos demais casos expressos em lei.

(*) Vide Súmula 375 do STJ.
(*) Vide Tema 290 do STJ.

§ 1º. A alienação em fraude à execução é ineficaz em relação ao exequente.

§ 2º. No caso de aquisição de bem não sujeito a registro, o terceiro adquirente tem o ônus de provar que adotou as cautelas necessárias para a aquisição, mediante a exibição das certidões pertinentes, obtidas no domicílio do vendedor e no local onde se encontra o bem.

§ 3º. Nos casos de desconsideração da personalidade jurídica, a fraude à execução verifica-se a partir da citação da parte cuja personalidade se pretende desconsiderar.

(*) V. arts. 133 a 137 do CPC.
(*) Vide Enunciado 52 da ENFAM.

§ 4º. Antes de declarar a fraude à execução, o juiz deverá intimar o terceiro adquirente, que, se quiser, poderá opor embargos de terceiro, no prazo de 15 (quinze) dias.

(*) Vide Enunciado 191 do FPPC.
(*) Vide Enunciado 54 da ENFAM.
(*) Vide Enunciado 102 do CJF.

Art. 793. O exequente que estiver, por direito de retenção, na posse de coisa pertencente ao devedor não poderá promover a execução sobre outros bens senão depois de excutida a coisa que se achar em seu poder.

Art. 794. O fiador, quando executado, tem o direito de exigir que primeiro sejam executados os bens do devedor situados na mesma comarca, livres e desembargados, indicando-os pormenorizadamente à penhora.

§ 1º. Os bens do fiador ficarão sujeitos à execução se os do devedor, situados na mesma comarca que os seus, forem insuficientes à satisfação do direito do credor.

§ 2º. O fiador que pagar a dívida poderá executar o afiançado nos autos do mesmo processo.

§ 3º. O disposto no *caput* não se aplica se o fiador houver renunciado ao benefício de ordem.

Art. 795. Os bens particulares dos sócios não respondem pelas dívidas da sociedade, senão nos casos previstos em lei.

§ 1º. O sócio réu, quando responsável pelo pagamento da dívida da sociedade, tem o direito de exigir que primeiro sejam excutidos os bens da sociedade.

§ 2º. Incumbe ao sócio que alegar o benefício do § 1º nomear quantos bens da sociedade situados na mesma comarca, livres e desembargados, bastem para pagar o débito.

§ 3º. O sócio que pagar a dívida poderá executar a sociedade nos autos do mesmo processo.

§ 4º. Para a desconsideração da personalidade jurídica é obrigatória a observância do incidente previsto neste Código.

(*) V. arts. 133 a 137 do CPC.

Art. 796. O espólio responde pelas dívidas do falecido, mas, feita a partilha, cada herdeiro responde por elas dentro das forças da herança e na proporção da parte que lhe coube.

TÍTULO II
DAS DIVERSAS ESPÉCIES DE EXECUÇÃO

Capítulo I
DISPOSIÇÕES GERAIS

Art. 797. Ressalvado o caso de insolvência do devedor, em que tem lugar o concurso universal, realiza-se a execução no interesse do exequente que adquire, pela penhora, o direito de preferência sobre os bens penhorados.

Parágrafo único. Recaindo mais de uma penhora sobre o mesmo bem, cada exequente conservará o seu título de preferência.

(*) V. arts. 908 e 909 do CPC.

Art. 798. Ao propor a execução, incumbe ao exequente:

I – instruir a petição inicial com:

a) o título executivo extrajudicial;

b) o demonstrativo do débito atualizado até a data de propositura da ação, quando se tratar de execução por quantia certa;

c) a prova de que se verificou a condição ou ocorreu o termo, se for o caso;

(*) V. arts. 514; e 917, § 2º, V, do CPC.

d) a prova, se for o caso, de que adimpliu a contraprestação que lhe corresponde ou que lhe assegura o cumprimento, se o executado não for obrigado a satisfazer a sua prestação senão mediante a contraprestação do exequente;

(*) V. art. 787 do CPC.

II – indicar:

a) a espécie de execução de sua preferência, quando por mais de um modo puder ser realizada;

(*) V. art. 805 do CPC.

b) os nomes completos do exequente e do executado e seus números de inscrição no Cadastro de Pessoas Físicas ou no Cadastro Nacional da Pessoa Jurídica;

c) os bens suscetíveis de penhora, sempre que possível.

Parágrafo único. O demonstrativo do débito deverá conter:

(*) Vide Enunciado 590 do FPPC.

I – o índice de correção monetária adotado;

II – a taxa de juros aplicada;

III – os termos inicial e final de incidência do índice de correção monetária e da taxa de juros utilizados;

IV – a periodicidade da capitalização dos juros, se for o caso;

V – a especificação de desconto obrigatório realizado.

Art. 799. Incumbe ainda ao exequente:

(*) Vide Enunciados 447, 529 e 641 do FPPC.

I – requerer a intimação do credor pignoratício, hipotecário, anticrético ou fiduciário, quando a penhora recair sobre bens gravados por penhor, hipoteca, anticrese ou alienação fiduciária;

(*) V. art. 804 do CPC.

II – requerer a intimação do titular de usufruto, uso ou habitação, quando a penhora recair sobre bem gravado por usufruto, uso ou habitação;

III – requerer a intimação do promitente comprador, quando a penhora recair sobre bem em relação ao qual haja promessa de compra e venda registrada;

IV – requerer a intimação do promitente vendedor, quando a penhora recair sobre direito aquisitivo derivado de promessa de compra e venda registrada;

V – requerer a intimação do superficiário, enfiteuta ou concessionário, em caso de direito de superfície, enfiteuse, concessão de uso especial para fins de moradia ou concessão de direito real de uso, quando a penhora recair sobre imóvel submetido ao regime do direito de superfície, enfiteuse ou concessão;

VI – requerer a intimação do proprietário de terreno com regime de direito de superfície, enfiteuse, concessão de uso especial para fins de moradia ou concessão de direito real de uso, quando a penhora recair sobre direitos do superficiário, do enfiteuta ou do concessionário;

VII – requerer a intimação da sociedade, no caso de penhora de quota social ou de ação de sociedade anônima fechada, para o fim previsto no art. 876, § 7º;

VIII – pleitear, se for o caso, medidas urgentes;

(*) Vide Enunciado 448 do FPPC.

IX – proceder à averbação em registro público do ato de propositura da execução e dos atos de constrição realizados, para conhecimento de terceiros;

(*) Vide Enunciado 539 do FPPC.
(*) Vide Enunciado 104 do CJF.

X – requerer a intimação do titular da construção-base, bem como, se for o caso, do titular de lajes anteriores, quando a penhora recair sobre o direito real de laje;

(*) Inciso X acrescido pela Lei nº 13.465/2017.

XI – requerer a intimação do titular das lajes, quando a penhora recair sobre a construção-base.

(*) Inciso XI acrescido pela Lei nº 13.465/2017.

Art. 800. Nas obrigações alternativas, quando a escolha couber ao devedor, esse será citado para exercer a opção e realizar a prestação dentro de 10 (dez) dias, se outro prazo não lhe foi determinado em lei ou em contrato.

§ 1º. Devolver-se-á ao credor a opção, se o devedor não a exercer no prazo determinado.

§ 2º. A escolha será indicada na petição inicial da execução quando couber ao credor exercê-la.

Art. 801. Verificando que a petição inicial está incompleta ou que não está acompanhada dos documentos indispensáveis à propositura da execução, o juiz determinará que o exequente a corrija, no prazo de 15 (quinze) dias, sob pena de indeferimento.

Art. 802. Na execução, o despacho que ordena a citação, desde que realizada em observância ao disposto no § 2º do art. 240, interrompe a prescrição, ainda que proferido por juízo incompetente.

(*) Vide Súmula 150 do STF.

Parágrafo único. A interrupção da prescrição retroagirá à data de propositura da ação.

Art. 803. É nula a execução se:

I – o título executivo extrajudicial não corresponder a obrigação certa, líquida e exigível;

II – o executado não for regularmente citado;

III – for instaurada antes de se verificar a condição ou de ocorrer o termo.

(*) V. art. 514 do CPC.

Parágrafo único. A nulidade de que cuida este artigo será pronunciada pelo juiz, de ofício ou a requerimento da parte, independentemente de embargos à execução.

Art. 804. A alienação de bem gravado por penhor, hipoteca ou anticrese será ineficaz em relação ao credor pignoratício, hipotecário ou anticrético não intimado.

(*) V. arts. 799, I; e 903, § 1º, II, do CPC.
(*) Vide Enunciado 447 do FPPC.
(*) Vide Enunciado 150 do CJF.

§ 1º. A alienação de bem objeto de promessa de compra e venda ou de cessão registrada será ineficaz em relação ao promitente comprador ou ao cessionário não intimado.

§ 2º. A alienação de bem sobre o qual tenha sido instituído direito de superfície, seja do solo, da plantação ou da construção, será ineficaz em relação ao concedente ou ao concessionário não intimado.

§ 3º. A alienação de direito aquisitivo de bem objeto de promessa de venda, de promessa de cessão ou de alienação fiduciária será ineficaz em relação ao promitente vendedor, ao promitente cedente ou ao proprietário fiduciário não intimado.

§ 4º. A alienação de imóvel sobre o qual tenha sido instituída enfiteuse, concessão de uso especial para fins de moradia ou concessão de direito real de uso será ineficaz em relação ao enfiteuta ou ao concessionário não intimado.

§ 5º. A alienação de direitos do enfiteuta, do concessionário de direito real de uso ou do concessionário de uso especial para fins de moradia será ineficaz em relação ao proprietário do respectivo imóvel não intimado.

§ 6º. A alienação de bem sobre o qual tenha sido instituído usufruto, uso ou habitação será ineficaz em relação ao titular desses direitos reais não intimado.

Art. 805. Quando por vários meios o exequente puder promover a execução, o juiz mandará que se faça pelo modo menos gravoso para o executado.

(*) Vide Súmula 417 do STJ.

Parágrafo único. Ao executado que alegar ser a medida executiva mais gravosa incumbe indicar outros meios mais eficazes e menos onerosos, sob pena de manutenção dos atos executivos já determinados.

Capítulo II
DA EXECUÇÃO PARA A ENTREGA DE COISA

Seção I
Da Entrega de Coisa Certa

Art. 806. O devedor de obrigação de entrega de coisa certa, constante de título executivo extrajudicial, será citado para, em 15 (quinze) dias, satisfazer a obrigação.

§ 1º. Ao despachar a inicial, o juiz poderá fixar multa por dia de atraso no cumprimento da obrigação, ficando o respectivo valor sujeito a alteração, caso se revele insuficiente ou excessivo.

§ 2º. Do mandado de citação constará ordem para imissão na posse ou busca e apreensão, conforme se tratar de bem imóvel ou móvel, cujo cumprimento se dará de imediato, se o executado não satisfizer a obrigação no prazo que lhe foi designado.

Art. 807. Se o executado entregar a coisa, será lavrado o termo respectivo e considerada satisfeita a obrigação, prosseguindo-se a execução para o pagamento de frutos ou o ressarcimento de prejuízos, se houver.

(*) V. art. 498 do CPC.

Art. 808. Alienada a coisa quando já litigiosa, será expedido mandado contra o terceiro adquirente, que somente será ouvido após depositá-la.

(*) V. art. 674 do CPC.

Art. 809. O exequente tem direito a receber, além de perdas e danos, o valor da coisa, quando essa se deteriorar, não lhe for entregue, não for encontrada ou não for reclamada do poder de terceiro adquirente.

§ 1º. Não constando do título o valor da coisa e sendo impossível sua avaliação, o exequente apresentará estimativa, sujeitando-a ao arbitramento judicial.

§ 2º. Serão apurados em liquidação o valor da coisa e os prejuízos.

Art. 810. Havendo benfeitorias indenizáveis feitas na coisa pelo executado ou por terceiros de cujo poder ela houver sido tirada, a liquidação prévia é obrigatória.

Parágrafo único. Havendo saldo:

I – em favor do executado ou de terceiros, o exequente o depositará ao requerer a entrega da coisa;

II – em favor do exequente, esse poderá cobrá-lo nos autos do mesmo processo.

Seção II
Da Entrega de Coisa Incerta

Art. 811. Quando a execução recair sobre coisa determinada pelo gênero e pela quantidade, o executado será citado para entregá-la individualizada, se lhe couber a escolha.

Parágrafo único. Se a escolha couber ao exequente, esse deverá indicá-la na petição inicial.

Art. 812. Qualquer das partes poderá, no prazo de 15 (quinze) dias, impugnar a escolha feita pela outra, e o juiz decidirá de plano ou, se necessário, ouvindo perito de sua nomeação.

Art. 813. Aplicar-se-ão à execução para entrega de coisa incerta, no que couber, as disposições da Seção I deste Capítulo.

Capítulo III
DA EXECUÇÃO DAS OBRIGAÇÕES DE FAZER OU DE NÃO FAZER

Seção I
Disposições Comuns

Art. 814. Na execução de obrigação de fazer ou de não fazer fundada em título extrajudicial, ao despachar a inicial, o juiz fixará multa por período de atraso no cumprimento da obrigação e a data a partir da qual será devida.

(*) V. arts. 250, III; 536; e 537 do CPC.

Parágrafo único. Se o valor da multa estiver previsto no título e for excessivo, o juiz poderá reduzi-lo.

Seção II
Da Obrigação de Fazer

Art. 815. Quando o objeto da execução for obrigação de fazer, o executado será citado para satisfazê-la no prazo que o juiz lhe designar, se outro não estiver determinado no título executivo.

(*) Vide Súmula 410 do STJ.

Art. 816. Se o executado não satisfizer a obrigação no prazo designado, é lícito ao exequente, nos próprios autos do processo, requerer a satisfação da obrigação à custa do executado ou perdas e danos, hipótese em que se converterá em indenização.

(*) Vide Enunciado 103 do CJF.

Parágrafo único. O valor das perdas e danos será apurado em liquidação, seguindo-se a execução para cobrança de quantia certa.

Art. 817. Se a obrigação puder ser satisfeita por terceiro, é lícito ao juiz autorizar, a requerimento do exequente, que aquele a satisfaça à custa do executado.

Parágrafo único. O exequente adiantará as quantias previstas na proposta que, ouvidas as partes, o juiz houver aprovado.

Art. 818. Realizada a prestação, o juiz ouvirá as partes no prazo de 10 (dez) dias e, não havendo impugnação, considerará satisfeita a obrigação.

Parágrafo único. Caso haja impugnação, o juiz a decidirá.

Art. 819. Se o terceiro contratado não realizar a prestação no prazo ou se o fizer de modo incompleto ou defeituoso, poderá o exequente requerer ao juiz, no prazo de 15 (quinze) dias, que o autorize a concluí-la ou a repará-la à custa do contratante.

Parágrafo único. Ouvido o contratante no prazo de 15 (quinze) dias, o juiz mandará avaliar o custo das despesas necessárias e o condenará a pagá-lo.

Art. 820. Se o exequente quiser executar ou mandar executar, sob sua direção e vigilância, as obras e os trabalhos necessários à realização da prestação, terá preferência, em igualdade de condições de oferta, em relação ao terceiro.

Parágrafo único. O direito de preferência deverá ser exercido no prazo de 5 (cinco) dias, após aprovada a proposta do terceiro.

Art. 821. Na obrigação de fazer, quando se convencionar que o executado a satisfaça pessoalmente, o exequente poderá requerer ao juiz que lhe assine prazo para cumpri-la.

Parágrafo único. Havendo recusa ou mora do executado, sua obrigação pessoal será convertida em perdas e danos, caso em que se observará o procedimento de execução por quantia certa.

Seção III
Da Obrigação de Não Fazer

Art. 822. Se o executado praticou ato a cuja abstenção estava obrigado por lei ou por contrato, o exequente requererá ao juiz que assine prazo ao executado para desfazê-lo.

(*) Vide Enunciado 444 do FPPC.

LIVRO II – DO PROCESSO DE EXECUÇÃO

Art. 823. Havendo recusa ou mora do executado, o exequente requererá ao juiz que mande desfazer o ato à custa daquele, que responderá por perdas e danos.

Parágrafo único. Não sendo possível desfazer-se o ato, a obrigação resolve-se em perdas e danos, caso em que, após a liquidação, se observará o procedimento de execução por quantia certa.

Capítulo IV
DA EXECUÇÃO POR QUANTIA CERTA

Seção I
Disposições Gerais

Art. 824. A execução por quantia certa realiza-se pela expropriação de bens do executado, ressalvadas as execuções especiais.

(*) V. art. 792 do CPC.

Art. 825. A expropriação consiste em:

I – adjudicação;

II – alienação;

III – apropriação de frutos e rendimentos de empresa ou de estabelecimentos e de outros bens.

Art. 826. Antes de adjudicados ou alienados os bens, o executado pode, a todo tempo, remir a execução, pagando ou consignando a importância atualizada da dívida, acrescida de juros, custas e honorários advocatícios.

(*) Vide Enunciado 151 do CJF.

Seção II
Da Citação do Devedor e do Arresto

Art. 827. Ao despachar a inicial, o juiz fixará, de plano, os honorários advocatícios de dez por cento, a serem pagos pelo executado.

(*) Vide Enunciado 451 do FPPC.

§ 1º. No caso de integral pagamento no prazo de 3 (três) dias, o valor dos honorários advocatícios será reduzido pela metade.

(*) Vide Enunciado 451 do FPPC.

§ 2º. O valor dos honorários poderá ser elevado até vinte por cento, quando rejeitados os embargos à execução, podendo a majoração, caso não opostos os embargos, ocorrer ao final do procedimento executivo, levando-se em conta o trabalho realizado pelo advogado do exequente.

(*) Vide Enunciado 51 da ENFAM.

Art. 828. O exequente poderá obter certidão de que a execução foi admitida pelo juiz, com identificação das partes e do valor da causa, para fins de averbação no registro de imóveis, de veículos ou de outros bens sujeitos a penhora, arresto ou indisponibilidade.

(*) V. art. 152, V, do CPC.
(*) Vide Enunciados 130, 529 e 539 do FPPC.

§ 1º. No prazo de 10 (dez) dias de sua concretização, o exequente deverá comunicar ao juízo as averbações efetivadas.

§ 2º. Formalizada penhora sobre bens suficientes para cobrir o valor da dívida, o exequente providenciará, no prazo de 10 (dez) dias, o cancelamento das averbações relativas àqueles não penhorados.

(*) Vide Enunciado 642 do FPPC.

§ 3º. O juiz determinará o cancelamento das averbações, de ofício ou a requerimento, caso o exequente não o faça no prazo.

§ 4º. Presume-se em fraude à execução a alienação ou a oneração de bens efetuada após a averbação.

(*) V. art. 792, II, do CPC.

§ 5º. O exequente que promover averbação manifestamente indevida ou não cancelar as averbações nos termos do § 2º indenizará a parte contrária, processando-se o incidente em autos apartados.

(*) Vide Enunciado 642 do FPPC.

Art. 829. O executado será citado para pagar a dívida no prazo de 3 (três) dias, contado da citação.

§ 1º. Do mandado de citação constarão, também, a ordem de penhora e a avaliação a serem cumpridas pelo oficial de justiça tão logo verificado o não pagamento no prazo assinalado, de tudo lavrando-se auto, com intimação do executado.

§ 2º. A penhora recairá sobre os bens indicados pelo exequente, salvo se outros forem indicados pelo executado e aceitos pelo juiz, mediante demonstração de que a constrição proposta lhe será menos onerosa e não trará prejuízo ao exequente.

Art. 830. Se o oficial de justiça não encontrar o executado, arrestar-lhe-á tantos bens quantos bastem para garantir a execução.

§ 1º. Nos 10 (dez) dias seguintes à efetivação do arresto, o oficial de justiça procurará o executado 2 (duas) vezes em dias distintos e, havendo suspeita de ocultação, realizará a citação com hora certa, certificando pormenorizadamente o ocorrido.

§ 2º. Incumbe ao exequente requerer a citação por edital, uma vez frustradas a pessoal e a com hora certa.

§ 3º. Aperfeiçoada a citação e transcorrido o prazo de pagamento, o arresto converter-se-á em penhora, independentemente de termo.

Seção III
Da Penhora, do Depósito e da Avaliação

Subseção I
Do Objeto da Penhora

(*) Vide Tema 961 do STF.

Art. 831. A penhora deverá recair sobre tantos bens quantos bastem para o pagamento do principal atualizado, dos juros, das custas e dos honorários advocatícios.

(*) V. art. 530 do CPC.

Art. 832. Não estão sujeitos à execução os bens que a lei considera impenhoráveis ou inalienáveis.

(*) Vide Súmula 549 do STJ.

Art. 833. São impenhoráveis:

I – os bens inalienáveis e os declarados, por ato voluntário, não sujeitos à execução;

(*) Vide Enunciados 152 e 153 do CJF.

II – os móveis, os pertences e as utilidades domésticas que guarnecem a residência do executado, salvo os de elevado valor ou os que ultrapassem as necessidades comuns correspondentes a um médio padrão de vida;

III – os vestuários, bem como os pertences de uso pessoal do executado, salvo se de elevado valor;

IV – os vencimentos, os subsídios, os soldos, os salários, as remunerações, os proventos de aposentadoria, as pensões, os pecúlios e os montepios, bem como as quantias recebidas por liberalidade de terceiro e destinadas ao sustento do devedor e de sua família, os ganhos de trabalhador autônomo e os honorários de profissional liberal, ressalvado o § 2º;

(*) Vide Enunciado 587 do FPPC.

V – os livros, as máquinas, as ferramentas, os utensílios, os instrumentos ou outros bens móveis necessários ou úteis ao exercício da profissão do executado;

(*) Vide Súmula 451 do STJ.

VI – o seguro de vida;

VII – os materiais necessários para obras em andamento, salvo se essas forem penhoradas;

VIII – a pequena propriedade rural, assim definida em lei, desde que trabalhada pela família;

IX – os recursos públicos recebidos por instituições privadas para aplicação compulsória em educação, saúde ou assistência social;

X – a quantia depositada em caderneta de poupança, até o limite de 40 (quarenta) salários-mínimos;

XI – os recursos públicos do fundo partidário recebidos por partido político, nos termos da lei;

XII – os créditos oriundos de alienação de unidades imobiliárias, sob regime de incorporação imobiliária, vinculados à execução da obra.

§ 1º. A impenhorabilidade não é oponível à execução de dívida relativa ao próprio bem, inclusive àquela contraída para sua aquisição.

§ 2º. O disposto nos incisos IV e X do *caput* não se aplica à hipótese de penhora para pagamento de prestação alimentícia, independentemente de sua origem, bem como às importâncias excedentes a 50 (cinquenta) salários-mínimos mensais, devendo a constrição observar o disposto no art. 528, § 8º, e no art. 529, § 3º.

(*) Vide Enunciados 587 e 621 do FPPC.
(*) Vide Enunciado 105 do CJF.

§ 3º. Incluem-se na impenhorabilidade prevista no inciso V do *caput* os equipamentos, os implementos e as máquinas agrícolas pertencentes a pessoa física ou a empresa individual produtora rural, exceto quando tais bens tenham sido objeto de financiamento e estejam vinculados em garantia a negócio jurídico ou quando respondam por dívida de natureza alimentar, trabalhista ou previdenciária.

Art. 834. Podem ser penhorados, à falta de outros bens, os frutos e os rendimentos dos bens inalienáveis.

(*) Vide Enunciado 106 do CJF.

Art. 835. A penhora observará, preferencialmente, a seguinte ordem:

I – dinheiro, em espécie ou em depósito ou aplicação em instituição financeira;

(*) Vide Súmula 328 do STJ.

II – títulos da dívida pública da União, dos Estados e do Distrito Federal com cotação em mercado;

III – títulos e valores mobiliários com cotação em mercado;

IV – veículos de via terrestre;

V – bens imóveis;

VI – bens móveis em geral;

VII – semoventes;

VIII – navios e aeronaves;

IX – ações e quotas de sociedades simples e empresárias;

X – percentual do faturamento de empresa devedora;

XI – pedras e metais preciosos;

XII – direitos aquisitivos derivados de promessa de compra e venda e de alienação fiduciária em garantia;

XIII – outros direitos.

§ 1º. É prioritária a penhora em dinheiro, podendo o juiz, nas demais hipóteses, alterar a ordem prevista no *caput* de acordo com as circunstâncias do caso concreto.

(*) Vide Súmula 417 do STJ.

§ 2º. Para fins de substituição da penhora, equiparam-se a dinheiro a fiança bancária e o seguro garantia judicial, desde que em valor não inferior ao do débito constante da inicial, acrescido de trinta por cento.

§ 3º. Na execução de crédito com garantia real, a penhora recairá sobre a coisa dada em garantia, e, se a coisa pertencer a terceiro garantidor, este também será intimado da penhora.

Art. 836. Não se levará a efeito a penhora quando ficar evidente que o produto da execução dos bens encontrados será totalmente absorvido pelo pagamento das custas da execução.

§ 1º. Quando não encontrar bens penhoráveis, independentemente de determinação judicial expressa, o oficial de justiça descreverá na certidão os bens que guarnecem a residência ou o estabelecimento do executado, quando este for pessoa jurídica.

§ 2º. Elaborada a lista, o executado ou seu representante legal será nomeado depositário provisório de tais bens até ulterior determinação do juiz.

Subseção II
Da Documentação da Penhora, de seu Registro e do Depósito

Art. 837. Obedecidas as normas de segurança instituídas sob critérios uniformes pelo Conselho Nacional de Justiça, a penhora de dinheiro e as averbações de penhoras de bens imóveis e móveis podem ser realizadas por meio eletrônico.

Art. 838. A penhora será realizada mediante auto ou termo, que conterá:

I – a indicação do dia, do mês, do ano e do lugar em que foi feita;

II – os nomes do exequente e do executado;

III – a descrição dos bens penhorados, com as suas características;

IV – a nomeação do depositário dos bens.

Art. 839. Considerar-se-á feita a penhora mediante a apreensão e o depósito dos bens, lavrando-se um só auto se as diligências forem concluídas no mesmo dia.

Parágrafo único. Havendo mais de uma penhora, serão lavrados autos individuais.

Art. 840. Serão preferencialmente depositados:

(*) Vide Súmula 319 do STJ.

I – as quantias em dinheiro, os papéis de crédito e as pedras e os metais preciosos, no Banco do Brasil, na Caixa Econômica Federal ou em banco do qual o Estado ou o Distrito Federal possua mais da metade do capital social integralizado, ou, na falta desses estabelecimentos, em qualquer instituição de crédito designada pelo juiz;

(*) V. art. 1.058 do CPC.

II – os móveis, os semoventes, os imóveis urbanos e os direitos aquisitivos sobre imóveis urbanos, em poder do depositário judicial;

III – os imóveis rurais, os direitos aquisitivos sobre imóveis rurais, as máquinas, os utensílios e os instrumentos necessários ou úteis à atividade agrícola, mediante caução idônea, em poder do executado.

§ 1º. No caso do inciso II do *caput*, se não houver depositário judicial, os bens ficarão em poder do exequente.

§ 2º. Os bens poderão ser depositados em poder do executado nos casos de difícil remoção ou quando anuir o exequente.

§ 3º. As joias, as pedras e os objetos preciosos deverão ser depositados com registro do valor estimado de resgate.

Art. 841. Formalizada a penhora por qualquer dos meios legais, dela será imediatamente intimado o executado.

§ 1º. A intimação da penhora será feita ao advogado do executado ou à sociedade de advogados a que aquele pertença.

§ 2º. Se não houver constituído advogado nos autos, o executado será intimado pessoalmente, de preferência por via postal.

§ 3º. O disposto no § 1º não se aplica aos casos de penhora realizada na presença do executado, que se reputa intimado.

§ 4º. Considera-se realizada a intimação a que se refere o § 2º quando o executado houver mudado de endereço sem prévia comunicação ao juízo, observado o disposto no parágrafo único do art. 274.

Art. 842. Recaindo a penhora sobre bem imóvel ou direito real sobre imóvel, será intimado também o cônjuge do executado, salvo se forem casados em regime de separação absoluta de bens.

(*) Vide Enunciado 154 do CJF.

Art. 843. Tratando-se de penhora de bem indivisível, o equivalente à quota-parte do coproprietário ou do cônjuge alheio à execução recairá sobre o produto da alienação do bem.

(*) Vide Enunciados 329 e 641 do FPPC.

§ 1º. É reservada ao coproprietário ou ao cônjuge não executado a preferência na arrematação do bem em igualdade de condições.

(*) Vide Enunciado 329 do FPPC.

§ 2º. Não será levada a efeito expropriação por preço inferior ao da avaliação na qual o valor auferido seja incapaz de garantir, ao coproprietário ou ao cônjuge alheio à execução, o correspondente à sua quota-parte calculado sobre o valor da avaliação.

Art. 844. Para presunção absoluta de conhecimento por terceiros, cabe ao exequente providenciar a averbação do arresto ou da penhora no registro competente, mediante apresentação de cópia do auto ou do termo, independentemente de mandado judicial.

(*) Vide Súmula 375 do STJ.
(*) Vide Tema 290 do STJ.

Subseção III
Do Lugar de Realização da Penhora

Art. 845. Efetuar-se-á a penhora onde se encontrem os bens, ainda que sob a posse, a detenção ou a guarda de terceiros.

§ 1º. A penhora de imóveis, independentemente de onde se localizem, quando apresentada certidão da respectiva matrícula, e a penhora de veículos automotores, quando apresentada certidão que ateste a sua existência, serão realizadas por termo nos autos.

§ 2º. Se o executado não tiver bens no foro do processo, não sendo possí-

ART. 846   CÓDIGO DE PROCESSO CIVIL – PARTE ESPECIAL

vel a realização da penhora nos termos do § 1º, a execução será feita por carta, penhorando-se, avaliando-se e alienando-se os bens no foro da situação.

(*) Vide Súmula 46 do STJ.

Art. 846. Se o executado fechar as portas da casa a fim de obstar a penhora dos bens, o oficial de justiça comunicará o fato ao juiz, solicitando-lhe ordem de arrombamento.

§ 1º. Deferido o pedido, 2 (dois) oficiais de justiça cumprirão o mandado, arrombando cômodos e móveis em que se presuma estarem os bens, e lavrarão de tudo auto circunstanciado, que será assinado por 2 (duas) testemunhas presentes à diligência.

(*) V. art. 536, § 2º, do CPC.

§ 2º. Sempre que necessário, o juiz requisitará força policial, a fim de auxiliar os oficiais de justiça na penhora dos bens.

(*) V. arts. 536, § 2º; e 782, § 2º, do CPC.

§ 3º. Os oficiais de justiça lavrarão em duplicata o auto da ocorrência, entregando uma via ao escrivão ou ao chefe de secretaria, para ser juntada aos autos, e a outra à autoridade policial a quem couber a apuração criminal dos eventuais delitos de desobediência ou de resistência.

(*) V. art. 536, § 2º, do CPC.

§ 4º. Do auto da ocorrência constará o rol de testemunhas, com a respectiva qualificação.

(*) V. art. 536, § 2º, do CPC.

Subseção IV
Das Modificações da Penhora

Art. 847. O executado pode, no prazo de 10 (dez) dias contado da intimação da penhora, requerer a substituição do bem penhorado, desde que comprove que lhe será menos onerosa e não trará prejuízo ao exequente.

§ 1º. O juiz só autorizará a substituição se o executado:

I – comprovar as respectivas matrículas e os registros por certidão do correspondente ofício, quanto aos bens imóveis;

II – descrever os bens móveis, com todas as suas propriedades e características, bem como o estado deles e o lugar onde se encontram;

III – descrever os semoventes, com indicação de espécie, de número, de marca ou sinal e do local onde se encontram;

IV – identificar os créditos, indicando quem seja o devedor, qual a origem da dívida, o título que a representa e a data do vencimento; e

V – atribuir, em qualquer caso, valor aos bens indicados à penhora, além de especificar os ônus e os encargos a que estejam sujeitos.

§ 2º. Requerida a substituição do bem penhorado, o executado deve indicar onde se encontram os bens sujeitos à execução, exibir a prova de sua propriedade e a certidão negativa ou positiva de ônus, bem como abster-se de qualquer atitude que dificulte ou embarace a realização da penhora.

§ 3º. O executado somente poderá oferecer bem imóvel em substituição caso o requeira com a expressa anuência do cônjuge, salvo se o regime for o de separação absoluta de bens.

§ 4º. O juiz intimará o exequente para manifestar-se sobre o requerimento de substituição do bem penhorado.

Art. 848. As partes poderão requerer a substituição da penhora se:

(*) Vide Súmula 406 do STJ.

I – ela não obedecer à ordem legal;

II – ela não incidir sobre os bens designados em lei, contrato ou ato judicial para o pagamento;

(*) Vide Enunciado 490 do FPPC.

III – havendo bens no foro da execução, outros tiverem sido penhorados;

IV – havendo bens livres, ela tiver recaído sobre bens já penhorados ou objeto de gravame;

V – ela incidir sobre bens de baixa liquidez;

VI – fracassar a tentativa de alienação judicial do bem; ou

VII – o executado não indicar o valor dos bens ou omitir qualquer das indicações previstas em lei.

Parágrafo único. A penhora pode ser substituída por fiança bancária ou por seguro garantia judicial, em valor não inferior ao do débito constante da inicial, acrescido de trinta por cento.

Art. 849. Sempre que ocorrer a substituição dos bens inicialmente penhorados, será lavrado novo termo.

Art. 850. Será admitida a redução ou a ampliação da penhora, bem como sua transferência para outros bens, se, no curso do processo, o valor de mercado dos bens penhorados sofrer alteração significativa.

Art. 851. Não se procede à segunda penhora, salvo se:

I – a primeira for anulada;

II – executados os bens, o produto da alienação não bastar para o pagamento do exequente;

(*) V. art. 874, II, do CPC.

III – o exequente desistir da primeira penhora, por serem litigiosos os bens ou por estarem submetidos a constrição judicial.

Art. 852. O juiz determinará a alienação antecipada dos bens penhorados quando:

I – se tratar de veículos automotores, de pedras e metais preciosos e de outros bens móveis sujeitos à depreciação ou à deterioração;

II – houver manifesta vantagem.

Art. 853. Quando uma das partes requerer alguma das medidas previstas nesta Subseção, o juiz ouvirá sempre a outra, no prazo de 3 (três) dias, antes de decidir.

Parágrafo único. O juiz decidirá de plano qualquer questão suscitada.

Subseção V
Da Penhora de Dinheiro em Depósito ou em Aplicação Financeira

Art. 854. Para possibilitar a penhora de dinheiro em depósito ou em aplicação financeira, o juiz, a requerimento do exequente, sem dar ciência prévia do ato ao executado, determinará às instituições financeiras, por meio de sistema eletrônico gerido pela autoridade supervisora do sistema financeiro nacional, que torne indisponíveis ativos financeiros existentes em nome do executado, limitando-se a indisponibilidade ao valor indicado na execução.

(*) Vide Enunciado 540 do FPPC.

§ 1º. No prazo de 24 (vinte e quatro) horas a contar da resposta, de ofício, o juiz determinará o cancelamento de eventual indisponibilidade exces-

ART. 855 CÓDIGO DE PROCESSO CIVIL – PARTE ESPECIAL

siva, o que deverá ser cumprido pela instituição financeira em igual prazo.

§ 2º. Tornados indisponíveis os ativos financeiros do executado, este será intimado na pessoa de seu advogado ou, não o tendo, pessoalmente.

§ 3º. Incumbe ao executado, no prazo de 5 (cinco) dias, comprovar que:

I – as quantias tornadas indisponíveis são impenhoráveis;

II – ainda remanesce indisponibilidade excessiva de ativos financeiros.

(*) Vide Enunciado 720 do FPPC.

§ 4º. Acolhida qualquer das arguições dos incisos I e II do § 3º, o juiz determinará o cancelamento de eventual indisponibilidade irregular ou excessiva, a ser cumprido pela instituição financeira em 24 (vinte e quatro) horas.

§ 5º. Rejeitada ou não apresentada a manifestação do executado, converter-se-á a indisponibilidade em penhora, sem necessidade de lavratura de termo, devendo o juiz da execução determinar à instituição financeira depositária que, no prazo de 24 (vinte e quatro) horas, transfira o montante indisponível para conta vinculada ao juízo da execução.

§ 6º. Realizado o pagamento da dívida por outro meio, o juiz determinará, imediatamente, por sistema eletrônico gerido pela autoridade supervisora do sistema financeiro nacional, a notificação da instituição financeira para que, em até 24 (vinte e quatro) horas, cancele a indisponibilidade.

§ 7º. As transmissões das ordens de indisponibilidade, de seu cancelamento e de determinação de penhora previstas neste artigo far-se-ão por meio de sistema eletrônico gerido pela autoridade supervisora do sistema financeiro nacional.

(*) Vide Enunciado 541 do FPPC.

§ 8º. A instituição financeira será responsável pelos prejuízos causados ao executado em decorrência da indisponibilidade de ativos financeiros em valor superior ao indicado na execução ou pelo juiz, bem como na hipótese de não cancelamento da indisponibilidade no prazo de 24 (vinte e quatro) horas, quando assim determinar o juiz.

(*) Vide Enunciado 541 do FPPC.

§ 9º. Quando se tratar de execução contra partido político, o juiz, a requerimento do exequente, determinará às instituições financeiras, por meio de sistema eletrônico gerido por autoridade supervisora do sistema bancário, que tornem indisponíveis ativos financeiros somente em nome do órgão partidário que tenha contraído a dívida executada ou que tenha dado causa à violação de direito ou ao dano, ao qual cabe exclusivamente a responsabilidade pelos atos praticados, na forma da lei.

Subseção VI
Da Penhora de Créditos

Art. 855. Quando recair em crédito do executado, enquanto não ocorrer a hipótese prevista no art. 856, considerar-se-á feita a penhora pela intimação:

I – ao terceiro devedor para que não pague ao executado, seu credor;

II – ao executado, credor do terceiro, para que não pratique ato de disposição do crédito.

Art. 856. A penhora de crédito representado por letra de câmbio, nota promissória, duplicata, cheque ou outros títulos far-se-á pela apreensão do documento, esteja ou não este em poder do executado.

§ 1º. Se o título não for apreendido, mas o terceiro confessar a dívida, será este tido como depositário da importância.

§ 2º. O terceiro só se exonerará da obrigação depositando em juízo a importância da dívida.

§ 3º. Se o terceiro negar o débito em conluio com o executado, a quitação que este lhe der caracterizará fraude à execução.

(*) V. art. 789 do CPC.

§ 4º. A requerimento do exequente, o juiz determinará o comparecimento, em audiência especialmente designada, do executado e do terceiro, a fim de lhes tomar os depoimentos.

Art. 857. Feita a penhora em direito e ação do executado, e não tendo ele oferecido embargos ou sendo estes rejeitados, o exequente ficará sub-rogado nos direitos do executado até a concorrência de seu crédito.

§ 1º. O exequente pode preferir, em vez da sub-rogação, a alienação judicial do direito penhorado, caso em que declarará sua vontade no prazo de 10 (dez) dias contado da realização da penhora.

§ 2º. A sub-rogação não impede o sub-rogado, se não receber o crédito do executado, de prosseguir na execução, nos mesmos autos, penhorando outros bens.

Art. 858. Quando a penhora recair sobre dívidas de dinheiro a juros, de direito a rendas ou de prestações periódicas, o exequente poderá levantar os juros, os rendimentos ou as prestações à medida que forem sendo depositados, abatendo-se do crédito as importâncias recebidas, conforme as regras de imputação do pagamento.

Art. 859. Recaindo a penhora sobre direito a prestação ou a restituição de coisa determinada, o executado será intimado para, no vencimento, depositá-la, correndo sobre ela a execução.

(*) Vide Enunciado 643 do FPPC.

Art. 860. Quando o direito estiver sendo pleiteado em juízo, a penhora que recair sobre ele será averbada, com destaque, nos autos pertinentes ao direito e na ação correspondente à penhora, a fim de que esta seja efetivada nos bens que forem adjudicados ou que vierem a caber ao executado.

(*) V. art. 646 do CPC.
(*) Vide Enunciado 155 do CJF.

Subseção VII
Da Penhora das Quotas ou das Ações de Sociedades Personificadas

Art. 861. Penhoradas as quotas ou as ações de sócio em sociedade simples ou empresária, o juiz assinará prazo razoável, não superior a 3 (três) meses, para que a sociedade:

I – apresente balanço especial, na forma da lei;

II – ofereça as quotas ou as ações aos demais sócios, observado o direito de preferência legal ou contratual;

III – não havendo interesse dos sócios na aquisição das ações, proceda à liquidação das quotas ou das ações, depositando em juízo o valor apurado, em dinheiro.

§ 1º. Para evitar a liquidação das quotas ou das ações, a sociedade poderá adquiri-las sem redução do capital social e com utilização de reservas, para manutenção em tesouraria.

ART. 862

§ 2º. O disposto no *caput* e no § 1º não se aplica à sociedade anônima de capital aberto, cujas ações serão adjudicadas ao exequente ou alienadas em bolsa de valores, conforme o caso.

§ 3º. Para os fins da liquidação de que trata o inciso III do *caput*, o juiz poderá, a requerimento do exequente ou da sociedade, nomear administrador, que deverá submeter à aprovação judicial a forma de liquidação.

§ 4º. O prazo previsto no *caput* poderá ser ampliado pelo juiz, se o pagamento das quotas ou das ações liquidadas:

I – superar o valor do saldo de lucros ou reservas, exceto a legal, e sem diminuição do capital social, ou por doação; ou

II – colocar em risco a estabilidade financeira da sociedade simples ou empresária.

§ 5º. Caso não haja interesse dos demais sócios no exercício de direito de preferência, não ocorra a aquisição das quotas ou das ações pela sociedade e a liquidação do inciso III do *caput* seja excessivamente onerosa para a sociedade, o juiz poderá determinar o leilão judicial das quotas ou das ações.

Subseção VIII
Da Penhora de Empresa,
de Outros Estabelecimentos
e de Semoventes

Art. 862. Quando a penhora recair em estabelecimento comercial, industrial ou agrícola, bem como em semoventes, plantações ou edifícios em construção, o juiz nomeará administrador-depositário, determinando- -lhe que apresente em 10 (dez) dias o plano de administração.

§ 1º. Ouvidas as partes, o juiz decidirá.

§ 2º. É lícito às partes ajustar a forma de administração e escolher o depositário, hipótese em que o juiz homologará por despacho a indicação.

§ 3º. Em relação aos edifícios em construção sob regime de incorporação imobiliária, a penhora somente poderá recair sobre as unidades imobiliárias ainda não comercializadas pelo incorporador.

§ 4º. Sendo necessário afastar o incorporador da administração da incorporação, será ela exercida pela comissão de representantes dos adquirentes ou, se se tratar de construção financiada, por empresa ou profissional indicado pela instituição fornecedora dos recursos para a obra, devendo ser ouvida, neste último caso, a comissão de representantes dos adquirentes.

Art. 863. A penhora de empresa que funcione mediante concessão ou autorização far-se-á, conforme o valor do crédito, sobre a renda, sobre determinados bens ou sobre todo o patrimônio, e o juiz nomeará como depositário, de preferência, um de seus diretores.

§ 1º. Quando a penhora recair sobre a renda ou sobre determinados bens, o administrador-depositário apresentará a forma de administração e o esquema de pagamento, observando-se, quanto ao mais, o disposto em relação ao regime de penhora de frutos e rendimentos de coisa móvel e imóvel.

(*) V. arts. 867 a 869 do CPC.

§ 2º. Recaindo a penhora sobre todo o patrimônio, prosseguirá a execução em seus ulteriores termos,

LIVRO II – DO PROCESSO DE EXECUÇÃO — ART. 869

ouvindo-se, antes da arrematação ou da adjudicação, o ente público que houver outorgado a concessão.

Art. 864. A penhora de navio ou de aeronave não obsta que continuem navegando ou operando até a alienação, mas o juiz, ao conceder a autorização para tanto, não permitirá que saiam do porto ou do aeroporto antes que o executado faça o seguro usual contra riscos.

Art. 865. A penhora de que trata esta Subseção somente será determinada se não houver outro meio eficaz para a efetivação do crédito.

Subseção IX
Da Penhora de Percentual de Faturamento de Empresa

Art. 866. Se o executado não tiver outros bens penhoráveis ou se, tendo-os, esses forem de difícil alienação ou insuficientes para saldar o crédito executado, o juiz poderá ordenar a penhora de percentual de faturamento de empresa.

§ 1º. O juiz fixará percentual que propicie a satisfação do crédito exequendo em tempo razoável, mas que não torne inviável o exercício da atividade empresarial.

§ 2º. O juiz nomeará administrador-depositário, o qual submeterá à aprovação judicial a forma de sua atuação e prestará contas mensalmente, entregando em juízo as quantias recebidas, com os respectivos balancetes mensais, a fim de serem imputadas no pagamento da dívida.

§ 3º. Na penhora de percentual de faturamento de empresa, observar-se-á, no que couber, o disposto quanto ao regime de penhora de frutos e rendimentos de coisa móvel e imóvel.

Subseção X
Da Penhora de Frutos e Rendimentos de Coisa Móvel ou Imóvel

Art. 867. O juiz pode ordenar a penhora de frutos e rendimentos de coisa móvel ou imóvel quando a considerar mais eficiente para o recebimento do crédito e menos gravosa ao executado.

(*) V. art. 805 do CPC.

Art. 868. Ordenada a penhora de frutos e rendimentos, o juiz nomeará administrador-depositário, que será investido de todos os poderes que concernem à administração do bem e à fruição de seus frutos e utilidades, perdendo o executado o direito de gozo do bem, até que o exequente seja pago do principal, dos juros, das custas e dos honorários advocatícios.

§ 1º. A medida terá eficácia em relação a terceiros a partir da publicação da decisão que a conceda ou de sua averbação no ofício imobiliário, em caso de imóveis.

§ 2º. O exequente providenciará a averbação no ofício imobiliário mediante a apresentação de certidão de inteiro teor do ato, independentemente de mandado judicial.

Art. 869. O juiz poderá nomear administrador-depositário o exequente ou o executado, ouvida a parte contrária, e, não havendo acordo, nomeará profissional qualificado para o desempenho da função.

§ 1º. O administrador submeterá à aprovação judicial a forma de administração e a de prestar contas periodicamente.

§ 2º. Havendo discordância entre as partes ou entre essas e o administrador, o juiz decidirá a melhor forma de administração do bem.

§ 3º. Se o imóvel estiver arrendado, o inquilino pagará o aluguel diretamente ao exequente, salvo se houver administrador.

§ 4º. O exequente ou o administrador poderá celebrar locação do móvel ou do imóvel, ouvido o executado.

§ 5º. As quantias recebidas pelo administrador serão entregues ao exequente, a fim de serem imputadas ao pagamento da dívida.

(*) Vide Enunciado 641 do FPPC.

§ 6º. O exequente dará ao executado, por termo nos autos, quitação das quantias recebidas.

Subseção XI
Da Avaliação

Art. 870. A avaliação será feita pelo oficial de justiça.

Parágrafo único. Se forem necessários conhecimentos especializados e o valor da execução o comportar, o juiz nomeará avaliador, fixando-lhe prazo não superior a 10 (dez) dias para entrega do laudo.

(*) V. art. 154, V, do CPC.

Art. 871. Não se procederá à avaliação quando:

I – uma das partes aceitar a estimativa feita pela outra;

II – se tratar de títulos ou de mercadorias que tenham cotação em bolsa, comprovada por certidão ou publicação no órgão oficial;

III – se tratar de títulos da dívida pública, de ações de sociedades e de títulos de crédito negociáveis em bolsa, cujo valor será o da cotação oficial do dia, comprovada por certidão ou publicação no órgão oficial;

IV – se tratar de veículos automotores ou de outros bens cujo preço médio de mercado possa ser conhecido por meio de pesquisas realizadas por órgãos oficiais ou de anúncios de venda divulgados em meios de comunicação, caso em que caberá a quem fizer a nomeação o encargo de comprovar a cotação de mercado.

Parágrafo único. Ocorrendo a hipótese do inciso I deste artigo, a avaliação poderá ser realizada quando houver fundada dúvida do juiz quanto ao real valor do bem.

Art. 872. A avaliação realizada pelo oficial de justiça constará de vistoria e de laudo anexados ao auto de penhora ou, em caso de perícia realizada por avaliador, de laudo apresentado no prazo fixado pelo juiz, devendo-se, em qualquer hipótese, especificar:

I – os bens, com as suas características, e o estado em que se encontram;

II – o valor dos bens.

§ 1º. Quando o imóvel for suscetível de cômoda divisão, a avaliação, tendo em conta o crédito reclamado, será realizada em partes, sugerindo-se, com a apresentação de memorial descritivo, os possíveis desmembramentos para alienação.

§ 2º. Realizada a avaliação e, sendo o caso, apresentada a proposta de desmembramento, as partes serão ouvidas no prazo de 5 (cinco) dias.

(*) V. art. 631 do CPC.

Art. 873. É admitida nova avaliação quando:

(*) Vide Enunciado 156 do CJF.

I – qualquer das partes arguir, fundamentadamente, a ocorrência de erro na avaliação ou dolo do avaliador;

II – se verificar, posteriormente à avaliação, que houve majoração ou diminuição no valor do bem;

III – o juiz tiver fundada dúvida sobre o valor atribuído ao bem na primeira avaliação.

Parágrafo único. Aplica-se o art. 480 à nova avaliação prevista no inciso III do *caput* deste artigo.

(*) V. art. 631 do CPC.

Art. 874. Após a avaliação, o juiz poderá, a requerimento do interessado e ouvida a parte contrária, mandar:

(*) V. art. 847 do CPC.

I – reduzir a penhora aos bens suficientes ou transferi-la para outros, se o valor dos bens penhorados for consideravelmente superior ao crédito do exequente e dos acessórios;

II – ampliar a penhora ou transferi-la para outros bens mais valiosos, se o valor dos bens penhorados for inferior ao crédito do exequente.

(*) Vide Súmula 406 do STJ.

Art. 875. Realizadas a penhora e a avaliação, o juiz dará início aos atos de expropriação do bem.

(*) V. art. 876 ss. do CPC.

Seção IV
Da Expropriação de Bens

Subseção I
Da Adjudicação

Art. 876. É lícito ao exequente, oferecendo preço não inferior ao da avaliação, requerer que lhe sejam adjudicados os bens penhorados.

§ 1º. Requerida a adjudicação, o executado será intimado do pedido:

I – pelo Diário da Justiça, na pessoa de seu advogado constituído nos autos;

II – por carta com aviso de recebimento, quando representado pela Defensoria Pública ou quando não tiver procurador constituído nos autos;

(*) Vide Enunciado 15 do CJF.

III – por meio eletrônico, quando, sendo o caso do § 1º do art. 246, não tiver procurador constituído nos autos.

§ 2º. Considera-se realizada a intimação quando o executado houver mudado de endereço sem prévia comunicação ao juízo, observado o disposto no art. 274, parágrafo único.

§ 3º. Se o executado, citado por edital, não tiver procurador constituído nos autos, é dispensável a intimação prevista no § 1º.

§ 4º. Se o valor do crédito for:

I – inferior ao dos bens, o requerente da adjudicação depositará de imediato a diferença, que ficará à disposição do executado;

II – superior ao dos bens, a execução prosseguirá pelo saldo remanescente.

§ 5º. Idêntico direito pode ser exercido por aqueles indicados no art. 889, incisos II a VIII, pelos credores concorrentes que hajam penhorado o mesmo bem, pelo cônjuge, pelo companheiro, pelos descendentes ou pelos ascendentes do executado.

§ 6º. Se houver mais de um pretendente, proceder-se-á a licitação entre eles, tendo preferência, em caso de igualdade de oferta, o cônjuge, o companheiro, o descendente ou o ascendente, nessa ordem.

ART. 877

§ 7º. No caso de penhora de quota social ou de ação de sociedade anônima fechada realizada em favor de exequente alheio à sociedade, esta será intimada, ficando responsável por informar aos sócios a ocorrência da penhora, assegurando-se a estes a preferência.

(*) V. art. 799, VII, do CPC.

Art. 877. Transcorrido o prazo de 5 (cinco) dias, contado da última intimação, e decididas eventuais questões, o juiz ordenará a lavratura do auto de adjudicação.

§ 1º. Considera-se perfeita e acabada a adjudicação com a lavratura e a assinatura do auto pelo juiz, pelo adjudicatário, pelo escrivão ou chefe de secretaria, e, se estiver presente, pelo executado, expedindo-se:

I – a carta de adjudicação e o mandado de imissão na posse, quando se tratar de bem imóvel;

II – a ordem de entrega ao adjudicatário, quando se tratar de bem móvel.

§ 2º. A carta de adjudicação conterá a descrição do imóvel, com remissão à sua matrícula e aos seus registros, a cópia do auto de adjudicação e a prova de quitação do imposto de transmissão.

§ 3º. No caso de penhora de bem hipotecado, o executado poderá remi-lo até a assinatura do auto de adjudicação, oferecendo preço igual ao da avaliação, se não tiver havido licitantes, ou ao do maior lance oferecido.

§ 4º. Na hipótese de falência ou de insolvência do devedor hipotecário, o direito de remição previsto no § 3º será deferido à massa ou aos credores em concurso, não podendo o exequente recusar o preço da avaliação do imóvel.

Art. 878. Frustradas as tentativas de alienação do bem, será reaberta oportunidade para requerimento de adjudicação, caso em que também se poderá pleitear a realização de nova avaliação.

Subseção II
Da Alienação

Art. 879. A alienação far-se-á:

I – por iniciativa particular;

II – em leilão judicial eletrônico ou presencial.

Art. 880. Não efetivada a adjudicação, o exequente poderá requerer a alienação por sua própria iniciativa ou por intermédio de corretor ou leiloeiro público credenciado perante o órgão judiciário.

(*) Vide Enunciado 192 do FPPC.

§ 1º. O juiz fixará o prazo em que a alienação deve ser efetivada, a forma de publicidade, o preço mínimo, as condições de pagamento, as garantias e, se for o caso, a comissão de corretagem.

§ 2º. A alienação será formalizada por termo nos autos, com a assinatura do juiz, do exequente, do adquirente e, se estiver presente, do executado, expedindo-se:

I – a carta de alienação e o mandado de imissão na posse, quando se tratar de bem imóvel;

II – a ordem de entrega ao adquirente, quando se tratar de bem móvel.

§ 3º. Os tribunais poderão editar disposições complementares sobre o procedimento da alienação prevista neste artigo, admitindo, quando for o caso, o concurso de meios eletrônicos, e dispor sobre o credenciamento dos corretores e leiloeiros públicos, os quais deverão estar em exercício profissional por não menos que 3 (três) anos.

(*) Vide Resolução CNJ nº 236/2016.

§ 4º. Nas localidades em que não houver corretor ou leiloeiro público credenciado nos termos do § 3º, a indicação será de livre escolha do exequente.

Art. 881. A alienação far-se-á em leilão judicial se não efetivada a adjudicação ou a alienação por iniciativa particular.

§ 1º. O leilão do bem penhorado será realizado por leiloeiro público.

§ 2º. Ressalvados os casos de alienação a cargo de corretores de bolsa de valores, todos os demais bens serão alienados em leilão público.

Art. 882. Não sendo possível a sua realização por meio eletrônico, o leilão será presencial.

§ 1º. A alienação judicial por meio eletrônico será realizada, observando-se as garantias processuais das partes, de acordo com regulamentação específica do Conselho Nacional de Justiça.

(*) Vide Resolução CNJ nº 236/2016.

§ 2º. A alienação judicial por meio eletrônico deverá atender aos requisitos de ampla publicidade, autenticidade e segurança, com observância das regras estabelecidas na legislação sobre certificação digital.

§ 3º. O leilão presencial será realizado no local designado pelo juiz.

Art. 883. Caberá ao juiz a designação do leiloeiro público, que poderá ser indicado pelo exequente.

Art. 884. Incumbe ao leiloeiro público:

I – publicar o edital, anunciando a alienação;

II – realizar o leilão onde se encontrem os bens ou no lugar designado pelo juiz;

III – expor aos pretendentes os bens ou as amostras das mercadorias;

IV – receber e depositar, dentro de 1 (um) dia, à ordem do juiz, o produto da alienação;

V – prestar contas nos 2 (dois) dias subsequentes ao depósito.

Parágrafo único. O leiloeiro tem o direito de receber do arrematante a comissão estabelecida em lei ou arbitrada pelo juiz.

Art. 885. O juiz da execução estabelecerá o preço mínimo, as condições de pagamento e as garantias que poderão ser prestadas pelo arrematante.

(*) Vide Enunciado 193 do FPPC.

Art. 886. O leilão será precedido de publicação de edital, que conterá:

I – a descrição do bem penhorado, com suas características, e, tratando-se de imóvel, sua situação e suas divisas, com remissão à matrícula e aos registros;

II – o valor pelo qual o bem foi avaliado, o preço mínimo pelo qual poderá ser alienado, as condições de pagamento e, se for o caso, a comissão do leiloeiro designado;

(*) Vide Enunciado 193 do FPPC.

III – o lugar onde estiverem os móveis, os veículos e os semoventes e, tratando-se de créditos ou direitos, a identificação dos autos do processo em que foram penhorados;

IV – o sítio, na rede mundial de computadores, e o período em que se realizará o leilão, salvo se este se der

ART. 887

de modo presencial, hipótese em que serão indicados o local, o dia e a hora de sua realização;

V – a indicação de local, dia e hora de segundo leilão presencial, para a hipótese de não haver interessado no primeiro;

VI – menção da existência de ônus, recurso ou processo pendente sobre os bens a serem leiloados.

Parágrafo único. No caso de títulos da dívida pública e de títulos negociados em bolsa, constará do edital o valor da última cotação.

Art. 887. O leiloeiro público designado adotará providências para a ampla divulgação da alienação.

§ 1º. A publicação do edital deverá ocorrer pelo menos 5 (cinco) dias antes da data marcada para o leilão.

§ 2º. O edital será publicado na rede mundial de computadores, em sítio designado pelo juízo da execução, e conterá descrição detalhada e, sempre que possível, ilustrada dos bens, informando expressamente se o leilão se realizará de forma eletrônica ou presencial.

§ 3º. Não sendo possível a publicação na rede mundial de computadores ou considerando o juiz, em atenção às condições da sede do juízo, que esse modo de divulgação é insuficiente ou inadequado, o edital será afixado em local de costume e publicado, em resumo, pelo menos uma vez em jornal de ampla circulação local.

§ 4º. Atendendo ao valor dos bens e às condições da sede do juízo, o juiz poderá alterar a forma e a frequência da publicidade na imprensa, mandar publicar o edital em local de ampla circulação de pessoas e divulgar avisos em emissora de rádio ou televisão local, bem como em sítios distintos do indicado no § 2º.

§ 5º. Os editais de leilão de imóveis e de veículos automotores serão publicados pela imprensa ou por outros meios de divulgação, preferencialmente na seção ou no local reservados à publicidade dos respectivos negócios.

§ 6º. O juiz poderá determinar a reunião de publicações em listas referentes a mais de uma execução.

Art. 888. Não se realizando o leilão por qualquer motivo, o juiz mandará publicar a transferência, observando-se o disposto no art. 887.

Parágrafo único. O escrivão, o chefe de secretaria ou o leiloeiro que culposamente der causa à transferência responde pelas despesas da nova publicação, podendo o juiz aplicar-lhe a pena de suspensão por 5 (cinco) dias a 3 (três) meses, em procedimento administrativo regular.

Art. 889. Serão cientificados da alienação judicial, com pelo menos 5 (cinco) dias de antecedência:

(*) Vide Enunciado 641 do FPPC.

I – o executado, por meio de seu advogado ou, se não tiver procurador constituído nos autos, por carta registrada, mandado, edital ou outro meio idôneo;

(*) V. art. 804 do CPC.
(*) Vide Súmula 121 do STJ.

II – o coproprietário de bem indivisível do qual tenha sido penhorada fração ideal;

III – o titular de usufruto, uso, habitação, enfiteuse, direito de superfície, concessão de uso especial para fins de moradia ou concessão de di-

LIVRO II – DO PROCESSO DE EXECUÇÃO   ART. 892

reito real de uso, quando a penhora recair sobre bem gravado com tais direitos reais;

(*) Vide Enunciado 150 do CJF.

IV – o proprietário do terreno submetido ao regime de direito de superfície, enfiteuse, concessão de uso especial para fins de moradia ou concessão de direito real de uso, quando a penhora recair sobre tais direitos reais;

V – o credor pignoratício, hipotecário, anticrético, fiduciário ou com penhora anteriormente averbada, quando a penhora recair sobre bens com tais gravames, caso não seja o credor, de qualquer modo, parte na execução;

VI – o promitente comprador, quando a penhora recair sobre bem em relação ao qual haja promessa de compra e venda registrada;

VII – o promitente vendedor, quando a penhora recair sobre direito aquisitivo derivado de promessa de compra e venda registrada;

VIII – a União, o Estado e o Município, no caso de alienação de bem tombado.

(*) Vide Enunciado 447 do FPPC.

Parágrafo único. Se o executado for revel e não tiver advogado constituído, não constando dos autos seu endereço atual ou, ainda, não sendo ele encontrado no endereço constante do processo, a intimação considerar-se-á feita por meio do próprio edital de leilão.

Art. 890. Pode oferecer lance quem estiver na livre administração de seus bens, com exceção:

I – dos tutores, dos curadores, dos testamenteiros, dos administradores ou dos liquidantes, quanto aos bens confiados à sua guarda e à sua responsabilidade;

II – dos mandatários, quanto aos bens de cuja administração ou alienação estejam encarregados;

III – do juiz, do membro do Ministério Público e da Defensoria Pública, do escrivão, do chefe de secretaria e dos demais servidores e auxiliares da justiça, em relação aos bens e direitos objeto de alienação na localidade onde servirem ou a que se estender a sua autoridade;

IV – dos servidores públicos em geral, quanto aos bens ou aos direitos da pessoa jurídica a que servirem ou que estejam sob sua administração direta ou indireta;

V – dos leiloeiros e seus prepostos, quanto aos bens de cuja venda estejam encarregados;

VI – dos advogados de qualquer das partes.

Art. 891. Não será aceito lance que ofereça preço vil.

(*) Vide Súmula 128 do STJ.

Parágrafo único. Considera-se vil o preço inferior ao mínimo estipulado pelo juiz e constante do edital, e, não tendo sido fixado preço mínimo, considera-se vil o preço inferior a cinquenta por cento do valor da avaliação.

(*) Vide Enunciado 193 do FPPC.

Art. 892. Salvo pronunciamento judicial em sentido diverso, o pagamento deverá ser realizado de imediato pelo arrematante, por depósito judicial ou por meio eletrônico.

§ 1º. Se o exequente arrematar os bens e for o único credor, não estará obrigado a exibir o preço, mas, se o valor dos bens exceder ao seu crédito, depositará, dentro de 3 (três) dias, a diferença, sob pena de tornar-se sem efeito a arrematação, e, nesse

ART. 893

caso, realizar-se-á novo leilão, à custa do exequente.

§ 2º. Se houver mais de um pretendente, proceder-se-á entre eles à licitação, e, no caso de igualdade de oferta, terá preferência o cônjuge, o companheiro, o descendente ou o ascendente do executado, nessa ordem.

§ 3º. No caso de leilão de bem tombado, a União, os Estados e os Municípios terão, nessa ordem, o direito de preferência na arrematação, em igualdade de oferta.

Art. 893. Se o leilão for de diversos bens e houver mais de um lançador, terá preferência aquele que se propuser a arrematá-los todos, em conjunto, oferecendo, para os bens que não tiverem lance, preço igual ao da avaliação e, para os demais, preço igual ao do maior lance que, na tentativa de arrematação individualizada, tenha sido oferecido para eles.

Art. 894. Quando o imóvel admitir cômoda divisão, o juiz, a requerimento do executado, ordenará a alienação judicial de parte dele, desde que suficiente para o pagamento do exequente e para a satisfação das despesas da execução.

(*) V. art. 872, § 1º, do CPC.

§ 1º. Não havendo lançador, far-se-á a alienação do imóvel em sua integridade.

§ 2º. A alienação por partes deverá ser requerida a tempo de permitir a avaliação das glebas destacadas e sua inclusão no edital, e, nesse caso, caberá ao executado instruir o requerimento com planta e memorial descritivo subscritos por profissional habilitado.

Art. 895. O interessado em adquirir o bem penhorado em prestações poderá apresentar, por escrito:

(*) Vide Enunciado 330 do FPPC.

I – até o início do primeiro leilão, proposta de aquisição do bem por valor não inferior ao da avaliação;

II – até o início do segundo leilão, proposta de aquisição do bem por valor que não seja considerado vil.

(*) Vide Resolução CNJ nº 236/2016.

(*) Vide Enunciado 157 do CJF.

§ 1º. A proposta conterá, em qualquer hipótese, oferta de pagamento de pelo menos vinte e cinco por cento do valor do lance à vista e o restante parcelado em até 30 (trinta) meses, garantido por caução idônea, quando se tratar de móveis, e por hipoteca do próprio bem, quando se tratar de imóveis.

§ 2º. As propostas para aquisição em prestações indicarão o prazo, a modalidade, o indexador de correção monetária e as condições de pagamento do saldo.

§ 3º. (Vetado).

§ 4º. No caso de atraso no pagamento de qualquer das prestações, incidirá multa de dez por cento sobre a soma da parcela inadimplida com as parcelas vincendas.

§ 5º. O inadimplemento autoriza o exequente a pedir a resolução da arrematação ou promover, em face do arrematante, a execução do valor devido, devendo ambos os pedidos ser formulados nos autos da execução em que se deu a arrematação.

§ 6º. A apresentação da proposta prevista neste artigo não suspende o leilão.

§ 7º. A proposta de pagamento do lance à vista sempre prevalecerá sobre as propostas de pagamento parcelado.

§ 8º. Havendo mais de uma proposta de pagamento parcelado:

I – em diferentes condições, o juiz decidirá pela mais vantajosa, assim compreendida, sempre, a de maior valor;

II – em iguais condições, o juiz decidirá pela formulada em primeiro lugar.

§ 9º. No caso de arrematação a prazo, os pagamentos feitos pelo arrematante pertencerão ao exequente até o limite de seu crédito, e os subsequentes, ao executado.

Art. 896. Quando o imóvel de incapaz não alcançar em leilão pelo menos oitenta por cento do valor da avaliação, o juiz o confiará à guarda e à administração de depositário idôneo, adiando a alienação por prazo não superior a 1 (um) ano.

§ 1º. Se, durante o adiamento, algum pretendente assegurar, mediante caução idônea, o preço da avaliação, o juiz ordenará a alienação em leilão.

§ 2º. Se o pretendente à arrematação se arrepender, o juiz impor-lhe-á multa de vinte por cento sobre o valor da avaliação, em benefício do incapaz, valendo a decisão como título executivo.

(*) V. arts. 81 e 96 do CPC.

§ 3º. Sem prejuízo do disposto nos §§ 1º e 2º, o juiz poderá autorizar a locação do imóvel no prazo do adiamento.

§ 4º. Findo o prazo do adiamento, o imóvel será submetido a novo leilão.

Art. 897. Se o arrematante ou seu fiador não pagar o preço no prazo estabelecido, o juiz impor-lhe-á, em favor do exequente, a perda da caução, voltando os bens a novo leilão, do qual não serão admitidos a participar o arrematante e o fiador remissos.

(*) Vide Enunciado 589 do FPPC.

Art. 898. O fiador do arrematante que pagar o valor do lance e a multa poderá requerer que a arrematação lhe seja transferida.

(*) Vide Enunciado 589 do FPPC.

Art. 899. Será suspensa a arrematação logo que o produto da alienação dos bens for suficiente para o pagamento do credor e para a satisfação das despesas da execução.

(*) Vide Súmula 128 do STJ.

Art. 900. O leilão prosseguirá no dia útil imediato, à mesma hora em que teve início, independentemente de novo edital, se for ultrapassado o horário de expediente forense.

Art. 901. A arrematação constará de auto que será lavrado de imediato e poderá abranger bens penhorados em mais de uma execução, nele mencionadas as condições nas quais foi alienado o bem.

§ 1º. A ordem de entrega do bem móvel ou a carta de arrematação do bem imóvel, com o respectivo mandado de imissão na posse, será expedida depois de efetuado o depósito ou prestadas as garantias pelo arrematante, bem como realizado o pagamento da comissão do leiloeiro e das demais despesas da execução.

§ 2º. A carta de arrematação conterá a descrição do imóvel, com remissão à sua matrícula ou individuação e aos seus registros, a cópia do auto de arrematação e a prova de pagamento do imposto de transmissão, além da indicação da existência de eventual ônus real ou gravame.

Art. 902. No caso de leilão de bem hipotecado, o executado poderá

ART. 903

remi-lo até a assinatura do auto de arrematação, oferecendo preço igual ao do maior lance oferecido.

Parágrafo único. No caso de falência ou insolvência do devedor hipotecário, o direito de remição previsto no *caput* defere-se à massa ou aos credores em concurso, não podendo o exequente recusar o preço da avaliação do imóvel.

Art. 903. Qualquer que seja a modalidade de leilão, assinado o auto pelo juiz, pelo arrematante e pelo leiloeiro, a arrematação será considerada perfeita, acabada e irretratável, ainda que venham a ser julgados procedentes os embargos do executado ou a ação autônoma de que trata o § 4º deste artigo, assegurada a possibilidade de reparação pelos prejuízos sofridos.

(*) Vide Enunciado 542 do FPPC.

§ 1º. Ressalvadas outras situações previstas neste Código, a arrematação poderá, no entanto, ser:

(*) Vide Enunciado 542 do FPPC.

I – invalidada, quando realizada por preço vil ou com outro vício;

II – considerada ineficaz, se não observado o disposto no art. 804;

III – resolvida, se não for pago o preço ou se não for prestada a caução.

§ 2º. O juiz decidirá acerca das situações referidas no § 1º, se for provocado em até 10 (dez) dias após o aperfeiçoamento da arrematação.

§ 3º. Passado o prazo previsto no § 2º sem que tenha havido alegação de qualquer das situações previstas no § 1º, será expedida a carta de arrematação e, conforme o caso, a ordem de entrega ou mandado de imissão na posse.

(*) Vide Enunciado 644 do FPPC.

§ 4º. Após a expedição da carta de arrematação ou da ordem de entrega, a invalidação da arrematação poderá ser pleiteada por ação autônoma, em cujo processo o arrematante figurará como litisconsorte necessário.

(*) Vide Enunciados 542 e 644 do FPPC.

§ 5º. O arrematante poderá desistir da arrematação, sendo-lhe imediatamente devolvido o depósito que tiver feito:

I – se provar, nos 10 (dez) dias seguintes, a existência de ônus real ou gravame não mencionado no edital;

II – se, antes de expedida a carta de arrematação ou a ordem de entrega, o executado alegar alguma das situações previstas no § 1º;

III – uma vez citado para responder a ação autônoma de que trata o § 4º deste artigo, desde que apresente a desistência no prazo de que dispõe para responder a essa ação.

§ 6º. Considera-se ato atentatório à dignidade da justiça a suscitação infundada de vício com o objetivo de ensejar a desistência do arrematante, devendo o suscitante ser condenado, sem prejuízo da responsabilidade por perdas e danos, ao pagamento de multa, a ser fixada pelo juiz e devida ao exequente, em montante não superior a vinte por cento do valor atualizado do bem.

Seção V
Da Satisfação do Crédito

Art. 904. A satisfação do crédito exequendo far-se-á:

I – pela entrega do dinheiro;

II – pela adjudicação dos bens penhorados.

LIVRO II – DO PROCESSO DE EXECUÇÃO   ART. 910

Art. 905. O juiz autorizará que o exequente levante, até a satisfação integral de seu crédito, o dinheiro depositado para segurar o juízo ou o produto dos bens alienados, bem como do faturamento de empresa ou de outros frutos e rendimentos de coisas ou empresas penhoradas, quando:

(*) V. art. 858 do CPC.

I – a execução for movida só a benefício do exequente singular, a quem, por força da penhora, cabe o direito de preferência sobre os bens penhorados e alienados;

II – não houver sobre os bens alienados outros privilégios ou preferências instituídos anteriormente à penhora.

(*) V. art. 908 do CPC.

Parágrafo único. Durante o plantão judiciário, veda-se a concessão de pedidos de levantamento de importância em dinheiro ou valores ou de liberação de bens apreendidos.

(*) V. art. 858 do CPC.

Art. 906. Ao receber o mandado de levantamento, o exequente dará ao executado, por termo nos autos, quitação da quantia paga.

Parágrafo único. A expedição de mandado de levantamento poderá ser substituída pela transferência eletrônica do valor depositado em conta vinculada ao juízo para outra indicada pelo exequente.

Art. 907. Pago ao exequente o principal, os juros, as custas e os honorários, a importância que sobrar será restituída ao executado.

(*) V. art. 924, II, do CPC.
(*) Vide Súmulas 14, 36 e 67 do STJ.

Art. 908. Havendo pluralidade de credores ou exequentes, o dinheiro lhes será distribuído e entregue consoante a ordem das respectivas preferências.

(*) V. art. 797 do CPC.

§ 1º. No caso de adjudicação ou alienação, os créditos que recaem sobre o bem, inclusive os de natureza *propter rem*, sub-rogam-se sobre o respectivo preço, observada a ordem de preferência.

§ 2º. Não havendo título legal à preferência, o dinheiro será distribuído entre os concorrentes, observando-se a anterioridade de cada penhora.

Art. 909. Os exequentes formularão as suas pretensões, que versarão unicamente sobre o direito de preferência e a anterioridade da penhora, e, apresentadas as razões, o juiz decidirá.

(*) Vide Súmula 563 do STF.

Capítulo V
DA EXECUÇÃO CONTRA A FAZENDA PÚBLICA

(*) Vide Temas 45, 58, 96, 132, 137, 147, 148, 355, 450 e 511 do STF.

Art. 910. Na execução fundada em título extrajudicial, a Fazenda Pública será citada para opor embargos em 30 (trinta) dias.

(*) Vide Enunciado 240 do FPPC.
(*) Vide Súmulas 279 e 339 do STJ.

§ 1º. Não opostos embargos ou transitada em julgado a decisão que os rejeitar, expedir-se-á precatório ou requisição de pequeno valor em favor do exequente, observando-se o disposto no art. 100 da Constituição Federal.

(*) Vide Súmula 144 do STJ.

§ 2º. Nos embargos, a Fazenda Pública poderá alegar qualquer matéria que lhe seria lícito deduzir como defesa no processo de conhecimento.

(*) Vide Súmula 394 do STJ.

§ 3º. Aplica-se a este Capítulo, no que couber, o disposto nos arts. 534 e 535.

Capítulo VI
DA EXECUÇÃO DE ALIMENTOS

Art. 911. Na execução fundada em título executivo extrajudicial que contenha obrigação alimentar, o juiz mandará citar o executado para, em 3 (três) dias, efetuar o pagamento das parcelas anteriores ao início da execução e das que se vencerem no seu curso, provar que o fez ou justificar a impossibilidade de fazê-lo.

Parágrafo único. Aplicam-se, no que couber, os §§ 2º a 7º do art. 528.

Art. 912. Quando o executado for funcionário público, militar, diretor ou gerente de empresa, bem como empregado sujeito à legislação do trabalho, o exequente poderá requerer o desconto em folha de pagamento de pessoal da importância da prestação alimentícia.

(*) V. arts. 529; e 833, IV, § 2º, do CPC.

§ 1º. Ao despachar a inicial, o juiz oficiará à autoridade, à empresa ou ao empregador, determinando, sob pena de crime de desobediência, o desconto a partir da primeira remuneração posterior do executado, a contar do protocolo do ofício.

§ 2º. O ofício conterá os nomes e o número de inscrição no Cadastro de Pessoas Físicas do exequente e do executado, a importância a ser descontada mensalmente, a conta na qual deve ser feito o depósito e, se for o caso, o tempo de sua duração.

Art. 913. Não requerida a execução nos termos deste Capítulo, observar-se-á o disposto no art. 824 e seguintes, com a ressalva de que, recaindo a penhora em dinheiro, a concessão de efeito suspensivo aos embargos à execução não obsta a que o exequente levante mensalmente a importância da prestação.

TÍTULO III
DOS EMBARGOS À EXECUÇÃO

(*) Vide Enunciados 543 e 544 do FPPC.

Art. 914. O executado, independentemente de penhora, depósito ou caução, poderá se opor à execução por meio de embargos.

(*) V. arts. 535 e 917 do CPC.

§ 1º. Os embargos à execução serão distribuídos por dependência, autuados em apartado e instruídos com cópias das peças processuais relevantes, que poderão ser declaradas autênticas pelo próprio advogado, sob sua responsabilidade pessoal.

§ 2º. Na execução por carta, os embargos serão oferecidos no juízo deprecante ou no juízo deprecado, mas a competência para julgá-los é do juízo deprecante, salvo se versarem unicamente sobre vícios ou defeitos da penhora, da avaliação ou da alienação dos bens efetuadas no juízo deprecado.

(*) Vide Súmula 46 do STJ.

Art. 915. Os embargos serão oferecidos no prazo de 15 (quinze) dias, contado, conforme o caso, na forma do art. 231.

§ 1º. Quando houver mais de um executado, o prazo para cada um deles embargar conta-se a partir da juntada do respectivo comprovante da citação, salvo no caso de cônjuges ou de companheiros, quando será contado a partir da juntada do último.

§ 2º. Nas execuções por carta, o prazo para embargos será contado:

I – da juntada, na carta, da certificação da citação, quando versarem unicamente sobre vícios ou defeitos da penhora, da avaliação ou da alienação dos bens;

II – da juntada, nos autos de origem, do comunicado de que trata o § 4º deste artigo ou, não havendo este, da juntada da carta devidamente cumprida, quando versarem sobre questões diversas da prevista no inciso I deste parágrafo.

§ 3º. Em relação ao prazo para oferecimento dos embargos à execução, não se aplica o disposto no art. 229.

§ 4º. Nos atos de comunicação por carta precatória, rogatória ou de ordem, a realização da citação será imediatamente informada, por meio eletrônico, pelo juiz deprecado ao juiz deprecante.

Art. 916. No prazo para embargos, reconhecendo o crédito do exequente e comprovando o depósito de trinta por cento do valor em execução, acrescido de custas e de honorários de advogado, o executado poderá requerer que lhe seja permitido pagar o restante em até 6 (seis) parcelas mensais, acrescidas de correção monetária e de juros de um por cento ao mês.

(*) V. arts. 701, § 5º; e 921, V, do CPC.
(*) Vide Enunciado 331 do FPPC.

§ 1º. O exequente será intimado para manifestar-se sobre o preenchimento dos pressupostos do *caput*, e o juiz decidirá o requerimento em 5 (cinco) dias.

§ 2º. Enquanto não apreciado o requerimento, o executado terá de depositar as parcelas vincendas, facultado ao exequente seu levantamento.

§ 3º. Deferida a proposta, o exequente levantará a quantia depositada, e serão suspensos os atos executivos.

§ 4º. Indeferida a proposta, seguir-se-ão os atos executivos, mantido o depósito, que será convertido em penhora.

§ 5º. O não pagamento de qualquer das prestações acarretará cumulativamente:

I – o vencimento das prestações subsequentes e o prosseguimento do processo, com o imediato reinício dos atos executivos;

II – a imposição ao executado de multa de dez por cento sobre o valor das prestações não pagas.

§ 6º. A opção pelo parcelamento de que trata este artigo importa renúncia ao direito de opor embargos.

§ 7º. O disposto neste artigo não se aplica ao cumprimento da sentença.

Art. 917. Nos embargos à execução, o executado poderá alegar:

I – inexequibilidade do título ou inexigibilidade da obrigação;

II – penhora incorreta ou avaliação errônea;

III – excesso de execução ou cumulação indevida de execuções;

(*) V. §§ 3º e 4º deste artigo.
(*) Vide Enunciado 55 da ENFAM.

IV – retenção por benfeitorias necessárias ou úteis, nos casos de execução para entrega de coisa certa;

V – incompetência absoluta ou relativa do juízo da execução;

(*) V. art. 64, § 1º, do CPC.

VI – qualquer matéria que lhe seria lícito deduzir como defesa em processo de conhecimento.

(*) Vide Súmula 394 do STJ.

§ 1º. A incorreção da penhora ou da avaliação poderá ser impugnada por simples petição, no prazo de 15 (quinze) dias, contado da ciência do ato.

§ 2º. Há excesso de execução quando:

I – o exequente pleiteia quantia superior à do título;

II – ela recai sobre coisa diversa daquela declarada no título;

III – ela se processa de modo diferente do que foi determinado no título;

IV – o exequente, sem cumprir a prestação que lhe corresponde, exige o adimplemento da prestação do executado;

V – o exequente não prova que a condição se realizou.

(*) V. arts. 514; e 803, III, do CPC.

§ 3º. Quando alegar que o exequente, em excesso de execução, pleiteia quantia superior à do título, o embargante declarará na petição inicial o valor que entende correto, apresentando demonstrativo discriminado e atualizado de seu cálculo.

(*) Vide Enunciados 590 e 719 do FPPC.

§ 4º. Não apontado o valor correto ou não apresentado o demonstrativo, os embargos à execução:

I – serão liminarmente rejeitados, sem resolução de mérito, se o excesso de execução for o seu único fundamento;

II – serão processados, se houver outro fundamento, mas o juiz não examinará a alegação de excesso de execução.

§ 5º. Nos embargos de retenção por benfeitorias, o exequente poderá requerer a compensação de seu valor com o dos frutos ou dos danos considerados devidos pelo executado, cumprindo ao juiz, para a apuração dos respectivos valores, nomear perito, observando-se, então, o art. 464.

(*) Vide Súmula 158 do STF.

§ 6º. O exequente poderá a qualquer tempo ser imitido na posse da coisa, prestando caução ou depositando o valor devido pelas benfeitorias ou resultante da compensação.

§ 7º. A arguição de impedimento e suspeição observará o disposto nos arts. 146 e 148.

Art. 918. O juiz rejeitará liminarmente os embargos:

(*) V. arts. 1.009; e 1.012, § 1º, III, do CPC.

(*) Vide Enunciados 545 e 586 do FPPC.

(*) Vide Enunciados 94 e 158 do CJF.

I – quando intempestivos;

II – nos casos de indeferimento da petição inicial e de improcedência liminar do pedido;

III – manifestamente protelatórios.

(*) Vide Enunciado 50 da ENFAM.

Parágrafo único. Considera-se conduta atentatória à dignidade da justiça o oferecimento de embargos manifestamente protelatórios.

(*) V. art. 774 do CPC.

(*) Vide Enunciado 50 da ENFAM.

Art. 919. Os embargos à execução não terão efeito suspensivo.

§ 1º. O juiz poderá, a requerimento do embargante, atribuir efeito suspensivo aos embargos quando verificados os requisitos para a concessão da tutela provisória e desde que a execução já esteja garantida por penhora, depósito ou caução suficientes.

(*) Vide Enunciados 80, 546, 547 e 681 do FPPC.

§ 2º. Cessando as circunstâncias que a motivaram, a decisão relativa aos efeitos dos embargos poderá, a requerimento da parte, ser modificada ou revogada a qualquer tempo, em decisão fundamentada.

§ 3º. Quando o efeito suspensivo atribuído aos embargos disser respeito apenas a parte do objeto da execução, esta prosseguirá quanto à parte restante.

§ 4º. A concessão de efeito suspensivo aos embargos oferecidos por um dos executados não suspenderá a execução contra os que não embargaram quando o respectivo fundamento disser respeito exclusivamente ao embargante.

§ 5º. A concessão de efeito suspensivo não impedirá a efetivação dos atos de substituição, de reforço ou de redução da penhora e de avaliação dos bens.

Art. 920. Recebidos os embargos:

I – o exequente será ouvido no prazo de 15 (quinze) dias;

II – a seguir, o juiz julgará imediatamente o pedido ou designará audiência;

III – encerrada a instrução, o juiz proferirá sentença.

(*) Vide Enunciado 94 do CJF.

TÍTULO IV
DA SUSPENSÃO E DA EXTINÇÃO DO PROCESSO DE EXECUÇÃO

Capítulo I
DA SUSPENSÃO DO PROCESSO DE EXECUÇÃO

Art. 921. Suspende-se a execução:

I – nas hipóteses dos arts. 313 e 315, no que couber;

II – no todo ou em parte, quando recebidos com efeito suspensivo os embargos à execução;

III – quando não for localizado o executado ou bens penhoráveis;

(*) Inciso III com redação dada pela Lei nº 14.195/2021.

IV – se a alienação dos bens penhorados não se realizar por falta de licitantes e o exequente, em 15 (quinze) dias, não requerer a adjudicação nem indicar outros bens penhoráveis;

V – quando concedido o parcelamento de que trata o art. 916.

§ 1º. Na hipótese do inciso III, o juiz suspenderá a execução pelo prazo de 1 (um) ano, durante o qual se suspenderá a prescrição.

(*) Vide Súmula 314 do STJ.

§ 2º. Decorrido o prazo máximo de 1 (um) ano sem que seja localizado o executado ou que sejam encontrados bens penhoráveis, o juiz ordenará o arquivamento dos autos.

§ 3º. Os autos serão desarquivados para prosseguimento da execu-

ART. 922 CÓDIGO DE PROCESSO CIVIL – PARTE ESPECIAL

ção se a qualquer tempo forem encontrados bens penhoráveis.

(*) Vide Enunciado 548 do FPPC.

§ 4º. O termo inicial da prescrição no curso do processo será a ciência da primeira tentativa infrutífera de localização do devedor ou de bens penhoráveis, e será suspensa, por uma única vez, pelo prazo máximo previsto no § 1º deste artigo.

(*) § 4º com redação dada pela Lei nº 14.195/2021.
(*) Vide Enunciados 194 e 196 do FPPC.
(*) Vide Súmula 150 do STF.
(*) Vide Súmula 314 do STJ.

§ 4º-A. A efetiva citação, intimação do devedor ou constrição de bens penhoráveis interrompe o prazo de prescrição, que não corre pelo tempo necessário à citação e à intimação do devedor, bem como para as formalidades da constrição patrimonial, se necessária, desde que o credor cumpra os prazos previstos na lei processual ou fixados pelo juiz.

(*) § 4º-A acrescido pela Lei nº 14.195/2021.

§ 5º. O juiz, depois de ouvidas as partes, no prazo de 15 (quinze) dias, poderá, de ofício, reconhecer a prescrição no curso do processo e extingui-lo, sem ônus para as partes.

(*) § 5º com redação dada pela Lei nº 14.195/2021.

§ 6º. A alegação de nulidade quanto ao procedimento previsto neste artigo somente será conhecida caso demonstrada a ocorrência de efetivo prejuízo, que será presumido apenas em caso de inexistência da intimação de que trata o § 4º deste artigo.

(*) § 6º acrescido pela Lei nº 14.195/2021.

§ 7º. Aplica-se o disposto neste artigo ao cumprimento de sentença de que trata o art. 523 deste Código.

(*) § 7º acrescido pela Lei nº 14.195/2021.

Art. 922. Convindo as partes, o juiz declarará suspensa a execução durante o prazo concedido pelo exequente para que o executado cumpra voluntariamente a obrigação.

Parágrafo único. Findo o prazo sem cumprimento da obrigação, o processo retomará o seu curso.

Art. 923. Suspensa a execução, não serão praticados atos processuais, podendo o juiz, entretanto, salvo no caso de arguição de impedimento ou de suspeição, ordenar providências urgentes.

Capítulo II
DA EXTINÇÃO DO PROCESSO DE EXECUÇÃO

Art. 924. Extingue-se a execução quando:

I – a petição inicial for indeferida;

II – a obrigação for satisfeita;

III – o executado obtiver, por qualquer outro meio, a extinção total da dívida;

IV – o exequente renunciar ao crédito;

V – ocorrer a prescrição intercorrente.

(*) V. art. 1.056 do CPC.

Art. 925. A extinção só produz efeito quando declarada por sentença.

LIVRO III
DOS PROCESSOS NOS TRIBUNAIS E DOS MEIOS DE IMPUGNAÇÃO DAS DECISÕES JUDICIAIS

TÍTULO I
DA ORDEM DOS PROCESSOS E DOS PROCESSOS DE COMPETÊNCIA ORIGINÁRIA DOS TRIBUNAIS

Capítulo I
DISPOSIÇÕES GERAIS

(*) Vide Enunciado Administrativo 4 do STJ.
(*) Vide Tema 775 do STF.

Art. 926. Os tribunais devem uniformizar sua jurisprudência e mantê-la estável, íntegra e coerente.

(*) V. art. 4º do CPC.
(*) Vide Enunciados 166, 167, 314, 316, 323, 380, 453, 454, 455, 456, 457, 458, 607 e 703 do FPPC.

§ 1º. Na forma estabelecida e segundo os pressupostos fixados no regimento interno, os tribunais editarão enunciados de súmula correspondentes a sua jurisprudência dominante.

(*) Vide Enunciado 393 do FPPC.

§ 2º. Ao editar enunciados de súmula, os tribunais devem ater-se às circunstâncias fáticas dos precedentes que motivaram sua criação.

Art. 927. Os juízes e os tribunais observarão:

(*) Vide Enunciados 170, 173, 315, 317, 318, 319, 320, 323, 324, 325, 326, 380 e 549 do FPPC.

I – as decisões do Supremo Tribunal Federal em controle concentrado de constitucionalidade;

(*) Vide Enunciados 168 e 314 do FPPC.

II – os enunciados de súmula vinculante;

(*) Vide Enunciado 171 do FPPC.

III – os acórdãos em incidente de assunção de competência ou de resolução de demandas repetitivas e em julgamento de recursos extraordinário e especial repetitivos;

(*) V. arts. 1.036 a 1.041 do CPC.
(*) Vide Enunciados 171, 558 e 659 do FPPC.
(*) Vide Enunciado 19 da ENFAM.

IV – os enunciados das súmulas do Supremo Tribunal Federal em matéria constitucional e do Superior Tribunal de Justiça em matéria infraconstitucional;

(*) Vide Enunciado 171 do FPPC.

V – a orientação do plenário ou do órgão especial aos quais estiverem vinculados.

(*) Vide Enunciado 314 do FPPC.

§ 1º. Os juízes e os tribunais observarão o disposto no art. 10 e no art. 489, § 1º, quando decidirem com fundamento neste artigo.

(*) Vide Enunciados 2, 172, 458, 459 e 460 do FPPC.
(*) Vide Enunciado 19 da ENFAM.

§ 2º. A alteração de tese jurídica adotada em enunciado de súmula ou em julgamento de casos repetitivos poderá ser precedida de audiências públicas e da participação de pessoas, órgãos ou entidades que possam contribuir para a rediscussão da tese.

(*) Vide Enunciados 175 e 393 do FPPC.

§ 3º. Na hipótese de alteração de jurisprudência dominante do Supremo Tribunal Federal e dos tribunais superiores ou daquela oriunda de julgamento de casos repetitivos, pode haver modulação dos efeitos da alteração no interesse social e no da segurança jurídica.

(*) Vide Enunciados 55 e 608 do FPPC.

§ 4º. A modificação de enunciado de súmula, de jurisprudência pacificada ou de tese adotada em julgamento de casos repetitivos observará a necessidade de fundamentação adequada e específica, considerando os princípios da segurança jurídica, da proteção da confiança e da isonomia.

(*) Vide Enunciados 169, 321, 322 e 608 do FPPC.

§ 5º. Os tribunais darão publicidade a seus precedentes, organizando-os por questão jurídica decidida e divulgando-os, preferencialmente, na rede mundial de computadores.

(*) Vide Enunciados 433 e 591 do FPPC.

Art. 928. Para os fins deste Código, considera-se julgamento de casos repetitivos a decisão proferida em:

(*) Vide Enunciados 345, 480 e 659 do FPPC.

I – incidente de resolução de demandas repetitivas;

(*) V. arts. 976 a 987 do CPC.

II – recursos especial e extraordinário repetitivos.

(*) V. arts. 1.036 a 1.041 do CPC.

Parágrafo único. O julgamento de casos repetitivos tem por objeto questão de direito material ou processual.

(*) Vide Enunciado 327 do FPPC.

Capítulo II
DA ORDEM DOS PROCESSOS NO TRIBUNAL

Art. 929. Os autos serão registrados no protocolo do tribunal no dia de sua entrada, cabendo à secretaria ordená-los, com imediata distribuição.

Parágrafo único. A critério do tribunal, os serviços de protocolo poderão ser descentralizados, mediante delegação a ofícios de justiça de primeiro grau.

Art. 930. Far-se-á a distribuição de acordo com o regimento interno do tribunal, observando-se a alternatividade, o sorteio eletrônico e a publicidade.

Parágrafo único. O primeiro recurso protocolado no tribunal tornará prevento o relator para eventual recurso subsequente interposto no mesmo processo ou em processo conexo.

Art. 931. Distribuídos, os autos serão imediatamente conclusos ao relator, que, em 30 (trinta) dias, depois de elaborar o voto, restituí-los-á, com relatório, à secretaria.

(*) Vide Enunciado 522 do FPPC.

Art. 932. Incumbe ao relator:

(*) Vide Enunciado 645 do FPPC.

I – dirigir e ordenar o processo no tribunal, inclusive em relação à produção de prova, bem como, quando for o caso, homologar autocomposição das partes;

(*) V. arts. 12, § 2º, IV; e 1.021 do CPC.
(*) Vide Enunciados 464, 646 e 664 do FPPC.

II – apreciar o pedido de tutela provisória nos recursos e nos processos de competência originária do tribunal;

(*) Vide Enunciado 647 do FPPC.

LIVRO III – DOS PROCESSOS NOS TRIBUNAIS E DOS MEIOS (...) **ART. 933**

III – não conhecer de recurso inadmissível, prejudicado ou que não tenha impugnado especificamente os fundamentos da decisão recorrida;

(*) V. arts. 1.011, I; e 1.019 do CPC.

(*) Vide Súmula 316 do STJ.

IV – negar provimento a recurso que for contrário a:

(*) V. arts. 1.011, I; e 1.019 do CPC.

(*) Vide Enunciado 648 do FPPC.

a) súmula do Supremo Tribunal Federal, do Superior Tribunal de Justiça ou do próprio tribunal;

b) acórdão proferido pelo Supremo Tribunal Federal ou pelo Superior Tribunal de Justiça em julgamento de recursos repetitivos;

c) entendimento firmado em incidente de resolução de demandas repetitivas ou de assunção de competência;

(*) Vide Súmula 568 do STJ.

V – depois de facultada a apresentação de contrarrazões, dar provimento ao recurso se a decisão recorrida for contrária a:

(*) V. art. 1.011, I, do CPC.

(*) Vide Enunciados 81, 592 e 648 do FPPC.

a) súmula do Supremo Tribunal Federal, do Superior Tribunal de Justiça ou do próprio tribunal;

b) acórdão proferido pelo Supremo Tribunal Federal ou pelo Superior Tribunal de Justiça em julgamento de recursos repetitivos;

(*) V. arts. 1.036 a 1.041 do CPC.

c) entendimento firmado em incidente de resolução de demandas repetitivas ou de assunção de competência;

(*) V. arts. 976 a 987 do CPC.

VI – decidir o incidente de desconsideração da personalidade jurídica, quando este for instaurado originariamente perante o tribunal;

VII – determinar a intimação do Ministério Público, quando for o caso;

VIII – exercer outras atribuições estabelecidas no regimento interno do tribunal.

(*) Vide Enunciado 648 do FPPC.

Parágrafo único. Antes de considerar inadmissível o recurso, o relator concederá o prazo de 5 (cinco) dias ao recorrente para que seja sanado vício ou complementada a documentação exigível.

(*) V. art. 1.017, § 3º, do CPC.

(*) Vide Enunciados 82, 83, 463, 550, 593 e 666 do FPPC.

(*) Vide Enunciado 66 do CJF.

(*) Vide Enunciados Administrativos 5 e 6 do STJ.

Art. 933. Se o relator constatar a ocorrência de fato superveniente à decisão recorrida ou a existência de questão apreciável de ofício ainda não examinada que devam ser considerados no julgamento do recurso, intimará as partes para que se manifestem no prazo de 5 (cinco) dias.

(*) Vide Enunciados 522, 594, 645 e 718 do FPPC.

§ 1º. Se a constatação ocorrer durante a sessão de julgamento, esse será imediatamente suspenso a fim de que as partes se manifestem especificamente.

(*) Vide Enunciados 595 e 614 do FPPC.

(*) Vide Enunciado 60 do CJF.

§ 2º. Se a constatação se der em vista dos autos, deverá o juiz que a solicitou encaminhá-los ao relator, que tomará as providências previstas no *caput* e, em seguida, solicitará a inclusão do feito em pauta para prosseguimento do julgamento, com submissão integral da nova questão aos julgadores.

Art. 934. Em seguida, os autos serão apresentados ao presidente, que designará dia para julgamento, ordenando, em todas as hipóteses previstas neste Livro, a publicação da pauta no órgão oficial.

(*) Vide Enunciado 649 do FPPC.

Art. 935. Entre a data de publicação da pauta e a da sessão de julgamento decorrerá, pelo menos, o prazo de 5 (cinco) dias, incluindo-se em nova pauta os processos que não tenham sido julgados, salvo aqueles cujo julgamento tiver sido expressamente adiado para a primeira sessão seguinte.

(*) Vide Enunciados 84, 198, 649 e 650 do FPPC.
(*) Vide Súmula 117 do STJ.

§ 1º. Às partes será permitida vista dos autos em cartório após a publicação da pauta de julgamento.

§ 2º. Afixar-se-á a pauta na entrada da sala em que se realizar a sessão de julgamento.

Art. 936. Ressalvadas as preferências legais e regimentais, os recursos, a remessa necessária e os processos de competência originária serão julgados na seguinte ordem:

I – aqueles nos quais houver sustentação oral, observada a ordem dos requerimentos;

II – os requerimentos de preferência apresentados até o início da sessão de julgamento;

III – aqueles cujo julgamento tenha iniciado em sessão anterior; e

IV – os demais casos.

Art. 937. Na sessão de julgamento, depois da exposição da causa pelo relator, o presidente dará a palavra, sucessivamente, ao recorrente, ao recorrido e, nos casos de sua intervenção, ao membro do Ministério Público, pelo prazo improrrogável de 15 (quinze) minutos para cada um, a fim de sustentarem suas razões, nas seguintes hipóteses, nos termos da parte final do *caput* do art. 1.021:

(*) Vide Enunciado 651 do FPPC.

I – no recurso de apelação;
(*) V. arts. 1.009 a 1.014 do CPC.

II – no recurso ordinário;
(*) V. arts. 1.027 e 1.028 do CPC.

III – no recurso especial;
(*) V. arts. 1.029 a 1.041 do CPC.

IV – no recurso extraordinário;
(*) V. arts. 1.029 a 1.041 do CPC.

V – nos embargos de divergência;
(*) V. arts. 1.043 e 1.044 do CPC.

VI – na ação rescisória, no mandado de segurança e na reclamação;
(*) V. § 3º deste artigo.
(*) V. arts. 966 a 975 e 988 a 993 do CPC.
(*) Vide Tema 159 do STF.

VII – (vetado);

VIII – no agravo de instrumento interposto contra decisões interlocutórias que versem sobre tutelas provisórias de urgência ou da evidência;
(*) V. arts. 1.015 a 1.020 do CPC.
(*) Vide Enunciados 596 e 681 do FPPC.

IX – em outras hipóteses previstas em lei ou no regimento interno do tribunal.

§ 1º. A sustentação oral no incidente de resolução de demandas repetitivas observará o disposto no art. 984, no que couber.

(*) Vide Enunciado 657 do FPPC.

§ 2º. O procurador que desejar proferir sustentação oral poderá requerer, até o início da sessão, que o processo seja julgado em primeiro lugar, sem prejuízo das preferências legais.

§ 3º. Nos processos de competência originária previstos no inciso VI, caberá sustentação oral no agravo interno interposto contra decisão de relator que o extinga.

§ 4º. É permitido ao advogado com domicílio profissional em cidade diversa daquela onde está sediado o tribunal realizar sustentação oral por meio de videoconferência ou outro recurso tecnológico de transmissão de sons e imagens em tempo real, desde que o requeira até o dia anterior ao da sessão.

Art. 938. A questão preliminar suscitada no julgamento será decidida antes do mérito, deste não se conhecendo caso seja incompatível com a decisão.

(*) Vide Enunciados 645, 647 e 652 do FPPC.

§ 1º. Constatada a ocorrência de vício sanável, inclusive aquele que possa ser conhecido de ofício, o relator determinará a realização ou a renovação do ato processual, no próprio tribunal ou em primeiro grau de jurisdição, intimadas as partes.

(*) Vide Enunciados 82, 199, 332 e 333 do FPPC.

§ 2º. Cumprida a diligência de que trata o § 1º, o relator, sempre que possível, prosseguirá no julgamento do recurso.

§ 3º. Reconhecida a necessidade de produção de prova, o relator converterá o julgamento em diligência, que se realizará no tribunal ou em primeiro grau de jurisdição, decidindo-se o recurso após a conclusão da instrução.

(*) Vide Enunciado 646 do FPPC.

§ 4º. Quando não determinadas pelo relator, as providências indicadas nos §§ 1º e 3º poderão ser determinadas pelo órgão competente para julgamento do recurso.

Art. 939. Se a preliminar for rejeitada ou se a apreciação do mérito for com ela compatível, seguir-se-ão a discussão e o julgamento da matéria principal, sobre a qual deverão se pronunciar os juízes vencidos na preliminar.

(*) Vide Enunciado 652 do FPPC.

Art. 940. O relator ou outro juiz que não se considerar habilitado a proferir imediatamente seu voto poderá solicitar vista pelo prazo máximo de 10 (dez) dias, após o qual o recurso será reincluído em pauta para julgamento na sessão seguinte à data da devolução.

(*) Vide Resolução CNJ nº 202/2015.
(*) Vide Enunciado 649 do FPPC.

§ 1º. Se os autos não forem devolvidos tempestivamente ou se não for solicitada pelo juiz prorrogação de prazo de no máximo mais 10 (dez) dias, o presidente do órgão fracionário os requisitará para julgamento do recurso na sessão ordinária subsequente, com publicação da pauta em que for incluído.

(*) Vide Enunciado 649 do FPPC.

§ 2º. Quando requisitar os autos na forma do § 1º, se aquele que fez o pedido de vista ainda não se sentir habilitado a votar, o presidente convocará substituto para proferir voto, na forma estabelecida no regimento interno do tribunal.

Art. 941. Proferidos os votos, o presidente anunciará o resultado do julgamento, designando para redigir o acórdão o relator ou, se vencido este, o autor do primeiro voto vencedor.

(*) Vide Enunciados 597, 598 e 653 do FPPC.

§ 1º. O voto poderá ser alterado até o momento da proclamação do resultado pelo presidente, salvo aquele já proferido por juiz afastado ou substituído.

ART. 942

§ 2º. No julgamento de apelação ou de agravo de instrumento, a decisão será tomada, no órgão colegiado, pelo voto de 3 (três) juízes.

§ 3º. O voto vencido será necessariamente declarado e considerado parte integrante do acórdão para todos os fins legais, inclusive de pré-questionamento.

(*) Vide Enunciado 200 do FPPC.

Art. 942. Quando o resultado da apelação for não unânime, o julgamento terá prosseguimento em sessão a ser designada com a presença de outros julgadores, que serão convocados nos termos previamente definidos no regimento interno, em número suficiente para garantir a possibilidade de inversão do resultado inicial, assegurado às partes e a eventuais terceiros o direito de sustentar oralmente suas razões perante os novos julgadores.

(*) Vide Enunciados 552, 599, 682, 683, 684 e 700 do FPPC.
(*) Vide Enunciados 62 e 137 do CJF.

§ 1º. Sendo possível, o prosseguimento do julgamento dar-se-á na mesma sessão, colhendo-se os votos de outros julgadores que porventura componham o órgão colegiado.

§ 2º. Os julgadores que já tiverem votado poderão rever seus votos por ocasião do prosseguimento do julgamento.

§ 3º. A técnica de julgamento prevista neste artigo aplica-se, igualmente, ao julgamento não unânime proferido em:

I – ação rescisória, quando o resultado for a rescisão da sentença, devendo, nesse caso, seu prosseguimento ocorrer em órgão de maior composição previsto no regimento interno;

(*) Vide Enunciado 63 do CJF.

II – agravo de instrumento, quando houver reforma da decisão que julgar parcialmente o mérito.

§ 4º. Não se aplica o disposto neste artigo ao julgamento:

I – do incidente de assunção de competência e ao de resolução de demandas repetitivas;

II – da remessa necessária;

III – não unânime proferido, nos tribunais, pelo plenário ou pela corte especial.

Art. 943. Os votos, os acórdãos e os demais atos processuais podem ser registrados em documento eletrônico inviolável e assinados eletronicamente, na forma da lei, devendo ser impressos para juntada aos autos do processo quando este não for eletrônico.

(*) Vide Enunciado 597 do FPPC.

§ 1º. Todo acórdão conterá ementa.

(*) Vide Enunciado 654 do FPPC.

§ 2º. Lavrado o acórdão, sua ementa será publicada no órgão oficial no prazo de 10 (dez) dias.

Art. 944. Não publicado o acórdão no prazo de 30 (trinta) dias, contado da data da sessão de julgamento, as notas taquigráficas o substituirão, para todos os fins legais, independentemente de revisão.

Parágrafo único. No caso do *caput*, o presidente do tribunal lavrará, de imediato, as conclusões e a ementa e mandará publicar o acórdão.

Art. 945. (Revogado).

(*) Art. 945 revogado pela Lei nº 13.256, de 4.2.2016.

Art. 946. O agravo de instrumento será julgado antes da apelação interposta no mesmo processo.

Parágrafo único. Se ambos os recursos de que trata o *caput* houverem de ser julgados na mesma sessão, terá precedência o agravo de instrumento.

Capítulo III
DO INCIDENTE DE ASSUNÇÃO DE COMPETÊNCIA

Art. 947. É admissível a assunção de competência quando o julgamento de recurso, de remessa necessária ou de processo de competência originária envolver relevante questão de direito, com grande repercussão social, sem repetição em múltiplos processos.

(*) Vide Enunciados 201, 334, 335, 461, 467, 468, 469, 600, 651 e 655 do FPPC.
(*) Vide Enunciado 141 do CJF.

§ 1º. Ocorrendo a hipótese de assunção de competência, o relator proporá, de ofício ou a requerimento da parte, do Ministério Público ou da Defensoria Pública, que seja o recurso, a remessa necessária ou o processo de competência originária julgado pelo órgão colegiado que o regimento indicar.

(*) Vide Enunciado 202 do FPPC.

§ 2º. O órgão colegiado julgará o recurso, a remessa necessária ou o processo de competência originária se reconhecer interesse público na assunção de competência.

§ 3º. O acórdão proferido em assunção de competência vinculará todos os juízes e órgãos fracionários, exceto se houver revisão de tese.

(*) Vide Enunciados 167, 558 e 701 do FPPC.

§ 4º. Aplica-se o disposto neste artigo quando ocorrer relevante questão de direito a respeito da qual seja conveniente a prevenção ou a composição de divergência entre câmaras ou turmas do tribunal.

Capítulo IV
DO INCIDENTE DE ARGUIÇÃO DE INCONSTITUCIONALIDADE

(*) Vide Súmula Vinculante 10 do STF.

Art. 948. Arguida, em controle difuso, a inconstitucionalidade de lei ou de ato normativo do poder público, o relator, após ouvir o Ministério Público e as partes, submeterá a questão à turma ou à câmara à qual competir o conhecimento do processo.

Art. 949. Se a arguição for:

I – rejeitada, prosseguirá o julgamento;

II – acolhida, a questão será submetida ao plenário do tribunal ou ao seu órgão especial, onde houver.

Parágrafo único. Os órgãos fracionários dos tribunais não submeterão ao plenário ou ao órgão especial a arguição de inconstitucionalidade quando já houver pronunciamento destes ou do plenário do Supremo Tribunal Federal sobre a questão.

Art. 950. Remetida cópia do acórdão a todos os juízes, o presidente do tribunal designará a sessão de julgamento.

§ 1º. As pessoas jurídicas de direito público responsáveis pela edição do ato questionado poderão manifestar-se no incidente de inconstitucionalidade se assim o requererem, observados os prazos e as condições previstos no regimento interno do tribunal.

(*) Vide Enunciado 601 do FPPC.

§ 2º. A parte legitimada à proposituras das ações previstas no art. 103 da Constituição Federal poderá manifestar-se, por escrito, sobre a questão constitucional objeto de apreciação, no prazo previsto pelo regimento interno, sendo-lhe assegurado o direito de apresentar memoriais ou de requerer a juntada de documentos.

§ 3º. Considerando a relevância da matéria e a representatividade dos postulantes, o relator poderá admitir, por despacho irrecorrível, a manifestação de outros órgãos ou entidades.

(*) Vide Enunciado 591 do FPPC.

Capítulo V
DO CONFLITO DE COMPETÊNCIA

(*) V. art. 66 do CPC.
(*) Vide Enunciado 712 do FPPC.

Art. 951. O conflito de competência pode ser suscitado por qualquer das partes, pelo Ministério Público ou pelo juiz.

Parágrafo único. O Ministério Público somente será ouvido nos conflitos de competência relativos aos processos previstos no art. 178, mas terá qualidade de parte nos conflitos que suscitar.

Art. 952. Não pode suscitar conflito a parte que, no processo, arguiu incompetência relativa.

Parágrafo único. O conflito de competência não obsta, porém, a que a parte que não o arguiu suscite a incompetência.

Art. 953. O conflito será suscitado ao tribunal:

I – pelo juiz, por ofício;

II – pela parte e pelo Ministério Público, por petição.

Parágrafo único. O ofício e a petição serão instruídos com os documentos necessários à prova do conflito.

(*) Vide Súmula 59 do STJ.

Art. 954. Após a distribuição, o relator determinará a oitiva dos juízes em conflito ou, se um deles for suscitante, apenas do suscitado.

Parágrafo único. No prazo designado pelo relator, incumbirá ao juiz ou aos juízes prestar as informações.

Art. 955. O relator poderá, de ofício ou a requerimento de qualquer das partes, determinar, quando o conflito for positivo, o sobrestamento do processo e, nesse caso, bem como no de conflito negativo, designará um dos juízes para resolver, em caráter provisório, as medidas urgentes.

Parágrafo único. O relator poderá julgar de plano o conflito de competência quando sua decisão se fundar em:

I – súmula do Supremo Tribunal Federal, do Superior Tribunal de Justiça ou do próprio tribunal;

II – tese firmada em julgamento de casos repetitivos ou em incidente de assunção de competência.

Art. 956. Decorrido o prazo designado pelo relator, será ouvido o Ministério Público, no prazo de 5 (cinco) dias, ainda que as informações não tenham sido prestadas, e, em seguida, o conflito irá a julgamento.

(*) V. arts. 178 e 279 do CPC.

Art. 957. Ao decidir o conflito, o tribunal declarará qual o juízo competente, pronunciando-se também sobre a validade dos atos do juízo incompetente.

LIVRO III – DOS PROCESSOS NOS TRIBUNAIS E DOS MEIOS (...) ART. 962

Parágrafo único. Os autos do processo em que se manifestou o conflito serão remetidos ao juiz declarado competente.

(*) V. art. 64, § 1º, do CPC.

Art. 958. No conflito que envolva órgãos fracionários dos tribunais, desembargadores e juízes em exercício no tribunal, observar-se-á o que dispuser o regimento interno do tribunal.

Art. 959. O regimento interno do tribunal regulará o processo e o julgamento do conflito de atribuições entre autoridade judiciária e autoridade administrativa.

Capítulo VI
DA HOMOLOGAÇÃO DE DECISÃO ESTRANGEIRA E DA CONCESSÃO DO *EXEQUATUR* À CARTA ROGATÓRIA

(*) Vide Enunciado 85 do FPPC.

Art. 960. A homologação de decisão estrangeira será requerida por ação de homologação de decisão estrangeira, salvo disposição especial em sentido contrário prevista em tratado.

(*) V. art. 40 do CPC.

§ 1º. A decisão interlocutória estrangeira poderá ser executada no Brasil por meio de carta rogatória.

§ 2º. A homologação obedecerá ao que dispuserem os tratados em vigor no Brasil e o Regimento Interno do Superior Tribunal de Justiça.

§ 3º. A homologação de decisão arbitral estrangeira obedecerá ao disposto em tratado e em lei, aplicando-se, subsidiariamente, as disposições deste Capítulo.

(*) Vide Enunciado 86 do FPPC.

Art. 961. A decisão estrangeira somente terá eficácia no Brasil após a homologação de sentença estrangeira ou a concessão do *exequatur* às cartas rogatórias, salvo disposição em sentido contrário de lei ou tratado.

§ 1º. É passível de homologação a decisão judicial definitiva, bem como a decisão não judicial que, pela lei brasileira, teria natureza jurisdicional.

(*) Vide Enunciado 553 do FPPC.

§ 2º. A decisão estrangeira poderá ser homologada parcialmente.

§ 3º. A autoridade judiciária brasileira poderá deferir pedidos de urgência e realizar atos de execução provisória no processo de homologação de decisão estrangeira.

§ 4º. Haverá homologação de decisão estrangeira para fins de execução fiscal quando prevista em tratado ou em promessa de reciprocidade apresentada à autoridade brasileira.

§ 5º. A sentença estrangeira de divórcio consensual produz efeitos no Brasil, independentemente de homologação pelo Superior Tribunal de Justiça.

§ 6º. Na hipótese do § 5º, competirá a qualquer juiz examinar a validade da decisão, em caráter principal ou incidental, quando essa questão for suscitada em processo de sua competência.

(*) V. art. 515, VIII, do CPC.

Art. 962. É passível de execução a decisão estrangeira concessiva de medida de urgência.

§ 1º. A execução no Brasil de decisão interlocutória estrangeira concessiva de medida de urgência dar-se-á por carta rogatória.

ART. 963 CÓDIGO DE PROCESSO CIVIL – PARTE ESPECIAL

§ 2º. A medida de urgência concedida sem audiência do réu poderá ser executada, desde que garantido o contraditório em momento posterior.

(*) V. art. 963, parágrafo único, do CPC.

§ 3º. O juízo sobre a urgência da medida compete exclusivamente à autoridade jurisdicional prolatora da decisão estrangeira.

§ 4º. Quando dispensada a homologação para que a sentença estrangeira produza efeitos no Brasil, a decisão concessiva de medida de urgência dependerá, para produzir efeitos, de ter sua validade expressamente reconhecida pelo juiz competente para dar-lhe cumprimento, dispensada a homologação pelo Superior Tribunal de Justiça.

Art. 963. Constituem requisitos indispensáveis à homologação da decisão:

I – ser proferida por autoridade competente;

II – ser precedida de citação regular, ainda que verificada a revelia;

III – ser eficaz no país em que foi proferida;

IV – não ofender a coisa julgada brasileira;

V – estar acompanhada de tradução oficial, salvo disposição que a dispense prevista em tratado;

VI – não conter manifesta ofensa à ordem pública.

Parágrafo único. Para a concessão do *exequatur* às cartas rogatórias, observar-se-ão os pressupostos previstos no *caput* deste artigo e no art. 962, § 2º.

Art. 964. Não será homologada a decisão estrangeira na hipótese de competência exclusiva da autoridade judiciária brasileira.

(*) V. arts. 23; e 960, § 3º, do CPC.
(*) Vide Enunciado 86 do FPPC.

Parágrafo único. O dispositivo também se aplica à concessão do *exequatur* à carta rogatória.

Art. 965. O cumprimento de decisão estrangeira far-se-á perante o juízo federal competente, a requerimento da parte, conforme as normas estabelecidas para o cumprimento de decisão nacional.

Parágrafo único. O pedido de execução deverá ser instruído com cópia autenticada da decisão homologatória ou do *exequatur*, conforme o caso.

Capítulo VII
DA AÇÃO RESCISÓRIA

Art. 966. A decisão de mérito, transitada em julgado, pode ser rescindida quando:

(*) Vide Enunciados 203, 336 e 338 do FPPC.
(*) Vide Súmulas 249, 343, 514 e 515 do STF.

I – se verificar que foi proferida por força de prevaricação, concussão ou corrupção do juiz;

(*) V. arts. 139 a 143 do CPC.

II – for proferida por juiz impedido ou por juízo absolutamente incompetente;

(*) V. arts. 64, § 1º; 144; e 145 do CPC.

III – resultar de dolo ou coação da parte vencedora em detrimento da parte vencida ou, ainda, de simulação ou colusão entre as partes, a fim de fraudar a lei;

IV – ofender a coisa julgada;

(*) V. arts. 502 a 508 do CPC.
(*) Vide Enunciado 554 do FPPC.

LIVRO III – DOS PROCESSOS NOS TRIBUNAIS E DOS MEIOS (...) **ART. 967**

V – violar manifestamente norma jurídica;

VI – for fundada em prova cuja falsidade tenha sido apurada em processo criminal ou venha a ser demonstrada na própria ação rescisória;

VII – obtiver o autor, posteriormente ao trânsito em julgado, prova nova cuja existência ignorava ou de que não pôde fazer uso, capaz, por si só, de lhe assegurar pronunciamento favorável;

(*) V. art. 975, § 2º, do CPC.

(*) Vide Enunciados 602 e 656 do FPPC.

VIII – for fundada em erro de fato verificável do exame dos autos.

§ 1º. Há erro de fato quando a decisão rescindenda admitir fato inexistente ou quando considerar inexistente fato efetivamente ocorrido, sendo indispensável, em ambos os casos, que o fato não represente ponto controvertido sobre o qual o juiz deveria ter se pronunciado.

§ 2º. Nas hipóteses previstas nos incisos do *caput*, será rescindível a decisão transitada em julgado que, embora não seja de mérito, impeça:

I – nova propositura da demanda; ou

II – admissibilidade do recurso correspondente.

(*) V. art. 968, § 5º, I, do CPC.

(*) Vide Enunciado 555 do FPPC.

§ 3º. A ação rescisória pode ter por objeto apenas 1 (um) capítulo da decisão.

(*) Vide Enunciados 337 e 338 do FPPC.

§ 4º. Os atos de disposição de direitos, praticados pelas partes ou por outros participantes do processo e homologados pelo juízo, bem como os atos homologatórios praticados no curso da execução, estão sujeitos à anulação, nos termos da lei.

(*) V. art. 657, *caput*, do CPC.

(*) Vide Enunciados 137 e 138 do FPPC.

§ 5º. Cabe ação rescisória, com fundamento no inciso V do *caput* deste artigo, contra decisão baseada em enunciado de súmula ou acórdão proferido em julgamento de casos repetitivos que não tenha considerado a existência de distinção entre a questão discutida no processo e o padrão decisório que lhe deu fundamento.

(*) § 5º acrescido pela Lei nº 13.256/2016.

§ 6º. Quando a ação rescisória fundar-se na hipótese do § 5º deste artigo, caberá ao autor, sob pena de inépcia, demonstrar, fundamentadamente, tratar-se de situação particularizada por hipótese fática distinta ou de questão jurídica não examinada, a impor outra solução jurídica.

(*) § 6º acrescido pela Lei nº 13.256/2016.

Art. 967. Têm legitimidade para propor a ação rescisória:

I – quem foi parte no processo ou o seu sucessor a título universal ou singular;

II – o terceiro juridicamente interessado;

III – o Ministério Público:

a) se não foi ouvido no processo em que lhe era obrigatória a intervenção;

b) quando a decisão rescindenda é o efeito de simulação ou de colusão das partes, a fim de fraudar a lei;

c) em outros casos em que se imponha sua atuação;

IV – aquele que não foi ouvido no processo em que lhe era obrigatória a intervenção.

(*) V. art. 115, II, do CPC.

(*) Vide Enunciado 339 do FPPC.

Parágrafo único. Nas hipóteses do art. 178, o Ministério Público será intimado para intervir como fiscal da ordem jurídica quando não for parte.

Art. 968. A petição inicial será elaborada com observância dos requisitos essenciais do art. 319, devendo o autor:

(*) V. art. 974 do CPC.
(*) Vide Súmula 175 do STJ.

I – cumular ao pedido de rescisão, se for o caso, o de novo julgamento do processo;

II – depositar a importância de cinco por cento sobre o valor da causa, que se converterá em multa caso a ação seja, por unanimidade de votos, declarada inadmissível ou improcedente.

(*) Vide Enunciado 603 do FPPC.

§ 1º. Não se aplica o disposto no inciso II à União, aos Estados, ao Distrito Federal, aos Municípios, às suas respectivas autarquias e fundações de direito público, ao Ministério Público, à Defensoria Pública e aos que tenham obtido o benefício de gratuidade da justiça.

§ 2º. O depósito previsto no inciso II do *caput* deste artigo não será superior a 1.000 (mil) salários-mínimos.

§ 3º. Além dos casos previstos no art. 330, a petição inicial será indeferida quando não efetuado o depósito exigido pelo inciso II do *caput* deste artigo.

(*) Vide Enunciado 284 do FPPC.

§ 4º. Aplica-se à ação rescisória o disposto no art. 332.

§ 5º. Reconhecida a incompetência do tribunal para julgar a ação rescisória, o autor será intimado para emendar a petição inicial, a fim de adequar o objeto da ação rescisória, quando a decisão apontada como rescindenda:

I – não tiver apreciado o mérito e não se enquadrar na situação prevista no § 2º do art. 966;

II – tiver sido substituída por decisão posterior.

(*) Vide Enunciado 488 do FPPC.

§ 6º. Na hipótese do § 5º, após a emenda da petição inicial, será permitido ao réu complementar os fundamentos de defesa, e, em seguida, os autos serão remetidos ao tribunal competente.

Art. 969. A propositura da ação rescisória não impede o cumprimento da decisão rescindenda, ressalvada a concessão de tutela provisória.

(*) Vide Enunciado 80 do FPPC.

Art. 970. O relator ordenará a citação do réu, designando-lhe prazo nunca inferior a 15 (quinze) dias nem superior a 30 (trinta) dias para, querendo, apresentar resposta, ao fim do qual, com ou sem contestação, observar-se-á, no que couber, o procedimento comum.

Art. 971. Na ação rescisória, devolvidos os autos pelo relator, a secretaria do tribunal expedirá cópias do relatório e as distribuirá entre os juízes que compuserem o órgão competente para o julgamento.

Parágrafo único. A escolha de relator recairá, sempre que possível, em juiz que não haja participado do julgamento rescindendo.

(*) Vide Súmula 252 do STF.

Art. 972. Se os fatos alegados pelas partes dependerem de prova, o relator poderá delegar a competência ao órgão que proferiu a decisão rescindenda, fixando prazo de 1 (um) a 3 (três) meses para a devolução dos autos.

(*) Vide Enunciado 340 do FPPC.

Art. 973. Concluída a instrução, será aberta vista ao autor e ao réu para razões finais, sucessivamente, pelo prazo de 10 (dez) dias.

Parágrafo único. Em seguida, os autos serão conclusos ao relator, procedendo-se ao julgamento pelo órgão competente.

(*) Vide Súmula 252.

Art. 974. Julgando procedente o pedido, o tribunal rescindirá a decisão, proferirá, se for o caso, novo julgamento e determinará a restituição do depósito a que se refere o inciso II do art. 968.

(*) Vide Enunciado 702 do FPPC.

Parágrafo único. Considerando, por unanimidade, inadmissível ou improcedente o pedido, o tribunal determinará a reversão, em favor do réu, da importância do depósito, sem prejuízo do disposto no § 2º do art. 82.

Art. 975. O direito à rescisão se extingue em 2 (dois) anos contados do trânsito em julgado da última decisão proferida no processo.

§ 1º. Prorroga-se até o primeiro dia útil imediatamente subsequente o prazo a que se refere o *caput*, quando expirar durante férias forenses, recesso, feriados ou em dia em que não houver expediente forense.

§ 2º. Se fundada a ação no inciso VII do art. 966, o termo inicial do prazo será a data de descoberta da prova nova, observado o prazo máximo de 5 (cinco) anos, contado do trânsito em julgado da última decisão proferida no processo.

(*) Vide Enunciado 341 do FPPC.

§ 3º. Nas hipóteses de simulação ou de colusão das partes, o prazo começa a contar, para o terceiro prejudicado e para o Ministério Público, que não interveio no processo, a partir do momento em que têm ciência da simulação ou da colusão.

(*) Vide Enunciado 341 do FPPC.

Capítulo VIII
DO INCIDENTE DE RESOLUÇÃO DE DEMANDAS REPETITIVAS

(*) Vide Enunciados 363 e 481 do FPPC.

Art. 976. É cabível a instauração do incidente de resolução de demandas repetitivas quando houver, simultaneamente:

(*) V. art. 981 do CPC.
(*) Vide Enunciados 88, 89, 90, 167, 342, 343, 345, 346, 347, 651, 655 e 657 do FPPC.
(*) Vide Enunciados 21, 22 e 44 da ENFAM.
(*) Vide Enunciado 143 do CJF.

I – efetiva repetição de processos que contenham controvérsia sobre a mesma questão unicamente de direito;

(*) Vide Enunciado 702 do FPPC.

II – risco de ofensa à isonomia e à segurança jurídica.

(*) Vide Enunciado 87 do FPPC.

§ 1º. A desistência ou o abandono do processo não impede o exame de mérito do incidente.

(*) Vide Enunciado 604 do FPPC.

§ 2º. Se não for o requerente, o Ministério Público intervirá obrigatoriamente no incidente e deverá assumir sua titularidade em caso de desistência ou de abandono.

(*) Vide Enunciado 467 do FPPC.

§ 3º. A inadmissão do incidente de resolução de demandas repetitivas por ausência de qualquer de seus pressupostos de admissibilidade não impede que, uma vez satisfeito o requisito, seja o incidente novamente suscitado.

§ 4º. É incabível o incidente de resolução de demandas repetitivas quando um dos tribunais superiores, no âmbito de sua respectiva competência, já tiver afetado recurso para definição de tese sobre questão de direito material ou processual repetitiva.

(*) Vide Enunciado 721 do FPPC.

§ 5º. Não serão exigidas custas processuais no incidente de resolução de demandas repetitivas.

Art. 977. O pedido de instauração do incidente será dirigido ao presidente de tribunal:

(*) Vide Enunciado 605 do FPPC.

I – pelo juiz ou relator, por ofício;

(*) Vide Enunciado 658 do FPPC.

II – pelas partes, por petição;

(*) V. art. 982, § 3º, do CPC.

(*) Vide Enunciado 701 do FPPC.

III – pelo Ministério Público ou pela Defensoria Pública, por petição.

(*) V. arts. 982, § 3º, e 986 do CPC.

Parágrafo único. O ofício ou a petição será instruído com os documentos necessários à demonstração do preenchimento dos pressupostos para a instauração do incidente.

Art. 978. O julgamento do incidente caberá ao órgão indicado pelo regimento interno dentre aqueles responsáveis pela uniformização de jurisprudência do tribunal.

(*) Vide Enunciado 202 do FPPC.

Parágrafo único. O órgão colegiado incumbido de julgar o incidente e de fixar a tese jurídica julgará igualmente o recurso, a remessa necessária ou o processo de competência originária de onde se originou o incidente.

(*) Vide Enunciado 344 do FPPC.

Art. 979. A instauração e o julgamento do incidente serão sucedidos da mais ampla e específica divulgação e publicidade, por meio de registro eletrônico no Conselho Nacional de Justiça.

(*) Vide Resolução CNJ nº 235/2016.
(*) Vide Enunciado 591 do FPPC.

§ 1º. Os tribunais manterão banco eletrônico de dados atualizados com informações específicas sobre questões de direito submetidas ao incidente, comunicando-o imediatamente ao Conselho Nacional de Justiça para inclusão no cadastro.

§ 2º. Para possibilitar a identificação dos processos abrangidos pela decisão do incidente, o registro eletrônico das teses jurídicas constantes do cadastro conterá, no mínimo, os fundamentos determinantes da decisão e os dispositivos normativos a ela relacionados.

§ 3º. Aplica-se o disposto neste artigo ao julgamento de recursos repetitivos e da repercussão geral em recurso extraordinário.

Art. 980. O incidente será julgado no prazo de 1 (um) ano e terá preferência sobre os demais feitos, ressalvados os que envolvam réu preso e os pedidos de *habeas corpus*.

Parágrafo único. Superado o prazo previsto no *caput*, cessa a suspensão dos processos prevista no art. 982, salvo decisão fundamentada do relator em sentido contrário.

Art. 981. Após a distribuição, o órgão colegiado competente para julgar o incidente procederá ao seu

LIVRO III – DOS PROCESSOS NOS TRIBUNAIS E DOS MEIOS (...) **ART. 984**

juízo de admissibilidade, considerando a presença dos pressupostos do art. 976.

(*) Vide Enunciados 91 e 556 do FPPC.

Art. 982. Admitido o incidente, o relator:

(*) Vide Enunciado 606 do FPPC.

I – suspenderá os processos pendentes, individuais ou coletivos, que tramitam no Estado ou na região, conforme o caso;

(*) V. § 5º deste artigo.

(*) V. arts. 980, parágrafo único; e 987 do CPC.

(*) Vide Enunciados 92, 93, 94, 205, 452, 557 e 722 do FPPC.

(*) Vide Enunciados 107, 140 e 142 do CJF.

II – poderá requisitar informações a órgãos em cujo juízo tramita processo no qual se discute o objeto do incidente, que as prestarão no prazo de 15 (quinze) dias;

(*) Vide Enunciado 619 do FPPC.

III – intimará o Ministério Público para, querendo, manifestar-se no prazo de 15 (quinze) dias.

(*) Vide Enunciado 467 do FPPC.

§ 1º. A suspensão será comunicada aos órgãos jurisdicionais competentes.

§ 2º. Durante a suspensão, o pedido de tutela de urgência deverá ser dirigido ao juízo onde tramita o processo suspenso.

§ 3º. Visando à garantia da segurança jurídica, qualquer legitimado mencionado no art. 977, incisos II e III, poderá requerer, ao tribunal competente para conhecer do recurso extraordinário ou especial, a suspensão de todos os processos individuais ou coletivos em curso no território nacional que versem sobre a questão objeto do incidente já instaurado.

(*) Vide Enunciados 95, 203, 471 e 722 do FPPC.

§ 4º. Independentemente dos limites da competência territorial, a parte no processo em curso no qual se discuta a mesma questão objeto do incidente é legitimada para requerer a providência prevista no § 3º deste artigo.

(*) Vide Enunciado 95 do FPPC.

§ 5º. Cessa a suspensão a que se refere o inciso I do *caput* deste artigo se não for interposto recurso especial ou recurso extraordinário contra a decisão proferida no incidente.

(*) Vide Enunciado 95 do FPPC.

Art. 983. O relator ouvirá as partes e os demais interessados, inclusive pessoas, órgãos e entidades com interesse na controvérsia, que, no prazo comum de 15 (quinze) dias, poderão requerer a juntada de documentos, bem como as diligências necessárias para a elucidação da questão de direito controvertida, e, em seguida, manifestar-se-á o Ministério Público, no mesmo prazo.

(*) Vide Enunciados 201, 467, 659 e 723 do FPPC.

§ 1º. Para instruir o incidente, o relator poderá designar data para, em audiência pública, ouvir depoimentos de pessoas com experiência e conhecimento na matéria.

(*) Vide Enunciado 619 do FPPC.

§ 2º. Concluídas as diligências, o relator solicitará dia para o julgamento do incidente.

Art. 984. No julgamento do incidente, observar-se-á a seguinte ordem:

(*) Vide Enunciados 201 e 651 do FPPC.

I – o relator fará a exposição do objeto do incidente;

II – poderão sustentar suas razões, sucessivamente:

a) o autor e o réu do processo originário e o Ministério Público, pelo prazo de 30 (trinta) minutos;

(*) Vide Enunciado 451 do FPPC.

b) os demais interessados, no prazo de 30 (trinta) minutos, divididos entre todos, sendo exigida inscrição com 2 (dois) dias de antecedência.

§ 1º. Considerando o número de inscritos, o prazo poderá ser ampliado.

§ 2º. O conteúdo do acórdão abrangerá a análise de todos os fundamentos suscitados concernentes à tese jurídica discutida, sejam favoráveis ou contrários.

(*) Vide Enunciados 305 e 585 do FPPC.

Art. 985. Julgado o incidente, a tese jurídica será aplicada:

(*) Vide Enunciado 606 do FPPC.

I – a todos os processos individuais ou coletivos que versem sobre idêntica questão de direito e que tramitem na área de jurisdição do respectivo tribunal, inclusive àqueles que tramitem nos juizados especiais do respectivo Estado ou região;

(*) Vide Enunciados 472, 480, 524 e 605 do FPPC.

II – aos casos futuros que versem idêntica questão de direito e que venham a tramitar no território de competência do tribunal, salvo revisão na forma do art. 986.

§ 1º. Não observada a tese adotada no incidente, caberá reclamação.

§ 2º. Se o incidente tiver por objeto questão relativa a prestação de serviço concedido, permitido ou autorizado, o resultado do julgamento será comunicado ao órgão, ao ente ou à agência reguladora competente para fiscalização da efetiva aplicação, por parte dos entes sujeitos a regulação, da tese adotada.

Art. 986. A revisão da tese jurídica firmada no incidente far-se-á pelo mesmo tribunal, de ofício ou mediante requerimento dos legitimados mencionados no art. 977, inciso III.

(*) V. art. 985, II, do CPC.
(*) Vide Enunciados 473, 607 e 701 do FPPC.

Art. 987. Do julgamento do mérito do incidente caberá recurso extraordinário ou especial, conforme o caso.

(*) Vide Enunciados 94, 604 e 660 do FPPC.

§ 1º. O recurso tem efeito suspensivo, presumindo-se a repercussão geral de questão constitucional eventualmente discutida.

(*) Vide Enunciado 348 do FPPC.

§ 2º. Apreciado o mérito do recurso, a tese jurídica adotada pelo Supremo Tribunal Federal ou pelo Superior Tribunal de Justiça será aplicada no território nacional a todos os processos individuais ou coletivos que versem sobre idêntica questão de direito.

Capítulo IX
DA RECLAMAÇÃO

Art. 988. Caberá reclamação da parte interessada ou do Ministério Público para:

(*) Vide Enunciados 350, 661 e 685 do FPPC.

I – preservar a competência do tribunal;

(*) Vide Enunciados 207, 208, 209 e 210 do FPPC.

LIVRO III – DOS PROCESSOS NOS TRIBUNAIS E DOS MEIOS (...) **ART. 992**

II – garantir a autoridade das decisões do tribunal;

(*) Vide Enunciado 703 do FPPC.

III – garantir a observância de enunciado de súmula vinculante e de decisão do Supremo Tribunal Federal em controle concentrado de constitucionalidade;

(*) Inciso III com redação dada pela Lei nº 13.256/2016.
(*) Vide Enunciados 168 e 704 do FPPC.

IV – garantir a observância de acórdão proferido em julgamento de incidente de resolução de demandas repetitivas ou de incidente de assunção de competência;

(*) Inciso IV com redação dada pela Lei nº 13.256/2016.
(*) Vide Enunciados 558 e 704 do FPPC.
(*) Vide Enunciados 65 e 138 do CJF.

§ 1º. A reclamação pode ser proposta perante qualquer tribunal, e seu julgamento compete ao órgão jurisdicional cuja competência se busca preservar ou cuja autoridade se pretenda garantir.

(*) Vide Enunciados 558 e 703 do FPPC.

§ 2º. A reclamação deverá ser instruída com prova documental e dirigida ao presidente do tribunal.

§ 3º. Assim que recebida, a reclamação será autuada e distribuída ao relator do processo principal, sempre que possível.

§ 4º. As hipóteses dos incisos III e IV compreendem a aplicação indevida da tese jurídica e sua não aplicação aos casos que a ela correspondam.

§ 5º. É inadmissível a reclamação:

(*) § 5º com redação dada pela Lei nº 13.256/2016.

I – proposta após o trânsito em julgado da decisão reclamada;

(*) Inciso I acrescido pela Lei nº 13.256/2016.

II – proposta para garantir a observância de acórdão de recurso extraordinário com repercussão geral reconhecida ou de acórdão proferido em julgamento de recursos extraordinário ou especial repetitivos, quando não esgotadas as instâncias ordinárias.

(*) Inciso II acrescido pela Lei nº 13.256/2016.

§ 6º. A inadmissibilidade ou o julgamento do recurso interposto contra a decisão proferida pelo órgão reclamado não prejudica a reclamação.

Art. 989. Ao despachar a reclamação, o relator:

(*) Vide Enunciado 64 do CJF.

I – requisitará informações da autoridade a quem for imputada a prática do ato impugnado, que as prestará no prazo de 10 (dez) dias;

II – se necessário, ordenará a suspensão do processo ou do ato impugnado para evitar dano irreparável;

III – determinará a citação do beneficiário da decisão impugnada, que terá prazo de 15 (quinze) dias para apresentar a sua contestação.

Art. 990. Qualquer interessado poderá impugnar o pedido do reclamante.

Art. 991. Na reclamação que não houver formulado, o Ministério Público terá vista do processo por 5 (cinco) dias, após o decurso do prazo para informações e para o oferecimento da contestação pelo beneficiário do ato impugnado.

Art. 992. Julgando procedente a reclamação, o tribunal cassará a decisão exorbitante de seu julgado ou determinará medida adequada à solução da controvérsia.

Art. 993. O presidente do tribunal determinará o imediato cumprimento da decisão, lavrando-se o acórdão posteriormente.

TÍTULO II
DOS RECURSOS

Capítulo I
DISPOSIÇÕES GERAIS

(*) Vide Enunciados Administrativos 2 e 3 do STJ.

Art. 994. São cabíveis os seguintes recursos:

(*) V. art. 99 CPC.

I – apelação;

(*) V. arts. 1.009 a 1.014 do CPC.

II – agravo de instrumento;

(*) V. arts. 1.015 a 1.020 do CPC.

III – agravo interno;

(*) V. art. 1.021 do CPC.

IV – embargos de declaração;

(*) V. arts. 1.022 a 1.026 do CPC.

V – recurso ordinário;

(*) V. arts. 1.027 e 1.028 do CPC.

VI – recurso especial;

(*) V. arts. 1.029 a 1.041 do CPC.

VII – recurso extraordinário;

(*) V. arts. 1.029 a 1.041 do CPC.

VIII – agravo em recurso especial ou extraordinário;

(*) V. art. 1.042 do CPC.

IX – embargos de divergência.

(*) V. arts. 1.043 e 1.044 do CPC.

(*) Vide Súmulas 315 e 316 do STJ.

Art. 995. Os recursos não impedem a eficácia da decisão, salvo disposição legal ou decisão judicial em sentido diverso.

(*) Vide Enunciado 559 do FPPC.

Parágrafo único. A eficácia da decisão recorrida poderá ser suspensa por decisão do relator, se da imediata produção de seus efeitos houver risco de dano grave, de difícil ou impossível reparação, e ficar demonstrada a probabilidade de provimento do recurso.

(*) V. art. 311 do CPC.

(*) Vide Enunciados 423, 465, 609 e 725 do FPPC.

Art. 996. O recurso pode ser interposto pela parte vencida, pelo terceiro prejudicado e pelo Ministério Público, como parte ou como fiscal da ordem jurídica.

(*) V. arts. 177 a 181 do CPC.

(*) Vide Súmulas 99 e 226 do STJ.

Parágrafo único. Cumpre ao terceiro demonstrar a possibilidade de a decisão sobre a relação jurídica submetida à apreciação judicial atingir direito de que se afirme titular ou que possa discutir em juízo como substituto processual.

Art. 997. Cada parte interporá o recurso independentemente, no prazo e com observância das exigências legais.

§ 1º. Sendo vencidos autor e réu, ao recurso interposto por qualquer deles poderá aderir o outro.

§ 2º. O recurso adesivo fica subordinado ao recurso independente, sendo-lhe aplicáveis as mesmas regras deste quanto aos requisitos de admissibilidade e julgamento no tribunal, salvo disposição legal diversa, observado, ainda, o seguinte:

I – será dirigido ao órgão perante o qual o recurso independente fora

LIVRO III – DOS PROCESSOS NOS TRIBUNAIS E DOS MEIOS (...) **ART. 1.005**

interposto, no prazo de que a parte dispõe para responder;

II – será admissível na apelação, no recurso extraordinário e no recurso especial;

III – não será conhecido, se houver desistência do recurso principal ou se for ele considerado inadmissível.

Art. 998. O recorrente poderá, a qualquer tempo, sem a anuência do recorrido ou dos litisconsortes, desistir do recurso.

(*) Vide Enunciado 352 do FPPC.

Parágrafo único. A desistência do recurso não impede a análise de questão cuja repercussão geral já tenha sido reconhecida e daquela objeto de julgamento de recursos extraordinários ou especiais repetitivos.

(*) Vide Enunciados 213 e 352 do FPPC.

Art. 999. A renúncia ao direito de recorrer independe da aceitação da outra parte.

Art. 1.000. A parte que aceitar expressa ou tacitamente a decisão não poderá recorrer.

Parágrafo único. Considera-se aceitação tácita a prática, sem nenhuma reserva, de ato incompatível com a vontade de recorrer.

Art. 1.001. Dos despachos não cabe recurso.

Art. 1.002. A decisão pode ser impugnada no todo ou em parte.

Art. 1.003. O prazo para interposição de recurso conta-se da data em que os advogados, a sociedade de advogados, a Advocacia Pública, a Defensoria Pública ou o Ministério Público são intimados da decisão.

(*) Vide Enunciado 22 do FPPC.
(*) Vide Súmula 25 do STJ.

§ 1º. Os sujeitos previstos no *caput* considerar-se-ão intimados em audiência quando nesta for proferida a decisão.

§ 2º. Aplica-se o disposto no art. 231, incisos I a VI, ao prazo de interposição de recurso pelo réu contra decisão proferida anteriormente à citação.

§ 3º. No prazo para interposição de recurso, a petição será protocolada em cartório ou conforme as normas de organização judiciária, ressalvado o disposto em regra especial.

§ 4º. Para aferição da tempestividade do recurso remetido pelo correio, será considerada como data de interposição a data de postagem.

(*) Vide Enunciado 96 do FPPC.

§ 5º. Excetuados os embargos de declaração, o prazo para interpor os recursos e para responder-lhes é de 15 (quinze) dias.

(*) Vide Enunciado 46 da ENFAM.

§ 6º. O recorrente comprovará a ocorrência de feriado local no ato de interposição do recurso.

(*) Vide Enunciado 724 do FPPC.

Art. 1.004. Se, durante o prazo para a interposição do recurso, sobrevier o falecimento da parte ou de seu advogado ou ocorrer motivo de força maior que suspenda o curso do processo, será tal prazo restituído em proveito da parte, do herdeiro ou do sucessor, contra quem começará a correr novamente depois da intimação.

Art. 1.005. O recurso interposto por um dos litisconsortes a todos aproveita, salvo se distintos ou opostos os seus interesses.

(*) V. art. 117 do CPC.

Parágrafo único. Havendo solidariedade passiva, o recurso interposto por um devedor aproveitará aos outros quando as defesas opostas ao credor lhes forem comuns.

(*) Vide Enunciado 234 do FPPC.

Art. 1.006. Certificado o trânsito em julgado, com menção expressa da data de sua ocorrência, o escrivão ou o chefe de secretaria, independentemente de despacho, providenciará a baixa dos autos ao juízo de origem, no prazo de 5 (cinco) dias.

Art. 1.007. No ato de interposição do recurso, o recorrente comprovará, quando exigido pela legislação pertinente, o respectivo preparo, inclusive porte de remessa e de retorno, sob pena de deserção.

(*) Vide Súmulas 187 e 484 do STJ.

§ 1º. São dispensados de preparo, inclusive porte de remessa e de retorno, os recursos interpostos pelo Ministério Público, pela União, pelo Distrito Federal, pelos Estados, pelos Municípios, e respectivas autarquias, e pelos que gozam de isenção legal.

§ 2º. A insuficiência no valor do preparo, inclusive porte de remessa e de retorno, implicará deserção se o recorrente, intimado na pessoa de seu advogado, não vier a supri-lo no prazo de 5 (cinco) dias.

(*) Vide Enunciados 98, 106 e 215 do FPPC.

§ 3º. É dispensado o recolhimento do porte de remessa e de retorno no processo em autos eletrônicos.

§ 4º. O recorrente que não comprovar, no ato de interposição do recurso, o recolhimento do preparo, inclusive porte de remessa e de retorno, será intimado, na pessoa de seu advogado, para realizar o recolhimento em dobro, sob pena de deserção.

(*) Vide Enunciados 97, 98, 215 e 610 do FPPC.

§ 5º. É vedada a complementação se houver insuficiência parcial do preparo, inclusive porte de remessa e de retorno, no recolhimento realizado na forma do § 4º.

§ 6º. Provando o recorrente justo impedimento, o relator relevará a pena de deserção, por decisão irrecorrível, fixando-lhe prazo de 5 (cinco) dias para efetuar o preparo.

(*) Vide Enunciado 610 do FPPC.

§ 7º. O equívoco no preenchimento da guia de custas não implicará a aplicação da pena de deserção, cabendo ao relator, na hipótese de dúvida quanto ao recolhimento, intimar o recorrente para sanar o vício no prazo de 5 (cinco) dias.

(*) Vide Enunciado 353 do FPPC.

Art. 1.008. O julgamento proferido pelo tribunal substituirá a decisão impugnada no que tiver sido objeto de recurso.

Capítulo II
DA APELAÇÃO

Art. 1.009. Da sentença cabe apelação.

(*) Vide Súmula 216 do STJ.

§ 1º. As questões resolvidas na fase de conhecimento, se a decisão a seu respeito não comportar agravo de instrumento, não são cobertas pela preclusão e devem ser suscitadas em preliminar de apelação, eventualmente interposta contra a decisão final, ou nas contrarrazões.

(*) V. art. 1.015 do CPC.
(*) Vide Enunciados 351, 354, 355, 559, 611 e 662 do FPPC.

§ 2º. Se as questões referidas no § 1º forem suscitadas em contrarrazões, o recorrente será intimado para, em 15 (quinze) dias, manifestar-se a respeito delas.

(*) Vide Enunciado 611 do FPPC.

§ 3º. O disposto no *caput* deste artigo aplica-se mesmo quando as questões mencionadas no art. 1.015 integrarem capítulo da sentença.

(*) Vide Enunciado 390 do FPPC.

Art. 1.010. A apelação, interposta por petição dirigida ao juízo de primeiro grau, conterá:

I – os nomes e a qualificação das partes;

II – a exposição do fato e do direito;

III – as razões do pedido de reforma ou de decretação de nulidade;

(*) Vide Enunciado 42 da ENFAM.

IV – o pedido de nova decisão.

§ 1º. O apelado será intimado para apresentar contrarrazões no prazo de 15 (quinze) dias.

§ 2º. Se o apelado interpuser apelação adesiva, o juiz intimará o apelante para apresentar contrarrazões.

§ 3º. Após as formalidades previstas nos §§ 1º e 2º, os autos serão remetidos ao tribunal pelo juiz, independentemente de juízo de admissibilidade.

(*) Vide Enunciados 99, 207, 208, 293, 356 e 474 do FPPC.

Art. 1.011. Recebido o recurso de apelação no tribunal e distribuído imediatamente, o relator:

I – decidi-lo-á monocraticamente apenas nas hipóteses do art. 932, incisos III a V;

II – se não for o caso de decisão monocrática, elaborará seu voto para julgamento do recurso pelo órgão colegiado.

Art. 1.012. A apelação terá efeito suspensivo.

(*) Vide Enunciado 559 do FPPC.
(*) Vide Enunciado 144 do CJF.

§ 1º. Além de outras hipóteses previstas em lei, começa a produzir efeitos imediatamente após a sua publicação a sentença que:

I – homologa divisão ou demarcação de terras;

(*) V. arts. 569, 570 e 572 do CPC.

II – condena a pagar alimentos;

III – extingue sem resolução do mérito ou julga improcedentes os embargos do executado;

(*) Vide Súmulas 317 e 331 do STJ.

IV – julga procedente o pedido de instituição de arbitragem;

V – confirma, concede ou revoga tutela provisória;

(*) V. arts. 294, 300 e 303 do CPC.
(*) Vide Enunciado 217 do FPPC.

VI – decreta a interdição.

§ 2º. Nos casos do § 1º, o apelado poderá promover o pedido de cumprimento provisório depois de publicada a sentença.

(*) V. arts. 520 a 522 do CPC.

§ 3º. O pedido de concessão de efeito suspensivo nas hipóteses do § 1º poderá ser formulado por requerimento dirigido ao:

I – tribunal, no período compreendido entre a interposição da apelação e sua distribuição, ficando o relator designado para seu exame prevento para julgá-la;

II – relator, se já distribuída a apelação.

(*) Vide Enunciado 465 do FPPC.

§ 4º. Nas hipóteses do § 1º, a eficácia da sentença poderá ser suspensa pelo relator se o apelante demonstrar a probabilidade de provimento do recurso ou se, sendo relevante a

ART. 1.013 CÓDIGO DE PROCESSO CIVIL – PARTE ESPECIAL

fundamentação, houver risco de dano grave ou de difícil reparação.

(*) V. art. 311 do CPC.
(*) Vide Enunciado 423 do FPPC.

Art. 1.013. A apelação devolverá ao tribunal o conhecimento da matéria impugnada.

(*) V. arts. 942 e 1.027 do CPC.

§ 1º. Serão, porém, objeto de apreciação e julgamento pelo tribunal todas as questões suscitadas e discutidas no processo, ainda que não tenham sido solucionadas, desde que relativas ao capítulo impugnado.

(*) Vide Enunciado 100 do FPPC.

§ 2º. Quando o pedido ou a defesa tiver mais de um fundamento e o juiz acolher apenas um deles, a apelação devolverá ao tribunal o conhecimento dos demais.

(*) Vide Enunciado 102 do FPPC.

§ 3º. Se o processo estiver em condições de imediato julgamento, o tribunal deve decidir desde logo o mérito quando:

(*) V. art. 1.027, § 2º, do CPC.
(*) Vide Enunciados 357 e 705 do FPPC.

I – reformar sentença fundada no art. 485;

II – decretar a nulidade da sentença por não ser ela congruente com os limites do pedido ou da causa de pedir;

III – constatar a omissão no exame de um dos pedidos, hipótese em que poderá julgá-lo;

IV – decretar a nulidade de sentença por falta de fundamentação.

(*) Vide Enunciado 307 do FPPC.

§ 4º. Quando reformar sentença que reconheça a decadência ou a prescrição, o tribunal, se possível, julgará o mérito, examinando as demais questões, sem determinar o retorno do processo ao juízo de primeiro grau.

(*) Vide Enunciado 705 do FPPC.

§ 5º. O capítulo da sentença que confirma, concede ou revoga a tutela provisória é impugnável na apelação.

Art. 1.014. As questões de fato não propostas no juízo inferior poderão ser suscitadas na apelação, se a parte provar que deixou de fazê-lo por motivo de força maior.

(*) Vide Enunciado 357 do FPPC.

Capítulo III
DO AGRAVO DE INSTRUMENTO

Art. 1.015. Cabe agravo de instrumento contra as decisões interlocutórias que versarem sobre:

(*) V. arts. 203; 1.009, § 3º; e 1.027, § 1º, do CPC.
(*) Vide Enunciado 351 do FPPC.

I – tutelas provisórias;

(*) Vide Enunciados 29, 560, 681 e 693 do FPPC.
(*) Vide Enunciado 70 do CJF.

II – mérito do processo;

(*) Vide Enunciados 103, 177 e 611 do FPPC.

III – rejeição da alegação de convenção de arbitragem;

(*) Vide Enunciado 435 do FPPC.

IV – incidente de desconsideração da personalidade jurídica;

(*) V. arts. 133 a 137 do CPC.
(*) Vide Enunciado 390 do FPPC.

V – rejeição do pedido de gratuidade da justiça ou acolhimento do pedido de sua revogação;

(*) V. art. 101 do CPC.
(*) Vide Enunciado 612 do FPPC.

LIVRO III – DOS PROCESSOS NOS TRIBUNAIS E DOS MEIOS (...) **ART. 1.017**

VI – exibição ou posse de documento ou coisa;

VII – exclusão de litisconsorte;

VIII – rejeição do pedido de limitação do litisconsórcio;

IX – admissão ou inadmissão de intervenção de terceiros;

X – concessão, modificação ou revogação do efeito suspensivo aos embargos à execução;

(*) Vide Enunciado 681 do FPPC.

(*) Vide Enunciado 71 do CJF.

XI – redistribuição do ônus da prova nos termos do art. 373, § 1º;

(*) Vide Enunciado 72 do CJF.

XII – (vetado);

XIII – outros casos expressamente referidos em lei.

(*) V. arts. 354; 356; 1.027, § 1º; e 1.037 do CPC.

Parágrafo único. Também caberá agravo de instrumento contra decisões interlocutórias proferidas na fase de liquidação de sentença ou de cumprimento de sentença, no processo de execução e no processo de inventário.

(*) V. art. 1.009, § 1º, do CPC.

(*) Vide Enunciados 681 e 706 do FPPC.

(*) Vide Enunciado 69 do CJF.

Art. 1.016. O agravo de instrumento será dirigido diretamente ao tribunal competente, por meio de petição com os seguintes requisitos:

I – os nomes das partes;

II – a exposição do fato e do direito;

III – as razões do pedido de reforma ou de invalidação da decisão e o próprio pedido;

(*) Vide Súmula 182 do STJ.

IV – o nome e o endereço completo dos advogados constantes do processo.

Art. 1.017. A petição de agravo de instrumento será instruída:

I – obrigatoriamente, com cópias da petição inicial, da contestação, da petição que ensejou a decisão agravada, da própria decisão agravada, da certidão da respectiva intimação ou outro documento oficial que comprove a tempestividade e das procurações outorgadas aos advogados do agravante e do agravado;

(*) Vide Súmulas 288 e 639 do STF.

II – com declaração de inexistência de qualquer dos documentos referidos no inciso I, feita pelo advogado do agravante, sob pena de sua responsabilidade pessoal;

III – facultativamente, com outras peças que o agravante reputar úteis.

(*) V. art. 1.019, II, do CPC.

§ 1º. Acompanhará a petição o comprovante do pagamento das respectivas custas e do porte de retorno, quando devidos, conforme tabela publicada pelos tribunais.

2º. No prazo do recurso, o agravo será interposto por:

I – protocolo realizado diretamente no tribunal competente para julgá-lo;

II – protocolo realizado na própria comarca, seção ou subseção judiciárias;

III – postagem, sob registro, com aviso de recebimento;

IV – transmissão de dados tipo fac-símile, nos termos da lei;

V – outra forma prevista em lei.

§ 3º. Na falta da cópia de qualquer peça ou no caso de algum outro vício que comprometa a admissibilidade do agravo de instrumento, deve o relator aplicar o disposto no art. 932, parágrafo único.

§ 4º. Se o recurso for interposto por sistema de transmissão de dados tipo fac-símile ou similar, as peças devem ser juntadas no momento de protocolo da petição original.

§ 5º. Sendo eletrônicos os autos do processo, dispensam-se as peças referidas nos incisos I e II do *caput*, facultando-se ao agravante anexar outros documentos que entender úteis para a compreensão da controvérsia.

Art. 1.018. O agravante poderá requerer a juntada, aos autos do processo, de cópia da petição do agravo de instrumento, do comprovante de sua interposição e da relação dos documentos que instruíram o recurso.

(*) Vide Enunciado 663 do FPPC.

§ 1º. Se o juiz comunicar que reformou inteiramente a decisão, o relator considerará prejudicado o agravo de instrumento.

§ 2º. Não sendo eletrônicos os autos, o agravante tomará a providência prevista no *caput*, no prazo de 3 (três) dias a contar da interposição do agravo de instrumento.

(*) Vide Enunciado 663 do FPPC.

§ 3º. O descumprimento da exigência de que trata o § 2º, desde que arguido e provado pelo agravado, importa inadmissibilidade do agravo de instrumento.

(*) Vide Enunciado 73 do CJF.

Art. 1.019. Recebido o agravo de instrumento no tribunal e distribuído imediatamente, se não for o caso de aplicação do art. 932, incisos III e IV, o relator, no prazo de 5 (cinco) dias:

(*) Vide Enunciado 592 do FPPC.

I – poderá atribuir efeito suspensivo ao recurso ou deferir, em antecipação de tutela, total ou parcialmente, a pretensão recursal, comunicando ao juiz sua decisão;

(*) V. art. 311 do CPC.
(*) Vide Enunciado 423 do FPPC.

II – ordenará a intimação do agravado pessoalmente, por carta com aviso de recebimento, quando não tiver procurador constituído, ou pelo Diário da Justiça ou por carta com aviso de recebimento dirigida ao seu advogado, para que responda no prazo de 15 (quinze) dias, facultando-lhe juntar a documentação que entender necessária ao julgamento do recurso;

III – determinará a intimação do Ministério Público, preferencialmente por meio eletrônico, quando for o caso de sua intervenção, para que se manifeste no prazo de 15 (quinze) dias.

Art. 1.020. O relator solicitará dia para julgamento em prazo não superior a 1 (um) mês da intimação do agravado.

Capítulo IV
DO AGRAVO INTERNO

Art. 1.021. Contra decisão proferida pelo relator caberá agravo interno para o respectivo órgão colegiado, observadas, quanto ao processamento, as regras do regimento interno do tribunal.

(*) V. arts. 12, § 2º, III; 298; 937; 1.030, § 2º; e 1.070 do CPC.
(*) Vide Enunciados 142, 464, 598 e 613 do FPPC.
(*) Vide Enunciado 77 do CJF.

§ 1º. Na petição de agravo interno, o recorrente impugnará especifica-

LIVRO III – DOS PROCESSOS NOS TRIBUNAIS E DOS MEIOS (...) **ART. 1.024**

damente os fundamentos da decisão agravada.

(*) V. art. 1.024, § 3º, do CPC.

§ 2º. O agravo será dirigido ao relator, que intimará o agravado para manifestar-se sobre o recurso no prazo de 15 (quinze) dias, ao final do qual, não havendo retratação, o relator levá-lo-á a julgamento pelo órgão colegiado, com inclusão em pauta.

(*) Vide Enunciado 725 do FPPC.

§ 3º. É vedado ao relator limitar-se à reprodução dos fundamentos da decisão agravada para julgar improcedente o agravo interno.

§ 4º. Quando o agravo interno for declarado manifestamente inadmissível ou improcedente em votação unânime, o órgão colegiado, em decisão fundamentada, condenará o agravante a pagar ao agravado multa fixada entre um e cinco por cento do valor atualizado da causa.

(*) Vide Enunciados 358 e 359 do FPPC.

(*) Vide Enunciado 74 do CJF.

§ 5º. A interposição de qualquer outro recurso está condicionada ao depósito prévio do valor da multa prevista no § 4º, à exceção da Fazenda Pública e do beneficiário de gratuidade da justiça, que farão o pagamento ao final.

Capítulo V
DOS EMBARGOS DE DECLARAÇÃO

Art. 1.022. Cabem embargos de declaração contra qualquer decisão judicial para:

(*) V. arts. 12, § 2º, V; e 494, II, do CPC.

(*) Vide Enunciados 360, 475, 561 e 700 do FPPC.

(*) Vide Súmula 98 do STJ.

I – esclarecer obscuridade ou eliminar contradição;

II – suprir omissão de ponto ou questão sobre o qual devia se pronunciar o juiz de ofício ou a requerimento;

(*) Vide Enunciado 394 do FPPC.

(*) Vide Enunciado 76 do CJF.

(*) Vide Súmula 211 do STJ.

III – corrigir erro material.

Parágrafo único. Considera-se omissa a decisão que:

I – deixe de se manifestar sobre tese firmada em julgamento de casos repetitivos ou em incidente de assunção de competência aplicável ao caso sob julgamento;

(*) Vide Enunciados 453 e 454 do FPPC.

II – incorra em qualquer das condutas descritas no art. 489, § 1º.

(*) Vide Enunciado 562 do FPPC.

Art. 1.023. Os embargos serão opostos, no prazo de 5 (cinco) dias, em petição dirigida ao juiz, com indicação do erro, obscuridade, contradição ou omissão, e não se sujeitam a preparo.

§ 1º. Aplica-se aos embargos de declaração o art. 229.

§ 2º. O juiz intimará o embargado para, querendo, manifestar-se, no prazo de 5 (cinco) dias, sobre os embargos opostos, caso seu eventual acolhimento implique a modificação da decisão embargada.

(*) Vide Enunciado 614 do FPPC.

Art. 1.024. O juiz julgará os embargos em 5 (cinco) dias.

(*) Vide Enunciado 650 do FPPC.

§ 1º. Nos tribunais, o relator apresentará os embargos em mesa na sessão subsequente, proferindo voto, e, não havendo julgamento nessa sessão, será o recurso incluído em pauta automaticamente.

(*) Vide Enunciados 84 e 650 do FPPC.

§ 2º. Quando os embargos de declaração forem opostos contra decisão de relator ou outra decisão unipessoal proferida em tribunal, o órgão prolator da decisão embargada decidi-los-á monocraticamente.

§ 3º. O órgão julgador conhecerá dos embargos de declaração como agravo interno se entender ser este o recurso cabível, desde que determine previamente a intimação do recorrente para, no prazo de 5 (cinco) dias, complementar as razões recursais, de modo a ajustá-las às exigências do art. 1.021, § 1º.

(*) Vide Enunciado 104 do FPPC.

§ 4º. Caso o acolhimento dos embargos de declaração implique modificação da decisão embargada, o embargado que já tiver interposto outro recurso contra a decisão originária tem o direito de complementar ou alterar suas razões, nos exatos limites da modificação, no prazo de 15 (quinze) dias, contado da intimação da decisão dos embargos de declaração.

§ 5º. Se os embargos de declaração forem rejeitados ou não alterarem a conclusão do julgamento anterior, o recurso interposto pela outra parte antes da publicação do julgamento dos embargos de declaração será processado e julgado independentemente de ratificação.

(*) Vide Enunciado 23 do FPPC.

Art. 1.025. Consideram-se incluídos no acórdão os elementos que o embargante suscitou, para fins de pré-questionamento, ainda que os embargos de declaração sejam inadmitidos ou rejeitados, caso o tribunal superior considere existentes erro, omissão, contradição ou obscuridade.

Art. 1.026. Os embargos de declaração não possuem efeito suspensivo e interrompem o prazo para a interposição de recurso.

(*) Vide Enunciados 218, 477 e 563 do FPPC.

§ 1º. A eficácia da decisão monocrática ou colegiada poderá ser suspensa pelo respectivo juiz ou relator se demonstrada a probabilidade de provimento do recurso ou, sendo relevante a fundamentação, se houver risco de dano grave ou de difícil reparação.

(*) V. art. 311 do CPC.

(*) Vide Enunciado 423 do FPPC.

§ 2º. Quando manifestamente protelatórios os embargos de declaração, o juiz ou o tribunal, em decisão fundamentada, condenará o embargante a pagar ao embargado multa não excedente a dois por cento sobre o valor atualizado da causa.

§ 3º. Na reiteração de embargos de declaração manifestamente protelatórios, a multa será elevada a até dez por cento sobre o valor atualizado da causa, e a interposição de qualquer recurso ficará condicionada ao depósito prévio do valor da multa, à exceção da Fazenda Pública e do beneficiário de gratuidade da justiça, que a recolherão ao final.

(*) Vide Enunciados 7 e 8 do FPPC.

LIVRO III – DOS PROCESSOS NOS TRIBUNAIS E DOS MEIOS (...) **ART. 1.028**

§ 4º. Não serão admitidos novos embargos de declaração se os 2 (dois) anteriores houverem sido considerados protelatórios.

(*) Vide Enunciado 361 do FPPC.

Capítulo VI
DOS RECURSOS PARA O SUPREMO TRIBUNAL FEDERAL E PARA O SUPERIOR TRIBUNAL DE JUSTIÇA

Seção I
Do Recurso Ordinário

Art. 1.027. Serão julgados em recurso ordinário:

I – pelo Supremo Tribunal Federal, os mandados de segurança, os *habeas data* e os mandados de injunção decididos em única instância pelos tribunais superiores, quando denegatória a decisão;

(*) V. art. 1.028, § 2º, do CPC.
(*) Vide Enunciado 210 do FPPC.

II – pelo Superior Tribunal de Justiça:

a) os mandados de segurança decididos em única instância pelos tribunais regionais federais ou pelos tribunais de justiça dos Estados e do Distrito Federal e Territórios, quando denegatória a decisão;

(*) V. art. 1.028, § 2º, do CPC.
(*) Vide Enunciado 209 do FPPC.

b) os processos em que forem partes, de um lado, Estado estrangeiro ou organismo internacional e, de outro, Município ou pessoa residente ou domiciliada no País.

(*) V. art. 1.028 do CPC.
(*) Vide Enunciados 207 e 208 do FPPC.

§ 1º. Nos processos referidos no inciso II, alínea "b", contra as decisões interlocutórias caberá agravo de instrumento dirigido ao Superior Tribunal de Justiça, nas hipóteses do art. 1.015.

(*) V. art. 1.028, § 1º, do CPC.

§ 2º. Aplica-se ao recurso ordinário o disposto nos arts. 1.013, § 3º, e 1.029, § 5º.

(*) Vide Enunciado 357 do FPPC.

Art. 1.028. Ao recurso mencionado no art. 1.027, inciso II, alínea "b", aplicam-se, quanto aos requisitos de admissibilidade e ao procedimento, as disposições relativas à apelação e o Regimento Interno do Superior Tribunal de Justiça.

§ 1º. Na hipótese do art. 1.027, § 1º, aplicam-se as disposições relativas ao agravo de instrumento e o Regimento Interno do Superior Tribunal de Justiça.

§ 2º. O recurso previsto no art. 1.027, incisos I e II, alínea "a", deve ser interposto perante o tribunal de origem, cabendo ao seu presidente ou vice-presidente determinar a intimação do recorrido para, em 15 (quinze) dias, apresentar as contrarrazões.

(*) Vide Enunciados 209 e 210 do FPPC.

§ 3º. Findo o prazo referido no § 2º, os autos serão remetidos ao respectivo tribunal superior, independentemente de juízo de admissibilidade.

Seção II
Do Recurso Extraordinário e do Recurso Especial

Subseção I
Disposições Gerais

Art. 1.029. O recurso extraordinário e o recurso especial, nos casos previstos na Constituição Federal, serão interpostos perante o presidente ou o vice-presidente do tribunal recorrido, em petições distintas que conterão:

(*) V. art. 1.027, § 3º, do CPC.

(*) Vide Enunciado 664 do FPPC.

(*) Vide Súmulas 281, 282, 283, 284, 288, 356, 528, 636, 637, 638, 639, 640, 727, 728, 733 e 735 do STF.

(*) Vide Súmula 579 do STJ.

I – a exposição do fato e do direito;

II – a demonstração do cabimento do recurso interposto;

III – as razões do pedido de reforma ou de invalidação da decisão recorrida.

§ 1º. Quando o recurso fundar-se em dissídio jurisprudencial, o recorrente fará a prova da divergência com a certidão, cópia ou citação do repositório de jurisprudência, oficial ou credenciado, inclusive em mídia eletrônica, em que houver sido publicado o acórdão divergente, ou ainda com a reprodução de julgado disponível na rede mundial de computadores, com indicação da respectiva fonte, devendo-se, em qualquer caso, mencionar as circunstâncias que identifiquem ou assemelhem os casos confrontados.

§ 2º. (Revogado).

(*) § 2º revogado pela Lei nº 13.256/2016.

§ 3º. O Supremo Tribunal Federal ou o Superior Tribunal de Justiça poderá desconsiderar vício formal de recurso tempestivo ou determinar sua correção, desde que não o repute grave.

(*) Vide Enunciados 83, 219, 200, 550 e 726 do FPPC.

§ 4º. Quando, por ocasião do processamento do incidente de resolução de demandas repetitivas, o presidente do Supremo Tribunal Federal ou do Superior Tribunal de Justiça receber requerimento de suspensão de processos em que se discuta questão federal constitucional ou infraconstitucional, poderá, considerando razões de segurança jurídica ou de excepcional interesse social, estender a suspensão a todo o território nacional, até ulterior decisão do recurso extraordinário ou do recurso especial a ser interposto.

§ 5º. O pedido de concessão de efeito suspensivo a recurso extraordinário ou a recurso especial poderá ser formulado por requerimento dirigido:

(*) V. art. 311 do CPC.

(*) Vide Enunciados 423 e 664 do FPPC.

I – ao tribunal superior respectivo, no período compreendido entre a publicação da decisão de admissão do recurso e sua distribuição, ficando o relator designado para seu exame prevento para julgá-lo;

(*) Inciso I com redação dada pela Lei nº 13.256/2016.

II – ao relator, se já distribuído o recurso;

III – ao presidente ou ao vice-presidente do tribunal recorrido, no período compreendido entre a interposição do recurso e a publicação da decisão de admissão do recurso, assim como no

LIVRO III – DOS PROCESSOS NOS TRIBUNAIS E DOS MEIOS (...) **ART. 1.030**

caso de o recurso ter sido sobrestado, nos termos do art. 1.037.

(*) Inciso III com redação dada pela Lei nº 13.256/2016.

Art. 1.030. Recebida a petição do recurso pela secretaria do tribunal, o recorrido será intimado para apresentar contrarrazões no prazo de 15 (quinze) dias, findo o qual os autos serão conclusos ao presidente ou ao vice-presidente do tribunal recorrido, que deverá:

(*) Art. 1.030, *caput*, com redação dada pela Lei nº 13.256/2016.

(*) Vide Enunciados 593 e 664 do FPPC.

I – negar seguimento:

(*) Vide Enunciado 727 do FPPC.
(*) Vide Enunciado 77 do CJF.

a) a recurso extraordinário que discuta questão constitucional à qual o Supremo Tribunal Federal não tenha reconhecido a existência de repercussão geral ou a recurso extraordinário interposto contra acórdão que esteja em conformidade com entendimento do Supremo Tribunal Federal exarado no regime de repercussão geral;

b) a recurso extraordinário ou a recurso especial interposto contra acórdão que esteja em conformidade com entendimento do Supremo Tribunal Federal ou do Superior Tribunal de Justiça, respectivamente, exarado no regime de julgamento de recursos repetitivos;

(*) Inciso I acrescido pela Lei nº 13.256/2016.

II – encaminhar o processo ao órgão julgador para realização do juízo de retratação, se o acórdão recorrido divergir do entendimento do Supremo Tribunal Federal ou do Superior Tribunal de Justiça exarado, conforme o caso, nos regimes de repercussão geral ou de recursos repetitivos;

(*) Inciso II acrescido pela Lei nº 13.256/2016.
(*) V. art. 1.037, § 12, II, do CPC.
(*) Vide Enunciado 139 do CJF.

III – sobrestar o recurso que versar sobre controvérsia de caráter repetitivo ainda não decidida pelo Supremo Tribunal Federal ou pelo Superior Tribunal de Justiça, conforme se trate de matéria constitucional ou infraconstitucional;

(*) Inciso III acrescido pela Lei nº 13.256/2016.
(*) Vide Enunciado 78 do CJF.

IV – selecionar o recurso como representativo de controvérsia constitucional ou infraconstitucional, nos termos do § 6º do art. 1.036;

(*) Inciso IV acrescido pela Lei nº 13.256/2016.

V – realizar o juízo de admissibilidade e, se positivo, remeter o feito ao Supremo Tribunal Federal ou ao Superior Tribunal de Justiça, desde que:

(*) Vide Enunciado 727 do FPPC.
(*) Vide Enunciado 77 do CJF.

a) o recurso ainda não tenha sido submetido ao regime de repercussão geral ou de julgamento de recursos repetitivos;

b) o recurso tenha sido selecionado como representativo da controvérsia; ou

c) o tribunal recorrido tenha refutado o juízo de retratação.

(*) Inciso V acrescido pela Lei nº 13.256/2016.
(*) Vide Enunciado 139 do CJF.

§ 1º. Da decisão de inadmissibilidade proferida com fundamento no inciso V caberá agravo ao tribunal superior, nos termos do art. 1.042.

(*) § 1º acrescido pela Lei nº 13.256/2016.
(*) Vide Enunciado 665 do FPPC.

ART. 1.031 CÓDIGO DE PROCESSO CIVIL – PARTE ESPECIAL

§ 2º. Da decisão proferida com fundamento nos incisos I e III caberá agravo interno, nos termos do art. 1.021.

(*) § 2º acrescido pela Lei nº 13.256/2016.

Art. 1.031. Na hipótese de interposição conjunta de recurso extraordinário e recurso especial, os autos serão remetidos ao Superior Tribunal de Justiça.

§ 1º. Concluído o julgamento do recurso especial, os autos serão remetidos ao Supremo Tribunal Federal para apreciação do recurso extraordinário, se este não estiver prejudicado.

§ 2º. Se o relator do recurso especial considerar prejudicial o recurso extraordinário, em decisão irrecorrível, sobrestará o julgamento e remeterá os autos ao Supremo Tribunal Federal.

§ 3º. Na hipótese do § 2º, se o relator do recurso extraordinário, em decisão irrecorrível, rejeitar a prejudicialidade, devolverá os autos ao Superior Tribunal de Justiça para o julgamento do recurso especial.

Art. 1.032. Se o relator, no Superior Tribunal de Justiça, entender que o recurso especial versa sobre questão constitucional, deverá conceder prazo de 15 (quinze) dias para que o recorrente demonstre a existência de repercussão geral e se manifeste sobre a questão constitucional.

(*) Vide Enunciados 564, 565 e 728 do FPPC.
(*) Vide Enunciado 79 do CJF.

Parágrafo único. Cumprida a diligência de que trata o *caput*, o relator remeterá o recurso ao Supremo Tribunal Federal, que, em juízo de admissibilidade, poderá devolvê-lo ao Superior Tribunal de Justiça.

(*) Vide Enunciado 566 do FPPC.

Art. 1.033. Se o Supremo Tribunal Federal considerar como reflexa a ofensa à Constituição afirmada no recurso extraordinário, por pressupor a revisão da interpretação de lei federal ou de tratado, remetê-lo-á ao Superior Tribunal de Justiça para julgamento como recurso especial.

(*) Vide Enunciados 550, 564, 565, 566 e 728 do FPPC.
(*) Vide Enunciado 80 do CJF.

Art. 1.034. Admitido o recurso extraordinário ou o recurso especial, o Supremo Tribunal Federal ou o Superior Tribunal de Justiça julgará o processo, aplicando o direito.

(*) Vide Enunciado 718 do FPPC.

Parágrafo único. Admitido o recurso extraordinário ou o recurso especial por um fundamento, devolve-se ao tribunal superior o conhecimento dos demais fundamentos para a solução do capítulo impugnado.

Art. 1.035. O Supremo Tribunal Federal, em decisão irrecorrível, não conhecerá do recurso extraordinário quando a questão constitucional nele versada não tiver repercussão geral, nos termos deste artigo.

(*) Vide Enunciado 550 do FPPC.

§ 1º. Para efeito de repercussão geral, será considerada a existência ou não de questões relevantes do ponto de vista econômico, político, social ou jurídico que ultrapassem os interesses subjetivos do processo.

§ 2º. O recorrente deverá demonstrar a existência de repercussão geral para apreciação exclusiva pelo Supremo Tribunal Federal.

(*) Vide Enunciado 224 do FPPC.

§ 3º. Haverá repercussão geral sempre que o recurso impugnar acórdão que:

I – contrarie súmula ou jurisprudência dominante do Supremo Tribunal Federal;

II – (revogado);

(*) Inciso II revogado pela Lei nº 13.256/2016.

III – tenha reconhecido a inconstitucionalidade de tratado ou de lei federal, nos termos do art. 97 da Constituição Federal.

§ 4º. O relator poderá admitir, na análise da repercussão geral, a manifestação de terceiros, subscrita por procurador habilitado, nos termos do Regimento Interno do Supremo Tribunal Federal.

(*) Vide Enunciado 729 do FPPC.

§ 5º. Reconhecida a repercussão geral, o relator no Supremo Tribunal Federal determinará a suspensão do processamento de todos os processos pendentes, individuais ou coletivos, que versem sobre a questão e tramitem no território nacional.

(*) Vide Enunciado 722 do FPPC.

§ 6º. O interessado pode requerer, ao presidente ou ao vice-presidente do tribunal de origem, que exclua da decisão de sobrestamento e inadmita o recurso extraordinário que tenha sido interposto intempestivamente, tendo o recorrente o prazo de 5 (cinco) dias para manifestar-se sobre esse requerimento.

§ 7º. Da decisão que indeferir o requerimento referido no § 6º ou que aplicar entendimento firmado em regime de repercussão geral ou em julgamento de recursos repetitivos caberá agravo interno.

(*) § 7º com redação dada pela Lei nº 13.256/2016.

§ 8º. Negada a repercussão geral, o presidente ou o vice-presidente do tribunal de origem negará seguimento aos recursos extraordinários sobrestados na origem que versem sobre matéria idêntica.

§ 9º. O recurso que tiver a repercussão geral reconhecida deverá ser julgado no prazo de 1 (um) ano e terá preferência sobre os demais feitos, ressalvados os que envolvam réu preso e os pedidos de *habeas corpus*.

§ 10. (Revogado).

(*) § 10 revogado pela Lei nº 13.256/2016.

§ 11. A súmula da decisão sobre a repercussão geral constará de ata, que será publicada no diário oficial e valerá como acórdão.

Subseção II
Do Julgamento dos Recursos Extraordinário e Especial Repetitivos

Art. 1.036. Sempre que houver multiplicidade de recursos extraordinários ou especiais com fundamento em idêntica questão de direito, haverá afetação para julgamento de acordo com as disposições desta Subseção, observado o disposto no Regimento Interno do Supremo Tribunal Federal e no do Superior Tribunal de Justiça.

(*) V. arts. 12, § 2º, III; e 1.037, § 6º, do CPC.
(*) Vide Enunciados 345, 615 e 660 do FPPC.

§ 1º. O presidente ou o vice-presidente de tribunal de justiça ou de tribunal regional federal selecionará 2 (dois) ou mais recursos representativos da controvérsia, que serão encaminhados ao Supremo Tribunal Federal ou ao Superior Tribunal de Justiça para fins de afetação, determinando a suspensão do trâmite de todos os processos pendentes, individuais ou coletivos, que tramitem no Estado ou na região, conforme o caso.

(*) V. arts. 1.037, § 1º; e 1.041 do CPC.
(*) Vide Enunciado 364 do FPPC.
(*) Vide Enunciado 23 da ENFAM.

ART. 1.037 CÓDIGO DE PROCESSO CIVIL – PARTE ESPECIAL

§ 2º. O interessado pode requerer, ao presidente ou ao vice-presidente, que exclua da decisão de sobrestamento e inadmita o recurso especial ou o recurso extraordinário que tenha sido interposto intempestivamente, tendo o recorrente o prazo de 5 (cinco) dias para manifestar-se sobre esse requerimento.

§ 3º. Da decisão que indeferir o requerimento referido no § 2º caberá apenas agravo interno.

(*) § 3º com redação dada pela Lei nº 13.256/2016.

§ 4º. A escolha feita pelo presidente ou vice-presidente do tribunal de justiça ou do tribunal regional federal não vinculará o relator no tribunal superior, que poderá selecionar outros recursos representativos da controvérsia.

§ 5º. O relator em tribunal superior também poderá selecionar 2 (dois) ou mais recursos representativos da controvérsia para julgamento da questão de direito independentemente da iniciativa do presidente ou do vice-presidente do tribunal de origem.

§ 6º. Somente podem ser selecionados recursos admissíveis que contenham abrangente argumentação e discussão a respeito da questão a ser decidida.

(*) V. art. 1.030, IV, do CPC.

Art. 1.037. Selecionados os recursos, o relator, no tribunal superior, constatando a presença do pressuposto do *caput* do art. 1.036, proferirá decisão de afetação, na qual:

(*) V. arts. 1.014; e 1.029, § 5º, III, do CPC.

(*) Vide Enunciado 615 do FPPC.

I – identificará com precisão a questão a ser submetida a julgamento;

II – determinará a suspensão do processamento de todos os processos pendentes, individuais ou coletivos, que versem sobre a questão e tramitem no território nacional;

(*) Vide Enunciados 348, 480 e 722 do FPPC.

III – poderá requisitar aos presidentes ou aos vice-presidentes dos tribunais de justiça ou dos tribunais regionais federais a remessa de um recurso representativo da controvérsia.

§ 1º. Se, após receber os recursos selecionados pelo presidente ou pelo vice-presidente de tribunal de justiça ou de tribunal regional federal, não se proceder à afetação, o relator, no tribunal superior, comunicará o fato ao presidente ou ao vice-presidente que os houver enviado, para que seja revogada a decisão de suspensão referida no art. 1.036, § 1º.

§ 2º. (Revogado).

(*) § 2º revogado pela Lei nº 13.256/2016.

§ 3º. Havendo mais de uma afetação, será prevento o relator que primeiro tiver proferido a decisão a que se refere o inciso I do *caput*.

§ 4º. Os recursos afetados deverão ser julgados no prazo de 1 (um) ano e terão preferência sobre os demais feitos, ressalvados os que envolvam réu preso e os pedidos de *habeas corpus*.

(*) Vide Enunciado 24 da ENFAM.

§ 5º. (Revogado).

(*) § 5º revogado pela Lei nº 13.256/2016.

§ 6º. Ocorrendo a hipótese do § 5º, é permitido a outro relator do respectivo tribunal superior afetar 2 (dois) ou mais recursos representativos da controvérsia na forma do art. 1.036.

(*) Vide Enunciado 348 do FPPC.

LIVRO III – DOS PROCESSOS NOS TRIBUNAIS E DOS MEIOS (...) **ART. 1.038**

§ 7º. Quando os recursos requisitados na forma do inciso III do *caput* contiverem outras questões além daquela que é objeto da afetação, caberá ao tribunal decidir esta em primeiro lugar e depois as demais, em acórdão específico para cada processo.

§ 8º. As partes deverão ser intimadas da decisão de suspensão de seu processo, a ser proferida pelo respectivo juiz ou relator quando informado da decisão a que se refere o inciso II do *caput*.

(*) Vide Enunciado 348 do FPPC.

§ 9º. Demonstrando distinção entre a questão a ser decidida no processo e aquela a ser julgada no recurso especial ou extraordinário afetado, a parte poderá requerer o prosseguimento do seu processo.

(*) Vide Enunciados 169, 174 e 348 do FPPC.

§ 10. O requerimento a que se refere o § 9º será dirigido:

I – ao juiz, se o processo sobrestado estiver em primeiro grau;

(*) V. § 12 deste artigo.

II – ao relator, se o processo sobrestado estiver no tribunal de origem;

(*) V. § 12, I, deste artigo.

III – ao relator do acórdão recorrido, se for sobrestado recurso especial ou recurso extraordinário no tribunal de origem;

(*) V. § 12, II, deste artigo.

IV – ao relator, no tribunal superior, de recurso especial ou de recurso extraordinário cujo processamento houver sido sobrestado.

(*) V. § 12, II, deste artigo.

§ 11. A outra parte deverá ser ouvida sobre o requerimento a que se refere o § 9º, no prazo de 5 (cinco) dias.

§ 12. Reconhecida a distinção no caso:

I – dos incisos I, II e IV do § 10, o próprio juiz ou relator dará prosseguimento ao processo;

II – do inciso III do § 10, o relator comunicará a decisão ao presidente ou ao vice-presidente que houver determinado o sobrestamento, para que o recurso especial ou o recurso extraordinário seja encaminhado ao respectivo tribunal superior, na forma do art. 1.030, parágrafo único♦.

♦ Refere-se à redação anterior às alterações promovidas pela Lei nº 13.256/2016. V. atual art. 1.030, II, do CP.

§ 13. Da decisão que resolver o requerimento a que se refere o § 9º caberá:

I – agravo de instrumento, se o processo estiver em primeiro grau;

II – agravo interno, se a decisão for de relator.

Art. 1.038. O relator poderá:

I – solicitar ou admitir manifestação de pessoas, órgãos ou entidades com interesse na controvérsia, considerando a relevância da matéria e consoante dispuser o regimento interno;

(*) Vide Enunciado 659 do FPPC.

II – fixar data para, em audiência pública, ouvir depoimentos de pessoas com experiência e conhecimento na matéria, com a finalidade de instruir o procedimento;

III – requisitar informações aos tribunais inferiores a respeito da controvérsia e, cumprida a diligência, intimará o Ministério Público para manifestar-se.

§ 1º. No caso do inciso III, os prazos respectivos são de 15 (quinze) dias, e os atos serão praticados, sempre que possível, por meio eletrônico.

§ 2º. Transcorrido o prazo para o Ministério Público e remetida cópia do relatório aos demais ministros, haverá inclusão em pauta, devendo ocorrer o julgamento com preferência sobre os demais feitos, ressalvados os que envolvam réu preso e os pedidos de *habeas corpus*.

§ 3º. O conteúdo do acórdão abrangerá a análise dos fundamentos relevantes da tese jurídica discutida.

(*) § 3º com redação dada pela Lei nº 13.256/2016.

(*) Vide Enunciados 305 e 585 do FPPC.

Art. 1.039. Decididos os recursos afetados, os órgãos colegiados declararão prejudicados os demais recursos versando sobre idêntica controvérsia ou os decidirão aplicando a tese firmada.

Parágrafo único. Negada a existência de repercussão geral no recurso extraordinário afetado, serão considerados automaticamente inadmitidos os recursos extraordinários cujo processamento tenha sido sobrestado.

(*) Vide Enunciado 81 do CJF.

Art. 1.040. Publicado o acórdão paradigma:

I – o presidente ou o vice-presidente do tribunal de origem negará seguimento aos recursos especiais ou extraordinários sobrestados na origem, se o acórdão recorrido coincidir com a orientação do tribunal superior;

(*) Vide Enunciado 482 do FPPC.

II – o órgão que proferiu o acórdão recorrido, na origem, reexaminará o processo de competência originária, a remessa necessária ou o recurso anteriormente julgado, se o acórdão recorrido contrariar a orientação do tribunal superior;

(*) V. art. 1.041, § 2º, do CPC.

III – os processos suspensos em primeiro e segundo graus de jurisdição retomarão o curso para julgamento e aplicação da tese firmada pelo tribunal superior;

IV – se os recursos versarem sobre questão relativa a prestação de serviço público objeto de concessão, permissão ou autorização, o resultado do julgamento será comunicado ao órgão, ao ente ou à agência reguladora competente para fiscalização da efetiva aplicação, por parte dos entes sujeitos a regulação, da tese adotada.

§ 1º. A parte poderá desistir da ação em curso no primeiro grau de jurisdição, antes de proferida a sentença, se a questão nela discutida for idêntica à resolvida pelo recurso representativo da controvérsia.

§ 2º. Se a desistência ocorrer antes de oferecida contestação, a parte ficará isenta do pagamento de custas e de honorários de sucumbência.

§ 3º. A desistência apresentada nos termos do § 1º independe de consentimento do réu, ainda que apresentada contestação.

Art. 1.041. Mantido o acórdão divergente pelo tribunal de origem, o recurso especial ou extraordinário será remetido ao respectivo tribunal superior, na forma do art. 1.036, § 1º.

(*) Vide Enunciado 139 do CJF.

§ 1º. Realizado o juízo de retratação, com alteração do acórdão divergente, o tribunal de origem, se for o caso, decidirá as demais questões ainda não decididas cujo enfrentamento se tornou necessário em decorrência da alteração.

§ 2º. Quando ocorrer a hipótese do inciso II do *caput* do art. 1.040 e o recurso versar sobre outras questões, caberá ao presidente ou ao vice-presidente do tribunal recorrido, depois do reexame pelo órgão de origem e independentemente de ratificação do recurso, sendo positivo o juízo de admissibilidade, determinar a remessa do recurso ao tribunal superior para julgamento das demais questões.

(*) § 2º com redação dada pela Lei nº 13.256/2016.

Seção III
Do Agravo em Recurso Especial e em Recurso Extraordinário

Art. 1.042. Cabe agravo contra decisão do presidente ou do vice-presidente do tribunal recorrido que inadmitir recurso extraordinário ou recurso especial, salvo quando fundada na aplicação de entendimento firmado em regime de repercussão geral ou em julgamento de recursos repetitivos.

(*) Art. 1.042, *caput*, com redação dada pela Lei nº 13.256/2016.

(*) V. arts. 1.030, § 1º; e 1.070 do CPC.

(*) Vide Enunciado 225 do FPPC.

(*) Vide Enunciados 75 e 77 do CJF.

I – (revogado);

(*) Inciso I revogado pela Lei nº 13.256/2016.

II – (revogado);

(*) Inciso II revogado pela Lei nº 13.256/2016.

III – (revogado).

(*) Inciso III revogado pela Lei nº 13.256/2016.

§ 1º. (Revogado).

(*) § 1º, *caput*, revogado pela Lei nº 13.256/2016.

I – (revogado);

(*) Inciso I revogado pela Lei nº 13.256/2016.

II – (revogado);

(*) Inciso II, *caput*, revogado pela Lei nº 13.256/2016.

a) (revogada);

(*) Alínea "a" revogada pela Lei nº 13.256/2016.

b) (revogada).

(*) Alínea "b" revogada pela Lei nº 13.256/2016.

§ 2º. A petição de agravo será dirigida ao presidente ou ao vice-presidente do tribunal de origem e independe do pagamento de custas e despesas postais, aplicando-se a ela o regime de repercussão geral e de recursos repetitivos, inclusive quanto à possibilidade de sobrestamento e do juízo de retratação.

(*) § 2º com redação dada pela Lei nº 13.256/2016.

§ 3º. O agravado será intimado, de imediato, para oferecer resposta no prazo de 15 (quinze) dias.

§ 4º. Após o prazo de resposta, não havendo retratação, o agravo será remetido ao tribunal superior competente.

(*) Vide Enunciados 228, 229 e 685 do FPPC.

§ 5º. O agravo poderá ser julgado, conforme o caso, conjuntamente com o recurso especial ou extraordinário, assegurada, neste caso, sustentação oral, observando-se, ainda, o disposto no regimento interno do tribunal respectivo.

§ 6º. Na hipótese de interposição conjunta de recursos extraordinário e especial, o agravante deverá interpor um agravo para cada recurso não admitido.

§ 7º. Havendo apenas um agravo, o recurso será remetido ao tribunal competente, e, havendo interposição conjunta, os autos serão remetidos ao Superior Tribunal de Justiça.

§ 8º. Concluído o julgamento do agravo pelo Superior Tribunal de Justiça e, se for o caso, do recurso especial, independentemente de pedido, os autos serão remetidos ao Supremo Tribunal Federal para apreciação do agravo a ele dirigido, salvo se estiver prejudicado.

Seção IV
Dos Embargos de Divergência

Art. 1.043. É embargável o acórdão de órgão fracionário que:

(*) Vide Enunciado 230 do FPPC.

(*) Vide Súmula 598 do STF.

(*) Vide Súmulas 158, 168 e 316 do STJ.

I – em recurso extraordinário ou em recurso especial, divergir do julgamento de qualquer outro órgão do mesmo tribunal, sendo os acórdãos, embargado e paradigma, de mérito;

II – (revogado);

(*) Inciso II revogado pela Lei nº 13.256/2016.

III – em recurso extraordinário ou em recurso especial, divergir do julgamento de qualquer outro órgão do mesmo tribunal, sendo um acórdão de mérito e outro que não tenha conhecido do recurso, embora tenha apreciado a controvérsia;

IV – (revogado).

(*) Inciso IV revogado pela Lei nº 13.256/2016.

§ 1º. Poderão ser confrontadas teses jurídicas contidas em julgamentos de recursos e de ações de competência originária.

§ 2º. A divergência que autoriza a interposição de embargos de divergência pode verificar-se na aplicação do direito material ou do direito processual.

§ 3º. Cabem embargos de divergência quando o acórdão paradigma for da mesma turma que proferiu a decisão embargada, desde que sua composição tenha sofrido alteração em mais da metade de seus membros.

(*) Vide Enunciado 232 do FPPC.

§ 4º. O recorrente provará a divergência com certidão, cópia ou citação de repositório oficial ou credenciado de jurisprudência, inclusive em mídia eletrônica, onde foi publicado o acórdão divergente, ou com a reprodução de julgado disponível na rede mundial de computadores, indicando a respectiva fonte, e mencionará as circunstâncias que identificam ou assemelham os casos confrontados.

§ 5º. (Revogado).

(*) § 5º revogado pela Lei nº 13.256/2016.

Art. 1.044. No recurso de embargos de divergência, será observado o procedimento estabelecido no regimento interno do respectivo tribunal superior.

§ 1º. A interposição de embargos de divergência no Superior Tribunal de Justiça interrompe o prazo para interposição de recurso extraordinário por qualquer das partes.

§ 2º. Se os embargos de divergência forem desprovidos ou não alterarem a conclusão do julgamento anterior, o recurso extraordinário interposto pela outra parte antes da publicação do julgamento dos embargos de divergência será processado e julgado independentemente de ratificação.

(*) Vide Enunciado 83 do CJF.

LIVRO COMPLEMENTAR
DISPOSIÇÕES FINAIS E TRANSITÓRIAS

Art. 1.045. Este Código entra em vigor após decorrido 1 (um) ano da data de sua publicação oficial.

(*) Vide Enunciado Administrativo 1 do STJ.

Art. 1.046. Ao entrar em vigor este Código, suas disposições se aplicarão desde logo aos processos pendentes, ficando revogada a Lei nº 5.869, de 11 de janeiro de 1973♦.

♦ Lei nº 5.869, de 11 de janeiro de 1973 – CPC/1973.

(*) Vide Enunciados 267, 268, 275, 295, 308, 341, 354, 355, 356, 476, 479 e 616 do FPPC.

§ 1º. As disposições da Lei nº 5.869, de 11 de janeiro de 1973, relativas ao procedimento sumário e aos procedimentos especiais que forem revogadas aplicar-se-ão às ações propostas e não sentenciadas até o início da vigência deste Código.

(*) Vide Enunciados 567 e 568 do FPPC.

§ 2º. Permanecem em vigor as disposições especiais dos procedimentos regulados em outras leis, aos quais se aplicará supletivamente este Código.

§ 3º. Os processos mencionados no art. 1.218 da Lei nº 5.869, de 11 de janeiro de 1973♦, cujo procedimento ainda não tenha sido incorporado por lei submetem-se ao procedimento comum previsto neste Código.

♦ Lei nº 5.869, de 11 de janeiro de 1973 – CPC/1973: "**Art. 1.218.** Continuam em vigor até serem incorporados nas leis especiais os procedimentos regulados pelo Decreto-Lei nº 1.608, de 18 de setembro de 1939, concernentes: I – ao loteamento e venda de imóveis a prestações (arts. 345 a 349); II – ao despejo (arts. 350 a 353); III – à renovação de contrato de locação de imóveis destinados a fins comerciais (arts. 354 a 365); IV – ao Registro Torrens (arts. 457 a 464); V – às averbações ou retificações do registro civil (arts. 595 a 599); VI – ao bem de família (arts. 647 a 651); VII – à dissolução e liquidação das sociedades (arts. 655 a 674); VIII – aos protestos formados a bordo (arts. 725 a 729); IX – à habilitação para casamento (arts. 742 a 745); X – ao dinheiro a risco (arts. 754 e 755); XI – à vistoria de fazendas avariadas (art. 756); XII – à apreensão de embarcações (arts. 757 a 761); XIII – à avaria a cargo do segurador (arts. 762 a 764); XIV – às avarias (arts. 765 a 768); XV – (revogado); XVI – às arribadas forçadas (arts. 772 a 775).".

§ 4º. As remissões a disposições do Código de Processo Civil revogado, existentes em outras leis, passam a referir-se às que lhes são correspondentes neste Código.

§ 5º. A primeira lista de processos para julgamento em ordem cronológica observará a antiguidade da distribuição entre os já conclusos na data da entrada em vigor deste Código.

Art. 1.047. As disposições de direito probatório adotadas neste Código aplicam-se apenas às provas requeridas ou determinadas de ofício a partir da data de início de sua vigência.

(*) Vide Enunciados 366, 567 e 569 do FPPC.

Art. 1.048. Terão prioridade de tramitação, em qualquer juízo ou tribunal, os procedimentos judiciais:

I – em que figure como parte ou interessado pessoa com idade igual ou superior a 60 (sessenta) anos ou portadora de doença grave, assim compreendida qualquer das enumeradas no art. 6º, inciso XIV, da Lei nº 7.713, de 22 de dezembro de 1988♦;

> ♦ Lei nº 7.713, de 22 de dezembro de 1988, que altera a legislação do imposto de renda e dá outras providências): "***Art. 6º.*** *Ficam isentos do imposto de renda os seguintes rendimentos percebidos por pessoas físicas: [...]; XIV – os proventos de aposentadoria ou reforma motivada por acidente em serviço e os percebidos pelos portadores de moléstia profissional, tuberculose ativa, alienação mental, esclerose múltipla, neoplasia maligna, cegueira, hanseníase, paralisia irreversível e incapacitante, cardiopatia grave, doença de Parkinson, espondiloartrose anquilosante, nefropatia grave, hepatopatia grave, estados avançados da doença de Paget (osteíte deformante), contaminação por radiação, síndrome da imunodeficiência adquirida, com base em conclusão da medicina especializada, mesmo que a doença tenha sido contraída depois da aposentadoria ou reforma; [...].*".

II – regulados pela Lei nº 8.069, de 13 de julho de 1990 (Estatuto da Criança e do Adolescente).

III – em que figure como parte a vítima de violência doméstica e familiar, nos termos da Lei nº 11.340, de 7 de agosto de 2006 (Lei Maria da Penha).

(*) Inciso III acrescido pela Lei nº 13.894/2019.

IV – em que se discuta a aplicação do disposto nas normas gerais de licitação e contratação a que se refere o inciso XXVII do *caput* do art. 22 da Constituição Federal.

(*) Inciso IV acrescido pela Lei nº 14.133/2021.

§ 1º. A pessoa interessada na obtenção do benefício, juntando prova de sua condição, deverá requerê-lo à autoridade judiciária competente para decidir o feito, que determinará ao cartório do juízo as providências a serem cumpridas.

§ 2º. Deferida a prioridade, os autos receberão identificação própria que evidencie o regime de tramitação prioritária.

§ 3º. Concedida a prioridade, essa não cessará com a morte do beneficiado, estendendo-se em favor do cônjuge supérstite ou do companheiro em união estável.

§ 4º. A tramitação prioritária independe de deferimento pelo órgão jurisdicional e deverá ser imediatamente concedida diante da prova da condição de beneficiário.

Art. 1.049. Sempre que a lei remeter a procedimento previsto na lei processual sem especificá-lo, será observado o procedimento comum previsto neste Código.

Parágrafo único. Na hipótese de a lei remeter ao procedimento sumário, será observado o procedimento comum previsto neste Código, com as modificações previstas na própria lei especial, se houver.

(*) Vide Enunciado 570 do FPPC.

Art. 1.050. A União, os Estados, o Distrito Federal, os Municípios, suas respectivas entidades da administração indireta, o Ministério Público, a Defensoria Pública e a Advocacia Pública, no prazo de 30 (trinta) dias a contar da data da entrada em vigor deste Código, deverão se cadastrar perante a administração do tribunal no qual atuem para cumprimento do disposto nos arts. 246, § 2º, e 270, parágrafo único.

(*) Vide Resolução CNJ nº 455/2022.

LIVRO COMPLEMENTAR – DISPOSIÇÕES FINAIS E TRANSITÓRIAS — ART. 1.057

Art. 1.051. As empresas públicas e privadas devem cumprir o disposto no art. 246, § 1º, no prazo de 30 (trinta) dias, a contar da data de inscrição do ato constitutivo da pessoa jurídica, perante o juízo onde tenham sede ou filial.

Parágrafo único. O disposto no *caput* não se aplica às microempresas e às empresas de pequeno porte.

Art. 1.052. Até a edição de lei específica, as execuções contra devedor insolvente, em curso ou que venham a ser propostas, permanecem reguladas pelo Livro II, Título IV, da Lei nº 5.869, de 11 de janeiro de 1973♦.

♦ Lei nº 5.869, de 11 de janeiro de 1973 – CPC/1973: Livro II, Título IV: *"Da execução por quantia certa contra devedor insolvente" (arts. 748 a 786-A do CPC).*

Art. 1.053. Os atos processuais praticados por meio eletrônico até a transição definitiva para certificação digital ficam convalidados, ainda que não tenham observado os requisitos mínimos estabelecidos por este Código, desde que tenham atingido sua finalidade e não tenha havido prejuízo à defesa de qualquer das partes.

Art. 1.054. O disposto no art. 503, § 1º, somente se aplica aos processos iniciados após a vigência deste Código, aplicando-se aos anteriores o disposto nos arts. 5º, 325 e 470 da Lei nº 5.869, de 11 de janeiro de 1973♦.

♦ Lei nº 5.869, de 11 de janeiro de 1973 – CPC/1973: "**Art. 5º.** *Se, no curso do processo, se tornar litigiosa relação jurídica de cuja existência ou inexistência depender o julgamento da lide, qualquer das partes poderá requerer que o juiz a declare por sentença.* [...]. **Art. 325.** *Contestando o réu o direito que constitui fundamento do pedido, o autor poderá requerer, no prazo de 10 (dez) dias, que sobre ele o juiz profira sentença incidente, se da declaração da existência ou da inexistência do direito depender, no todo ou em parte, o julgamento da lide (art. 5º). [...].* **Art. 470**. *Faz, todavia, coisa julgada a resolução da questão prejudicial, se a parte o requerer (arts. 5º e 325), o juiz for competente em razão da matéria e constituir pressuposto necessário para o julgamento da lide.".*

(*) Vide Enunciado 367 do FPPC.

Art. 1.055. (Vetado).

Art. 1.056. Considerar-se-á como termo inicial do prazo da prescrição prevista no art. 924, inciso V, inclusive para as execuções em curso, a data de vigência deste Código.

Art. 1.057. O disposto no art. 525, §§ 14 e 15, e no art. 535, §§ 7º e 8º, aplica-se às decisões transitadas em julgado após a entrada em vigor deste Código, e, às decisões transitadas em julgado anteriormente, aplica-se o disposto no art. 475-L, § 1º, e no art. 741, parágrafo único, da Lei nº 5.869, de 11 de janeiro de 1973♦.

♦ Lei nº 5.869, de 11 de janeiro de 1973 – CPC/1973: "**Art. 475-L.** *A impugnação somente poderá versar sobre: I – falta ou nulidade da citação, se o processo correu à revelia; II – inexigibilidade do título; III – penhora incorreta ou avaliação errônea; IV – ilegitimidade das partes; V – excesso de execução; VI – qualquer causa impeditiva, modificativa ou extintiva da obrigação, como pagamento, novação, compensação, transação ou prescrição, desde que superveniente à sentença. § 1º. Para efeito do disposto no inciso II do caput deste artigo, considera-se também inexigível o título judicial fundado em lei ou ato normativo declarados inconstitucionais pelo Supremo Tribunal Federal, ou fundado em aplicação ou interpretação da lei ou ato normativo tidas pelo Supremo Tribunal*

*Federal como incompatíveis com a Constituição Federal. [...]. **Art. 741.** Na execução contra a Fazenda Pública, os embargos só poderão versar sobre: I – falta ou nulidade da citação, se o processo correu à revelia; II – inexigibilidade do título; III – ilegitimidade das partes; IV – cumulação indevida de execuções; V – excesso de execução; VI – qualquer causa impeditiva, modificativa ou extintiva da obrigação, como pagamento, novação, compensação, transação ou prescrição, desde que superveniente à sentença; VII – incompetência do juízo da execução, bem como suspeição ou impedimento do juiz. Parágrafo único. Para efeito do disposto no inciso II do caput deste artigo, considera-se também inexigível o título judicial fundado em lei ou ato normativo declarados inconstitucionais pelo Supremo Tribunal Federal, ou fundado em aplicação ou interpretação da lei ou ato normativo tidas pelo Supremo Tribunal Federal como incompatíveis com a Constituição Federal.".*

Art. 1.058. Em todos os casos em que houver recolhimento de importância em dinheiro, esta será depositada em nome da parte ou do interessado, em conta especial movimentada por ordem do juiz, nos termos do art. 840, inciso I.

Art. 1.059. À tutela provisória requerida contra a Fazenda Pública aplica-se o disposto nos arts. 1º a 4º da Lei nº 8.437, de 30 de junho de 1992♦, e no art. 7º, § 2º, da Lei nº 12.016, de 7 de agosto de 2009♦♦.

♦ Lei nº 8.437, de 30 de junho de 1992, que dispõe sobre a concessão de medidas cautelares contra atos do Poder Público e dá outras providências: "***Art. 1º.*** *Não será cabível medida liminar contra atos do Poder Público, no procedimento cautelar ou em quaisquer outras ações de natureza cautelar ou preventiva, toda vez que providência semelhante não puder ser concedida em ações de mandado de segurança, em virtude de vedação legal. § 1º. Não será cabível, no juízo de primeiro grau, medida cautelar inominada ou a sua liminar, quando impugnado ato de autoridade sujeita, na via de mandado de segurança, à competência originária de tribunal. § 2º. O disposto no parágrafo anterior não se aplica aos processos de ação popular e de ação civil pública. § 3º. Não será cabível medida liminar que esgote, no todo ou em qualquer parte, o objeto da ação. § 4º. Nos casos em que cabível medida liminar, sem prejuízo da comunicação ao dirigente do órgão ou entidade, o respectivo representante judicial dela será imediatamente intimado. § 5º. Não será cabível medida liminar que defira compensação de créditos tributários ou previdenciários. **Art. 2º.** No mandado de segurança coletivo e na ação civil pública, a liminar será concedida, quando cabível, após a audiência do representante judicial da pessoa jurídica de direito público, que deverá se pronunciar no prazo de setenta e duas horas. **Art. 3º.** O recurso voluntário ou ex officio, interposto contra sentença em processo cautelar, proferida contra pessoa jurídica de direito público ou seus agentes, que importem em outorga ou adição de vencimentos ou de reclassificação funcional, terá efeito suspensivo. **Art. 4º.** Compete ao presidente do tribunal, ao qual couber o conhecimento do respectivo recurso, suspender, em despacho fundamentado, a execução da liminar nas ações movidas contra o Poder Público ou seus agentes, a requerimento do Ministério Público ou da pessoa jurídica de direito público interessada, em caso de manifesto interesse público ou de flagrante ilegitimidade, e para evitar grave lesão à ordem, à saúde, à segurança e à economia públicas. § 1º. Aplica-se o disposto neste artigo à sentença proferida em processo de ação cautelar inominada, no processo de ação popular e na ação civil pública, enquanto não transitada em julgado. § 2º. O Presidente do Tribunal poderá ouvir o autor e o Ministério Público, em setenta e duas horas. § 3º. Do despacho que conceder ou negar a suspensão, caberá agravo, no prazo de cinco dias, que será levado a julgamento na sessão seguinte à sua interposição. § 4º. Se do julgamento do agravo de que trata o § 3º resultar a manutenção ou o restabelecimento da decisão que se pretende suspender, caberá novo pedido de*

LIVRO COMPLEMENTAR – DISPOSIÇÕES FINAIS E TRANSITÓRIAS   **ART. 1.063**

suspensão ao Presidente do Tribunal competente para conhecer de eventual recurso especial ou extraordinário. § 5º. É cabível também o pedido de suspensão a que se refere o § 4º, quando negado provimento a agravo de instrumento interposto contra a liminar a que se refere este artigo. § 6º. A interposição do agravo de instrumento contra liminar concedida nas ações movidas contra o Poder Público e seus agentes não prejudica nem condiciona o julgamento do pedido de suspensão a que se refere este artigo. § 7º. O Presidente do Tribunal poderá conferir ao pedido efeito suspensivo liminar, se constatar, em juízo prévio, a plausibilidade do direito invocado e a urgência na concessão da medida. § 8º. As liminares cujo objeto seja idêntico poderão ser suspensas em uma única decisão, podendo o Presidente do Tribunal estender os efeitos da suspensão a liminares supervenientes, mediante simples aditamento do pedido original. § 9º. A suspensão deferida pelo Presidente do Tribunal vigorará até o trânsito em julgado da decisão de mérito na ação principal.".

♦♦ Lei nº 12.016, de 7 de agosto de 2009, que disciplina o mandado de segurança individual e coletivo e dá outras providências: "**Art. 7º.** Ao despachar a inicial, o juiz ordenará: I – que se notifique o coator do conteúdo da petição inicial, enviando-lhe a segunda via apresentada com as cópias dos documentos, a fim de que, no prazo de 10 (dez) dias, preste as informações; II – que se dê ciência do feito ao órgão de representação judicial da pessoa jurídica interessada, enviando-lhe cópia da inicial sem documentos, para que, querendo, ingresse no feito; III – que se suspenda o ato que deu motivo ao pedido, quando houver fundamento relevante e do ato impugnado puder resultar a ineficácia da medida, caso seja finalmente deferida, sendo facultado exigir do impetrante caução, fiança ou depósito, com o objetivo de assegurar o ressarcimento à pessoa jurídica. [...]. § 2º. Não será concedida medida liminar que tenha por objeto a compensação de créditos tributários, a entrega de mercadorias e bens provenientes do exterior, a reclassificação ou equiparação de servidores públicos e a concessão de aumento ou a extensão de vantagens ou pagamento de qualquer natureza. [...].".

Art. 1.060. O inciso II do art. 14 da Lei nº 9.289, de 4 de julho de 1996, passa a vigorar com a seguinte redação:

"*Art. 14. (...)*

II – aquele que recorrer da sentença adiantará a outra metade das custas, comprovando o adiantamento no ato de interposição do recurso, sob pena de deserção, observado o disposto nos §§ 1º a 7º do art. 1.007 do Código de Processo Civil; (...)."

Art. 1.061. O § 3º do art. 33 da Lei nº 9.307, de 23 de setembro de 1996 (Lei de Arbitragem), passa a vigorar com a seguinte redação:

"*Art. 33. (...)*

§ 3º. A decretação da nulidade da sentença arbitral também poderá ser requerida na impugnação ao cumprimento da sentença, nos termos dos arts. 525 e seguintes do Código de Processo Civil, se houver execução judicial."

Art. 1.062. O incidente de desconsideração da personalidade jurídica aplica-se ao processo de competência dos juizados especiais.

(*) V. arts. 133 a 137 do CPC.

Art. 1.063. Até a edição de lei específica, os juizados especiais cíveis previstos na Lei nº 9.099, de 26 de setembro de 1995, continuam competentes para o processamento e julgamento das causas previstas no art. 275, inciso II, da Lei nº 5.869, de 11 de janeiro de 1973.

Art. 1.064. O *caput* do art. 48 da Lei nº 9.099, de 26 de setembro de 1995, passa a vigorar com a seguinte redação:

> "*Art. 48. Caberão embargos de declaração contra sentença ou acórdão nos casos previstos no Código de Processo Civil. (...).*"

(*) Vide Enunciado 475 do FPPC.

Art. 1.065. O art. 50 da Lei nº 9.099, de 26 de setembro de 1995, passa a vigorar com a seguinte redação:

> "*Art. 50. Os embargos de declaração interrompem o prazo para a interposição de recurso.*"

(*) Vide Enunciado 483 do FPPC.

Art. 1.066. O art. 83 da Lei nº 9.099, de 26 de setembro de 1995, passa a vigorar com a seguinte redação:

> "**Art. 83.** *Cabem embargos de declaração quando, em sentença ou acórdão, houver obscuridade, contradição ou omissão. (...)*
>
> *§ 2º. Os embargos de declaração interrompem o prazo para a interposição de recurso. (...).*"

Art. 1.067. O art. 275 da Lei nº 4.737, de 15 de julho de 1965 (Código Eleitoral), passa a vigorar com a seguinte redação:

> "**Art. 275.** *São admissíveis embargos de declaração nas hipóteses previstas no Código de Processo Civil.*
>
> *§ 1º. Os embargos de declaração serão opostos no prazo de 3 (três) dias, contado da data de publicação da decisão embargada, em petição dirigida ao juiz ou relator, com a indicação do ponto que lhes deu causa.*
>
> *§ 2º. Os embargos de declaração não estão sujeitos a preparo.*
>
> *§ 3º. O juiz julgará os embargos em 5 (cinco) dias.*
>
> *§ 4º. Nos tribunais:*
>
> *I – o relator apresentará os embargos em mesa na sessão subsequente, proferindo voto;*
>
> *II – não havendo julgamento na sessão referida no inciso I, será o recurso incluído em pauta;*
>
> *III – vencido o relator, outro será designado para lavrar o acórdão.*
>
> *§ 5º. Os embargos de declaração interrompem o prazo para a interposição de recurso.*
>
> *§ 6º. Quando manifestamente protelatórios os embargos de declaração, o juiz ou o tribunal, em decisão fundamentada, condenará o embargante a pagar ao embargado multa não excedente a 2 (dois) salários-mínimos.*
>
> *§ 7º. Na reiteração de embargos de declaração manifestamente protelatórios, a multa será elevada a até 10 (dez) salários-mínimos.*"

Art. 1.068. O art. 274 e o *caput* do art. 2.027 da Lei nº 10.406, de 10 de janeiro de 2002 (Código Civil), passam a vigorar com a seguinte redação:

> "**Art. 274.** *O julgamento contrário a um dos credores solidários não atinge os demais, mas o julgamento favorável aproveita-lhes, sem prejuízo de exceção pessoal que o devedor tenha direi-*

LIVRO COMPLEMENTAR – DISPOSIÇÕES FINAIS E TRANSITÓRIAS **ART. 1.071**

to de invocar em relação a qualquer deles."

"*Art. 2.027. A partilha é anulável pelos vícios e defeitos que invalidam, em geral, os negócios jurídicos. (...)."*

Art. 1.069. O Conselho Nacional de Justiça promoverá, periodicamente, pesquisas estatísticas para avaliação da efetividade das normas previstas neste Código.

Art. 1.070. É de 15 (quinze) dias o prazo para a interposição de qualquer agravo, previsto em lei ou em regimento interno de tribunal, contra decisão de relator ou outra decisão unipessoal proferida em tribunal.

(*) Vide Enunciado 58 do CJF.

Art. 1.071. O Capítulo III do Título V da Lei nº 6.015, de 31 de dezembro de 1973 (Lei de Registros Públicos), passa a vigorar acrescida do seguinte art. 216-A:

"*Art. 216-A. Sem prejuízo da via jurisdicional, é admitido o pedido de reconhecimento extrajudicial de usucapião, que será processado diretamente perante o cartório do registro de imóveis da comarca em que estiver situado o imóvel usucapiendo, a requerimento do interessado, representado por advogado, instruído com:*

I – ata notarial lavrada pelo tabelião, atestando o tempo de posse do requerente e seus antecessores, conforme o caso e suas circunstâncias;

II – planta e memorial descritivo assinado por profissional legalmente habilitado, com prova de anotação de responsabilidade técnica no respectivo conselho de fiscalização profissional, e pelos titulares de direitos reais e de outros direitos registrados ou averbados na matrícula do imóvel usucapiendo e na matrícula dos imóveis confinantes;

III – certidões negativas dos distribuidores da comarca da situação do imóvel e do domicílio do requerente;

IV – justo título ou quaisquer outros documentos que demonstrem a origem, a continuidade, a natureza e o tempo da posse, tais como o pagamento dos impostos e das taxas que incidirem sobre o imóvel.

§ 1º. O pedido será autuado pelo registrador, prorrogando-se o prazo da prenotação até o acolhimento ou a rejeição do pedido.

§ 2º. Se a planta não contiver a assinatura de qualquer um dos titulares de direitos reais e de outros direitos registrados ou averbados na matrícula do imóvel usucapiendo e na matrícula dos imóveis confinantes, esse será notificado pelo registrador competente, pessoalmente ou pelo correio com aviso de recebimento, para manifestar seu consentimento expresso em 15 (quinze) dias, interpretado o seu silêncio como discordância.

§ 3º. O oficial de registro de imóveis dará ciência à União, ao Estado, ao Distrito Federal e ao Município, pessoalmente, por intermédio do oficial de registro de títulos e documentos, ou pelo correio com aviso de recebimen-

to, para que se manifestem, em 15 (quinze) dias, sobre o pedido.

§ 4º. O oficial de registro de imóveis promoverá a publicação de edital em jornal de grande circulação, onde houver, para a ciência de terceiros eventualmente interessados, que poderão se manifestar em 15 (quinze) dias.

§ 5º. Para a elucidação de qualquer ponto de dúvida, poderão ser solicitadas ou realizadas diligências pelo oficial de registro de imóveis.

§ 6º. Transcorrido o prazo de que trata o § 4º deste artigo, sem pendência de diligências na forma do § 5º deste artigo e achando-se em ordem a documentação, com inclusão da concordância expressa dos titulares de direitos reais e de outros direitos registrados ou averbados na matrícula do imóvel usucapiendo e na matrícula dos imóveis confinantes, o oficial de registro de imóveis registrará a aquisição do imóvel com as descrições apresentadas, sendo permitida a abertura de matrícula, se for o caso.

§ 7º. Em qualquer caso, é lícito ao interessado suscitar o procedimento de dúvida, nos termos desta Lei.

§ 8º. Ao final das diligências, se a documentação não estiver em ordem, o oficial de registro de imóveis rejeitará o pedido.

§ 9º. A rejeição do pedido extrajudicial não impede o ajuizamento de ação de usucapião.

§ 10. Em caso de impugnação do pedido de reconhecimento extrajudicial de usucapião, apresentada por qualquer um dos titulares de direito reais e de outros direitos registrados ou averbados na matrícula do imóvel usucapiendo e na matrícula dos imóveis confinantes, por algum dos entes públicos ou por algum terceiro interessado, o oficial de registro de imóveis remeterá os autos ao juízo competente da comarca da situação do imóvel, cabendo ao requerente emendar a petição inicial para adequá-la ao procedimento comum."

(*) Vide Enunciados 25 e 368 do FPPC.

Art. 1.072. Revogam-se:

I – o art. 22 do Decreto-Lei nº 25, de 30 de novembro de 1937♦;

♦ Decreto-Lei nº 25, de 30 de novembro de 1937, que organiza a proteção do patrimônio histórico e artístico nacional.

II – os arts. 227, *caput*, 229, 230, 456, 1.482, 1.483 e 1.768 a 1.773 da Lei nº 10.406, de 10 de janeiro de 2002 (Código Civil);

III – os arts. 2º, 3º, 4º, 6º, 7º, 11, 12 e 17 da Lei nº 1.060, de 5 de fevereiro de 1950♦;

♦ Lei nº 1.060, de 5 de fevereiro de 1950, que estabelece normas para a concessão de assistência judiciária aos necessitados.

IV – os arts. 13 a 18, 26 a 29 e 38 da Lei nº 8.038, de 28 de maio de 1990♦;

♦ Lei nº 8.038, de 28 de maio de 1990, que institui normas procedimentais para os processos que especifica, perante o Superior Tribunal de Justiça e o Supremo Tribunal Federal.

V – os arts. 16 a 18 da Lei nº 5.478, de 25 de julho de 1968♦; e

♦ Lei nº 5.478, de 25 de julho de 1968, que dispõe sobre ação de alimentos e dá outras providências.

(*) Vide Enunciado 484 do FPPC.

VI – o art. 98, § 4º, da Lei nº 12.529, de 30 de novembro de 2011*.

♦ Lei nº 12.529, de 30 de novembro de 2011, que estrutura o Sistema Brasileiro de Defesa da Concorrência; dispõe sobre a prevenção e repressão às infrações contra a ordem econômica; e dá outras providências.

Brasília, 16 de março de 2015; 194º da Independência e 127º da República.

Dilma Rousseff, José Eduardo Cardozo, Jaques Wagner, Joaquim Vieira Ferreira Levy, Luís Inácio Lucena Adams

DOU de 17.3.2015

ANEXOS*

ANEXO I

RESOLUÇÕES DO TRIBUNAL SUPERIOR DO TRABALHO**

RESOLUÇÃO Nº 203, DE 15 DE MARÇO DE 2016

[art. 15 do CPC]

(*) Atualizada até as alterações promovidas pela Instrução Normativa nº 41, editada pela Resolução nº 221, de 21.6.2018.

Processo Trabalhista – Aplicação do CPC.

O Egrégio Pleno do Tribunal Superior do Trabalho, em Sessão Extraordinária hoje realizada, sob a Presidência do Excelentíssimo Senhor Ministro Ives Gandra da Silva Martins Filho, Presidente do Tribunal, presentes os Excelentíssimos Senhores Ministros Emmanoel Pereira, Vice-Presidente do Tribunal, Renato de Lacerda Paiva, Corregedor-Geral da Justiça do Trabalho, João Oreste Dalazen, Antonio José de Barros Levenhagen, João Batista Brito Pereira, Maria Cristina Irigoyen Peduzzi, Aloysio Corrêa da Veiga, Luiz Philippe Vieira de Mello Filho, Alberto Luiz Bresciani de Fontan Pereira, Maria de Assis Calsing, Dora Maria da Costa, Guilherme Augusto Caputo Bastos, Márcio Eurico Vitral Amaro, Walmir Oliveira da Costa, Maurício Godinho Delgado, Kátia Magalhães Arruda, Augusto César Leite de Carvalho, José Roberto Freire Pimenta, Delaíde Alves Miranda Arantes, Hugo Carlos Scheuermann, Alexandre de Souza Agra Belmonte, Cláudio Mascarenhas Brandão, Douglas Alencar Rodrigues, Maria Helena Mallmann e a Excelentíssima Vice-Procuradora-Geral do Trabalho, Dra. Cristina Aparecida Ribeiro Brasiliano,

Considerando a vigência de novo Código de Processo Civil (Lei nº 13.105, de 17.3.2015) a partir de 18 de março de 2016,

Considerando a imperativa necessidade de o Tribunal Superior do Trabalho posicionar-se, ainda que de forma não exaustiva, sobre as normas do Código de Processo Civil de 2015 aplicáveis e inaplicáveis ao Processo do Trabalho,

Considerando que as normas dos arts. 769 e 889 da CLT não foram revogadas pelo art. 15 do CPC de 2015, em face do que estatui o art. 2º, § 2º da Lei de Introdução às Normas do Direito Brasileiro,

Considerando a plena possibilidade de compatibilização das normas em apreço,

Considerando o disposto no art. 1.046, § 2º, do CPC, que expressamente preserva as "disposições especiais dos procedimentos regulados em outras leis", dentre as quais sobressaem as normas especiais que disciplinam o Direito Processual do Trabalho,

Considerando o escopo de identificar apenas questões polêmicas e algumas das questões inovatórias relevantes para efeito de aferir a compatibilidade ou não de aplicação subsidiária ou supletiva ao Processo do Trabalho do Código de Processo Civil de 2015,

---

(*) Os artigos citados entre colchetes remetem à base legal da jurisprudência.

(**) Disponível em: http://www.tst.jus.br/web/guest/resolucoes. Acesso em: 17.2.2023.

IN Nº 39 ANEXOS

Considerando a exigência de transmitir segurança jurídica aos jurisdicionados e órgãos da Justiça do Trabalho, bem assim o escopo de prevenir nulidades processuais em detrimento da desejável celeridade,

Considerando que o Código de Processo Civil de 2015 não adota de forma absoluta a observância do princípio do contraditório prévio como vedação à decisão surpresa, como transparece, entre outras, das hipóteses de julgamento liminar de improcedência do pedido (art. 332, caput e § 1º, conjugado com a norma explícita do parágrafo único do art. 487), de tutela provisória liminar de urgência ou da evidência (parágrafo único do art. 9º) e de indeferimento liminar da petição inicial (CPC, art. 330),

Considerando que o conteúdo da aludida garantia do contraditório há que se compatibilizar com os princípios da celeridade, da oralidade e da concentração de atos processuais no Processo do Trabalho, visto que este, por suas especificidades e pela natureza alimentar das pretensões nele deduzidas, foi concebido e estruturado para a outorga rápida e impostergável da tutela jurisdicional (CLT, art. 769),

Considerando que está sub judice no Tribunal Superior do Trabalho a possibilidade de imposição de multa pecuniária ao executado e de liberação de depósito em favor do exequente, na pendência de recurso, o que obsta, de momento, qualquer manifestação da Corte sobre a incidência no Processo do Trabalho das normas dos arts. 520 a 522 e § 1º do art. 523 do CPC de 2015,

Considerando que os enunciados de Súmulas dos Tribunais do Trabalho a que se referem os incisos V e VI do § 1º do art. 489 do CPC de 2015 são exclusivamente os que contenham os fundamentos determinantes da decisão (ratio decidendi – art. 926, § 2º),

Resolve:

Aprovar a Instrução Normativa nº 39, nos seguintes termos:

INSTRUÇÃO NORMATIVA Nº 39/2016

(*) Atualizada até as alterações promovidas pela Instrução Normativa nº 41, editada pela Resolução nº 221, de 21.6.2018.

Dispõe sobre as normas do Código de Processo Civil de 2015 aplicáveis e inaplicáveis ao Processo do Trabalho, de forma não exaustiva.

Art. 1º. Aplica-se o Código de Processo Civil, subsidiária e supletivamente, ao Processo do Trabalho, em caso de omissão e desde que haja compatibilidade com as normas e princípios do Direito Processual do Trabalho, na forma dos arts. 769 e 889 da CLT e do art. 15 da Lei nº 13.105, de 17.3.2015.

§ 1º. Observar-se-á, em todo caso, o princípio da irrecorribilidade em separado das decisões interlocutórias, de conformidade com o art. 893, § 1º da CLT e Súmula nº 214 do TST.

§ 2º. O prazo para interpor e contra-arrazoar todos os recursos trabalhistas, inclusive agravo interno e agravo regimental, é de oito dias (art. 6º da Lei nº 5.584/70 e art. 893 da CLT), exceto embargos de declaração (CLT, art. 897-A).

Art. 2º. Sem prejuízo de outros, não se aplicam ao Processo do Trabalho, em razão de inexistência de omissão ou por incompatibilidade, os seguintes preceitos do Código de Processo Civil:

I – art. 63 (modificação da competência territorial e eleição de foro);

II – art. 190 e parágrafo único (negociação processual);

III – art. 219 (contagem de prazos em dias úteis);

IV – art. 334 (audiência de conciliação ou de mediação);

V – art. 335 (prazo para contestação);

VI – art. 362, III (adiamento da audiência em razão de atraso injustificado superior a 30 minutos);

VII – art. 373, §§ 3º e 4º (distribuição diversa do ônus da prova por convenção das partes);

VIII – (Revogado)

(*) Inciso VIII revogado pela IN nº 41, editada pela Resolução nº 221/2018.

IX – art. 942 e parágrafos (prosseguimento de julgamento não unânime de apelação);

X – art. 944 (notas taquigráficas para substituir acórdão);

XI – art. 1010, § 3º (desnecessidade de o juízo *a quo* exercer controle de admissibilidade na apelação);

XII – arts. 1043 e 1044 (embargos de divergência);

XIII – art. 1070 (prazo para interposição de agravo).

Art. 3º. Sem prejuízo de outros, aplicam-se ao Processo do Trabalho, em face de omissão e compatibilidade, os preceitos do Código de Processo Civil que regulam os seguintes temas:

I – art. 76, §§ 1º e 2º (saneamento de incapacidade processual ou de irregularidade de representação);

II – art. 138 e parágrafos (*amicus curiae*);

III – art. 139, exceto a parte final do inciso V (poderes, deveres e responsabilidades do juiz);

IV – art. 292, V (valor pretendido na ação indenizatória, inclusive a fundada em dano moral);

V – art. 292, § 3º (correção de ofício do valor da causa);

VI – arts. 294 a 311 (tutela provisória);

VII – art. 373, §§ 1º e 2º (distribuição dinâmica do ônus da prova);

VIII – art. 485, § 7º (juízo de retratação no recurso ordinário);

IX – art. 489 (fundamentação da sentença);

X – art. 496 e parágrafos (remessa necessária);

XI – arts. 497 a 501 (tutela específica);

XII – arts. 536 a 538 (cumprimento de sentença que reconheça a exigibilidade de obrigação de fazer, de não fazer ou de entregar coisa);

XIII – arts. 789 a 796 (responsabilidade patrimonial);

XIV – art. 805 e parágrafo único (obrigação de o executado indicar outros meios mais eficazes e menos onerosos para promover a execução);

XV – art. 833, incisos e parágrafos (bens impenhoráveis);

XVI – art. 835, incisos e §§ 1º e 2º (ordem preferencial de penhora);

XVII – art. 836, §§ 1º e 2º (procedimento quando não encontrados bens penhoráveis);

XVIII – art. 841, §§ 1º e 2º (intimação da penhora);

XIX – art. 854 e parágrafos (BacenJUD);

XX – art. 895 (pagamento parcelado do lanço);

XXI – art. 916 e parágrafos (parcelamento do crédito exequendo);

XXII – art. 918 e parágrafo único (rejeição liminar dos embargos à execução);

XXIII – arts. 926 a 928 (jurisprudência dos tribunais);

XXIV – art. 940 (vista regimental);

XXV – art. 947 e parágrafos (incidente de assunção de competência);

XXVI – arts. 966 a 975 (ação rescisória);

XXVII – arts. 988 a 993 (reclamação);

XXVIII – arts. 1013 a 1014 (efeito devolutivo do recurso ordinário – força maior);

XXIX – art. 1021 (salvo quanto ao prazo do agravo interno).

Art. 4º. Aplicam-se ao Processo do Trabalho as normas do CPC que regulam o princípio do contraditório, em especial os artigos 9º e 10, no que vedam a decisão surpresa.

§ 1º. Entende-se por "decisão surpresa" a que, no julgamento final do mérito da causa, em qualquer grau de jurisdição, aplicar fundamento jurídico ou embasar-se em fato não submetido à audiência prévia de uma ou de ambas as partes.

§ 2º. Não se considera "decisão surpresa" a que, à luz do ordenamento jurídico nacional e dos princípios que informam o Direito Processual do Trabalho, as partes tinham obrigação de prever, concernente às condições da ação, aos pressupostos de admissibilidade de recurso e aos pressupostos processuais, salvo disposição legal expressa em contrário.

Art. 5º. Aplicam-se ao Processo do Trabalho as normas do art. 356, §§ 1º a 4º, do CPC que regem o julgamento antecipado parcial do mérito, cabendo recurso ordinário de imediato da sentença.

Art. 6º. (Revogado).

(*) Art. 6º revogado pela IN nº 41, editada pela Resolução nº 221/2018.

Art. 7º. Aplicam-se ao Processo do Trabalho as normas do art. 332 do CPC, com as necessárias adaptações à legislação processual trabalhista, cumprindo ao juiz do trabalho julgar liminarmente improcedente o pedido que contrariar:

I – Enunciado de Súmula do Supremo Tribunal Federal ou do Tribunal Superior do Trabalho (CPC, art. 927, inciso V);

II – acórdão proferido pelo Supremo Tribunal Federal ou pelo Tribunal Superior do Trabalho em julgamento de recursos repetitivos (CLT, art. 896-B; CPC, art. 1046, § 4º);

III – entendimento firmado em incidente de resolução de demandas repetitivas ou de assunção de competência;

IV – Enunciado de Súmula de Tribunal Regional do Trabalho sobre direito local, convenção coletiva de trabalho, acordo coletivo de trabalho, sentença normativa ou regulamento empresarial de observância obrigatória em área territorial que não exceda à jurisdição do respectivo Tribunal (CLT, art. 896, "b", a *contrario sensu*).

Parágrafo único. O juiz também poderá julgar liminarmente improcedente o pedido se verificar, desde logo, a ocorrência de decadência.

Art. 8º. Aplicam-se ao Processo do Trabalho as normas dos arts. 976 a 986 do CPC que regem o incidente de resolução de demandas repetitivas (IRDR).

§ 1º. Admitido o incidente, o relator suspenderá o julgamento dos processos pendentes, individuais ou coletivos, que tramitam na Região, no tocante ao tema objeto de IRDR, sem prejuízo da instrução integral da causas e do julgamento dos eventuais pedidos distintos e cumulativos igualmente deduzidos em tais processos, inclusive, se for o caso, do julgamento antecipado parcial do mérito.

§ 2º. Do julgamento do mérito do incidente caberá recurso de revista para o Tribunal Superior do Trabalho, dotado de efeito meramente devolutivo, nos termos dos arts. 896 e 899 da CLT.

§ 3º. Apreciado o mérito do recurso, a tese jurídica adotada pelo Tribunal Superior do Trabalho será aplicada no território nacional a todos os processos, individuais ou coletivos, que versem sobre idêntica questão de direito.

Art. 9º. O cabimento dos embargos de declaração no Processo do Trabalho, para impugnar qualquer decisão judicial, rege-se pelo art. 897-A da CLT e, supletivamente, pelo Código de Processo Civil (arts. 1.022 a 1.025; §§ 2º, 3º e 4º do art. 1.026), excetuada a garantia de prazo em dobro para litisconsortes (§ 1º do art. 1.023).

Parágrafo único. A omissão para fins do prequestionamento ficto a que alude o art. 1025 do CPC dá-se no caso de o Tribunal Regional do Trabalho, mesmo instado mediante embargos de declaração, recusar-se a emitir tese sobre questão jurídica pertinente, na forma da Súmula nº 297, item III, do Tribunal Superior do Trabalho.

Art. 10. Aplicam-se ao Processo do Trabalho as normas do parágrafo único do art. 932 do CPC, §§ 1º a 4º do art. 938 e §§ 2º e 7º do art. 1.007.

Parágrafo único. (Revogado).

(*) Parágrafo único revogado pela Resolução nº 218/2017.

Art. 11. Não se aplica ao Processo do Trabalho a norma do art. 459 do CPC no que permite a inquirição direta das testemunhas pela parte (CLT, art. 820).

Art. 12. Aplica-se ao Processo do Trabalho o parágrafo único do art. 1.034 do CPC. Assim, admitido o recurso de revista por um fundamento, devolve-se ao Tribunal Superior do Trabalho o conhecimento dos demais fundamentos para a solução apenas do capítulo impugnado.

Art. 13. Por aplicação supletiva do art. 784, I (art. 15 do CPC), o cheque e a nota promissória emitidos em reconhecimento de dívida inequivocamente de natureza trabalhista também são títulos extrajudiciais para efeito de execução perante a Justiça do Trabalho, na forma do art. 876 e segs. da CLT.

Art. 14. Não se aplica ao Processo do Trabalho o art. 165 do CPC, salvo nos conflitos coletivos de natureza econômica (Constituição Federal, art. 114, §§ 1º e 2º).

Art. 15. O atendimento à exigência legal de fundamentação das decisões judiciais (CPC, art. 489, § 1º) no Processo do Trabalho observará o seguinte:

I – por força dos arts. 332 e 927 do CPC, adaptados ao Processo do Trabalho, para efeito dos incisos V e VI do § 1º do art. 489 considera-se "precedente" apenas:

a) acórdão proferido pelo Supremo Tribunal Federal ou pelo Tribunal Superior do Trabalho em julgamento de recursos repetitivos (CLT, art. 896-B; CPC, art. 1.046, § 4º);

b) entendimento firmado em incidente de resolução de demandas repetitivas ou de assunção de competência;

c) decisão do Supremo Tribunal Federal em controle concentrado de constitucionalidade;

d) tese jurídica prevalecente em Tribunal Regional do Trabalho e não conflitante com Súmula ou orientação jurisprudencial do Tribunal Superior do Trabalho (CLT, art. 896, § 6º);

e) decisão do plenário, do órgão especial ou de seção especializada competente para uniformizar a jurisprudência do tribunal a que o juiz estiver vinculado ou do Tribunal Superior do Trabalho.

II – para os fins do art. 489, § 1º, incisos V e VI do CPC, considerar-se-ão unicamente os precedentes referidos no item anterior, Súmulas do Supremo Tribunal Federal, orientação jurisprudencial e Súmula do Tribunal Superior do Trabalho, Súmula de Tribunal Regional do Trabalho não conflitante com Súmula ou orientação jurisprudencial do TST, que contenham explícita referência aos fundamentos determinantes da decisão (ratio decidendi).

III – não ofende o art. 489, § 1º, inciso IV do CPC a decisão que deixar de apreciar questões cujo exame haja ficado prejudicado em razão da análise anterior de questão subordinante.

IV – o art. 489, § 1º, IV, do CPC não obriga o juiz ou o Tribunal a enfrentar os fundamentos jurídicos invocados pela parte, quando já tenham sido examinados na formação dos precedentes obrigatórios ou nos fundamentos determinantes de Enunciado de Súmula.

V – decisão que aplica a tese jurídica firmada em precedente, nos termos do item I, não precisa enfrentar os fundamentos já analisados na decisão paradigma, sendo suficiente, para fins de atendimento das exigências constantes no art. 489, § 1º, do CPC, a correlação fática e jurídica entre o caso concreto e aquele apreciado no incidente de solução concentrada.

VI – é ônus da parte, para os fins do disposto no art. 489, § 1º, V e VI, do CPC, identificar os fundamentos determinantes ou demonstrar a existência de distinção no caso em julgamento ou a superação do entendimento, sempre que invocar precedente ou Enunciado de Súmula.

Art. 16. Para efeito de aplicação do § 5º do art. 272 do CPC, não é causa de nulidade processual a intimação realizada na pessoa de advogado regularmente habilitado nos autos, ainda que conste pedido expresso para que as comunicações dos atos processuais sejam feitas em nome de outro advogado, se o profissional indicado não se encontra previamente cadastrado no Sistema de Processo Judicial Eletrônico, impedindo a serventia judicial de atender ao requerimento de envio da intimação direcionada. A decretação de nulidade não pode ser acolhida em favor da parte que lhe deu causa (CPC, art. 276).

Art. 17. Sem prejuízo da inclusão do devedor no Banco Nacional de Devedores Trabalhistas (CLT, art. 642-A), aplicam-se à execução trabalhista as normas dos artigos 495, 517 e 782, §§ 3º, 4º e 5º, do CPC, que tratam respectivamente da hipoteca judiciária, do protesto de decisão judicial e da inclusão do nome do executado em cadastros de inadimplentes.

Art. 18. Esta Instrução Normativa entrará em vigor na data da sua publicação.

Ministro Ives Gandra da Silva Martins Filho – Presidente do Tribunal Superior do Trabalho

Anexo 1: Exposição de Motivos
BREVE EXPOSIÇÃO DE MOTIVOS

A preocupação com os profundos impactos do novo Código de Processo Civil (Lei nº 13.105, de 17.3.2015) no processo do trabalho, mais que aconselhar, impõe um posicionamento do Tribunal Superior do Trabalho sobre a matéria, mediante Instrução Normativa.

A proposta que ora se apresenta toma como premissa básica e viga mestra a não revogação dos arts. 769 e 889 da CLT pelo art. 15 do CPC de 2015, seja em face do que estatui o art. 2º, § 2º, da Lei de Introdução às Normas do Direito Brasileiro, seja à luz do art. 1.046, § 2º, do NCPC.

Daí que a tônica central e fio condutor da Instrução Normativa é somente permitir a invocação subsidiária ou supletiva do NCPC caso haja omissão e também compatibilidade com as normas e princípios do Direito Processual do Trabalho. Entendemos que a norma do art. 15 do NCPC não constitui sinal verde para a transposição de qualquer instituto do processo civil para o processo do trabalho, ante a mera constatação de omissão, sob pena de desfigurar-se todo o especial arcabouço principiológico e axiológico que norteia e fundamenta o Direito Processual do Trabalho.

Nesta perspectiva, a Instrução Normativa identificou e apontou três categorias de normas do NCPC, com vistas à invocação, ou não, no processo do trabalho: a) as não aplicáveis (art. 2º); b) as aplicáveis (art. 3º); c) as aplicáveis em termos, isto é, com as necessárias adaptações (as demais referidas na IN a partir do art. 4º).

Não se quis, nem se poderia, exaurir na Instrução Normativa o elenco de normas de tais categorias. O escopo primacial foi o exame de algumas das mais relevantes questões inovatórias e, em especial, das questões jurídico-processuais mais controvertidas que o NCPC suscita, com os olhos fitos no campo trabalhista.

A aplicação no processo do trabalho da nova concepção de princípio do contraditório adotada pelo NCPC (artigos 9º e 10), no que veda a decisão surpresa, constituiu-se em uma das mais tormentosas e atormentadoras questões com que se viu a braços a Comissão. Prevaleceu uma solução de compromisso:

a) de um lado, aplica-o na plenitude no julgamento do mérito da causa (art. 4º, § 1º, da IN) e, portanto, na esfera do direito material, de forma a impedir a adoção de fundamento jurídico não debatido previamente pelas partes; persiste a possibilidade de o órgão jurisdicional invocar o brocardo *jura novit curia*, mas não sem audiência prévia das partes;

b) de outro lado, no plano estritamente processual, mitigou-se o rigor da norma (art. 4º, § 2º, da IN); para tanto, concorreram vários fatores:

b1) as especificidades do processo trabalhista (mormente a exigência fundamental de celeridade em virtude da natureza alimentar das pretensões deduzidas em juízo);

b2) a preservação pelo próprio CPC/2015 (art. 1.046, § 2º) das "disposições especiais dos procedimentos regulados em outras leis", dentre as quais sobressai a CLT;

b3) o próprio Código de Processo Civil não adota de forma absoluta a observância do princípio do contraditório prévio como vedação à decisão surpresa;

b4) a experiência do direito comparado europeu, berço da nova concepção de contraditório, que recomenda algum temperamento em sua aplicação; tome-se, a título de ilustração, a seguinte decisão do Tribunal das Relações de Portugal de 2004:

"A decisão surpresa apenas emerge quando ela comporte uma solução jurídica que, perante os factos controvertidos, as partes não tinham obrigação de prever".

Daí a diretriz assumida pela IN, a contrario sensu: não se reputa "decisão surpresa" a que as partes tinham obrigação de prever, concernente às condições da ação, aos pressupostos de admissibilidade de recurso e aos pressupostos processuais. Ainda aqui, todavia, a IN ressalva os casos excepcionais em que, a propósito desses institutos, há disposição legal expressa determinando a audiência prévia da parte, a exemplo das normas dos §§ 2º e 7º do art. 1.007 e §§ 1º a 4º do art. 938 do CPC de 2015.

A Comissão reputou inafastável a aplicação subsidiária ao processo do trabalho da nova exigência legal de fundamentação das decisões judiciais (CPC, art. 489, § 1º). Cuidou, contudo, de algumas regras elucidativas e atenuadoras, sobretudo de modo a prevenir controvérsia sobre o alcance dos incisos V e VI do § 1º do art. 489 do CPC (art. 15, incisos I a VI da IN).

Anoto, de outra parte, que a aprovação da Instrução Normativa, tal como proposta, acarretará impacto substancial ou de atualização formal em dezenas de Súmulas e orientações jurisprudenciais do Tribunal Superior do Trabalho.

Enfim, no que tange às normas aplicáveis, a Comissão buscou, de forma bastante criteriosa e seletiva, transpor para o processo do trabalho as inovações relevantes que valorizam a jurisprudência consolidada dos tribunais, privilegiam a qualidade da tutela jurisdicional e não descuram da segurança jurídica.

Brasília, 10 de março de 2016.

Ministro João Oreste Dalazen – Coordenador da Comissão de Ministros

DeJT de 16.3.2016

RESOLUÇÃO Nº 221, DE 21 DE JUNHO DE 2018

Edita a Instrução Normativa nº 41, que dispõe sobre as normas da CLT, com as alterações da Lei nº 13.467/2017 e sua aplicação ao processo do trabalho.

O EGRÉGIO PLENO DO TRIBUNAL SUPERIOR DO TRABALHO, em Sessão Extraordinária hoje realizada, sob a Presidência do Excelentíssimo Senhor Ministro João Batista Brito Pereira, Presidente do Tribunal, presentes os Excelentíssimos Senhores Ministros Renato de Lacerda Paiva, Vice-Presidente do Tribunal, Lelio Bentes Corrêa, Corregedor-Geral da Justiça do Trabalho, Ives Gandra da Silva Martins Filho, Maria Cristina Irigoyen Peduzzi, Emmanoel Pereira, Aloysio Silva Corrêa da Veiga, Luiz Philippe Vieira de Mello Filho, Alberto Luiz Bresciani de Fontan Pereira, Maria de Assis Calsing, Dora Maria da Costa, Guilherme Augusto Caputo Bastos, Walmir Oliveira da Costa, Maurício Godinho Delgado, Augusto César Leite de Carvalho, José Roberto Freire Pimenta, Delaíde Alves Miranda Arantes, Hugo Carlos Scheuermann, Alexandre de Souza Agra Belmonte, Cláudio Mascarenhas Brandão, Douglas Alencar Rodrigues, Maria Helena Mallmann, Breno Medeiros e Alexandre Luiz Ramos e o Excelentíssimo Ronaldo Curado Fleury, Procurador-Geral do Trabalho,

Considerando a vigência da Lei nº 13.467, de 13 de julho de 2017, a partir de 11 de novembro de 2017,

Considerando a imperativa necessidade de o Tribunal Superior do Trabalho posicionar-se, ainda que de forma não exaustiva, sobre a aplicação das normas processuais contidas na Consolidação das Leis Trabalhistas alteradas ou acrescentadas pela Lei nº 13.467/2017,

Considerando a necessidade de dar ao jurisdicionado a segurança jurídica indispensável a possibilitar estabilidade das relações processuais,

Considerando que pende de apreciação pelo Tribunal Pleno do TST a arguição de inconstitucionalidade do art. 702, I, "f", da CLT,

Considerando que a arguição de inconstitucionalidade dos arts. 790- B e 791-A da CLT pende de apreciação pelo Supremo Tribunal Federal na ADI nº 5766,

Considerando que foram revogados pela Lei nº 13.467/2017 os §§ 3º e 5º do art. 899 da CLT,

Considerando que se trata de Instrução Normativa no sentido de aplicação de normas processuais da CLT, tem pertinência a decisão contida no Processo TST Cons - 17652-49.2016.5.00.0000, publicado no DEJT em 01/09/2016,

Resolve:

Aprovar a Instrução Normativa nº 41, nos seguintes termos:

INSTRUÇÃO NORMATIVA Nº 41/2018

Dispõe sobre a aplicação das normas processuais da Consolidação das Leis do Trabalho alteradas pela Lei nº 13.467, de 13 de julho de 2017.

Art. 1º. A aplicação das normas processuais previstas na Consolidação das Leis do Trabalho, alteradas pela Lei nº 13.467, de 13 de julho de 2017, com eficácia a partir de 11 de novembro de 2017, é imediata, sem atingir, no entanto, situações pretéritas iniciadas ou consolidadas sob a égide da lei revogada.

Art. 2º. O fluxo da prescrição intercorrente conta-se a partir do descumprimento da determinação judicial a que alude o § 1º do art. 11-A da CLT, desde que feita após 11 de novembro de 2017 (Lei nº 13.467/2017).

Art. 3º. A obrigação de formar o litisconsórcio necessário a que se refere o art. 611-A, § 5º, da CLT dar-se-á nos processos iniciados a partir de 11 de novembro de 2017 (Lei nº 13.467/2017).

Art. 4º. O art. 789, *caput*, da CLT aplica-se nas decisões que fixem custas, proferidas a partir da entrada em vigor da Lei nº 13.467/2017.

Art. 5º. O art. 790-B, *caput* e §§ 1º a 4º, da CLT, não se aplica aos processos iniciados antes de 11 de novembro de 2017 (Lei nº 13.467/2017).

Art. 6º. Na Justiça do Trabalho, a condenação em honorários advocatícios sucumbenciais, prevista no art. 791-A, e parágrafos, da CLT, será aplicável apenas às ações propostas após 11 de novembro de 2017 (Lei nº 13.467/2017). Nas ações propostas anteriormente, subsistem as diretrizes do art. 14 da Lei nº 5.584/1970 e das Súmulas nos 219 e 329 do TST.

Art. 7º. Os arts. 793-A, 793-B e 793-C, § 1º, da CLT têm aplicação autônoma e imediata.

Art. 8º. A condenação de que trata o art. 793-C, *caput*, da CLT, aplica-se apenas às ações ajuizadas a partir de 11 de novembro de 2017 (Lei nº 13.467/2017).

Art. 9º. O art. 793-C, §§ 2º e 3º, da CLT tem aplicação apenas nas ações ajuizadas a partir de 11 de novembro de 2017 (Lei nº 13.467/2017).

Art. 10. O disposto no *caput* do art. 793-D será aplicável às ações ajuizadas a partir de 11 de novembro de 2017 (Lei nº 13.467/2017).

Parágrafo único. Após a colheita da prova oral, a aplicação de multa à testemunha dar-se-á na sentença e será precedida de instauração de incidente mediante o qual o juiz indicará o ponto ou os pontos controvertidos no depoimento, assegurados o contraditório, a defesa, com os meios a ela inerentes, além de possibilitar a retratação.

Art. 11. A exceção de incompetência territorial, disciplinada no art. 800 da CLT, é imediatamente aplicável aos processos trabalhistas em curso, desde que o recebimento da notificação seja posterior a 11 de novembro de 2017 (Lei 13.467/2017).

Art. 12. Os arts. 840 e 844, §§ 2º, 3º e 5º, da CLT, com as redações dadas pela Lei nº 13.467, de 13 de julho de 2017, não retroagirão, aplicando-se, exclusivamente, às ações ajuizadas a partir de 11 de novembro de 2017.

§ 1º. Aplica-se o disposto no art. 843, § 3º, da CLT somente às audiências trabalhistas realizadas após 11 de novembro de 2017.

§ 2º. Para fim do que dispõe o art. 840, §§ 1º e 2º, da CLT, o valor da causa será estimado, observando-se, no que couber, o disposto nos arts. 291 a 293 do Código de Processo Civil.

§ 3º. Nos termos do art. 843, § 3º, e do art. 844, § 5º, da CLT, não se admite a cumulação das condições de advogado e preposto.

Art. 13. A partir da vigência da Lei nº 13.467/2017, a iniciativa do juiz na execução de que trata o art. 878 da CLT e no incidente de desconsideração da personalidade jurídica a que alude o art. 855-A da CLT ficará limitada aos casos em que as partes não estiverem representadas por advogado.

Art. 14. A regra inscrita no art. 879, § 2º, da CLT, quanto ao dever do juiz conceder prazo comum de oito dias para impugnação fundamentada da conta de liquidação, não se aplica à liquidação de julgado iniciada antes de 11 de novembro de 2017.

Art. 15. O prazo previsto no art. 883-A da CLT, para as medidas de execução indireta nele especificadas, aplica-se somente às execuções iniciadas a partir de 11 de novembro de 2017.

Art. 16. O art. 884, § 6º, da CLT aplica-se às entidades filantrópicas e seus diretores, em processos com execuções iniciadas após 11 de novembro de 2017.

Art. 17. O incidente de desconsideração da personalidade jurídica, regulado pelo CPC (artigos 133 a 137), aplica-se ao processo do trabalho, com as inovações trazidas pela Lei nº 13.467/2017.

Art. 18. O dever de os Tribunais Regionais do Trabalho uniformizarem a sua jurisprudência faz incidir, subsidiariamente ao processo do trabalho, o art. 926 do CPC, por meio do qual os Tribunais deverão manter sua jurisprudência íntegra, estável e coerente.

§ 1º. Os incidentes de uniformização de jurisprudência suscitados ou iniciados antes da vigência da Lei nº 13.467/2017, no âmbito dos Tribunais Regionais do Trabalho ou por iniciativa de decisão do Tribunal Superior do Trabalho, deverão observar e serão concluídos sob a égide da legislação vigente ao tempo da interposição do recurso, segundo o disposto nos respectivos Regimentos Internos.

§ 2º. Aos recursos de revista e de agravo de instrumento no âmbito do Tribunal Superior do Trabalho, conclusos aos relatores e ainda não julgados até a edição da Lei nº 13.467/17, não se aplicam as disposições contidas nos §§ 3º a 6º do artigo 896 da Consolidação das Leis do Trabalho.

§ 3º. As teses jurídicas prevalecentes e os enunciados de Súmulas decorrentes do julgamento dos incidentes de uniformização de jurisprudência suscitados ou iniciados anteriormente à edição da Lei nº 13.467/2017, no âmbito dos Tribunais Regionais do Trabalho, conservam sua natureza vinculante à luz dos arts. 926, §§ 1º e 2º, e 927, III e V, do CPC.

Art. 19. O exame da transcendência seguirá a regra estabelecida no art. 246 do Regimento Interno do Tribunal Superior do Trabalho, incidindo apenas sobre os acórdãos proferidos pelos Tribunais Regionais do Trabalho publicados a partir de 11 de novembro de 2017, excluídas as decisões em embargos de declaração.

Art. 20. As disposições contidas nos §§ 4º, 9º, 10 e 11 do artigo 899 da CLT, com a redação dada pela Lei nº 13.467/2017, serão observadas para os recursos interpostos contra as decisões proferidas a partir de 11 de novembro de 2017.

Art. 21. Esta Instrução Normativa entrará em vigor na data da sua publicação. Ficam revogados os art. 2º, VIII, e 6º da Instrução Normativa nº 39/2016 do TST.

Ministro João Batista Brito Pereira – Presidente do Tribunal Superior do Trabalho

ANEXO II

RESOLUÇÕES DO CONSELHO NACIONAL DE JUSTIÇA*

RESOLUÇÃO CNJ Nº 34, DE 24 DE ABRIL DE 2007

[art. 144, VII, do CPC]

(*) Atualizada até as alterações promovidas pela Resolução CNJ nº 373, de 12.2.2021.

Dispõe sobre o exercício de atividades do magistério pelos integrantes da magistratura nacional.

A Presidente do Conselho Nacional de Justiça, no exercício da competência que lhe confere o inciso I do § 4º do art. 103-B da Constituição Federal, e

Considerando que, nos termos do disposto no art. 103-B, § 4º, I, da Constituição Federal, compete ao Conselho zelar pela autonomia do Poder Judiciário e pelo cumprimento do Estatuto da Magistratura, podendo expedir atos regulamentares, no âmbito de sua competência, ou recomendar providências;

Considerando a regra constitucional inscrita no inciso I do parágrafo único do art. 95 da Constituição Federal, que permite ao magistrado o exercício do magistério;

Considerando a conveniência e oportunidade de uniformização da matéria no âmbito do Poder Judiciário brasileiro, sobretudo em face do que dispõem os arts. 35, VI, e 36, II, e o § 1º do art. 26, todos da Lei Complementar nº 35/1979 (LOMAN);

Considerando, ainda, a decisão proferida, em sede cautelar, pelo Excelso Supremo Tribunal Federal nos autos da ADI 3126-1/DF;

Considerando, por fim, a decisão proferida pelo Plenário deste Conselho Nacional de Justiça nos autos do Pedido de Providências nº 814,

Resolve:

Art. 1º. Aos magistrados da União e dos Estados é vedado o exercício, ainda que em disponibilidade, de outro cargo ou função, salvo o magistério.

Parágrafo único. O exercício da docência por magistrados, na forma estabelecida nesta Resolução, pressupõe compatibilidade entre os horários fixados para o expediente forense e para a atividade acadêmica, o que deverá ser comprovado perante o Tribunal.

Art. 2º. O exercício de cargos ou funções de coordenação acadêmica, como tais considerados aqueles que envolvam atividades estritamente ligadas ao planejamento e/ou assessoramento pedagógico, será admitido se atendidos os requisitos previstos no artigo anterior.

§ 1º. É vedado o desempenho de cargo ou função administrativa ou técnica em estabelecimento de ensino.

§ 2º. O exercício da docência em escolas da magistratura poderá gerar direito à gratificação por hora-aula, na forma da lei.

§ 3º. Não se incluem na vedação referida no § 1º deste artigo as funções exercidas em curso ou escola de aperfeiçoamento dos próprios Tribunais, de associações de classe ou de fundações estatutariamente vinculadas a esses órgãos e entidades.

Art. 3º. O exercício de qualquer atividade docente por magistrado deverá ser comunicado formalmente ao órgão competente do Tribunal, mediante registro eletrônico em sistema por ele desenvolvido, com a indicação da instituição de ensino, do horário e da(s) disciplina(s) ministrada(s).

(*) Art. 3º, *caput*, com redação dada pela Resolução CNJ nº 226/2016.

§ 1º. As informações referidas no *caput* serão inseridas no sistema, preferencialmente, no início de cada semestre letivo, devendo o magistrado promover periodicamente a sua atualização, caso haja modificação de instituição, disciplina ou carga horária.

(*) § 1º com redação dada pela Resolução CNJ nº 226/2016.

§ 2º. O Conselho Nacional de Justiça e a Corregedoria Nacional de Justiça promoverão o acompanhamento e a avaliação periódica das informações referidas no *caput* deste artigo.

(*) § 2º com redação dada pela Resolução CNJ nº 226/2016.

§ 3º. Verificado o exercício de cargo ou função de magistério em desconformidade

---

(*) Disponíveis em: https://www.cnj.jus.br/atos_normativos/. Acesso em: 17.2.2023. (Total de 485 Resoluções.)

com a presente Resolução, e, excluída a hipótese do parágrafo anterior, o Tribunal, por seu órgão competente, ouvido o magistrado, fixará prazo para as adequações devidas, observado o prazo máximo de 06 (seis) meses.

Art. 4º. A presente resolução aplica-se inclusive às atividades docentes desempenhadas por magistrados em cursos preparatórios para ingresso em carreiras públicas e em cursos de pós-graduação.

Art. 4º-A. A participação de magistrados na condição de palestrante, conferencista, presidente de mesa, moderador, debatedor ou membro de comissão organizadora, inclusive nos termos do art. 4º da Resolução CNJ nº 170/2013, bem como em bancas de concurso público e em comissões de juristas, ainda que instituídas pelo Poder Legislativo ou Executivo, é considerada atividade docente, para os fins desta Resolução.

(*) Art. 4º-A, *caput*, acrescido pela Resolução CNJ nº 226/2016 e com redação dada pela Resolução CNJ nº 373/2021.

§ 1º. (Revogado).

(*) § 1º acrescido pela Resolução CNJ nº 226/2016 e revogado pela Resolução CNJ nº 373/2021.

§ 2º. (Revogado).

(*) § 2º acrescido pela Resolução CNJ nº 226/2016 e revogado pela Resolução CNJ nº 373/2021.

§ 3º. (Revogado).

(*) § 3º acrescido pela Resolução CNJ nº 226/2016 e revogado pela Resolução CNJ nº 373/2021.

Parágrafo único. A participação de magistrados nas hipóteses aludidas no *caput* deste artigo deverá observar as vedações constitucionais relativamente à magistratura (art. 95, parágrafo único, da Constituição), cabendo ao juiz zelar para que essa participação não comprometa a imparcialidade e a independência para o exercício da jurisdição, além da presteza e da eficiência na atividade jurisdicional, não se aplicando às atividades descritas no *caput* a exigência insculpida no art. 3º.

(*) Parágrafo único, primitivo § 3º, alterado pela Resolução CNJ nº 226/2016, renumerado e com redação dada pela Resolução CNJ nº 373/2021.

Art. 5º. Os Tribunais deverão disponibilizar em seu sítio eletrônico base de dados com as informações indicadas no art. 3º e no § 1º do art. 4º-A, acessível a qualquer interessado, consoante as determinações da Resolução CNJ nº 215/2015, inclusive para os fins de aferição de situações de impedimento, nos termos do art. 144, VII, do Código de Processo Civil.

(*) Art. 5º, *caput*, com redação dada pela Resolução CNJ nº 226/2016.

Parágrafo único. Caso o magistrado não reconheça seu impedimento para atuar no processo, nas hipóteses previstas nesta Resolução, a parte interessada poderá promover a respectiva arguição nos termos da lei processual correspondente.

(*) Parágrafo único acrescido pela Resolução CNJ nº 226/2016.

Art. 5º-A. As atividades de *coaching*, similares e congêneres, destinadas à assessoria individual ou coletiva de pessoas, inclusive na preparação de candidatos a concursos públicos, não são consideradas atividade docente, sendo vedada a sua prática por magistrados.

(*) Art. 5º-A acrescido pela Resolução CNJ nº 226/2016.

Art. 6º. A presente Resolução entrará em vigor na data de sua publicação.

Ministra Ellen Gracie

RESOLUÇÃO CNJ Nº 35, DE 24 DE ABRIL DE 2007

[arts. 659 e 733, do CPC]

(*) Atualizada até as alterações promovidas pela Resolução CNJ nº 452, de 22.4.2022.

Disciplina a lavratura dos atos notariais relacionados a inventário, partilha, separação consensual, divórcio consensual e extinção consensual de união estável por via administrativa.

(*) Ementa com redação dada pela Resolução CNJ nº 326/2020.

A Presidente do Conselho Nacional de Justiça, no uso de suas atribuições constitucionais e regimentais, e tendo em vista o disposto no art. 19, I, do Regimento Interno deste Conselho, e

Considerando que a aplicação da Lei nº 11.441/2007 tem gerado muitas divergências;

Considerando que a finalidade da referida lei foi tornar mais ágeis e menos onerosos os atos a que se refere e, ao mesmo tempo, descongestionar o Poder Judiciário;

Considerando a necessidade de adoção de medidas uniformes quanto à aplicação da Lei nº 11.441/2007 em todo o território nacional, com vistas a prevenir e evitar conflitos;

Considerando as sugestões apresentadas pelos Corregedores-Gerais de Justiça dos Estados e do Distrito Federal em reunião promovida pela Corregedoria Nacional de Justiça;

Considerando que, sobre o tema, foram ouvidos o Conselho Federal da Ordem dos Advogados do Brasil e a Associação dos Notários e Registradores do Brasil;

Resolve:

Seção I
Disposições de Caráter Geral

Art. 1º. Para a lavratura dos atos notariais relacionados a inventário, partilha, separação consensual, divórcio consensual e extinção consensual de união estável por via administrativa, é livre a escolha do tabelião de notas, não se aplicando as regras de competência do Código de Processo Civil.

(*) Art. 1º com redação dada pela Resolução CNJ nº 326/2020.

Art. 2º. É facultada aos interessados a opção pela via judicial ou extrajudicial; podendo ser solicitada, a qualquer momento, a suspensão, pelo prazo de 30 dias, ou a desistência da via judicial, para promoção da via extrajudicial.

Art. 3º. As escrituras públicas de inventário e partilha, separação e divórcio consensuais não dependem de homologação judicial e são títulos hábeis para o registro civil e o registro imobiliário, para a transferência de bens e direitos, bem como para promoção de todos os atos necessários à materialização das transferências de bens e levantamento de valores (DETRAN, Junta Comercial, Registro Civil de Pessoas Jurídicas, instituições financeiras, companhias telefônicas etc.).

Art. 4º. O valor dos emolumentos deverá corresponder ao efetivo custo e à adequada e suficiente remuneração dos serviços prestados, conforme estabelecido no parágrafo único do art. 1º da Lei nº 10.169/2000, observando-se, quanto a sua fixação, as regras previstas no art. 2º da citada lei.

Art. 5º. É vedada a fixação de emolumentos em percentual incidente sobre o valor do negócio jurídico objeto dos serviços notariais e de registro (Lei nº 10.169/2000, art. 3º, inciso II).

Art. 6º. A gratuidade prevista na norma adjetiva compreende as escrituras de inventário, partilha, separação e divórcio consensuais.

(*) Art. 6º com redação dada pela Resolução CNJ nº 326/2020.

Art. 7º. Para a obtenção da gratuidade pontuada nesta norma, basta a simples declaração dos interessados de que não possuem condições de arcar com os emolumentos, ainda que as partes estejam assistidas por advogado constituído.

(*) Art. 7º com redação dada pela Resolução CNJ nº 326/2020.

Art. 8º. É necessária a presença do advogado, dispensada a procuração, ou do defensor público, na lavratura das escrituras aqui referidas, nelas constando seu nome e registro na OAB.

(*) Art. 8º com redação dada pela Resolução CNJ nº 326/2020.

Art. 9º. É vedada ao tabelião a indicação de advogado às partes, que deverão comparecer para o ato notarial acompanhadas de profissional de sua confiança. Se as partes não dispuserem de condições econômicas para contratar advogado, o tabelião deverá recomendar-lhes a Defensoria Pública, onde houver, ou, na sua falta, a Seccional da Ordem dos Advogados do Brasil.

Art. 10. É desnecessário o registro de escritura pública nas hipóteses aqui abordadas no Livro "E" de Ofício de Registro Civil das Pessoas Naturais, entretanto, o Tribunal de Justiça deverá promover, no prazo de 180 dias, medidas adequadas para a unificação dos dados que concentrem as informações dessas escrituras no âmbito estadual, possibilitando as buscas, preferencialmente, sem ônus para o interessado.

(*) Art. 10 com redação dada pela Resolução CNJ nº 326/2020.

Seção II
Disposições Referentes ao Inventário e à Partilha

Art. 11. É obrigatória a nomeação de interessado, na escritura pública de inventário e partilha, para representar o espólio, com poderes de inventariante, no cumprimento de obrigações ativas ou passivas pendentes, sem necessidade de seguir a ordem prevista no art. 617 do Código de Processo Civil.

(*) Art. 11, *caput*, com redação dada pela Resolução CNJ nº 326/2020.

§ 1º. O meeiro e os herdeiros poderão, em escritura pública anterior à partilha ou à adjudicação, nomear inventariante.

(*) § 1º acrescido pela Resolução CNJ nº 455/2022.

§ 2º. O inventariante nomeado nos termos do § 1º poderá representar o espólio na busca de informações bancárias e fiscais necessárias à conclusão de negócios essenciais para a realização do inventário e no levantamento de quantias para pagamento do imposto devido e dos emolumentos do inventário.

(*) § 2º acrescido pela Resolução CNJ nº 455/2022.

§ 3º. A nomeação de inventariante será considerada o termo inicial do procedimento de inventário extrajudicial.

(*) § 3º acrescido pela Resolução CNJ nº 455/2022.

Art. 12. Admitem-se inventário e partilha extrajudiciais com viúvo(a) ou herdeiro(s) capazes, inclusive por emancipação, representado(s) por procuração formalizada por instrumento público com poderes especiais.

(*) Art. 12 com redação dada pela Resolução CNJ nº 179/2013.

Art. 13. A escritura pública pode ser retificada desde que haja o consentimento de todos os interessados. Os erros materiais poderão ser corrigidos, de ofício ou mediante requerimento de qualquer das partes, ou de seu procurador, por averbação à margem do ato notarial ou, não havendo espaço, por escrituração própria lançada no livro das escrituras públicas e anotação remissiva.

Art. 14. Para as verbas previstas na Lei nº 6.858/1980, é também admissível a escritura pública de inventário e partilha.

Art. 15. O recolhimento dos tributos incidentes deve anteceder a lavratura da escritura.

Art. 16. É possível a promoção de inventário extrajudicial por cessionário de direitos hereditários, mesmo na hipótese de cessão de parte do acervo, desde que todos os herdeiros estejam presentes e concordes.

Art. 17. Os cônjuges dos herdeiros deverão comparecer ao ato de lavratura da escritura pública de inventário e partilha quando houver renúncia ou algum tipo de partilha que importe em transmissão, exceto se o casamento se der sob o regime da separação absoluta.

Art. 18. O(A) companheiro(a) que tenha direito à sucessão é parte, observada a necessidade de ação judicial se o autor da herança não deixar outro sucessor ou não houver consenso de todos os herdeiros, inclusive quanto ao reconhecimento da união estável.

Art. 19. A meação de companheiro(a) pode ser reconhecida na escritura pública, desde que todos os herdeiros e interessados na herança, absolutamente capazes, estejam de acordo.

Art. 20. As partes e respectivos cônjuges devem estar, na escritura, nomeados e qualificados (nacionalidade; profissão; idade; estado civil; regime de bens; data do casamento; pacto antenupcial e seu registro imobiliário, se houver; número do documento de identidade; número de inscrição no CPF/MF; domicílio e residência).

Art. 21. A escritura pública de inventário e partilha conterá a qualificação completa do autor da herança; o regime de bens do casamento; pacto antenupcial e seu registro imobiliário, se houver; dia e lugar em que faleceu o autor da herança; data da expedição da certidão de óbito; livro, folha, número do termo e unidade de serviço em que consta o registro do óbito; e a menção ou declaração dos herdeiros de que o autor da herança não deixou testamento e outros herdeiros, sob as penas da lei.

Art. 22. Na lavratura da escritura deverão ser apresentados os seguintes documentos:

a) certidão de óbito do autor da herança;

b) documento de identidade oficial e CPF das partes e do autor da herança;

c) certidão comprobatória do vínculo de parentesco dos herdeiros;

d) certidão de casamento do cônjuge sobrevivente e dos herdeiros casados e pacto antenupcial, se houver;

e) certidão de propriedade de bens imóveis e direitos a eles relativos;

f) documentos necessários à comprovação da titularidade dos bens móveis e direitos, se houver;

g) certidão negativa de tributos; e

h) Certificado de Cadastro de Imóvel Rural – CCIR, se houver imóvel rural a ser partilhado.

Art. 23. Os documentos apresentados no ato da lavratura da escritura devem ser originais ou em cópias autenticadas, salvo os de identidade das partes, que sempre serão originais.

Art. 24. A escritura pública deverá fazer menção aos documentos apresentados.

Art. 25. É admissível a sobrepartilha por escritura pública, ainda que referente a inventário e partilha judiciais já findos, mesmo que o herdeiro, hoje maior e capaz, fosse menor ou incapaz ao tempo do óbito ou do processo judicial.

Art. 26. Havendo um só herdeiro, maior e capaz, com direito à totalidade da herança, não haverá partilha, lavrando-se a escritura de inventário e adjudicação dos bens.

Art. 27. A existência de credores do espólio não impedirá a realização do inventário e partilha, ou adjudicação, por escritura pública.

Art. 28. É admissível inventário negativo por escritura pública.

Art. 29. É vedada a lavratura de escritura pública de inventário e partilha referente a bens localizados no exterior.

Art. 30. Aplica-se a Lei nº 11.441/2007 aos casos de óbitos ocorridos antes de sua vigência.

Art. 31. A escritura pública de inventário e partilha pode ser lavrada a qualquer tempo, cabendo ao tabelião fiscalizar o recolhimento de eventual multa, conforme previsão em legislação tributária estadual e distrital específicas.

Art. 32. O tabelião poderá se negar a lavrar a escritura de inventário ou partilha se houver fundados indícios de fraude ou em caso de dúvidas sobre a declaração de vontade de algum dos herdeiros, fundamentando a recusa por escrito.

Seção III
Disposições Comuns
à Separação e Divórcio Consensuais

Art. 33. Para a lavratura da escritura pública de separação e de divórcio consensuais, deverão ser apresentados:

a) certidão de casamento;
b) documento de identidade oficial e CPF/MF;
c) pacto antenupcial, se houver;
d) certidão de nascimento ou outro documento de identidade oficial dos filhos absolutamente capazes, se houver;
e) certidão de propriedade de bens imóveis e direitos a eles relativos; e
f) documentos necessários à comprovação da titularidade dos bens móveis e direitos, se houver.

Art. 34. As partes devem declarar ao tabelião, no ato da lavratura da escritura, que não têm filhos comuns ou, havendo, que são absolutamente capazes, indicando seus nomes e as datas de nascimento.

Parágrafo único. As partes devem, ainda, declarar ao tabelião, na mesma ocasião, que o cônjuge virago não se encontra em estado gravídico, ou ao menos, que não tenha conhecimento sobre esta condição.

(*) Parágrafo único acrescido pela Resolução CNJ nº 220/2016.

Art. 35. Da escritura, deve constar declaração das partes de que estão cientes das consequências da separação e do divórcio, firmes no propósito de pôr fim à sociedade conjugal ou ao vínculo matrimonial, respectivamente, sem hesitação, com recusa de reconciliação.

Art. 36. O comparecimento pessoal das partes é dispensável à lavratura de escritura pública de separação e divórcio consensuais, sendo admissível ao(s) separando(s) ou ao(s) divorciando(s) se fazer representar por mandatário constituído, desde que por instrumento público com poderes especiais, descrição das cláusulas essenciais e prazo de validade de trinta dias.

Art. 37. Havendo bens a serem partilhados na escritura, distinguir-se-á o que é do patrimônio individual de cada cônjuge, se houver, do que é do patrimônio comum do casal, conforme o regime de bens, constando isso do corpo da escritura.

Art. 38. Na partilha em que houver transmissão de propriedade do patrimônio individual de um cônjuge ao outro, ou a partilha desigual do patrimônio comum, deverá ser comprovado o recolhimento do tributo devido sobre a fração transferida.

Art. 39. A partilha em escritura pública de separação e divórcio consensuais far-se-á conforme as regras da partilha em inventário extrajudicial, no que couber.

Art. 40. O traslado da escritura pública de separação e divórcio consensuais será apresentado ao Oficial de Registro Civil do respectivo assento de casamento, para a averbação necessária, independente de autorização judicial e de audiência do Ministério Público.

Art. 41. Havendo alteração do nome de algum cônjuge em razão de escritura de separação, restabelecimento da sociedade conjugal ou divórcio consensuais, o Oficial de Registro Civil que averbar o ato no assento de casamento também anotará a alteração no respectivo assento de nascimento, se de sua unidade, ou, se de outra, comunicará ao Oficial competente para a necessária anotação.

Art. 42. Não há sigilo nas escrituras públicas de separação e divórcio consensuais.

Art. 43. Na escritura pública deve constar que as partes foram orientadas sobre a necessidade de apresentação de seu traslado no registro civil do assento de casamento, para a averbação devida.

Art. 44. É admissível, por consenso das partes, escritura pública de retificação das cláusulas de obrigações alimentares ajustadas na separação e no divórcio consensuais.

Art. 45. A escritura pública de separação ou divórcio consensuais, quanto ao ajuste do uso do nome de casado, pode ser retificada mediante declaração unilateral do interessado na volta ao uso do nome de solteiro, em nova escritura pública, com assistência de advogado.

Art. 46. O tabelião poderá se negar a lavrar a escritura de separação ou divórcio se houver fundados indícios de prejuízo a um dos cônjuges ou em caso de dúvidas sobre a declaração de vontade, fundamentando a recusa por escrito.

Seção IV
Disposições Referentes à Separação Consensual

Art. 47. São requisitos para lavratura da escritura pública de separação consensual: a) um ano de casamento; b) manifestação de vontade espontânea e isenta de vícios em não mais manter a sociedade conjugal e desejar a separação conforme as cláusulas ajustadas; c) ausência de filhos menores não emancipados ou incapazes do casal; d) inexistência de gravidez do cônjuge virago ou desconhecimento acerca desta circunstância; e e) assistência das partes por advogado, que poderá ser comum.

(*) Art. 47 com redação dada pela Resolução CNJ nº 220/2016.

Art. 48. O restabelecimento de sociedade conjugal pode ser feito por escritura pública, ainda que a separação tenha sido judicial. Neste caso, é necessária e suficiente a apresentação de certidão da sentença de separação ou da averbação da separação no assento de casamento.

Art. 49. Em escritura pública de restabelecimento de sociedade conjugal, o tabelião deve:

a) fazer constar que as partes foram orientadas sobre a necessidade de apresentação de seu traslado no registro civil do assento de casamento, para a averbação devida;

b) anotar o restabelecimento à margem da escritura pública de separação consensual, quando esta for de sua serventia, ou, quando de outra, comunicar o restabelecimento, para a anotação necessária na serventia competente; e

c) comunicar o restabelecimento ao juízo da separação judicial, se for o caso.

Art. 50. A sociedade conjugal não pode ser restabelecida com modificações.

Art. 51. A averbação do restabelecimento da sociedade conjugal somente poderá ser efetivada depois da averbação da separação no registro civil, podendo ser simultâneas.

Seção V
Disposições Referentes ao Divórcio Consensual

Art. 52. Os cônjuges separados judicialmente, podem, mediante escritura pública, converter a separação judicial ou extrajudicial em divórcio, mantendo as mesmas condições ou alterando-as. Nesse caso, é dispensável a apresentação de certidão atualizada do processo judicial, bastando a certidão da averbação da separação no assento do casamento.

(*) Art. 52 com redação dada pela Resolução CNJ nº 120/2010.

Art. 53. (Revogado).

(*) Art. 53 revogado pela Resolução CNJ nº 120/2010.

Art. 54. Esta Resolução entra em vigor na data de sua publicação.

Ministra Ellen Gracie

RESOLUÇÃO CNJ Nº 105, DE 6 DE ABRIL DE 2010

[arts. 195 e 367, § 5º, do CPC]

(*) Atualizada até as alterações promovidas pela Resolução CNJ nº 326, de 26.6.2020.

Dispõe sobre a documentação dos depoimentos por meio do sistema audiovisual e realização de interrogatório e inquirição de testemunhas por videoconferência.

O Presidente do Conselho Nacional de Justiça, no uso de suas atribuições conferidas pela Constituição da República, especialmente o disposto no inciso I, § 4º, art. 103-B;

Considerando que, nos termos do art. 405, § 1º, do Código de Processo Penal, sempre que possível, com a finalidade de obter maior fidelidade das informações, dentre as formas possíveis de documentação dos depoimentos, deve-se dar preferência ao sistema audiovisual;

Considerando que, embora o art. 405, § 2º, do Código de Processo Penal, quando documentados os depoimentos pelo sistema audiovisual, dispense a transcrição, há registro de casos em que se determina a devolução dos autos aos juízes para fins de degravação;

Considerando que para cada minuto de gravação leva-se, no mínimo, 10 (dez) minutos para a sua degravação, o que inviabiliza a adoção dessa moderna técnica de documentação dos depoimentos como instrumento de agilização dos processos;

Considerando que caracteriza ofensa à independência funcional do juiz de primeiro grau a determinação, por magistrado integrante de tribunal, da transcrição de depoimentos tomados pelo sistema audiovisual;

Resolve:

Art. 1º. O Conselho Nacional de Justiça desenvolverá e disponibilizará a todos os tribunais sistemas eletrônicos de gravação dos depoimentos, dos interrogatórios e de inquirição de testemunhas por videoconferência.

(*) Art. 1º, *caput*, com redação dada pela Resolução CNJ nº 222/2016.

§ 1º. Os tribunais e o CNJ poderão desenvolver repositórios de mídias para armazenamento de documentos de som e imagem, inclusive os decorrentes da instrução do processo.

(*) § 1º acrescido pela Resolução CNJ nº 222/2016.

§ 2º. Os documentos digitais inseridos no Repositório Nacional de Mídias para o Sistema PJe serão considerados, para todos os efeitos, peças integrantes dos autos eletrônicos do processo judicial correspondente e observarão:

I – o número único do processo judicial, nos termos da Resolução CNJ nº 65/2008;

II – o localizador padrão permanente de acesso ao conteúdo da informação (URL), na rede mundial de computadores;

III – os requisitos dispostos no art. 195 do Código de Processo Civil, de autenticidade, in-

ANEXO II – RESOLUÇÕES – CNJ **RES. Nº 125**

tegridade, temporalidade, não repúdio, conservação e, nos casos dos que tramitem em segredo de justiça, confidencialidade, observada a infraestrutura de chaves públicas unificada nacionalmente, nos termos da lei.

(*) § 2º acrescido pela Resolução CNJ nº 222/2016.

§ 3º. As audiências, oitivas de testemunhas e outros atos de instrução a que se refere a Portaria nº 58, de 23 de setembro de 2014, da Corregedoria Nacional de Justiça deverão ser gravadas e armazenadas de acordo com os critérios previstos nesta Resolução.

(*) § 3º acrescido pela Resolução CNJ nº 222/2016 e com redação dada pela Resolução CNJ nº 326/2020.

Art. 2º. Os depoimentos documentados por meio audiovisual não precisam de transcrição.

Parágrafo único. O magistrado, quando for de sua preferência pessoal, poderá determinar que os servidores que estão afetos a seu gabinete ou secretaria procedam à degravação, observando, nesse caso, as recomendações médicas quanto à prestação desse serviço.

Art. 3º. Quando a testemunha arrolada não residir na sede do juízo em que tramita o processo, deve-se dar preferência, em decorrência do princípio da identidade física do juiz, à expedição da carta precatória para a inquirição pelo sistema de videoconferência.

§ 1º. O testemunho por videoconferência deve ser prestado na audiência una realizada no juízo deprecante, observada a ordem estabelecida no art. 400, *caput*, do Código de Processo Penal.

§ 2º. A direção da inquirição de testemunha realizada por sistema de videoconferência será do juiz deprecante.

§ 3º. A carta precatória deverá conter:

I – A data, hora e local de realização da audiência una no juízo deprecante;

II – A solicitação para que a testemunha seja ouvida durante a audiência una realizada no juízo deprecante;

III – A ressalva de que, não sendo possível o cumprimento da carta precatória pelo sistema de videoconferência, o juiz deprecado proceda à inquirição da testemunha em data anterior à designada para a realização, no juízo deprecante, da audiência una.

(*) Inciso III com redação dada pela Resolução CNJ nº 326/2020.

Art. 4º. No fórum, deverá ser organizada sala estruturada com equipamento de informática conectado à rede mundial de computadores, destinada para o cumprimento de carta precatória pelo sistema de videoconferência, assim como para ouvir a testemunha presente à audiência una, na hipótese do art. 217 do Código de Processo Penal.

(*) Art. 4º com redação dada pela Resolução CNJ nº 326/2020.

Art. 5º. De regra, o interrogatório, ainda que de réu preso, deverá ser feito pela forma presencial, salvo decisão devidamente fundamentada, nas hipóteses do art. 185, § 2º, incisos I, II, III e IV, do Código de Processo Penal.

Art. 6º. Na hipótese em que o acusado, estando solto, quiser prestar o interrogatório, mas haja relevante dificuldade para seu comparecimento em juízo, por enfermidade ou outra circunstância pessoal, o ato deverá, se possível, para fins de preservação da identidade física do juiz, ser realizado pelo sistema de videoconferência, mediante a expedição de carta precatória.

Parágrafo único. Não deve ser expedida carta precatória para o interrogatório do acusado pelo juízo deprecado, salvo no caso do *caput*.

Art. 7º. O interrogatório por videoconferência deverá ser prestado na audiência una realizada no juízo deprecante, adotado, no que couber, o disposto nesta Resolução para a inquirição de testemunha, asseguradas ao acusado as seguintes garantias:

I – direito de assistir, pelo sistema de videoconferência, a audiência una realizada no juízo deprecante;

II – direito de presença de seu advogado ou de defensor na sala onde for prestado o seu interrogatório;

III – direito de presença de seu advogado ou de defensor na sala onde for realizada a audiência una de instrução e julgamento;

IV – direito de entrevista prévia e reservada com o seu defensor, o que compreende o acesso a canais telefônicos reservados para comunicação entre o defensor ou advogado que esteja no presídio ou no local do interrogatório e o defensor ou advogado presente na sala de audiência do fórum, e entre este e o preso.

Art. 8º. Esta Resolução entrará em vigor na data de sua publicação.

Ministro Gilmar Mendes

RESOLUÇÃO CNJ Nº 125, DE 29 DE NOVEMBRO DE 2010

[arts. 3º, 165 a 175, 334 e 694 do CPC]

(*) Atualizada até as alterações promovidas pela Resolução CNJ nº 390, de 6.5.2021.

Dispõe sobre a Política Judiciária Nacional de tratamento adequado dos conflitos de interesses no âmbito do Poder Judiciário e dá outras providências.

RES. Nº 125 ANEXOS

O Presidente do Conselho Nacional de Justiça, no uso de suas atribuições constitucionais e regimentais,

Considerando que compete ao Conselho Nacional de Justiça o controle da atuação administrativa e financeira do Poder Judiciário, bem como zelar pela observância do art. 37 da Constituição da República;

Considerando que a eficiência operacional, o acesso ao sistema de Justiça e a responsabilidade social são objetivos estratégicos do Poder Judiciário, nos termos da Resolução CNJ nº 70, de 18 de março de 2009;

Considerando que o direito de acesso à Justiça, previsto no art. 5º, XXXV, da Constituição Federal além da vertente formal perante os órgãos judiciários, implica acesso à ordem jurídica justa e a soluções efetivas;

Considerando que, por isso, cabe ao Judiciário estabelecer política pública de tratamento adequado dos problemas jurídicos e dos conflitos de interesses, que ocorrem em larga e crescente escala na sociedade, de forma a organizar, em âmbito nacional, não somente os serviços prestados nos processos judiciais, como também os que possam sê-lo mediante outros mecanismos de solução de conflitos, em especial dos consensuais, como a mediação e a conciliação;

Considerando a necessidade de se consolidar uma política pública permanente de incentivo e aperfeiçoamento dos mecanismos consensuais de solução de litígios;

Considerando que a conciliação e a mediação são instrumentos efetivos de pacificação social, solução e prevenção de litígios, e que a sua apropriada disciplina em programas já implementados no país tem reduzido a excessiva judicialização dos conflitos de interesses, a quantidade de recursos e de execução de sentenças;

Considerando ser imprescindível estimular, apoiar e difundir a sistematização e o aprimoramento das práticas já adotadas pelos tribunais;

Considerando a relevância e a necessidade de organizar e uniformizar os serviços de conciliação, mediação e outros métodos consensuais de solução de conflitos, para lhes evitar disparidades de orientação e práticas, bem como para assegurar a boa execução da política pública, respeitadas as especificidades de cada segmento da Justiça;

Considerando que a organização dos serviços de conciliação, mediação e outros métodos consensuais de solução de conflitos deve servir de princípio e base para a criação de Juízos de resolução alternativa de conflitos, verdadeiros órgãos judiciais especializados na matéria;

Considerando o deliberado pelo Plenário do Conselho Nacional de Justiça na sua 117ª Sessão Ordinária, realizada em 23 de novembro de 2010, nos autos do procedimento do Ato 0006059-82.2010.2.00.0000;

Resolve:

Capítulo I
DA POLÍTICA PÚBLICA DE TRATAMENTO ADEQUADO DOS CONFLITOS DE INTERESSES

Art. 1º. Fica instituída a Política Judiciária Nacional de Tratamento Adequado dos Conflitos de Interesses, tendente a assegurar a todos o direito à solução dos conflitos por meios adequados à sua natureza e peculiaridade.

(*) Art. 1º, *caput*, alterado pela Emenda nº 1/2013 e com redação dada pela Resolução CNJ nº 326/2020.

Parágrafo único. Aos órgãos judiciários incumbe, nos termos do art. 334 do Código de Processo Civil de 2015, combinado com o art. 27 da Lei nº 13.140, de 26 de junho de 2015 (Lei de Mediação), antes da solução adjudicada mediante sentença, oferecer outros mecanismos de soluções de controvérsias, em especial os chamados meios consensuais, como a mediação e a conciliação, bem assim prestar atendimento e orientação ao cidadão.

(*) Parágrafo único alterado pela Emenda nº 2/2016 e com redação dada pela Resolução CNJ nº 326/2020.

Art. 2º. Na implementação da Política Judiciária Nacional de Tratamento Adequado dos Conflitos de Interesses, com vista à boa qualidade dos serviços e à disseminação da cultura de pacificação social, serão observados:

(*) Art. 2º, *caput*, alterado pela Emenda nº 1/2013 e com redação dada pela Resolução CNJ nº 326/2020.

I – centralização das estruturas judiciárias;

II – adequada formação e treinamento de servidores, conciliadores e mediadores;

III – acompanhamento estatístico específico.

Art. 3º. O Conselho Nacional de Justiça auxiliará os tribunais na organização dos serviços mencionados no art. 1º, podendo ser firmadas parcerias com entidades públicas e privadas, em especial quanto à capacitação e credenciamento de mediadores e conciliadores e à realização de mediações e conciliações, nos termos dos arts. 167, § 3º, e 334 do Código de Processo Civil de 2015.

(*) Art. 3º alterado pela Emenda nº 2/2016 e com redação dada pela Resolução CNJ nº 326/2020.

ANEXO II – RESOLUÇÕES – CNJ **RES. Nº 125**

Capítulo II
DAS ATRIBUIÇÕES DO CONSELHO NACIONAL DE JUSTIÇA

Art. 4º. Compete ao Conselho Nacional de Justiça organizar programa com o objetivo de promover ações de incentivo à autocomposição de litígios e à pacificação social por meio da conciliação e da mediação.

Art. 5º. O programa será implementado com a participação de rede constituída por todos os órgãos do Poder Judiciário e por entidades públicas e privadas parceiras, inclusive universidades e instituições de ensino.

Art. 6º. Para o desenvolvimento da rede referida no art. 5º desta Resolução, caberá ao Conselho Nacional de Justiça:

(*) Art. 6º, *caput*, alterado pela Emenda nº 1/2013 e com redação dada pela Resolução CNJ nº 326/2020.

I – estabelecer diretrizes para implementação da política pública de tratamento adequado de conflitos a serem observadas pelos Tribunais;

II – desenvolver parâmetro curricular e ações voltadas à capacitação em métodos consensuais de solução de conflitos para servidores, mediadores, conciliadores e demais facilitadores da solução consensual de controvérsias, nos termos do art. 167, § 1º, do Código de Processo Civil de 2015;

(*) Inciso II alterado pela Emenda nº 2/2016 e com redação dada pela Resolução CNJ nº 326/2020.

III – providenciar que as atividades relacionadas à conciliação, mediação e outros métodos consensuais de solução de conflitos sejam consideradas nas promoções e remoções de magistrados pelo critério do merecimento;

IV – regulamentar, em código de ética, a atuação dos conciliadores, mediadores e demais facilitadores da solução consensual de controvérsias;

V – buscar a cooperação dos órgãos públicos competentes e das instituições públicas e privadas da área de ensino, para a criação de disciplinas que propiciem o surgimento da cultura da solução pacífica dos conflitos, bem como que, nas Escolas de Magistratura, haja módulo voltado aos métodos consensuais de solução de conflitos, no curso de iniciação funcional e no curso de aperfeiçoamento;

VI – estabelecer interlocução com a Ordem dos Advogados do Brasil, Defensorias Públicas, Procuradorias e Ministério Público, estimulando sua participação nos Centros Judiciários de Solução de Conflitos e Cidadania e valorizando a atuação na prevenção dos litígios;

VII – realizar gestão junto às empresas, públicas e privadas, bem como junto às agências reguladoras de serviços públicos, a fim de implementar práticas autocompositivas e desenvolver acompanhamento estatístico, com a instituição de banco de dados para visualização de resultados, conferindo selo de qualidade;

VIII – atuar junto aos entes públicos de modo a estimular a conciliação, em especial nas demandas que envolvam matérias sedimentadas pela jurisprudência;

(*) Inciso VIII com redação dada pela Emenda nº 2/2016.

IX – (revogado);

(*) Inciso IX acrescido pela Emenda nº 2/2016, alterado pelo Resolução CNJ nº 326/2020 e revogado pela Resolução CNJ nº 390/2021.

X – (revogado);

(*) Inciso X acrescido pela Emenda nº 2/2016, alterado pelo Resolução CNJ nº 326/2020 e revogado pela Resolução CNJ nº 390/2021.

XI – criar parâmetros de remuneração de mediadores, nos termos do art. 169 do Código de Processo Civil de 2015;

(*) Inciso XI acrescido pela Emenda nº 2/2016 e com redação dada pela Resolução CNJ nº 326/2020.

XII – monitorar, inclusive por meio do Departamento de Pesquisas Judiciárias, a instalação dos Centros Judiciários de Solução de Conflitos e Cidadania, o seu adequado funcionamento, a avaliação da capacitação e treinamento dos mediadores/conciliadores, orientando e dando apoio às localidades que estiverem enfrentando dificuldades na efetivação da política judiciária nacional instituída por esta Resolução.

(*) Inciso XII acrescido pela Emenda nº 2/2016.

Capítulo III
DAS ATRIBUIÇÕES DOS TRIBUNAIS

Seção I
Dos Núcleos Permanentes de Métodos Consensuais de Solução de Conflitos

Art. 7º. Os tribunais deverão criar, no prazo de 30 dias a contar da publicação desta Resolução, Núcleos Permanentes de Métodos Consensuais de Solução de Conflitos (Núcleos), coordenados por magistrados e compostos por magistrados da ativa ou aposentados e servidores, preferencialmente atuantes na área, com as seguintes atribuições, entre outras:

(*) Art. 7º, *caput*, alterado pela Emenda nº 1/2013 e pela Emenda nº 2/2016, e com redação dada pela Resolução CNJ nº 326/2020.

I – implementar, no âmbito de sua competência, a Política Judiciária Nacional de Tratamento Adequado dos Conflitos de Interesses, em conformidade com as diretrizes estabelecidas nesta Resolução;

(*) Inciso I com redação dada pela Resolução CNJ nº 326/2020.

II – planejar, implementar, manter e aperfeiçoar as ações voltadas ao cumprimento da política e suas metas;

III – atuar na interlocução com outros tribunais e com os órgãos integrantes da rede mencionada nos artigos 5º e 6º desta Resolução;

(*) Inciso III com redação dada pela Resolução CNJ nº 326/2020.

IV – instalar Centros Judiciários de Solução de Conflitos e Cidadania que concentrarão a realização das sessões de conciliação e mediação que estejam a cargo de conciliadores e mediadores, dos órgãos por eles abrangidos;

V – incentivar ou promover capacitação, treinamento e atualização permanente de magistrados, servidores, conciliadores e mediadores nos métodos consensuais de solução de conflitos;

VI – propor ao tribunal a realização de convênios e parcerias com entes públicos e privados para atender aos fins desta Resolução;

(*) Inciso VI com redação dada pela Resolução CNJ nº 326/2020.

VII – criar e manter cadastro de mediadores e conciliadores, de forma a regulamentar o processo de inscrição e de desligamento;

(*) Inciso VII acrescido pela Emenda nº 2/2016.

VIII – regulamentar, se for o caso, a remuneração de conciliadores e mediadores, nos termos do art. 169 do Código de Processo Civil de 2015, combinado com o art. 13 da Lei nº 13.140, de 26 de junho de 2015 (Lei de Mediação).

(*) Inciso VIII acrescido pela Emenda nº 2/2016 e com redação dada pela Resolução CNJ nº 326/2020.

§ 1º. A criação dos Núcleos e sua composição deverão ser informadas ao Conselho Nacional de Justiça.

§ 2º. Os Núcleos poderão estimular programas de mediação comunitária, desde que esses centros comunitários não se confundam com os Centros Judiciários de Solução de Conflitos e Cidadania previstos nesta Resolução.

(*) § 2º com redação dada pela Resolução CNJ nº 326/2020.

§ 3º. Na hipótese de conciliadores, mediadores e Câmaras Privadas de Conciliação e Mediação credenciadas perante o Poder Judiciário, os tribunais deverão criar e manter cadastro ou aderir ao Cadastro Nacional de Mediadores Judiciais e Conciliadores, de forma a regulamentar o processo de inscrição e de desligamento desses facilitadores.

(*) § 3º com redação dada pela Emenda nº 2/2016.

§ 4º. Os tribunais poderão, nos termos do art. 167, § 6º, do Código de Processo Civil de 2015, excepcionalmente e desde que inexistente quadro suficiente de conciliadores e mediadores judiciais atuando como auxiliares da justiça, optar por formar quadro de conciliadores e mediadores admitidos mediante concurso público de provas e títulos.

(*) § 4º alterado pela Emenda nº 2/2016 e com redação dada pela Resolução CNJ nº 326/2020.

§ 5º. Nos termos do art. 169, § 1º, do Código de Processo Civil de 2015, a mediação e a conciliação poderão ser realizadas como trabalho voluntário.

(*) § 5º acrescido pela Emenda nº 2/2016 e com redação dada pela Resolução CNJ nº 326/2020.

§ 6º. Aos mediadores e conciliadores, inclusive membros das Câmaras Privadas de Conciliação, aplicam-se as regras de impedimento e suspeição, nos termos do art. 148, II, do Código de Processo Civil de 2015 e da Resolução CNJ nº 200, de 3 de março de 2015.

(*) § 6º acrescido pela Emenda nº 2/2016 e com redação dada pela Resolução CNJ nº 326/2020.

§ 7º. Nos termos do art. 172 do Código de Processo Civil de 2015, o conciliador e o mediador ficam impedidos, pelo prazo de 1 (um) ano, contado do término da última audiência em que atuaram, de assessorar, representar ou patrocinar qualquer das partes.

(*) § 7º acrescido pela Emenda nº 2/2016.

Seção II
Dos Centros Judiciários de Solução de Conflitos e Cidadania

Art. 8º. Os tribunais deverão criar os Centros Judiciários de Solução de Conflitos e Cidadania (Centros ou Cejuscs), unidades do Poder Judiciário, preferencialmente, responsáveis pela realização ou gestão das sessões e audiências de conciliação e mediação que estejam a cargo de conciliadores e mediadores, bem como pelo atendimento e orientação ao cidadão.

(*) Art. 8º, *caput*, com redação dada pela Emenda nº 2/2016.

§ 1º. As sessões de conciliação e mediação pré-processuais deverão ser realizadas nos Centros, podendo as sessões de conciliação e mediação judiciais, excepcionalmente, serem realizadas nos próprios juízos, juizados ou varas designadas, desde que o sejam por

ANEXO II – RESOLUÇÕES – CNJ **RES. Nº 125**

conciliadores e mediadores cadastrados pelo Tribunal (inciso VII do art. 7º) e supervisionados pelo juiz coordenador do Centro (art. 9º).

(*) § 1º alterado pela Emenda nº 2/2016 e com redação dada pela Resolução CNJ nº 326/2020.

§ 2º. Nos Tribunais de Justiça, os Centros deverão ser instalados nos locais onde existam dois juízos, juizados ou varas com competência para realizar audiência, nos termos do art. 334 do Código de Processo Civil de 2015.

(*) § 2º alterado pela Emenda nº 2/2016 e com redação dada pela Resolução CNJ nº 326/2020.

§ 3º. Os tribunais poderão, enquanto não instalados os Centros nas comarcas, regiões, subseções judiciárias e nos juízos do interior dos estados, implantar o procedimento de conciliação e mediação itinerante, utilizando-se de conciliadores e mediadores cadastrados.

(*) § 3º alterado pela Emenda nº 2/2016 e com redação dada pela Resolução CNJ nº 326/2020.

§ 4º. Nos Tribunais Regionais Federais e Tribunais de Justiça, é facultativa a implantação de Centros onde exista um juízo, juizado, vara ou subseção, desde que atendidos por centro regional ou itinerante, nos termos do § 3º deste artigo.

(*) § 4º alterado pela Emenda nº 2/2016 e com redação dada pela Resolução CNJ nº 326/2020.

§ 5º. Nas comarcas das capitais dos estados, bem como nas comarcas do interior, subseções e regiões judiciárias, o prazo para a instalação dos Centros será concomitante à entrada em vigor do Código de Processo Civil de 2015.

(*) § 5º alterado pela Emenda nº 2/2016 e com redação dada pela Resolução CNJ nº 326/2020.

§ 6º. Os tribunais poderão, excepcionalmente:

I – estender os serviços do Centro a unidades ou órgãos situados em outros prédios, desde que próximos daqueles referidos no § 2º deste artigo; e

II – instalar Centros Regionais, enquanto não instalados Centros nos termos referidos no § 2º deste artigo, observada a organização judiciária local.

(*) § 6º alterado pela Emenda nº 2/2016 e com redação dada pela Resolução CNJ nº 326/2020.

§ 7º. O coordenador do Centro poderá solicitar feitos de outras unidades judiciais com o intuito de organizar pautas concentradas ou mutirões, podendo, para tanto, fixar prazo.

(*) § 7º com redação dada pela Resolução CNJ nº 326/2020.

§ 8º. Para efeito de estatística de produtividade, as sentenças homologatórias prolatadas em processos encaminhados ao Centro, de ofício ou por solicitação, serão contabilizadas:

I – para o próprio Centro, no que se refere à serventia judicial;

II – para o magistrado que efetivamente homologar o acordo, esteja ele oficiando no juízo de origem do feito ou na condição de coordenador do Centro; e

III – para o juiz coordenador do Centro, no caso de reclamação pré-processual.

(*) § 8º alterado pela Emenda nº 2/2016 e pela Resolução nº 290/2019 e com redação dada pela Resolução CNJ nº 326/2020.

§ 9º. Para o efeito de estatística referido no art. 167, § 4º, do Código de Processo Civil de 2015, os tribunais disponibilizarão às partes a opção de avaliar câmaras, conciliadores e mediadores, segundo parâmetros estabelecidos pelo Comitê Gestor da Conciliação.

(*) § 9º acrescido pela Emenda nº 2/2016 e com redação dada pela Resolução CNJ nº 326/2020.

§ 10. (Revogado).

(*) § 10 acrescido pela Emenda nº 2/2016, alterado pela Resolução CNJ nº 326/2020 e revogado pela Resolução CNJ nº 390/2021.

Art. 9º. Os Centros contarão com um juiz coordenador e, se necessário, com um adjunto, aos quais caberá:

I – administrar o Centro;

II – homologar os acordos entabulados;

III – supervisionar o serviço de conciliadores e mediadores.

(*) Art. 9º, caput, alterado pela Emenda nº 2/2016 e com redação dada pela Resolução CNJ nº 326/2020.

§ 1º. Salvo disposição diversa em regramento local, os magistrados da Justiça Estadual e da Justiça Federal serão designados pelo Presidente de cada tribunal entre aqueles que realizaram treinamento segundo o modelo estabelecido pelo Conselho Nacional de Justiça, conforme Anexo I desta Resolução.

(*) § 1º alterado pela Emenda nº 2/2016 e com redação dada pela Resolução CNJ nº 326/2020.

§ 2º. Caso o Centro atenda a grande número de juízos, juizados, varas ou região, o respectivo juiz coordenador poderá ficar designado exclusivamente para sua administração.

(*) § 2º alterado pela Emenda nº 2/2016 e com redação dada pela Resolução CNJ nº 326/2020.

§ 3º. Os Tribunais de Justiça e os Tribunais Regionais Federais deverão assegurar que nos Centros atue ao menos um servidor com dedicação exclusiva, capacitado em métodos consensuais de solução de conflitos, para triagem e encaminhamento adequado de casos.

(*) § 3º com redação dada pela Resolução CNJ nº 326/2020.

§ 4º. O treinamento dos servidores referidos no § 3º deste artigo deverá observar as diretrizes estabelecidas pelo Conselho Nacional de Justiça, conforme Anexo I desta Resolução.

(*) § 4º acrescido pela Resolução CNJ nº 326/2020.

Art. 10. Cada unidade dos Centros deverá obrigatoriamente abranger setor de solução de conflitos pré-processual, de solução de conflitos processual e de cidadania.

(*) Art. 10 alterado pela Emenda nº 2/2016 e com redação dada pela Resolução CNJ nº 326/2020.

Art. 11. Nos Centros poderão atuar membros do Ministério Público, defensores públicos, procuradores e/ou advogados.

Seção III
Dos Conciliadores e Mediadores

Art. 12. Nos Centros, bem como em todos os demais órgãos judiciários nos quais se realizem sessões de conciliação e mediação, somente serão admitidos mediadores e conciliadores capacitados na forma deste ato (Anexo I), cabendo aos Tribunais, antes de sua instalação, realizar o curso de capacitação, podendo fazê-lo por meio de parcerias.

(*) Art. 12, *caput*, alterado pela Emenda nº 1/2013 e com redação dada pela Resolução CNJ nº 326/2020.

§ 1º. Os tribunais que já realizaram a capacitação referida no *caput* poderão dispensar os atuais mediadores e conciliadores da exigência do certificado de conclusão do curso de capacitação, mas deverão disponibilizar cursos de treinamento e aperfeiçoamento, na forma do Anexo I, como condição prévia de atuação nos Centros.

(*) § 1º com redação dada pela Emenda nº 2/2016.

§ 2º. Todos os conciliadores, mediadores e outros especialistas em métodos consensuais de solução de conflitos deverão submeter-se a aperfeiçoamento permanente e a avaliação do usuário.

(*) § 2º com redação dada pela Emenda nº 2/2016.

§ 3º. Os cursos de capacitação, treinamento e aperfeiçoamento de mediadores e conciliadores deverão observar as diretrizes curriculares estabelecidas pelo Conselho Nacional de Justiça (Anexo I) e deverão ser compostos necessariamente de estágio supervisionado.

(*) § 3º alterado pela Emenda nº 2/2016 e com redação dada pela Resolução CNJ nº 326/2020.

§ 4º. Somente deverão ser certificados mediadores e conciliadores que tiverem concluído o respectivo estágio supervisionado.

(*) § 4º alterado pela Emenda nº 2/2016 e com redação dada pela Resolução CNJ nº 326/2020.

§ 5º. Os mediadores, conciliadores e demais facilitadores de diálogo entre as partes ficarão sujeitos ao código de ética estabelecido nesta Resolução (Anexo III).

(*) § 5º acrescido pela Emenda nº 2/2016 e com redação dada pela Resolução CNJ nº 326/2020.

§ 6º. Ressalvada a hipótese do art. 167, § 6º, do Código de Processo Civil de 2015, o conciliador e o mediador receberão, pelo seu trabalho, remuneração prevista em tabela fixada pelo Tribunal, conforme parâmetros estabelecidos pela Comissão Permanente de Solução Adequada de Conflitos *ad referendum* do plenário.

(*) § 6º acrescido pela Resolução CNJ nº 326/2020.

Seção III-A
Dos Fóruns de Coordenadores de Núcleos

(*) Seção III-A acrescida pela Emenda nº 2/2016.

Art. 12-A. Os Presidentes de Tribunais de Justiça e de Tribunais Regionais Federais deverão indicar um magistrado para coordenar o respectivo Núcleo e representar o tribunal no respectivo Fórum de Coordenadores de Núcleos.

(*) Art. 12-A, *caput*, acrescido pela Emenda nº 2/2016.

§ 1º. Os Fóruns de Coordenadores de Núcleos deverão se reunir de acordo com o segmento da justiça.

(*) § 1º acrescido pela Emenda nº 2/2016.

§ 2º. Os enunciados dos Fóruns da Justiça Estadual e da Justiça Federal terão aplicabilidade restrita ao respectivo segmento da justiça e, uma vez aprovados pela Comissão Permanente de Solução Adequada de Conflitos *ad referendum* do Plenário, integrarão, para fins de vinculatividade, esta Resolução.

(*) § 2º acrescido pela Emenda nº 2/2016 e com redação dada pela Resolução CNJ nº 326/2020.

§ 3º. O Fórum da Justiça Federal será organizado pelo Conselho da Justiça Federal, podendo contemplar em seus objetivos outras matérias.

(*) § 3º acrescido pela Emenda nº 2/2016.

Art. 12-B. Os Fóruns de Coordenadores de Núcleos poderão estabelecer diretrizes específicas aos seus segmentos, entre outras:

(*) Art. 12-B, *caput*, acrescido pela Emenda nº 2/2016.

I – o âmbito de atuação de conciliadores face ao Código de Processo Civil de 2015;

(*) Inciso I acrescido pela Emenda nº 2/2016 e com redação dada pela Resolução CNJ nº 326/2020.

II – a estrutura necessária dos Centros para cada segmento da justiça;

(*) Inciso II acrescido pela Emenda nº 2/2016 e com redação dada pela Resolução CNJ nº 326/2020.

III – o estabelecimento de conteúdos programáticos para cursos de conciliação e mediação próprios para a atuação em áreas específicas, como previdenciária, desapropriação, sistema financeiro de habitação entre outras, respeitadas as diretrizes curriculares estabelecidas no Anexo I.

(*) Inciso III acrescido pela Emenda nº 2/2016.

Seção III-B
Das Câmaras Privadas
de Conciliação e Mediação

(*) Seção III-B acrescida pela Emenda nº 2/2016.

Art. 12-C. As Câmaras Privadas de Conciliação e Mediação ou órgãos semelhantes, bem como seus mediadores e conciliadores, para que possam realizar sessões de mediação ou conciliação incidentes a processo judicial, devem ser cadastradas no Tribunal respectivo ou no Cadastro Nacional de Mediadores Judiciais e Conciliadores, nos termos do art. 167 do Código de Processo Civil de 2015, ficando sujeitas aos termos desta Resolução.

(*) Art. 12-C, caput, acrescido pela Emenda nº 2/2016 e com redação dada pela Resolução CNJ nº 326/2020.

Parágrafo único. O cadastramento é facultativo para realização de sessões de mediação ou conciliação pré-processuais.

(*) Parágrafo único acrescido pela Emenda nº 2/2016.

Art. 12-D. Os Tribunais determinarão o percentual de audiências não remuneradas que deverão ser suportadas pelas Câmaras Privadas de Conciliação e Mediação, com o fim de atender aos processos em que foi deferida a gratuidade da justiça, como contrapartida de seu credenciamento, nos termos do art. 169, § 2º, do Código de Processo Civil de 2015, respeitados os parâmetros definidos pela Comissão Permanente de Solução Adequada de Conflitos *ad referendum* do Plenário.

(*) Art. 12-D acrescido pela Emenda nº 2/2016 e com redação dada pela Resolução CNJ nº 326/2020.

Art. 12-E. As Câmaras Privadas de Mediação e Conciliação e os demais órgãos cadastrados ficam sujeitos à avaliação prevista no art. 8º, § 9º, desta Resolução.

(*) Art. 12-E, caput, acrescido pela Emenda nº 2/2016.

Parágrafo único. A avaliação deverá refletir a média aritmética de todos os mediadores e conciliadores avaliados, inclusive daqueles que atuaram voluntariamente, nos termos do art. 169, § 2º, do Código de Processo Civil de 2015.

(*) Parágrafo único acrescido pela Emenda nº 2/2016 e com redação dada pela Resolução CNJ nº 326/2020.

Art. 12-F. Fica vedado o uso de brasão e demais signos da República Federativa do Brasil pelas Câmaras Privadas de Conciliação e Mediação ou órgãos semelhantes, bem como por seus mediadores e conciliadores, estendendo-se a vedação ao uso da denominação de "Tribunal" ou expressão semelhante para a entidade e a de "juiz" ou equivalente para seus membros.

(*) Art. 12-F acrescido pela Emenda nº 2/2016 e com redação dada pela Resolução CNJ nº 326/2020.

Seção IV
Dos Dados Estatísticos

Art. 13. Os Tribunais deverão criar e manter banco de dados sobre as atividades de cada Centro, nos termos de Resolução do Conselho Nacional de Justiça.

(*) Art. 13 alterado pela Emenda nº 2/2016, pela Emenda nº 1/2013 e com redação dada pela Resolução CNJ nº 326/2020.

Art. 14. Caberá ao Conselho Nacional de Justiça compilar informações sobre os serviços públicos de solução consensual das controvérsias existentes no país e sobre o desempenho de cada um deles, por meio do Departamento de Pesquisas Judiciárias (DPJ), mantendo permanentemente atualizado o banco de dados.

(*) Art. 14 alterado pela Emenda nº 2/2016 e com redação dada pela Resolução CNJ nº 326/2020.

Capítulo IV
DO PORTAL
DA CONCILIAÇÃO

Art. 15. Fica criado o Portal da Conciliação, a ser disponibilizado no sítio do Conselho Nacional de Justiça na rede mundial de computadores, com as seguintes funcionalidades, entre outras:

(*) Art. 15, caput, alterado pela Emenda nº 1/2013 e com redação dada pela Resolução CNJ nº 326/2020.

I – publicação das diretrizes da capacitação de conciliadores e mediadores e de seu código de ética;

II – relatório gerencial do programa, por tribunal, detalhado por unidade judicial e por Centro, com base nas informações referidas no art. 13.

(*) Inciso II com redação dada pela Emenda nº 2/2016.

III – compartilhamento de boas práticas, projetos, ações, artigos, pesquisas e outros estudos;

IV – fórum permanente de discussão, facultada a participação da sociedade civil;

V – divulgação de notícias relacionadas ao tema;

VI – relatórios de atividades da "Semana da Conciliação".

Parágrafo único. A implementação do Portal será de responsabilidade do Conselho Nacional de Justiça e ocorrerá de forma gradativa, observadas as possibilidades técnicas.

(*) Parágrafo único com redação dada pela Resolução CNJ nº 326/2020.

DISPOSIÇÕES FINAIS

Art. 16. O disposto na presente Resolução não prejudica a continuidade de programas similares já em funcionamento, cabendo aos Tribunais, se necessário, adaptá-los aos termos deste ato.

(*) Art. 16, *caput*, com redação dada pela Emenda nº 1/2013.

Parágrafo único. Em relação aos Núcleos e Centros, os Tribunais poderão utilizar siglas e denominações distintas das referidas nesta Resolução, desde que mantidas as suas atribuições previstas no Capítulo III.

Art. 17. Compete à Presidência do Conselho Nacional de Justiça, com o apoio da Comissão Permanente de Solução Adequada de Conflitos, coordenar as atividades da Política Judiciária Nacional de tratamento adequado dos conflitos de interesses, cabendo-lhe instituir, regulamentar e presidir o Comitê Gestor da Conciliação, que será responsável pela implementação e acompanhamento das medidas previstas neste ato.

(*) Art. 17 com redação dada pela Resolução CNJ nº 326/2020.

Art. 18. Os Anexos integram esta Resolução e possuem caráter vinculante.

(*) Art. 18 com redação dada pela Emenda nº 1/2013.

Art. 18-A. (Revogado).

(*) Art. 18-A acrescido pela Emenda nº 2/2016, alterado pela Resolução CNJ nº 326/2020 e revogado pela Resolução CNJ nº 390/2021.

Art. 18-B. O Conselho Nacional de Justiça editará Resolução específica dispondo sobre a Política Judiciária de tratamento adequado dos conflitos de interesses da Justiça do Trabalho.

(*) Art. 18-B acrescido pela Emenda nº 2/2016 e com redação dada pela Resolução CNJ nº 326/2020.

Art. 18-C. Os Tribunais encaminharão ao Conselho Nacional de Justiça, no prazo de 30 dias, plano de implementação desta Resolução, inclusive quanto à implantação de centros.

(*) Art. 18-C acrescido pela Emenda nº 2/2016 e com redação dada pela Resolução CNJ nº 326/2020.

Art. 19. Esta Resolução entra em vigor na data de sua publicação, ressalvados os dispositivos regulamentados pelo Código de Processo Civil de 2015, que seguem sua vigência.

(*) Art. 19 alterado pela Emenda nº 2/2016 e com redação dada pela Resolução CNJ nº 326/2020.

Ministro Cezar Peluso

ANEXO I
DIRETRIZES CURRICULARES

(*) Anexo I com redação dada pela Emenda nº 2/2016.

(Aprovadas pelo Grupo de Trabalho estabelecido nos termos do art. 167, § 1º, do Novo Código de Processo Civil por intermédio da Portaria CNJ nº 64/2015)

O curso de capacitação básica dos terceiros facilitadores (conciliadores e mediadores) tem por objetivo transmitir informações teóricas gerais sobre a conciliação e a mediação, bem como vivência prática para aquisição do mínimo de conhecimento que torne o corpo discente apto ao exercício da conciliação e da mediação judicial. Esse curso, dividido em 2 (duas) etapas (teórica e prática), tem como parte essencial os exercícios simulados e o estágio supervisionado de 60 (sessenta) e 100 (cem) horas.

I – Desenvolvimento do curso

O curso é dividido em duas etapas: 1) Módulo Teórico e 2) Módulo Prático (Estágio Supervisionado).

1. Módulo Teórico

No módulo teórico, serão desenvolvidos determinados temas (a seguir elencados) pelos professores e indicada a leitura obrigatória de obras de natureza introdutória (livros-texto) ligados às principais linhas técnico-metodológicas para a conciliação e mediação, com a realização de simulações pelos alunos.

1.1. Conteúdo Programático

No módulo teórico deverão ser desenvolvidos os seguintes temas:

a) Panorama histórico dos métodos consensuais de solução de conflitos. Legislação brasileira. Projetos de lei. Lei dos Juizados Especiais. Resolução CNJ nº 125/2010. Novo Código de Processo Civil, Lei de Mediação.

b) A Política Judiciária Nacional de tratamento adequado de conflitos

Objetivos: acesso à justiça, mudança de mentalidade, qualidade do serviço de conciliadores e mediadores. Estruturação – CNJ, Núcleo Permanente de Métodos Consensuais de Solução de Conflitos e Cejusc. A audiência de conciliação e mediação do novo Código de Processo Civil. Capacitação e remuneração de conciliadores e mediadores.

c) Cultura da Paz e Métodos de Solução de Conflitos

Panorama nacional e internacional. Autocomposição e Heterocomposição. Prisma (ou espectro) de processos de resolução de disputas: negociação, conciliação, mediação, arbitragem, processo judicial, processos híbridos.

d) Teoria da Comunicação/Teoria dos Jogos

Axiomas da comunicação. Comunicação verbal e não verbal. Escuta ativa. Comunicação nas pautas de interação e no estudo do interrelacionamento humano: aspectos sociológicos e aspectos psicológicos. Premissas conceituais da autocomposição.

e) Moderna Teoria do Conflito

Conceito e estrutura. Aspectos objetivos e subjetivos.

f) Negociação

Conceito: Integração e distribuição do valor das negociações. Técnicas básicas de negociação (a barganha de posições; a separação de pessoas de problemas; concentração em interesses; desenvolvimento de opções de ganho mútuo; critérios objetivos; melhor alternativa para acordos negociados).

Técnicas intermediárias de negociação (estratégias de estabelecimento de *rapport*; transformação de adversários em parceiros; comunicação efetiva).

g) Conciliação

Conceito e filosofia. Conciliação judicial e extrajudicial. Técnicas (recontextualização, identificação das propostas implícitas, afago, escuta ativa, espelhamento, produção de opção, acondicionamento das questões e interesses das partes, teste de realidade). Finalização da conciliação. Formalização do acordo. Dados essenciais do termo de conciliação (qualificação das partes, número de identificação, natureza do conflito...). Redação do acordo: requisitos mínimos e exequibilidade. Encaminhamentos e estatística.

Etapas (planejamento da sessão, apresentação ou abertura, esclarecimentos ou investigação das propostas das partes, criação de opções, escolha da opção, lavratura do acordo).

h) Mediação

Definição e conceitualização. Conceito e filosofia. Mediação judicial e extrajudicial, prévia e incidental; Etapas – Pré-mediação e Mediação propriamente dita (acolhida, declaração inicial das partes, planejamento, esclarecimentos dos interesses ocultos e negociação do acordo). Técnicas ou ferramentas (co-mediação, recontextualização, identificação das propostas implícitas, formas de perguntas, escuta ativa, produção de opção, acondicionamento das questões e interesses das partes, teste de realidade ou reflexão).

i) Áreas de utilização da conciliação/mediação

Empresarial, familiar, civil (consumeirista, trabalhista, previdenciária etc.), penal e justiça restaurativa; o envolvimento com outras áreas do conhecimento.

j) Interdisciplinaridade da mediação

Conceitos das diferentes áreas do conhecimento que sustentam a prática: sociologia, psicologia, antropologia e direito.

k) O papel do conciliador/mediador e sua relação com os envolvidos (ou agentes) na conciliação e na mediação

Os operadores do direito (o magistrado, o promotor, o advogado, o defensor público etc.) e a conciliação/mediação. Técnicas para estimular advogados a atuarem de forma eficiente na conciliação/mediação. Contornando as dificuldades: situações de desequilíbrio, descontrole emocional, embriaguez, desrespeito.

l) Ética de conciliadores e mediadores

O terceiro facilitador: funções, postura, atribuições, limites de atuação. Código de Ética – Resolução CNJ 125/2010 (anexo).

1.2. Material didático do Módulo Teórico

O material utilizado será composto por apostilas, obras de natureza introdutória (manuais, livros-textos etc.) e obras ligadas às abordagens de mediação adotadas.

1.3. Carga Horária do Módulo Teórico

A carga horária deve ser de, no mínimo, 40 (quarenta) horas/aula e, necessariamente, complementada pelo Módulo Prático (estágio supervisionado) de 60 (sessenta) a 100 (cem) horas.

1.4. Frequência e Certificação

A frequência mínima exigida para a aprovação no Módulo Teórico é de 100% (cem por cento) e, para a avaliação do aproveitamento, o aluno entregará relatório ao final do módulo.

Assim, cumpridos os 2 (dois) requisitos – frequência mínima e apresentação de relatório – será emitida declaração de conclusão do Módulo Teórico, que habilitará o aluno a iniciar o Módulo Prático (estágio supervisionado).

2. Módulo Prático – Estágio Supervisionado

Nesse módulo, o aluno aplicará o aprendizado teórico em casos reais, acompanhado por

1 (um) membro da equipe docente (supervisor), desempenhando, necessariamente, 3 (três) funções: a) observador, b) co-conciliador ou co-mediador, e c) conciliador ou mediador.

Ao final de cada sessão, apresentará relatório do trabalho realizado, nele lançando suas impressões e comentários relativos à utilização das técnicas aprendidas e aplicadas, de modo que esse relatório não deve limitar-se a descrever o caso atendido, como em um estágio de Faculdade de Direito, mas haverá de observar as técnicas utilizadas e a facilidade ou dificuldade de lidar com o caso real. Permite-se, a critério do Nupemec, estágio autossupervisionado quando não houver equipe docente suficiente para acompanhar todas as etapas do Módulo Prático.

Essa etapa é imprescindível para a obtenção do certificado de conclusão do curso, que habilita o mediador ou conciliador a atuar perante o Poder Judiciário.

2.1. Carga Horária

O mínimo exigido para esse módulo é de 60 (sessenta) horas de atendimento de casos reais, podendo a periodicidade ser definida pelos coordenadores dos cursos.

2.2. Certificação

Após a entrega dos relatórios referentes a todas as sessões das quais o aluno participou e, cumprido o número mínimo de horas estabelecido no item 2.1 acima, será emitido certificado de conclusão do curso básico de capacitação, que é o necessário para o cadastramento como mediador junto ao tribunal no qual pretende atuar.

2.3. Flexibilidade dos treinamentos

Os treinamentos de quaisquer práticas consensuais serão conduzidos de modo a respeitar as linhas distintas de atuação em mediação e conciliação (e.g. transformativa, narrativa, facilitadora, entre outras). Dessa forma, o conteúdo programático apresentado acima poderá ser livremente flexibilizado para atender às especificidades da mediação adotada pelo instrutor, inclusive quanto à ordem dos temas. Quaisquer materiais pedagógicos disponibilizados pelo CNJ (videos, exercícios simulados, manuais) são meramente exemplificativos.

De acordo com as especificidades locais ou regionais, poderá ser dada ênfase a uma ou mais áreas de utilização de conciliação/ mediação.

II – Facultativo
1. Instrutores

Os conciliadores/mediadores capacitados nos termos dos parâmetros acima indicados poderão se inscrever no curso de capacitação de instrutores, desde que preencham, cumulativamente, os seguintes requisitos:

Experiência de atendimento em conciliação ou mediação por 2 (dois) anos.

Idade mínima de 21 anos e comprovação de conclusão de curso superior.

ANEXO II
SETORES DE SOLUÇÃO DE CONFLITOS E CIDADANIA

(*) Anexo II revogado pela Emenda nº 1/2013.

ANEXO III
CÓDIGO DE ÉTICA DE CONCILIADORES E MEDIADORES JUDICIAIS

(*) Anexo III com redação dada pela Emenda nº 2/2016.

Introdução

O Conselho Nacional de Justiça, a fim de assegurar o desenvolvimento da Política Pública de tratamento adequado dos conflitos e a qualidade dos serviços de conciliação e mediação enquanto instrumentos efetivos de pacificação social e de prevenção de litígios, instituiu o Código de Ética, norteado por princípios que formam a consciência dos terceiros facilitadores, como profissionais, e representam imperativos de sua conduta.

Dos princípios e garantias da conciliação e mediação judiciais

Art. 1º. São princípios fundamentais que regem a atuação de conciliadores e mediadores judiciais: confidencialidade, decisão informada, competência, imparcialidade, independência e autonomia, respeito à ordem pública e às leis vigentes, empoderamento e validação.

I – Confidencialidade – dever de manter sigilo sobre todas as informações obtidas na sessão, salvo autorização expressa das partes, violação à ordem pública ou às leis vigentes, não podendo ser testemunha do caso, nem atuar como advogado dos envolvidos, em qualquer hipótese;

II – Decisão informada – dever de manter o jurisdicionado plenamente informado quanto aos seus direitos e ao contexto fático no qual está inserido;

III – Competência – dever de possuir qualificação que o habilite à atuação judicial, com capacitação na forma desta Resolução, observada a reciclagem periódica obrigatória para formação continuada;

IV – Imparcialidade – dever de agir com ausência de favoritismo, preferência ou preconceito, assegurando que valores e conceitos pessoais não interfiram no resultado do trabalho, compreendendo a realidade dos envolvidos no conflito e jamais aceitando qualquer espécie de favor ou presente;

V – Independência e autonomia – dever de atuar com liberdade, sem sofrer qualquer pressão interna ou externa, sendo permitido recusar, suspender ou interromper a sessão se ausentes as condições necessárias para seu bom desenvolvimento, tampouco havendo dever de redigir acordo ilegal ou inexequível;

VI – Respeito à ordem pública e às leis vigentes – dever de velar para que eventual acordo entre os envolvidos não viole a ordem pública, nem contrarie as leis vigentes;

VII – Empoderamento – dever de estimular os interessados a aprenderem a melhor resolverem seus conflitos futuros em função da experiência de justiça vivenciada na autocomposição;

VIII – Validação – dever de estimular os interessados perceberem-se reciprocamente como seres humanos merecedores de atenção e respeito.

Das regras que regem o procedimento de conciliação/mediação

Art. 2º. As regras que regem o procedimento da conciliação/mediação são normas de conduta a serem observadas pelos conciliadores/mediadores para o bom desenvolvimento daquele, permitindo que haja o engajamento dos envolvidos, com vistas à sua pacificação e ao comprometimento com eventual acordo obtido, sendo elas:

I – Informação – dever de esclarecer os envolvidos sobre o método de trabalho a ser empregado, apresentando-o de forma completa, clara e precisa, informando sobre os princípios deontológicos referidos no Capítulo I, as regras de conduta e as etapas do processo;

II – Autonomia da vontade – dever de respeitar os diferentes pontos de vista dos envolvidos, assegurando-lhes que cheguem a uma decisão voluntária e não coercitiva, com liberdade para tomar as próprias decisões durante ou ao final do processo e de interrompê-lo a qualquer momento;

III – Ausência de obrigação de resultado – dever de não forçar um acordo e de não tomar decisões pelos envolvidos, podendo, quando muito, no caso da conciliação, criar opções, que podem ou não ser acolhidas por eles;

IV – Desvinculação da profissão de origem – dever de esclarecer aos envolvidos que atuam desvinculados de sua profissão de origem, informando que, caso seja necessária orientação ou aconselhamento afetos a qualquer área do conhecimento poderá ser convocado para a sessão o profissional respectivo, desde que com o consentimento de todos;

V – Compreensão quanto à conciliação e à mediação – Dever de assegurar que os envolvidos, ao chegarem a um acordo, compreendam perfeitamente suas disposições, que devem ser exequíveis, gerando o comprometimento com seu cumprimento.

Das responsabilidades e sanções do conciliador/mediador

Art. 3º. Apenas poderão exercer suas funções perante o Poder Judiciário conciliadores e mediadores devidamente capacitados e cadastrados pelos Tribunais, aos quais competirá regulamentar o processo de inclusão e exclusão no cadastro.

Art. 4º. O conciliador/mediador deve exercer sua função com lisura, respeitar os princípios e regras deste Código, assinar, para tanto, no início do exercício, termo de compromisso e submeter-se às orientações do Juiz Coordenador da unidade a que esteja vinculado.

Parágrafo único. O mediador/conciliador deve, preferencialmente no início da sessão inicial de mediação/conciliação, proporcionar ambiente adequado para que advogados atendam ao disposto no art. 48, § 5º, do Código de Ética e Disciplina da Ordem dos Advogados do Brasil de 2015.

(*) Parágrafo único acrescido pela Emenda nº 2/2016 e com redação dada pela Resolução CNJ nº 326/2020.

Art. 5º. Aplicam-se aos conciliadores/mediadores os motivos de impedimento e suspeição dos juízes, devendo, quando constatados, serem informados aos envolvidos, com a interrupção da sessão e a substituição daqueles.

Art. 6º. No caso de impossibilidade temporária do exercício da função, o conciliador ou mediador deverá informar com antecedência ao responsável para que seja providenciada sua substituição.

Art. 7º. O conciliador ou mediador fica absolutamente impedido de prestar serviços profissionais, de qualquer natureza, aos envolvidos em processo de conciliação/mediação sob sua condução.

Art. 8º. O descumprimento dos princípios e regras estabelecidos neste Código, bem como a condenação definitiva em processo criminal, resultará na exclusão do conciliador/mediador do respectivo cadastro e no impedimento para atuar nesta função em qualquer outro órgão do Poder Judiciário nacional.

Parágrafo único. Qualquer pessoa que venha a ter conhecimento de conduta inadequada por parte do conciliador/mediador poderá representar ao Juiz Coordenador a fim de que sejam adotadas as providências cabíveis.

ANEXO IV
DADOS ESTATÍSTICOS

(*) Anexo IV revogado pela Emenda nº 1/2013.

RESOLUÇÃO CNJ Nº 185, DE 18 DE DEZEMBRO DE 2013

[arts. 195, 257, II, e 439 a 441 do CPC]

(*) Atualizada até as alterações promovidas pela Resolução CNJ nº 469, de 31.8.2022.

Institui o Sistema Processo Judicial Eletrônico – PJe como sistema de processamento de informações e prática de atos processuais e estabelece os parâmetros para sua implementação e funcionamento.

O Presidente do Conselho Nacional de Justiça (CNJ), no uso de suas atribuições legais e regimentais, e

Considerando as diretrizes contidas na Lei nº 11.419, de 19 de dezembro de 2006, que dispõe sobre a informatização do processo judicial, especialmente o disposto no art. 18, que autoriza a regulamentação pelos órgãos do Poder Judiciário;

Considerando os benefícios advindos da substituição da tramitação de autos em meio físico pelo meio eletrônico, como instrumento de celeridade e qualidade da prestação jurisdicional;

Considerando a necessidade de racionalização da utilização dos recursos orçamentários pelos órgãos do Poder Judiciário;

Considerando o contido no Acórdão TCU 1094, que, entre outras medidas, recomenda que o Conselho Superior da Justiça do Trabalho – CSJT fiscalize "as medidas a serem adotadas pelos órgãos integrantes da Justiça do Trabalho, de modo a evitar o desperdício de recursos no desenvolvimento de soluções a serem descartadas quando da implantação dos projetos nacionais, orientando acerca da estrita observância dos termos do Ato Conjunto CSJT. TST.GP.SE 9/2008, especialmente em seus arts. 9º e 11, zelando pela compatibilidade das soluções de TI adotadas no âmbito da Justiça do Trabalho, bem como se abstendo da prática de contratações cujo objeto venha a ser rapidamente descartado, podendo resultar em atos de gestão antieconômicos e ineficientes", com envio de cópia ao Conselho Nacional de Justiça;

Considerando as vantagens advindas da adoção de instrumentos tecnológicos que permitam a adequação do funcionamento do Poder Judiciário aos princípios da proteção ambiental;

Considerando a necessidade de regulamentar a implantação do sistema Processo Judicial Eletrônico – PJe nos órgãos do Poder Judiciário, de modo a conferir-lhe uniformidade;

Considerando a edição da Resolução nº 94 do Conselho Superior da Justiça do Trabalho – CSJT, de 23 de março de 2012, e suas posteriores alterações, que regulamentou o PJe-JT no âmbito daquela justiça especializada;

Considerando a Resolução nº 202, de 29 de agosto de 2012, do Conselho da Justiça Federal, que "Dispõe sobre a implantação do Sistema Processo Judicial Eletrônico – PJe no âmbito do Conselho e da Justiça Federal de primeiro e segundo graus";

Considerando o Acordo de Cooperação Técnica nº 029/2012, celebrado entre o Conselho Nacional de Justiça e o Conselho da Justiça Federal, detalhando as obrigações dos partícipes quanto à customização, implantação e utilização do PJe no âmbito da Justiça Federal;

Considerando a Resolução nº 23393/2013, aprovada pelo Tribunal Superior Eleitoral na Sessão Administrativa de 10 de setembro de 2013, que regulamentou o Processo Judicial Eletrônico – PJe na Justiça Eleitoral;

Considerando a adesão de grande número de Tribunais de Justiça ao Sistema PJe, por meio do Acordo de Cooperação nº 043/2010;

Considerando as atribuições do Conselho Nacional de Justiça, previstas no art. 103-B, § 4º, da Constituição Federal, especialmente no que concerne ao controle da atuação administrativa e financeira e à coordenação do planejamento estratégico do Poder Judiciário, inclusive na área de tecnologia da informação,

Considerando a deliberação do Plenário do Conselho Nacional de Justiça na 181ª Sessão Ordinária, realizada em 17 de dezembro de 2013;

Resolve:

Instituir o Sistema Processo Judicial Eletrônico – PJe como sistema informatizado de processo judicial no âmbito do Poder Judiciário e estabelecer os parâmetros para o seu funcionamento, na forma a seguir:

Capítulo I
DO PROCESSO JUDICIAL ELETRÔNICO

Seção I
Das Disposições Gerais

Art. 1º. A tramitação do processo judicial eletrônico nos órgãos do Poder Judiciário

ANEXO II – RESOLUÇÕES – CNJ **RES. Nº 185**

previstos no art. 92, incisos I-A a VII, da Constituição Federal, realizada por intermédio do Sistema Processo Judicial Eletrônico – PJe, é disciplinada pela presente Resolução e pelas normas específicas expedidas pelos Conselhos e Tribunais que com esta não conflitem.

Art. 1º-A. O registro, o controle e a tramitação dos procedimentos das corregedorias dos tribunais, compreendendo-se todos os segmentos de justiça, deverão ser promovidos no sistema PJe.

Parágrafo único. Cumprirá ao Conselho Nacional de Justiça manter uma versão do PJe exclusiva para uso das Corregedorias e de modo centralizado em ambiente computacional adequado.

(*) Art. 1º-A acrescido pela Resolução CNJ nº 320/2020.

Art. 1º-B. A gestão do PJe destinada às corregedorias – PJeCor será realizada pela Corregedoria Nacional, a qual expedirá atos normativos que disciplinem os procedimentos compreendidos pelo sistema e critérios para sua implantação, bem como, com apoio da Secretaria-Geral e do CEAJud, ofertará treinamento adequado para configuração e uso do sistema.

(*) Art. 1º-B acrescido pela Resolução CNJ nº 320/2020.

Art. 2º. O PJe compreenderá o controle do sistema judicial nos seguintes aspectos:

I – o controle da tramitação do processo;

II – a padronização de todos os dados e informações compreendidas pelo processo judicial;

III – a produção, registro e publicidade dos atos processuais;

IV – o fornecimento de dados essenciais à gestão das informações necessárias aos diversos órgãos de supervisão, controle e uso do sistema judiciário.

Art. 3º. Para o disposto nesta Resolução, considera-se:

I – assinatura digital: resumo matemático computacionalmente calculado a partir do uso de chave privada e que pode ser verificado com o uso de chave pública, estando o detentor do par de chaves certificado dentro da Infraestrutura de Chaves Públicas Brasileira (ICP-Br), na forma da legislação específica;

II – autos do processo eletrônico ou autos digitais: conjunto de metadados e documentos eletrônicos correspondentes a todos os atos, termos e informações do processo;

III – digitalização: processo de reprodução ou conversão de fato ou coisa, produzidos ou representados originariamente em meio não digital, para o formato digital;

IV – documento digitalizado: reprodução digital de documento originalmente físico;

V – documento digital: documento originalmente produzido em meio digital;

VI – meio eletrônico: ambiente de armazenamento ou tráfego de informações digitais;

VII – transmissão eletrônica: toda forma de comunicação a distância com a utilização de redes de comunicação, preferencialmente a rede mundial de computadores;

VIII – usuários internos: magistrados e servidores do Poder Judiciário, bem como outros a que se reconhecer acesso às funcionalidades internas do sistema de processamento em meio eletrônico, tais como estagiários e prestadores de serviço;

IX – usuários externos: todos os demais usuários, incluídos partes, advogados, membros do Ministério Público, defensores públicos, peritos e leiloeiros.

Art. 4º. Os atos processuais terão registro, visualização, tramitação e controle exclusivamente em meio eletrônico e serão assinados digitalmente, contendo elementos que permitam identificar o usuário responsável pela sua prática.

§ 1º. A reprodução de documento dos autos digitais deverá conter elementos que permitam verificar a sua autenticidade em endereço eletrônico para esse fim, disponibilizado nos sítios do Conselho Nacional de Justiça e de cada um dos Tribunais usuários do Sistema Processo Judicial Eletrônico – PJe.

§ 2º. O usuário é responsável pela exatidão das informações prestadas, quando de seu credenciamento, assim como pela guarda, sigilo e utilização da assinatura digital, não sendo oponível, em qualquer hipótese, alegação de uso indevido, nos termos da Medida Provisória nº 2.200-2, de 24 de agosto de 2001.

§ 3º. Serão admitidas assinaturas digitais de pessoas físicas e de pessoas jurídicas, realizadas no sistema PJe ou a este destinadas, com a utilização de certificado digital A1 e A3, na forma da normatização do ICP-Brasil e nos termos desta Resolução.

(*) § 3º com redação dada pela Resolução CNJ nº 281/2019.

§ 4º. (Revogado).

(*) § 4º revogado pela Resolução CNJ nº 281/2019.

Art. 4º-A. A assinatura e o registro do ato processual por meio eletrônico poderão ser cindidos, de modo a permitir que a assinatura de documentos digitais utilize padrão de autenticação segura e que o registro do ato processual seja promovido por certificado A1, institucional, observado o padrão ICP-BR.

§ 1º. O modelo de autenticação segura, para assinatura de documentos digitais, utilizará padrão de autenticação em dois fatores, por meio de senha descartável (*token*), com registro (pareamento) prévio do dispositivo móvel do usuário no sistema PJe.

§ 2º. A funcionalidade definida no § 1º observará padrão tecnológico fixado em portaria editada pela Gerência Executiva do PJe.

§ 3º. O certificado digital do tipo A1, padrão ICP-Brasil, de que trata o *caput*, deverá ser emitido em nome do tribunal que será responsável por sua configuração e habilitação no PJe.

§ 4º. O documento digital assinado nos termos deste artigo deverá conter tarja em sua parte final, com a seguinte redação: "documento assinado por <nome do usuário que praticou o ato> e certificado digitalmente por <nome da Instituição>, em <data de prática do ato>.

(*) Art. 4º-A acrescido pela Resolução CNJ nº 281/2019.

Art. 4º-B. Os usuários são responsáveis pela guarda, sigilo e utilização de sua senha e de seus dispositivos móveis registrados no PJe, não sendo oponível, em qualquer hipótese, alegação de uso indevido ou negação da autoria de assinaturas realizadas pelo meio em questão.

§ 1º. É responsabilidade do usuário:

I – garantir que os dispositivos móveis registrados no PJe sejam de sua propriedade. Caso ocorra sinistro, perda ou roubo do dispositivo autorizado, o usuário é único responsável para tornar inativo o registro deste no PJe.

II – garantir que o e-mail e senha associados ao seu cadastro no PJe não seja acessado por terceiros. Em caso de acessos indevidos, o usuário deverá solicitar as devidas alterações no sistema PJe.

(*) Art. 4º-B acrescido pela Resolução CNJ nº 281/2019.

Art. 4º-C. Em hipótese alguma, a pessoa física responsável pelo certificado A1 da Instituição será responsabilizada, em qualquer esfera, por atos registrados pelo sistema, quando a ação correspondente foi promovida por usuário diverso, na forma do art. 4º-A, por se tratar de validação de sistema, sem qualquer intervenção humana.

(*) Art. 4º-C acrescido pela Resolução CNJ nº 281/2019.

Art. 4º-D. Fica autorizada a instituição de funcionalidades no sistema PJe, que permitam a realização de rotinas automatizadas, tais como a emissão de documentos, publicações e a prática de atos ordinatórios, com registro do ato processual eletrônico promovido por certificado digital do tipo A1, da própria Instituição e a dispensa da assinatura de usuário.

Parágrafo único. O documento registrado na forma do *caput* deste artigo deve conter informação que disponha sobre o uso de tal prática.

(*) Art. 4º-D acrescido pela Resolução CNJ nº 281/2019.

Art. 4º-E. Cumprirá ao Comitê Gestor Nacional do PJe deliberar sobre a ampliação da funcionalidade prevista nos artigos 4º-A, 4º-B e 4º-C e disciplinar o modo de sua implementação.

(*) Art. 4º-E acrescido pela Resolução CNJ nº 281/2019.

Art. 5º. A distribuição dos processos se realizará de acordo com os pesos atribuídos, dentre outros, às classes processuais, aos assuntos do processo e à quantidade de partes em cada polo processual, de modo a garantir uma maior uniformidade na carga de trabalho de magistrados com a mesma competência, resguardando-se a necessária aleatoriedade na distribuição.

§ 1º. A atribuição dos pesos referidos no *caput* será realizada pelos Conselhos, Tribunais e/ou Corregedorias, no âmbito de suas competências, devendo ser criados grupos de magistrados de todas as instâncias para validação das configurações locais, sendo possível a atribuição de um peso idêntico para cada um dos aspectos passíveis de configuração.

§ 2º. A distribuição em qualquer grau de jurisdição será necessariamente automática e realizada pelo sistema imediatamente após o protocolo da petição inicial.

§ 3º. O sistema fornecerá indicação de possível prevenção com processos já distribuídos, com base nos parâmetros definidos pelo Comitê Gestor Nacional do PJe, cabendo ao magistrado analisar a existência, ou não, da prevenção.

§ 4º. É vedado criar funcionalidade no sistema para exclusão prévia de magistrados do sorteio de distribuição por qualquer motivo, inclusive impedimento ou suspeição.

§ 5º. Poderá ser criada funcionalidade para indicação prévia de possível suspeição ou impedimento, que não influenciará na distribuição, cabendo ao magistrado analisar a existência, ou não, da suspeição ou do impedimento.

Seção II
Do Acesso ao Sistema

Art. 6º. Para acesso ao PJe é obrigatória a utilização de assinatura digital a que se refere o art. 4º, § 3º, desta Resolução, com exceção das situações previstas no § 4º deste artigo.

§ 1º. Os usuários terão acesso às funcionalidades do PJe de acordo com o perfil que lhes for atribuído no sistema e em razão da natureza de sua relação jurídico-processual.

§ 2º. Os sítios eletrônicos do PJe dos Conselhos e dos Tribunais deverão ser acessíveis somente por meio de conexão segura HTTPS.

(*) § 2º com redação dada pela Resolução CNJ nº 281/2019.

§ 3º. Serão gerados códigos de acesso ao processo para as partes constantes do polo passivo, com prazo de validade limitado, que lhe permitam o acesso ao inteiro conteúdo dos autos eletrônicos, para possibilitar o exercício do contraditório e da ampla defesa.

§ 4º. Será possível o acesso e a utilização do sistema PJe através de usuário (login) e senha, exceto para:

I – assinatura de documentos e arquivos;

II – operações que acessem serviços com exigência de identificação por certificação digital;

III – (revogado);

(*) Inciso III revogado pela Resolução CNJ nº 245/2016.

§ 5º. O usuário, acessando o PJe com login e senha, poderá enviar arquivos não assinados digitalmente, devendo assiná-los com certificado digital em até 5 (cinco) dias, nos termos da Lei nº 9.800, de 26 de maio de 1999.

§ 6º. O disposto nos §§ 4º e 5º só vigorará a partir da versão do PJe que implemente as soluções neles previstas.

Art. 7º. O credenciamento dar-se-á pela simples identificação do usuário por meio de seu certificado digital e remessa do formulário eletrônico disponibilizado no portal de acesso ao PJe, devidamente preenchido e assinado digitalmente.

§ 1º. O cadastramento para uso exclusivamente através de usuário (login) e senha deverá ser realizado presencialmente, nos termos do art. 2º, § 1º, da Lei nº 11.419, de 19 de dezembro de 2006.

§ 2º. Alterações de dados cadastrais poderão ser feitas pelos usuários, a qualquer momento, na seção respectiva do portal de acesso ao PJe, exceto as informações cadastrais obtidas de bancos de dados credenciados, como Receita Federal, Justiça Eleitoral e OAB, que deverão ser atualizadas diretamente nas respectivas fontes.

Art. 8º. O PJe estará disponível 24 (vinte e quatro) horas por dia, ininterruptamente, ressalvados os períodos de manutenção do sistema.

Parágrafo único. As manutenções programadas do sistema serão sempre informadas com antecedência e realizadas, preferencialmente, entre 0h de sábado e 22h de domingo, ou entre 0h e 6h dos demais dias da semana.

Art. 9º. Considera-se indisponibilidade do sistema PJe a falta de oferta ao público externo, diretamente ou por meio de webservice, de qualquer dos seguintes serviços:

I – consulta aos autos digitais;

II – transmissão eletrônica de atos processuais; ou

III – acesso a citações, intimações ou notificações eletrônicas.

§ 1º. Não caracterizam indisponibilidade as falhas de transmissão de dados entre as estações de trabalho do público externo e a rede de comunicação pública, assim como a impossibilidade técnica que decorra de falhas nos equipamentos ou programas dos usuários.

§ 2º. É de responsabilidade do usuário:

I – o acesso ao seu provedor da internet e a configuração do computador utilizado nas transmissões eletrônicas;

II – o acompanhamento do regular recebimento das petições e documentos transmitidos eletronicamente;

III – a aquisição, por si ou pela instituição ao qual está vinculado, do certificado digital, padrão ICP-Brasil, emitido por Autoridade Certificadora credenciada, e respectivo dispositivo criptográfico portável.

Art. 10. A indisponibilidade definida no artigo anterior será aferida por sistema de auditoria fornecido pelo Conselho Nacional de Justiça ou por órgão a quem este atribuir tal responsabilidade.

§ 1º. Os sistemas de auditoria verificarão a disponibilidade externa dos serviços referidos no art. 8º a intervalos de tempo não superiores a 5 (cinco) minutos.

§ 2º. Toda indisponibilidade do sistema PJe será registrada em relatório de interrupções de funcionamento acessível ao público no sítio do Tribunal e dos Conselhos, devendo conter, pelo menos, as seguintes informações:

I – data, hora e minuto de início da indisponibilidade;

II – data, hora e minuto de término da indisponibilidade; e

III – serviços que ficaram indisponíveis.

§ 3º. O relatório de interrupção, assinado digitalmente e com efeito de certidão, estará acessível preferencialmente em tempo real ou, no máximo, até às 12h do dia seguinte ao da indisponibilidade.

RES. Nº 185 ANEXOS

Art. 11. Os prazos que vencerem no dia da ocorrência de indisponibilidade de quaisquer dos serviços referidos no art. 8º serão prorrogados para o dia útil seguinte, quando:

I – a indisponibilidade for superior a 60 (sessenta) minutos, ininterruptos ou não, se ocorrida entre 6h00 e 23h00; ou

II – ocorrer indisponibilidade entre 23h00 e 24h00.

§ 1º. As indisponibilidades ocorridas entre 0h00 e 6h00 dos dias de expediente forense e as ocorridas em feriados e finais de semana, a qualquer hora, não produzirão o efeito do *caput*.

§ 2º. Os prazos fixados em hora ou minuto serão prorrogados até às 24h00 do dia útil seguinte quando:

I – ocorrer indisponibilidade superior a 60 (sessenta) minutos, ininterruptos ou não, nas últimas 24 (vinte e quatro) horas do prazo; ou

II – ocorrer indisponibilidade nos 60 (sessenta) minutos anteriores ao seu término.

§ 3º. A prorrogação de que trata este artigo será feita automaticamente pelo sistema PJe.

Art. 12. A indisponibilidade previamente programada produzirá as consequências previstas em lei e na presente Resolução e será ostensivamente comunicada ao público externo com, pelo menos, 5 (cinco) dias de antecedência.

Seção III
Do Funcionamento do Sistema

Art. 13. O sistema receberá arquivos com tamanho máximo definido por ato do Tribunal ou Conselho e apenas nos formatos definidos pela Presidência do Conselho Nacional de Justiça, ouvido o Comitê Gestor Nacional do PJe.

§ 1º. O tamanho máximo de arquivos, definido por cada Conselho ou Tribunal, não poderá ser menor que 1,5 Mb.

§ 2º. Na hipótese de capacidade postulatória atribuída à própria parte, a prática de ato processual será viabilizada por intermédio de servidor da unidade judiciária destinatária da petição ou do setor responsável pela redução a termo e digitalização de peças processuais.

§ 3º. Será admitido peticionamento fora do PJe, pelas vias ordinárias, nas seguintes hipóteses:

I – o PJe estiver indisponível e o prazo para a prática do ato não for prorrogável na forma do art. 11 ou essa prorrogação puder causar perecimento do direito;

II – prática de ato urgente ou destinado a impedir perecimento de direito, quando o usuário externo não possua, em razão de caso fortuito ou força maior, assinatura digital.

§ 4º. A parte ou o advogado poderá juntar quantos arquivos se fizerem necessários à ampla e integral defesa de seus interesses, desde que cada um desses arquivos observe o limite de tamanho máximo e formatos previstos.

Art. 14. Os documentos produzidos eletronicamente, os extratos digitais e os documentos digitalizados e juntados aos autos pelos órgãos do Poder Judiciário e seus auxiliares, pelos membros do Ministério Público, pelas procuradorias e por advogados públicos e privados têm a mesma força probante dos originais, ressalvada a alegação motivada e fundamentada de adulteração.

§ 1º. Incumbirá àquele que produzir o documento digital ou digitalizado e realizar a sua juntada aos autos zelar pela qualidade deste, especialmente quanto à sua legibilidade.

§ 2º. Os originais dos documentos digitalizados, mencionados no *caput* deste artigo, deverão ser preservados pelo seu detentor até o trânsito em julgado da sentença ou, quando admitida, até o final do prazo para propositura de ação rescisória.

§ 3º. A arguição de falsidade do documento original será processada eletronicamente na forma da lei processual em vigor.

§ 4º. Os documentos cuja digitalização mostre-se tecnicamente inviável devido ao grande volume, tamanho/formato ou por motivo de ilegibilidade deverão ser apresentados em secretaria no prazo de 10 (dez) dias contados do envio de petição eletrônica comunicando o fato.

(*) § 4º com redação dada pela Resolução CNJ nº 469/2022.

§ 5º. O usuário deve assegurar que os arquivos eletrônicos que envia ao PJe estejam livres de artefatos maliciosos, podendo o Sistema, caso constatada a presença desses artefatos, rejeitá-los de plano, informando ao usuário as razões da rejeição, com efeito de certidão.

Art. 15. Os documentos físicos apresentados com fundamento nos §§ 2º e 3º do art. 13 desta Resolução deverão ser retirados pelos interessados, no prazo de 45 (quarenta e cinco) dias, para os efeitos do art. 11, § 3º, da Lei nº 11.419, de 19 de dezembro de 2006.

ANEXO II – RESOLUÇÕES – CNJ **RES. Nº 185**

Parágrafo único. Findo o prazo estabelecido no *caput*, a Unidade Judiciária correspondente poderá inutilizar os documentos mantidos sob sua guarda em meio impresso.

Art. 16. Os documentos que forem juntados eletronicamente em autos digitais e reputados manifestamente impertinentes pelo Juízo poderão ter, observado o contraditório, sua visualização tornada indisponível por expressa determinação judicial.

Art. 17. Os documentos digitalizados e anexados às petições eletrônicas serão classificados e organizados de forma a facilitar o exame dos autos eletrônicos.

Parágrafo único. Quando a forma de apresentação dos documentos puder ensejar prejuízo ao exercício do contraditório e da ampla defesa, deverá o juiz determinar nova apresentação e a exclusão dos anteriormente juntados.

Art. 18. Os órgãos do Poder Judiciário que utilizarem o Processo Judicial Eletrônico – PJe manterão instalados equipamentos à disposição das partes, advogados e interessados para consulta ao conteúdo dos autos digitais, digitalização e envio de peças processuais e documentos em meio eletrônico.

§ 1º. Para os fins do *caput*, os órgãos do Poder Judiciário devem providenciar auxílio técnico presencial às pessoas com deficiência ou que comprovem idade igual ou superior a 60 (sessenta) anos.

(*) § 1º com redação dada pela Resolução CNJ nº 245/2016.

§ 2º. Os órgãos do Poder Judiciário poderão realizar convênio com a Ordem dos Advogados do Brasil (OAB) ou outras associações representativas de advogados, bem como com órgãos públicos, para compartilhar responsabilidades na disponibilização de tais espaços, equipamentos e auxílio técnico presencial.

Seção IV
Dos Atos Processuais

Art. 19. No processo eletrônico, todas as citações, intimações e notificações, inclusive da Fazenda Pública, far-se-ão por meio eletrônico, nos termos da Lei nº 11.419, de 19 de dezembro de 2006.

§ 1º. As citações, intimações, notificações e remessas que viabilizem o acesso à íntegra do processo correspondente serão consideradas vista pessoal do interessado para todos os efeitos legais, nos termos do § 1º do art. 9º da Lei nº 11.419, de 19 de dezembro de 2006.

§ 2º. Quando, por motivo técnico, for inviável o uso do meio eletrônico para a realização de citação, intimação ou notificação, ou nas hipóteses de urgência/determinação expressa do magistrado, esses atos processuais poderão ser praticados segundo as regras ordinárias, digitalizando-se e destruindo-se posteriormente o documento físico.

§ 3º. Os Tribunais poderão publicar no Diário da Justiça Eletrônico as citações, intimações e notificações de processos em tramitação no sistema PJe, nos termos do art. 4º e parágrafos da Lei nº 11.419, de 19 de dezembro de 2006.

Art. 20. No instrumento de notificação ou citação constará indicação da forma de acesso ao inteiro teor da petição inicial, bem como ao endereço do sítio eletrônico do PJe, nos termos do art. 6º da Lei nº 11.419, de 19 de dezembro de 2006.

Art. 21. Para efeito da contagem do prazo de 10 (dez) dias corridos de que trata o art. 5º, § 3º, da Lei nº 11.419, de 19 de dezembro de 2006, no sistema PJe:

I – o dia inicial da contagem é o dia seguinte ao da disponibilização do ato de comunicação no sistema, independentemente de esse dia ser, ou não, de expediente no órgão comunicante;

II – o dia da consumação da intimação ou comunicação é o décimo dia a partir do dia inicial, caso seja de expediente judiciário, ou o primeiro dia útil seguinte, conforme previsto no art. 5º, § 2º, da Lei nº 11.419, de 19 de dezembro de 2006.

Parágrafo único. A intercorrência de feriado, interrupção de expediente ou suspensão de prazo entre o dia inicial e o dia final do prazo para conclusão da comunicação não terá nenhum efeito sobre sua contagem, excetuada a hipótese do inciso II.

Art. 22. A distribuição da petição inicial e a juntada da resposta, dos recursos e das petições em geral, todos em formato digital, nos autos de processo eletrônico serão feitas diretamente por aquele que tenha capacidade postulatória, sem necessidade da intervenção da secretaria judicial, situação em que a autuação ocorrerá de forma automática, mediante recibo eletrônico de protocolo, disponível permanentemente para guarda do peticionante.

§ 1º. No caso de petição inicial, o sistema fornecerá, imediatamente após o envio, juntamente com a comprovação de recebimento, informações sobre o número atribuído ao processo, o Órgão Julgador para o qual foi distribuída a ação e, se for o caso, a data da audiência inicial, designada automaticamente, seu local e horário de realização, dos quais será o autor imediatamente intimado.

§ 2º. Os dados da autuação automática poderão ser conferidos pela unidade judiciária, que procederá a sua alteração em caso de desconformidade com os documentos apresentados, de tudo ficando registro no sistema.

§ 3º. Faculta-se, quando o rito processual autorizar, a apresentação de resposta oral e a entrega de documentos em audiência, hipótese em que será reduzida a termo e lançada, juntamente com os documentos, no sistema.

Art. 23. A comprovação da entrega de expedientes por oficiais de justiça será feita por certidão circunstanciada acerca do cumprimento da diligência.

Parágrafo único. Haverá opção de digitalizar a contrafé subscrita pelos destinatários e juntá-la aos autos, ou realizar a guarda desta em meio físico, até o trânsito em julgado da sentença ou transcurso do prazo para ação rescisória, quando cabível.

Art. 24. Os avisos de recebimento (ARs) devidamente assinados pelo recebedor das comunicações feitas pelos Correios deverão ser digitalizados e os respectivos arquivos juntados aos autos eletrônicos.

Art. 25. As atas e termos de audiência poderão ser assinados digitalmente apenas pelo presidente do ato, assim como o documento digital, no caso de audiências gravadas em áudio e vídeo, os quais passarão a integrar os autos digitais, mediante registro em termo.

Parágrafo único. Os demais participantes da audiência que possuam assinatura digital poderão assinar os termos.

Art. 26. Os atos processuais praticados por usuários externos considerar-se-ão realizados na data e horário do seu envio no PJe.

§ 1º. A postulação encaminhada considerar-se-á tempestiva quando enviada, integralmente, até as 24 (vinte e quatro) horas do dia em que se encerra o prazo processual, considerado o horário do Município sede do órgão judiciário ao qual é dirigida a petição.

§ 2º. A suspensão dos prazos processuais não impedirá o encaminhamento de petições e a movimentação de processos eletrônicos, podendo a apreciação dos pedidos decorrentes desses prazos ocorrer, a critério do juiz, após o término do prazo de suspensão, ressalvados os casos de urgência.

§ 3º. O sistema fornecerá ao usuário externo recibo eletrônico da prática do ato processual, disponível permanentemente para guarda do peticionante, contendo a data e o horário da prática do ato, a identificação do processo, o nome do remetente e/ou do usuário que assinou eletronicamente o documento e, se houver, o assunto, o órgão destinatário da petição e as particularidades de cada arquivo eletrônico, conforme informados pelo remetente.

§ 4º. Será de integral responsabilidade do remetente a equivalência entre os dados informados para o envio e os constantes da petição remetida.

§ 5º. Não serão considerados, para fins de tempestividade, o horário inicial de conexão do usuário à internet, o horário de acesso do usuário ao sítio eletrônico do Tribunal ou ao PJe, tampouco os horários registrados pelos equipamentos do remetente.

§ 6º. A não obtenção de acesso ao PJe e eventual defeito de transmissão ou recepção de dados não imputáveis à indisponibilidade ou impossibilidade técnica do sistema não servirão de escusa para o descumprimento de prazo processual, salvo deliberação expressa da autoridade judiciária competente.

Seção V
Da Consulta e do Sigilo

Art. 27. A consulta ao inteiro teor dos documentos juntados ao PJe somente estará disponível pela rede mundial de computadores, nos termos da Lei nº 11.419, de 19 de dezembro de 2006, e da Resolução CNJ nº 121, de 5 de outubro de 2010, para as respectivas partes processuais, advogados em geral, Ministério Público e para os magistrados, sem prejuízo da possibilidade de visualização nas Secretarias dos Órgãos Julgadores, à exceção daqueles que tramitarem em sigilo ou segredo de justiça.

§ 1º. Para a consulta de que trata o *caput* deste artigo será exigido o credenciamento no sistema, dispensado na hipótese de consulta realizada nas secretarias dos órgãos julgadores.

§ 2º. Os sítios eletrônicos do PJe dos Conselhos e dos Tribunais deverão ser acessíveis somente por meio de conexão segura HTTPS, e os servidores de rede deverão possuir certificados digitais Equipamento Servidor da ICP-Brasil adequados para essa finalidade.

Art. 28. Na propositura da ação, o autor poderá requerer segredo de justiça para os

ANEXO II – RESOLUÇÕES – CNJ **RES. Nº 185**

autos processuais ou sigilo para um ou mais documentos ou arquivos do processo, através de indicação em campo próprio.

§ 1º. Em toda e qualquer petição poderá ser requerido sigilo para esta ou para documento ou arquivo a ela vinculado.

§ 2º. Requerido o segredo de justiça ou sigilo de documento ou arquivo, este permanecerá sigiloso até que o magistrado da causa decida em sentido contrário, de ofício ou a requerimento da parte contrária.

§ 3º. O Tribunal poderá configurar o sistema de modo que processos de determinadas classes, assuntos ou por outros critérios sejam considerados em segredo de justiça automaticamente.

§ 4º. Nos casos em que o rito processual autorize a apresentação de resposta em audiência, faculta-se a sua juntada antecipada aos autos eletrônicos, juntamente com os documentos, hipótese em que permanecerão ocultos para a parte contrária, a critério do advogado peticionante, até a audiência.

Seção VI
Do Uso Inadequado do Sistema

Art. 29. O uso inadequado do sistema que cause redução significativa de sua disponibilidade poderá ensejar o bloqueio total, preventivo e temporário, do usuário.

§ 1º. Considera-se uso inadequado do sistema, para fins do *caput*, as atividades que evidenciem ataque ou uso desproporcional dos ativos computacionais.

§ 2º. Na hipótese do *caput* deve ser procedido o imediato contato com o usuário bloqueado para identificação da causa do problema e reativação no sistema e, em caso de advogado, a comunicação à respectiva Seccional da Ordem dos Advogados do Brasil.

§ 3º. A automatização de consultas ao sistema deve ser feita mediante utilização do modelo nacional de interoperabilidade, previsto na Resolução Conjunta CNJ/CNMP nº 3, de 16 de abril de 2013.

Capítulo II
DA ADMINISTRAÇÃO DO SISTEMA

Seção I
Dos Comitês Gestores

Art. 30. A administração do PJe caberá ao Comitê Gestor Nacional e aos Comitês Gestores dos Conselhos e dos Tribunais, no âmbito de suas respectivas áreas de atuação, compostos por usuários internos e externos do sistema.

§ 1º. Os Comitês Gestores dos Conselhos e dos Tribunais terão composição e atribuições definidas por atos dos órgãos que os constituírem, observadas as regras desta Resolução e as deliberações do Comitê Gestor Nacional.

§ 2º. É instituído o Comitê Gestor da Justiça dos Estados e do Distrito Federal e dos Territórios (CGJE-PJe), composto por membros dos Tribunais com o PJe em produção, cujas atribuições serão definidas por ato do Presidente do CNJ, garantida a participação de representantes do Ministério Público, da Ordem dos Advogados do Brasil, da advocacia pública e da Defensoria Pública, indicados pelas respectivas instituições.

§ 3º. Faculta-se a participação no CGJE-PJe, como ouvintes, dos Tribunais com o PJe em fase de implantação.

Art. 31. O Comitê Gestor Nacional supervisionará o gerenciamento, a especificação, o desenvolvimento, a implantação, o suporte e a manutenção corretiva e evolutiva do Processo Judicial Eletrônico – PJe, bem como desempenhará as seguintes atribuições:

I – definir requisitos funcionais e não funcionais do sistema, conciliando as necessidades dos diversos segmentos do Poder Judiciário e dos usuários externos, com o auxílio dos grupos de requisitos, de mudanças e de gestão geral do projeto;

II – propor normas regulamentadoras do sistema à Comissão Permanente de Tecnologia da Informação e Infraestrutura do Conselho Nacional de Justiça;

III – elaborar, aprovar e alterar o plano de projeto;

IV – autorizar a implementação de mudanças, inclusive de cronograma;

V – aprovar o plano de gerência de configuração e o cronograma de liberação de versões, cujo conteúdo será definido pela gerência técnica do PJe;

VI – designar e coordenar reuniões do grupo de mudanças e do grupo de gerência geral;

VII – designar os componentes dos grupos de mudanças, do grupo de gerência geral e dos grupos de trabalho de desenvolvimento e de fluxos, previstos no plano de projeto;

VIII – deliberar sobre questões não definidas no plano de projeto e realizar outras ações para o cumprimento do seu objetivo.

Art. 32. As deliberações do Comitê Gestor Nacional serão comunicadas à Presidência e à Comissão Permanente de Tecnologia da Informação e Infraestrutura do CNJ.

Art. 33. Os membros do Comitê Gestor Nacional do PJe serão designados por ato do Presidente do CNJ, garantida a participação de representantes de todos os segmentos do Poder Judiciário, do Conselho Nacional do Ministério Público, da Ordem dos Advogados do Brasil, da advocacia pública e da Defensoria Pública, indicados pelas respectivas instituições.

Parágrafo único. Até deliberação ulterior, o Comitê terá a composição prevista na Portaria CNJ nº 65, de 22 de abril de 2010, e suas modificações posteriores.

Capítulo III
DA IMPLANTAÇÃO

Art. 34. (Revogado).

(*) Art. 34 revogado pela Resolução CNJ nº 335/2020.

Art. 35. O Tribunal ou Conselho deverá divulgar na página principal de seu sítio na internet e no respectivo veículo de comunicação oficial dos atos processuais, com antecedência mínima de 90 (noventa) dias, os órgãos julgadores em que o PJe será implantado, incluindo informação sobre a amplitude da competência abrangida pela implantação.

§ 1º. No território de órgão jurisdicional em que tenha havido a implantação do PJe, a ampliação para outras competências ou órgãos deverá ser precedida de divulgação com prazo mínimo de 30 (trinta) dias.

§ 2º. As divulgações de que tratam o *caput* e o § 1º deverão ser mantidas na página principal do sítio do Tribunal ou Conselho na internet durante os prazos neles mencionados.

§ 3º. É necessária apenas uma publicação no órgão de comunicação oficial dos atos processuais.

§ 4º. A divulgação a que se referem o *caput* e o parágrafo primeiro também será feita por meio de ofício à seção da Ordem dos Advogados do Brasil, ao Ministério Público, à Defensoria Pública e aos órgãos de Advocacia Pública.

Art. 36. A partir da implantação do PJe, o recebimento de petição inicial ou de prosseguimento, relativas aos processos que nele tramitam, somente pode ocorrer no meio eletrônico próprio do sistema, sendo vedada, nesta hipótese, a utilização de qualquer outro sistema de peticionamento eletrônico, exceto nas situações especiais previstas nesta Resolução.

Art. 37. A instalação da versão atualizada do sistema ficará a cargo das equipes técnicas dos Conselhos e Tribunais e deverá ocorrer no prazo máximo de 30 (trinta) dias, a partir do lançamento da versão devidamente homologada.

Parágrafo único. Os procedimentos de homologação e instalação das versões serão disciplinados pela gerência técnica do projeto, devendo incluir a realização de testes por equipes designadas pelos Tribunais.

Art. 37-A. A Corregedoria Nacional de Justiça definirá o cronograma de implantação do PJeCor nos tribunais, em sessenta dias, devendo as corregedorias dos tribunais apresentar à Corregedoria Nacional, no prazo de quinze dias, projeto que contemple cronograma de implantação do sistema, o qual compreenderá treinamento e início da operação, podendo prever, ainda, a digitalização do acervo atualmente em autos não eletrônicos ou em sistemas computacionais diversos ou mesmo versão local do PJe.

(*) Art. 37-A acrescido pela Resolução CNJ nº 320/2020.

Art. 37-B. As presidências dos tribunais deverão adotar as providências necessárias à implantação do PJeCor nos colegiados competentes para julgar os processos administrativos contra magistrados e os recursos contra decisões monocráticas do corregedor.

(*) Art. 37-B acrescido pela Resolução CNJ nº 320/2020.

Capítulo IV
DAS DISPOSIÇÕES FINAIS

Art. 38. Os artefatos instaláveis do PJe, fornecidos aos Conselhos e Tribunais, não poderão ser repassados a terceiros sem autorização expressa do CNJ.

Art. 39. Os códigos fontes do Sistema PJe, e respectiva documentação técnica, serão entregues aos Conselhos e Tribunais que atuem junto ao CNJ como fábrica do sistema, mediante assinatura, pelo respectivo Presidente, de Termo de Uso e Confidencialidade que assegure sua utilização para os fins e nos moldes previstos pelo CNJ.

Parágrafo único. Ato do Comitê Gestor Nacional do PJe, referendado pela Comissão Permanente de Tecnologia da Informação e Infraestrutura e pela Presidência do CNJ,

ANEXO II – RESOLUÇÕES – CNJ **RES. Nº 200**

disciplinará o processo de distribuição dos códigos-fontes e respectiva documentação do PJe.

Art. 40. Os Conselhos e Tribunais promoverão a capacitação de usuários internos, a fim de prepará-los para aproveitamento adequado do PJe.

Art. 41. A partir da data de implantação do PJe, os Tribunais manterão, no âmbito de suas atribuições, estruturas de atendimento e suporte aos usuários.

§ 1º. Os Conselhos e Tribunais deverão treinar multiplicadores do Ministério Público, da OAB, das Procuradorias de órgãos públicos e da Defensoria Pública, previamente à obrigatoriedade de utilização do PJe.

§ 2º. Os Conselhos e Tribunais deverão disponibilizar ambiente de treinamento do PJe, acessível ao público externo.

Art. 42. As cartas precatórias expedidas para as unidades judiciárias nas quais tenha sido implantado o PJe tramitarão também em meio eletrônico e quando da devolução ao juízo deprecante será encaminhada certidão constando o seu cumprimento com a materialização apenas de peças essenciais à compreensão dos atos realizados.

Art. 43. O juiz da causa resolverá todas as questões relativas à utilização e ao funcionamento do PJe em cada caso concreto, inclusive as hipóteses não previstas neste regramento.

Art. 44. (Revogado).

(*) Art. 44 revogado pela Resolução CNJ nº 335/2020.

Art. 45. (Revogado).

(*) Art. 45 revogado pela Resolução CNJ nº 335/2020.

Art. 46. (Revogado).

(*) Art. 46 revogado pela Resolução CNJ nº 335/2020.

Art. 47. O CNJ coordenará as ações permanentes de desenvolvimento e manutenção do PJe, realizadas por equipe do CNJ, dos Conselhos e de todos os Tribunais, presencialmente ou a distância.

Art. 48. Os casos não disciplinados por esta Resolução e que possuam caráter nacional serão resolvidos pela Presidência do Conselho Nacional de Justiça, que poderá delegar tal atribuição à Comissão Permanente de Tecnologia da Informação e Infraestrutura do CNJ.

Art. 49. Esta Resolução entra em vigor na data de sua publicação.

Ministro Joaquim Barbosa

RESOLUÇÃO CNJ Nº 200, DE 3 DE MARÇO DE 2015

[art. 144, III, do CPC]

Disciplina causa de impedimento de magistrado prevista no art. 134, IV, do Código de Processo Civil♦.

♦ CPC/1973. V. art. 144, III, do CPC/2015.

O Presidente do Conselho Nacional de Justiça (CNJ), no uso de suas atribuições legais e regimentais,

Considerando a proposição formulada na sessão plenária do dia 18 de novembro de 2014, pelo Excelentíssimo Senhor Presidente do Conselho Federal da Ordem dos Advogados do Brasil, aprovada por unanimidade pelos Excelentíssimos Senhores Conselheiros, no sentido de aplicar o impedimento previsto no art. 134, IV, do Código de Processo Civil de 1973, quando advogado cônjuge, companheiro ou parente do magistrado, mesmo não constituído nos autos, integre ou exerça suas atividades no mesmo escritório de advocacia do respectivo patrono da causa;

Considerando a necessidade de deixar expressa essa restrição, em homenagem aos princípios constitucionais da isonomia, segurança jurídica, moralidade e efetividade da prestação jurisdicional;

Considerando as disposições do Código de Ética da Magistratura, editado por este Conselho Nacional de Justiça, como "instrumento essencial para os juízes incrementarem a confiança da sociedade em sua autoridade moral";

Considerando que a Lei veda ao magistrado "procedimento incompatível com a dignidade, a honra e o decoro de suas funções" e comete-lhe o dever de "manter conduta irrepreensível na vida pública e particular" (LC nº 35/1979, arts. 35, inciso VIII, e 56, inciso II);

Considerando o dever de transparência, aplicável a magistrados e advogados;

Considerando a decisão plenária tomada no julgamento do Ato Normativo 0006742-80.2014.2.00.0000 na 203ª Sessão Ordinária, realizada em 3 de março de 2015;

Resolve:

Art. 1º. Nos termos do disposto no art. 134, IV, do Código de Processo Civil de 1973 e outras leis processuais, o magistrado está impedido de exercer funções judicantes ou administrativas nos processos em que estiver postulando, como advogado da parte, o seu cônjuge, companheiro ou qualquer parente, consanguíneo ou afim, em linha reta; ou na linha colateral até o grau estabelecido em lei.

Parágrafo único. O impedimento se configura não só quando o advogado está constituído nos autos, mas também quando integra ou exerce suas atividades no mesmo escritório de advocacia do respectivo patrono, como sócio, associado, colaborador ou empregado, ou mantenha vínculo profissional, ainda que esporadicamente, com a pessoa física ou jurídica prestadora de serviços advocatícios.

Art. 2º. Esta Resolução entra em vigor na data de sua publicação.

Ministro Ricardo Lewandowski
DJe de 4.3.2015

RESOLUÇÃO CNJ Nº 202, DE 27 DE OUTUBRO DE 2015

[arts. 12 e 940 do CPC]

Regulamenta o prazo para a devolução dos pedidos de vista nos processos jurisdicionais e administrativos no âmbito do Poder Judiciário.

O Presidente do Conselho Nacional de Justiça (CNJ), no uso de suas atribuições legais e regimentais,

Considerando que compete ao CNJ, dentre outras atribuições, zelar pela autonomia do Poder Judiciário, pelo cumprimento do Estatuto da Magistratura e pela observância do art. 37 da Constituição Federal, podendo, para tanto, expedir atos regulamentares (art. 103-B, § 4º, da CF);

Considerando que a atuação do Poder Judiciário tem como vetores os princípios da inafastabilidade da jurisdição, da razoável duração do processo e da eficiência da Administração Pública (arts. 5º, XXXV e LXXVIII, e art. 37, *caput*, da CF);

Considerando que todas as decisões judiciais serão fundamentadas, bem assim motivadas as administrativas, sob pena de nulidade (art. 93, IX e X, da CF);

Considerando que o art. 12 do Novo Código de Processo Civil (Lei nº 13.105, de 16 de março de 2015) determina que os processos devam ser julgados preferencialmente em ordem cronológica;

Considerando que o art. 940 do Novo Código de Processo Civil passou a estabelecer prazos peremptórios para a devolução dos pedidos de vista nos julgamentos de recursos em processos judiciais;

Considerando que a Meta Nacional 1 do CNJ prevê o julgamento de um número maior de processos do que aqueles distribuídos;

Considerando que os dados do último Relatório Justiça em Números revelam altos índices de congestionamento na tramitação e no julgamento dos processos nas distintas instâncias judiciais do País;

Considerando que constitui dever do magistrado não exceder injustificadamente os prazos para sentenciar ou despachar, respondendo por perdas e danos quando recusar, omitir ou retardar, sem justo motivo, providência que deva ordenar de ofício, ou a requerimento das partes (arts. 35, II, e 49, II, da Lei Complementar nº 35, de 14 de março de 1979);

Considerando que o Presidente do Conselho Federal da Ordem dos Advogados do Brasil encaminhou pedido ao CNJ, aprovado pelo Colégio de Presidentes dos Conselhos Seccionais da Ordem dos Advogados do Brasil, no sentido de que haja "deliberação em torno da universalização da previsão legal de prazo para o julgamento dos processos judiciais com pedido de vista em todos os tribunais brasileiros, mediante a regulamentação pertinente";

Considerando que se afigura necessária a uniformização dos prazos relativos à devolução dos pedidos de vista, tanto nos processos judiciais, quanto nos administrativos, dadas as indesejáveis lacunas e disparidades existentes no tocante à matéria no Poder Judiciário, as quais podem ensejar o retardamento infundado ou imotivado das respectivas decisões;

Considerando, finalmente, que se mostra de todo conveniente a alteração dos regimentos internos dos distintos órgãos do Poder Judiciário de maneira a que esses cumpram, *oportuno tempore*, as determinações do Novo Código de Processo Civil, cuja entrada em vigor se dará em 16 de março de 2016, nos termos do disposto em seu art. 1.045;

Resolve:

Art. 1º. Nos processos judiciais e administrativos apregoados em sessões colegiadas, quando um dos julgadores não se considerar habilitado a proferir imediatamente seu voto, poderá solicitar vista pelo prazo máximo de 10 (dez) dias, prorrogável por igual período, mediante pedido devidamente justificado, após o qual o processo será reincluído em pauta para julgamento na sessão seguinte.

§ 1º. Se o processo judicial ou administrativo não for devolvido tempestivamente, ou se o vistor deixar de solicitar prorrogação de prazo, o presidente do órgão correspondente fará a requisição para julgamento na sessão subsequente, com publicação na pauta em que houver a inclusão.

§ 2º. Ocorrida a requisição na forma do § 1º, se aquele que fez o pedido de vista ainda não se sentir habilitado a votar, o presidente convocará substituto para proferir voto, na forma estabelecida no regimento interno do tribunal ou conselho.

Art. 2º. Os órgãos do Poder Judiciário adaptarão os respectivos regimentos internos ao disposto neste Regulamento, no prazo de 120 (cento e vinte) dias, contados da data de publicação deste ato, em especial quanto à forma de substituição de que trata o § 2º do art. 1º.

Art. 3º. Esta Resolução entrará em vigor na data de sua publicação.

Ministro Ricardo Lewandowski

RESOLUÇÃO CNJ Nº 232, DE 13 DE JULHO DE 2016

[art. 95, § 3º, do CPC]

(*) Atualizada até as alterações promovidas pela Resolução CNJ nº 326, de 26.6.2020.

Fixa os valores dos honorários a serem pagos aos peritos, no âmbito da Justiça de primeiro e segundo graus, nos termos do disposto no art. 95, § 3º, II, do Código de Processo Civil – Lei nº 13.105/2015.

O Presidente do Conselho Nacional de Justiça (CNJ), no uso de suas atribuições legais e regimentais;

Considerando o disposto no art. 156 do Código de Processo Civil, que determina seja o juiz assistido por perito quando a prova do fato depender de conhecimento técnico ou científico, devendo ser formalizado cadastro de profissionais habilitados;

Considerando que o pagamento da perícia de responsabilidade de beneficiário de gratuidade da justiça, quando realizada por particular, poderá ser efetuado com recursos alocados no orçamento da União, do Estado, do Distrito Federal, conforme disposição do art. 95, § 3º, II, do Código de Processo Civil;

Considerando que o valor dos honorários a serem pagos aos profissionais ou aos órgãos que prestarem serviços nos processos será fixado pelo respectivo Tribunal ou, em caso de sua omissão, pelo Conselho Nacional de Justiça;

Considerando a deliberação do Plenário do CNJ no Ato Normativo 0002839-66.2016.2.00.0000, na 16ª Sessão Virtual, realizada em 5 de julho de 2016;

Resolve:

Art. 1º. Os valores a serem pagos pelos serviços de perícia de responsabilidade de beneficiário da gratuidade da justiça são os fixados na Tabela constante do Anexo desta Resolução, na hipótese do art. 95, § 3º, II, do Código de Processo Civil.

Art. 2º. O magistrado, em decisão fundamentada, arbitrará os honorários do profissional ou do órgão nomeado para prestar os serviços nos termos desta Resolução, observando-se, em cada caso:

I – a complexidade da matéria;

II – o grau de zelo e de especialização do profissional ou do órgão;

III – o lugar e o tempo exigidos para a prestação do serviço;

IV – as peculiaridades regionais.

§ 1º. O pagamento dos valores de que trata este artigo e do referente à perícia de responsabilidade de beneficiário da gratuidade da justiça será efetuado com recursos alocados no orçamento da União, do Estado ou do Distrito Federal.

§ 2º. Quando o valor dos honorários for fixado em montante superior aos definidos em tabela oficial, seu pagamento, a ser realizado pelos cofres públicos, estará limitado àqueles valores estabelecidos pelo Tribunal ou, na sua falta, pelo CNJ, conforme anexo.

(*) § 2º com redação dada pela Resolução CNJ nº 326/2020.

§ 3º. Em sendo o beneficiário da justiça gratuita vencedor na demanda, a parte contrária, caso não seja beneficiária da assistência judiciária, deverá arcar com o pagamento integral dos honorários periciais arbitrados.

§ 4º. O juiz, ao fixar os honorários, poderá ultrapassar o limite fixado na tabela em até 5 (cinco) vezes; desde que de forma fundamentada.

RES. Nº 232 ANEXOS

§ 5º. Os valores constantes da tabela anexa serão reajustados, anualmente, no mês de janeiro, pela variação do IPCA-E.

Art. 3º. Esta Resolução entra em vigor em 90 (noventa) dias após sua publicação.

Ministro Ricardo Lewandowski

ANEXO – TABELA HONORÁRIOS PERICIAIS

ESPECIALI-DADES	NATUREZA DA AÇÃO E/OU ESPÉCIE DE PERÍCIA A SER REALIZADA	VALOR MÁXIMO
1. CIÊNCIAS ECONÔMICAS/ CONTÁBEIS	1.1 – Laudo produzido em demanda proposta por servidor(es) contra União/Estado/Município	R$ 300,00
	1.2 – Laudo em ação revisional envolvendo negócios jurídicos bancários até 4 (quatro) contratos	R$ 370,00
	1.3 – Laudo em ação revisional envolvendo negócios jurídicos bancários acima de 4 (quatro) contratos	R$ 630,00
	1.4 – Laudo em ação de dissolução e liquidação de sociedades civis e mercantis	R$ 830,00
	1.5 – Outras	R$ 370,00
2.ENGENHARIA/ ARQUITETURA	2.1 – Laudo de avaliação de imóvel urbano, conforme normas ABNT respectivas	R$ 430,00
	2.2 – Laudo de avaliação de imóvel rural, conforme normas ABNT respectivas	R$ 530,00
	2.3 – Laudo pericial das condições estruturais de segurança e solidez de imóvel, conforme normas ABNT respectivas	R$ 370,00
	2.4 – Laudo de avaliação de bens fungíveis/imóvel rural/urbano, conforme normas ABNT respectivas	R$ 700,00
	2.5 – Laudo pericial em Ação Demarcatória	R$ 870,00
	2.6 – Laudo de insalubridade e/ou periculosidade, conforme normas técnicas respectivas	R$ 370,00
	2.7 – Outras	R$ 370,00
3.MEDICINA/ ODONTOLOGIA	3.1 – Laudo em interdição/DNA	R$ 370,00
	3.2 – Laudo sobre danos físicos e estéticos	R$ 370,00
	3.3 – Outras	R$ 370,00
4. PSICOLOGIA		R$ 300,00
5. SERVIÇO SOCIAL	5.1 – Estudo social	R$ 300,00
6. OUTRAS	6.1 – Laudo de avaliação comercial de bens imóveis	R$ 170,00
	6.2 – Laudo de avaliação comercial de bens imóveis por corretor	R$ 330,00
	6.3 – Outras	R$ 300,00

RESOLUÇÃO CNJ Nº 233, DE 13 DE JULHO DE 2016

[arts. 156 ss. do CPC]

(*) Atualizada até as alterações promovidas pela Resolução CNJ nº 475, de 12.9.2022.

Dispõe sobre a criação de cadastro de profissionais e órgãos técnicos ou científicos no âmbito da Justiça de primeiro e segundo graus.

O Presidente do Conselho Nacional de Justiça (CNJ), no uso de suas atribuições legais e regimentais,

Considerando o disposto nos artigos 156 e seguintes do Código de Processo Civil, que determina seja o juiz assistido por perito quando a prova do fato depender de conhecimento técnico ou científico;

Considerando a necessidade de formação de cadastro, pelos tribunais, de profissionais e de órgãos técnicos e científicos aptos à nomeação pelo juízo;

Considerando a importância de regulamentar o procedimento referente à criação e à manutenção do cadastro de peritos no âmbito da Justiça de primeiro e segundo graus;

Considerando a conveniência de implementação de sistema pelos tribunais visando à agilidade operacional, à padronização e ao melhor controle das informações pertinentes às atividades de contratação de profissionais e de órgãos prestadores de serviços técnico/periciais;

Considerando a deliberação do Plenário do CNJ no Ato Normativo 0002844-88.2016.2.00.0000, na 16ª Sessão Virtual, realizada em 5 de julho de 2016;

Resolve:

Art. 1º. Os tribunais brasileiros instituirão Cadastro Eletrônico de Peritos e Órgãos Técnicos ou Científicos (CPTEC), destinado ao gerenciamento e à escolha de interessados em prestar serviços de perícia ou de exame técnico nos processos judiciais, nos termos do art. 156, § 1º, do Código de Processo Civil.

§ 1º. O CPTEC conterá a lista de profissionais e órgãos aptos a serem nomeados para prestar serviço nos processos a que se refere o *caput* deste artigo, que poderá ser dividida por área de especialidade e por comarca de atuação.

§ 2º. Para formação do cadastro, os tribunais deverão realizar consulta pública, por meio de divulgação na rede mundial de computadores ou em jornais de grande circulação, além de consulta direta a universidades, a entidades, órgãos e conselhos de classe, ao Ministério Público, à Defensoria Pública e à Ordem dos Advogados do Brasil, para a indicação de profissionais ou de órgãos técnicos interessados.

§ 3º. Os tribunais regionais eleitorais estão desobrigados a manterem o cadastro previsto no *caput*, mas poderão firmar convênios para a utilização dos cadastros instituídos por outros tribunais.

(*) § 3º acrescido pela Resolução CNJ nº 475/2022.

Art. 2º. Cada tribunal publicará edital fixando os requisitos a serem cumpridos e os documentos a serem apresentados pelos profissionais e pelos órgãos interessados, nos termos desta Resolução.

Art. 3º. Os tribunais manterão disponíveis, em seus sítios eletrônicos, a relação dos profissionais e órgãos cujos cadastros tenham sido validados.

Parágrafo único. As informações pessoais e o currículo dos profissionais serão disponibilizados, por meio do CPTEC, aos interessados, conforme § 2º do art. 157 do CPC, e aos magistrados e servidores do respectivo tribunal.

Art. 4º. O profissional ou o órgão interessado em prestar serviço nos processos deverá apresentar a documentação indicada no edital.

§ 1º. O cadastramento é de responsabilidade do próprio profissional ou do órgão interessado e será realizado exclusivamente por meio do sistema disponível no sítio de cada tribunal.

§ 2º. A documentação apresentada e as informações registradas no CPTEC são de inteira responsabilidade do profissional ou do órgão interessado, que é garantidor de sua autenticidade e veracidade, sob penas da lei.

§ 3º. O cadastramento ou a efetiva atuação do profissional, nas hipóteses de que trata esta Resolução, não gera vínculo empregatício ou estatutário, nem obrigação de natureza previdenciária.

§ 4º. Ficam mantidos os cadastros existentes na data da publicação desta Resolução, previstos em atos normativos que não conflitem com as disposições deste artigo.

Art. 5º. Cabe a cada tribunal validar o cadastramento e a documentação apresentada pelo profissional ou pelo órgão interessado em prestar os serviços de que trata esta Resolução.

§ 1º. Os tribunais poderão criar comissões provisórias para análise e validação da documentação apresentada pelos peritos.

§ 2º. Os tribunais realizarão avaliações e reavaliações periódicas, para manutenção do cadastro, relativas à formação profissional, ao conhecimento e à experiência dos peritos e órgãos cadastrados.

Art. 6º. É vedada a nomeação de profissional ou de órgão que não esteja regularmente cadastrado, com exceção do disposto no art. 156, § 5º, do Código de Processo Civil.

Parágrafo único. O perito consensual, indicado pelas partes, na forma do art. 471 do CPC, fica sujeito às mesmas normas e deve reunir as mesmas qualificações exigidas do perito judicial.

Art. 7º. O profissional ou o órgão poderá ter seu nome suspenso ou excluído do CPTEC, por até 5 (cinco) anos, pelo tribunal, a pedido ou por representação de magistrado, observados o direito à ampla defesa e ao contraditório.

§ 1º. A representação de que trata o *caput* dar-se-á por ocasião do descumprimento desta Resolução ou por outro motivo relevante.

§ 2º. A exclusão ou a suspensão do CPTEC não desonera o profissional ou o órgão de seus deveres nos processos ou nos procedimentos para os quais tenha sido nomeado, salvo determinação expressa do magistrado.

Art. 8º. A permanência do profissional ou do órgão no CPTEC fica condicionada à ausência de impedimentos ou de restrições ao exercício profissional.

§ 1º. As entidades, os conselhos e os órgãos de fiscalização profissional deverão informar aos tribunais sobre suspensões e outras situações que importem empecilho ao exercício da atividade profissional, mensalmente ou em prazo inferior e, ainda, sempre que lhes for requisitado.

§ 2º. Informações comunicadas pelos magistrados acerca do desempenho dos profissionais e dos órgãos credenciados serão anotadas no CPTEC.

§ 3º. Para inscrição e atualização do cadastro, os peritos/órgãos deverão informar a ocorrência de prestação de serviços na condição de assistente técnico, apontando sua especialidade, a unidade jurisdicional em que tenha atuado, o número do processo, o período de trabalho e o nome do contratante.

Art. 9º. Cabe ao magistrado, nos feitos de sua competência, escolher e nomear profissional para os fins do disposto nesta Resolução.

§ 1º. A escolha se dará entre os peritos cadastrados, por nomeação direta do profissional ou por sorteio eletrônico, a critério do magistrado.

§ 2º. O juiz poderá selecionar profissionais de sua confiança, entre aqueles que estejam regularmente cadastrados no CPTEC, para atuação em sua unidade jurisdicional, devendo, entre os selecionados, observar o critério equitativo de nomeação em se tratando de profissionais da mesma especialidade.

§ 3º. É vedada, em qualquer hipótese, a nomeação de profissional que seja cônjuge, companheiro ou parente, em linha colateral até o terceiro grau de magistrado, de advogado com atuação no processo ou de servidor do juízo em que tramita a causa, para a prestação dos serviços de que trata esta Resolução, devendo declarar, se for o caso, o seu impedimento ou suspeição.

§ 4º. Não poderá atuar como perito judicial o profissional que tenha servido como assistente técnico de qualquer das partes, nos 3 (três) anos anteriores.

§ 5º. O CPTEC disponibilizará lista dos peritos/órgãos nomeados em cada unidade jurisdicional, permitindo a identificação dos processos em que ela ocorreu, a data correspondente e o valor fixado de honorários profissionais.

Art. 10. Para prestação dos serviços de que trata esta Resolução, será nomeado profissional ou órgão detentor de conhecimento necessário à realização da perícia regularmente cadastrado e habilitado, nos termos do art. 8º desta Resolução.

§ 1º. Na hipótese de não existir profissional ou órgão detentor da especialidade necessária cadastrado ou quando indicado conjuntamente pelas partes, o magistrado poderá nomear profissional ou órgão não cadastrado.

§ 2º. Para fins do disposto no § 1º deste artigo, o profissional ou o órgão será notificado, no mesmo ato que lhe der ciência da nomeação, para proceder ao seu cadastramento, conforme disposto nesta Resolução, no prazo de 30 (trinta) dias, contados do recebimento da notificação, sob pena de não processamento do pagamento pelos serviços prestados.

Art. 11. O magistrado poderá substituir o perito no curso do processo, mediante decisão fundamentada.

Art. 12. São deveres dos profissionais e dos órgãos cadastrados nos termos desta Resolução:

I – atuar com diligência;

II – cumprir os deveres previstos em lei;

III – observar o sigilo devido nos processos em segredo de justiça;

IV – observar, rigorosamente, a data e os horários designados para a realização das perícias e dos atos técnicos ou científicos;

V – apresentar os laudos periciais e/ou complementares no prazo legal ou em outro fixado pelo magistrado;

VI – manter seus dados cadastrais e informações correlatas anualmente atualizados;

VII – providenciar a imediata devolução dos autos judiciais quando determinado pelo magistrado;

VIII – cumprir as determinações do magistrado quanto ao trabalho a ser desenvolvido;

IX – nas perícias:

a) responder fielmente aos quesitos, bem como prestar os esclarecimentos complementares que se fizerem necessários;

b) identificar-se ao municiando ou à pessoa que acompanhará a perícia, informando os procedimentos técnicos que serão adotados na atividade pericial;

c) devolver ao periciando ou à pessoa que acompanhará a perícia toda a documentação utilizada.

Art. 13. Os profissionais ou os órgãos nomeados nos termos desta Resolução deverão dar cumprimento aos encargos que lhes forem atribuídos, salvo motivo previsto em lei ou no caso de força maior, justificado pelo perito, a critério do magistrado, sob pena de sanção, nos termos da lei e dos regulamentos próprios.

Art. 14. Ao detentor de cargo público no âmbito do Poder Judiciário é vedado o exercício do encargo de perito, exceto nas hipóteses do art. 95, § 3º, I, do Código de Processo Civil.

Art. 15. O disposto nesta Resolução não se aplica às nomeações de perícias realizadas até sua entrada em vigor.

Art. 16. Esta Resolução entra em vigor 90 (noventa) dias após a data de sua publicação.

Ministro Ricardo Lewandowski

RESOLUÇÃO CNJ Nº 235, DE 13 DE JULHO DE 2016

[art. 979, *caput* e §§ 1º e 3º, do CPC]

(*) Atualizada até as alterações promovidas pela Resolução CNJ nº 444, de 25.2.2022.

Dispõe sobre a padronização de procedimentos administrativos decorrentes de julgamentos de repercussão geral, de casos repetitivos e de incidente de assunção de competência previstos na Lei nº 13.105, de 16 de março de 2015 (Código de Processo Civil), no Superior Tribunal de Justiça, no Tribunal Superior Eleitoral, no Tribunal Superior do Trabalho, no Superior Tribunal Militar, nos Tribunais Regionais Federais, nos Tribunais Regionais do Trabalho e nos Tribunais de Justiça dos Estados e do Distrito Federal, e dá outras providências.

O Presidente do Conselho Nacional de Justiça (CNJ), no uso de suas atribuições legais e regimentais,

Considerando o § 4º do art. 103-B da Constituição Federal, que fixa a competência do CNJ para o controle da atuação administrativa do Poder Judiciário;

Considerando o disposto no art. 979, *caput*, §§ 1º e 3º, da Lei nº 13.105/2015 – Código de Processo Civil;

Considerando a conveniência de agregar às estruturas orgânico-funcionais já existentes no Superior Tribunal de Justiça, no Tribunal Superior do Trabalho, no Tribunal Superior Eleitoral, no Superior Tribunal Militar, nos Tribunais Regionais Federais, nos Tribunais de Justiça dos Estados e do Distrito Federal para gerenciamento de processos em virtude da repercussão geral e dos recursos repetitivos, a organização dos procedimentos administrativos decorrentes dos incidentes de resolução de demandas repetitivas e de assunção de competência;

Considerando a necessidade de uniformização dos procedimentos administrativos decorrentes de sobrestamento de processos em virtude de julgamento de repercussão geral e de casos repetitivos;

Considerando a conveniência de especialização do corpo funcional do Conselho Nacional de Justiça, do Superior Tribunal de Justiça, do Tribunal Superior do Trabalho, do Tribunal Superior Eleitoral, do Superior Tribunal Militar, dos Tribunais Regionais Federais, dos Tribunais Regionais do Trabalho e dos Tribunais de Justiça dos Estados e do Distrito Federal dedicado às atividades de gerenciamento de dados e do acervo de processos sobrestados em decorrência dos institutos da repercussão geral e dos casos repetitivos, e do incidente de assunção de competência;

Considerando a necessidade de criação de um banco nacional de dados que permita a ampla consulta às informações da repercussão geral, dos casos repetitivos e dos incidentes de assunção de competência do Superior Tribunal de Justiça, do Tribunal Superior do Trabalho, do Tribunal Superior Eleitoral, do Superior Tribunal Militar, dos Tribunais Regionais Federais, dos Tribunais Regionais do Trabalho e dos Tribunais de Justiça dos Estados e do Distrito Federal para otimização do sistema de julgamento de casos repetitivos e de formação concentrada de precedentes obrigatórios previsto no novo Código de Processo Civil;

Considerando o disposto nos arts. 896-B e 896-C da Consolidação das Leis do Trabalho (CLT), com a redação que lhes foi dada pela Lei nº 13.015/ 2014;

Resolve:

Capítulo I
DAS DISPOSIÇÕES GERAIS

Art. 1º. A padronização de procedimentos administrativos decorrentes de julgamentos de precedentes qualificados e precedentes em sentido lato, nos termos no art. 2º da Resolução CNJ nº 444/2022, competirá precipuamente às unidades de que trata esta Resolução, no âmbito do Superior Tribunal de Justiça (STJ), Tribunal Superior do Trabalho (TST), Tribunal Superior Eleitoral (TSE), Superior Tribunal Militar (STM), Tribunais Regionais Federais (TRFs), Tribunais Regionais do Trabalho (TRTs), nos Tribunais de Justiça dos Estados (TJs) e do Distrito Federal e territórios (TJDFT) e na Turma Nacional de Uniformização dos Juizados Especiais.

(*) Art. 1º com redação dada pela Resolução CNJ nº 444/2022.

Art. 2º. O STJ e o TST são os gestores dos recursos repetitivos, de acordo com a competência constitucionalmente definida, sendo responsáveis pela criação de temas e pela divulgação das informações nos termos definidos no CPC e nesta Resolução.

Art. 3º. Os Tribunais Regionais Federais, os Tribunais Regionais do Trabalho e os Tribunais de Justiça dos Estados e do Distrito Federal são os gestores do incidente de resolução de demandas repetitivas (IRDR) instaurados no âmbito de sua competência, observadas as determinações legais e o disposto nesta Resolução.

Art. 4º. O STJ, o TSE, o TST, o STM, os Tribunais Regionais Federais, os Tribunais Regionais do Trabalho e os Tribunais de Justiça dos Estados e do Distrito Federal são responsáveis pela gestão dos incidentes de assunção de competência (IAC) instaurados no âmbito de sua competência, observadas as determinações legais e o disposto nesta Resolução.

Capítulo II
DO BANCO NACIONAL DE DADOS DE CASOS REPETITIVOS E DE INCIDENTES DE ASSUNÇÃO DE COMPETÊNCIA

Art. 5º. (Revogado).

(*) Art. 5º revogado pela Resolução CNJ nº 444/2022.

Capítulo III
DO NÚCLEO DE GERENCIAMENTO DE PRECEDENTES

Art. 6º. O STJ, o TST, o TSE, o STM, os Tribunais de Justiça dos Estados e do Distrito Federal, os Tribunais Regionais Federais e os Tribunais Regionais do Trabalho devem organizar, como unidade permanente, o Núcleo de Gerenciamento de Precedentes (Nugep) no âmbito de suas estruturas administrativas com as atribuições previstas no art. 7º.

§ 1º. O prazo de implantação dos Nugep's será de até 90 (noventa) dias contados da publicação desta Resolução.

§ 2º. Para a organização do Nugep, os tribunais deverão aproveitar os servidores e a estrutura administrativa dos Núcleos de Repercussão Geral e Recursos Repetitivos (Nurer), que atuem diretamente com a gestão da repercussão geral e dos recursos repetitivos.

§ 3º. O Nugep será vinculado à Presidência ou à Vice-Presidência do tribunal e será supervisionado por uma Comissão Gestora composta por Ministros ou Desembargadores, conforme o caso, representativa de Seção ou Grupo de Câmaras ou congêneres, de acordo com o regimento interno de cada tribunal, por matéria de competência.

§ 4º. O Nugep será constituído por, no mínimo, 4 (quatro) servidores, dos quais pelo menos 75% (setenta e cinco por cento) devem integrar, de forma efetiva, o quadro de pessoal do respectivo tribunal e possuir graduação em Direito.

§ 5º. Aos tribunais com grande número de processos é facultada a designação de magistrados para compor o Nugep.

§ 6º. A critério do tribunal, poderão ser convidados a acompanhar as reuniões da Co-

ANEXO II – RESOLUÇÕES – CNJ **RES. Nº 235**

missão Gestora de que trata o § 3º um representante da Ordem dos Advogados do Brasil, indicado pelo Conselho Federal, e um representante do Ministério Público.

§ 7º. (Revogado).

(*) § 7º revogado pela Resolução CNJ nº 286/2019.

§ 8º. (Revogado).

(*) § 8º revogado pela Resolução CNJ nº 286/2019.

§ 9º. A Comissão Gestora se reunirá, pelo menos semestralmente, para definição e acompanhamento das medidas necessárias à gestão dos dados e acervo de processos sobrestados em decorrência da repercussão geral, dos casos repetitivos e do incidente de assunção de competência no respectivo tribunal.

(*) § 9º acrescido pela Resolução CNJ nº 286/2019.

Seção I
Das Atribuições do Núcleo de Gerenciamento de Precedentes

Art. 7º. O Nugep terá como principais atribuições:

I – informar ao Nugep do CNJ e manter na página do tribunal na internet dados atualizados de seus integrantes, tais como nome, telefone e e-mail, com a principal finalidade de permitir a integração entre os tribunais do país, bem como enviar esses dados, observadas as competências constitucionais, ao STF, ao STJ e ao TST, sempre que houver alteração em sua composição;

II – uniformizar, nos termos desta Resolução, o gerenciamento dos procedimentos administrativos decorrentes da aplicação da repercussão geral, de julgamentos de casos repetitivos e de incidente de assunção de competência;

III – acompanhar os processos submetidos a julgamento para formação de precedentes qualificados e de precedentes em sentido lato, nos termos do art. 2º da Resolução CNJ nº 444/2022;

(*) Inciso III com redação dada pela Resolução CNJ nº 444/2022.

IV – controlar os dados referentes aos grupos de representativos de que trata o art. 5º da Resolução CNJ nº 444/2022, bem como disponibilizar informações para as áreas técnicas de cada tribunal quanto à alteração da situação do grupo, inclusive se admitido como Controvérsia ou Tema, conforme o tribunal superior;

(*) Inciso IV com redação dada pela Resolução CNJ nº 444/2022.

V – acompanhar a tramitação dos recursos selecionados pelo tribunal como representativos da controvérsia encaminhados ao STF, ao STJ e ao TST (art. 1.036, § 1º, do CPC), a fim de subsidiar a atividade dos órgãos jurisdicionais competentes pelo juízo de admissibilidade e pelo sobrestamento de feitos;

(*) Inciso V com redação dada pela Resolução CNJ nº 444/2022.

VI – auxiliar os órgãos julgadores na gestão do acervo sobrestado;

VII – manter, disponibilizar e auxiliar na alimentação dos dados que integrarão o banco criado pela Resolução CNJ nº 444/2022, com informações atualizadas sobre os processos sobrestados no estado ou na região, conforme o caso, bem como nas turmas e colégios recursais e nos juízos de execução fiscal, identificando o acervo a partir do respectivo tema ou, na inexistência de número de tema na hipótese, do número do processo paradigma ou do número sequencial do enunciado de súmula;

(*) Inciso VII com redação dada pela Resolução CNJ nº 444/2022.

VIII – informar a publicação e o trânsito em julgado dos acórdãos dos paradigmas para os fins dos arts. 985; 1.035, § 8º; 1.039; 1.040 e 1.041 do Código de Processo Civil;

IX – receber e compilar os dados referentes aos recursos sobrestados em razão dos precedentes qualificados e precedentes em sentido lato, nos termos definidos no art. 2º da Resolução CNJ nº 444/2022, no estado ou na região, conforme o caso, bem como nas turmas e colégios recursais e nos juízos de execução fiscal;

(*) Inciso IX com redação dada pela Resolução CNJ nº 444/2022.

X – informar ao Nugep do CNJ a existência de processos com possibilidade de gestão perante empresas, públicas e privadas, bem como agências reguladoras de serviços públicos, para implementação de práticas autocompositivas, nos termos do art. 6º, VII, da Resolução CNJ 125/2010.

Parágrafo único. Os eventos promovidos pelo STF, pelo CNJ, pelo STJ e pelo TST com o objetivo de discutir os institutos de que trata esta Resolução devem contar com a participação de pelo menos 1 (um) integrante do Nugep de cada tribunal.

Capítulo IV
DA PADRONIZAÇÃO DA DIVULGAÇÃO DOS CASOS REPETITIVOS

Art. 8º. (Revogado).

(*) Art. 8º revogado pela Resolução CNJ nº 444/2022.

Seção I
Do Controle e da Divulgação dos Recursos Representativos da Controvérsia

Art. 9º. (Revogado).
(*) Art. 9º revogado pela Resolução CNJ nº 444/2022.
Art. 10. (Revogado).
(*) Art. 10 revogado pela Resolução CNJ nº 444/2022.

Capítulo V
DA PADRONIZAÇÃO DA DIVULGAÇÃO DO INCIDENTE DE ASSUNÇÃO DE COMPETÊNCIA

Art. 11. (Revogado).
(*) Art. 11 revogado pela Resolução CNJ nº 444/2022.

Capítulo VI
DA ADMISSÃO DOS INCIDENTES DE CASOS REPETITIVOS E DE ASSUNÇÃO DE COMPETÊNCIA

Art. 12. (Revogado).
(*) Art. 12 revogado pela Resolução CNJ nº 444/2022.

Capítulo VII
DAS DISPOSIÇÕES FINAIS E TRANSITÓRIAS

Art. 13. (Revogado).
(*) Art. 13 revogado pela Resolução CNJ nº 444/2022.
Art. 14. (Revogado).
(*) Art. 14 revogado pela Resolução CNJ nº 444/2022.
Art. 15. (Revogado).
(*) Art. 15 revogado pela Resolução CNJ nº 444/2022.
Art. 16. O TST poderá contar com mais de um Núcleo de Gerenciamento de Precedentes.
Art. 17. Fica revogada a Resolução CNJ nº 160, de 19 de outubro de 2012.
Art. 18. Esta Resolução entra em vigor na data de sua publicação.

Ministro Ricardo Lewandowski

ANEXOS I a V
(*) Anexos I a V alterados pela Resolução CNJ nº 286/2019 e revogados pela Resolução CNJ nº 444/2022.

RESOLUÇÃO CNJ Nº 236, DE 13 DE JULHO DE 2016
[arts. 880, § 3º, e 882, § 1º, do CPC]

Regulamenta, no âmbito do Poder Judiciário, procedimentos relativos à alienação judicial por meio eletrônico, na forma preconizada pelo art. 882, § 1º, do novo Código de Processo Civil (Lei nº 13.105/2015).

O Presidente do Conselho Nacional de Justiça (CNJ), no uso de suas atribuições legais e regimentais,

Considerando que a eficiência operacional, o acesso ao sistema de Justiça e a responsabilidade social constituem objetivos estratégicos do Poder Judiciário, nos termos da Resolução CNJ nº 198, de 1º de setembro de 2014;

Considerando o disposto no art. 882, § 1º, do Código de Processo Civil, que confere ao CNJ, no âmbito de sua competência, a regulamentação da alienação judicial realizada por meio da rede mundial de computadores;

Considerando que a alienação judicial eletrônica visa a facilitar a participação dos licitantes, reduzindo custos e agilizando os processos de execução;

Considerando a necessidade de regulamentação uniforme dos leilões eletrônicos em todos os tribunais do país;

Considerando a deliberação do Plenário do CNJ no Ato Normativo 0002842-21.2016.2.00.0000, na 16ª Sessão Virtual, realizada em 5 de julho de 2016;

Resolve:

Capítulo I
Seção I
Dos Leiloeiros Judiciais e Corretores

Art. 1º. Os leilões judiciais serão realizados exclusivamente por leiloeiros credenciados perante o órgão judiciário, conforme norma local (art. 880, *caput* e § 3º), e deverão atender aos requisitos da ampla publicidade, autenticidade e segurança, com observância das regras estabelecidas na legislação sobre certificação digital.

Parágrafo único. As alienações particulares poderão ser realizadas por corretor ou leiloeiro público, conforme valor mínimo fixado pelo juiz.

Art. 2º. Caberá ao juiz a designação (art. 883), constituindo requisito mínimo para o credenciamento de leiloeiros públicos e corretores o exercício profissional por não menos que 3 (três) anos, sem prejuízo de disposições complementares editadas pelos tribunais (art. 880, § 3º).

§ 1º. O leiloeiro público, por ocasião do credenciamento, deverá apresentar declaração de que:

I – dispõe de propriedade, ou por contrato de locação com vigência durante o período de validade do cadastramento, de imóvel destinado à guarda e à conservação dos bens removidos, com informações sobre a área e endereço atualizado completo (logradouro, número, bairro, município e código de endereçamento postal), no qual deverá ser mantido atendimento ao público;

II – possui sistema informatizado para controle dos bens removidos, com fotos e especificações, para consulta on-line pelo Tribunal, assim como de que dispõe de equipamentos de gravação ou filmagem do ato público de venda judicial dos bens ou contrato com terceiros que possuam tais equipamentos;

III – possui condições para ampla divulgação da alienação judicial, com a utilização dos meios possíveis de comunicação, especialmente publicação em jornais de grande circulação, rede mundial de computadores e material de divulgação impresso;

IV – possui infraestrutura para a realização de leilões judiciais eletrônicos, bem como de que adota medidas reconhecidas pelas melhores práticas do mercado de tecnologia da informação para garantir a privacidade, a confidencialidade, a disponibilidade e a segurança das informações de seus sistemas informatizados, submetida à homologação pelo Tribunal respectivo;

V – não possui relação societária com outro leiloeiro público ou corretor credenciado.

§ 2º. Os tribunais poderão criar Comissões Provisórias de Credenciamento de Leiloeiros para definição e análise do cumprimento das disposições editalícias e normativas, em especial os requisitos tecnológicos mencionados neste dispositivo.

Art. 3º. Na forma dos impedimentos elencados no art. 890 e incisos do Código de Processo Civil, os leiloeiros públicos, assim como seus prepostos, não poderão oferecer lances quanto aos bens de cuja venda estejam encarregados.

Art. 4º. O credenciamento de novos leiloeiros e corretores públicos será realizado por meio de requerimento dos interessados, conforme procedimento definido pelo Tribunal correspondente.

Parágrafo único. O descredenciamento de leiloeiros públicos e corretores ocorrerá a qualquer tempo, a pedido da parte interessada ou pelo descumprimento de dispositivos desta Resolução, mediante ampla defesa e contraditório.

Seção II
Das Responsabilidades

Art. 5º. Mediante a celebração do Termo de Credenciamento e Compromisso, em modelo aprovado pelo órgão jurisdicional, o leiloeiro público assumirá, além das obrigações definidas em lei, as seguintes responsabilidades:

I – remoção dos bens penhorados, arrestados ou sequestrados, em poder do executado ou de terceiro, para depósito sob sua responsabilidade, assim como a guarda e a conservação dos referidos bens, na condição de depositário judicial, mediante nomeação pelo juízo competente, independentemente da realização pelo leiloeiro público depositário do leilão do referido bem;

II – divulgação do edital dos leilões de forma ampla ao público em geral, por meio de material impresso, mala direta, publicações em jornais e na rede mundial de computadores, inclusive com imagens reais dos bens nesse canal de comunicação, para melhor aferição de suas características e de seu estado de conservação;

III – exposição dos bens sob sua guarda, mantendo atendimento ao público em imóvel destinado aos bens removidos no horário ininterrupto das 8h às 18h, nos dias úteis, ou por meio de serviço de agendamento de visitas;

IV – responder ou justificar sua impossibilidade, de imediato, a todas as indagações formuladas pelo juízo da execução;

V – comparecer ao local da hasta pública com antecedência necessária ao planejamento das atividades;

VI – comprovar, documentalmente, as despesas decorrentes de remoção, guarda e conservação dos bens;

VII – excluir bens da hasta pública sempre que assim determinar o juízo da execução;

VIII – comunicar, imediatamente, ao juízo da execução, qualquer dano, avaria ou deterioração do bem removido;

IX – comparecer ou nomear preposto igualmente credenciado para participar de reuniões convocadas pelos órgãos judiciais onde atuam ou perante o Tribunal correspondente;

X – manter seus dados cadastrais atualizados;

XI – criar e manter, na rede mundial de computadores, endereço eletrônico e ambiente web para viabilizar a realização de alienação judicial eletrônica e divulgar as imagens dos bens ofertados.

Art. 6º. O leiloeiro público deverá comunicar ao juízo, com antecedência, a impossibilidade de promover a alienação judicial por meio eletrônico, a fim de que a autoridade possa designar, se for o caso, servidor para a realização do leilão.

§ 1º. Na hipótese do *caput*, remanescerá ao leiloeiro público a obrigação de disponibilizar equipe e estrutura de apoio para a realização da modalidade eletrônica do leilão, sob pena de descredenciamento sumário, observados o direito à ampla defesa e ao contraditório.

§ 2º. A ausência do leiloeiro oficial público deverá ser justificada documentalmente no prazo máximo e improrrogável de 5 (cinco) dias após a realização do leilão, sob pena de descredenciamento, cabendo ao juízo da execução, conforme o caso, por decisão fundamentada, aceitar ou não a justificativa.

Art. 7º. Além da comissão sobre o valor de arrematação, a ser fixada pelo magistrado (art. 884, parágrafo único), no mínimo de 5% (cinco por cento) sobre o valor da arrematação (art. 24, parágrafo único, do Decreto nº 21.981/1932), a cargo do arrematante, fará jus o leiloeiro público ao ressarcimento das despesas com a remoção, guarda e conservação dos bens, desde que documentalmente comprovadas, na forma da lei.

§ 1º. Não será devida a comissão ao leiloeiro público na hipótese da desistência de que trata o art. 775 do Código de Processo Civil, de anulação da arrematação ou de resultado negativo da hasta pública.

§ 2º. Anulada ou verificada a ineficácia da arrematação ou ocorrendo a desistência prevista no art. 775 do Código de Processo Civil, o leiloeiro público e o corretor devolverão ao arrematante o valor recebido a título de comissão, corrigido pelos índices aplicáveis aos créditos respectivos.

§ 3º. Na hipótese de acordo ou remição após a realização da alienação, o leiloeiro e o corretor público farão jus à comissão prevista no *caput*.

§ 4º. Se o valor de arrematação for superior ao crédito do exequente, a comissão do leiloeiro público, bem como as despesas com remoção e guarda dos bens, poderá ser deduzida do produto da arrematação.

§ 5º. Os leiloeiros públicos credenciados poderão ser nomeados pelo juízo da execução para remover bens e atuar como depositário judicial.

§ 6º. A recusa injustificada à ordem do juízo da execução para remoção do bem deverá ser imediatamente comunicada ao Tribunal para análise de eventual descredenciamento.

§ 7º. O executado ressarcirá as despesas previstas no *caput*, inclusive se, depois da remoção, sobrevier substituição da penhora, conciliação, pagamento, remição ou adjudicação.

Art. 8º. O juízo da execução deverá priorizar os bens removidos na ordem de designação do leilão, assim como o ressarcimento das despesas com a remoção e guarda, observados os privilégios legais.

Seção III
Da Nomeação dos Leiloeiros Públicos

Art. 9º. Os leiloeiros públicos credenciados poderão ser indicados pelo exequente, cuja designação deverá ser realizada pelo juiz, na forma do art. 883, ou por sorteio na ausência de indicação, inclusive na modalidade eletrônica, conforme regras objetivas a serem estabelecidas pelos tribunais.

§ 1º. O desenvolvimento de ferramenta eletrônica para realização de sorteio dos leiloeiros públicos ficará a cargo de cada Tribunal.

§ 2º. As designações diretas ou por sorteio devem ser feitas de modo equitativo, observadas a impessoalidade, a capacidade técnica do leiloeiro público e a participação em certames anteriores.

§ 3º. Nas ações trabalhistas, o leiloeiro será nomeado nos termos do art. 888, § 3º, da Consolidação das Leis do Trabalho.

Art. 10. Os tribunais brasileiros ficam autorizados a editar disposições complementares sobre o procedimento de alienação judicial e dispor sobre o credenciamento dos leiloeiros públicos de que trata o art. 880, § 3º, do Código de Processo Civil, observadas as regras desta Resolução e ressalvada a competência das unidades judiciárias para decidir questões jurisdicionais.

Parágrafo único. Os leilões eletrônicos deverão ser realizados por leiloeiro credenciado e nomeado na forma desta Resolução ou, onde não houver leiloeiro público, pelo próprio Tribunal (art. 881, § 1º).

Art. 11. A modalidade eletrônica de leilão judicial será aberta para recepção de lances com, no mínimo, 5 (cinco) dias (art. 887, § 1º) de antecedência da data designada para o início do período em que se realizará o leilão (art. 886, IV), observado o disposto no art. 889, parágrafo único, do Código de Processo Civil.

Parágrafo único. O leilão poderá ser simultâneo (eletrônico e presencial), cujo endereço será indicado no edital e a modalidade presencial se dará no último dia do período designado para o leilão eletrônico.

Capítulo II
DO LEILÃO ELETRÔNICO

Art. 12. O usuário interessado em participar da alienação judicial eletrônica, por meio da rede mundial de computadores, deverá se cadastrar previamente no site respectivo, ressalvada a competência do juízo da execução para decidir sobre eventuais impedimentos.

Art. 13. O cadastramento será gratuito e constituirá requisito indispensável para a participação na alienação judicial eletrônica, responsabilizando-se o usuário, civil e criminalmente, pelas informações lançadas por ocasião do cadastramento.

Parágrafo único. O cadastramento implicará na aceitação da integralidade das disposições desta Resolução, assim como das demais condições estipuladas no edital respectivo.

Art. 14. Caberá ao leiloeiro do sistema de alienação judicial eletrônica (as próprias unidades judiciais ou as entidades credenciadas) a definição dos critérios de participação na alienação judicial eletrônica com o objetivo de preservar a segurança e a confiabilidade dos lances.

§ 1º. O cadastro de licitantes deverá ser eletrônico e sujeito à conferência de identidade em banco de dados oficial.

§ 2º. Até o dia anterior ao leilão, o leiloeiro estará disponível para prestar aos interessados os esclarecimentos de quaisquer dúvidas sobre o funcionamento do leilão.

§ 3º. O leiloeiro deverá manter telefones disponíveis em seção facilmente visível em seu site na rede mundial de computadores para dirimir eventuais dúvidas referentes às transações efetuadas durante e depois do leilão judicial eletrônico.

Art. 15. O leiloeiro confirmará ao interessado seu cadastramento via e-mail ou por emissão de login e senha provisória, que deverá ser, necessariamente, alterada pelo usuário.

Parágrafo único. O uso indevido da senha, de natureza pessoal e intransferível, é de exclusiva responsabilidade do usuário.

Art. 16. Os bens penhorados serão oferecidos em site designado pelo juízo da execução (art. 887, § 2º), com descrição detalhada e preferencialmente por meio de recursos multimídia, para melhor aferição de suas características e de seu estado de conservação.

Parágrafo único. Fica o leiloeiro autorizado a fotografar o bem e a visitá-lo, acompanhado ou não de interessados na arrematação.

Art. 17. Os bens a serem alienados estarão em exposição nos locais indicados no site, com a descrição de cada lote, para visitação dos interessados, nos dias e horários determinados.

Art. 18. Os bens serão vendidos no estado de conservação em que se encontram, sem garantia, constituindo ônus do interessado verificar suas condições, antes das datas designadas para a alienação judicial eletrônica.

Art. 19. O leiloeiro suportará os custos e se encarregará da divulgação da alienação, observando as disposições legais e as determinações judiciais a respeito.

Art. 20. O período para a realização da alienação judicial eletrônica (art. 886, IV) terá sua duração definida pelo juiz da execução ou pelo leiloeiro, cuja publicação do edital deverá ser realizada com antecedência mínima de 5 (cinco) dias (art. 887, § 1º) da data inicial do leilão.

Art. 21. Sobrevindo lance nos 3 (três) minutos antecedentes ao termo final da alienação judicial exclusivamente eletrônica, o horário de fechamento do pregão será prorrogado em 3 (três) minutos para que todos os usuários interessados tenham oportunidade de ofertar novos lances.

Parágrafo único. No caso de alienação presencial ou simultânea (presencial e eletrônica), o tempo previsto no *caput* deste artigo será de 15 (quinze) segundos.

Art. 22. Durante a alienação, os lances deverão ser oferecidos diretamente no sistema do gestor e imediatamente divulgados *on-line*, de modo a viabilizar a preservação do tempo real das ofertas.

Parágrafo único. Não será admitido sistema no qual os lances sejam realizados por e-mail e posteriormente registrados no site do leiloeiro, assim como qualquer outra forma de intervenção humana na coleta e no registro dos lances.

Art. 23. Com a aceitação do lance, o sistema emitirá guia de depósito judicial identificado vinculado ao juízo da execução.

Art. 24. O pagamento deverá ser realizado de imediato pelo arrematante, por depósito judicial ou por meio eletrônico (art. 892), salvo disposição judicial diversa ou arrematação a prazo (art. 895, § 9º).

Art. 25. A arrematação será considerada perfeita, acabada e irretratável tão logo assinado o auto pelo juiz, pelo arrematante e pelo leiloeiro, observadas as disposições do art. 903 do Código de Processo Civil.

Art. 26. Não sendo efetuados os depósitos, serão comunicados também os lances imediatamente anteriores, para que sejam submetidos à apreciação do juiz, na forma do art. 895, §§ 4º e 5º; art. 896, § 2º; arts. 897 e 898, sem prejuízo da invalidação de que trata o art. 903 do Código de Processo Civil.

Art. 27. Para garantir o bom uso do site e a integridade da transmissão de dados, o juiz da execução poderá determinar o rastreamento do número do IP da máquina utilizada pelo usuário para oferecer seus lances.

Art. 28. O leiloeiro público deverá disponibilizar ao juízo da execução acesso imediato à alienação.

Art. 29. Correrão por conta do arrematante as despesas e os custos relativos à desmontagem, remoção, transporte e transferência patrimonial dos bens arrematados.

Art. 30. Serão de exclusiva responsabilidade do leiloeiro e do corretor público ônus decorrentes da manutenção e operação do site disponibilizado para a realização das alienações judiciais eletrônicas, assim como as despesas com o arquivamento das transmissões e ao perfeito desenvolvimento e implantação do sistema de leilões eletrônicos.

Art. 31. A estrutura física de conexão externa de acesso e segurança ao provedor é de responsabilidade do leiloeiro e do corretor público.

Parágrafo único. Caso a alienação judicial eletrônica não possa se realizar em razão de força maior, o início do novo período de pregão deverá ser publicado na forma do art. 897, § 1º, do Código de Processo Civil.

Art. 32. Os lances e dizeres inseridos na sessão *on-line* correrão exclusivamente por conta e risco do usuário.

Art. 33. Eventuais ocorrências ou problemas que possam afetar ou interferir nas regras desta Resolução serão dirimidos pelo juiz da execução.

Art. 34. Todo o procedimento deverá ser gravado em arquivos eletrônicos e de multimídia, com capacidade para armazenamento de som, dados e imagens.

Capítulo III
DOS REGISTROS ELETRÔNICOS DE PENHORA

Art. 35. O CNJ celebrará convênios com entidades públicas e privadas, a fim de viabilizar a efetivação da penhora de dinheiro e as averbações de penhoras incidentes sobre bens imóveis e móveis por meio eletrônico, nos termos do art. 837 do Código de Processo Civil.

§ 1º. Os convênios a que se refere o *caput* já celebrados por ocasião da vigência desta Resolução ficam por ela convalidados.

§ 2º. Até que sejam definidas as normas de segurança sob critérios uniformes do CNJ, ficam reconhecidas as diretrizes adotadas junto a cada instituição conveniada.

Art. 36. Esta Resolução entra em vigor 90 (noventa) dias após a data de sua publicação.

Ministro Ricardo Lewandowski

RESOLUÇÃO CNJ Nº 244, DE 12 DE SETEMBRO DE 2016
[art. 220 do CPC]

Dispõe sobre a regulamentação do expediente forense no período natalino e da suspensão dos prazos processuais, e dá outras providências.

O Presidente do Conselho Nacional de Justiça (CNJ), no uso de suas atribuições legais e regimentais,

Considerando que o inciso I do art. 62 da Lei nº 5.010, de 30 de maio de 1966, estabelece feriado na Justiça da União, inclusive nos Tribunais Superiores, nos dias compreendidos entre 20 de dezembro e 6 de janeiro;

Considerando que a existência de critérios conflitantes quanto à suspensão do expediente forense gera incerteza e insegurança entre os usuários da Justiça, podendo, inclusive, prejudicar o direito de defesa e a produção de provas;

Considerando que o caráter ininterrupto da atividade jurisdicional é garantido, ainda que suspenso o expediente forense, no período noturno, nos fins de semana e nos feriados, por meio de sistema de plantões judiciários;

Considerando a nova redação da Lei nº 13.105, de 16 de março de 2015, atual Código de Processo Civil, que entrou em vigor em 18 de março de 2016 e suspende os prazos processuais na forma prevista no seu art. 220;

Considerando a decisão plenária tomada no Ato Normativo 0004213-20.2016.2.00.0000 na 19ª Sessão Virtual, realizada em 6 de setembro de 2016;

Resolve:

Art. 1º. Os Tribunais de Justiça dos Estados poderão suspender o expediente forense, configurando o recesso judiciário no período de 20 de dezembro a 6 de janeiro, garantindo atendimento aos casos urgentes, novos ou em curso, por meio de sistema de plantões.

Parágrafo único. Os tribunais regulamentarão o funcionamento de plantões judiciários, de modo a garantir o caráter ininterrupto da atividade jurisdicional, com ampla divulgação e fiscalização pelos canais competentes, obser-

ANEXO II – RESOLUÇÕES – CNJ   **RES. Nº 271**

vados os termos da Resolução CNJ nº 71, de 31 de março de 2005.

Art. 2º. O recesso judiciário importa em suspensão não apenas do expediente forense, mas, igualmente, dos prazos processuais e da publicação de acórdãos, sentenças e decisões, bem como da intimação de partes ou de advogados, na primeira e segunda instâncias, exceto com relação às medidas consideradas urgentes.

§ 1º. O período equivalente ao recesso para os órgãos do Poder Judiciário da União corresponde ao feriado previsto no inciso I do art. 62 da Lei nº 5.010/1966, devendo também ser observado o sistema de plantão.

§ 2º. A suspensão prevista no caput não obsta a prática de ato processual necessário à preservação de direitos e de natureza urgente.

Art. 3º. Será suspensa a contagem dos prazos processuais em todos os órgãos do Poder Judiciário, inclusive da União, entre 20 de dezembro a 20 de janeiro, período no qual não serão realizadas audiências e sessões de julgamento, como previsto no art. 220 do Código de Processo Civil, independentemente da fixação ou não do recesso judiciário previsto no artigo 1º desta Resolução.

Parágrafo único. O expediente forense será executado normalmente no período de 7 a 20 de janeiro, inclusive, mesmo com a suspensão de prazos, audiências e sessões, com o exercício, por magistrados e servidores, de suas atribuições regulares, ressalvadas férias individuais e feriados, a teor do § 2º do art. 220 do Código de Processo Civil.

Art. 4º. Ficam revogadas as Resoluções CNJ nº 8, de 29 de novembro de 2015 e nº 241, de 9 de setembro de 2016.

Art. 5º. Esta resolução entra em vigor na data de sua publicação.

Ministro Ricardo Lewandowski

RESOLUÇÃO CNJ Nº 271, DE 11 DE DEZEMBRO DE 2018
[art. 169 do CPC]

Fixa parâmetros de remuneração a ser paga aos conciliadores e mediadores judiciais, nos termos do disposto no art. 169 do Código de Processo Civil – Lei nº 13.105/2015 e no art. 13 da Lei de Mediação – Lei nº 13.140/2015.

O Presidente do Conselho Nacional de Justiça, no uso de suas atribuições legais e regimentais,

Considerando competir ao CNJ o controle da atuação administrativa e financeira do Poder Judiciário, bem como zelar pela observância do art. 37 da Constituição Federal;

Considerando a premência de mediações sem ônus às partes nas demandas com gratuidade de justiça, nos termos do § 2º do art. 4º da Lei nº 13.120/2015 (Lei de Mediação);

Considerando a necessidade de proporcionar remuneração digna aos mediadores para que o mercado de trabalho congregue bons profissionais no campo da justiça consensual, consoante estabelece o art. 169 do Código de Processo Civil;

Considerando o disposto no art. 6º, XI, da Resolução CNJ nº 125/2010, que determina a criação de parâmetros de remuneração aos mediadores judiciais, pelo próprio CNJ, conforme previsão do art. 169 do Código de Processo Civil;

Considerando o disposto no § 10 do art. 8º da Resolução CNJ nº 125/2010, o qual estabelece que o Cadastro Nacional de Mediadores Judiciais e Conciliadores conterá informações referentes às avaliações dos mediadores judiciais e conciliadores, a fim de auxiliar na escolha dos facilitadores;

Considerando a deliberação do Plenário do CNJ no Ato Normativo nº 0001874-88.2016.2.00.0000, na 40ª Sessão Virtual, realizada entre 22 e 30 de novembro de 2018;

Resolve:

Art. 1º. Os valores a serem pagos pelos serviços de mediação judicial são os fixados pelo tribunal, conforme parâmetros sugeridos na tabela constante do anexo desta Resolução, ressalvada a hipótese de tribunais que tenham quadro próprio de conciliadores e mediadores judiciais admitidos mediante concurso público de provas e títulos.

Art. 2º. O mediador deverá indicar expectativa de remuneração, por patamares, quando de sua inscrição no Cadastro Nacional de Mediadores Judiciais e Conciliadores, com vistas ao cumprimento do estabelecido no § 1º do art. 169 do Código de Processo Civil, que determina, nos casos de justiça gratuita, a possibilidade de escolha, pela própria parte, de mediadores judiciais que atuem voluntariamente ou *pro bono*.

§ 1º. Os patamares remuneratórios relativos às faixas de autoatribuição serão denominados da seguinte forma:

I – voluntário;

II – básico (nível de remuneração 1);

III – intermediário (nível de remuneração 2);

IV – avançado (nível de remuneração 3); e

V – extraordinário.

§ 2º. A alteração de faixas remuneratórias deverá ser realizada no Cadastro Nacional de

Mediadores Judiciais e Conciliadores, sendo que a elevação per saltum de faixas deverá ser precedida de aprovação pelo Coordenador do NUPEMEC.

§ 3º. O custeio dos parâmetros tratados neste artigo será suportado pelas partes a título de remuneração de mediadores judiciais, consoante tabela anexa, podendo os tribunais, nos termos do art. 13 da Lei de Mediação, aumentar ou reduzir os valores para atender à realidade local.

§ 4º. A remuneração do mediador judicial deverá ser recolhida pelas partes, preferencialmente em frações iguais, de acordo com a referida tabela.

§ 5º. O depósito das remunerações do mediador judicial deverá ser feito de modo antecipado, diretamente na conta corrente por ele indicada, seguindo estimativa apresentada na primeira sessão de mediação.

§ 6º. A primeira sessão de apresentação de mediação não poderá ser cobrada pelo mediador e deverá conter, além da estimativa inicial da quantidade de horas de trabalho, informações sobre o procedimento e orientações acerca da sua confidencialidade, nos termos do art. 14 da Lei de Mediação.

§ 7º. As câmaras privadas de conciliação e mediação, na forma do art. 12-D da Resolução CNJ nº 125/2010, a título de contrapartida de seu credenciamento, deverão atuar, a título não oneroso, em 20% (vinte por cento) dos casos encaminhados pelo Poder Judiciário, com o fim de atender aos processos em que foi deferida a gratuidade, cabendo ao CEJUSC ou ao NUPEMEC a indicação dos casos em que atuarão nesta modalidade.

§ 8º. Os conciliadores e mediadores das categorias previstas nos incisos II a V do § 1º, em contrapartida à sua inscrição no Cadastro Nacional de Mediadores Judiciais e Conciliadores ou em Cadastro de Tribunal de Justiça ou de Tribunal Regional Federal, deverão atuar a título não oneroso em 10% (dez por cento) dos casos encaminhados pelo Poder Judiciário, com o fim de atender aos processos em que foi deferida a gratuidade, cabendo ao CEJUSC ou ao NUPEMEC a indicação dos casos que serão atendidos nesta modalidade, respeitada a correspondência entre a complexidade do caso e a categoria do mediador e do conciliador.

Art. 3º. Nas demandas com valor inferior a R$ 500.000,00 (quinhentos mil reais), após a primeira sessão de apresentação de mediação e anuência das partes quanto à continuidade da autocomposição, será devido ao mediador o pagamento mínimo de 5 (cinco) horas de mediação, a ser preferencialmente antecipado, de forma proporcional, pelas partes.

§ 1º. Após a assinatura do Termo de Mediação, as partes deverão recolher o valor equivalente a dez horas de atuação, ressalvados o direito à restituição de saldo devedor, se houver, ao final do procedimento autocompositivo, e a obrigatoriedade de complementação do depósito inicial, na hipótese de a mediação ultrapassar as dez horas inicialmente previstas.

§ 2º. Nas demandas acima de R$ 500.000,00 (quinhentos mil reais), será garantido ao mediador o pagamento de, no mínimo, vinte horas de atuação, cujo valor, sujeito à complementação ao longo do procedimento, será antecipado pelas partes.

§ 3º. Na hipótese de atuação no patamar extraordinário, mediador judicial e partes deverão negociar, conjuntamente, a forma da remuneração.

§ 4º. O mediador judicial fará jus ao recebimento das horas mínimas somente se houver a realização de uma sessão de mediação após a apresentação do procedimento de mediação.

§ 5º. Ao final da mediação, o mediador deverá encaminhar às partes, juntamente com recibo ou nota fiscal de serviços, relatório das horas mediadas, contendo data, local e duração das sessões de mediação.

Art. 4º. No caso de desistência da mediação por uma das partes após a sessão de apresentação e antes da primeira reunião, o mediador deverá restituir integralmente o valor depositado.

Art. 5º. O mediador deverá encaminhar, no final de cada mês, ao Centro Judiciário de Solução de Conflitos e Cidadania ao qual estiver vinculado, relatório das horas trabalhadas.

Art. 6º. O pagamento ao mediador será efetuado, preferencialmente, no decorrer do procedimento, sob a forma de adiantamento de horas mediadas, nos termos do art. 3º desta Resolução.

Art. 7º. Os conciliadores serão remunerados quando houver necessidade, com base no nível de remuneração um da tabela anexa, podendo cada tribunal fixar remuneração em valor diverso por ato ou outro critério que melhor atender à sua conveniência.

ANEXO II – RESOLUÇÕES – CNJ **RES. Nº 455**

Art. 8º. Os valores constantes da tabela anexa serão reajustados a cada início do ano judiciário, considerando a inflação do ano anterior, pelo Índice Nacional de Preços ao Consumidor Amplo (IPCA/IBGE).

Art. 9º. Esta Resolução entra em vigor na data de sua publicação.

Ministro Dias Toffoli

ANEXO
TABELA DE REMUNERAÇÃO

Patamar Básico (Nível de remuneração 1)	
VALOR ESTIMADO DA CAUSA	**VALOR DA HORA**
Até R$ 50.000,00	R$ 60,00
R$ 50.000,01 a R$ 100.000,00	R$ 80,00
R$ 100.000,01 a R$ 250.000,00	R$ 120,00
R$ 250.000,01 a R$ 500.000,00	R$ 220,00
R$ 500.000,01 a R$ 1.000.000,00	R$ 330,00
R$ 1.000.000,01 a R$ 2.000.000,00	R$ 440,00
R$ 2.000.000,01 a R$ 10.000.000,00	R$ 550,00
Acima de R$ 10.000.000,00	R$ 700,00

Patamar Intermediário (Nível de remuneração 2)	
VALOR ESTIMADO DA CAUSA	**VALOR DA HORA**
Até R$ 50.000,00	R$ 180,00
R$ 50.000,01 a R$ 100.000,00	R$ 275,00
R$ 100.000,01 a R$ 250.000,00	R$ 330,00
R$ 250.000,01 a R$ 500.000,00	R$ 450,00
R$ 500.000,01 a R$ 1.000.000,00	R$ 550,00
R$ 1.000.000,01 a R$ 2.000.000,00	R$ 800,00
R$ 2.000.000,01 a R$ 10.000.000,00	R$ 900,00
Acima de R$ 10.000.000,00	R$ 1.000,00

Patamar Avançado (Nível de remuneração 3)	
VALOR ESTIMADO DA CAUSA	**VALOR DA HORA**
Até R$ 50.000,00	R$ 350,00
R$ 50.000,01 a R$ 100.000,00	R$ 400,00
R$ 100.000,01 a R$ 250.000,00	R$ 450,00
R$ 250.000,01 a R$ 500.000,00	R$ 550,00
R$ 500.000,01 a R$ 1.000.000,00	R$ 675,00
R$ 1.000.000,01 a R$ 2.000.000,00	R$ 900,00
R$ 2.000.000,01 a R$ 10.000.000,00	R$ 1.000,00
Acima de R$ 10.000.000,00	R$ 1.250,00

Patamar Extraordinário
Valor da hora negociado diretamente com o mediador, independentemente do valor da causa

RESOLUÇÃO CNJ Nº 455, DE 27 DE ABRIL DE 2022

[arts. 196; 205, § 3º; 246, §§ 1º e 2º; 270; 272; 285, parágrafo único; e 1.050 do CPC]

Institui o Portal de Serviços do Poder Judiciário (PSPJ), na Plataforma Digital do Poder Judiciário (PDPJ-Br), para usuários externos.

RES. Nº 455 ANEXOS

O Presidente do Conselho Nacional de Justiça (CNJ), no uso de suas atribuições legais e regimentais,

Considerando o disposto no art. 196 da Lei nº 13.105/2015, que atribui ao CNJ a competência para regulamentar a prática e a comunicação oficial de atos processuais por meio eletrônico e velar pela compatibilidade dos sistemas;

Considerando o estabelecido no art. 246, § 1º, da Lei nº 13.105/2015, determinando cadastro para recebimento de comunicações processuais em meio eletrônico, bem como a diversidade de critérios para publicação de atos judiciais nos diferentes tribunais brasileiros;

Considerando a dicção do § 3º do art. 205 da Lei nº 13.105/2015, estabelecendo a obrigatoriedade de publicação de todos os despachos, decisões interlocutórias, dispositivos das sentenças e ementas dos acórdãos publicados no Diário de Justiça Eletrônico;

Considerando a conveniência da reunião, em um único ambiente, de serviços disponibilizados aos jurisdicionados;

Considerando a deliberação do Plenário do CNJ no Ato Normativo nº 0001045-97.2022.2.00.0000, na 349ª Sessão Ordinária, realizada em 19 de abril de 2022;

Resolve:

Capítulo I
DAS DISPOSIÇÕES GERAIS

Art. 1º. Esta Resolução institui o Portal de Serviços do Poder Judiciário, bem como regulamenta o Diário da Justiça Nacional e o Domicílio Judicial Eletrônico, criados pela Resolução CNJ nº 234/2016.

Art. 2º. Para os fins desta Resolução, considera-se:

I – meio eletrônico: qualquer forma de armazenamento, tráfego de documentos, arquivos digitais e dados;

II – transmissão eletrônica: toda forma de comunicação a distância com a utilização de redes de comunicação, preferencialmente a rede mundial de computadores;

III – endereço eletrônico: toda forma de identificação individualizada para recebimento e envio de comunicação/mensagem digital, tal como o correio eletrônico (*e-mail*), aplicativos de mensagens, perfis em redes sociais, e o Domicílio Judicial Eletrônico.

IV – URL (*uniform resource locator*): conjunto de caracteres alfanuméricos que identifica um endereço na rede mundial de computadores; e

V – "gov.br": serviço de autenticação e provimento de identidade mantido pelo Poder Executivo Federal.

Capítulo II
DO PORTAL DE SERVIÇOS

Art. 3º. O Portal de Serviços do Poder Judiciário (PSPJ), solução a ser desenvolvida na Plataforma Digital do Poder Judiciário (PDPJ--Br), destinado aos usuários externos, permitirá, entre outras possíveis funcionalidades:

I – a consulta unificada a todos os processos eletrônicos em andamento nos sistemas de tramitação processual conectados à PDPJ-Br;

II – o peticionamento inicial e intercorrente em todos os processos eletrônicos em andamento nos sistemas de tramitação processual conectados à PDPJ-Br;

III – a efetivação de citações, intimações e comunicações processuais em todos os sistemas de tramitação processual eletrônica conectados à PDPJ-Br; e

IV – acesso ao Diário de Justiça Eletrônico Nacional (DJEN).

§ 1º. Realizado o peticionamento, será entregue ao usuário recibo de protocolo, assinado digitalmente pelo próprio sistema, contendo pelo menos, as seguintes informações:

I – número do protocolo, que deve identificar o peticionamento de forma unívoca;

II – data e hora do peticionamento no sistema, relativamente ao fuso horário de Brasília/DF (GMT-003);

III – o tribunal e o juízo destinatário da petição;

IV – o número do processo;

V – lista com o *hash* criptográfico da petição e de cada um dos documentos anexos a ela;

VI – o nome e o número no Cadastro de Pessoa Física (CPF) ou no Cadastro Nacional de Pessoa Jurídica (CNPJ) do usuário que realizou o peticionamento; e

VII – número de inscrição na Ordem de Advogados do Brasil (OAB), se o(a) usuário(a) peticionante for advogado(a).

§ 2º. O recibo mencionado no parágrafo anterior faz prova do peticionamento no sistema, devendo existir no Portal de Serviços página que permita sua validação e conferência de conteúdo.

§ 3º. O protocolo de petições, por meio do Portal de Serviços, é considerado como realizado diretamente perante o juízo, servindo o recibo mencionado nos parágrafos anteriores como prova do cumprimento do prazo processual para os fins do art. 218 do CPC/2015.

§ 4º. A petição, seus eventuais anexos e o recibo do protocolo referido no § 1º serão juntados aos autos do processo eletrônico automaticamente.

Art. 4º. Os tribunais deverão empregar o Portal de Serviços a partir de sua disponibilização na PDPJ-Br.

§ 1º. A adesão ao Portal de Serviços não excluirá a possibilidade de manutenção concomitante de ferramenta própria do tribunal durante o período de adaptação do novo sistema.

§ 2º. Ato da presidência do CNJ definirá o prazo de uso concomitante das ferramentas tratadas no parágrafo anterior.

Art. 5º. Para acesso ao Portal de Serviços, é obrigatória a utilização do Sistema de Login Único (*Single Sign On*) da PDPJ-Br.

Parágrafo único. As citações, intimações e comunicações eletrônicas efetivadas por meio do Domicílio Judicial Eletrônico, previsto no art. 14 desta Resolução, bem como do Diário de Justiça Eletrônico Nacional, previsto no art. 11, estarão disponibilizadas para consulta centralizada no Portal de Serviços.

Art. 6º. Considera-se indisponível o Portal de Serviços quando ocorrer a inacessibilidade pelo público externo, diretamente ou por meio de API/webservice, a qualquer dos seguintes serviços:

I – consulta aos autos digitais;

II – transmissão eletrônica de atos processuais; ou

III – acesso a citações, intimações ou notificações eletrônicas.

§ 1º. Não caracterizam indisponibilidade as falhas de transmissão de dados entre as estações de trabalho do público externo e a rede de comunicação pública, assim como eventual impossibilidade técnica que decorra de falhas nos equipamentos ou programas dos usuários.

§ 2º. É de responsabilidade do usuário:

I – o acesso ao seu provedor da internet e a configuração do computador utilizado nas transmissões eletrônicas; e

II – o acompanhamento do regular recebimento das petições e documentos transmitidos eletronicamente.

Art. 7º. A indisponibilidade definida no artigo anterior será aferida por sistema de auditoria fornecido pelo CNJ ou por órgão a quem for atribuída tal responsabilidade.

§ 1º. O sistema de auditoria deverá verificar a disponibilidade externa dos serviços referidos no art. 6º em intervalos de tempo não superiores a 5 (cinco) minutos.

§ 2º. Toda indisponibilidade do Portal de Serviços será registrada em relatório de interrupção de funcionamento, a ser disponibilizado no próprio Portal, contendo as seguintes informações:

I – serviços que ficaram indisponíveis;

II – data e horário de início da indisponibilidade; e

III – data e horário de término da indisponibilidade.

§ 3º. O relatório deverá ser disponibilizado, preferencialmente, logo após a ocorrência de interrupção, e, no máximo, até 12 (doze) horas após sua constatação.

Art. 8º. Os prazos que vencerem no dia da ocorrência de indisponibilidade de quaisquer dos serviços referidos no art. 6º serão prorrogados para o dia útil subsequente, quando:

I – a indisponibilidade for superior a 60 (sessenta) minutos, ainda que não de forma ininterrupta, desde que tenha ocorrido entre as 6 (seis) horas e 23 (vinte e três) horas; e

II – ocorrer qualquer indisponibilidade entre as 23 (vinte e três) e 24 (vinte e quatro) horas.

§ 1º. As indisponibilidades que eventualmente ocorram entre meia-noite e 6 (seis) horas dos dias de expediente forense, bem como em feriados e finais de semana, independentemente do horário, não produzirão qualquer efeito.

§ 2º. Os prazos fixados em horas ou minutos serão prorrogados até às 24 (vinte e quatro) horas do dia útil seguinte quando:

I – a indisponibilidade for superior a 60 (sessenta) minutos, ainda que não de forma ininterrupta, desde que tenha ocorrido entre as 6 (seis) horas e 23 (vinte e três) horas; e

II – ocorrer indisponibilidade nos 60 (sessenta) minutos que antecederem o término do prazo fixado.

§ 3º. O Portal de Serviços emitirá, diariamente, relatório relacionando todas as indisponibilidades ocorridas no sistema.

Art. 9º. A indisponibilidade previamente programada produzirá as consequências previstas em lei e na presente Resolução, devendo ser ostensivamente comunicada ao público externo com, pelo menos, 5 (cinco) dias de antecedência, salvo nos casos de urgência.

Art. 10. A comunicação oficial dos atos processuais por meio eletrônico observará o disposto nesta Resolução.

Capítulo III
DO DIÁRIO DE JUSTIÇA ELETRÔNICO NACIONAL (DJEN)

Art. 11. O Diário de Justiça Eletrônico Nacional (DJEN), originalmente criado pela Resolução CNJ nº 234 /2016, passa a ser regulamentado pelo presente ato normativo, constitui a plataforma de editais do CNJ e o instrumento de publicação dos atos judiciais dos órgãos do Poder Judiciário.

§ 1º. O DJEN pode ser utilizado como instrumento para publicação das decisões proferidas em processos administrativos de competência das corregedorias ou em processos administrativos disciplinares (PAD) instaurados contra magistrados, servidores ou agentes delegados do foro extrajudicial.

§ 2º. A publicação no DJEN substitui qualquer outro meio de publicação oficial, para fins de intimação, à exceção dos casos em que a lei exija vista ou intimação pessoal, que serão realizadas por meio do Domicílio Judicial Eletrônico, previsto no art. 14 desta Resolução, nos termos do art. 5º da Lei nº 11.419/2006.

§ 3º. Nos casos em que a lei não exigir vista ou intimação pessoal, os prazos processuais serão contados na forma do art. 224 do CPC/2015, possuindo valor meramente informacional a eventual concomitância de intimação ou comunicação por outros meios.

Art. 12. O DJEN substitui os atuais diários de justiça eletrônicos mantidos pelos órgãos do Poder Judiciário e estará disponível no Portal de Serviços e no sítio do CNJ na rede mundial de computadores.

§ 1º. Na intimação realizada pelo DJEN deverá constar, obrigatoriamente, sob pena de nulidade, a indicação do tribunal, do órgão julgador, o número único do processo, os nomes das partes, de seus advogados e os respectivos números de inscrição na OAB ou, se assim requerido, da sociedade de advogados, nos termos do art. 272 do CPC/2015.

§ 2º. A divulgação dos dados processuais no DJEN observará, nos processos sujeitos a sigilo ou segredo de justiça, o disposto na lei e na Resolução CNJ nº 121/2010.

Art. 13. Serão objeto de publicação no DJEN:

I – o conteúdo dos despachos, das decisões interlocutórias, do dispositivo das sentenças e da ementa dos acórdãos, conforme previsão do § 3º do art. 205 do CPC/2015;

II – as intimações destinadas aos advogados nos sistemas de processo judicial eletrônico, cuja ciência não exija vista ou intimação pessoal;

III – a lista de distribuição prevista no parágrafo único do art. 285 do CPC/2015;

IV – os atos destinados à plataforma de editais do CNJ, nos termos do CPC/2015; e

V – os demais atos, cuja publicação esteja prevista na lei processual, nos regimentos internos e nas disposições normativas dos tribunais e conselhos.

Art. 14. O conteúdo das publicações incluídas no DJEN deverá ser assinado digitalmente.

Capítulo IV
DO DOMICÍLIO JUDICIAL ELETRÔNICO

Art. 15. O Domicílio Judicial Eletrônico, originalmente criado pela Resolução CNJ nº 234/2016, passa a ser regulamentado pelo presente ato normativo, constituindo o ambiente digital integrado ao Portal de Serviços, para a comunicação processual entre os órgãos do Poder Judiciário e os destinatários que sejam ou não partes na relação processual.

Parágrafo único. É obrigatória a utilização do Domicílio Judicial Eletrônico por todos os tribunais.

Art. 16. O cadastro no Domicílio Judicial Eletrônico é obrigatório para a União, para os Estados, para o Distrito Federal, para os Municípios, para as entidades da administração indireta e para as empresas públicas e privadas, para efeitos de recebimento de citações e intimações, conforme disposto no art. 246, *caput* e § 1º, do CPC/2015, com a alteração realizada pela Lei nº 14.195/2021.

§ 1º. Para os fins deste artigo, haverá compartilhamento de banco de dados cadastrais de órgãos governamentais com o órgão do Poder Judiciário, nos termos da legislação aplicável ao tratamento de dados pessoais (Lei nº 13.709/2018).

§ 2º. As pessoas físicas, nos termos do art. 77, VII, do CPC, poderão realizar cadastro no Domicílio Judicial Eletrônico para efetuar consultas públicas, bem como para o recebimento de citações e intimações, por meio:

I – do Sistema de *Login* Único da PDPJ-Br, via autenticação no serviço "gov.br" do Poder

Executivo Federal, com nível de conta prata ou ouro; e

II – de autenticação com uso de certificado digital.

§ 3º. O disposto no *caput* aplica-se ao Ministério Público, à Defensoria Pública e à Advocacia Pública, conforme disposições do art. 1.050 do CPC, inclusive para o recebimento de intimações, nos moldes do art. 270, *caput* e § 1º, do CPC.

Art. 17. O disposto no art. 16 não se aplica às microempresas e às empresas de pequeno porte que possuírem endereço eletrônico cadastrado no sistema integrado da Rede Nacional para a Simplificação do Registro e da Legalização de Empresas e Negócios (*Redesim*), nos termos previstos no § 5º do art. 246 do CPC/2015.

§ 1º. O endereço eletrônico previamente cadastrado na *Redesim* pelas microempresas e pelas empresas de pequeno porte será aproveitado para os fins a que alude o artigo 15.

§ 2º. As microempresas e as empresas de pequeno porte que não possuírem cadastro no sistema integrado da *Redesim* ficam sujeitas ao cumprimento do disposto no artigo 16.

Art. 18. A citação por meio eletrônico será realizada exclusivamente pelo Domicílio Judicial Eletrônico, nos termos do art. 246 do CPC, com exceção da citação por Edital, a ser realizada via DJEN.

Art. 19. A identificação no Domicílio Judicial Eletrônico será feita pelo número do CPF ou do CNPJ mantido junto à Secretaria da Receita Federal do Brasil.

Art. 20. O aperfeiçoamento da comunicação processual por meio eletrônico, com a correspondente abertura de prazo, se houver, ocorrerá no momento em que o destinatário, por meio do Portal de Serviços, ou por integração automatizada via consumo de API, obtiver acesso ao conteúdo da comunicação.

§ 1º. Quando a consulta ocorrer em dia não útil, a comunicação processual será considerada realizada no primeiro dia útil subsequente.

§ 2º. Efetuado o acesso de que trata o § 1º, o sistema registrará o fato.

§ 3º. Nos casos de citação por meio eletrônico, não havendo aperfeiçoamento em até 3 (três) dias úteis, contados da data do envio da comunicação processual ao Domicílio Judicial Eletrônico, o sistema gerará automaticamente a informação da ausência de citação para os fins previstos no § 1º-A do art. 246 do CPC/2015.

§ 4º. Para os demais casos, não havendo aperfeiçoamento da comunicação processual em até 10 (dez) dias corridos contados da data do envio da comunicação processual ao Domicílio Judicial Eletrônico, considerar-se-á automaticamente realizada na data do término desse prazo, nos termos do art. 5º, § 3º, da Lei nº 11.419/2006, não se aplicando o disposto no art. 219 do CPC/2015 a esse interstício.

Art. 21. As comunicações processuais deverão indicar, no mínimo:

I – o tribunal, o sistema de processo eletrônico, o órgão julgador e o número único do processo judicial, nos termos da Resolução CNJ nº 65/2008;

II – a identificação do responsável pela produção da informação;

III – o prazo para eventual cumprimento de ato processual decorrente da publicação; e

IV – o fornecimento de endereço virtual (URL), que permita acesso ao conteúdo integral dos documentos que compõem a comunicação processual.

Art. 22. As comunicações processuais permanecerão disponíveis para consulta no Domicílio Judicial Eletrônico por período correspondente a 24 (vinte e quatro) meses e poderão ser excluídas após este prazo.

Capítulo V
DISPOSIÇÕES FINAIS

Art. 23. O Domicílio Judicial Eletrônico e o Portal de Serviços deverão conter funcionalidade que permita a interoperabilidade com os órgãos do Poder Judiciário, bem como com sistemas públicos e privados, por meio de API, assegurados os requisitos de autenticidade e de integridade previstos no art. 195 do CPC/2015.

Art. 24. A partir da disponibilização do Domicílio Judicial Eletrônico e do Portal de Serviços na PDPJ, os interessados terão prazo de 90 (noventa) dias para atualização dos dados cadastrais a serem utilizados pelo sistema, na forma disciplinada no presente normativo.

Art. 25. A presidência do CNJ divulgará os requisitos técnicos mínimos exigidos para a transmissão eletrônica dos atos processuais destinados ao Domicílio Judicial Eletrônico e ao Portal de Serviços.

§ 1º. A contar da publicação dos requisitos previstos no *caput*, os órgãos do Poder Judiciário terão o prazo de 90 (noventa) dias para a adequação de seus sistemas processuais eletrônicos, de modo a utilizarem os serviços instituídos nesta Resolução.

§ 2º. Os serviços atualmente disponibilizados em decorrência da Resolução nº 234/2016, bem como o escritório digital devem ser mantidos em produção até que sobrevenha o cumprimento do disposto no § 1º.

Art. 26. Os sistemas previstos nesta Resolução deverão conter funcionalidade que permita, em caráter informativo, efetivar a remessa de correspondência eletrônica, por qualquer ferramenta (*e-mail, sms, aplicativos de comunicação*) aos que manifestarem interesse por esse serviço.

Art. 27. As normas previstas nesta Resolução não alcançam o Supremo Tribunal Federal que, todavia, poderá integrar-se ao Portal de Serviços, ao DJEN e ao Domicílio Eletrônico.

Art. 28. Esta Resolução entra em vigor na data de sua publicação, revogando-se as disposições em contrário, em especial a Resolução CNJ nº 234/2016.

Ministro Luiz Fux

RESOLUÇÃO CNJ Nº 460, DE 6 DE MAIO DE 2022

Dispõe sobre a instalação, implementação e aperfeiçoamento da Justiça Itinerante, no âmbito dos Tribunais Regionais Federais, dos Tribunais Regionais do Trabalho e dos Tribunais de Justiça e dá outras providências.

O Presidente do Conselho Nacional de Justiça (CNJ), no uso de suas atribuições legais e regimentais,

Considerando que o princípio constitucional do acesso à justiça é um direito fundamental, previsto no artigo 5º, inciso XXXV, da Constituição da República;

Considerando que a Carta Magna garante a todos os brasileiros e estrangeiros residentes no país o amplo acesso à Justiça;

Considerando que é responsabilidade do Estado garantir que todos os cidadãos brasileiros e estrangeiros residentes no país possam reivindicar a proteção e a garantia de seus direitos;

Considerando que o acesso à Justiça e a efetividade da prestação jurisdicional são reconhecidamente deficitárias, por existirem inúmeros obstáculos à concretização desses direitos em vários quadrantes nacionais;

Considerando que a Emenda Constitucional nº 45/2004, que contextualizou a Reforma do Judiciário, firmou nos arts. 107 § 2º, 115, § 1º e 125, § 7º, da Constituição da República, o dever de os Tribunais Regionais Federais, os Tribunais Regionais do Trabalho e os Tribunais de Justiça instalarem a Justiça Itinerante, com a realização de audiências e demais funções da atividade jurisdicional, nos limites territoriais das respectivas jurisdições servindo-se de equipamentos públicos e comunitários;

Considerando que a Justiça Itinerante permite a presença do Estado-Juiz em locais onde habitam pessoas que, por precariedade, condições econômicas, sociais, geográficas ou outras, não têm acesso à Justiça;

Considerando o disposto no parágrafo único do art. 95 da Lei nº 9.099/1995 que, na forma da Lei nº 12.726/2012, determina aos Tribunais de Justiça a criação e instalação de Juizados Especiais itinerantes, para dirimir conflitos existentes em áreas rurais ou locais de menor concentração de população e, inclusive, a aplicação subsidiária da Lei nº 9.099/1995 aos Juizados Especiais da Fazenda Pública, na forma da Lei nº 12.153/2009;

Considerando o disposto no parágrafo único do art. 22 da Lei nº 10.259/2001, o qual prevê o funcionamento do Juizado Especial Federal em caráter itinerante;

Considerando que compete ao CNJ o controle da atuação administrativa e financeira do Poder Judiciário, o cumprimento dos deveres funcionais dos juízes (art. 103-B, § 4º, da Constituição Federal), além da expedição de atos normativos e recomendações;

Considerando que o CNJ definiu como Macrodesafios do Poder Judiciário para o período de 2021 a 2026, dentre outros, a agilidade e produtividade na prestação jurisdicional e a garantia dos direitos fundamentais;

Considerando a necessidade de cooperação entre as diversas Cortes para a efetiva implementação de projetos comuns e/ou de Justiças Itinerantes – pauta constante das Recomendações CNJ nº 38/2011, nº 28/2009, e nº 37/2019;

Considerando a Resolução CNJ nº 350/2020, que estabelece diretrizes e procedimentos sobre a cooperação judiciária nacional entre os órgãos do Poder Judiciário;

Considerando que, por meio do Provimento nº 20/2012, a Corregedoria Nacional

ANEXO II – RESOLUÇÕES – CNJ **RES. Nº 460**

de Justiça autorizou a participação de magistrados na troca de experiências em mutirões, Justiça Itinerante e em atividades jurisdicionais e institucionais em outras unidades federativas do Brasil;

Considerando que a cooperação judiciária é o novo princípio estruturador do Poder Judiciário Nacional, para garantir o cumprimento do direito fundamental de acesso à Justiça, como referem o parágrafo único do art. 110 e o art. 112, ambos da Constituição Federal de 1988;

Considerando que a Justiça Itinerante promove o encontro e a aproximação entre a Magistratura e a Cidadania;

Considerando a deliberação do Plenário do CNJ no Ato Normativo nº 0002585-83.2022.2.00.0000, na 351ª Sessão Ordinária, realizada em 24 de maio de 2022;

Resolve:

Capítulo I
DAS DISPOSIÇÕES GERAIS

Art. 1º. Estabelecer diretrizes e procedimentos para efetivar o pleno acesso à Justiça por meio dos Serviços da Justiça Itinerante (SEJI).

Art. 2º. Os Serviços da Justiça Itinerante são regidos pelos seguintes princípios:

I – jurisdição ampla para garantir o direito fundamental de acesso à Justiça;

II – cooperação judiciária visando à efetividade da prestação jurisdicional;

III – universalidade da jurisdição, quando necessário, para garantir amplo acesso à Justiça;

IV – processo e procedimento orientados pela ampliação máxima de acesso à Justiça, segundo critérios da oralidade, simplicidade, informalidade, economia processual, celeridade, efetividade, coleta imediata da prova, audiência una, buscando, sempre que possível, a autocomposição e efetividade nas comunicações e intimações;

V – aproximação dos serviços do sistema de Justiça da sociedade vulnerável ou que se encontre em locais de difícil acesso;

VI – garantia do acesso digital ao excluído digitalmente, devendo o tribunal promover um ambiente de acolhimento e informação para o uso correto da tecnologia; e

VII – promoção de atos de cidadania e garantia dos direitos humanos.

Art. 3º. Para garantir o pleno exercício do direito de acesso à Justiça por meio dos Serviços da Justiça Itinerante, para superação de barreiras geográficas, socioeconômicas ou de outra ordem impeditiva do referido acesso, compete aos Tribunais Regionais Federais, aos Tribunais Regionais do Trabalho e aos Tribunais de Justiça dos Estados e do Distrito Federal:

I – instalar e implementar, concreta e efetivamente, os Serviços da Justiça Itinerante, adequando-os às suas peculiaridades geográficas, populacionais e sociais;

II – incluir em seus orçamentos anuais, sempre que o tribunal decidir realizar uma atividade de Justiça Itinerante, rubricas próprias que garantam disponibilidade financeira para os custos de realização dos Serviços da Justiça Itinerante;

III – promover ações integradas e de cooperação entre tribunais, estabelecendo convênios e parcerias com instituições integrantes e essenciais ao sistema de Justiça, bem como com outros órgãos e entidades públicas ou privadas que ajudem a viabilizar o cumprimento integral desta resolução; e

IV – organizar, de forma contínua e permanente, os Serviços da Justiça Itinerante.

Parágrafo único. Os Serviços da Justiça Itinerante serão desenvolvidos pelos tribunais que, a partir da análise da dispersão geográfica de suas unidades e das características do acervo processual, bem como considerando os aspectos populacionais e sociais do estado, reputarem a modalidade de serviços como essenciais para a promoção do amplo acesso à Justiça.

Capítulo II
DAS ESPECIFICIDADES PROCEDIMENTAIS

Art. 4º. Os processos judiciais relativos aos Serviços da Justiça Itinerante podem ficar atrelados a uma unidade judiciária ou a um Núcleo Justiça 4.0.

Art. 5º. Poderão ser alcançados pelos Serviços da Justiça Itinerante a conciliação, inclusive pré-processual, o processamento, o julgamento e a execução dos julgados nas causas de competência das justiças estadual, federal ou do trabalho, na forma das disposições de organização judiciária de cada tribunal.

Art. 6º. A restrição de matérias a serem alcançadas pelos Serviços da Justiça Itinerante caberá ao tribunal respectivo nos limites de sua competência.

Art. 7º. Para o fim de se garantir celeridade à tramitação processual, nos processos judiciais relativos aos Serviços da Justiça Itinerante, será fomentada a celebração de negócios jurídicos processuais (Código de Processo Civil, art. 190), sempre respeitando as garantias do contraditório, da ampla defesa e do devido processo legal.

Capítulo III
DA COOPERAÇÃO JUDICIÁRIA E DA COOPERAÇÃO INTERINSTITUCIONAL

Art. 8º. As justiças estadual, federal e do trabalho, na prestação dos Serviços da Justiça Itinerante, deverão atuar preferencialmente de modo cooperativo, primando pela celebração de convênios e parcerias com instituições do sistema de justiça ou outras, públicas e privadas, que venham ampliar o atendimento dos cidadãos a serviços que promovam cidadania e que se relacionem à ação itinerante, obedecendo ao previsto na Resolução CNJ nº 350/2020.

Art. 9º. A cooperação judiciária alcança a prática de qualquer ato processual independentemente de competência por matéria ou territorial, consoante arts. 67 a 69 do Código de Processo Civil.

Art. 10. Para viabilização da cooperação judiciária na itinerância, poderão ser criados Centros de Serviços Cooperados da Justiça Itinerante, dele participando os segmentos de justiça estadual, federal e do trabalho e com abrangência nos limites dos estados e Distrito Federal ou no território de jurisdição das comarcas ou subseções judiciárias.

Parágrafo único. A estrutura material e o corpo funcional dos Centros previstos no *caput* deste artigo serão obtidos por meio de compartilhamento de recursos entre os órgãos do Judiciário envolvidos.

Art. 11. A Justiça Eleitoral poderá instituir os Serviços da Justiça Itinerante e aderir aos Centros de Serviços Cooperados da Justiça Itinerante.

Capítulo IV
DAS DISPOSIÇÕES FINAIS

Art. 12. Na realização dos Serviços da Justiça Itinerante, poderão ser utilizados equipamentos públicos e comunitários, inclusive veículos de qualquer espécie, para maior mobilidade e acesso a regiões remotas.

Art. 13. O magistrado de um tribunal, independente do grau de jurisdição, poderá participar de mutirões, audiências e demais atos processuais relativos aos Serviços da Justiça Itinerante de outro tribunal.

Parágrafo único. Os atos a serem praticados pelo magistrado voluntário serão estabelecidos pelo tribunal em que a atividade será desenvolvida.

Art. 14. Recomenda-se que os tribunais promovam, periodicamente, a "Semana da Justiça Itinerante", praticando atos que primem pela ampliação máxima ao acesso à Justiça, segundo critérios da oralidade, simplicidade, informalidade, economia processual, celeridade, efetividade e coleta imediata da prova, buscando, sempre que possível, a autocomposição e fazendo uso, preferencialmente, dos recursos tecnológicos do Programa Justiça 4.0 deste Conselho.

Parágrafo único. A Presidência do CNJ, com o apoio do Departamento de Pesquisas Judiciárias, poderá divulgar periodicamente as regiões do país com maior dificuldade para acesso à Justiça, considerando as disposições gerais previstas nesta Resolução e regulamento da presidência.

Art. 15. Esta Resolução entra em vigor na data de sua publicação.

Ministro Luiz Fux

ANEXO III

ENUNCIADOS DO FÓRUM PERMANENTE DE PROCESSUALISTAS CIVIS – FPPC*

Aprovados em Salvador: 8 e 9 de novembro de 2013 [Enunciados 1 a 105]

Enunciado 1. (Cancelado).

(*) Enunciado 1 com redação cancelada no III FPPC-Rio.

Enunciado 2. [arts. 10; e 927, § 1º, do CPC] – Para a formação do precedente, somente podem ser usados argumentos submetidos ao contraditório.

Enunciado 3. (Cancelado).

(*) Enunciado 3 com redação cancelada no III FPPC-Rio.

Enunciado 4. [art. 69, § 1º, do CPC] – A carta arbitral tramitará e será processada no Poder Judiciário de acordo com o regime previsto no Código de Processo Civil, respeitada a legislação aplicável.

Enunciado 5. [art. 69, § 3º, do CPC] – O pedido de cooperação poderá ser realizado também entre o árbitro e o Poder Judiciário.

(*) Enunciado 5 com redação revista no IX FPPC-Recife.

Enunciado 6. [arts. 5º, 6º e 190 do CPC] – O negócio jurídico processual não pode afastar os deveres inerentes à boa-fé e à cooperação.

(*) Enunciado 6 com redação revista no III FPPC-Rio.

Enunciado 7. [art. 85, § 18, do CPC] – O pedido, quando omitido em decisão judicial transitada em julgado, pode ser objeto de ação autônoma.

Enunciado 8. [art. 85, § 18, do CPC] – Fica superado o Enunciado 453 da Súmula do STJ após a entrada em vigor do CPC (*"Os honorários sucumbenciais, quando omitidos em decisão transitada em julgado, não podem ser cobrados em execução ou em ação própria."*).

Enunciado 9. (Cancelado).

(*) Enunciado 9 com redação cancelada no VI FPPC-Curitiba.

Enunciado 10. [arts. 113, § 2º; e 240, § 1º, do CPC] – Em caso de desmembramento do litisconsórcio multitudinário, a interrupção da prescrição retroagirá à data de propositura da demanda original.

(*) Enunciado 10 com redação revista no III FPPC-Rio.

Enunciado 11. [arts. 116 e 124 do CPC] – O litisconsorte unitário, integrado ao processo a partir da fase instrutória, tem direito de especificar, pedir e produzir provas, sem prejuízo daquelas já produzidas, sobre as quais o interveniente tem o ônus de se manifestar na primeira oportunidade em que falar no processo.

(*) Enunciado 11 com redação revista no III FPPC-Rio.

Enunciado 12. [arts. 139, IV; 523, § 3º; 536; e 771, parágrafo único, do CPC] – A aplicação das medidas atípicas sub-rogatórias e coercitivas é cabível em qualquer obrigação no cumprimento de sentença ou execução de título executivo extrajudicial. Essas medidas, contudo, serão aplicadas de forma subsidiária às medidas tipificadas, com observação do contraditório, ainda que diferido, e por meio de decisão à luz do art. 489, § 1º, I e II.

(*) Enunciado 12 com redação revista no III FPPC-Rio.

Enunciado 13. [art. 189, IV, do CPC] – O disposto no inciso IV do art. 189 abrange todo e qualquer ato judicial relacionado à arbitragem, desde que a confidencialidade seja comprovada perante o Poder Judiciário, ressalvada em qualquer caso a divulgação das decisões, preservada a identidade das partes e os fatos da causa que as identifiquem.

(*) Enunciado 13 com redação revista no III FPPC-Rio.

Enunciado 14. (Cancelado).

(*) Enunciado 14 com redação cancelada no III FPPC-Rio.

Enunciado 15. [art. 189, IV, do CPC] – As arbitragens que envolvem a Administração Pública respeitarão o princípio da publicidade, observadas as exceções legais (vide art. 2º, § 3º, da Lei nº 9.307/1996, com a redação da Lei nº 13.129/2015)

(*) Disponíveis em: https://diarioprocessual.com/2022/03/23/enunciados-fppc-2022/. Acesso em: 17.2.2023. (Total de 731 enunciados.)

ANEXOS

Enunciado 16. [art. 190, parágrafo único, do CPC] – O controle dos requisitos objetivos e subjetivos de validade da convenção de procedimento deve ser conjugado com a regra segundo a qual não há invalidade do ato sem prejuízo.

Enunciado 17. [art. 190 do CPC] – As partes podem, no negócio processual, estabelecer outros deveres e sanções para o caso do descumprimento da convenção.

(*) Enunciado 17 com redação revista no III FPPC-Rio.

Enunciado 18. [art. 190, parágrafo único, do CPC] – Há indício de vulnerabilidade quando a parte celebra acordo de procedimento sem assistência técnico-jurídica.

Enunciado 19. [art. 190 do CPC] – São admissíveis os seguintes negócios processuais, dentre outros: pacto de impenhorabilidade, acordo de ampliação de prazos das partes de qualquer natureza, acordo de rateio de despesas processuais, dispensa consensual de assistente técnico, acordo para retirar o efeito suspensivo de recurso, acordo para não promover execução provisória; pacto de mediação ou conciliação extrajudicial prévia obrigatória, inclusive com a correlata previsão de exclusão da audiência de conciliação ou de mediação prevista no art. 334; pacto de exclusão contratual da audiência de conciliação ou de mediação prevista no art. 334; pacto de disponibilização prévia de documentação (*pacto de disclosure*), inclusive com estipulação de sanção negocial, sem prejuízo de medidas coercitivas, mandamentais, sub-rogatórias ou indutivas; previsão de meios alternativos de comunicação das partes entre si; acordo de produção antecipada de prova; a escolha consensual de depositário-administrador no caso do art. 866; convenção que permita a presença da parte contrária no decorrer da colheita de depoimento pessoal.

(*) Enunciado 19 com redação revista no III FPPC-Rio, no V FPPC-Vitória e no V FPPC-Curitiba.

Enunciado 20. [art. 190 do CPC] – Não são admissíveis os seguintes negócios bilaterais, dentre outros: acordo para modificação da competência absoluta, acordo para supressão da primeira instância, acordo para afastar motivos de impedimento do juiz, acordo para criação de novas espécies recursais, acordo para ampliação das hipóteses de cabimento de recurso.

(*) Enunciado 20 com redação revista no VI FPPC-Curitiba.

Enunciado 21. [art. 190 do CPC] – São admissíveis os seguintes negócios, dentre outros: acordo para realização de sustentação oral, acordo para ampliação do tempo de sustentação oral, julgamento antecipado do mérito convencional, convenção sobre prova, redução de prazos processuais.

(*) Enunciado 21 com redação revista no III FPPC-Rio.

Enunciado 22. [arts. 218, § 4º; e 1.003 do CPC] – O Tribunal não poderá julgar extemporâneo ou intempestivo recurso, na instância ordinária ou na extraordinária, interposto antes da abertura do prazo.

Enunciado 23. [arts. 218, § 4º; e 1.024, § 5º, do CPC] – Fica superado o Enunciado 418 da Súmula do STJ após a entrada em vigor do CPC (*"É inadmissível o recurso especial interposto antes da publicação do acórdão dos embargos de declaração, sem posterior ratificação."*).

Enunciado 24. [art. 237, IV, do CPC] – Independentemente da sede da arbitragem ou dos locais em que se realizem os atos a ela inerentes, a carta arbitral poderá ser processada diretamente pelo órgão do Poder Judiciário do foro onde se dará a efetivação da medida ou decisão, ressalvadas as hipóteses de cláusulas de eleição de foro subsidiário.

(*) Enunciado 24 com redação revista no III FPPC-Rio e no V FPPC-Vitória.

Enunciado 25. [arts. 246, § 3º; e 1.071 do CPC] – A inexistência de procedimento judicial especial para a ação de usucapião e de regulamentação da usucapião extrajudicial não implica vedação da ação, que remanesce no sistema legal, para qual devem ser observadas as peculiaridades que lhe são próprias, especialmente a necessidade de citação dos confinantes e a ciência da União, do Estado, do Distrito Federal e do Município.

(*) Enunciado 25 com redação revista no III FPPC-Rio.

Enunciado 26. [arts. 260; e 267, I, do CPC] – Os requisitos legais mencionados no inciso I do art. 267 são os previstos no art. 260.

Enunciado 27. [arts. 26, § 3º; e 267, do CPC] – Não compete ao juízo estatal revisar o mérito da medida ou decisão arbitral cuja efetivação se requer por meio da carta arbitral, salvo nos casos do § 3º do art. 26 do CPC.

(*) Enunciado 27 com redação revista no IX FPPC-Recife.

Enunciado 28. (Cancelado).

(*) Enunciado 28 com redação cancelada no V FPPC-Vitória.

Enunciado 29. [arts. 298; e 1.015, I, do CPC] – É agravável o pronunciamento judicial que postergar a análise do pedido de tutela pro-

ANEXO III – ENUNCIADOS – FPPC

visória ou condicionar sua apreciação ao pagamento de custas ou a qualquer outra exigência.

(*) Enunciado 29 com redação revista no V FPPC-Vitória e no VII FPPC-São Paulo.

Enunciado 30. [art. 298 do CPC] – O juiz deve justificar a postergação da análise liminar da tutela provisória sempre que estabelecer a necessidade de contraditório prévio.

(*) Enunciado 30 com redação revista no V FPPC-Vitória.

Enunciado 31. [art. 301 do CPC] – O poder geral de cautela está mantido no CPC.

Enunciado 32. [art. 304 do CPC] – Além da hipótese prevista no art. 304, é possível a estabilização expressamente negociada da tutela antecipada de urgência antecedente.

(*) Enunciado 32 com redação revista no V FPPC-Vitória.

Enunciado 33. [art. 304 do CPC] – Não cabe ação rescisória nos casos estabilização da tutela antecipada de urgência.

Enunciado 34. [art. 311, I, do CPC] – Considera-se abusiva a defesa da Administração Pública, sempre que contrariar entendimento coincidente com orientação vinculante firmada no âmbito administrativo do próprio ente público, consolidada em manifestação, parecer ou Súmula administrativa, salvo se demonstrar a existência de distinção ou da necessidade de superação do entendimento.

Enunciado 35. [art. 311 do CPC] – As vedações à concessão de tutela provisória contra a Fazenda Pública limitam-se às tutelas de urgência.

(*) Enunciado 35 com redação revista no V FPPC-Vitória.

Enunciado 36. (Cancelado).

(*) Enunciado 36 com redação cancelada no V FPPC-Vitória.

Enunciado 37. [art. 333 (Vetado.)]
Enunciado 38. [art. 333 (Vetado.)]
Enunciado 39. [art. 333 (Vetado.)]
Enunciado 40. [art. 333 (Vetado.)]
Enunciado 41. [art. 333 (Vetado.)]

Enunciado 42. [art. 339 do CPC] – O dispositivo aplica-se mesmo a procedimentos especiais que não admitem intervenção de terceiros, bem como aos juizados especiais cíveis, pois se trata de mecanismo saneador, que excepciona a estabilização do processo.

Enunciado 43. (Cancelado).

(*) Enunciado 43 com redação cancelada no III FPPC-Rio.

Enunciado 44. [art. 339 do CPC] – A responsabilidade a que se refere o art. 339 é subjetiva.

Enunciado 45. [art. 343 do CPC] – Para que se considere proposta a reconvenção, não há necessidade de uso desse *nomen iuris*, ou dedução de um capítulo próprio. Contudo, o réu deve manifestar inequivocamente o pedido de tutela jurisdicional qualitativa ou quantitativamente maior que a simples improcedência da demanda inicial.

Enunciado 46. [art. 343, § 3º, do CPC] – A reconvenção pode veicular pedido de declaração de usucapião, ampliando subjetivamente o processo, desde que se observem os arts. 259, I, e 328, § 1º, II.

(*) Enunciado 46 com redação revista no IV FPPC-BH e no IX FPPC-Recife.

Enunciado 47. [art. 485, VII, do CPC] – A competência do juízo estatal deverá ser analisada previamente à alegação de convenção de arbitragem.

(*) Enunciado 47 com redação revista no III FPPC-Rio.

Enunciado 48. [art. 485, VII, do CPC] – A alegação de convenção de arbitragem deverá ser examinada à luz do princípio da competência-competência.

Enunciado 49. (Cancelado).

(*) Enunciado 49 com redação cancelada no III FPPC-Rio.

Enunciado 50. [arts. 369; e 370, *caput*, do CPC] – Os destinatários da prova são aqueles que dela poderão fazer uso, sejam juízes, partes ou demais interessados, não sendo a única função influir eficazmente na convicção do juiz.

Enunciado 51. [arts. 378 e 379 do CPC] – A compatibilização do disposto nestes dispositivos com o art. 5º, LXIII, da CF/1988, assegura à parte, exclusivamente, o direito de não produzir prova contra si em razão de reflexos no ambiente penal.

Enunciado 52. [art. 372 do CPC] – Para a utilização da prova emprestada, faz-se necessária a observância do contraditório no processo de origem, assim como no processo de destino, considerando-se que, neste último, a prova mantenha a sua natureza originária.

Enunciado 53. [art. 396 do CPC] – Na ação de exibição não cabe a fixação, nem a manutenção de multa quando a exibição for reconhecida como impossível.

Enunciado 54. [arts. 400, parágrafo único; e 403, parágrafo único, do CPC] – Fica superado o Enunciado 372 da Súmula do STJ ("Na ação de exibição de documentos, não cabe a aplicação de multa cominatória.") após a entrada em vigor do CPC, pela expressa possibilidade de fixação de multa de natureza coercitiva na ação de exibição de documento.

Enunciado 55. [art. 927, § 3º, do CPC] – Pelos pressupostos do § 3º do art. 927, a modificação do precedente tem, como regra, eficácia temporal prospectiva. No entanto, pode haver modulação temporal, no caso concreto.

Enunciado 56. [art. 525, § 1º, VII, do CPC] – É cabível alegação de causa modificativa ou extintiva da obrigação na impugnação de executado, desde que tenha ocorrido após o início do julgamento da apelação, e, uma vez alegada pela parte, tenha o tribunal superior se recusado ou omitido de apreciá-la.

Enunciado 57. [arts. 525, § 1º, VII; e 535, VI, do CPC] – A prescrição prevista nos arts. 525, § 1º, VII e 535, VI, é exclusivamente da pretensão executiva.

Enunciado 58. [arts. 525, §§ 12 e 13; e 535, §§ 5º e 6º, do CPC] – As decisões de inconstitucionalidade a que se referem os arts. 525, §§ 12 e 13, e 535, §§ 5º e 6º, devem ser proferidas pelo plenário do STF.

Enunciado 59. [art. 540 do CPC] – Em ação de consignação e pagamento, quando a coisa devida for corpo que deva ser entregue no lugar em que está, poderá o devedor requerer a consignação no foro em que ela se encontra. A supressão do parágrafo único do art. 891 do Código de Processo Civil de 1973 é inócua, tendo em vista o art. 341 do Código Civil.

Enunciado 60. [art. 541 do CPC] – Na ação de consignação em pagamento que tratar de prestações sucessivas, consignada uma delas, pode o devedor continuar a consignar sem mais formalidades as que se forem vencendo, enquanto estiver pendente o processo.

Enunciado 61. [art. 545 do CPC] – É permitido ao réu da ação de consignação em pagamento levantar "desde logo" a quantia ou coisa depositada em outras hipóteses além da prevista no § 1º do art. 545 (insuficiência do depósito), desde que tal postura não seja contraditória com fundamento da defesa.

Enunciado 62. [art. 548, III, do CPC] – A regra prevista no art. 548, III, que dispõe que, em ação de consignação em pagamento, o juiz declarará efetuado o depósito extinguindo a obrigação em relação ao devedor, prosseguindo o processo unicamente entre os presuntivos credores, só se aplicará se o valor do depósito não for controvertido, ou seja, não terá aplicação caso o montante depositado seja impugnado por qualquer dos presuntivos credores.

Enunciado 63. [art. 554 do CPC] – No caso de ação possessória em que figure no polo passivo grande número de pessoas, a ampla divulgação prevista no § 3º do art. 554 contempla a inteligência do art. 301, com a possibilidade de determinação de registro de protesto para consignar a informação do litígio possessório na matrícula imobiliária respectiva.

Enunciado 64. (Cancelado).

(*) Enunciado 64 com redação cancelada em razão de duplicidade com o Enunciado 59.

Enunciado 65. [art. 557 do CPC] – O art. 557 não obsta a cumulação pelo autor de ação reivindicatória e de ação possessória, se os fundamentos forem distintos.

(*) Enunciado 65 com redação revista no VI FPPC-Curitiba.

Enunciado 66. [art. 565 do CPC] – A medida liminar referida no art. 565 é hipótese de tutela antecipada.

(*) Enunciado 66 com redação revista no III FPPC-Rio.

Enunciado 67. [art. 565 do CPC] – A audiência de mediação referida no art. 565 (e seus parágrafos) – deve ser compreendida como a sessão de mediação ou de conciliação, conforme as peculiaridades do caso concreto.

Enunciado 68. [art. 569 do CPC] – Também possuem legitimidade para a ação demarcatória os titulares de direito real de gozo e fruição, nos limites dos seus respectivos direitos e títulos constitutivos de direito real. Assim, além da propriedade, aplicam-se os dispositivos do Capítulo sobre ação demarcatória, no que for cabível, em relação aos direitos reais de gozo e fruição.

Enunciado 69. [art. 569 do CPC] – Cabe ao proprietário ação demarcatória para extremar a demarcação entre o seu prédio e do confinante, bem como fixar novos limites, aviventar rumos apagados e a renovar marcos destruídos (art. 1.297 do Código Civil).

Enunciado 70. [art. 580 do CPC] – Do laudo pericial que traçar a linha demarcanda, deverá ser oportunizada a manifestação das partes interessadas, em prestígio ao princípio do contraditório e da ampla defesa.

Enunciado 71. [arts. 300, § 1º; e 654 do CPC] – Poderá ser dispensada a garantia mencionada no parágrafo único do art. 654, para efeito de julgamento da partilha, se a parte

ANEXO III – ENUNCIADOS – FPPC

hipossuficiente não puder oferecê-la, aplicando-se por analogia o disposto no art. 300, § 1º.

(*) Enunciado 71 com redação revista no III FPPC-Rio.

Enunciado 72. [art. 693 do CPC] – O rol do art. 693 não é exaustivo, sendo aplicáveis os dispositivos previstos no Capítulo X a outras ações de caráter contencioso envolvendo o Direito de Família.

Enunciado 73. [art. 703 do CPC] – No caso de homologação do penhor legal promovida pela via extrajudicial, incluem-se nas contas do crédito as despesas com o notário, constantes do § 2º do art. 703.

Enunciado 74. [art. 704 do CPC] – No rol do art. 704, que enumera as matérias de defesa da homologação do penhor legal, deve-se incluir a hipótese do art. 1.468 do Código Civil, não tendo o CPC revogado o citado dispositivo.

Enunciado 75. [art. 707 do CPC] – No mesmo ato em que nomear o regulador da avaria grossa, o juiz deverá determinar a citação das partes interessadas.

Enunciado 76. [art. 716 do CPC] – Localizados os autos originários, neles devem ser praticados os atos processuais subsequentes, dispensando-se a repetição dos atos que tenham sido ultimados nos autos da restauração, em consonância com a garantia constitucional da duração razoável do processo (CF/1988, 5º, LXXVIII) e inspiração no art. 964 do Código de Processo Civil Português.

Enunciado 77. (Cancelado).

(*) Enunciado 77 com redação cancelada no III FPPC-Rio.

Enunciado 78. (Cancelado).

(*) Enunciado 78 com redação cancelada no III FPPC-Rio.

Enunciado 79. [art. 768 do CPC] – Não sendo possível a inquirição tratada no art. 768 sem prejuízo aos compromissos comerciais da embarcação, o juiz expedirá carta precatória itinerante para a tomada dos depoimentos em um dos portos subsequentes de escala.

Enunciado 80. [arts. 919, § 1º; e 969 do CPC] – A tutela provisória a que se referem o § 1º do art. 919 e o art. 969 pode ser de urgência ou de evidência.

(*) Enunciado 80 com redação revista no IX FPPC-Recife.

Enunciado 81. [art. 932, V, do CPC] – Por não haver prejuízo ao contraditório, é dispensável a oitiva do recorrido antes do provimento monocrático do recurso, quando a decisão recorrida: (a) indeferir a inicial; (b) indeferir liminarmente a justiça gratuita; ou (c) alterar liminarmente o valor da causa.

Enunciado 82. [arts. 932, parágrafo único; e 938, § 1º, do CPC] – É dever do relator, e não faculdade, conceder o prazo ao recorrente para sanar o vício ou complementar a documentação exigível, antes de inadmitir qualquer recurso, inclusive os excepcionais.

Enunciado 83. [arts. 76, § 2º; 104, § 2º; 932, parágrafo único; e 1.029, § 3º, do CPC] – Fica superado o Enunciado 115 da Súmula do STJ após a entrada em vigor do CPC ("Na instância especial é inexistente recurso interposto por advogado sem procuração nos autos.").

Enunciado 84. [art. 935 do CPC] – A ausência de publicação da pauta gera nulidade do acórdão que decidiu o recurso, ainda que não haja previsão de sustentação oral, ressalvada, apenas, a hipótese do § 1º do art. 1.024, na qual a publicação da pauta é dispensável.

Enunciado 85. [arts. 960 a 965 do CPC] – Deve prevalecer a regra de direito mais favorável na homologação de sentença arbitral estrangeira em razão do princípio da máxima eficácia.[art. 7º da Convenção de Nova York – Decreto nº 4.311/2002).

Enunciado 86. [arts. 960, § 3º; e 964 do CPC] – Na aplicação do art. 964 considerar-se-á o disposto no § 3º do art. 960.

(*) Enunciado 86 com redação revista no V FPPC-Vitória.

Enunciado 87. [art. 976, II, do CPC] – A instauração do incidente de resolução de demandas repetitivas não pressupõe a existência de grande quantidade de processos versando sobre a mesma questão, mas preponderantemente o risco de quebra da isonomia e de ofensa à segurança jurídica.

Enunciado 88. [arts. 976; e 928, parágrafo único, do CPC] – Não existe limitação de matérias de direito passíveis de gerar a instauração do incidente de resolução de demandas repetitivas e, por isso, não é admissível qualquer interpretação que, por tal fundamento, restrinja seu cabimento.

Enunciado 89. [art. 976 do CPC] – Havendo apresentação de mais de um pedido de instauração do incidente de resolução de demandas repetitivas perante o mesmo tribunal todos deverão ser apensados e processados conjuntamente; os que forem oferecidos posteriormente à decisão de admissão serão apensados e sobrestados, cabendo ao órgão julgador considerar as razões neles apresentadas.

Enunciado 90. [art. 976 do CPC] – É admissível a instauração de mais de um incidente de resolução de demandas repetitivas versando sobre a mesma questão de direito perante tribunais de 2º grau diferentes.

Enunciado 91. [art. 981 do CPC] – Cabe ao órgão colegiado realizar o juízo de admissibilidade do incidente de resolução de demandas repetitivas, sendo vedada a decisão monocrática.

Enunciado 92. [arts. 313, IV; e 982, I, do CPC] – A suspensão de processos prevista neste dispositivo é consequência da admissão do incidente de resolução de demandas repetitivas e não depende da demonstração dos requisitos para a tutela de urgência.

Enunciado 93. [art. 982, I, do CPC] – Admitido o incidente de resolução de demandas repetitivas, também devem ficar suspensos os processos que versem sobre a mesma questão objeto do incidente e que tramitem perante os juizados especiais no mesmo estado ou região.

Enunciado 94. [arts. 982, I; e 987 do CPC] – A parte que tiver o seu processo suspenso nos termos do inciso I do art. 982 poderá interpor recurso especial ou extraordinário contra o acórdão que julgar o incidente de resolução de demandas repetitivas.

(*) Enunciado 94 com redação revista no V FPPC-Vitória.

Enunciado 95. [art. 982, §§ 3º, 4º e 5º, do CPC] – A suspensão de processos na forma deste dispositivo depende apenas da demonstração da existência de múltiplos processos versando sobre a mesma questão de direito em tramitação em mais de um estado ou região.

Enunciado 96. [art. 1.003, § 4º, do CPC] – Fica superado o Enunciado 216 da Súmula do STJ após a entrada em vigor do CPC ("A tempestividade de recurso interposto no Superior Tribunal de Justiça é aferida pelo registro no protocolo da Secretaria e não pela data da entrega na agência do correio.").

Enunciado 97. [art. 1.007, § 4º, do CPC] – Nos casos previstos no § 4º do art. 1.007 do CPC, é de cinco dias o prazo para efetuar o preparo.

(*) Enunciado 97 com redação revista no IX FPPC-Recife.

Enunciado 98. [art. 1.007, §§ 2º e 4º, do CPC] – O disposto nos §§ 2º e 4º do art. 1.007 do CPC aplica-se aos Juizados Especiais.

(*) Enunciado 98 com redação revista no IX FPPC-Recife.

Enunciado 99. [art. 1.010, § 3º, do CPC] – O órgão *a quo* não fará juízo de admissibilidade da apelação.

Enunciado 100. [art. 1.013, § 1º, parte final, do CPC] – Não é dado ao tribunal conhecer de matérias vinculadas ao pedido transitado em julgado pela ausência de impugnação.

Enunciado 101. (Cancelado).

(*) Enunciado 101 com redação cancelada no III FPPC-Rio.

Enunciado 102. [arts. 117; 326, parágrafo único; e 1.013, § 2º, do CPC] – O pedido subsidiário ou alternativo não apreciado pelo juiz é devolvido ao tribunal com a apelação.

Enunciado 103. [arts. 203, § 2º; 354, parágrafo único; 356, § 5º; 487, I; e 1.015, II, do CPC] – A decisão parcial proferida no curso do processo com fundamento no art. 487, I, sujeita-se a recurso de agravo de instrumento.

(*) Enunciado 103 com redação revista no III FPPC-Rio.

Enunciado 104. [art. 1.024, § 3º, do CPC] – O princípio da fungibilidade recursal é compatível com o CPC e alcança todos os recursos, sendo aplicável de ofício.

Enunciado 105. (Cancelado).

(*) Enunciado 105 com redação cancelada no III FPPC-Rio.

Aprovados no Rio de Janeiro: 25 a 27 de abril de 2015 [Enunciados 106 a 234]

Enunciado 106. [arts. 6º; 8º; e 1.007, § 2º, do CPC] – Não se pode reconhecer a deserção do recurso, em processo trabalhista, quando houver recolhimento insuficiente das custas e do depósito recursal, ainda que ínfima a diferença, cabendo ao juiz determinar a sua complementação.

Enunciado 107. [arts. 7º; 139, I; 218; e 437, § 2º, do CPC] – O juiz pode, de ofício, dilatar o prazo para a parte se manifestar sobre a prova documental produzida.

Enunciado 108. [arts. 9º e 15 do CPC] – No processo do trabalho, não se proferirá decisão contra uma das partes, sem que esta seja previamente ouvida e oportunizada a produção de prova, bem como não se pode decidir com base em causa de pedir ou fundamento de fato ou de direito a respeito do qual não se tenha oportunizado manifestação das partes e a produção de prova, ainda que se trate de matéria apreciável de ofício.

Enunciado 109. [arts. 10 e 15 do CPC] – No processo do trabalho, quando juntadas novas provas ou alegado fato novo, deve o juiz conceder prazo, para a parte interessada se manifestar a respeito, sob pena de nulidade.

Enunciado 110. [art. 18, parágrafo único, do CPC] – Havendo substituição processual, e sendo possível identificar o substituto, o juiz deve determinar a intimação deste último para, querendo, integrar o processo.

(*) Enunciado 110 com redação revista no IX FPPC-Recife.

Enunciado 111. [arts. 19; 329, II; e 503, § 1º, do CPC] – Persiste o interesse no ajuizamento de ação declaratória quanto à questão prejudicial incidental.

Enunciado 112. [arts. 15; e 90, § 3º, do CPC] – No processo do trabalho, se a transação ocorrer antes da sentença, as partes ficam dispensadas do pagamento das custas processuais, se houver.

Enunciado 113. [art. 98 do CPC] – Na Justiça do Trabalho, o empregador pode ser beneficiário da gratuidade da justiça, na forma do art. 98.

Enunciado 114. (Cancelado).

(*) Enunciado 114 com redação cancelada no IV FPPC-BH.

Enunciado 115. [arts. 109, 110 e 190 do CPC] – O negócio jurídico celebrado nos termos do art. 190 obriga herdeiros e sucessores.

Enunciado 116. [arts. 113, § 1º; e 139, VI, do CPC] – Quando a formação do litisconsórcio multitudinário for prejudicial à defesa, o juiz poderá substituir a sua limitação pela ampliação de prazos, sem prejuízo da possibilidade de desmembramento na fase de cumprimento de sentença.

Enunciado 117. [arts. 113, 240 e 312 do CPC] – Em caso de desmembramento do litisconsórcio multitudinário ativo, os efeitos mencionados no art. 240 são considerados produzidos desde o protocolo originário da petição inicial.

Enunciado 118. [art. 116 do CPC] – O litisconsorte unitário ativo pode optar por ingressar no processo no polo ativo ou passivo ou, ainda, adotar outra postura que atenda aos seus interesses.

(*) Enunciado 118 com redação revista no IX FPPC-Recife.

Enunciado 119. [arts. 116; 139, X; e 259, III, do CPC] – Em caso de relação jurídica plurilateral que envolva diversos titulares do mesmo direito, o juiz deve convocar, por edital, os litisconsortes unitários ativos incertos e indeterminados (art. 259, III), cabendo-lhe, na hipótese de dificuldade de formação do litisconsórcio, oficiar o Ministério Público, a Defensoria Pública ou a outro legitimado para que possa propor a ação coletiva.

(*) Enunciado 119 com redação revista no VII FPPC-São Paulo.

Enunciado 120. [art. 125, § 1º, do CPC] – A ausência de denunciação da lide gera apenas a preclusão do direito de a parte promovê-la, sendo possível ação autônoma de regresso.

Enunciado 121. [arts. 125, II; e 128, parágrafo único, do CPC] – O cumprimento da sentença diretamente contra o denunciado é admissível em qualquer hipótese de denunciação da lide fundada no inciso II do art. 125.

Enunciado 122. [art. 129 do CPC] – Vencido o denunciante na ação principal e não tendo havido resistência à denunciação da lide, não cabe a condenação do denunciado nas verbas de sucumbência.

Enunciado 123. [art. 133 do CPC] – É desnecessária a intervenção do Ministério Público, como fiscal da ordem jurídica, no incidente de desconsideração da personalidade jurídica, salvo nos casos em que deva intervir obrigatoriamente, previstos no art. 178.

Enunciado 124. [arts. 15 e 133 do CPC; e art. 855-A da CLT] – A desconsideração da personalidade jurídica no processo do trabalho deve ser processada na forma dos arts. 133 a 137.

(*) Enunciado 124 com redação revista no IX FPPC-Recife.

Enunciado 125. [art. 134 do CPC] – Há litisconsórcio passivo facultativo quando requerida a desconsideração da personalidade jurídica, juntamente com outro pedido formulado na petição inicial ou incidentemente no processo em curso.

Enunciado 126. [arts. 15 e 134 do CPC] – No processo do trabalho, a decisão que resolve o incidente de desconsideração da personalidade jurídica na fase de execução cabe agravo de petição, dispensado o preparo.

Enunciado 127. [art. 138 do CPC] – A representatividade adequada exigida do *amicus curiae* não pressupõe a concordância unânime daqueles a quem representa.

Enunciado 128. [arts. 138; e 489, § 1º, IV, do CPC] – No processo em que há intervenção do *amicus curiae*, a decisão deve enfrentar as alegações por ele apresentadas, nos termos do inciso IV do § 1º do art. 489.

Enunciado 129. [art. 139, VI e parágrafo único, do CPC] – A autorização legal para ampliação de prazos pelo juiz não se presta a afastar preclusão temporal já consumada.

Enunciado 130. [arts. 152, V; e 828 do CPC] – A obtenção da certidão prevista no art. 828 independe de decisão judicial.

Enunciado 131. [arts. 15 e 190 do CPC] – Aplica-se ao processo do trabalho o disposto no art. 190 no que se refere à flexibilidade do procedimento por proposta das partes, inclusive quanto aos prazos.

Enunciado 132. [art. 190 do CPC] – Além dos defeitos processuais, os vícios da vontade e os vícios sociais podem dar ensejo à invalidação dos negócios jurídicos atípicos do art. 190.

Enunciado 133. [arts. 190; e 200, parágrafo único, do CPC] – Salvo nos casos expressamente previstos em lei, os negócios processuais do art. 190 não dependem de homologação judicial.

Enunciado 134. [art. 190, parágrafo único, do CPC] – Negócio jurídico processual pode ser invalidado parcialmente.

Enunciado 135. [art. 190 do CPC] – A indisponibilidade do direito material não impede, por si só, a celebração de negócio jurídico processual.

Enunciado 136. [arts. 240, § 1º; e 485, VII, do CPC] – A citação válida no processo judicial interrompe a prescrição, ainda que o processo seja extinto em decorrência do acolhimento da alegação de convenção de arbitragem.

Enunciado 137. [arts. 658; e 966, § 4º, do CPC] – Contra sentença transitada em julgado que resolve partilha, ainda que homologatória, cabe ação rescisória.

Enunciado 138. [arts. 657; e 966, § 4º, do CPC] – A partilha amigável extrajudicial e a partilha amigável judicial homologada por decisão ainda não transitada em julgado são impugnáveis por ação anulatória.

Enunciado 139. [arts. 15 e 287 do CPC] – No processo do trabalho, é requisito da petição inicial a indicação do endereço, eletrônico ou não, do advogado, cabendo-lhe atualizá-lo, sempre que houver mudança, sob pena de se considerar válida a intimação encaminhada para o endereço informado nos autos.

Enunciado 140. [art. 296 do CPC] – A decisão que julga improcedente o pedido final gera a perda de eficácia da tutela antecipada.

Enunciado 141. [art. 298 do CPC] – O disposto no art. 298, CPC, aplica-se igualmente à decisão monocrática ou colegiada do Tribunal.

Enunciado 142. [arts. 298 e 1.021 do CPC] – Da decisão monocrática do relator que concede ou nega o efeito suspensivo ao agravo de instrumento ou que concede, nega, modifica ou revoga, no todo ou em parte, a tutela provisória nos casos de competência originária ou recursal, cabe agravo interno nos termos do art. 1.021 do CPC.

(*) Enunciado 142 com redação revista no IX FPPC-Recife.

Enunciado 143. [art. 300, *caput*, do CPC] – A redação do art. 300, *caput*, superou a distinção entre os requisitos da concessão para a tutela cautelar e para a tutela satisfativa de urgência, erigindo a probabilidade e o perigo na demora a requisitos comuns para a prestação de ambas as tutelas de forma antecipada.

Enunciado 144. (Cancelado).

(*) Enunciado 144 com redação cancelada no V FPPC-Vitória.

Enunciado 145. [arts. 15 e 319 do CPC] – No processo do trabalho, é requisito da inicial a indicação do número no cadastro de pessoas físicas ou no cadastro nacional de pessoas jurídicas, bem como os endereços eletrônicos do autor e do réu, aplicando-se as regras do novo Código de Processo Civil a respeito da falta de informações pertinentes ou quando elas tornarem impossível ou excessivamente oneroso o acesso à justiça.

Enunciado 146. [arts. 332, I; e 927, IV, do CPC] – Na aplicação do inciso I do art. 332, o juiz observará o inciso IV do *caput* do art. 927.

Enunciado 147. (Cancelado).

(*) Enunciado 147 com redação cancelada no VIII FPPC-Florianópolis.

Enunciado 148. (Cancelado).

(*) Enunciado 148 com redação cancelada no VIII FPPC-Florianópolis.

Enunciado 149. (Cancelado).

(*) Enunciado 149 com redação cancelada no VIII FPPC-Florianópolis.

Enunciado 150. (Cancelado).

(*) Enunciado 150 com redação cancelada no VIII FPPC-Florianópolis.

ANEXO III – ENUNCIADOS – FPPC

Enunciado 151. [arts. 15; 334, § 12; e 357, § 9º, do CPC] – Na Justiça do Trabalho, as pautas devem ser preparadas com intervalo mínimo de uma hora entre as audiências designadas para instrução do feito. Para as audiências para simples tentativa de conciliação, deve ser respeitado o intervalo mínimo de vinte minutos.

Enunciado 152. [arts. 338, *caput*; 339, §§ 1º e 2º; 350; e 351 do CPC] – O autor terá prazo único para requerer a substituição ou inclusão de réu (arts. 338, *caput*, e 339, §§ 1º e 2º), bem como para a manifestação sobre a resposta (arts. 350 e 351).

(*) Enunciado 152 com redação revista no VII FPPC--São Paulo e no VIII FPPC-Florianópolis.

Enunciado 153. [art. 485, VII, do CPC] – A superveniente instauração de procedimento arbitral, se ainda não decidida a alegação de convenção de arbitragem, também implicará a suspensão do processo, à espera da decisão do juízo arbitral sobre a sua própria competência.

Enunciado 154. [art. 354, parágrafo único, do CPC] – É cabível agravo de instrumento contra ato decisório que indefere parcialmente a petição inicial ou a reconvenção.

(*) Enunciado 154 com redação revista no VII FPPC--São Paulo.

Enunciado 155. [arts. 15; e 455, § 4º, do CPC] – No processo do trabalho, as testemunhas somente serão intimadas judicialmente nas hipóteses mencionadas no § 4º do art. 455, cabendo à parte informar ou intimar as testemunhas da data da audiência.

Enunciado 156. [art. 459, *caput*, do CPC] – Não configura induzimento, constante do art. 459, *caput*, a utilização de técnica de arguição direta no exercício regular de direito.

(*) Enunciado 156 com redação revista no IX FPPC-Recife.

Enunciado 157. [art. 459, § 1º, do CPC] – Deverá ser facultada às partes a formulação de perguntas de esclarecimento ou complementação decorrentes da inquirição do juiz.

Enunciado 158. [art. 459, § 3º, do CPC] – Constitui direito da parte a transcrição de perguntas indeferidas pelo juiz.

Enunciado 159. [arts. 15; e 485, § 7º, do CPC] – No processo do trabalho, o juiz pode retratar-se no prazo de cinco dias, após a interposição do recurso contra sentença que extingue o processo sem resolução do mérito.

Enunciado 160. [art. 487, I, do CPC] – A sentença que reconhece a extinção da obrigação pela confusão é de mérito.

Enunciado 161. [art. 487, II, do CPC] – É de mérito a decisão que rejeita a alegação de prescrição ou de decadência.

Enunciado 162. [arts. 15; e 489, I, do CPC] – Para identificação do precedente, no processo do trabalho, a decisão deve conter a identificação do caso, a soma do pedido, as alegações das partes e os fundamentos determinantes adotados pela maioria dos membros do colegiado, cujo entendimento tenha ou não sido sumulado.

Enunciado 163. (Cancelado).

(*) Enunciado 163 com redação cancelada no VI FPPC--Curitiba.

Enunciado 164. [art. 496, I, do CPC] – A sentença arbitral contra a Fazenda Pública não está sujeita à remessa necessária.

Enunciado 165. [art. 503, § 1º, do CPC] – Independentemente de provocação, a análise de questão prejudicial incidental, desde que preencha os pressupostos dos parágrafos do art. 503, está sujeita à coisa julgada.

Enunciado 166. [art. 926 do CPC] – A aplicação dos enunciados das Súmulas deve ser realizada a partir dos precedentes que os formaram e dos que os aplicaram posteriormente.

Enunciado 167. [arts. 15; 926; 947, § 3º; e 976 do CPC] – Os tribunais regionais do trabalho estão vinculados aos enunciados de suas próprias Súmulas e aos seus precedentes em incidente de assunção de competência ou de resolução de demandas repetitivas.

Enunciado 168. [arts. 927, I; e 988, III, do CPC] – Os fundamentos determinantes do julgamento de ação de controle concentrado de constitucionalidade realizado pelo STF caracterizam a *ratio decidendi* do precedente e possuem efeito vinculante para todos os órgãos jurisdicionais.

(*) Enunciado 168 com redação revista no IV FPPC-BH.

Enunciado 169. [arts. 927, § 4º; e 1.037, § 9º, do CPC] – Os órgãos do Poder Judiciário devem obrigatoriamente seguir os seus próprios precedentes, sem prejuízo do disposto no § 9º do art. 1.037 e no § 4º do art. 927.

Enunciado 170. [art. 927, *caput*, do CPC] – As decisões e precedentes previstos nos incisos do *caput* do art. 927 são vinculantes aos órgãos jurisdicionais a eles submetidos.

Enunciado 171. [arts. 15; e 927, II, III e IV, do CPC] – Os juízes e Tribunais Regionais do Trabalho estão vinculados aos precedentes do TST em incidente de assunção de compe-

ANEXOS

tência em matéria infraconstitucional relativa ao direito e ao processo do trabalho, bem como às suas Súmulas.

Enunciado 172. [art. 927, § 1º, do CPC] – A decisão que aplica precedentes, com a ressalva de entendimento do julgador, não é contraditória.

Enunciado 173. [art. 927, caput, do CPC] – Cada fundamento determinante adotado na decisão capaz de resolver de forma suficiente a questão jurídica induz os efeitos de precedente vinculante, nos termos do Código de Processo Civil.

Enunciado 174. [art. 1.037, § 9º, do CPC] – A realização da distinção compete a qualquer órgão jurisdicional, independentemente da origem do precedente invocado.

Enunciado 175. [art. 927, § 2º, do CPC] – O relator deverá fundamentar a decisão que inadmitir a participação de pessoas, órgãos ou entidades e deverá justificar a não realização de audiências públicas.

Enunciado 176. [art. 525, § 13, do CPC] – Compete exclusivamente ao Supremo Tribunal Federal modular os efeitos da decisão prevista no § 13 do art. 525.

Enunciado 177. [arts. 550, § 5º; e 1.015, II, do CPC] – A decisão interlocutória que julga procedente o pedido para condenar o réu a prestar contas, por ser de mérito, é recorrível por agravo de instrumento.

Enunciado 178. [arts. 292, 554 e 677 do CPC] – O valor da causa nas ações fundadas em posse, tais como as ações possessórias, os embargos de terceiro e a oposição, deve considerar a expressão econômica da posse, que não obrigatoriamente coincide com o valor da propriedade.

Enunciado 179. [arts. 139, VI; e 559 do CPC] – O prazo de cinco dias para prestar caução pode ser dilatado, nos termos do art. 139, inciso VI.

Enunciado 180. [art. 559 do CPC] – A prestação de caução prevista no art. 559 poderá ser determinada pelo juiz, caso o réu obtenha a proteção possessória, nos termos no art. 556.

Enunciado 181. [arts. 645, I; 647, parágrafo único; e 651 do CPC] – A previsão do parágrafo único do art. 647 é aplicável aos legatários na hipótese do inciso I do art. 645, desde que reservado patrimônio que garanta o pagamento do espólio.

Enunciado 182. [arts. 647, parágrafo único; e 651 do CPC] – Aplica-se aos legatários o disposto no parágrafo único do art. 647, quando ficar evidenciado que os pagamentos do espólio não irão reduzir os legados.

Enunciado 183. [art. 658, III, do CPC] – A ação rescisória de partilha com fundamento na preterição de herdeiro, prevista no inciso III do art. 658, está vinculada à hipótese do art. 628, não se confundindo com a ação de petição de herança (art. 1.824 do Código Civil), cujo fundamento é o reconhecimento do direito sucessório e a restituição da herança por aquele que não participou, de qualquer forma, do processo de inventário e partilha.

Enunciado 184. [art. 675 do CPC] – Os embargos de terceiro também são oponíveis na fase de cumprimento de sentença e devem observar, quanto ao prazo, a regra do processo de execução.

Enunciado 185. [art. 675, parágrafo único, do CPC] – O juiz deve ouvir as partes antes de determinar a intimação pessoal do terceiro.

Enunciado 186. [arts. 677, 678 e 681 do CPC] – A alusão à "posse" ou a "domínio" nos arts. 677, 678 e 681 deve ser interpretada em consonância com o art. 674, caput, que, de forma abrangente, admite os embargos de terceiro para afastar constrição ou ameaça de constrição sobre bens que possua ou sobre quais tenha "direito incompatível com o ato constritivo".

Enunciado 187. [arts. 165, § 2º; 166; e 649 do CPC] – No emprego de esforços para a solução consensual do litígio familiar, são vedadas iniciativas de constrangimento ou intimidação para que as partes conciliem, assim como as de aconselhamento sobre o objeto da causa.

Enunciado 188. [art. 700, § 5º, do CPC] – Com a emenda da inicial, o juiz pode entender idônea a prova e admitir o seguimento da ação monitória.

Enunciado 189. [art. 765 do CPC] – O art. 765 deve ser interpretado em consonância com o art. 69 do Código Civil, para admitir a extinção da fundação quando inútil a finalidade a que visa.

Enunciado 190. [art. 782, § 3º, do CPC] – O art. 782, § 3º, não veda a inclusão extrajudicial do nome do executado em cadastros de inadimplentes, pelo credor ou diretamente pelo órgão de proteção ao crédito.

ANEXO III – ENUNCIADOS – FPPC

Enunciado 191. [arts. 675, *caput* e parágrafo único; e 792, § 4º, do CPC] – O prazo de quinze dias para opor embargos de terceiro, disposto no § 4º do art. 792, é aplicável exclusivamente aos casos de declaração de fraude à execução; os demais casos de embargos de terceiro são regidos pelo prazo do *caput* do art. 675.

Enunciado 192. [art. 880 do CPC] – Alienação por iniciativa particular realizada por corretor ou leiloeiro não credenciado perante o órgão judiciário não invalida o negócio jurídico, salvo se o executado comprovar prejuízo.

Enunciado 193. [arts. 885; 886, II; e 891, parágrafo único, do CPC] – Não justifica o adiamento do leilão, nem é causa de nulidade da arrematação, a falta de fixação, pelo juiz, do preço mínimo para a arrematação.

Enunciado 194. [arts. 771 e 921 do CPC; e Enunciado 150 da Súmula do STF] – A prescrição intercorrente pode ser reconhecida no procedimento de cumprimento de sentença.

Enunciado 195. (Cancelado).
(*) Enunciado 195 com redação cancelada no XI FPPC-Brasília.

Enunciado 196. [art. 921, § 4º,♦ do CPC; e Enunciado 150 da Súmula do STF] – O prazo da prescrição intercorrente é o mesmo da ação.

> ♦ Este Enunciado se refere à redação original do § 4º do art. 921 do CPC, anterior às alterações promovidas pela Lei nº 14.195/2021. Redação original: "*Art. 921. [...] § 4º. Decorrido o prazo de que trata o § 1º sem manifestação do exequente, começa a correr o prazo de prescrição intercorrente.*".

Enunciado 198. [art. 935 do CPC] – Identificada a ausência ou a irregularidade de publicação da pauta, antes de encerrado o julgamento, incumbe ao órgão julgador determinar sua correção, procedendo a nova publicação.

Enunciado 199. [arts. 15; e 938, § 1º, do CPC] – No processo do trabalho, constatada a ocorrência de vício sanável, inclusive aquele que possa ser conhecido de ofício pelo órgão jurisdicional, o relator determinará a realização ou a renovação do ato processual, no próprio tribunal ou em primeiro grau, intimadas as partes; cumprida a diligência, sempre que possível, prosseguirá no julgamento do recurso.

Enunciado 200. [arts. 15; e 941, § 3º, do CPC] – Fica superado o Enunciado 320 da Súmula do STJ ("*A questão federal somente ventilada no voto vencido não atende ao requisito do prequestionamento.*").

Enunciado 201. [arts. 947, 983 e 984 do CPC] – Aplicam-se ao incidente de assunção de competência as regras previstas nos arts. 983 e 984.

Enunciado 202. [arts. 947, § 1º; e 978 do CPC] – O órgão colegiado a que se refere o § 1º do art. 947 deve atender aos mesmos requisitos previstos pelo art. 978.

Enunciado 203. [art. 966 do CPC] – Não se admite ação rescisória de sentença arbitral.

Enunciado 204. (Cancelado).
(*) Enunciado 204 com redação cancelada no V FPPC-Vitória.

Enunciado 205. [art. 982, *caput*, I, e § 3º, do CPC] – Havendo cumulação de pedidos simples, a aplicação do art. 982, I, e § 3º, poderá provocar apenas a suspensão parcial do processo, não impedindo o prosseguimento em relação ao pedido não abrangido pela tese a ser firmada no incidente de resolução de demandas repetitivas.

Enunciado 206. (Cancelado).
(*) Enunciado 206 com redação cancelada no VIII FPPC-Florianópolis.

Enunciado 207. [arts. 988, I; 1.010, § 3º; e 1.027, II, "b", do CPC] – Cabe reclamação, por usurpação da competência do tribunal de justiça ou tribunal regional federal, contra a decisão de juiz de 1º grau que inadmitir recurso de apelação.

Enunciado 208. [arts. 988, I; 1.010, § 3º; e 1.027, II, "b", do CPC] – Cabe reclamação, por usurpação da competência do Superior Tribunal de Justiça, contra a decisão de juiz de 1º grau que inadmitir recurso ordinário, no caso do art. 1.027, II, "b".

Enunciado 209. [arts. 988, I; 1.027, II, "a"; e 1.028, § 2º, do CPC] – Cabe reclamação, por usurpação da competência do Superior Tribunal de Justiça, contra a decisão de presidente ou vice-presidente do tribunal de 2º grau que inadmitir recurso ordinário interposto com fundamento no art. 1.027, II, "a".

Enunciado 210. [arts. 988, I; 1.027, I; e 1.028, § 2º, do CPC] – Cabe reclamação, por usurpação da competência do Supremo Tribunal Federal, contra a decisão de presidente ou vice-presidente de tribunal superior que inadmitir recurso ordinário interposto com fundamento no art. 1.027, I.

Enunciado 211. (Cancelado).
(*) Enunciado 211 com redação cancelada no VII FPPC-São Paulo.

ANEXOS

Enunciado 212. (Cancelado).

(*) Enunciado 212 com redação cancelada no VII FPPC-São Paulo.

Enunciado 213. [art. 998, parágrafo único, do CPC] – No caso do art. 998, parágrafo único, o resultado do julgamento não se aplica ao recurso de que se desistiu.

Enunciado 214. (Cancelado).

(*) Enunciado 214 com redação cancelada no IX FPPC-Recife.

Enunciado 215. [art. 1.007, §§ 2º e 4º, do CPC] – Fica superado o Enunciado 187 da Súmula do STJ ("*É deserto o recurso interposto para o Superior Tribunal de Justiça, quando o recorrente não recolhe, na origem, a importância das despesas de remessa e retorno dos autos.*").

Enunciado 216. (Cancelado).

(*) Enunciado 216 com redação cancelada no IV FPPC-BH.

Enunciado 217. [arts. 311; e 1.012, § 1º, V, do CPC] – A apelação contra o capítulo da sentença que concede, confirma ou revoga a tutela antecipada da evidência ou de urgência não terá efeito suspensivo automático.

Enunciado 218. [art. 1.026 do CPC] – A inexistência de efeito suspensivo dos embargos de declaração não autoriza o cumprimento provisório da sentença nos casos em que a apelação tenha efeito suspensivo.

Enunciado 219. [art. 1.029, § 3º, do CPC] – O § 3º do art. 1.029 do CPC pode ser aplicado pelo relator ou pelo órgão colegiado.

(*) Enunciado 219 com redação revista no IX FPPC-Recife.

Enunciado 220. [art. 1.029, § 3º, do CPC] – O Supremo Tribunal Federal ou o Superior Tribunal de Justiça inadmitirá o recurso extraordinário ou o recurso especial quando o recorrente não sanar o vício formal de cuja falta foi intimado para corrigir.

Enunciado 221. (Cancelado).

(*) Enunciado 221 com redação cancelada no VII FPPC-São Paulo.

Enunciado 222. (Cancelado).

(*) Enunciado 222 com redação cancelada no VII FPPC-São Paulo.

Enunciado 223. (Cancelado).

(*) Enunciado 223 com redação cancelada no VII FPPC-São Paulo.

Enunciado 224. [art. 1.035, § 2º, do CPC] – A existência de repercussão geral terá de ser demonstrada de forma fundamentada, sendo dispensável sua alegação em preliminar ou em tópico específico.

Enunciado 225. [art. 1.042, *caput*, do CPC] – O agravo em recurso especial ou extraordinário será interposto nos próprios autos.

Enunciado 226. (Cancelado).

(*) Enunciado 226 com redação cancelada no VII FPPC-São Paulo.

Enunciado 227. (Cancelado).

(*) Enunciado 227 com redação cancelada no VII FPPC-São Paulo.

Enunciado 228. [art. 1.042, § 4º, do CPC] – Fica superado o Enunciado 639 da Súmula do STF após a entrada em vigor do CPC ("*Aplica-se a Súmula 288 quando não constarem do traslado do agravo de instrumento as cópias das peças necessárias à verificação da tempestividade do recurso extraordinário não admitido pela decisão agravada.*").

Enunciado 229. [art. 1.042, § 4º, do CPC] – Fica superado o Enunciado 288 da Súmula do STF após a entrada em vigor do CPC ("*Nega-se provimento a agravo para subida de recurso extraordinário, quando faltar no traslado o despacho agravado, a decisão recorrida, a petição de recurso extraordinário ou qualquer peça essencial à compreensão da controvérsia.*").

Enunciado 230. [art. 1.043 do CPC] – Cabem embargos de divergência contra acórdão que, em agravo interno ou agravo em recurso especial ou extraordinário, decide recurso especial ou extraordinário.

Enunciado 231. (Cancelado).

(*) Enunciado 231 com redação cancelada no VII FPPC-São Paulo.

Enunciado 232. [art. 1.043, § 3º, do CPC] – Fica superado o Enunciado 353 da Súmula do STF após a entrada em vigor do CPC ("*São incabíveis os embargos da Lei nº 623, de 19.2.1949, com fundamento em divergência entre decisões da mesma turma do Supremo Tribunal Federal.*").

Enunciado 233. Ficam superados os Enunciados 88, 169, 207, 255 e 390 da Súmula do STJ como consequência da eliminação dos embargos infringentes ("*São admissíveis embargos infringentes em processo falimentar.*"; "*São inadmissíveis embargos infringentes no processo de mandado de segurança.*"; "*É inadmissível recurso especial quando cabíveis embargos infringentes contra o acórdão proferido no tribunal de origem.*"; "*Cabem embargos infringentes contra acórdão, proferido por maioria, em agravo retido, quando se tratar de matéria de mérito.*"; "*Nas decisões por maioria,*

ANEXO III – ENUNCIADOS – FPPC

em reexame necessário, não se admitem embargos infringentes.").

Enunciado 234. [arts. 506; e 1.005, parágrafo único, do CPC] – A decisão de improcedência na ação proposta pelo credor beneficia todos os devedores solidários, mesmo os que não foram partes no processo, exceto se fundada em defesa pessoal.

Aprovados em Belo Horizonte: 5 a 7 de dezembro de 2014 [Enunciados 235 a 368]

Enunciado 235. [arts. 7º, 9º e 10 do CPC; e arts. 6º, 7º e 12 da Lei nº 12.016/2009] – Aplicam-se ao procedimento do mandado de segurança os arts. 7º, 9º e 10 do CPC.

Enunciado 236. [art. 44 do CPC] – O art. 44 não estabelece uma ordem de prevalência, mas apenas elenca as fontes normativas sobre competência, devendo ser observado o art. 125, § 1º, da Constituição Federal.

Enunciado 237. [art. 55, § 2º, I e II, do CPC] – O rol do art. 55, § 2º, I e II, é exemplificativo.

Enunciado 238. [art. 64, § 4º, do CPC] – O aproveitamento dos efeitos de decisão proferida por juízo incompetente aplica-se tanto à competência absoluta quanto à relativa.

Enunciado 239. (Cancelado).

(*) Enunciado 239 com redação cancelada no IX FPPC-Recife.

Enunciado 240. [arts. 85, § 3º; e 910 do CPC] – São devidos honorários nas execuções fundadas em título executivo extrajudicial contra a Fazenda Pública, a serem arbitrados na forma do § 3º do art. 85.

Enunciado 241. [art. 85, *caput* e § 11, do CPC] – Os honorários de sucumbência recursal serão somados aos honorários pela sucumbência em primeiro grau, observados os limites legais.

Enunciado 242. [art. 85, § 11, do CPC] – Os honorários de sucumbência recursal são devidos em decisão unipessoal ou colegiada.

Enunciado 243. [art. 85, § 11, do CPC] – No caso de provimento do recurso de apelação, o tribunal redistribuirá os honorários fixados em primeiro grau e arbitrará os honorários de sucumbência recursal.

Enunciado 244. [art. 85, § 14, do CPC] – Ficam superados o Enunciado 306 da Súmula do STJ (*"Os honorários advocatícios devem ser compensados quando houver sucumbência recíproca, assegurado o direito autônomo do advogado à execução do saldo sem excluir a legitimidade da própria parte."*) e a tese firmada no REsp Repetitivo nº 963.528/PR, após a entrada em vigor do CPC, pela expressa impossibilidade de compensação.

Enunciado 245. [arts. 15; e 99, § 4º, do CPC] – O fato de a parte, pessoa natural ou jurídica, estar assistida por advogado particular não impede a concessão da justiça gratuita na Justiça do Trabalho.

Enunciado 246. [arts. 15; e 99, § 7º, do CPC] – Dispensa-se o preparo do recurso quando houver pedido de justiça gratuita em sede recursal, consoante art. 99, § 6º, aplicável ao processo do trabalho. Se o pedido for indeferido, deve ser fixado prazo para o recorrente realizar o recolhimento.

Enunciado 247. [art. 133 do CPC] – Aplica-se o incidente de desconsideração da personalidade jurídica no processo falimentar.

Enunciado 248. [arts. 134, § 2º; e 336 do CPC] – Quando a desconsideração da personalidade jurídica for requerida na petição inicial, constitui ônus do sócio ou da pessoa jurídica, na contestação, impugnar não somente a própria desconsideração, mas também os demais pontos da causa.

(*) Enunciado 248 com redação revista no IX FPPC--Recife.

Enunciado 249. [art. 138 do CPC] – A intervenção do *amicus curiae* é cabível no mandado de segurança.

Enunciado 250. [arts. 15 e 138 do CPC) – Admite-se a intervenção do *amicus curiae* nas causas trabalhistas, na forma do art. 138, sempre que o juiz ou relator vislumbrar a relevância da matéria, a especificidade do tema objeto da demanda ou a repercussão geral da controvérsia, a fim de obter uma decisão respaldada na pluralidade do debate e, portanto, mais democrática.

Enunciado 251. [art. 139, VI, do CPC] – O inciso VI do art. 139 do CPC aplica-se ao processo de improbidade administrativa.

Enunciado 252. [art. 190 do CPC] – O descumprimento de uma convenção processual válida é matéria cujo conhecimento depende de requerimento.

Enunciado 253. [art. 190 do CPC; e Resolução nº 118 do CNMP] – O Ministério Público pode celebrar negócio processual quando atua como parte.

ANEXOS

Enunciado 254. [art. 190 do CPC] – É inválida a convenção para excluir a intervenção do Ministério Público como fiscal da ordem jurídica.

Enunciado 255. [art. 190 do CPC] – É admissível a celebração de convenção processual coletiva.

Enunciado 256. [art. 190 do CPC] – A Fazenda Pública pode celebrar negócio jurídico processual.

Enunciado 257. [art. 190 do CPC] – O art. 190 autoriza que as partes tanto estipulem mudanças do procedimento quanto convencionem sobre os seus ônus, poderes, faculdades e deveres processuais.

Enunciado 258. [art. 190 do CPC] – As partes podem convencionar sobre seus ônus, poderes, faculdades e deveres processuais, ainda que essa convenção não importe ajustes às especificidades da causa.

Enunciado 259. [arts. 10 e 190 do CPC] – A decisão referida no parágrafo único do art. 190 depende de contraditório prévio.

Enunciado 260. [arts. 190 e 200 do CPC] – A homologação, pelo juiz, da convenção processual, quando prevista em lei, corresponde a uma condição de eficácia do negócio.

Enunciado 261. [arts. 190 e 200 do CPC] – O art. 200 aplica-se tanto aos negócios unilaterais quanto aos bilaterais, incluindo as convenções processuais do art. 190.

Enunciado 262. [arts. 190; 520, IV; e 521 do CPC] – É admissível negócio processual para dispensar caução no cumprimento provisório de sentença.

Enunciado 263. [art. 194 do CPC] – A mera juntada de decisão aos autos eletrônicos não necessariamente lhe confere publicidade em relação a terceiros.

Enunciado 264. [art. 194 do CPC] – Salvo hipóteses de segredo de justiça, nos processos em que se realizam intimações exclusivamente por portal eletrônico, deve ser garantida ampla publicidade aos autos eletrônicos, assegurado o acesso a qualquer um.

Enunciado 265. [art. 194 do CPC] – É possível haver documentos transitoriamente confidenciais no processo eletrônico.

Enunciado 266. [arts. 15; e 218, § 4º, do CPC] – Aplica-se o art. 218, § 4º, ao processo do trabalho, não se considerando extemporâneo ou intempestivo o ato realizado antes do termo inicial do prazo.

Enunciado 267. [arts. 218 e 1.046 do CPC] – Os prazos processuais iniciados antes da vigência do CPC serão integralmente regulados pelo regime revogado.

Enunciado 268. [arts. 219 e 1.046 do CPC] – A regra de contagem de prazos em dias úteis só se aplica aos prazos iniciados após a vigência do Novo Código.

Enunciado 269. [art. 220 do CPC] – A suspensão de prazos de 20 de dezembro a 20 de janeiro é aplicável aos Juizados Especiais.

Enunciado 270. [arts. 15; e 224, § 1º, do CPC] – Aplica-se ao processo do trabalho o art. 224, § 1º.

Enunciado 271. [art. 231 do CPC] – Quando for deferida tutela provisória a ser cumprida diretamente pela parte, o prazo recursal conta a partir da juntada do mandado de intimação, do aviso de recebimento ou da carta precatória; o prazo para o cumprimento da decisão inicia-se a partir da intimação da parte.

Enunciado 272. [art. 231, § 2º, do CPC] – Não se aplica o § 2º do art. 231 ao prazo para contestar, em vista da previsão do § 1º do mesmo artigo.

Enunciado 273. [arts. 250, IV; e 334, § 8º, do CPC] – Ao ser citado, o réu deverá ser advertido de que sua ausência injustificada à audiência de conciliação ou mediação configura ato atentatório à dignidade da justiça, punível com a multa do art. 334, § 8º, sob pena de sua inaplicabilidade.

Enunciado 274. [art. 272, § 6º, do CPC] – Aplica-se a regra do § 6º do art. 272 ao prazo para contestar, quando for dispensável a audiência de conciliação e houver poderes para receber citação.

Enunciado 275. [arts. 229, § 2º; e 1.046 do CPC] – Nos processos que tramitam eletronicamente, a regra do art. 229, § 2º, não se aplica aos prazos já iniciados no regime anterior.

(*) Enunciado 275 com redação revista no V FPPC-Vitória.

Enunciado 276. [arts. 281 e 282 do CPC] – Os atos anteriores ao ato defeituoso não são atingidos pela pronúncia de invalidade.

Enunciado 277. [arts. 281 e 282 do CPC] – Para fins de invalidação, o reconhecimento de que um ato subsequente é dependente de um ato defeituoso deve ser objeto de fundamentação específica à luz de circunstâncias concretas.

Enunciado 278. [arts. 282, § 2º, do CPC] – O CPC adota como princípio a sanabilidade dos atos processuais defeituosos.

ANEXO III – ENUNCIADOS – FPPC

Enunciado 279. [arts. 282 e 283 do CPC] – Para os fins de alegar e demonstrar prejuízo, não basta a afirmação de tratar-se de violação a norma constitucional.

Enunciado 280. [art. 290 do CPC] – O prazo de quinze dias a que se refere o art. 290 conta-se da data da intimação do advogado.

Enunciado 281. [art. 319, III, do CPC] – A indicação do dispositivo legal não é requisito da petição inicial e, uma vez existente, não vincula o órgão julgador.

(*) Enunciado 281 com redação revista no V FPPC-Vitória.

Enunciado 282. [arts. 319, III; e 343 do CPC] – Para julgar com base em enquadramento normativo diverso daquele invocado pelas partes, ao juiz cabe observar o dever de consulta, previsto no art. 10.

Enunciado 283. [arts. 319, § 1º; 320; e 396 do CPC] – Aplicam-se os arts. 319, § 1º, e 396 a 404 também quando o autor não dispuser de documentos indispensáveis à propositura da ação.

Enunciado 284. [arts. 321; e 968, § 3º, do CPC] – Aplica-se à ação rescisória o disposto no art. 321, ainda que o vício seja a indicação incorreta da decisão rescindenda.

(*) Enunciado 284 com redação revista no X FPPC-Brasília.

Enunciado 285. [art. 322, § 2º, do CPC] – A interpretação do pedido e dos atos postulatórios em geral deve levar em consideração a vontade da parte, aplicando-se o art. 112 do Código Civil.

Enunciado 286. [arts. 5º; e 322, § 2º, do CPC] – Aplica-se o § 2º do art. 322 à interpretação de todos os atos postulatórios, inclusive da contestação e do recurso.

Enunciado 287. [art. 326 do CPC] – O pedido subsidiário somente pode ser apreciado se o juiz não puder examinar ou expressamente rejeitar o principal.

Enunciado 288. [art. 326 do CPC] – Quando acolhido o pedido subsidiário, o autor tem interesse de recorrer em relação ao principal.

Enunciado 289. [art. 327, § 1º, II, do CPC] – Se houver conexão entre pedidos cumulados, a incompetência relativa não impedirá a cumulação, em razão da modificação legal da competência.

Enunciado 290. [art. 330, §§ 2º e 3º, do CPC] – A enumeração das espécies de contrato previstas no § 2º do art. 330 é exemplificativa.

Enunciado 291. [art. 331; e 332, § 3º, do CPC] – Aplicam-se ao procedimento do mandado de segurança os arts. 331 e parágrafos, e 332, § 3º, do CPC.

Enunciado 292. [arts. 4º, 321 e 330 do CPC] – Antes de indeferir a petição inicial, o juiz deve aplicar o disposto no art. 321.

Enunciado 293. [arts. 331; 332, § 3º; 485, § 7º; e 1.010, § 3º, do CPC] – O juízo de retratação, quando permitido, somente poderá ser exercido se a apelação for tempestiva.

(*) Enunciado 293 com redação revista no VIII FPPC-Florianópolis e no IX FPPC-Recife.

Enunciado 294. [arts. 15; e 332, § 1º, do CPC] – O julgamento liminar de improcedência, disciplinado no art. 333, salvo com relação ao § 1º, se aplica ao processo do trabalho quando contrariar: a) Enunciado de Súmula ou de Orientação Jurisprudencial do TST; b) acórdão proferido pelo TST em julgamento de recursos de revista repetitivos; c) entendimento firmado em resolução de demandas repetitivas.

Enunciado 295. [arts. 334, § 12; 357, § 9º; e 1.046 do CPC] – As regras sobre intervalo mínimo entre as audiências do CPC só se aplicam aos processos em que o ato for designado após sua vigência.

Enunciado 296. [art. 321 do CPC] – Verificando liminarmente a ilegitimidade passiva, o juiz facultará ao autor a alteração da petição inicial, para substituição do réu sem ônus sucumbenciais.

(*) Enunciado 296 com redação revista no IX FPPC-Recife.

Enunciado 297. [art. 355, I, do CPC] – O juiz que promove julgamento antecipado do mérito por desnecessidade de outras provas não pode proferir sentença fundamentada em não atendimento ao ônus probatório.

(*) Enunciado 297 com redação revista no X FPPC-Brasília.

Enunciado 298. [art. 357, § 3º, do CPC] – A audiência de saneamento e organização do processo em cooperação com as partes poderá ocorrer independentemente de a causa ser complexa.

Enunciado 299. [arts. 191 e 357, § 3º, do CPC] – O juiz pode designar audiência também (ou só) com objetivo de ajustar com as partes a fixação de calendário para fase de instrução e decisão.

Enunciado 300. [arts. 357, § 7º, do CPC] – O juiz poderá ampliar ou restringir o número de testemunhas a depender da complexidade da causa e dos fatos individualmente considerados.

Enunciado 301. [art. 369 do CPC] – Aplicam-se ao processo civil, por analogia, as exceções previstas nos §§ 1º e 2º do art. 157 do Código de Processo Penal, afastando a ilicitude da prova.

Enunciado 302. [arts. 15; e 373, §§ 1º e 2º, do CPC] – Aplica-se o art. 373, §§ 1º e 2º, ao processo do trabalho, autorizando a distribuição dinâmica do ônus da prova diante de peculiaridades da causa relacionadas à impossibilidade ou à excessiva dificuldade da parte de cumprir o seu encargo probatório, ou, ainda, à maior facilidade de obtenção da prova do fato contrário. O juiz poderá, assim, atribuir o ônus da prova de modo diverso, desde que de forma fundamentada, preferencialmente antes da instrução e necessariamente antes da sentença, permitindo à parte se desincumbir do ônus que lhe foi atribuído.

Enunciado 303. [art. 489, § 1º, do CPC] – As hipóteses descritas nos incisos do § 1º do art. 489 são exemplificativas.

Enunciado 304. [arts. 15 e 489 do CPC] – As decisões judiciais trabalhistas, sejam elas interlocutórias, sentenças ou acórdãos, devem observar integralmente o disposto no art. 499*, sobretudo o seu § 1º, sob pena de se reputarem não fundamentadas e, por conseguinte, nulas.

♦ Publicação oficial: "art. 499".
Entendemos que seria: "art. 489". (N.E.).

Enunciado 305. [arts. 489, § 1º, IV; 984, § 2º; e 1.038, § 3º, do CPC] – No julgamento de casos repetitivos, o tribunal deverá enfrentar todos os argumentos contrários e favoráveis à tese jurídica discutida, inclusive os suscitados pelos interessados.

(*) Enunciado 305 com redação revista no V FPPC-Vitória.

Enunciado 306. [art. 489, § 1º, VI, do CPC] – O precedente vinculante não será seguido quando o juiz ou tribunal distinguir o caso sob julgamento, demonstrando, fundamentadamente, tratar-se de situação particularizada por hipótese fática distinta, a impor solução jurídica diversa.

Enunciado 307. [arts. 489, § 1º; e 1.013, § 3º, IV, do CPC] – Reconhecida a insuficiência da sua fundamentação, o tribunal decretará a nulidade da sentença e, preenchidos os pressupostos do § 3º do art. 1.013, decidirá desde logo o mérito da causa.

Enunciado 308. [arts. 489, § 1º; e 1.046, do CPC] – Aplica-se o art. 489, § 1º, a todos os processos pendentes de decisão ao tempo da entrada em vigor do CPC, ainda que conclusos os autos antes da sua vigência.

(*) Enunciado 308 com redação revista no V FPPC-Vitória.

Enunciado 309. [art. 489, § 1º, do CPC] – O disposto no § 1º do art. 489 do CPC é aplicável no âmbito dos Juizados Especiais.

Enunciado 310. [art. 495 do CPC] – Não é título constitutivo de hipoteca judiciária a decisão judicial que condena à entrega de coisa distinta de dinheiro.

Enunciado 311. [arts. 496 e 1.046 do CPC] – A regra sobre remessa necessária é aquela vigente ao tempo da publicação em cartório ou disponibilização nos autos eletrônicos da sentença ou, ainda, quando da prolação da sentença em audiência, de modo que a limitação de seu cabimento no CPC não prejudica as remessas determinadas no regime do art. 475 do CPC/1973.

(*) Enunciado 311 com redação revista no V FPPC-Vitória.

Enunciado 312. [art. 496 do CPC] – O inciso IV do § 4º do art. 496 do CPC aplica-se ao procedimento do mandado de segurança.

Enunciado 313. [art. 503, §§ 1º e 2º, do CPC] – São cumulativos os pressupostos previstos no § 1º e seus incisos, observado o § 2º do art. 503.

Enunciado 314. [arts. 926; e 927, I e V, do CPC] – As decisões judiciais devem respeitar os precedentes do Supremo Tribunal Federal, em matéria constitucional, e do Superior Tribunal de Justiça, em matéria infraconstitucional federal.

Enunciado 315. [art. 927 do CPC] – Nem todas as decisões formam precedentes vinculantes.

Enunciado 316. [art. 926 do CPC] – A estabilidade da jurisprudência do tribunal depende também da observância de seus próprios precedentes, inclusive por seus órgãos fracionários.

Enunciado 317. [art. 927 do CPC] – O efeito vinculante do precedente decorre da adoção dos mesmos fundamentos determinantes pela maioria dos membros do colegiado, cujo entendimento tenha ou não sido sumulado.

Enunciado 318. [art. 927 do CPC] – Os fundamentos prescindíveis para o alcance do resultado fixado no dispositivo da decisão (*obiter dicta*), ainda que nela presentes, não possuem efeito de precedente vinculante.

ANEXO III – ENUNCIADOS – FPPC

Enunciado 319. [art. 927 do CPC] – Os fundamentos não adotados ou referendados pela maioria dos membros do órgão julgador não possuem efeito de precedente vinculante.

Enunciado 320. [art. 927 do CPC] – Os tribunais poderão sinalizar aos jurisdicionados sobre a possibilidade de mudança de entendimento da corte, com a eventual superação ou a criação de exceções ao precedente para casos futuros.

Enunciado 321. [art. 927, § 4º, do CPC] – A modificação do entendimento sedimentado poderá ser realizada nos termos da Lei nº 11.417, de 19 de dezembro de 2006, quando se tratar de Enunciado de Súmula Vinculante; do regimento interno dos tribunais, quando se tratar de Enunciado de Súmula ou jurisprudência dominante; e, incidentalmente, no julgamento de recurso, na remessa necessária ou causa de competência originária do tribunal.

Enunciado 322. [art. 927, § 4º, do CPC] – A modificação de precedente vinculante poderá fundar-se, entre outros motivos, na revogação ou modificação da lei em que ele se baseou, ou em alteração econômica, política, cultural ou social referente à matéria decidida.

Enunciado 323. [arts. 926 e 927 do CPC] – A formação dos precedentes observará os princípios da legalidade, da segurança jurídica, da proteção da confiança e da isonomia.

Enunciado 324. [art. 927 do CPC] – Lei nova, incompatível com o precedente judicial, é fato que acarreta a não aplicação do precedente por qualquer juiz ou tribunal, ressalvados o reconhecimento de sua inconstitucionalidade, a realização de interpretação conforme ou a pronúncia de nulidade sem redução de texto.

Enunciado 325. [arts. 15 e 927 do CPC] – A modificação de entendimento sedimentado pelos tribunais trabalhistas deve observar a sistemática prevista no art. 927, devendo se desincumbir do ônus argumentativo mediante fundamentação adequada e específica, modulando, quando necessário, os efeitos da decisão que supera o entendimento anterior.

Enunciado 326. [arts. 15 e 927 do CPC] – O órgão jurisdicional trabalhista pode afastar a aplicação do precedente vinculante quando houver distinção entre o caso sob julgamento e o paradigma, desde que demonstre, fundamentadamente, tratar-se de situação particularizada por hipótese fática distinta, a impor solução jurídica diversa.

Enunciado 327. [art. 928, parágrafo único, do CPC] – Os precedentes vinculantes podem ter por objeto questão de direito material ou processual.

Enunciado 328. [arts. 554 e 565 do CPC] – Os arts. 554 e 565 do CPC aplicam-se à ação de usucapião coletiva (art. 10 da Lei nº 10.258/2001) e ao processo em que exercido o direito a que se referem os §§ 4º e 5º do art. 1.228, Código Civil, especialmente quanto à necessidade de ampla publicidade da ação e da participação do Ministério Público, da Defensoria Pública e dos órgãos estatais responsáveis pela reforma agrária e política urbana.

Enunciado 329. [arts. 15; e 843, *caput* e § 1º, do CPC] – Na execução trabalhista deve ser preservada a quota parte de bem indivisível do coproprietário ou do cônjuge alheio à execução, sendo-lhe assegurado o direito de preferência na arrematação do bem em igualdade de condições.

Enunciado 330. [arts. 15 e 895 do CPC] – Na Justiça do Trabalho, o juiz pode deferir a aquisição parcelada do bem penhorado em sede de execução, na forma do art. 895 e seus parágrafos.

Enunciado 331. [arts. 15 e 916 do CPC] – O pagamento da dívida objeto de execução trabalhista fundada em título extrajudicial pode ser requerido pelo executado nos moldes do art. 916.

(*) Enunciado 331 com redação revista no VI FPPC--Curitiba.

Enunciado 332. [arts. 15; e 938, § 1º, do CPC] – Considera-se vício sanável, tipificado no art. 938, § 1º, a apresentação da procuração e da guia de custas ou do depósito recursal em cópia, cumprindo ao relator assinalar prazo para a parte renovar o ato processual com a juntada dos originais.

Enunciado 333. [arts. 15; e 938, § 1º, do CPC] – Em se tratando de guia de custas e depósito recursal inseridos no sistema eletrônico, estando o arquivo corrompido, impedido de ser executado ou de ser lido, deverá o relator assegurar a possibilidade de sanar o vício, nos termos do art. 938, § 1º.

Enunciado 334. [art. 947 do CPC] – Por força da expressão "sem repetição em múltiplos processos", não cabe o incidente de assunção de competência quando couber julgamento de casos repetitivos.

Enunciado 335. [arts. 15 e 947 do CPC] – O incidente de assunção de competência aplica-se ao processo do trabalho.

ANEXOS

Enunciado 336. [art. 966 do CPC] – Cabe ação rescisória contra decisão interlocutória de mérito.

Enunciado 337. [art. 966, § 3º, do CPC] – A competência para processar a ação rescisória contra capítulo de decisão deverá considerar o órgão jurisdicional que proferiu o capítulo rescindindo.

Enunciado 338. [arts. 503, § 1º; e 966, *caput* e § 3º, do CPC] – Cabe ação rescisória para desconstituir a coisa julgada formada sobre a resolução expressa da questão prejudicial incidental.

Enunciado 339. [art. 967, IV, do CPC; art. 118 da Lei nº 12.529/2011; e art. 31 da Lei nº 6.385/1976] – O CADE e a CVM, caso não tenham sido intimados, quando obrigatório, para participar do processo (art. 118, Lei nº 12.529/2011; art. 31, Lei nº 6.385/1976), têm legitimidade para propor ação rescisória contra a decisão ali proferida, nos termos do inciso IV do art. 967.

Enunciado 340. [art. 972 do CPC] – Observadas as regras de distribuição, o relator pode delegar a colheita de provas para juízo distinto do que proferiu a decisão rescindenda.

Enunciado 341. [arts. 975, §§ 2º e 3º; e 1.046 do CPC] – O prazo para ajuizamento de ação rescisória é estabelecido pela data do trânsito em julgado da decisão rescindenda, de modo que não se aplicam as regras dos §§ 2º e 3º do art. 975 do CPC à coisa julgada constituída antes de sua vigência.

Enunciado 342. [art. 976 do CPC] – O incidente de resolução de demandas repetitivas aplica-se ao recurso, a remessa necessária ou a qualquer causa de competência originária.

Enunciado 343. [art. 976 do CPC] – O incidente de resolução de demandas repetitivas compete a tribunal de justiça ou tribunal regional.

Enunciado 344. [art. 978, parágrafo único, do CPC] – A instauração do incidente pressupõe a existência de processo pendente no respectivo tribunal.

(*) Enunciado 344 com redação revista no V FPPC-Vitória.

Enunciado 345. [arts. 928, 976 e 1.036 do CPC] – O incidente de resolução de demandas repetitivas e o julgamento dos recursos extraordinários e especiais repetitivos formam um microssistema de solução de casos repetitivos, cujas normas de regência se complementam reciprocamente e devem ser interpretadas conjuntamente.

(*) Enunciado 345 com redação revista no V FPPC-Vitória.

Enunciado 346. [art. 976 do CPC] – A Lei nº 13.015, de 21 de julho de 2014, compõe o microssistema de solução de casos repetitivos.

Enunciado 347. [arts. 15 e 976 do CPC] – Aplica-se ao processo do trabalho o incidente de resolução de demandas repetitivas, devendo ser instaurado quando houver efetiva repetição de processos que contenham controvérsia sobre a mesma questão de direito.

Enunciado 348. [arts. 987, § 1º; e 1.037, II, §§ 6º, 8º e 9º, do CPC] – Os interessados serão intimados da suspensão de seus processos individuais, podendo requerer o prosseguimento ao juiz ou tribunal onde tramitarem, demonstrando a distinção entre a questão a ser decidida e aquela a ser julgada no incidente de resolução de demandas repetitivas, ou nos recursos repetitivos.

Enunciado 349. (Cancelado).

(*) Enunciado 349 com redação cancelada no X FPPC-Brasília.

Enunciado 350. [arts. 15 e 988 do CPC] – Cabe reclamação, na Justiça do Trabalho, da parte interessada ou do Ministério Público, nas hipóteses previstas no art. 988, visando a preservar a competência do tribunal e garantir a autoridade das suas decisões e do precedente firmado em julgamento de casos repetitivos.

Enunciado 351. [arts. 1.009, § 1º; e 1.015 do CPC] – O regime da recorribilidade das interlocutórias do CPC aplica-se ao procedimento do mandado de segurança.

Enunciado 352. [arts. 15; e 998, *caput*, e parágrafo único, do CPC] – É permitida a desistência do recurso de revista repetitivo, mesmo quando eleito como representativo da controvérsia, sem necessidade de anuência da parte adversa ou dos litisconsortes; a desistência, contudo, não impede a análise da questão jurídica objeto de julgamento do recurso repetitivo.

Enunciado 353. [arts. 15; e 1.007, § 7º, do CPC] – No processo do trabalho, o equívoco no preenchimento da guia de custas ou de depósito recursal não implicará a aplicação da pena de deserção, cabendo ao relator, na hipótese de dúvida quanto ao recolhimento, intimar o recorrente para sanar o vício no prazo de cinco dias.

Enunciado 354. [arts. 1.009, § 1º; e 1.046 do CPC] – O art. 1.009, § 1º, não se aplica às decisões publicadas em cartório ou disponibilizadas nos autos eletrônicos antes da entrada em vigor do CPC.

(*) Enunciado 354 com redação revista no V FPPC-Vitória.

ANEXO III – ENUNCIADOS – FPPC

Enunciado 355. [arts. 1.009, § 1º; e 1.046 do CPC] – Se, no mesmo processo, houver questões resolvidas na fase de conhecimento em relação às quais foi interposto agravo retido na vigência do CPC/1973, e questões resolvidas na fase de conhecimento em relação às quais não se operou a preclusão por força do art. 1.009, § 1º, do CPC, aplicar-se-á ao recurso de apelação o art. 523, § 1º, do CPC/1973 em relação àquelas, e o art. 1.009, § 1º, do CPC em relação a estas.

Enunciado 356. [arts. 1.010, § 3º; e 1.046 do CPC] – Aplica-se a regra do art. 1.010, § 3º, às apelações pendentes de admissibilidade ao tempo da entrada em vigor do CPC, de modo que o exame da admissibilidade destes recursos competirá ao Tribunal de 2º grau.

Enunciado 357. [arts. 1.013, § 3º; 1.014; e 1.027, § 2º, do CPC] – Aplicam-se ao recurso ordinário os arts. 1.013 e 1.014.

Enunciado 358. [art. 1.021, § 4º, do CPC] – A aplicação da multa prevista no art. 1.021, § 4º, exige manifesta inadmissibilidade ou manifesta improcedência.

Enunciado 359. [art. 1.021, § 4º, do CPC] – A aplicação da multa prevista no art. 1.021, § 4º, exige que a manifesta inadmissibilidade seja declarada por unanimidade.

Enunciado 360. [art. 1.022 do CPC] – A não oposição de embargos de declaração em caso de erro material na decisão não impede sua correção a qualquer tempo.

Enunciado 361. [art. 1.026, § 4º, do CPC] – Na hipótese do art. 1.026, § 4º, não cabem embargos de declaração e, caso opostos, não produzirão qualquer efeito.

Enunciado 362. (Cancelado).

(*) Enunciado 362 com redação cancelada no VII FPPC-São Paulo.

Enunciado 363. [arts. 976 a 987 do CPC] – O procedimento do incidente de resolução de demandas repetitivas aplica-se às causas repetitivas de competência originária dos tribunais superiores, como a reclamação e o conflito de competência, e aos recursos ordinários a eles dirigidos.

(*) Enunciado 363 com redação revista no X FPPC-Brasília.

Enunciado 364. [art. 1.036, § 1º, do CPC] – O sobrestamento da causa em primeira instância não ocorrerá caso se mostre necessária a produção de provas para efeito de distinção de precedentes.

Enunciado 365. (Cancelado).

(*) Enunciado 365 com redação cancelada no VII FPPC-São Paulo.

Enunciado 366. [art. 1.047 do CPC] – O protesto genérico por provas, realizado na petição inicial ou na contestação ofertada antes da vigência do CPC, não implica requerimento de prova para fins do art. 1.047.

Enunciado 367. [arts. 312, 503 e 1.054 do CPC] – Para fins de interpretação do art. 1.054, entende-se como início do processo a data do protocolo da petição inicial.

Enunciado 368. [art. 1.071 do CPC] – A impugnação ao reconhecimento extrajudicial da usucapião necessita ser feita mediante representação por advogado.

Aprovados em Vitória:
1º a 3 de maio de 2015
[Enunciados 369 a 484)

Enunciado 369. [arts. 1º a 12 do CPC] – O rol de normas fundamentais previsto no Capítulo I do Título Único do Livro I da Parte Geral do CPC não é exaustivo.

Enunciado 370. [arts. 1º a 12 do CPC] – Norma processual fundamental pode ser regra ou princípio.

Enunciado 371. [arts. 3º, § 3º; e 165 do CPC] – Os métodos de solução consensual de conflitos devem ser estimulados também nas instâncias recursais.

Enunciado 372. [art. 4º do CPC] – O art. 4º tem aplicação em todas as fases e em todos os tipos de procedimento, inclusive em incidentes processuais e na instância recursal, impondo ao órgão jurisdicional viabilizar o saneamento de vícios para examinar o mérito, sempre que seja possível a sua correção.

Enunciado 373. [arts. 4º e 6º do CPC] – As partes devem cooperar entre si; devem atuar com ética e lealdade, agindo de modo a evitar a ocorrência de vícios que extingam o processo sem resolução do mérito e cumprindo com deveres mútuos de esclarecimento e transparência.

Enunciado 374. [art. 5º do CPC] – O art. 5º prevê a boa-fé objetiva.

Enunciado 375. [art. 5º do CPC] – O órgão jurisdicional também deve comportar-se de acordo com a boa-fé objetiva.

Enunciado 376. [art. 5º do CPC] – A vedação do comportamento contraditório aplica-se ao órgão jurisdicional.

ANEXOS

Enunciado 377. [art. 5º do CPC] – A boa-fé objetiva impede que o julgador profira, sem motivar a alteração, decisões diferentes sobre uma mesma questão de direito aplicável às situações de fato análogas, ainda que em processos distintos.

Enunciado 378. [arts. 5º; 6º; 322, § 2º; e 489, § 3º, do CPC] – A boa-fé processual orienta a interpretação da postulação e da sentença, permite a repreensão do abuso de direito processual e das condutas dolosas de todos os sujeitos processuais e veda seus comportamentos contraditórios.

Enunciado 379. [art. 7º do CPC] – O exercício dos poderes de direção do processo pelo juiz deve observar a paridade de armas das partes.

Enunciado 380. [arts. 8º, 926 e 927 do CPC] – A expressão "ordenamento jurídico", empregada pelo Código de Processo Civil, contempla os precedentes vinculantes.

Enunciado 381. [arts. 9º; 307, parágrafo único; 350; e 351 do CPC] – É cabível réplica no procedimento de tutela cautelar requerida em caráter antecedente.

Enunciado 382. [art. 12 do CPC] – No juízo onde houver cumulação de competência de processos dos juizados especiais com outros procedimentos diversos, o juiz poderá organizar duas listas cronológicas autônomas, uma para os processos dos juizados especiais e outra para os demais processos.

Enunciado 383. [art. 75, § 4º, do CPC] – As autarquias e fundações de direito público estaduais e distritais também poderão ajustar compromisso recíproco para prática de ato processual por seus procuradores em favor de outro ente federado, mediante convênio firmado pelas respectivas procuradorias.

Enunciado 384. [art. 85, § 19, do CPC] – A lei regulamentadora não poderá suprimir a titularidade e o direito à percepção dos honorários de sucumbência dos advogados públicos.

Enunciado 385. [art. 99, § 2º, do CPC] – Havendo risco de perecimento do direito, o poder do juiz de exigir do autor a comprovação dos pressupostos legais para a concessão da gratuidade não o desincumbe do dever de apreciar, desde logo, o pedido liminar de tutela de urgência.

Enunciado 386. [arts. 4º; e 113, § 1º, do CPC] – A limitação do litisconsórcio facultativo multitudinário acarreta o desmembramento do processo.

Enunciado 387. [arts. 4º; e 113, § 1º, do CPC] – A limitação do litisconsórcio multitudinário não é causa de extinção do processo.

Enunciado 388. [arts. 119 e 138 do CPC] – O assistente simples pode requerer a intervenção de *amicus curiae*.

Enunciado 389. [art. 122 do CPC] – As hipóteses previstas no art. 122 são meramente exemplificativas.

Enunciado 390. [arts. 136, *caput*; 1.009, § 3º; e 1.015, IV, do CPC] – Resolvida a desconsideração da personalidade jurídica na sentença, caberá apelação.

Enunciado 391. [art. 138, § 3º, do CPC] – O *amicus curiae* pode recorrer da decisão que julgar recursos repetitivos.

Enunciado 392. [arts. 138 e 190 do CPC] – As partes não podem estabelecer, em convenção processual, a vedação da participação do *amicus curiae*".

Enunciado 393. [arts. 138; 926, § 1º; e 927, § 2º, do CPC] – É cabível a intervenção de *amicus curiae* no procedimento de edição, revisão e cancelamento de enunciados de súmula pelos tribunais.

Enunciado 394. [art. 10; 138, § 1º; 489, § 1º, IV; e 1.022, II, do CPC] – As partes podem opor embargos de declaração para corrigir vício da decisão relativo aos argumentos trazidos pelo *amicus curiae*.

Enunciado 395. [art. 138, *caput*, do CPC] – Os requisitos objetivos exigidos para a intervenção do *amicus curiae* são alternativos.

Enunciado 396. [arts. 8º; e 139, IV, do CPC] – As medidas do inciso IV do art. 139 podem ser determinadas de ofício, observado o art. 8º.

Enunciado 397. [arts. 165 a 175, § 3º; do CPC; Lei nº 9.099/1995; Lei nº 10.259/2001; e Lei nº 12.153/2009] – A estrutura para autocomposição, nos Juizados Especiais, deverá contar com a conciliação e a mediação.

Enunciado 398. [art. 174 do CPC] – As câmaras de mediação e conciliação têm competência para realização da conciliação e da mediação, no âmbito administrativo, de conflitos judiciais e extrajudiciais.

(*) Enunciado 398 com redação revista no VIII FPPC-Florianópolis.

Enunciado 399. [arts. 180 e 183 do CPC] – Os arts. 180 e 183 somente se aplicam aos prazos que se iniciarem na vigência do CPC de 2015, aplicando-se a regulamentação anterior aos prazos iniciados sob a vigência do CPC de 1973.

ANEXO III – ENUNCIADOS – FPPC

Enunciado 400. [art. 183 do CPC] – O art. 183 se aplica aos processos que tramitam em autos eletrônicos.

Enunciado 401. [art. 183, § 1º, do CPC] – Para fins de contagem de prazo da Fazenda Pública nos processos que tramitam em autos eletrônicos, não se considera como intimação pessoal a publicação pelo Diário da Justiça Eletrônico.

Enunciado 402. [art. 190 do CPC] – A eficácia dos negócios processuais para quem deles não fez parte depende de sua anuência, quando lhe puder causar prejuízo.

Enunciado 403. [art. 190 do CPC; e art. 104 do CC] – A validade do negócio jurídico processual, requer agente capaz, objeto lícito, possível, determinado ou determinável e forma prescrita ou não defesa em lei.

Enunciado 404. [art. 190 do CPC; e art. 112 do CC] – Nos negócios processuais, atender-se-á mais à intenção consubstanciada na manifestação de vontade do que ao sentido literal da linguagem.

Enunciado 405. [art. 190 do CPC; e art. 113 do CC] – Os negócios jurídicos processuais devem ser interpretados conforme a boa-fé e os usos do lugar de sua celebração.

Enunciado 406. [art. 190 do CPC; e art. 114 do CC] – Os negócios jurídicos processuais benéficos e a renúncia a direitos processuais interpretam-se estritamente.

Enunciado 407. [arts. 5º e 190 do CPC; e art. 422 do CC] – Nos negócios processuais, as partes e o juiz são obrigados a guardar nas tratativas, na conclusão e na execução do negócio o princípio da boa-fé.

Enunciado 408. [art. 190 do CPC; e art. 423 do CC] – Quando houver no contrato de adesão negócio jurídico processual com previsões ambíguas ou contraditórias, dever-se-á adotar a interpretação mais favorável ao aderente.

Enunciado 409. [art. 190 do CPC; e art. 8º, *caput*, da Lei nº 9.307/1996] – A convenção processual é autônoma em relação ao negócio em que estiver inserta, de tal sorte que a invalidade deste não implica necessariamente a invalidade da convenção processual.

Enunciado 410. [arts. 142 e 190 do CPC] – Aplica-se o art. 142 do CPC ao controle de validade dos negócios jurídicos processuais.

Enunciado 411. [art. 190 do CPC] – O negócio processual pode ser distratado.

Enunciado 412. [art. 190 do CPC] – A aplicação de negócio processual em determinado processo judicial não impede, necessariamente, que da decisão do caso possa vir a ser formado precedente.

Enunciado 413. [arts. 190 e 191 do CPC; Lei nº 9.099/1995; Lei nº 10.259/2001; e Lei nº 12.153/2009] – O negócio jurídico processual pode ser celebrado no sistema dos juizados especiais, desde que observado o conjunto dos princípios que o orienta, ficando sujeito a controle judicial na forma do parágrafo único do art. 190 do CPC.

Enunciado 414. [art. 191, § 1º, do CPC] – O disposto no § 1º do art. 191 refere-se ao juízo.

Enunciado 415. [arts. 212 e 219 do CPC; Lei nº 9.099/1995; Lei nº 10.259/2001; e Lei nº 12.153/2009] – Os prazos processuais no sistema dos Juizados Especiais são contados em dias úteis.

Enunciado 416. [art. 219 do CPC] – A contagem do prazo processual em dias úteis prevista no art. 219 aplica-se aos Juizados Especiais Cíveis, Federais e da Fazenda Pública.

Enunciado 417. [arts. 260, § 3º; e 267, I, do CPC] – São requisitos para o cumprimento da carta arbitral: i) indicação do árbitro ou do tribunal arbitral de origem e do órgão do Poder Judiciário de destino; ii) inteiro teor do requerimento da parte, do pronunciamento do árbitro ou do Tribunal arbitral e da procuração conferida ao representante da parte, se houver; iii) especificação do ato processual que deverá ser praticado pelo juízo de destino; iv) encerramento com a assinatura do árbitro ou do presidente do tribunal arbitral conforme o caso.

Enunciado 418. [art. 294 a 311 do CPC; Lei nº 9.099/1995; Lei nº 10.259/2001; e Lei nº 12.153/2009] – As tutelas provisórias de urgência e de evidência são admissíveis no sistema dos Juizados Especiais.

Enunciado 419. [art. 300, § 3º, do CPC] – Não é absoluta a regra que proíbe tutela provisória com efeitos irreversíveis.

Enunciado 420. [art. 304 do CPC] – Não cabe estabilização de tutela cautelar.

Enunciado 421. [arts. 304 e 969 do CPC] – Não cabe estabilização de tutela antecipada em ação rescisória.

Enunciado 422. [art. 311 do CPC] – A tutela de evidência é compatível com os procedimentos especiais.

ANEXOS

Enunciado 423. [arts. 311; 995, parágrafo único; 1.012, § 4º; 1.019, I; 1.026, § 1º; e 1.029, § 5º, do CPC] – Cabe tutela de evidência recursal.

Enunciado 425. [arts. 106, § 1º; e 321 do CPC] – Ocorrendo simultaneamente as hipóteses dos arts. 106, § 1º, e 321, *caput*, o prazo de emenda será único e de quinze dias.

Enunciado 426. [art. 340, § 2º, do CPC] – O juízo para o qual foi distribuída a contestação ou a carta precatória só será considerado prevento se o foro competente for o local onde foi citado.

Enunciado 427. [art. 357, § 2º, do CPC] – A proposta de saneamento consensual feita pelas partes pode agregar questões de fato até então não deduzidas.

Enunciado 428. [arts. 329; e 357, § 3º, do CPC] – A integração e o esclarecimento das alegações nos termos do art. 357, § 3º, não se confundem com o aditamento do ato postulatório previsto no art. 329.

Enunciado 429. [art. 359 do CPC] – A arbitragem a que refere o art. 359 é aquela regida pela Lei nº 9.307/1996.

Enunciado 430. [art. 361, parágrafo único, do CPC] – A necessidade de licença concedida pelo juiz, prevista no parágrafo único do art. 361, é aplicável também aos Defensores Públicos.

Enunciado 431. [arts. 489, § 1º, VI, do CPC] – O julgador que aderir aos fundamentos do voto-vencedor do relator há de seguir, por coerência, o precedente que ajudou a construir no julgamento da mesma questão em processos subsequentes, salvo se demonstrar a existência de distinção ou superação. (V. arts. 926 e 927 do CPC.)

Enunciado 432. [art. 496, § 1º, do CPC] – A interposição de apelação parcial não impede a remessa necessária.

Enunciado 433. [arts. 496, § 4º, IV; e 927, § 5º, do CPC] – Cabe à Administração Pública dar publicidade às suas orientações vinculantes, preferencialmente pela rede mundial de computadores.

Enunciado 434. [art. 485, VII, do CPC] – O reconhecimento da competência pelo juízo arbitral é causa para a extinção do processo judicial sem resolução de mérito.

Enunciado 435. [arts. 485, VII; e 1.015, III, do CPC] – Cabe agravo de instrumento contra a decisão do juiz que, diante do reconhecimento de competência pelo juízo arbitral, se recusar a extinguir o processo judicial sem resolução de mérito.

Enunciado 436. [arts. 502 e 506 do CPC] – Preenchidos os demais pressupostos, a decisão interlocutória e a decisão unipessoal (monocrática) são suscetíveis de fazer coisa julgada.

Enunciado 437. [arts. 19, II; e 503, § 1º, do CPC] – A coisa julgada sobre a questão prejudicial incidental se limita à existência, inexistência ou modo de ser de situação jurídica, e à autenticidade ou falsidade de documento.

Enunciado 438. [art. 503, § 1º, do CPC] – É desnecessário que a resolução expressa da questão prejudicial incidental esteja no dispositivo da decisão para ter aptidão de fazer coisa julgada.

Enunciado 439. [art. 503, §§ 1º e 2º, do CPC] – Nas causas contra a Fazenda Pública, além do preenchimento dos pressupostos previstos no art. 503, §§ 1º e 2º, a coisa julgada sobre a questão prejudicial incidental depende de remessa necessária, quando for o caso.

Enunciado 440. [arts. 515, IX; e 516, III, do CPC] – O art. 516, III, e o seu parágrafo único aplicam-se à execução de decisão interlocutória estrangeira, após a concessão do *exequatur* à carta rogatória.

Enunciado 441. [arts. 536, § 5º; e 537, § 5º, do CPC] – O § 5º do art. 536 e o § 5º do art. 537 alcançam situação jurídica passiva correlata a direito real.

Enunciado 442. [arts. 536, § 5º; e 537, § 5º, do CPC] – O § 5º do art. 536 e o § 5º do art. 537 alcançam os deveres legais.

Enunciado 443. [art. 556 do CPC] – Em ação possessória movida pelo proprietário é possível ao réu alegar a usucapião como matéria de defesa, sem violação ao art. 575.

Enunciado 444. [arts. 139, IV; 771, parágrafo único; 822; e 823 do CPC] – Para o processo de execução de título extrajudicial de obrigação de não fazer, não é necessário propor a ação de conhecimento para que o juiz possa aplicar as normas decorrentes dos arts. 536 e 537.

Enunciado 445. [art. 779 do CPC] – O fiador judicial também pode ser sujeito passivo da execução.

Enunciado 446. [arts. 700 e 785 do CPC] – Cabe ação monitória mesmo quando o autor for portador de título executivo extrajudicial.

Enunciado 447. [arts. 799; 804; 889, VIII; e 1.072, I, do CPC] – O exequente deve providenciar a intimação da União, Estados e Municípios no caso de penhora de bem tombado.

Enunciado 448. [arts. 799, VIII, do CPC] – As medidas urgentes previstas no art. 799, VIII, englobam a tutela provisória urgente antecipada.

Enunciado 450. [arts. 523, § 2º; e 771, parágrafo único, do CPC] – Aplica-se a regra decorrente do art. 827, § 2º, ao cumprimento de sentença.

Enunciado 451. [arts. 85, § 1º; e 827, *caput* e § 1º, do CPC] – A regra decorrente do *caput* e do § 1º do art. 827 aplica-se às execuções fundadas em título executivo extrajudicial de obrigação de fazer, não fazer e entrega de coisa.

Enunciado 452. [arts. 980; e 982, I, do CPC] – Durante a suspensão do processo prevista no art. 982 não corre o prazo de prescrição intercorrente.

Enunciado 453. [arts. 926; e 1.022, parágrafo único, I, do CPC] – A estabilidade a que se refere o *caput* do art. 926 consiste no dever de os tribunais observarem os próprios precedentes.

Enunciado 454. [arts. 926; e 1.022, parágrafo único, I, do CPC] – Uma das dimensões da coerência a que se refere o *caput* do art. 926 consiste em os tribunais não ignorarem seus próprios precedentes (dever de autorreferência).

Enunciado 455. [art. 926 do CPC] – Uma das dimensões do dever de coerência significa o dever de não contradição, ou seja, o dever de os tribunais não decidirem casos análogos contrariamente às decisões anteriores, salvo distinção ou superação.

Enunciado 456. [art. 926 do CPC] – Uma das dimensões do dever de integridade consiste em os tribunais decidirem em conformidade com a unidade do ordenamento jurídico.

Enunciado 457. [art. 926 do CPC] – Uma das dimensões do dever de integridade previsto no *caput* do art. 926 consiste na observância das técnicas de distinção e superação dos precedentes, sempre que necessário para adequar esse entendimento à interpretação contemporânea do ordenamento jurídico.

Enunciado 458. [arts. 10; 926; e 927, § 1º, do CPC] – Para a aplicação, de ofício, de precedente vinculante, o órgão julgador deve intimar previamente as partes para que se manifestem sobre ele.

Enunciado 459. [arts. 10; 489, § 1º, V e VI; e 927 do CPC] – As normas sobre fundamentação adequada quanto à distinção e superação e sobre a observância somente dos argumentos submetidos ao contraditório são aplicáveis a todo o microssistema de formação dos precedentes.

Enunciado 460. [arts. 138; e 927, § 1º, do CPC] – O microssistema de aplicação e formação dos precedentes deverá respeitar as técnicas de ampliação do contraditório para amadurecimento da tese, como a realização de audiências públicas prévias e participação de *amicus curiae*.

Enunciado 461. [art. 947 do CPC] – O disposto no § 2º do art. 927 aplica-se ao incidente de assunção de competência.

Enunciado 462. [art. 489, § 1º, V e VI, do CPC] – É nula, por usurpação de competência funcional do órgão colegiado, a decisão do relator que julgar monocraticamente o mérito do recurso, sem demonstrar o alinhamento de seu pronunciamento judicial com um dos padrões decisórios descritos no art. 932.

Enunciado 463. [art. 932, parágrafo único, do CPC] – O art. 932, parágrafo único, deve ser aplicado aos recursos interpostos antes da entrada em vigor do CPC de 2015 e ainda pendentes de julgamento.

Enunciado 464. [arts. 932 e 1.021 do CPC; Lei nº 9.099/1995; Lei nº 10.259/2001; e Lei nº 12.153/2009] – A decisão unipessoal (monocrática) do relator em Turma Recursal é impugnável por agravo interno.

Enunciado 465. [arts. 995, parágrafo único; e 1.012, § 3º, do CPC; Lei nº 9.099/1995; Lei nº 10.259/2001; e Lei nº 12.153/2009] – A concessão do efeito suspensivo ao recurso inominado cabe exclusivamente ao relator na turma recursal.

Enunciado 467. [arts. 179; 947; 976, § 2º; 982, III; 983, *caput*; e 984, II, "a", do CPC] – O Ministério Público deve ser obrigatoriamente intimado no incidente de assunção de competência.

Enunciado 468. [art. 947 do CPC] – O incidente de assunção de competência aplica-se em qualquer tribunal.

Enunciado 469. [art. 947 do CPC] – A "grande repercussão social", pressuposto para a instauração do incidente de assunção de

ANEXOS

competência, abrange, dentre outras, repercussão jurídica, econômica ou política.

Enunciado 470. (Cancelado).

(*) Enunciado 470 com redação cancelada no VIII FPPC-Florianópolis.

Enunciado 471. [art. 982, § 3º, do CPC] – Aplica-se no âmbito dos juizados especiais a suspensão prevista no art. 982, § 3º.

Enunciado 472. [art. 985, I, do CPC] – Aplica-se o inciso I do art. 985 ao julgamento de recursos repetitivos e ao incidente de assunção de competência.

Enunciado 473. [art. 986 do CPC] – A possibilidade de o tribunal revisar de ofício a tese jurídica do incidente de resolução de demandas repetitivas autoriza as partes a requerê-la.

Enunciado 474. [art. 1.010, § 3º, in fine, do CPC; e art. 41 da Lei nº 9.099/1995] – O recurso inominado interposto contra sentença proferida nos juizados especiais será remetido à respectiva turma recursal independentemente de juízo de admissibilidade.

Enunciado 475. [arts. 1.022 e 1.064 do CPC; e art. 48 da Lei nº 9.099/1995] – Cabem embargos de declaração contra decisão interlocutória no âmbito dos juizados especiais.

Enunciado 476. [arts. 14 e 1.046 do CPC] – Independentemente da data de intimação, o direito ao recurso contra as decisões unipessoais nasce com a publicação em cartório, secretaria do juízo ou inserção nos autos eletrônicos da decisão a ser impugnada, o que primeiro ocorrer, ou, ainda, nas decisões proferidas em primeira instância, será da prolação de decisão em audiência.

(*) Enunciado 476 com redação revista no VII FPPC-São Paulo.

Enunciado 477. [arts. 219 e 1.026 do CPC] – Publicada em cartório ou inserida nos autos eletrônicos a decisão que julga embargos de declaração sob a vigência do CPC de 2015, computar-se-ão apenas os dias úteis no prazo para o recurso subsequente, ainda que a decisão embargada tenha sido proferida ao tempo do CPC de 1973, tendo em vista a interrupção do prazo prevista no art. 1.026.

Enunciado 478. (Cancelado).

(*) Enunciado 478 com redação cancelada no IX FPPC-Recife.

Enunciado 479. [arts. 43 e 1.046 do CPC] – As novas regras de competência relativa previstas no CPC de 2015 não afetam os processos cujas petições iniciais foram protocoladas na vigência do CPC/1973.

Enunciado 480. [arts. 928; 985, I; e 1.037 do CPC] – Aplica-se no âmbito dos juizados especiais a suspensão dos processos em trâmite no território nacional, que versem sobre a questão submetida ao regime de julgamento de recursos especiais e extraordinários repetitivos, determinada com base no art. 1.037, II.

Enunciado 481. [art. 976 a 987 do CPC] – O disposto nos §§ 9º a 13 do art. 1.037 aplica-se, no que couber, ao incidente de resolução de demandas repetitivas.

Enunciado 482. [art. 1.040, I, do CPC] – Aplica-se o art. 1.040, I, aos recursos extraordinários interpostos nas turmas ou colégios recursais dos juizados especiais cíveis, federais e da fazenda pública.

Enunciado 483. [art. 1.065 do CPC; art. 50 da Lei nº 9.099/1995; e Resolução nº 12/2009 do STJ] – Os embargos de declaração no sistema dos juizados especiais interrompem o prazo para a interposição de recursos e propositura de reclamação constitucional para o Superior Tribunal de Justiça.

Enunciado 484. [art. 1.072, V, do CPC] – A revogação dos arts. 16 a 18 da Lei de Alimentos, que tratam da gradação dos meios de satisfação do direito do credor, não implica supressão da possibilidade de penhora sobre créditos originários de aluguéis de prédios ou de quaisquer outros rendimentos do devedor.

Aprovados em Curitiba: 23 a 25 de outubro de 2015 [Enunciados 485 a 572]

Enunciado 485. [arts. 3º, §§ 2º e 3º; 139, V; 509; e 513 do CPC] – É cabível conciliação ou mediação no processo de execução, no cumprimento de sentença e na liquidação de sentença, em que será admissível a apresentação de plano de cumprimento da prestação.

(*) Enunciado 485 com redação revista no VII FPPC-São Paulo.

Enunciado 486. [arts. 12 e 489 do CPC] – A inobservância da ordem cronológica dos julgamentos não implica, por si, a invalidade do ato decisório.

Enunciado 487. [arts. 18, parágrafo único; e 119, parágrafo único, do CPC; e art. 3º da Lei nº 12.016/2009] – No mandado de segurança, havendo substituição processual, o substituído poderá ser assistente litisconsorcial do impetrante que o substituiu.

ANEXO III – ENUNCIADOS – FPPC

Enunciado 488. [arts. 64, §§ 3º e 4º; e 968, § 5º, do CPC; e art. 4º da Lei nº 12.016/2009] – No mandado de segurança, havendo equivocada indicação da autoridade coatora, o impetrante deve ser intimado para emendar a petição inicial e, caso haja alteração de competência, o juiz remeterá os autos ao juízo competente.

Enunciado 489. [arts. 144 e 145 do CPC; e arts. 13 e 14 da Lei nº 9.307/1996] – Observado o dever de revelação, as partes celebrantes de convenção de arbitragem podem afastar, de comum acordo, de forma expressa e por escrito, hipótese de impedimento ou suspeição do árbitro.

Enunciado 490. [arts. 81, § 3º; 190; 297, parágrafo único; 329, II; 520, I; e 848, II, do CPC] – São admissíveis os seguintes negócios processuais, entre outros: pacto de inexecução parcial ou total de multa coercitiva; pacto de alteração de ordem de penhora; pré-indicação de bem penhorável preferencial (art. 848, II); pré-fixação de indenização por dano processual prevista nos arts. 81, § 3º, 520, inc. I, 297, parágrafo único (cláusula penal processual); negócio de anuência prévia para aditamento ou alteração do pedido ou da causa de pedir até o saneamento (art. 329, inc. II).

Enunciado 491. [art. 190 do CPC] – É possível negócio jurídico processual que estipule mudanças no procedimento das intervenções de terceiros, observada a necessidade de anuência do terceiro quando lhe puder causar prejuízo.

Enunciado 492. [art. 190 do CPC] – O pacto antenupcial e o contrato de convivência podem conter negócios processuais.

Enunciado 493. [art. 190 do CPC] – O negócio processual celebrado ao tempo do CPC-1973 é aplicável após o início da vigência do CPC-2015.

Enunciado 494. [art. 191 do CPC] – A admissibilidade de autocomposição não é requisito para o calendário processual.

Enunciado 495. [art. 200 do CPC] – O distrato do negócio processual homologado por exigência legal depende de homologação.

Enunciado 496. [arts. 294, parágrafo único; 300, *caput* e § 2º; e 311 do CPC] – Preenchidos os pressupostos de lei, o requerimento de tutela provisória incidental pode ser formulado a qualquer tempo, não se submetendo à preclusão temporal.

Enunciado 497. [arts. 297, parágrafo único; 300, § 1º; e 520, IV, do CPC] – As hipóteses de exigência de caução para a concessão de tutela provisória de urgência devem ser definidas à luz do art. 520, IV, CPC.

Enunciado 498. [arts. 297, parágrafo único; 300, § 1º; e 521 do CPC] – A possibilidade de dispensa de caução para a concessão de tutela provisória de urgência, prevista no art. 300, §1º, deve ser avaliada à luz das hipóteses do art. 521.

Enunciado 499. [arts. 302, III, parágrafo único; e 309, III, do CPC] – Efetivada a tutela de urgência e, posteriormente, sendo o processo extinto sem resolução do mérito e sem estabilização da tutela, será possível fase de liquidação para fins de responsabilização civil do requerente da medida e apuração de danos.

Enunciado 500. [art. 304 do CPC] – O regime da estabilização da tutela antecipada antecedente aplica-se aos alimentos provisórios previstos no art. 4º da Lei 5.478/1968, observado o § 1º do art. 13 da mesma lei.

Enunciado 501. [arts. 121, parágrafo único; e 304 do CPC] – A tutela antecipada concedida em caráter antecedente não se estabilizará quando for interposto recurso pelo assistente simples, salvo se houver manifestação expressa do réu em sentido contrário.

Enunciado 502. [art. 305, parágrafo único, do CPC] – Caso o juiz entenda que o pedido de tutela antecipada em caráter antecedente tenha natureza cautelar, observará o disposto no art. 305 e seguintes.

Enunciado 503. [arts. 305 a 310 do CPC; art. 4º da Lei nº 7.347/1985; e art. 16 da Lei nº 8.249/1992] – O procedimento da tutela cautelar, requerida em caráter antecedente ou incidente, previsto no Código de Processo Civil é compatível com o microssistema do processo coletivo.

Enunciado 504. [art. 309, III, do CPC] – Cessa a eficácia da tutela cautelar concedida em caráter antecedente, se a sentença for de procedência do pedido principal, e o direito objeto do pedido foi definitivamente efetivado e satisfeito.

Enunciado 505. [art. 323 do CPC; e Lei nº 8.245/1991] – Na ação de despejo cumulada com cobrança, julgados procedentes ambos os pedidos, são passíveis de execução, além das parcelas vencidas indicadas na petição inicial, as que se tornaram exigíveis entre a data da propositura da ação e a efetiva desocupação do imóvel locado.

Enunciado 506. [art. 327, § 2º, do CPC] – A expressão "procedimentos especiais"

ANEXOS

a que alude o § 2º do art. 327 engloba aqueles previstos na legislação especial.

Enunciado 507. [art. 332 do CPC; e Lei nº 9.099/1995] – O art. 332 aplica-se ao sistema de Juizados Especiais.

Enunciado 508. [art. 332, § 3º, do CPC; Lei nº 9.099/1995; Lei nº 10.259/2001; e Lei nº 12.153/2009] – Interposto recurso inominado contra sentença que julga liminarmente improcedente o pedido, o juiz pode retratar-se em cinco dias.

Enunciado 509. [art. 334 do CPC; e Lei nº 9.099/1995] – Sem prejuízo da adoção das técnicas de conciliação e mediação, não se aplicam no âmbito dos juizados especiais os prazos previstos no art. 334.

Enunciado 510. [art. 335 do CPC; e arts. 21 e 27 da Lei nº 9.099/1995] – Frustrada a tentativa de autocomposição na audiência referida no art. 21 da Lei 9.099/1995, configura prejuízo para a defesa a realização imediata da instrução quando a citação não tenha ocorrido com a antecedência mínima de quinze dias.

Enunciado 511. [arts. 338, *caput*; e 339 do CPC; e Lei nº 12.016/2009] – A técnica processual prevista nos arts. 338 e 339 pode ser usada, no que couber, para possibilitar a correção da autoridade coatora, bem como da pessoa jurídica, no processo de mandado de segurança.

Enunciado 512. [art. 356, § 1º, do CPC] – A decisão ilíquida referida no § 1º do art. 356 somente é permitida nos casos em que a sentença também puder sê-la.

Enunciado 513. [art. 356 do CPC; e Lei nº 8.245/1991] – Postulado o despejo em cumulação com outro(s) pedido(s), e estando presentes os requisitos exigidos pelo art. 356, o juiz deve julgar parcialmente o mérito de forma antecipada, para determinar a desocupação do imóvel locado.

Enunciado 514. [art. 370 do CPC] – O juiz não poderá revogar a decisão que determinou a produção de prova de ofício sem que consulte as partes a respeito.

Enunciado 515. [arts. 371; e 489, § 1º, do CPC] – Aplica-se o disposto no art. 489, § 1º, também em relação às questões fáticas da demanda.

Enunciado 516. [arts. 369; 371; e 489, § 1º, do CPC] – Para que se considere fundamentada a decisão sobre os fatos, o juiz deverá analisar todas as provas capazes, em tese, de infirmar a conclusão adotada.

Enunciado 517. [arts. 375; e 489, § 1º, do CPC] – A decisão judicial que empregar regras de experiência comum, sem indicar os motivos pelos quais a conclusão adotada decorre daquilo que ordinariamente acontece, considera-se não fundamentada.

Enunciado 518. [art. 396 do CPC] – Em caso de exibição de documento ou coisa em caráter antecedente, a fim de que seja autorizada a produção, tem a parte autora o ônus de adiantar os gastos necessários, salvo hipóteses em que o custeio incumbir ao réu.

Enunciado 519. [arts. 6º; 319, § 1º; e 450 do CPC] – Em caso de impossibilidade de obtenção ou desconhecimento das informações relativas à qualificação da testemunha, a parte poderá requerer ao juiz providências necessárias para a sua obtenção, salvo em casos de inadmissibilidade da prova ou de abuso de direito.

Enunciado 520. [art. 485, § 7º, do CPC; Lei nº 9.099/1995; e Lei nº 12.153/2009] – Interposto recurso inominado contra sentença sem resolução de mérito, o juiz pode se retratar em cinco dias.

Enunciado 521. [art. 487, parágrafo único, do CPC; e arts. 210 e 211 do CC] – Apenas a decadência fixada em lei pode ser conhecida de ofício pelo juiz.

Enunciado 522. [arts. 489, I; 931; e 933 do CPC] – O relatório nos julgamentos colegiados tem função preparatória e deverá indicar as questões de fato e de direito relevantes para o julgamento e já submetidas ao contraditório.

Enunciado 523. [art. 489, § 1º, IV, do CPC] – O juiz é obrigado a enfrentar todas as alegações deduzidas pelas partes capazes, em tese, de infirmar a decisão, não sendo suficiente apresentar apenas os fundamentos que a sustentam.

Enunciado 524. [arts. 489, § 1º, IV; e 985, I, do CPC] – O art. 489, § 1º, IV, não obriga o órgão julgador a enfrentar os fundamentos jurídicos deduzidos no processo e já enfrentados na formação da decisão paradigma, sendo necessário demonstrar a correlação fática e jurídica entre o caso concreto e aquele já apreciado.

Enunciado 525. [arts. 139, IV; 492; e 497 do CPC] – A produção do resultado prático equivalente pode ser determinada por decisão proferida na fase de conhecimento.

Enunciado 526. [arts. 497, *caput*; e 537, *caput* e § 3º, do CPC] – A multa aplicada por descumprimento de ordem protetiva, baseada no art. 22, incisos I a V, da Lei 11.340/2006 (Lei Maria da Penha), é passível de cumprimento provisório, nos termos do art. 537, § 3º.

Enunciado 527. [arts. 515, V; e 784, X e XI, do CPC] – Os créditos referidos no art. 515, inc. V, e no art. 784, inc. X e XI do CPC-2015 constituídos ao tempo do CPC-1973 são passíveis de execução de título judicial e extrajudicial, respectivamente.

Enunciado 528. [arts. 520, § 2º; e 523, § 1º, do CPC] – No cumprimento provisório de sentença por quantia certa iniciado na vigência do CPC-1973, sem garantia da execução, deve o juiz, após o início de vigência do CPC-2015 e a requerimento do exequente, intimar o executado nos termos dos arts. 520, § 2º, 523, § 1º e 525, *caput*.

Enunciado 529. [arts. 133, 134, 523, 799 e 828 do CPC] – As averbações previstas nos arts. 799, IX e 828 são aplicáveis ao cumprimento de sentença.

Enunciado 530. [art. 525 do CPC] – Após a entrada em vigor do CPC-2015, o juiz deve intimar o executado para apresentar impugnação ao cumprimento de sentença, em quinze dias, ainda que sem depósito, penhora ou caução, caso tenha transcorrido o prazo para cumprimento espontâneo da obrigação na vigência do CPC-1973 e não tenha àquele tempo garantido o juízo.

Enunciado 531. [art. 525, §§ 6º e 11, do CPC] – É possível, presentes os pressupostos do § 6º do art. 525, a concessão de efeito suspensivo à simples petição em que se alega fato superveniente ao término do prazo de oferecimento da impugnação ao cumprimento de sentença.

Enunciado 532. [art. 535, § 3º, do CPC; e art. 100, § 5º, da CF] – A expedição do precatório ou da RPV depende do trânsito em julgado da decisão que rejeita as arguições da Fazenda Pública executada.

Enunciado 533. [arts. 536, § 3º; e 774, IV, do CPC] – Se o executado descumprir ordem judicial, conforme indicado pelo § 3º do art. 536, incidirá a pena por ato atentatório à dignidade da justiça (art. 774, IV), sem prejuízo da sanção por litigância de má-fé.

Enunciado 534. [art. 548, III, do CPC] – A decisão a que se refere o inciso III do art. 548 faz coisa julgada quanto à extinção da obrigação.

Enunciado 535. [art. 548, III, do CPC] – Cabe ação rescisória contra a decisão prevista no inciso III do art. 548.

Enunciado 536. [arts. 772, III; e 773, parágrafo único, do CPC] – O juiz poderá, na execução civil, determinar a quebra de sigilo bancário e fiscal.

Enunciado 537. [art. 774 do CPC; e Lei nº 6.830/1980] – A conduta comissiva ou omissiva caracterizada como atentatória à dignidade da justiça no procedimento da execução fiscal enseja a aplicação da multa do parágrafo único do art. 774 do CPC/15.

Enunciado 538. [arts. 517, § 4º; e 782, § 4º, do CPC] – Aplica-se o procedimento do § 4º do art. 517 ao cancelamento da inscrição de cadastro de inadimplentes do § 4º do art. 782.

Enunciado 539. [arts. 312; 799, IX; e 828 do CPC] – A certidão a que se refere o art. 828 não impede a obtenção e a averbação de certidão da propositura da execução (art. 799).

Enunciado 540. [art. 854 do CPC; e Lei nº 6.830/1980] – A disciplina procedimental para penhora de dinheiro prevista no art. 854 é aplicável ao procedimento de execução fiscal.

Enunciado 541. [art. 854, §§ 7º e 8º, do CPC] – A responsabilidade de que trata o art. 854, § 8º, é objetiva e as perdas e danos serão liquidadas de forma incidental, devendo ser imediatamente intimada a instituição financeira para preservação do contraditório.

Enunciado 542. [art. 903, *caput* e §§ 1º e 4º, do CPC] – Na hipótese de expropriação de bem por arrematante arrolado no art. 890, é possível o desfazimento da arrematação.

Enunciado 543. [arts. 914 a 920 do CPC] – Em execução de título executivo extrajudicial, o juízo arbitral é o competente para conhecer das matérias de defesa abrangidas pela convenção de arbitragem.

Enunciado 544. [arts. 914 a 920 do CPC] – Admite-se a celebração de convenção de arbitragem, ainda que a obrigação esteja representada em título executivo extrajudicial.

Enunciado 545. [arts. 525; 771; 774, parágrafo único; e 918, I, III e parágrafo único, do CPC] – Aplicam-se à impugnação ao cumprimento de sentença, no que couber, as hipóteses previstas nos incisos I e III do art. 918 e no seu parágrafo único.

(*) Enunciado 545 com redação revista no X FPPC-Brasília.

Enunciado 546. [arts. 525, § 6º; e 919, § 1º, do CPC] – O efeito suspensivo dos embargos à execução e da impugnação ao cumprimento de sentença pode ser requerido e

ANEXOS

deferido a qualquer momento do seu trâmite, observados os pressupostos legais.

(*) Enunciado 546 com redação revista no IX FPPC-Recife.

Enunciado 547. [arts. 525, §§ 6º e 8º; e 919, § 1º, do CPC] – O efeito suspensivo dos embargos à execução e da impugnação ao cumprimento de sentença pode ser parcial, limitando-se ao impedimento ou à suspensão de um único ou de apenas alguns atos executivos.

(*) Enunciado 547 com redação revista no IX FPPC-Recife.

Enunciado 548. [art. 921, § 3º, do CPC] – O simples desarquivamento dos autos é insuficiente para interromper a prescrição.

Enunciado 549. [art. 927 do CPC; e Lei nº 10.259/2001] – O rol do art. 927 e os precedentes da Turma Nacional de Uniformização dos Juizados Especiais Federais deverão ser observados no âmbito dos Juizados Especiais.

Enunciado 550. [arts. 6º; 10; 932, parágrafo único; 1.029, § 3º; 1.033; e 1.035 do CPC] – A inexistência de repercussão geral da questão constitucional discutida no recurso extraordinário é vício insanável, não se aplicando o dever de prevenção de que trata o parágrafo único do art. 932, sem prejuízo do disposto no art. 1.033.

Enunciado 551. [arts. 6º; 10; 932, parágrafo único; e 1.003, § 6º, do CPC] – Cabe ao relator, antes de não conhecer do recurso por intempestividade, conceder o prazo de cinco dias úteis para que o recorrente prove qualquer causa de prorrogação, suspensão ou interrupção do prazo recursal a justificar a tempestividade do recurso.

Enunciado 552. [art. 942 do CPC; e Lei nº 9.099/1995] – Não se aplica a técnica de ampliação do colegiado em caso de julgamento não unânime no âmbito dos Juizados Especiais.

Enunciado 553. [art. 961, § 1º, do CPC; e art. 23 da Lei nº 9.307/1996] – A sentença arbitral parcial estrangeira submete-se ao regime de homologação.

Enunciado 554. [art. 966, IV, do CPC] – Na ação rescisória fundada em violação ao efeito positivo da coisa julgada, haverá o rejulgamento da causa após a desconstituição da decisão rescindenda.

Enunciado 555. [art. 966, § 2º, do CPC] – Nos casos em que tanto a decisão de inadmissibilidade do recurso quanto a decisão recorrida apresentem vícios rescisórios, ambas serão rescindíveis, ainda que proferidas por órgãos jurisdicionais diversos.

Enunciado 556. [art. 981 do CPC] – É irrecorrível a decisão do órgão colegiado que, em sede de juízo de admissibilidade, rejeita a instauração do incidente de resolução de demandas repetitivas, salvo o cabimento dos embargos de declaração.

Enunciado 557. [arts. 982, I; e 1.037, § 13, I, do CPC] – O agravo de instrumento previsto no art. 1.037, § 13, I, também é cabível contra a decisão prevista no art. 982, inc. I.

Enunciado 558. [arts. 927, III; 947, § 3º; e 988, IV, § 1º, do CPC] – Caberá reclamação contra decisão que contrarie acórdão proferido no julgamento dos incidentes de resolução de demandas repetitivas ou de assunção de competência para o tribunal cujo precedente foi desrespeitado, ainda que este não possua competência para julgar o recurso contra a decisão impugnada.

Enunciado 559. [arts. 995; 1.009, § 1º; e 1.012 do CPC] – O efeito suspensivo *ope legis* do recurso de apelação não obsta a eficácia das decisões interlocutórias nele impugnadas.

Enunciado 560. [art. 1.015, I, do CPC; e arts. 22 a 24 da Lei Maria da Penha] – As decisões de que tratam os arts. 22, 23 e 24 da Lei 11.340/2006 (Lei Maria da Penha), quando enquadradas nas hipóteses do inciso I, do art. 1.015, podem desafiar agravo de instrumento.

Enunciado 561. [art. 1.022 do CPC; e art. 12 da Lei nº 9.882/1999] – A decisão que julgar procedente ou improcedente o pedido em arguição de descumprimento de preceito fundamental é impugnável por embargos de declaração, aplicando-se por analogia o art. 26 da Lei n.º 9868/1999.

Enunciado 562. [arts. 489, § 2º; e 1.022, parágrafo único, II, do CPC] – Considera-se omissa a decisão que não justifica o objeto e os critérios de ponderação do conflito entre normas.

Enunciado 563. [art. 1.026 do CPC; e art. 339 do RISTF] – Os embargos de declaração no âmbito do Supremo Tribunal Federal interrompem o prazo para a interposição de outros recursos.

Enunciado 564. [arts. 1.032 e 1.033 do CPC]. – Os arts. 1.032 e 1.033 devem ser aplicados aos recursos interpostos antes da entrada em vigor do CPC de 2015 e ainda pendentes de julgamento.

Enunciado 565. [arts. 1.032 e 1.033 do CPC] – Na hipótese de conversão de recurso extraordinário em recurso especial ou vice-versa, após a manifestação do recorrente, o recorrido será intimado para, no prazo do *caput* do art. 1.032, complementar suas contrarrazões.

Enunciado 566. [arts. 1.032, parágrafo único; e 1.033 do CPC] – Na hipótese de conversão do recurso extraordinário em recurso especial, nos termos do art. 1.033, cabe ao relator conceder o prazo do *caput* do art. 1.032 para que o recorrente adapte seu recurso e se manifeste sobre a questão infraconstitucional.

Enunciado 567. [arts. 1.046, § 1º; e 1.047 do CPC] – Invalidado o ato processual praticado à luz do CPC de 1973, a sua repetição observará o regramento do CPC-2015, salvo nos casos de incidência do art. 1.047 do CPC-2015 e no que se refere às disposições revogadas relativas ao procedimento sumário, aos procedimentos especiais e às cautelares.

Enunciado 568. [art. 1.046, § 1º, do CPC] – As disposições do CPC-1973 relativas aos procedimentos cautelares que forem revogadas aplicar-se-ão às ações propostas e não sentenciadas até o início da vigência do CPC/2015.

Enunciado 569. [arts. 190 e 1.047 do CPC]. O art. 1.047 não impede convenções processuais em matéria probatória, ainda que relativas a provas requeridas ou determinadas sob vigência do CPC-1973.

Enunciado 570. [art. 1.049, parágrafo único, do CPC; e Lei nº 8.245/1991] – As ações revisionais de aluguel ajuizadas após a entrada em vigor do Código de Processo Civil deverão tramitar pelo procedimento comum, aplicando-se, com as adaptações procedimentais que se façam necessárias, as disposições dos artigos 68 a 70 da Lei 8.245/1991.

Enunciado 571. [art. 1º, §§ 1º e 2º, da Lei nº 9.307/1996] – A previsão no edital de licitação não é pressuposto para que a Administração Pública e o contratado celebrem convenção arbitral.

Enunciado 572. [art. 1º, § 1º, da Lei nº 9.307/1996] – A Administração Pública direta ou indireta pode submeter-se a uma arbitragem ad hoc ou institucional.

Aprovados em São Paulo: 18 a 20 de março de 2016 [Enunciados 573 a 616]

Enunciado 573. [arts. 3º, §§ 2º e 3º; e 334 do CPC] – As Fazendas Públicas devem dar publicidade às hipóteses em que seus órgãos de Advocacia Pública estão autorizados a aceitar autocomposição.

Enunciado 574. [arts. 4º e 8º do CPC] – A identificação de vício processual após a entrada em vigor do CPC de 2015 gera para o juiz o dever de oportunizar a regularização do vício, ainda que ele seja anterior.

Enunciado 575. [art. 138 do CPC] – Verificada a relevância da matéria, a repercussão social da controvérsia ou a especificidade do tema objeto da demanda, o juiz poderá promover a ampla divulgação do processo, inclusive por meio dos cadastros eletrônicos dos tribunais e do Conselho Nacional de Justiça, para incentivar a participação de mais sujeitos na qualidade de *amicus curiae*.

Enunciado 576. [arts. 166, § 4º; e 354, parágrafo único, do CPC; e art. 3º, § 1º, da Lei nº 13.140/2015] – Admite-se a solução parcial do conflito em audiência de conciliação ou mediação. (Redação revista no VIII FPPC-Florianópolis.)

Enunciado 577. [arts. 166, § 4º; e 696 do CPC; e art. 2º, II e V, da Lei nº 13.140/2015] – A realização de sessões adicionais de conciliação ou mediação depende da concordância de ambas as partes.

Enunciado 578. [art. 183, § 1º, do CPC] – Em razão da previsão especial do § 1º do art. 183, estabelecendo a intimação pessoal da Fazenda Pública por carga, remessa ou meio eletrônico, a ela não se aplica o disposto no § 1º do art. 269.

Enunciado 579. [arts. 190; 219; e 222, § 1º, do CPC] – Admite-se o negócio processual que estabeleça a contagem dos prazos processuais dos negociantes em dias corridos.

Enunciado 580. [arts. 190; 313, II; e 337, X, do CPC] – É admissível o negócio processual estabelecendo que a alegação de existência de convenção de arbitragem será feita por simples petição, com a interrupção ou suspensão do prazo para contestação.

Enunciado 581. [arts. 139, VI; e 303, § 1º, I, do CPC] – O poder de dilação do prazo, previsto no inciso VI do art. 139 e no inciso I do § 1º do art. 303, abrange a fixação do termo final para aditar o pedido inicial posteriormente ao prazo para recorrer da tutela antecipada antecedente.

Enunciado 582. [art. 304, *caput*, do CPC; e art. 5º, *caput* e XXXV, da CF] – Cabe estabilização da tutela antecipada antecedente contra a Fazenda Pública.

ANEXOS

Enunciado 583. [art. 334, § 12, do CPC] – O intervalo mínimo entre as audiências de mediação ou de conciliação não se confunde com o tempo de duração da sessão.

Enunciado 584. [arts. 117 e 385 do CPC] – É possível que um litisconsorte requeira o depoimento pessoal do outro.

Enunciado 585. [arts. 489, § 1º, IV; 984, § 2º; e 1.038, § 3º, do CPC] – Não se considera fundamentada a decisão que, ao fixar tese em recurso especial ou extraordinário repetitivo, não abranger a análise de todos os fundamentos, favoráveis ou contrários, à tese jurídica discutida.

Enunciado 586. [arts. 525; 771; 774, parágrafo único; e 918 do CPC] – O oferecimento de impugnação manifestamente protelatória é ato atentatório à dignidade da justiça que enseja a aplicação da multa prevista no parágrafo único do art. 774 do CPC.

Enunciado 587. [arts. 528, § 8º; 529, § 3º; e 833, IV e § 2º, do CPC] – A limitação de que trata o § 3º do art. 529 não se aplica à execução de dívida não alimentar.

Enunciado 588. [art. 771, parágrafo único, do CPC] – Aplicam-se subsidiariamente à execução, além do Livro I da Parte Geral, também as disposições da Parte Geral, do Livro III da Parte Especial e das Disposições Finais e Transitórias.

Enunciado 589. [arts. 897 e 898 do CPC] – O termo "multa" constante no art. 898 refere-se à perda da caução prevista no art. 897.

Enunciado 590. [arts. 524; 525, § 4º; 798, parágrafo único; e 917, § 3º, do CPC] – Na impugnação ao cumprimento de sentença e nos embargos à execução, o executado que alegar excesso de execução deverá elaborar demonstrativo de débito em conformidade com os incisos do art. 524 e do parágrafo único do art. 798, respectivamente.

(*) Enunciado 590 com redação revista no X FPPC-Brasília.

Enunciado 591. [arts. 927, § 5º; 950, § 3º; e 979 do CPC] – O tribunal dará ampla publicidade ao acórdão que decidiu pela instauração do incidente de arguição de inconstitucionalidade, incidente de assunção de competência ou incidente de resolução de demandas repetitivas, cabendo, entre outras medidas, sua publicação em seção específica no órgão oficial e indicação clara na página do tribunal na rede mundial de computadores.

Enunciado 592. [arts. 932, V; e 1.019 do CPC] – Aplica-se o inciso V do art. 932 ao agravo de instrumento.

Enunciado 593. [arts. 932, parágrafo único; e 1.030 do CPC] – Antes de inadmitir o recurso especial ou recurso extraordinário, cabe ao presidente ou vice-presidente do tribunal recorrido conceder o prazo de cinco dias ao recorrente para que seja sanado o vício ou complementada a documentação exigível, nos termos do parágrafo único do art. 932.

Enunciado 594. [arts. 10 e 933 do CPC] – O art. 933 incide no controle concentrado-abstrato de constitucionalidade.

Enunciado 595. [art. 933, § 1º, do CPC] – No curso do julgamento, o advogado poderá pedir a palavra, pela ordem, para indicar que determinada questão suscitada na sessão não foi submetida ao prévio contraditório, requerendo a aplicação do § 1º do art. 933.

Enunciado 596. [art. 937, VIII, do CPC] – Será assegurado às partes o direito de sustentar oralmente no julgamento de agravo de instrumento que verse sobre tutela provisória e que esteja pendente de julgamento por ocasião da entrada em vigor do CPC de 2015, ainda que o recurso tenha sido interposto na vigência do CPC de 1973.

Enunciado 597. [arts. 941, *caput*; e 943 do CPC] – Ainda que o resultado do julgamento seja unânime, é obrigatória a inclusão no acórdão dos fundamentos empregados por todos os julgadores para dar base à decisão.

Enunciado 598. [arts. 941 e 1.021 do CPC] – Cabem embargos de declaração para suprir a omissão do acórdão que, embora convergente na conclusão, deixe de declarar os fundamentos divergentes.

Enunciado 599. [art. 942 do CPC] – A revisão do voto, após a ampliação do colegiado, não afasta a aplicação da técnica de julgamento do art. 942.

Enunciado 600. [art. 947 do CPC] – O incidente de assunção de competência pode ter por objeto a solução de relevante questão de direito material ou processual.

Enunciado 601. [arts. 10; e 950, § 1º, do CPC] – Instaurado o incidente de arguição de inconstitucionalidade, as pessoas jurídicas de direito público responsáveis pela edição do ato normativo questionado deverão ser intimadas para que tenham ciência do teor do acórdão do órgão fracionário que o instaurou.

ANEXO III – ENUNCIADOS – FPPC

Enunciado 602. [arts. 381, III; e 966, VII, do CPC] – A prova nova apta a embasar ação rescisória pode ser produzida ou documentada por meio do procedimento de produção antecipada de provas.

Enunciado 603. [art. 968, II, do CPC] – Não se converterá em multa o depósito inicial efetuado pelo autor, caso a extinção da ação rescisória se dê por decisão do relator transitada em julgado.

Enunciado 604. [arts. 976, § 1º; e 987 do CPC] – É cabível recurso especial ou extraordinário ainda que tenha ocorrido a desistência ou abandono da causa que deu origem ao incidente.

Enunciado 605. [arts. 977; e 985, I, do CPC] – Os juízes e as partes com processos no Juizado Especial podem suscitar a instauração do incidente de resolução de demandas repetitivas.

Enunciado 606. [arts. 982 e 985 do CPC] – Deve haver congruência entre a questão objeto da decisão que admite o incidente de resolução de demandas repetitivas e a decisão final que fixa a tese.

Enunciado 607. [arts. 926 e 986 do CPC] – A decisão em recursos especial ou extraordinário repetitivos e a edição de enunciado de súmula pelo STJ ou STF obrigam os tribunais de segunda instância a rever suas decisões em incidente de resolução de demandas repetitivas, incidente de assunção de competência e enunciados de súmula em sentido diverso, nos termos do art. 986.

Enunciado 608. [arts. 927, §§ 3º e 4º; e 986 do CPC] – O acórdão que revisar ou superar a tese indicará os parâmetros temporais relativos à eficácia da decisão revisora.

Enunciado 609. [art. 995, parágrafo único, do CPC] – O pedido de antecipação da tutela recursal ou de concessão de efeito suspensivo a qualquer recurso poderá ser formulado por simples petição ou nas razões recursais.

Enunciado 610. [art. 1.007, §§ 4º e 6º, do CPC] – Quando reconhecido o justo impedimento de que trata o § 6º do art. 1.007, a parte será intimada para realizar o recolhimento do preparo de forma simples, e não em dobro.

Enunciado 611. [arts. 354, parágrafo único; 356, § 5º; 485; 487; 1.009, §§ 1º e 2º; e 1.015, II, do CPC] – Na hipótese de decisão parcial com fundamento no art. 485 ou no art. 487, as questões exclusivamente a ela relacionadas e resolvidas anteriormente, quando não recorríveis de imediato, devem ser impugnadas em preliminar do agravo de instrumento ou nas contrarrazões.

Enunciado 612. [arts. 98, §§ 5º e 6º; e 1.015, V, do CPC] – Cabe agravo de instrumento contra decisão interlocutória que, apreciando pedido de concessão integral da gratuidade da Justiça, defere a redução percentual ou o parcelamento de despesas processuais.

Enunciado 613. [arts. 99, § 7º; e 1.021 do CPC] – A interposição do agravo interno prolonga a dispensa provisória de adiantamento de despesa processual de que trata o § 7º do art. 99, sendo desnecessário postular a tutela provisória recursal.

Enunciado 614. [arts. 9º; 933, § 1º; e 1.023, § 2º, do CPC] – Não tendo havido prévia intimação do embargado para apresentar contrarrazões aos embargos de declaração, se surgir divergência capaz de acarretar o acolhimento com atribuição de efeito modificativo ao recurso durante a sessão de julgamento, esse será imediatamente suspenso para que seja o embargado intimado a manifestar-se no prazo do § 2º do art. 1.023.

Enunciado 615. [arts. 1.036 e 1.037 do CPC] – Na escolha dos casos paradigmas, devem ser preferidas, como representativas da controvérsia, demandas coletivas às individuais, observados os requisitos do art. 1.036, especialmente do respectivo § 6º.

Enunciado 616. [arts. 14 e 1.046 do CPC] – Independentemente da data de intimação ou disponibilização de seu inteiro teor, o direito ao recurso contra as decisões colegiadas nasce na data em que proclamado o resultado da sessão de julgamento.

Aprovados em Florianópolis: 24 a 26 de março de 2017 [Enunciados 617 a 665]

Enunciado 617. [art. 3º, § 2º, do CPC; art. 36, § 4º, da Lei nº 13.140/2015; e art. 17, § 1º, da Lei nº 8.429/1992] – A mediação e a conciliação são compatíveis com o processo judicial de improbidade administrativa.

Enunciado 618. [arts. 3º, §§ 2º e 3º; 139, V; 166; e 168 do CPC; arts. 35 e 47 da Lei nº 11.101/2005; arts. 3º, *caput* e §§ 1º e 2º; 4º, *caput* e § 1º; e 16, *caput*, da Lei nº 13.140/2015] – A conciliação e a mediação são compatíveis com o processo de recuperação judicial.

ANEXOS

Enunciado 619. [arts. 6º; 138; 982, II; e 983, § 1º, do CPC] – O processo coletivo deverá respeitar as técnicas de ampliação do contraditório, como a realização de audiências públicas, a participação de *amicus curiae* e outros meios de participação.

Enunciado 620. [arts. 8º; 11; e 554, § 3º, do CPC] – O ajuizamento e o julgamento de ações coletivas serão objeto da mais ampla e específica divulgação e publicidade.

Enunciado 621. [arts. 85, § 14; 771; e 833, § 2º, do CPC] – Ao cumprimento de sentença do capítulo relativo aos honorários advocatícios, aplicam-se as hipóteses de penhora previstas no § 2º do art. 833, em razão da sua natureza alimentar.

Enunciado 622. [arts. 95, § 4º; e 98, §§ 2º, 3º e 7º, do CPC] – A execução prevista no § 4º do art. 95 também está sujeita à condição suspensiva de exigibilidade prevista no § 3º do art. 98.

Enunciado 623. [art. 98, § 1º, VIII, e § 4º, do CPC] – O deferimento de gratuidade de justiça não afasta a imposição de multas processuais, mas apenas dispensa sua exigência como condição para interposição de recursos.

Enunciado 624. [arts. 98 a 102; e 337, XIII, do CPC; e Lei nº 13.140/2015] – As regras que dispõem sobre a gratuidade da justiça e sua impugnação são aplicáveis ao procedimento de mediação e conciliação judicial.

Enunciado 625. [art. 167, § 3º, do CPC] – O sucesso ou insucesso da mediação ou da conciliação não deve ser apurado apenas em função da celebração de acordo.

Enunciado 626. [arts. 186, §§ 2º e 3º; e 223, §§ 1º e 2º, do CPC] – O requerimento previsto no § 2º do art. 186, formulado pela Defensoria Pública ou pelas entidades mencionadas no § 3º do art. 186, constitui justa causa para os fins do § 2º do art. 223, quanto ao prazo em curso.

Enunciado 627. [arts. 297; e 537, § 3º, do CPC; e art. 12, § 2º, da Lei nº 7.347/1985] – Em processo coletivo, a decisão que fixa multa coercitiva é passível de cumprimento provisório, permitido o levantamento do valor respectivo após o trânsito em julgado da decisão de mérito favorável.

Enunciado 628. [arts. 190, 191, 334 e 695 do CPC] – As partes podem celebrar negócios jurídicos processuais na audiência de conciliação ou mediação.

Enunciado 629. [arts. 231, § 1º; 343, § 3º; e 350 do CPC] – Se o réu reconvier contra o autor e terceiro, o prazo de contestação à reconvenção, para ambos, iniciar-se-á após a citação do terceiro.

Enunciado 630. [arts. 57, 58 e 356 do CPC] – A necessidade de julgamento simultâneo de causas conexas ou em que há continência não impede a prolação de decisões parciais.

Enunciado 631. [arts. 357, §§ 2º e 3º; e 493 do CPC] – A existência de saneamento negocial ou compartilhado não afasta a incidência do art. 493.

Enunciado 632. [arts. 10; e 373, § 1º, do CPC] – A redistribuição de ofício do ônus de prova deve ser precedida de contraditório.

Enunciado 633. [art. 381 do CPC]. Admite-se a produção antecipada de prova proposta pelos legitimados ao ajuizamento das ações coletivas, inclusive para facilitar a autocomposição ou permitir a decisão sobre o ajuizamento ou não da demanda.

Enunciado 634. [art. 381 do CPC] – Se, na pendência do processo, ocorrer a hipótese do art. 381, I ou II, poderá ser antecipado o momento procedimental de produção da prova, seguindo-se o regramento próprio do meio de prova requerido e não o procedimento dos arts. 381 a 383.

Enunciado 635. [arts. 9º, 10 e 386 do CPC] – Antes de decidir sobre a conduta da parte no depoimento pessoal, deverá o magistrado submeter o tema a contraditório para evitar decisão surpresa.

Enunciado 636. [arts. 369, 439, 440 e 584 do CPC] – As conversas registradas por aplicativos de mensagens instantâneas e redes sociais podem ser admitidas no processo como prova, independentemente de ata notarial.

Enunciado 637. [art. 471 do CPC] – A escolha consensual do perito não impede as partes de alegarem o seu impedimento ou suspeição em razão de fato superveniente à escolha.

Enunciado 638. [arts. 115, I; 503, § 1º; e 506 do CPC] – A formação de coisa julgada sobre questão prejudicial incidental, cuja resolução como principal exigiria a formação de litisconsórcio necessário unitário, pressupõe contraditório efetivo por todos os legitimados, observada a parte final do art. 506.

Enunciado 639. [art. 334, § 4º, II, do CPC] – O juiz poderá, excepcionalmente, dis-

ANEXO III – ENUNCIADOS – FPPC

pensar a audiência de mediação ou conciliação nas ações em que uma das partes estiver amparada por medida protetiva.

(*) Enunciado 639 com redação revista no IX FPPC-Recife.

Enunciado 640. [arts. 489; e 723, parágrafo único, do CPC] – O disposto no parágrafo único do art. 723 não exime o juiz de observar o disposto nos §§ 1º e 2º do art. 489.

Enunciado 641. [arts. 799; 843; 869, § 5º; e 889 do CPC] – O exequente deve providenciar a intimação do coproprietário no caso da penhora de bem imóvel indivisível ou de direito real sobre bem imóvel indivisível. (Constou art. 867, § 5º.)

Enunciado 642. [arts. 515, I; 523; 771; e 828, §§ 2º e 5º, do CPC] – A decisão do juiz que reconhecer o direito à indenização, decorrente de indevida averbação prevista no art. 828 ou do não cancelamento das averbações excessivas, é apta a ensejar a liquidação e o posterior cumprimento da sentença, sem necessidade de propositura de ação de conhecimento.

Enunciado 643. [art. 859 do CPC] – A intimação prevista no art. 859, para que seja efetuado o depósito de prestação ou restituição (em favor do executado), deve ser direcionada ao devedor do executado.

Enunciado 644. [art. 903, §§ 3º e 4º, do CPC] – A ação autônoma referida no § 4º do art. 903 com base na alegação de preço vil não pode invalidar a arrematação.

Enunciado 645. [arts. 139, 932, 933 e 938 do CPC] – Ao relator se conferem os poderes e os deveres do art. 139.

Enunciado 646. [arts. 932, I; e 938, § 3º, do CPC] – Constatada a necessidade de produção de prova em grau de recurso, o relator tem o dever de conversão do julgamento em diligência.

Enunciado 647. [arts. 300, § 2º; 932, II; e 938 do CPC] – A tutela provisória pode ser concedida pelo relator liminarmente ou após justificação prévia.

Enunciado 648. [art. 932, IV, V e VIII, do CPC] – Viola o disposto no art. 932 a previsão em regimento interno de tribunal que estabeleça a possibilidade de julgamento monocrático de recurso ou ação de competência originária com base em "jurisprudência dominante" ou "entendimento dominante".

Enunciado 649. [arts. 934; 935; e 949, caput e § 1º, do CPC] – A retomada do julgamento após devolução de pedido de vista depende de inclusão em nova pauta, a ser publicada com antecedência mínima de cinco dias, ressalvada a hipótese de o magistrado que requereu a vista declarar que levará o processo na sessão seguinte.

Enunciado 650. [arts. 935; e 1.024, caput e § 1º, do CPC] – Os embargos de declaração, se não submetidos a julgamento na primeira sessão subsequente à sua oposição, deverão ser incluídos em pauta.

Enunciado 651. [arts. 937, 947, 976 e 984 do CPC] – É admissível sustentação oral na sessão de julgamento designada para o juízo de admissibilidade do incidente de resolução de demandas repetitivas ou do incidente de assunção de competência, sendo legitimados os mesmos sujeitos indicados nos arts. 984 e 947, § 1º.

Enunciado 652. [arts. 938, caput; e 939 do CPC] – Cada questão preliminar suscitada será objeto de votação específica no julgamento.

Enunciado 653. [art. 941 do CPC] – Divergindo os julgadores quanto às razões de decidir, mas convergindo na conclusão, caberá ao magistrado que primeiro deduziu o fundamento determinante vencedor redigir o acórdão.

Enunciado 654. [arts. 494, I; e 943, § 1º, do CPC] – Erro material identificado na ementa, inclusive decorrente de divergência com o acórdão, é corrigível a qualquer tempo, de ofício ou mediante requerimento.

Enunciado 655. [arts. 947 e 976 do CPC/2015; e art. 476 do CPC/1973] – Desde que presentes os requisitos de cabimento, os incidentes de uniformização de jurisprudência pendentes de julgamento na vigência do CPC/2015 deverão ser processados conforme as regras do incidente de resolução de demandas repetitivas ou do incidente de assunção de competência, especialmente as atinentes ao contraditório.

Enunciado 656. [art. 966, VII, do CPC] – A expressão "prova nova" do inciso VII do art. 966 do CPC/2015 engloba todas as provas típicas e atípicas.

Enunciado 657. [arts. 6º; 10; 317; 938, § 1º; e 976 do CPC] – O relator, antes de considerar inadmissível o incidente de resolução de demandas repetitivas, oportunizará a correção de vícios ou a complementação de informações.

Enunciado 658. [arts. 139, X; e 977, I, do CPC] – O dever de comunicação previsto

ANEXOS

no inciso X do art. 139 não impede nem condiciona que o juiz suscite a instauração de incidente de resolução de demandas repetitivas nos termos do inciso I do art. 977.

Enunciado 659. [arts. 7º; 138; 927, III; 928; 983; e 1.038, I, do CPC] – O relator do julgamento de casos repetitivos e o incidente de assunção de competência tem o dever de zelar pelo equilíbrio do contraditório, por exemplo solicitando a participação, na condição de *amicus curiae*, de pessoas, órgãos ou entidades capazes de sustentar diferentes pontos de vista.

Enunciado 660. [arts. 987 e 1.036 do CPC] – O recurso especial ou o extraordinário interposto contra o julgamento do mérito do incidente de resolução de demandas repetitivas, ainda que único, submete-se ao regime dos recursos repetitivos.

Enunciado 661. [arts. 85 e 988 do CPC] – É cabível a fixação de honorários advocatícios na reclamação, atendidos os critérios legais.

Enunciado 662. [art. 1.009, § 1º, do CPC] – É admissível impugnar, na apelação, exclusivamente a decisão interlocutória não agravável.

Enunciado 663. [art. 1.018, *caput* e § 2º do CPC] – A providência prevista no *caput* do art. 1.018 somente pode prejudicar o conhecimento do agravo de instrumento quando os autos do recurso não forem eletrônicos.

Enunciado 664. [arts. 932, I; 1.029, *caput* e § 5º; e 1.030 do CPC] – O Presidente ou Vice-Presidente do Tribunal de origem tem competência para homologar acordo celebrado antes da publicação da decisão de admissão do recurso especial ou extraordinário.

Enunciado 665. [arts. 205; 489, § 1º; e 1.030, § 1º, do CPC] – A negativa de seguimento ou o sobrestamento de recurso especial ou extraordinário, ao fundamento de que a questão de direito já foi ou está selecionada para julgamento de recursos sob o rito dos repetitivos, não pode ser feita via carimbo ou outra forma automatizada nem por pessoa não investida no cargo de magistrado.

Aprovados em Recife:
9 a 11 de março de 2018
[Enunciados 666 a 685]

Enunciado 666. [arts. 4º; 139, X; 317; 488; e 932, parágrafo único, do CPC; art. 5º, § 3º, da Lei nº 7.347/1985; e art. 9º da Lei de Ação Popular] – O processo coletivo não deve ser extinto por falta de legitimidade quando um legitimado adequado assumir o polo ativo ou passivo da demanda.

Enunciado 667. [arts. 6º, 8º e 18 do CPC; e art. 6º, § 3º, da Lei nº 4.717/1965] – Admite-se a migração de polos nas ações coletivas, desde que compatível com o procedimento.

Enunciado 668. [art. 63 do CPC] – A convenção de arbitragem e a cláusula de eleição de foro para os atos que necessitem da participação do Poder Judiciário não se excluem, ainda que inseridas em um mesmo instrumento contratual.

Enunciado 669. [arts. 67 a 69 do CPC; e art. 96 da CF] – O regimento interno pode regulamentar a cooperação entre órgãos do tribunal.

Enunciado 670. [arts. 67 a 69 do CPC] – A cooperação judiciária pode efetivar-se pela prática de atos de natureza administrativa ou jurisdicional.

Enunciado 671. [art. 69, § 2º, II, do CPC] – O inciso II do § 2º do art. 69 autoriza a produção única de prova comum a diversos processos, assegurada a participação dos interessados.

Enunciado 672. [arts. 327, § 2º; e 693, parágrafo único, do CPC] – É admissível a cumulação do pedido de alimentos com os pedidos relativos às ações de família, valendo-se o autor desse procedimento especial, sem prejuízo da utilização da técnica específica para concessão de tutela provisória prevista na Lei de Alimentos.

Enunciado 673. [arts. 139, V; e 334, § 4º, II, do CPC] – A presença do ente público em juízo não impede, por si, a designação da audiência do art. 334. (Grupo: Mediação e conciliação (CPC e Lei nº 13.140/2015).)

Enunciado 674. [art. 343, §§ 3º e 4º, do CPC] – A admissibilidade da reconvenção com ampliação subjetiva não se restringe às hipóteses de litisconsórcio necessário.

Enunciado 675. [art. 357, § 1º, do CPC] – O assistente e o *amicus curiae* têm direito de pedir esclarecimentos ou solicitar ajustes na decisão de saneamento e organização do processo, nos limites dos seus poderes e interesse processual.

Enunciado 676. [arts. 6º; e 357, § 3º, do CPC] – A audiência de saneamento compartilhado é momento adequado para que o juiz e as partes deliberem sobre as especificidades do litígio coletivo, as questões fáticas e jurídicas controvertidas, as provas necessárias e as medidas que incrementem a representação dos membros do grupo.

Enunciado 677. [art. 357, § 7º, do CPC] – É possível a ampliação do número de testemunhas, em razão da complexidade da causa e dos fatos individualmente considerados.

Enunciado 678. [arts. 77, IV; e 380 do CPC] – É lícita a imposição de multa por ato atentatório à dignidade da justiça, em caso de descumprimento injustificado por terceiro da ordem de informar ao juiz os fatos e as circunstâncias de que tenha conhecimento ou de exibir coisa ou documento que esteja em seu poder.

Enunciado 679. [art. 517, § 3º, do CPC] – A anotação da propositura da ação à margem do título protestado não se restringe à ação rescisória, podendo abranger outros meios de desfazimento da coisa julgada.

Enunciado 680. [art. 747 do CPC; e art. 1.768, IV, do CC] – Admite-se pedido de auto interdição e de levantamento da própria interdição a partir da vigência do Estatuto da Pessoa com Deficiência.

Enunciado 681. [arts. 525, § 6º; 919, § 1º; 937, VIII; e 1.015, I, X e parágrafo único, do CPC] – Cabe sustentação oral no julgamento do agravo de instrumento interposto contra decisão que versa sobre efeito suspensivo em embargos à execução ou em impugnação ao cumprimento de sentença.

Enunciado 682. [art. 942, *caput*, do CPC] – É assegurado o direito à sustentação oral para o colegiado ampliado pela aplicação da técnica do art. 942, ainda que não tenha sido realizada perante o órgão originário.

Enunciado 683. [art. 942 do CPC] – A continuidade do julgamento de recurso de apelação ou de agravo de instrumento pela aplicação do art. 942 exige o quórum mínimo de cinco julgadores.

Enunciado 684. [art. 942 do CPC; e art. 5º, XXXVII, da CF] – Ofende o juiz natural a convocação de julgadores no caso do art. 942, ou no de qualquer substituição, sem critério objetivo estabelecido previamente em ato normativo.

Enunciado 685. [arts. 988 e 1.042, § 4º, do CPC; e Súmula 727 do STF] – Cabe reclamação, por usurpação de competência do Tribunal Superior, contra decisão do tribunal local que não admite agravo em recurso especial ou em recurso extraordinário. (Grupo: Recursos (menos repetitivos), reclamação e remessa necessária.)

Aprovados em Brasília: 22 e 23 de março de 2019 [Enunciados 686 a 706]

Enunciado 686. [arts. 64, § 4º; e 69 do CPC] – Aplica-se o art. 64, § 4º, à hipótese de ato de cooperação que invada a competência do juízo requerente.

Enunciado 687. [art. 69, *caput*, do CPC] – A dispensa legal de forma específica para os atos de cooperação judiciária não afasta o dever de sua documentação nos autos do processo.

Enunciado 688. [art. 69 do CPC] – Por ato de cooperação judiciária, admite-se a determinação de um juízo para a penhora, avaliação ou expropriação de bens de um mesmo devedor que figure como executado em diversos processos.

Enunciado 689. [arts. 134, § 2º; e 343 do CPC] – A desconsideração da personalidade jurídica requerida em reconvenção processa-se da mesma forma que a deduzida em petição inicial.

Enunciado 690. [art. 138 do CPC] – A "representatividade adequada" do *amicus curiae* não pressupõe legitimidade extraordinária.

Enunciado 691. [art. 294 do CPC; e art. 12 da Lei nº 7.347/1985] – A decisão que nega a tutela provisória coletiva não obsta a concessão da tutela provisória no plano individual.

Enunciado 692. [arts. 303, § 1º, I; e 308, *caput*, do CPC] – O pedido de quebra de sigilo prévio ao ajuizamento de ações de improbidade administrativa, por não configurar tutela provisória, não fica sujeito à complementação prevista nos arts. 303, §1º, I, e 308, *caput*.

Enunciado 693. [arts. 305, parágrafo único; e 1.015, I, do CPC] – Cabe agravo de instrumento contra a decisão interlocutória que converte o rito da tutela provisória de urgência requerida em caráter antecedente.

Enunciado 694. [art. 357, §§ 1º e 4º, do CPC] – Modificada a decisão de saneamento quanto à delimitação das questões de fato sobre as quais recairá a produção de prova testemunhal, poderá a parte complementar ou alterar seu rol de testemunhas.

Enunciado 695. [arts. 69; 313, V, "b"; e 377 do CPC] – A suspensão do julgamento da causa de que trata o art. 377 é aplicável ao requerimento de produção de prova ou de verificação de determinado fato veiculado por qualquer meio de cooperação judiciária.

Enunciado 696. [arts. 503, § 1º; e 506 do CPC; e art. 103 do CDC] – Aplica-se o regramento da coisa julgada sobre questão prejudicial incidental ao regime da coisa julgada nas ações coletivas.

Enunciado 697. [art. 520, IV, do CPC] – A caução exigida em sede de cumprimento provisório de sentença pode ser prestada por terceiro, devendo o juiz aferir a suficiência e a idoneidade da garantia.

Enunciado 698. [arts. 662; 664, § 4º; e 672 do CPC] – O § 4º do art. 664 remete às disposições do art. 662, e não à do art. 672, quanto ao lançamento, ao pagamento e à quitação da taxa judiciária e do imposto sobre a transmissão da propriedade dos bens do espólio.

Enunciado 699. [arts. 11; 489, §§ 1º e 2º; 700; e 701, caput, do CPC] – Aplicam-se o art. 11 e o § 1º do art. 489 à decisão que aprecia o pedido de expedição do mandado monitório.

Enunciado 700. [arts. 942 e 1.022 do CPC] – O julgamento dos embargos de declaração contra o acórdão proferido pelo colegiado ampliado será feito pelo mesmo órgão com colegiado ampliado.

Enunciado 701. [arts. 947; § 3º; 977, II; e 986 do CPC] – O pedido de revisão da tese jurídica firmada no incidente de assunção de competência pode ser feito pelas partes.

Enunciado 702. [arts. 947; e 976, I, do CPC] – É possível a conversão de incidente de assunção de competência em incidente de resolução de demandas repetitivas e vice-versa, garantida a adequação do procedimento.

Enunciado 703. [arts. 926; e 988, II e § 1º, do CPC] – É admissível a reclamação contra acórdão de órgão fracionário que viole entendimento vinculante do próprio tribunal.

Enunciado 704. [arts. 489, § 1º, V e VI; e 988, III e IV, do CPC] – Cabe reclamação baseada nos fundamentos determinantes da decisão vinculante.

Enunciado 705. [arts. 1.013, §§ 3º e 4º; 332; e 354 do CPC] – Aplicam-se os §§ 3º e 4º do art. 1.013 ao agravo de instrumento interposto contra decisão parcial de mérito.

Enunciado 706. [art. 1.015, parágrafo único, do CPC] – É cabível a interposição de agravo de instrumento contra as decisões interlocutórias proferidas após a decretação da falência ou o deferimento da recuperação judicial.

Aprovados em Brasília: 18 e 19 de março de 2022 [Enunciados 707 a 731]

Enunciado 707. [art. 3º, § 3º, do CPC; e art. 151, caput e parágrafo único, da Lei nº 14.133/2021] – A atuação das serventias extrajudiciais e dos comitês de resolução de disputas (dispute boards) também integra o sistema brasileiro de justiça multiportas.

Enunciado 708. [art. 3º, § 3º, do CPC; art. 35, III, da Lei nº 12.594/2012; art. 1º, III, da Resolução CNJ nº 225/2016; e arts. 13 e 14 da Resolução CNMP nº 118/2004] – As práticas restaurativas são aplicáveis ao processo civil.

Enunciado 709. [art. 11 do CPC; e art. 93, X, da CF] – A oposição da parte ao julgamento virtual é suficiente para que seja determinada a inclusão do processo em pauta presencial, física ou por videoconferência, independentemente do cabimento de sustentação oral, garantida a participação do advogado.

Enunciado 710. [art. 67 do CPC] – Antes de recusar a cooperação ou suscitar conflito de competência, o magistrado deve engajar-se em tratativas ou pedir esclarecimentos aos demais cooperantes para compreender a extensão da cooperação, os objetivos pretendidos e os custos envolvidos.

Enunciado 711. [arts. 67 e 68 do CPC] – A recusa ao pedido de cooperação judiciária pelo juízo destinatário exige fundamentação.

Enunciado 712. [arts. 66 a 69 e 951 a 959 do CPC] – A cooperação judiciária pode servir para prevenir ou resolver conflitos de competência.

Enunciado 713. [art. 69 do CPC; e art. 6º, §§ 7º-A e 7º-B, da Lei nº 11.101/2005] – Nos casos do art. 6º, §§ 7º-A e 7º-B da Lei nº 11.101/2005, a instauração de conflito de competência entre o juízo da execução e o da recuperação depende da frustração da tentativa de cooperação judiciária.

Enunciado 714. [art. 139, IV, do CPC] – O juiz pode cumular medida indutiva e coercitiva para o cumprimento da obrigação.

Enunciado 715. [arts. 139, IV, e 771 do CPC; e art. 52 da Lei nº 9.099/1995] – O art. 139, IV, CPC, é aplicável nos juizados especiais.

Enunciado 716. [arts. 139, IV, e 774 do CPC] – As medidas atípicas não impedem a aplicação das sanções decorrentes dos atos atentatórios à dignidade da justiça.

ANEXO III – ENUNCIADOS – FPPC

Enunciado 717. [arts. 3º, § 3º; 174; e 334, § 4º, II, do CPC; e arts. 3º e 32 a 34 da Lei nº 13.140/2015] – A indisponibilidade do direito material, por si só, não impede a celebração de autocomposição.

Enunciado 718. [arts. 493, 933 e 1.034 do CPC; art. 255 do RISTJ; art. 105, III, "a", da CF; Súmula 456 do STF] – Interposto o recurso especial antes da vigência da Lei nº 14.230/2021, o Superior Tribunal de Justiça não poderá inadmiti-lo com fundamento na ausência de prequestionamento de seus dispositivos.

Enunciado 719. [arts. 525, §§ 4º e 5º; 535, § 2º; e 917, § 3º, do CPC] – Quando o executado alegar que o exequente, em excesso de execução, pleiteia quantia superior à resultante do título, e os elementos necessários para a aferição do excesso não estiverem em seu poder, admite-se a concessão de prazo para a apresentação da planilha de cálculos.

Enunciado 720. [arts. 10; e 854, § 3º, do CPC] – O juiz intimará o exequente para manifestar-se, em cinco dias, sobre a defesa do executado prevista no §3º do art. 854, do CPC ("penhora online").

Enunciado 721. [art. 976, § 4º, do CPC; TJMG – IRDR – CV N. 1.0000.16.058664-0/006; e TJPE – IRDR – N. 0016553-79.2019.8.17.9000] – É permitido ao tribunal local suspender, em vez de extinguir, o incidente de resolução de demandas repetitivas já admitido e pendente, quando houver afetação superveniente de tema idêntico pelos tribunais superiores.

Enunciado 722. [arts. 982, I, § 3º; 1.035, §5º; e 1.037, II, do CPC; e SIRDR 7-STJ] – A decisão de suspensão de processos, em casos repetitivos ou em repercussão geral, deve delimitar o objeto de sobrestamento, inclusive as situações, pedidos, atos e fases processuais.

Enunciado 723. [art. 983 do CPC; Tema 1.080 do STJ; e Recomendação CNJ nº 76/2020] – No julgamento de casos repetitivos e incidente de assunção de competência, o relator proferirá decisão de saneamento e organização do processo, depois da admissão ou da afetação, na qual, entre outras providências: (i) identificará o(s) grupo(s) titular(es) dos direitos materiais litigiosos; (ii) certificará a legitimidade e a representatividade adequada dos sujeitos condutores do procedimento; (iii) controlará e organizará a intervenção dos interessados, definindo, em especial, os seus poderes e prazos; (iv) designará a(s) audiência(s) pública(s); (v) expedirá comunicações a outros interessados que possam contribuir com o debate.

Enunciado 724. [arts. 197; e 1.003, § 6º, do CPC] – Os documentos extraídos dos sítios dos tribunais gozam de presunção de veracidade e confiabilidade, sendo idôneos para comprovar o feriado local para os fins do § 6º do art. 1.003.

Enunciado 725. [arts. 995, parágrafo único; e 1.021, § 2º, do CPC] – Cabe tutela provisória recursal liminar no agravo interno.

Enunciado 726. [arts. 322, § 2º; e 1.029, § 3º, do CPC] – A ausência de indicação da alínea do permissivo constitucional que embasa a interposição de recurso especial ou extraordinário não leva ao não conhecimento do recurso, quando for possível deduzir o fundamento da irresignação a partir da análise do conjunto da postulação.

Enunciado 727. [arts. 6º; e 1.030, I e V, do CPC] – O órgão responsável pelo juízo de admissibilidade deverá indicar, separadamente, na parte dispositiva da decisão, os fundamentos legais da decisão baseada no inciso I do art. 1.030 e com base no inciso V do mesmo artigo.

Enunciado 728. [arts. 1.032 e 1.033 do CPC] – O enunciado 126 da súmula do STJ é inaplicável quando o STF tiver definido que o fundamento constitucional adotado pelo acórdão recorrido constitui ofensa reflexa à constituição.

Enunciado 729. [arts. 11; e 1.035, § 4º, do CPC] – A submissão do tema para deliberação pelo plenário virtual da repercussão geral deve ser previamente publicizada, de modo a viabilizar a eventual participação de interessados nessa fase processual.

Enunciado 730. [arts. 14 e 298, do CPC; e art. 16, § 10, da Lei nº 8.429/1992] – A indisponibilidade de bens decretada antes da Lei nº 14.230/2021 para garantir eventual condenação de multa civil ou sobre acréscimo patrimonial decorrente de atividade lícita deve ser revogada.

Enunciado 731. [art. 17-B, § 3º, da Lei nº 8.429/1992] – O teor da manifestação do Tribunal de Contas competente não limita ou condiciona a celebração de acordo de não persecução cível.

ANEXO IV

ENUNCIADOS DA ESCOLA NACIONAL DE FORMAÇÃO E APERFEIÇOAMENTO DE MAGISTRADOS – ENFAM[*]

Seminário:
O Poder Judiciário e o novo Código de Processo Civil

Enunciado 1. [art. 10 do CPC] – Entende-se por "fundamento" referido no art. 10 do CPC/2015 o substrato fático que orienta o pedido, e não o enquadramento jurídico atribuído pelas partes.

Enunciado 2. [art. 10 do CPC] – Não ofende a regra do contraditório do art. 10 do CPC/2015, o pronunciamento jurisdicional que invoca princípio, quando a regra jurídica aplicada já debatida no curso do processo é emanação daquele princípio.

Enunciado 3. [art. 10 do CPC] – É desnecessário ouvir as partes quando a manifestação não puder influenciar na solução da causa.

Enunciado 4. [art. 10 do CPC] – Na declaração de incompetência absoluta não se aplica o disposto no art. 10, parte final, do CPC/2015.

Enunciado 5. [art. 10 do CPC] – Não viola o art. 10 do CPC/2015 a decisão com base em elementos de fato documentados nos autos sob o contraditório.

Enunciado 6. [art. 489, II, do CPC] – Não constitui julgamento surpresa o lastreado em fundamentos jurídicos, ainda que diversos dos apresentados pelas partes, desde que embasados em provas submetidas ao contraditório.

Enunciado 7. [art. 489, § 1º, V, do CPC] – O acórdão, cujos fundamentos não tenham sido explicitamente adotados como razões de decidir, não constitui precedente vinculante.

Enunciado 8. [art. 489, § 1º, V, do CPC] – Os enunciados das súmulas devem reproduzir os fundamentos determinantes do precedente.

Enunciado 9. [art. 489, § 1º, V e VI, do CPC] – É ônus da parte, para os fins do disposto no art. 489, § 1º, V e VI, do CPC/2015, identificar os fundamentos determinantes ou demonstrar a existência de distinção no caso em julgamento ou a superação do entendimento, sempre que invocar jurisprudência, precedente ou Enunciado de Súmula.

Enunciado 10. [art. 489, II, do CPC] – A fundamentação sucinta não se confunde com a ausência de fundamentação e não acarreta a nulidade da decisão se forem enfrentadas todas as questões cuja resolução, em tese, influencie a decisão da causa.

Enunciado 11. [art. 489, § 1º, V e VI, do CPC] – Os precedentes a que se referem os incisos V e VI do § 1º do art. 489 do CPC/2015 são apenas os mencionados no art. 927 e no inciso IV do art.332.

Enunciado 12. [art. 489, § 1º, IV, do CPC] – Não ofende a norma extraível do inciso IV do § 1º do art. 489 do CPC/2015 a decisão que deixar de apreciar questões cujo exame tenha ficado prejudicado em razão da análise anterior de questão subordinada.

Enunciado 13. [art. 489, § 1º, IV, do CPC] – O art. 489, § 1º, IV, do CPC/2015 não obriga o juiz a enfrentar os fundamentos jurídicos invocados pela parte, quando já tenham sido enfrentados na formação dos precedentes obrigatórios.

Enunciado 14. [art. 85, § 2º, do CPC] – Em caso de sucumbência recíproca, deverá ser considerada proveito econômico do réu, para fins do art. 85, § 2º, do CPC/2015, a diferença entre o que foi pleiteado pelo autor e o que foi concedido, inclusive no que se refere às condenações por danos morais.

Enunciado 15. [art. 85, § 3º, do CPC] – Nas execuções fiscais ou naquelas fundadas em título extrajudicial promovidas contra a Fazenda Pública, a fixação dos honorários deverá observar os parâmetros do art. 85, § 3º, do CPC/2015.

---

[*] Disponíveis em: https://www.enfam.jus.br/wp-content/uploads/2015/09/ENUNCIADOS-VERS%C3%83O-DEFINITIVA-.pdf. Acesso em: 17.2.2023.

ANEXO IV – ENUNCIADOS – ENFAM

Enunciado 16. [art. 85, § 11, do CPC] – Não é possível majorar os honorários na hipótese de interposição de recurso no mesmo grau de jurisdição.

Enunciado 17. [arts. 85, § 2º; e 509, § 3º, do CPC] – Para apuração do "valor atualizado da causa" a que se refere o art. 85, § 2º, do CPC/2015, deverão ser utilizados os índices previstos no programa de atualização financeira do CNJ a que faz referência o art. 509, § 3º.

Enunciado 18. [arts. 304, *caput*; e 701, *caput*, do CPC] – Na estabilização da tutela antecipada, o réu ficará isento do pagamento das custas e os honorários deverão ser fixados no percentual de 5% sobre o valor da causa (art. 304, *caput*, c/c o art. 701, *caput*, do CPC/2015).

Enunciado 19. [arts. 489, § 1º; e 927, III, § 1º, do CPC] – A decisão que aplica a tese jurídica firmada em julgamento de casos repetitivos não precisa enfrentar os fundamentos já analisados na decisão paradigma, sendo suficiente, para fins de atendimento das exigências constantes no art. 489, § 1º, do CPC/2015, a correlação fática e jurídica entre o caso concreto e aquele apreciado no incidente de solução concentrada.

Enunciado 20. [art. 490 do CPC] – O pedido fundado em tese aprovada em IRDR deverá ser julgado procedente, respeitados o contraditório e a ampla defesa, salvo se for o caso de distinção ou se houver superação do entendimento pelo tribunal competente.

Enunciado 21. [art. 976, *caput*, do CPC] – O IRDR pode ser suscitado com base em demandas repetitivas em curso nos juizados especiais.

(*) Vide Enunciado 44.

Enunciado 22. [art. 976, *caput*, do CPC] – A instauração do IRDR não pressupõe a existência de processo pendente no respectivo tribunal.

Enunciado 23. [art. 1.036, § 1º, do CPC] – É obrigatória a determinação de suspensão dos processos pendentes, individuais e coletivos, em trâmite nos Estados ou regiões, nos termos do § 1º do art. 1.036 do CPC/2015, bem como nos termos do art. 1.037 do mesmo código.

Enunciado 24. [art. 1.037, § 4º, do CPC] – O prazo de um ano previsto no art. 1.037 do CPC/2015 deverá ser aplicado aos processos já afetados antes da vigência dessa norma, com o seu cômputo integral a partir da entrada em vigor do novo estatuto processual.

Enunciado 25. [art. 300, § 3º, do CPC] – A vedação da concessão de tutela de urgência cujos efeitos possam ser irreversíveis (art. 300, § 3º, do CPC/2015) pode ser afastada no caso concreto com base na garantia do acesso à Justiça (art. 5º, XXXV, da CRFB).

Enunciado 26. [art. 304, § 5º, do CPC] – Caso a demanda destinada a rever, reformar ou invalidar a tutela antecipada estabilizada seja ajuizada tempestivamente, poderá ser deferida em caráter liminar a antecipação dos efeitos da revisão, reforma ou invalidação pretendida, na forma do art. 296, parágrafo único, do CPC/2015, desde que demonstrada a existência de outros elementos que ilidam os fundamentos da decisão anterior.

Enunciado 27. [art. 304, § 6º, do CPC] – Não é cabível ação rescisória contra decisão estabilizada na forma do art. 304 do CPC/2015.

Enunciado 28. [art. 304, *caput*, do CPC] – Admitido o recurso interposto na forma do art. 304 do CPC/2015, converte-se o rito antecedente em principal para apreciação definitiva do mérito da causa, independentemente do provimento ou não do referido recurso.

Enunciado 29. [art. 311, III, do CPC] – Para a concessão da tutela de evidência prevista no art. 311, III, do CPC/2015, o pedido reipersecutório deve ser fundado em prova documental do contrato de depósito e também da mora.

Enunciado 30. [art. 311, II, do CPC] – É possível a concessão da tutela de evidência prevista no art. 311, II, do CPC/2015 quando a pretensão autoral estiver de acordo com orientação firmada pelo Supremo Tribunal Federal em sede de controle abstrato de constitucionalidade ou com tese prevista em súmula dos tribunais, independentemente de caráter vinculante.

Enunciado 31. [art. 311, II, do CPC] – A concessão da tutela de evidência prevista no art. 311, II, do CPC/2015 independe do trânsito em julgado da decisão paradigma.

Enunciado 32. [art. 12, § 2º, do CPC] – O rol do art. 12, § 2º, do CPC/2015 é exemplificativo, de modo que o juiz poderá, fundamentadamente, proferir sentença ou acórdão fora da ordem cronológica de conclusão, desde que preservadas a moralidade, a publicidade, a impessoalidade e a eficiência na gestão da unidade judiciária.

Enunciado 33. [art. 12, § 2º, do CPC] – A urgência referida no art.12, § 2º, IX, do CPC/2015 é diversa da necessária para a con-

ANEXOS

cessão de tutelas provisórias de urgência, estando autorizada, portanto, a prolação de sentenças e acórdãos fora da ordem cronológica de conclusão, em virtude de particularidades gerenciais da unidade judicial, em decisão devidamente fundamentada.

Enunciado 34. [arts. 12 caput; e 153, caput, do CPC] – A violação das regras dos arts. 12 e 153 do CPC/2015 não é causa de nulidade dos atos praticados no processo decidido/cumprido fora da ordem cronológica, tampouco caracteriza, por si só, parcialidade do julgador ou do serventuário.

Enunciado 35. [art. 139, VI, do CPC] – Além das situações em que a flexibilização do procedimento é autorizada pelo art. 139, VI, do CPC/2015, pode o juiz, de ofício, preservada a previsibilidade do rito, adaptá-lo às especificidades da causa, observadas as garantias fundamentais do processo.

Enunciado 36. [art. 190, caput, do CPC] – A regra do art. 190 do CPC/2015 não autoriza às partes a celebração de negócios jurídicos processuais atípicos que afetem poderes e deveres do juiz, tais como os que: a) limitem seus poderes de instrução ou de sanção à litigância ímproba; b) subtraiam do Estado/juiz o controle da legitimidade das partes ou do ingresso de amicus curiae; c) introduzam novas hipóteses de recorribilidade, de rescisória ou de sustentação oral não previstas em lei; d) estipulem o julgamento do conflito com base em lei diversa da nacional vigente; e e) estabeleçam prioridade de julgamento não prevista em lei.

Enunciado 37. [art. 190, caput, do CPC] – São nulas, por ilicitude do objeto, as convenções processuais que violem as garantias constitucionais do processo, tais como as que: a) autorizem o uso de prova ilícita; b) limitem a publicidade do processo para além das hipóteses expressamente previstas em lei; c) modifiquem o regime de competência absoluta; e d) dispensem o dever de motivação.

Enunciado 38. [arts. 190 e 191 do CPC] – Somente partes absolutamente capazes podem celebrar convenção pré-processual atípica (arts. 190 e 191 do CPC/2015).

Enunciado 39. [art. 63, § 1º, do CPC] – Não é válida convenção pré-processual oral (art. 4º, § 1º, da Lei nº 9.307/1996 e 63, § 1º, do CPC/2015).

Enunciado 40. [art. 489, § 1º, IV, do CPC] – Incumbe ao recorrente demonstrar que o argumento reputado omitido é capaz de infirmar a conclusão adotada pelo órgão julgador.

Enunciado 41. [art. 190, caput, do CPC] – Por compor a estrutura do julgamento, a ampliação do prazo de sustentação oral não pode ser objeto de negócio jurídico entre as partes.

Enunciado 42. [art. 1.010, III, do CPC] – Não será declarada a nulidade sem que tenha sido demonstrado o efetivo prejuízo por ausência de análise de argumento deduzido pela parte.

Enunciado 43. [art. 332, caput e IV, do CPC] – O art. 332 do CPC/2015 se aplica ao sistema de juizados especiais e o inciso IV também abrange os enunciados e Súmulas dos seus órgãos colegiados competentes.

Enunciado 44. [art. 976, caput, do CPC] – Admite-se o IRDR nos juizados especiais,que deverá ser julgado por órgão colegiado de uniformização do próprio sistema.

Enunciado 45. [art. 219, caput, do CPC] – A contagem dos prazos em dias úteis (art. 219 do CPC/2015) aplica-se ao sistema de juizados especiais.

Enunciado 46. [art. 1.003, § 5º, do CPC] – O § 5º do art. 1.003 do CPC/2015 (prazo recursal de 15 dias) não se aplica ao sistema de juizados especiais.

Enunciado 47. [art. 489, caput, do CPC] – O art. 489 do CPC/2015 não se aplica ao sistema de juizados especiais.

Enunciado 48. [art. 139, IV, do CPC] – O art. 139, IV, do CPC/2015 traduz um poder geral de efetivação, permitindo a aplicação de medidas atípicas para garantir o cumprimento de qualquer ordem judicial, inclusive no âmbito do cumprimento de sentença e no processo de execução baseado em títulos extrajudiciais.

Enunciado 49. [art. 356, § 2º, do CPC] – No julgamento antecipado parcial de mérito, o cumprimento provisório da decisão inicia-se independentemente de caução (art. 356, § 2º, do CPC/2015), sendo aplicável, todavia, a regra do art. 520, IV.

Enunciado 50. [art. 918, III e parágrafo único, do CPC] – O oferecimento de impugnação manifestamente protelatória ao cumprimento de sentença será considerado conduta atentatória à dignidade da Justiça (art. 918, III, parágrafo único, do CPC/2015), ensejando a aplicação da multa prevista no art. 774, parágrafo único.

Enunciado 51. [art. 827, § 2º, do CPC] – A majoração de honorários advocatícios prevista no art. 827, § 2º, do CPC/2015 não é aplicável à impugnação ao cumprimento de sentença.

ANEXO IV – ENUNCIADOS – ENFAM

Enunciado 52. [art. 792, § 3º, do CPC] – A citação a que se refere o art. 792, § 3º, do CPC/2015 (fraude à execução) é a do executado originário, e não aquela prevista para o incidente de desconsideração da personalidade jurídica (art. 135 do CPC/2015).

Enunciado 53. [art. 133 do CPC] – O redirecionamento da execução fiscal para o sócio-gerente prescinde do incidente de desconsideração da personalidade jurídica previsto no art. 133 do CPC/2015.

Enunciado 54. [arts. 675, *caput*; e 792, § 4º, do CPC] – A ausência de oposição de embargos de terceiro no prazo de 15 (quinze) dias prevista no art. 792, § 4º, do CPC/2015 implica preclusão para fins do art. 675, *caput*, do mesmo código.

Enunciado 55. [arts. 9º, *caput*; 10; 525, § 5º; 535, § 2º; e 917, III, do CPC] – Às hipóteses de rejeição liminar a que se referem os arts. 525, § 5º, 535, § 2º, e 917 do CPC/2015 (excesso de execução) não se aplicam os arts. 9º e 10 desse código.

Enunciado 56. [art. 334, *caput*, do CPC] – Nas atas das sessões de conciliação e mediação, somente serão registradas as informações expressamente autorizadas por todas as partes.

Enunciado 57. [arts. 165 a 173 do CPC] – O cadastro dos conciliadores, mediadores e câmaras privadas deve ser realizado nos núcleos estaduais ou regionais de conciliação (Núcleos Permanentes de Métodos Consensuais de Solução de Conflitos – NUPEMEC), que atuarão como órgãos de gestão do sistema de autocomposição.

Enunciado 58. [arts. 165 a 173 do CPC] – As escolas judiciais e da magistratura têm autonomia para formação de conciliadores e mediadores, observados os requisitos mínimos estabelecidos pelo CNJ.

Enunciado 59. [arts. 165 a 173 do CPC] – O conciliador ou mediador não cadastrado no tribunal, escolhido na forma do § 1º do art. 168 do CPC/2015, deverá preencher o requisito de capacitação mínima previsto no § 1º do art. 167.

Enunciado 60. [arts. 165 a 173 do CPC] – À sociedade de advogados a que pertença o conciliador ou mediador aplicam-se os impedimentos de que tratam os arts. 167, § 5º, e 172 do CPC/2015.

Enunciado 61. [art. 334, § 4º, I, e § 5º, do CPC] – Somente a recusa expressa de ambas as partes impedirá a realização da audiência de conciliação ou mediação prevista no art. 334 do CPC/2015, não sendo a manifestação de desinteresse externada por uma das partes justificativa para afastar a multa de que trata o art. 334, § 8º.

Enunciado 62. [art. 166, *caput*, do CPC] – O conciliador e o mediador deverão advertir os presentes, no início da sessão ou audiência, da extensão do princípio da confidencialidade a todos os participantes do ato.

ANEXOS

ANEXO V
ENUNCIADOS DO CONSELHO DA JUSTIÇA FEDERAL*

VII JORNADA DE DIREITO CIVIL

Enunciado 600. [art. 610, § 1º, do CPC] – Após registrado judicialmente o testamento e sendo todos os interessados capazes e concordes com os seus termos, não havendo conflito de interesses, é possível que se faça o inventário extrajudicial.

I JORNADA DE DIREITO PROCESSUAL CIVIL

Enunciado 1. [art. 322 do CPC] – A verificação da violação à boa-fé objetiva dispensa a comprovação do *animus* do sujeito processual.

Enunciado 2. [art. 15 do CPC] – As disposições do CPC aplicam-se supletiva e subsidiariamente às Leis n. 9.099/1995, 10.259/2001 e 12.153/2009, desde que não sejam compatíveis com as regras e princípios dessas Leis.

Enunciado 3. [art. 15 do CPC] – As disposições do CPC aplicam-se supletiva e subsidiariamente ao Código de Processo Penal, no que não forem incompatíveis com esta Lei.

Enunciado 4. [art. 83, § 1º, I, do CPC] – A entrada em vigor de acordo ou tratado internacional que estabeleça dispensa da caução prevista no art. 83, § 1º, inc. I do CPC/2015, implica na liberação da caução previamente imposta.

Enunciado 5. [arts. 85 e 485 do CPC] – Ao proferir decisão parcial de mérito ou decisão parcial fundada no art. 485 do CPC, condenar-se-á proporcionalmente o vencido a pagar honorários ao advogado do vencedor, nos termos do art. 85 do CPC.

Enunciado 6. [art. 85, § 8º, do CPC] – A fixação dos honorários de sucumbência por apreciação equitativa só é cabível nas hipóteses previstas no § 8º do art. 85 do CPC.

Enunciado 7. [art. 85, § 11, do CPC] – A ausência de resposta ao recurso pela parte contrária, por si só, não tem o condão de afastar a aplicação do disposto no art. 85, § 11, do CPC.

Enunciado 8. [art. 85, §§ 2º, 3º e 8º, do CPC] – Não cabe majoração de honorários advocatícios em agravo de instrumento, saldo se interposto contra decisão interlocutória que tenha fixado honorários na origem, respeitados os limites estabelecidos no art. 85, §§ 2º, 3º e 8º, do CPC.

Enunciado 9. [art. 90, § 4º, do CPC] – Aplica-se o art. 90, § 4º, do CPC, ao reconhecimento da procedência do pedido feito pela Fazenda Pública nas ações relativas às prestações de fazer e de não fazer.

Enunciado 10. [art. 90, § 4º, do CPC] – O benefício do § 4º do art. 90 do CPC aplica-se apenas à fase de conhecimento.

Enunciado 11. [arts. 133 a 137 do CPC] – Aplica-se o disposto nos art. 133 a 137 do CPC às hipóteses de desconsideração indireta e expansiva da personalidade jurídica.

Enunciado 12. [art. 138 do CPC] – É cabível a intervenção de *amicus curiae* (art. 138 CPC) no procedimento do Mandado de Injunção (Lei n. 13.300/2016).

Enunciado 13. [art. 139, VI, do CPC] – O art. 139, VI, do CPC autoriza o deslocamento para o futuro do termo inicial do prazo.

Enunciado 14. [art. 153 do CPC] – A ordem cronológica do art. 153 do CPC não será renovada quando houver equívoco atribuível ao Poder Judiciário no cumprimento de despacho de decisão.

Enunciado 15. [arts. 186, § 2º; 455, § 4º, IV; 513, § 2º, II; e 876, § 1º, II, do CPC] – Aplicam-se às entidades referidas no § 3º do art. 186 do CPC as regras sobre intimação pessoal das partes e suas testemunhas.

Enunciado 16. [arts. 15, 190 e 191 do CPC] – As disposições previstas nos art. 190 e 191 do CPC poderão aplicar-se aos procedimentos previstos nas leis que tratam dos

---

(*) Disponíveis em: https://www.cjf.jus.br/cjf/corregedoria-da-justica-federal/centro-de-estudos-judiciarios-1/publicacoes-1/i-jornada-de-direito-processual-civil/?_authenticator=801b4e763702c6aba5c82e57884109e257e3c59b. Acesso em: 17.2.2023.

ANEXO V – ENUNCIADOS – CJF

juizados especiais, desde que não ofendam os princípios e regras previstos nas Leis nº 9.099/1995, 10.259/2001 e 12.153/2009.

Enunciado 17. [art. 190 do CPC] – A Fazenda Pública pode celebrar convenção processual, nos termos do art. 190 do CPC.

Enunciado 18. [art. 190 do CPC] – A convenção processual pode ser celebrada em pacto antenupcial ou em contrato de convivência, nos termos do art. 190 do CPC.

Enunciado 19. [arts. 15 e 219 do CPC] – O prazo em dias úteis previsto no art. 219 do CPC aplica-se também aos procedimentos regidos pelas Leis nº 9.099/1995, 10.259/2001 e 12.153/2009.

Enunciado 20. [arts. 15 e 219 do CPC] – Aplica-se o art. 219 do CPC na contagem do prazo para oposição de embargos à execução fiscal previsto no art. 16 da Lei nº 6.830/1980.

Enunciado 21. [art. 220 do CPC] – A suspensão dos prazos processuais prevista no *caput* do art. 220 do CPC estende-se ao Ministério Público, à Defensoria Pública e à Advocacia Pública.

Enunciado 22. [art. 330 do CPC] – Em causas que dispensem a fase instrutória, é possível o julgamento de improcedência liminar do pedido que contrariar decisão do Supremo Tribunal Federal em controle concentrado de constitucionalidade ou enunciado de súmula vinculante.

Enunciado 23. [art. 334 do CPC] – Na ausência de auxiliares da justiça, o juiz poderá realizar a audiência inaugural do art. 334 do CPC, especialmente se a hipótese for de conciliação.

Enunciado 24. [art. 334, § 4º, II, do CPC] – Havendo a Fazenda Pública publicizado ampla e previamente as hipóteses em que está autorizada a transigir, pode o juiz dispensar a realização da audiência de mediação e conciliação, com base no art. 334, § 4º, II, do CPC, quando o direito discutido na ação não se enquadrar em tais situações.

Enunciado 25. [art. 334 do CPC] – As audiências de conciliação ou mediação, inclusive dos juizados especiais, poderão ser realizadas por videoconferência, áudio, sistemas de troca de mensagens, conversa *on-line*, conversa escrita, eletrônica, telefônica e telemática ou outros mecanismos que estejam à disposição dos profissionais da autocomposição para estabelecer a comunicação entre as partes.

Enunciado 26. [art. 334, § 8º, do CPC] – A multa do § 8º do art. 334 do CPC não incide no caso de não comparecimento do réu intimado por edital.

Enunciado 27. [art. 355 do CPC] – Não é necessário o anúncio prévio do julgamento do pedido nas situações do art. 355 do CPC.

Enunciado 28. [art. 357 do CPC] – Os incisos do art. 357 do CPC não exaurem o conteúdo possível da decisão de saneamento e organização do processo.

Enunciado 29. [art. 357 do CPC] – A estabilidade do saneamento não impede a produção de outras provas, cuja necessidade se origine de circunstâncias ou fatos apurados na instrução.

Enunciado 30. [art. 372 do CPC] – É admissível a prova emprestada, ainda que não haja identidade de partes, nos termos do art. 372 do CPC.

Enunciado 31. [arts. 378 e 379 do CPC] – A compatibilização do disposto nos arts. 378 e 379 do CPC com o art. 5º, LXIII, da CF/1988, assegura à parte, exclusivamente, o direito de não produzir prova contra si quando houver reflexos no ambiente penal.

Enunciado 32. [art. 382, § 4º, do CPC] – A vedação à apresentação de defesa prevista no art. 382, § 4º, do CPC, não impede a alegação pelo réu de matérias defensivas conhecíveis de ofício.

Enunciado 33. [arts. 385 ss. do CPC] – No depoimento pessoal, o advogado da contraparte formulará as perguntas diretamente ao depoente.

Enunciado 34. [art. 450 do CPC] – A qualificação incompleta da testemunha só impede a sua inquirição se houver demonstração de efetivo prejuízo.

Enunciado 35. [arts. 329; e 503, § 1º, do CPC] – Considerando os princípios do acesso à justiça e da segurança jurídica, persiste o interesse de agir na propositura de ação declaratória a respeito da questão prejudicial incidental, a ser distribuída por dependência da ação preexistente, inexistindo litispendência entre ambas as demandas.

Enunciado 36. [art. 506 do CPC] – O disposto no art. 506 do CPC não permite que se incluam, dentre os beneficiados pela coisa julgada, litigantes de outras demandas em que se discuta a mesma tese jurídica.

ANEXOS

Enunciado 37. [arts. 15 e 489 do CPC] – Aplica-se aos juizados especiais o disposto nos parágrafos do art. 489 do CPC.

Enunciado 38. [art. 297 do CPC] – As medidas adequadas para efetivação da tutela provisória independem do trânsito em julgado, inclusive contra o Poder Público.

Enunciado 39. [arts. 296; e 302, I, do CPC] – Cassada ou modificada a tutela de urgência na sentença, a parte poderá, além de interpor recurso, pleitear o respectivo restabelecimento na instância superior, na petição de recurso ou em via autônoma.

Enunciado 40. [art. 300, § 2º, do CPC] – A irreversibilidade dos efeitos da tutela de urgência não impede sua concessão, em se tratando de direito provável, cuja lesão seja irreversível.

Enunciado 41. [arts. 296, parágrafo único; e 300 a 302 do CPC] – Nos processos sobrestados por força do regime repetitivo, é possível a apreciação e a efetivação de tutela provisória de urgência, cuja competência será do órgão jurisdicional onde estiverem os autos.

Enunciado 42. [arts. 300 a 302 do CPC] – É cabível a concessão de tutela provisória de urgência em incidente de desconsideração da personalidade jurídica.

Enunciado 43. [art. 304 do CPC] – Não ocorre a estabilização da tutela antecipada requerida em caráter antecedente, quando deferida em ação rescisória.

Enunciado 44. [art. 303, § 4º, do CPC] – É requisito da petição inicial da tutela cautelar requerida em caráter antecedente a indicação do valor da causa.

Enunciado 45. [art. 298 do CPC] – Aplica-se às tutelas provisórias o princípio da fungibilidade, devendo o juiz esclarecer as partes sobre o regime processual a ser observado.

Enunciado 46. [art. 309, II, do CPC] – A cessação da eficácia da tutela cautelar, antecedente ou incidental, pela não efetivação no prazo de 30 dias, só ocorre se caracterizada omissão do requerente.

Enunciado 47. [art. 311, I, do CPC] – A probabilidade do direito constitui requisito para concessão da tutela da evidência fundada em abuso do direito de defesa ou em manifesto propósito protelatório da parte contrária.

Enunciado 48. [art. 311, II, do CPC] – É admissível a tutela provisória da evidência, prevista no art. 311, II, do CPC, também em casos de tese firmada em repercussão geral ou em súmulas dos tribunais superiores.

Enunciado 49. [art. 311 do CPC] – A tutela da evidência pode ser concedida em mandado de segurança.

Enunciado 50. [art. 381 do CPC] – A eficácia da produção antecipada de provas não está condicionada a prazo para a propositura de outra ação.

Enunciado 51. [art. 610, § 1º, do CPC] – Havendo registro judicial ou autorização expressa do juízo sucessório competente, nos autos do procedimento de abertura, registro e cumprimento de testamento, sendo todos os interessados capazes e concordes, poderão ser feitos o inventário e a partilha por escritura pública.

Enunciado 52. [art. 651 do CPC] – Na organização do esboço da partilha tratada pelo art. 651 do CPC, deve-se incluir a meação do companheiro.

Enunciado 53. [art. 681 do CPC] – Para o reconhecimento definitivo do domínio ou da posse do terceiro embargante (art. 681 do CPC), é necessária a presença, no polo passivo dos embargos, do réu ou do executado a quem se impute a titularidade desse domínio ou dessa posse no processo principal.

Enunciado 54. [art. 687 do CPC] – Estando o processo em grau de recurso, o requerimento de habilitação far-se-á de acordo com o Regimento Interno do respectivo tribunal.

Enunciado 55. [arts. 687 a 692 do CPC] – É cabível apelação contra sentença proferida no procedimento especial de habilitação.

Enunciado 56. [art. 720 do CPC] – A legitimidade conferida à Defensoria Pública pelo art. 720 do CPC compreende as hipóteses de jurisdição voluntária previstas na legislação extravagante, notadamente no Estatuto da Criança e do Adolescente.

Enunciado 57. [art. 720 do CPC] – Todos os legitimados a promover a curatela, cujo rol deve incluir o próprio sujeito a ser curatelado, também o são para realizar o pedido do seu levantamento.

Enunciado 58. [art. 1.070 do CPC] – O prazo para interposição do agravo previsto na Lei nº 8.437/92 é de quinze dias, conforme o disposto no art. 1.070 do CPC.

Enunciado 59. [art. 489, § 1º, V e VI, do CPC] – Não é exigível identidade absoluta entre casos para a aplicação de um preceden-

ANEXO V – ENUNCIADOS – CJF

te, seja ele vinculante ou não, bastando que ambos possam compartilhar os mesmos fundamentos determinantes.

Enunciado 60. [art. 933, § 1º, do CPC] – É direito das partes a manifestação por escrito, no prazo de cinco dias, sobre fato superveniente ou questão de ofício na hipótese do art. 933, § 1º, do CPC, ressalvada a concordância expressa com a forma oral em sessão.

Enunciado 61. [art. 356, § 5º, do CPC] – Deve ser franqueado às partes sustentar oralmente as suas razões, na forma e pelo prazo previsto no art. 937, *caput*, do CPC, no agravo de instrumento que impugne decisão de resolução parcial de mérito.

Enunciado 62. [art. 942 do CPC] – Aplica-se a técnica prevista no art. 942 do CPC no julgamento de recurso de apelação interposto em mandado de segurança.

Enunciado 63. [art. 942, § 3º, I, do CPC] – A técnica de que trata o art. 942, § 3º, I, do CPC aplica-se à hipótese de rescisão parcial do julgado.

Enunciado 64. [art. 989 do CPC] – Ao despachar a reclamação, deferida a suspensão do ato impugnado, o relator pode conceder tutela provisória satisfativa correspondente à decisão originária cuja autoridade foi violada.

Enunciado 65. [art. 988, IV, do CPC] – A desistência do recurso pela parte não impede a análise da questão objeto do incidente de assunção de competência.

Enunciado 66. [art. 932, parágrafo único, do CPC] – Admite-se a correção da falta de comprovação do feriado local ou da suspensão do expediente forense, posteriormente à interposição do recurso, com fundamento no art. 932, parágrafo único, do CPC.

Enunciado 67. [art. 334, § 8º, do CPC] – Há interesse recursal no pleito da parte para impugnar a multa do art. 334, § 8º, do CPC por meio de apelação, embora tenha sido vitoriosa na demanda.

Enunciado 68. [art. 485, § 7º, do CPC] – A intempestividade da apelação desautoriza o órgão *a quo* a proferir juízo positivo de retratação.

Enunciado 69. [art. 1.015, parágrafo único, do CPC] – A hipótese do art. 1.015, parágrafo único, do CPC abrange os processos concursais, de falência e recuperação.

Enunciado 70. [art. 1.015, I, do CPC] – É agravável o pronunciamento judicial que postergar a análise de pedido de tutela provisória ou condicioná-la a qualquer exigência.

Enunciado 71. [art. 1.015, X, do CPC] – É cabível o recurso de agravo de instrumento contra a decisão que indefere o pedido de atribuição de efeito suspensivo a Embargos à Execução, nos termos do art. 1.015, X, do CPC.

Enunciado 72. [art. 1.015, XI, do CPC] – É admissível a interposição de agravo de instrumento tanto para a decisão interlocutória que rejeita a inversão do ônus da prova, como para a que a defere.

Enunciado 73. [art. 1.018, § 3º, do CPC] – Para efeito de não conhecimento do agravo de instrumento por força da regra prevista no § 3º do art. 1.018 do CPC, deve o juiz, previamente, atender ao art. 932, parágrafo único, e art. 1.017, § 3º, do CPC, intimando o agravante para sanar o vício ou complementar a documentação exigível.

Enunciado 74. [art. 1.021, § 4º, do CPC] – O termo "manifestamente" previsto no § 4º do art. 1.021 do CPC se refere tanto à improcedência quanto à inadmissibilidade do agravo.

Enunciado 75. [art. 1.042 do CPC] – Cabem embargos declaratórios contra decisão que não admite recurso especial ou extraordinário, no tribunal de origem ou no tribunal superior, com a consequente interrupção do prazo recursal.

Enunciado 76. [art. 1.022, II, do CPC] – É considerada omissa, para efeitos do cabimento dos embargos de declaração, a decisão que, na superação de precedente, não se manifesta sobre a modulação de efeitos.

Enunciado 77. [arts. 1.021; 1.030, I e V; e 1.042 do CPC] – Para impugnar decisão que obsta trânsito a recurso excepcional e que contenha simultaneamente fundamento relacionado à sistemática dos recursos repetitivos ou da repercussão geral (art. 1.030, I, do CPC) e fundamento relacionado à análise dos pressupostos de admissibilidade recursais (art. 1.030, V, do CPC), a parte sucumbente deve interpor, simultaneamente, agravo interno (art. 1.021 do CPC) caso queira impugnar a parte relativa aos recursos repetitivos ou repercussão geral e agravo em recurso especial/extraordinário (art. 1.042 do CPC) caso queira impugnar a parte relativa aos fundamentos de inadmissão por ausência dos pressupostos recursais.

ANEXOS

Enunciado 78. [art. 1.030, III, do CPC] – A suspensão do recurso prevista no art. 1.030, III, do CPC deve se dar apenas em relação ao capítulo da decisão afetada pelo repetitivo, devendo o recurso ter seguimento em relação ao remanescente da controvérsia, salvo se a questão repetitiva for prejudicial à solução das demais matérias.

Enunciado 79. [art. 1.032 do CPC] – Na hipótese do art. 1.032 do CPC, cabe ao relator, após possibilitar que o recorrente adite o seu recurso para inclusão de preliminar sustentando a existência de repercussão geral, oportunizar ao recorrido que, igualmente, adite suas contrarrazões para sustentar a inexistência da repercussão.

Enunciado 80. [art. 1.033 do CPC] – Quando o Supremo Tribunal Federal considerar como reflexa a ofensa à Constituição afirmada no recurso extraordinário, deverá, antes de remetê-lo ao Superior Tribunal de Justiça para julgamento como recurso especial, conceder prazo de quinze dias para que as partes complementem suas razões e contrarrazões de recurso.

Enunciado 81. [art. 1.039, parágrafo único, do CPC] – A devolução dos autos pelo Superior Tribunal de Justiça ou Supremo Tribunal Federal ao tribunal de origem depende de decisão fundamentada, contra a qual cabe agravo na forma do art. 1.037, § 13, II, do CPC.

Enunciado 82. [art. 138 do CPC] – Quando houver pluralidade de pedidos de admissão de *amicus curiae*, o relator deve observar, como critério para definição daqueles que serão admitidos, o equilíbrio na representatividade dos diversos interesses jurídicos contrapostos no litígio, velando, assim, pelo respeito à amplitude do contraditório, paridade de tratamento e isonomia entre todos os potencialmente atingidos pela decisão.

Enunciado 83. [art. 1.044, § 2º, do CPC] – Caso os embargos de divergência impliquem alteração das conclusões do julgamento anterior, o recorrido que já tiver interposto o recurso extraordinário terá o direito de complementar ou alterar suas razões, nos exatos limites da modificação, no prazo de quinze dias, contados da intimação da decisão dos embargos de divergência.

Enunciado 84. [art. 513 do CPC] – O comparecimento espontâneo da parte constitui termo inicial dos prazos para pagamento e, sucessivamente, impugnação ao cumprimento de sentença.

Enunciado 85. [art. 515, § 1º, do CPC] – Na execução de título extrajudicial ou judicial (art. 515, § 1º, do CPC) é cabível a citação postal.

Enunciado 86. [arts. 318, parágrafo único; e 323 do CPC] – As prestações vincendas até o efetivo cumprimento da obrigação incluem-se na execução de título executivo extrajudicial (arts. 323 e 318, parágrafo único, do CPC).

Enunciado 87. [art. 515 do CPC] – O acordo de reparação de danos feito durante a suspensão condicional do processo, desde que devidamente homologado por sentença, é título executivo judicial.

Enunciado 88. [art. 520, IV, do CPC] – A caução prevista no inc. IV do art. 520 do CPC não pode ser exigida em cumprimento definitivo de sentença. Considera-se como tal o cumprimento de sentença transitada em julgado no processo que deu origem ao crédito executado, ainda que sobre ela penda impugnação destituída de efeito suspensivo.

Enunciado 89. [art. 89 do CPC] – Conta-se em dias úteis o prazo do *caput* do art. 523 do CPC.

Enunciado 90. [art. 525 do CPC] – Conta-se em dobro o prazo do art. 525 do CPC nos casos em que o devedor é assistido pela Defensoria Pública.

Enunciado 91. [art. 524 do CPC] – Interpreta-se o art. 524 do CPC e seus parágrafos no sentido de permitir que a parte patrocinada pela Defensoria Pública continue a valer-se da contadoria judicial para elaborar cálculos para execução ou cumprimento de sentença.

Enunciado 92. [art. 523 do CPC] – A intimação prevista no *caput* do art. 523 do CPC deve contemplar, expressamente, o prazo sucessivo para impugnar o cumprimento de sentença.

Enunciado 93. [arts. 518 e 525 do CPC] – Da decisão que julga a impugnação ao cumprimento de sentença cabe apelação, se extinguir o processo, ou agravo de instrumento, se não o fizer.

Enunciado 94. [arts. 525, § 5º; 918; e 920 do CPC] – Aplica-se o procedimento do art. 920 do CPC à impugnação ao cumprimento de sentença, com possibilidade de rejeição liminar nas hipóteses dos arts. 525, § 5º, e 918 do CPC.

Enunciado 95. [arts. 6º; e 925, § 5º, do CPC] – O juiz, antes de rejeitar liminarmente a impugnação ao cumprimento de sentença (art. 525, § 5º, do CPC), deve intimar o impugnante para sanar eventual vício, em observância ao dever processual de cooperação (art. 6º do CPC).

Enunciado 96. [art. 537 do CPC] – Os critérios referidos no *caput* do art. 537 do CPC devem ser observados no momento da fixação da multa, que não está limitada ao valor da obrigação principal e não pode ter sua exigibilidade postergada para depois do trânsito em julgado.

Enunciado 97. [art. 779, V, do CPC] – A execução pode ser promovida apenas contra o titular do bem oferecido em garantia real, cabendo, nesse caso, somente a intimação de eventual coproprietário que não tenha outorgado a garantia.

Enunciado 98. [art. 782, § 3º, do CPC] – O art. 782, § 3º, do CPC não veda a possibilidade de o credor, ou mesmo o órgão de proteção ao crédito, fazer a inclusão extrajudicial do nome do executado em cadastros de inadimplentes.

Enunciado 99. [art. 782, § 3º, do CPC] – A inclusão do nome do executado em cadastros de inadimplentes poderá se dar na execução definitiva de título judicial ou extrajudicial.

Enunciado 100. [art. 784, X, do CPC] – Interpreta-se a expressão condomínio edilício do art. 784, X, do CPC de forma a compreender tanto os condomínios verticais, quanto os horizontais de lotes, nos termos do art. 1.358-A do Código Civil.

Enunciado 101. [arts. 700 ss. do CPC] – É admissível ação monitória, ainda que o autor detenha título executivo extrajudicial.

Enunciado 102. [arts. 675; e 792, § 4º, do CPC] – A falta de oposição dos embargos de terceiro preventivos no prazo do art. 792, § 4º, do CPC não impede a propositura dos embargos de terceiro repressivos no prazo do art. 675 do mesmo Código.

Enunciado 103. [art. 816 do CPC] – Pode o exequente – em execução de obrigação de fazer fungível, decorrente do inadimplemento relativo, voluntário e inescusável do executado – requerer a satisfação da obrigação por terceiro, cumuladamente ou não com perdas e danos, considerando que o *caput* do art. 816 do CPC não derrogou o *caput* do art. 249 do Código Civil.

Enunciado 104. [art. 799, IX, do CPC] – O fornecimento de certidão para fins de averbação premonitória (art. 799, IX, do CPC) independe de prévio despacho ou autorização do juiz.

Enunciado 105. [art. 833, § 2º, do CPC] – As hipóteses de penhora do art. 833, § 2º, do CPC aplicam-se ao cumprimento da sentença ou à execução de título extrajudicial relativo a honorários advocatícios, em razão de sua natureza alimentar.

Enunciado 106. [art. 834 do CPC] – Na expropriação, a apropriação de frutos e rendimentos poderá ser priorizada em relação à adjudicação, se não prejudicar o exequente e for mais favorável ao executado.

Enunciado 107. [art. 982, I, do CPC] – Não se aplica a suspensão do art. 982, I, do CPC ao cumprimento de sentença anteriormente transitada em julgado e que tenha decidido questão objeto de posterior incidente de resolução de demandas repetitivas.

II JORNADA DE DIREITO PROCESSUAL CIVIL

Enunciado 108. [art. 53 do CPC] – A competência prevista nas alíneas do art. 53, I, do CPC não é de foros concorrentes, mas de foros subsidiários.

Enunciado 109. [art. 327, *caput*, do CPC] – Na hipótese de cumulação alternativa, acolhido integralmente um dos pedidos, a sucumbência deve ser suportada pelo réu.

Enunciado 110. [arts. 133 ss. do CPC] – A instauração do incidente de desconsideração da personalidade jurídica não suspenderá a tramitação do processo de execução e do cumprimento de sentença em face dos executados originários.

Enunciado 111. [arts. 133 ss. do CPC] – O incidente de desconsideração da personalidade jurídica pode ser aplicado ao processo falimentar.

Enunciado 112. [art. 190 do CPC] – A intervenção do Ministério Público como fiscal

ANEXOS

da ordem jurídica não inviabiliza a celebração de negócios processuais.

Enunciado 113. [art. 190 do CPC] – As disposições previstas nos arts. 190 e 191 do CPC poderão ser aplicadas ao procedimento de recuperação judicial.

Enunciado 114. [art. 190 do CPC] – Os entes despersonalizados podem celebrar negócios jurídicos processuais.

Enunciado 115. [art. 190 do CPC] – O negócio jurídico processual somente se submeterá à homologação quando expressamente exigido em norma jurídica, admitindo-se, em todo caso, o controle de validade da convenção.

Enunciado 116. [art. 219 do CPC] – Aplica-se o art. 219 do CPC na contagem dos prazos processuais previstos na Lei nº 6.830/1980.

Enunciado 117. [art. 356 do CPC] – O art. 356 do CPC pode ser aplicado nos julgamentos dos tribunais.

Enunciado 118. [arts. 85, § 1º; e 381 do CPC] – É cabível a fixação de honorários advocatícios na ação de produção antecipada de provas na hipótese de resistência da parte requerida na produção da prova.

Enunciado 119. [art. 318 do CPC] – É admissível o ajuizamento de ação de exibição de documentos, de forma autônoma, inclusive pelo procedimento comum do CPC (art. 318 e seguintes).

Enunciado 120. [art. 317 do CPC] – Deve o juiz determinar a emenda também na reconvenção, possibilitando ao reconvinte, a fim de evitar a sua rejeição prematura, corrigir defeitos e/ou irregularidades.

Enunciado 121. [art. 334, § 8º, do CPC] – Não cabe aplicar multa a quem, comparecendo à audiência do art. 334 do CPC, apenas manifesta desinteresse na realização de acordo, salvo se a sessão foi designada unicamente por requerimento seu e não houver justificativa para a alteração de posição.

Enunciado 122. [art. 335, I, do CPC] – O prazo de contestação é contado a partir do primeiro dia útil seguinte à realização da audiência de conciliação ou mediação, ou da última sessão de conciliação ou mediação, na hipótese de incidência do art. 335, inc. I, do CPC.

Enunciado 123. [art. 339 do CPC] – Aplica-se o art. 339 do CPC à autoridade coatora indicada na inicial do mandado de segurança e à pessoa jurídica que compõe o polo passivo.

Enunciado 124. [art. 335 do CPC] – Não há preclusão consumativa do direito de apresentar contestação, se o réu se manifesta, antes da data da audiência de conciliação ou de mediação, quanto à incompetência do juízo.

Enunciado 125. [art. 356, § 5º, do CPC] – A decisão parcial de mérito não pode ser modificada senão em decorrência do recurso que a impugna.

Enunciado 126. [art. 356, *caput*, do CPC] – O juiz pode resolver parcialmente o mérito, em relação à matéria não afetada para julgamento, nos processos suspensos em razão de recursos repetitivos, repercussão geral, incidente de resolução de demandas repetitivas ou incidente de assunção de competência.

Enunciado 127. [art. 356, *caput*, do CPC] – O juiz pode homologar parcialmente a delimitação consensual das questões de fato e de direito, após consulta às partes, na forma do art. 10 do CPC.

Enunciado 128. [art. 357, III, do CPC] – Exceto quando reconhecida sua nulidade, a convenção das partes sobre o ônus da prova afasta a redistribuição por parte do juiz.

Enunciado 129. [art. 381 do CPC] – É admitida a exibição de documentos como objeto de produção antecipada de prova, nos termos do art. 381 do CPC.

Enunciado 130. [art. 304, *caput*, do CPC] – É possível a estabilização de tutela antecipada antecedente em face da Fazenda Pública.

Enunciado 131. [art. 664, § 4º, do CPC] – A remissão ao art. 672, feita no art. 664, § 4º, do CPC, consiste em erro material decorrente da renumeração de artigos durante a tramitação legislativa. A referência deve ser compreendida como sendo ao art. 662, norma que possui conteúdo integrativo adequado ao comando expresso e finalístico do art. 664, § 4º.

Enunciado 132. [art. 675, *caput*, do CPC] – O prazo para apresentação de embargos de terceiro tem natureza processual e deve ser contado em dias úteis.

ANEXO V – ENUNCIADOS – CJF

Enunciado 133. [art. 679 do CPC] – É admissível a formulação de reconvenção em resposta aos embargos de terceiro, inclusive para o propósito de veicular pedido típico de ação pauliana, nas hipóteses de fraude contra credores.

Enunciado 134. [art. 702, § 9º, do CPC] – A apelação contra a sentença que julga improcedentes os embargos ao mandado monitório não é dotada de efeito suspensivo automático (art. 702, § 4º, e 1.012, § 1º, V, CPC).

Enunciado 135. [art. 311, caput, do CPC] – É admissível a concessão de tutela da evidência fundada em tese firmada em incidente de assunção de competência.

Enunciado 136. [art. 520, caput, do CPC] – A caução exigível em cumprimento provisório de sentença poderá ser dispensada se o julgado a ser cumprido estiver em consonância com tese firmada em incidente de assunção de competência.

Enunciado 137. [art. 942, caput, do CPC] – Se o recurso do qual se originou a decisão embargada comportou a aplicação da técnica do art. 942 do CPC, os declaratórios eventualmente opostos serão julgados com a composição ampliada.

Enunciado 138. [art. 988, § 4º, do CPC] – É cabível reclamação contra acórdão que aplicou indevidamente tese jurídica firmada em acórdão proferido em julgamento de recursos extraordinário ou especial repetitivos, após o esgotamento das instâncias ordinárias, por analogia ao quanto previsto no art. 988, § 4º, do CPC.

Enunciado 139. [arts. 1.030, II e V, "c"; e 1.041 do CPC] – A ausência de retratação do órgão julgador, na hipótese prevista no art. 1.030, II, do CPC, dispensa a ratificação expressa para que haja o juízo de admissibilidade e a eventual remessa do recurso extraordinário ou especial ao tribunal superior competente, na forma dos arts. 1.030, V, "c", e 1.041 do CPC.

Enunciado 140. [art. 982, I, do CPC] – A suspensão de processos pendentes, individuais ou coletivos, que tramitam no Estado ou na região prevista no art. 982, I, do CPC não é decorrência automática e necessária da admissão do IRDR, competindo ao relator ou ao colegiado decidir acerca da sua conveniência.

Enunciado 141. [art. 947, caput, do CPC] – É possível a conversão de Incidente de Assunção de Competência em Incidente de Resolução de Demandas Repetitivas, se demonstrada a efetiva repetição de processos em que se discute a mesma questão de direito.

Enunciado 142. [art. 982, I, do CPC] – Determinada a suspensão decorrente da admissão do IRDR (art. 982, I), a alegação de distinção entre a questão jurídica versada em uma demanda em curso e aquela a ser julgada no incidente será veiculada por meio do requerimento previsto no art. 1.037, § 10.

Enunciado 143. [art. 976, caput, do CPC] – O pedido de revisão da tese jurídica firmada no incidente de resolução de demandas repetitivas pode ser feito pelas partes, nos termos do art. 977, II, do CPC/2015.

Enunciado 144. [art. 1.012, caput, do CPC] – No caso de apelação, o deferimento de tutela provisória em sentença retira-lhe o efeito suspensivo referente ao capítulo atingido pela tutela.

Enunciado 145. [arts. 509 ss. do CPC] – O recurso cabível contra a decisão que julga a liquidação de sentença é o Agravo de Instrumento.

Enunciado 146. [art. 528, caput, do CPC] – O prazo de 3 (três) dias previsto pelo art. 528 do CPC conta-se em dias úteis e na forma dos incisos do art. 231 do CPC, não se aplicando seu § 3º.

Enunciado 147. [art. 528, § 7º, do CPC] – Basta o inadimplemento de uma parcela, no todo ou em parte, para decretação da prisão civil prevista no art. 528, § 7º, do CPC.

Enunciado 148. [art. 772, II, do CPC] – A reiteração pelo exequente ou executado de matérias já preclusas pode ensejar a aplicação de multa por conduta contrária à boa-fé.

Enunciado 149. [art. 774, I, do CPC] – A falta de averbação da pendência de processo ou da existência de hipoteca judiciária ou de constrição judicial sobre bem no registro de imóveis não impede que o exequente comprove a má-fé do terceiro que tenha adquirido a propriedade ou qualquer outro direito real sobre o bem.

Enunciado 150. [arts. 791; 804; e 889, III, do CPC] – Aplicam-se ao direito de laje os arts. 791, 804 e 889, III, do CPC.

ANEXOS

Enunciado 151. [art. 826 do CPC] – O legitimado pode remir a execução até a lavratura do auto de adjudicação ou de alienação (CPC, art. 826).

Enunciado 152. [arts. 190; 200; e 833, I, do CPC] – O pacto de impenhorabilidade (arts. 190, 200 e 833, I) produz efeitos entre as partes, não alcançando terceiros.

Enunciado 153. [arts. 190; 200; e 833, I, do CPC] – A penhorabilidade dos bens, observados os critérios do art. 190 do CPC, pode ser objeto de convenção processual das partes.

Enunciado 154. [art. 842 do CPC] – O exequente deve providenciar a intimação do coproprietário no caso da penhora de bem indivisível ou de direito real sobre bem indivisível.

Enunciado 155. [art. 860 do CPC] – A penhora a que alude o art. 860 do CPC poderá recair sobre direito litigioso ainda não reconhecido por decisão transitada em julgado.

Enunciado 156. [art. 873 do CPC] – O decurso de tempo entre a avaliação do bem penhorado e a sua alienação não importa, por si só, nova avaliação, a qual deve ser realizada se houver, nos autos, indícios de que houve majoração ou diminuição no valor.

Enunciado 157. [art. 895, *caput*, do CPC] – No leilão eletrônico, a proposta de pagamento parcelado (art. 895 do CPC), observado o valor mínimo fixado pelo juiz, deverá ser apresentada até o início do leilão, nos termos do art. 886, IV, do CPC.

Enunciado 158. [art. 918 do CPC] – A sentença de rejeição dos embargos à execução opostos pela Fazenda Pública não está sujeita à remessa necessária.

ANEXO VI

ENUNCIADOS ADMINISTRATIVOS DO SUPERIOR TRIBUNAL DE JUSTIÇA*

Enunciado Administrativo nº 1. [art. 1.045 do CPC] – O Plenário do STJ, em sessão administrativa em que se interpretou o art. 1.045 do novo Código de Processo Civil, decidiu, por unanimidade, que o Código de Processo Civil aprovado pela Lei nº 13.105/2015, entrará em vigor no dia 18 de março de 2016.

Enunciado Administrativo nº 2. [arts. 994 ss. do CPC] – Aos recursos interpostos com fundamento no CPC/1973 (relativos a decisões publicadas até 17 de março de 2016) devem ser exigidos os requisitos de admissibilidade na forma nele prevista, com as interpretações dadas, até então, pela jurisprudência do Superior Tribunal de Justiça.

Enunciado Administrativo nº 3. [arts. 994 ss. do CPC] – Aos recursos interpostos com fundamento no CPC/2015 (relativos a decisões publicadas a partir de 18 de março de 2016) serão exigidos os requisitos de admissibilidade recursal na forma do novo CPC.

Enunciado Administrativo nº 4. [arts. 926 ss. do CPC] – Nos feitos de competência civil originária e recursal do STJ, os atos processuais que vierem a ser praticados por julgadores, partes, Ministério Público, procuradores, serventuários e auxiliares da Justiça a partir de 18 de março de 2016, deverão observar os novos procedimentos trazidos pelo CPC/2015, sem prejuízo do disposto em legislação processual especial.

Enunciado Administrativo nº 5. [art. 932, parágrafo único, do CPC] – Nos recursos tempestivos interpostos com fundamento no CPC/ 1973 (relativos a decisões publicadas até 17 de março de 2016), não caberá a abertura de prazo prevista no art. 932, parágrafo único, c/c o art. 1.029, § 3º, do novo CPC.

Enunciado Administrativo nº 6. [art. 932, parágrafo único, do CPC] – Nos recursos tempestivos interpostos com fundamento no CPC/2015 (relativos a decisões publicadas a partir de 18 de março de 2016), somente será concedido o prazo previsto no art. 932, parágrafo único, c/c o art. 1.029, § 3º, do novo CPC para que a parte sane vício estritamente formal.

Enunciado Administrativo nº 7. [art. 85, § 11, do CPC] – Somente nos recursos interpostos contra decisão publicada a partir de 18 de março de 2016, será possível o arbitramento de honorários sucumbenciais recursais, na forma do art. 85, § 11, do novo CPC.

(*) Disponíveis em: https://www.stj.jus.br/sites/portalp/Leis-e-normas/Quadro-comparativo-do-novo-CPC/Enunciados-administrativos. Acesso em: 17.2.2023.

ANEXOS

ANEXO VII
SÚMULAS DO SUPREMO TRIBUNAL FEDERAL*

Súmula 112. [art. 637 do CPC] – O imposto de transmissão *causa mortis* é devido pela alíquota vigente ao tempo da abertura da sucessão.

Súmula 113. [art. 637 do CPC] – O imposto de transmissão *causa mortis* é calculado sobre o valor dos bens na data da avaliação.

Súmula 114. [art. 637 do CPC] – O imposto de transmissão *causa mortis* não é exigível antes da homologação do cálculo.

Súmula 115. [art. 637 do CPC] – Sobre os honorários do advogado contratado pelo inventariante, com a homologação do juiz, não incide o imposto de transmissão *causa mortis*.

Súmula 116. [art. 637 do CPC] – Em desquite ou inventário, é legítima a cobrança do chamado imposto de reposição, quando houver desigualdade nos valores partilhados.

Súmula 150. [arts. 771; 802; e 921 do CPC] – Prescreve a execução no mesmo prazo de prescrição da ação.

Súmula 158. [art. 917, § 5º, do CPC] – Salvo estipulação contratual averbada no registro imobiliário, não responde o adquirente pelas benfeitorias do locatário.

Súmula 173. [art. 221, *caput*, do CPC] – Em caso de obstáculo judicial admite-se a purga da mora, pelo locatário, além do prazo legal.

Súmula 185. [art. 85, § 3º, do CPC] – Em processo de reajustamento pecuário, não responde a União pelos honorários do advogado do credor ou do devedor.

Súmula 188. [art. 125, II, do CPC] – O segurador tem ação regressiva contra o causador do dano, pelo que efetivamente pagou, até ao limite previsto no contrato de seguro.

Súmula 216. [art. 485, III, do CPC] – Para decretação da absolvição de instância pela paralisação do processo por mais de trinta dias, é necessário que o autor, previamente intimado, não promova o andamento da causa.

Súmula 218. [art. 45, *caput*, do CPC] – É competente o Juízo da Fazenda Nacional da capital do Estado, e não o da situação da coisa, para a desapropriação promovida por empresa de energia elétrica, se a União Federal intervém como assistente.

Súmula 234. [art. 85, § 9º, do CPC] – São devidos honorários de advogado em ação de acidente do trabalho julgada procedente.

Súmula 249. [art. 966, *caput*, do CPC] – É competente o Supremo Tribunal Federal para a ação rescisória, quando, embora não tendo conhecido do recurso extraordinário, ou havendo negado provimento ao agravo, tiver apreciado a questão federal controvertida.

Súmula 252. [arts. 144, I; 971, parágrafo único; e 973, parágrafo único, do CPC] – Na ação rescisória, não estão impedidos juízes que participaram do julgamento rescindendo.

Súmula 254. [art. 322, § 1º, do CPC] – Incluem-se os juros moratórios na liquidação, embora omisso o pedido inicial ou a condenação.

Súmula 259. [art. 192, parágrafo único, do CPC] – Para produzir efeito em juízo não é necessária a inscrição, no registro público, de documentos de procedência estrangeira, autenticados por via consular.

Súmula 260. [art. 421 do CPC] – O exame de livros comerciais, em ação judicial, fica limitado às transações entre os litigantes.

Súmula 265. [art. 620, § 1º, II, do CPC] – Na apuração de haveres não prevalece o balanço não aprovado pelo sócio falecido, excluído ou que se retirou.

Súmula 281. [art. 1.029, *caput*, do CPC] – É inadmissível o recurso extraordinário, quando couber na Justiça de origem, recurso ordinário da decisão impugnada.

Súmula 282. [art. 1.029, *caput*, do CPC] – É inadmissível o recurso extraordinário, quando não ventilada, na decisão recorrida, a questão federal suscitada.

(*) Disponíveis em: https://portal.stf.jus.br/textos/verTexto.asp?servico=jurisprudenciaSumula. Acesso em: 17.2.2023. (Atualizadas até a Súmula 736.)

ANEXO VII – SÚMULAS – STF

Súmula 283. [art. 1.029, *caput*, do CPC] – É inadmissível o recurso extraordinário, quando a decisão recorrida assenta em mais de um fundamento suficiente e o recurso não abrange todos eles.

Súmula 284. [art. 1.029, *caput*, do CPC] – É inadmissível o recurso extraordinário, quando a deficiência na sua fundamentação não permitir a exata compreensão da controvérsia.

Súmula 288. [arts. 1.017, I; e 1.029, *caput*, do CPC] – Nega-se provimento a agravo para subida de recurso extraordinário, quando faltar no traslado do despacho agravado, a decisão recorrida, a petição de recurso extraordinário ou qualquer peça essencial à compreensão da controvérsia.

Súmula 331. [art. 637 do CPC] – É legítima a incidência do imposto de transmissão *causa mortis* no inventário por morte presumida.

Súmula 343. [art. 966, *caput*, do CPC] – Não cabe ação rescisória por ofensa a literal disposição de lei, quando a decisão rescindenda se tiver baseado em texto legal de interpretação controvertida nos tribunais.

Súmula 356. [art. 1.029, *caput*, do CPC] – O ponto omisso da decisão, sobre o qual não foram opostos embargos declaratórios, não pode ser objeto de recurso extraordinário, por faltar o requisito do prequestionamento.

Súmula 363. [art. 53, III, "d", do CPC] – A pessoa jurídica de direito privado pode ser demandada no domicílio da agência, ou estabelecimento, em que se praticou o ato.

Súmula 379. [art. 731, II, do CPC] – No acordo de desquite não se admite renúncia aos alimentos, que poderão ser pleiteados ulteriormente, verificados os pressupostos legais.

Súmula 389. [art. 85, § 9º, do CPC] – Salvo limite legal, a fixação de honorários de advogado, em complemento da condenação, depende das circunstâncias da causa, não dando lugar a recurso extraordinário.

Súmula 487. [art. 557, *caput*, do CPC] – Será deferida a posse a quem, evidentemente, tiver o domínio, se com base neste for ela disputada.

Súmula 512. [art. 85, *caput*, do CPC] – Não cabe condenação em honorários de advogado na ação de mandado de segurança.

Súmula 514. [art. 966, *caput*, do CPC] – Admite-se ação rescisória contra sentença transitada em julgado, ainda que contra ela não se tenha esgotado todos os recursos.

Súmula 515. [art. 966, *caput*, do CPC] – A competência para a ação rescisória não é do Supremo Tribunal Federal, quando a questão federal, apreciada no recurso extraordinário ou no agravo de instrumento, seja diversa da que foi suscitada no pedido rescisório.

Súmula 528. [art. 1.029, *caput*, do CPC] – Se a decisão contiver partes autônomas, a admissão parcial, pelo Presidente do Tribunal *a quo*, de recurso extraordinário que, sobre qualquer delas se manifeste, não limitará a apreciação de todas pelo Supremo Tribunal Federal, independentemente de interposição de agravo de instrumento.

Súmula 542. [art. 611 do CPC] – Não é inconstitucional a multa instituída pelo Estado-membro, como sanção pelo retardamento do início ou da ultimação do inventário.

Súmula 563. [art. 909 do CPC] – O concurso de preferência a que se refere o parágrafo único do art. 187 do Código Tributário Nacional é compatível com o disposto no art. 9º, inciso I, da Constituição Federal.

Súmula 590. [art. 637 do CPC] – Calcula-se o imposto de transmissão *causa mortis* sobre o saldo credor da promessa de compra e venda de imóvel, no momento da abertura da sucessão do promitente vendedor.

Súmula 598. [art.1.043, *caput*, do CPC] – Nos embargos de divergência não servem como padrão de discordância os mesmos paradigmas invocados para demonstrá-la mas repelidos como não dissidentes no julgamento do recurso extraordinário.

Súmula 616. [art. 85, *caput*, do CPC] – É permitida a cumulação da multa contratual com os honorários de advogado, após o advento do Código de Processo Civil vigente.

Súmula 621. [art. 674, § 1º, do CPC] – Não enseja embargos de terceiro à penhora a promessa de compra e venda não inscrita no registro de imóveis.

Súmula 631. [arts. 114; e 485, III, do CPC] – Extingue-se o processo de mandado de segurança se o impetrante não promove, no prazo assinado, a citação do litisconsorte passivo necessário.

Súmula 634. [art. 299, parágrafo único, do CPC] – Não compete ao Supremo Tribunal Federal conceder medida cautelar para dar efeito suspensivo a recurso extraordinário que ainda não foi objeto de juízo de admissibilidade na origem.

Súmula 635. [art. 299, parágrafo único, do CPC] – Cabe ao Presidente do Tribunal de origem decidir o pedido de medida cautelar em recurso extraordinário ainda pendente do seu juízo de admissibilidade.

Súmula 636. [art. 1.029, *caput*, do CPC] – Não cabe recurso extraordinário por contrariedade ao princípio constitucional da legalidade, quando a sua verificação pressuponha rever a interpretação dada a normas infraconstitucionais pela decisão recorrida.

Súmula 637. [art. 1.029, *caput*, do CPC] – Não cabe recurso extraordinário contra acórdão de Tribunal de Justiça que defere pedido de intervenção estadual em Município.

Súmula 638. [art. 1.029, *caput*, do CPC] – A controvérsia sobre a incidência, ou não, de correção monetária em operações de crédito rural é de natureza infraconstitucional, não viabilizando recurso extraordinário.

Súmula 639. [arts. 1.017, I; e 1.029, *caput*, do CPC] – Aplica-se a Súmula 288 quando do não constarem do traslado do agravo de instrumento as cópias das peças necessárias à verificação da tempestividade do recurso extraordinário não admitido pela decisão agravada.

Súmula 640. [art. 1.029, *caput*, do CPC] – É cabível recurso extraordinário contra decisão proferida por juiz de primeiro grau nas causas de alçada, ou por turma recursal de juizado especial cível e criminal.

Súmula 641. [art. 229, *caput*, do CPC] – Não se conta em dobro o prazo para recorrer, quando só um dos litisconsortes haja sucumbido.

Súmula 644. [art. 104, *caput*, do CPC] – Ao titular do cargo de procurador de autarquia não se exige a apresentação de instrumento de mandato para representá-la em juízo.

Súmula 727. [art. 1.029, *caput*, do CPC] – Não pode o magistrado deixar de encaminhar ao Supremo Tribunal Federal o agravo de instrumento interposto da decisão que não admite recurso extraordinário, ainda que referente a causa instaurada no âmbito dos juizados especiais.

Súmula 728. [art. 1.029, *caput*, do CPC] – É de três dias o prazo para a interposição de recurso extraordinário contra decisão do Tribunal Superior Eleitoral, contado, quando for o caso, a partir da publicação do acórdão, na própria sessão de julgamento, nos termos do art. 12 da Lei nº 6.055/1974, que não foi revogado pela Lei nº 8.950/1994.

Súmula 733. [art. 1.029, *caput*, do CPC] – Não cabe recurso extraordinário contra decisão proferida no processamento de precatórios.

Súmula 735. [art. 1.029, *caput*, do CPC] – Não cabe recurso extraordinário contra acórdão que defere medida liminar.

SÚMULAS STF SUPERADAS PELA REDAÇÃO DO ATUAL CPC

Súmula 231. O revel, em processo cível, pode produzir provas, desde que compareça em tempo oportuno.

(*) V. art. 349 do CPC.

Súmula 235. É competente para a ação de acidente do trabalho a Justiça cível comum, inclusive em segunda instância, ainda que seja parte autarquia seguradora.

(*) V. art. 45, I, do CPC.

Súmula 293. São inadmissíveis embargos infringentes contra decisão em matéria constitucional submetida ao plenário dos Tribunais.

(*) Como consequência da eliminação dos embargos infringentes.

Súmula 310. Quando a intimação tiver lugar na sexta-feira, ou a publicação com efeito de intimação for feita nesse dia, o prazo judicial terá início na segunda-feira imediata, salvo se não houver expediente, caso em que começará no primeiro dia útil que se seguir.

(*) V. art. 224 do CPC.

Súmula 354. Em caso de embargos infringentes parciais, é definitiva a parte da decisão embargada em que não houve divergência na votação.

(*) Como consequência da eliminação dos embargos infringentes.

Súmula 455. Da decisão que se seguir ao julgamento de constitucionalidade pelo Tribunal Pleno, são inadmissíveis embargos infringentes quanto à matéria constitucional.

(*) Como consequência da eliminação dos embargos infringentes.

Súmula 456. O Supremo Tribunal Federal, conhecendo do recurso extraordinário, julgará a causa, aplicando o direito à espécie.

(*) V. art. 1.034, *caput*, do CPC.

Súmula 597. Não cabem embargos infringentes de acórdão que, em mandado de segurança decidiu, por maioria de votos, a apelação.

(*) Como consequência da eliminação dos embargos infringentes.

ANEXOS

ANEXO VIII
SÚMULAS VINCULANTES DO SUPREMO TRIBUNAL FEDERAL[*]

Súmula Vinculante 10. [arts. 948 a 950 do CPC] – Viola a cláusula de reserva de plenário (CF, artigo 97) a decisão de órgão fracionário de Tribunal que embora não declare expressamente a inconstitucionalidade de lei ou ato normativo do poder público, afasta sua incidência, no todo ou em parte.

Súmula Vinculante 14. [arts. 7º; e 107, I, do CPC] – É direito do defensor, no interesse do representado, ter acesso amplo aos elementos de prova que, já documentados em procedimento investigatório realizado por órgão com competência de polícia judiciária, digam respeito ao exercício do direito de defesa.

Súmula Vinculante 25. [art. 161, parágrafo único, do CPC] – É ilícita a prisão civil de depositário infiel, qualquer que seja a modalidade do depósito.

Súmula Vinculante 27. [art. 44 do CPC] – Compete à Justiça estadual julgar causas entre consumidor e concessionária de serviço público de telefonia, quando a ANATEL não seja litisconsorte passiva necessária, assistente, nem opoente.

Súmula Vinculante 47. [art. 85, § 14, do CPC] – Os honorários advocatícios incluídos na condenação ou destacados do montante principal devido ao credor consubstanciam verba de natureza alimentar cuja satisfação ocorrerá com a expedição de precatório ou requisição de pequeno valor, observada ordem especial restrita aos créditos dessa natureza.

(*) Disponíveis em: https://portal.stf.jus.br/textos/verTexto.asp?servico=jurisprudenciaSumulaVinculante. Acesso em: 17.2.2023. (Total de 58 Súmulas Vinculantes.)

ANEXO IX

TEMAS COM REPERCUSSÃO GERAL DO SUPREMO TRIBUNAL FEDERAL[*]

Tema 18. [art. 85, § 18, do CPC]
Os honorários advocatícios incluídos na condenação ou destacados do montante principal devido ao credor consubstanciam verba de natureza alimentar cuja satisfação ocorrerá com a expedição de precatório ou requisição de pequeno valor, observada ordem especial restrita aos créditos dessa natureza.

Tema 36. [art. 15 do CPC]
A competência da Justiça do Trabalho prevista no art. 114, VIII, da Constituição Federal alcança somente a execução das contribuições previdenciárias relativas ao objeto da condenação constante das sentenças que proferir, não abrangida a execução de contribuições previdenciárias atinentes ao vínculo de trabalho reconhecido na decisão, mas sem condenação ou acordo quanto ao pagamento das verbas salariais que lhe possam servir como base de cálculo.

Tema 43. [art. 44 do CPC]
Compete à Justiça comum processar e julgar causas instauradas entre o Poder Público e seus servidores submetidos a regime especial disciplinado por lei local editada antes da Constituição Federal de 1988, com fundamento no artigo 106 da Constituição de 1967, na redação que lhe deu a Emenda Constitucional 1/1969.

Tema 45. [art. 910 do CPC]
A execução provisória de obrigação de fazer em face da Fazenda Pública não atrai o regime constitucional dos precatórios.

Tema 56. [art. 177 do CPC]
O Ministério Público tem legitimidade para propor ação civil pública com o objetivo de anular Termo de Acordo de Regime Especial — TARE firmado entre o Poder Público e contribuinte, em face da legitimação *ad causam* que o texto constitucional lhe confere para defender o erário.

Tema 58. [art. 910 do CPC]
É vedado o fracionamento do valor de precatório em execução de sentença, com o objetivo de efetuar o pagamento das custas processuais por meio de requisição de pequeno valor (RPV).

Tema 74. [art. 15 do CPC]
Compete à Justiça do Trabalho o julgamento das ações de interdito proibitório em que se busca garantir o livre acesso de funcionários e de clientes às agências bancárias interditadas em decorrência de movimento grevista.

Tema 82. [art. 70 do CPC]
I – A previsão estatutária genérica não é suficiente para legitimar a atuação, em Juízo, de associações na defesa de direitos dos filiados, sendo indispensável autorização expressa, ainda que deliberada em assembleia, nos termos do artigo 5º, inciso XXI, da Constituição Federal;

II – As balizas subjetivas do título judicial, formalizado em ação proposta por associação, são definidas pela representação no processo de conhecimento, limitada a execução aos associados apontados na inicial.

Tema 90. [art. 44 do CPC]
Compete ao juízo comum falimentar processar e julgar a execução dos créditos trabalhistas no caso de empresa em fase de recuperação judicial.

Tema 96. [art. 910 do CPC]
Incidem os juros da mora no período compreendido entre a data da realização dos cálculos e a da requisição ou do precatório.

---

[*] Disponíveis em: https://portal.stf.jus.br/jurisprudenciaRepercussao/pesquisarProcesso.asp. Acesso em: 17.2.2023. (Com 595 teses com trânsito em julgado.)

ANEXOS

Tema 116. [art. 85 do CPC]
É inconstitucional o art. 29-C da Lei nº 8.036/1990, introduzido pelo art. 9º da MP nº 2.164-41/2001, que veda a condenação em honorários advocatícios nas ações entre o FGTS e os titulares de contas vinculadas, bem como naquelas em que figuram os respectivos representantes ou substitutos processuais.

Tema 128. [art. 66 do CPC]
Cabe ao respectivo Tribunal Regional Federal dirimir conflitos de competência entre Juizado Especial e Juízo Federal de primeira instância que pertençam a uma mesma Seção Judiciária.

Tema 132. [art. 910 do CPC]
O art. 78 do Ato das Disposições Constitucionais Transitórias possui a mesma mens legis que o art. 33 desse Ato, razão pela qual, uma vez calculado o precatório pelo valor real do débito, acrescido de juros legais, não há mais falar em incidência desses nas parcelas anuais, iguais e sucessivas em que é fracionado, desde que adimplidas a tempo e corrigidas monetariamente.

Tema 137. [art. 910 do CPC]
É compatível com a Constituição da República de 1988 a ampliação para 30 (trinta) dias do prazo de oposição de embargos à execução pela Fazenda Pública.

Tema 147. [art. 910 do CPC]
Durante o período previsto no parágrafo 1º do artigo 100 (redação original e redação da EC 30/2000) da Constituição, não incidem juros de mora sobre os precatórios que nele sejam pagos.

Tema 148. [art. 910 do CPC]
A interpretação do § 4º do art. 100, alterado e hoje § 8º do art. 100 da Constituição da República, permite o pagamento dos débitos em execução nos casos de litisconsórcio facultativo.

Tema 159. [art. 937, VI, do CPC]
Compete às Turmas Recursais o julgamento de mandado de segurança utilizado como substitutivo recursal contra decisão de juiz federal no exercício de jurisdição do Juizado Especial Federal.

Tema 190. [art. 44 do CPC]
Compete à Justiça comum o processamento de demandas ajuizadas contra entidades privadas de previdência com o propósito de obter complementação de aposentadoria, mantendo-se na Justiça Federal do Trabalho, até o trânsito em julgado e correspondente execução, todas as causas dessa espécie em que houver sido proferida sentença de mérito até 20/2/2013.

Tema 237. [arts. 369 ss. do CPC]
É lícita a prova consistente em gravação ambiental realizada por um dos interlocutores sem conhecimento do outro.

Tema 242. [arts. 15 e 44 do CPC]
Compete à Justiça do Trabalho processar e julgar as ações de indenização por danos morais e patrimoniais decorrentes de acidentes de trabalho propostas por empregado contra empregador, inclusive as propostas pelos sucessores do trabalhador falecido, salvo quando a sentença de mérito for anterior à promulgação da EC nº 45/04, hipótese em que, até o trânsito em julgado e a sua execução, a competência continuará a ser da Justiça Comum.

Tema 249. [Decreto-Lei nº 70/1966]
É constitucional, pois foi devidamente recepcionado pela Constituição Federal de 1988, o procedimento de execução extrajudicial, previsto no Decreto-lei nº 70/66.

Tema 305. [art. 44 do CPC]
Compete à Justiça comum estadual processar e julgar as ações de cobrança ou os feitos executivos de honorários advocatícios arbitrados em favor de advogado dativo em ações cíveis e criminais.

Tema 355. [art. 910 do CPC]
É válida a penhora em bens de pessoa jurídica de direito privado, realizada anteriormente à sucessão desta pela União, não devendo a execução prosseguir mediante precatório.

Tema 374. [art. 44 do CPC]
A regra prevista no § 2º do art. 109 da Constituição Federal também se aplica às ações movidas em face de autarquias federais.

Tema 450. [art. 910 do CPC]
É devida correção monetária no período compreendido entre a data de elaboração do cálculo da requisição de pequeno valor – RPV e sua expedição para pagamento.

ANEXO IX – TEMAS COM REPERCUSSÃO GERAL – STF

Tema 471. [art. 177 do CPC]
Com fundamento no art. 127 da Constituição Federal, o Ministério Público está legitimado a promover a tutela coletiva de direitos individuais homogêneos, mesmo de natureza disponível, quando a lesão a tais direitos, visualizada em seu conjunto, em forma coletiva e impessoal, transcender a esfera de interesses puramente particulares, passando a comprometer relevantes interesses sociais.

Tema 511. [art. 910 do CPC]
É constitucionalmente vedada a compensação unilateral de débitos em proveito exclusivo da Fazenda Pública ainda que os valores envolvidos não estejam sujeitos ao regime de precatórios, mas apenas à sistemática da requisição de pequeno valor.

Tema 530. [art. 485, § 4º, do CPC]
É lícito ao impetrante desistir da ação de mandado de segurança, independentemente de aquiescência da autoridade apontada como coatora ou da entidade estatal interessada ou, ainda, quando for o caso, dos litisconsortes passivos necessários, a qualquer momento antes do término do julgamento, mesmo após eventual sentença concessiva do 'writ' constitucional, não se aplicando, em tal hipótese, a norma inscrita no art. 267, § 4º, do CPC/1973.

Tema 607. [art. 185 do CPC]
A Defensoria Pública tem legitimidade para a propositura de ação civil pública que vise a promover a tutela judicial de direitos difusos ou coletivos de que sejam titulares, em tese, pessoas necessitadas.

Tema 733. [art. 495 do CPC]
A decisão do Supremo Tribunal Federal declarando a constitucionalidade ou a inconstitucionalidade de preceito normativo não produz a automática reforma ou rescisão das decisões anteriores que tenham adotado entendimento diferente. Para que tal ocorra, será indispensável a interposição de recurso próprio ou, se for o caso, a propositura de ação rescisória própria, nos termos do art. 485 do CPC, observado o respectivo prazo decadencial (CPC, art. 495).

Tema 775. [art. 926 do CPC]
Compete ao Tribunal Regional Federal processar ação rescisória proposta pela União com o objetivo de desconstituir sentença transitada em julgado proferida por juiz estadual, quando afeta interesses de órgão federal.

Tema 859. [arts. 42 a 53 do CPC]
A insolvência civil está entre as exceções da parte final do artigo 109, I, da Constituição da República, para fins de definição da competência da Justiça Federal.

Tema 961. [arts. 831 a 836 do CPC]
É impenhorável a pequena propriedade rural familiar constituída de mais de 01 (um) terreno, desde que contínuos e com área total inferior a 04 (quatro) módulos fiscais do município de localização.

Tema 1.075. [art. 44 do CPC; e art. 16 da Lei nº 7.347/1985 – Ação Civil Pública]
I – É inconstitucional a redação do art. 16 da Lei nº 7.347/1985, alterada pela Lei nº 9.494/1997, sendo repristinada sua redação original. II – Em se tratando de ação civil pública de efeitos nacionais ou regionais, a competência deve observar o art. 93, II, da Lei nº 8.078/1990 (Código de Defesa do Consumidor). III – Ajuizadas múltiplas ações civis públicas de âmbito nacional ou regional e fixada a competência nos termos do item II, firma-se a prevenção do juízo que primeiro conheceu de uma delas, para o julgamento de todas as demandas conexas.

ANEXOS

ANEXO X
SÚMULAS DO SUPERIOR TRIBUNAL DE JUSTIÇA*

Súmula 14. [arts. 85, *caput*; e 907 do CPC] – Arbitrados os honorários advocatícios em percentual sobre o valor da causa, a correção monetária incide a partir do respectivo ajuizamento.

Súmula 25. [art. 1.003, *caput*, do CPC] – Nas ações da Lei de Falências, o prazo para a interposição de recurso conta-se da intimação da parte.

Súmula 27. [art. 780 do CPC] – Pode a execução fundar-se em mais de um título extrajudicial relativos ao mesmo negócio.

Súmula 33. [art. 64 do CPC] – A incompetência relativa não pode ser declarada de ofício.

Súmula 36. [art. 907 do CPC] – A correção monetária integra o valor da restituição, em caso de adiantamento de câmbio, requerida em concordata ou falência.

Súmula 45. [art. 496, II, do CPC] – No reexame necessário, é defeso, ao tribunal, agravar a condenação imposta à Fazenda Pública.

Súmula 46. [arts. 845, § 2º; e 914, § 2º, do CPC] – Na execução por carta, os embargos do devedor serão decididos no juízo deprecante, salvo se versarem unicamente vícios ou defeitos da penhora, avaliação ou alienação dos bens.

Súmula 58. [art. 46, § 5º, do CPC] – Proposta a execução fiscal, a posterior mudança de domicílio do executado não desloca a competência já fixada.

Súmula 59. [arts. 66, *caput*; e 953 do CPC] – Não há conflito de competência se já existe sentença com trânsito em julgado, proferida por um dos juízos conflitantes.

Súmula 67. [art. 907 do CPC] – Na desapropriação, cabe a atualização, ainda que por mais de uma vez, independente do decurso de prazo superior a um ano entre o cálculo e o efetivo pagamento da indenização.

Súmula 84. [arts. 674 ss. do CPC] – É admissível a oposição de embargos de terceiro fundado em alegação de posse advinda do compromisso de compra e venda de imóvel, ainda que desprovido do registro.

Súmula 98. [art. 1.022, *caput*, do CPC] – Embargos de declaração manifestados com notório propósito de prequestionamento não tem caráter protelatório.

Súmula 99. [arts. 176 a 181 e 996 do CPC] – O Ministério Público tem legitimidade para recorrer no processo em que oficiou como fiscal da lei, ainda que não haja recurso da parte.

Súmula 105. [art. 85, *caput*, do CPC] – Na ação de mandado de segurança não se admite condenação em honorários advocatícios.

Súmula 106. [art. 240, *caput*, do CPC] – Proposta a ação no prazo fixado para o seu exercício, a demora na citação, por motivos inerentes ao mecanismo da Justiça, não justifica o acolhimento da arguição de prescrição ou decadência.

Súmula 110. [art. 85, *caput*, do CPC] – A isenção do pagamento de honorários advocatícios, nas ações acidentárias, é restrita ao segurado.

Súmula 111. [art. 85, *caput*, do CPC] – Os honorários advocatícios, nas ações previdenciárias, não incidem sobre as prestações vencidas após a sentença.

(*) Súmula com redação modificada em 27.9.2016 quando da análise do projeto de Súmula 560.

Súmula 116. [arts. 180, *caput*; e 183, *caput*, do CPC] – A Fazenda Pública e o Ministério Público têm prazo em dobro para interpor agravo regimental no Superior Tribunal de Justiça.

Súmula 117. [art. 224, § 3º; e 935 do CPC] – A inobservância do prazo de 48 horas, entre a publicação de pauta e o julgamento sem a presença das partes, acarreta nulidade.

(*) Disponíveis em: https://scon.stj.jus.br/SCON/pesquisar.jsp?b=SUMU&tipo=sumula. Acesso em: 17.2.2023. (Atualizadas até a Súmula 656.)

ANEXO X – SÚMULAS – STJ

Súmula 121. [art. 139, I; e 889, I, do CPC] – Na execução fiscal o devedor deverá ser intimado, pessoalmente, do dia e hora da realização do leilão.

Súmula 128. [art. 891, *caput*; e 899, do CPC] – Na execução fiscal haverá segundo leilão, se no primeiro não houver lanço superior a avaliação.

Súmula 132. [art. 409, parágrafo único, V, do CPC] – A ausência de registro da transferência não implica a responsabilidade do antigo proprietário por dano resultante de acidente que envolva o veículo alienado.

Súmula 134. [arts. 674 ss. do CPC] – Embora intimado da penhora em imóvel do casal, o cônjuge do executado pode opor embargos de terceiro para defesa de sua meação.

Súmula 144. [arts. 530; e 910, § 1º, do CPC] – Os créditos de natureza alimentícia gozam de preferência, desvinculados os precatórios da ordem cronológica dos créditos de natureza diversa.

Súmula 153. [art. 85, § 8º, do CPC] – A desistência da execução fiscal, após o oferecimento dos embargos, não exime o exequente dos encargos da sucumbência.

Súmula 158. [art. 1.043, *caput*, do CPC] – Não se presta a justificar embargos de divergência o dissídio com acórdão de turma ou seção que não mais tenha competência para a matéria neles versada.

Súmula 165. [art. 458, parágrafo único, do CPC] – Compete à justiça federal processar e julgar crime de falso testemunho cometido no processo trabalhista.

Súmula 168. [art. 1.043, *caput*, do CPC] – Não cabem embargos de divergência, quando a jurisprudência do tribunal se firmou no mesmo sentido do acórdão embargado.

Súmula 170. [art. 327, *caput*, do CPC] – Compete ao juízo onde primeiro for intentada a ação envolvendo acumulação de pedidos, trabalhistas e estatutário, decidi-la nos limites da sua jurisdição, sem prejuízo do ajuizamento de nova causa, com o pedido remanescente, no juízo próprio.

Súmula 175. [art. 968, II, do CPC] – Descabe o depósito prévio nas ações rescisórias propostas pelo INSS.

Súmula 176. [art. 322, § 1º, do CPC] – É nula a cláusula contratual que sujeita o devedor a taxa de juros divulgada pela ANBID/CETIP.

Súmula 182. [art.1.016, III, do CPC] – Inviável o agravo do art. 545 do CPC [de 1973] que deixa de atacar especificamente os fundamentos da decisão agravada.

Súmula 187. [art. 1.007, *caput*, do CPC] – É deserto o recurso interposto para o Superior Tribunal de Justiça, quando o recorrente não recolhe, na origem, a importância das despesas de remessa e retorno dos autos.

Súmula 195. [arts. 674 ss. do CPC] – Em embargos de terceiro não se anula ato jurídico, por fraude contra credores.

Súmula 196. [arts. 72, II; e 771, parágrafo único, do CPC] – Ao executado que, citado por edital ou por hora certa, permanecer revel, será nomeado curador especial, com legitimidade para apresentação de embargos.

Súmula 201. [art. 85, § 8º, do CPC] – Os honorários advocatícios não podem ser fixados em salários-mínimos.

Súmula 204. [art. 240, *caput*, do CPC] – Os juros de mora nas ações relativas a benefícios previdenciários, incidem a partir da citação válida.

Súmula 206. [art. 53, III, "a", do CPC] – A existência de vara privativa, instituída por lei estadual, não altera a competência territorial resultante das leis de processo.

Súmula 211. [art. 1.022, II, do CPC] – Inadmissível recurso especial quanto à questão que, a despeito da oposição de embargos declaratórios, não foi apreciada pelo Tribunal *a quo*.

Súmula 212. [art. 297, *caput*, do CPC] – A compensação de créditos tributários não pode ser deferida em ação cautelar ou por medida liminar cautelar ou antecipatória.

Súmula 216. [art. 1.009, *caput*, do CPC] – A tempestividade de recurso interposto no Superior Tribunal de Justiça é aferida pelo registro no protocolo da secretaria e não pela data da entrega na agência do correio.

Súmula 226. [arts. 178, III; e 996 do CPC] – O Ministério Público tem legitimidade para recorrer na ação de acidente do trabalho, ainda que o segurado esteja assistido por advogado.

Súmula 232. [arts. 95, *caput*; e 156 do CPC] – A Fazenda Pública, quando parte no processo, fica sujeita à exigência do depósito prévio dos honorários do perito.

Súmula 233. [art. 700, *caput*, do CPC] – O contrato de abertura de crédito, ainda que

ANEXOS

acompanhado de extrato da conta-corrente, não é título executivo.

Súmula 234. [arts. 176 a 181 do CPC] – A participação de membro do Ministério Público na fase investigatória criminal não acarreta o seu impedimento ou suspeição para o oferecimento da denúncia.

Súmula 235. [arts. 55, § 1º; 113, II; 286, I; e 337, VIII, do CPC] – A conexão não determina a reunião dos processos, se um deles já foi julgado.

Súmula 240. [art. 485, III, do CPC] – A extinção do processo, por abandono da causa pelo autor, depende de requerimento do réu.

Súmula 258. [art. 784, I, do CPC] – A nota promissória vinculada a contrato de abertura de crédito não goza de autonomia em razão da iliquidez do título que a originou.

Súmula 259. [art. 550, caput, do CPC] – A ação de prestação de contas pode ser proposta pelo titular de conta-corrente bancária.

Súmula 279. [art. 910, caput, do CPC] – É cabível execução por título extrajudicial contra a Fazenda Pública.

Súmula 282. [art. 701, caput, do CPC] – Cabe citação por edital em ação monitória.

Súmula 292. [art. 702, caput, do CPC] – a reconvenção é cabível na ação monitória, após a conversão do procedimento em ordinário.

Súmula 299. [art. 700, caput, do CPC] – É admissível a ação monitória fundada em cheque prescrito.

Súmula 300. [art. 784, III, do CPC] – O instrumento de confissão de dívida, ainda que originário de contrato de abertura de crédito, constitui título executivo extrajudicial.

Súmula 303. [arts. 85 e 674 ss. do CPC] – Em embargos de terceiro, quem deu causa à constrição indevida deve arcar com os honorários advocatícios.

Súmula 306. [art. 86 do CPC] – Os honorários advocatícios devem ser compensados quando houver sucumbência recíproca, assegurado o direito autônomo do advogado à execução do saldo sem excluir a legitimidade da própria parte.

Súmula 314. [art. 921, §§ 1º e 4º, do CPC] – Em execução fiscal, não localizados bens penhoráveis, suspende-se o processo por um ano, findo o qual se inicia o prazo da prescrição quinquenal intercorrente.

Súmula 315. [art. 994, IX, do CPC] – Não cabem embargos de divergência no âmbito do agravo de instrumento que não admite recurso especial.

Súmula 316. [arts. 932, III; 994, IX; e 1.043, caput, do CPC] – Cabem embargos de divergência contra acórdão que, em agravo regimental, decide recurso especial.

Súmula 317. [arts. 784, § 1º; e 1.012, § 1º, III, do CPC] – É definitiva a execução de título extrajudicial, ainda que pendente apelação contra sentença que julgue improcedentes os embargos.

Súmula 319. [art. 840, caput, do CPC] – O encargo de depositário de bens penhorados pode ser expressamente recusado.

Súmula 325. [art. 496, caput, II, do CPC] – A remessa oficial devolve ao Tribunal o reexame de todas as parcelas da condenação suportadas pela Fazenda Pública, inclusive dos honorários de advogado.

Súmula 328. [art. 835, I, do CPC] – Na execução contra instituição financeira, é penhorável o numerário disponível, excluídas as reservas bancárias mantidas no Banco Central.

Súmula 329. [arts. 176 a 181 do CPC] – O Ministério Público tem legitimidade para propor ação civil pública em defesa do patrimônio público.

Súmula 331. [art. 1.012, § 1º, III, do CPC] – A apelação interposta contra sentença que julga improcedentes os embargos à arrematação tem efeito meramente devolutivo.

Súmula 339. [arts. 534, caput; e 910, caput, do CPC] – É cabível ação monitória contra a Fazenda Pública.

Súmula 345. [art. 85, § 3º, do CPC] – São devidos honorários advocatícios pela Fazenda Pública nas execuções individuais de sentença proferida em ações coletivas, ainda que não embargadas.

Súmula 372. [art. 396 do CPC] – Na ação de exibição de documentos, não cabe a aplicação de multa cominatória.

Súmula 375. [arts. 792, II e V; e 844 do CPC] – O reconhecimento da fraude à execução depende do registro da penhora do bem alienado ou da prova de má-fé do terceiro adquirente.

Súmula 383. [art. 55, caput, do CPC] – A competência para processar e julgar as ações conexas de interesse de menor é, em princípio, do foro do domicílio do detentor de sua guarda.

Súmula 384. [art. 700, caput, do CPC] – Cabe ação monitória para haver saldo remanescente oriundo de venda extrajudicial de bem alienado fiduciariamente em garantia.

ANEXO X – SÚMULAS – STJ

Súmula 389. [art. 320 do CPC] – A comprovação do pagamento do custo do serviço referente ao fornecimento de certidão de assentamentos constantes dos livros da companhia é requisito de procedibilidade da ação de exibição de documentos ajuizada em face da sociedade anônima.

Súmula 394. [arts. 910, § 2º; e 917, VI, do CPC] – É admissível, em embargos à execução, compensar os valores de imposto de renda retidos indevidamente na fonte com os valores restituídos apurados na declaração anual.

Súmula 406. [arts. 848, *caput*; e 874 do CPC] – A Fazenda Pública pode recusar a substituição do bem penhorado por precatório.

Súmula 410. [arts. 537 e 815 do CPC] – a prévia intimação pessoal do devedor constitui condição necessária para a cobrança de multa pelo descumprimento de obrigação de fazer ou não fazer.

Súmula 417. [arts. 805, *caput*; e 835, § 1º, do CPC] – Na execução civil, a penhora de dinheiro na ordem de nomeação de bens não tem caráter absoluto.

Súmula 419. [art. 161, parágrafo único, do CPC] – Descabe a prisão civil do depositário judicial infiel.

Súmula 421. [art. 185 do CPC] – Os honorários advocatícios não são devidos à Defensoria Pública quando ela atua contra a pessoa jurídica de direito público à qual pertença.

Súmula 426. [art. 240, *caput*, do CPC] – Os juros de mora na indenização do seguro DPVAT fluem a partir da citação.

Súmula 429. [arts. 242, *caput*; e 248, *caput*, do CPC] – A citação postal, quando autorizada por lei, exige o aviso de recebimento.

Súmula 451. [art. 833, V, do CPC] – É legítima a penhora da sede do estabelecimento comercial.

Súmula 453. [art. 85, *caput*, do CPC] – Os honorários sucumbenciais, quando omitidos em decisão transitada em julgado, não podem ser cobrados em execução ou em ação própria.

Súmula 482. [art. 308, *caput*, do CPC] – A falta de ajuizamento da ação principal no prazo do art. 806 do CPC acarreta a perda da eficácia da liminar deferida e a extinção do processo cautelar.

Súmula 483. [art. 91, *caput*, do CPC] – O INSS não está obrigado a efetuar depósito prévio do preparo por gozar das prerrogativas e privilégios da Fazenda Pública.

Súmula 484. [art. 1.007 do CPC] – Admite-se que o preparo seja efetuado no primeiro dia útil subsequente, quando a interposição do recurso ocorrer após o encerramento do expediente bancário.

Súmula 485. [arts. 3º; e 337, X, do CPC] – A Lei de Arbitragem aplica-se aos contratos que contenham cláusula arbitral, ainda que celebrados antes da sua edição.

Súmula 489. [art. 58 do CPC] – Reconhecida a continência, devem ser reunidas na Justiça Federal as ações civis públicas propostas nesta e na Justiça estadual.

Súmula 490. [art. 496, § 3º, III, do CPC] – A dispensa de reexame necessário, quando o valor da condenação ou do direito controvertido for inferior a sessenta salários-mínimos, não se aplica a sentenças ilíquidas.

Súmula 504. [art. 700, *caput*, do CPC] – O prazo para ajuizamento de ação monitória em face do emitente de nota promissória sem força executiva é quinquenal, a contar do dia seguinte ao vencimento do título.

Súmula 517. [art. 523, § 1º, do CPC] – São devidos honorários advocatícios no cumprimento de sentença, haja ou não impugnação, depois de escoado o prazo para pagamento voluntário, que se inicia após a intimação do advogado da parte executada.

Súmula 519. [art. 523, § 1º, do CPC] – Na hipótese de rejeição da impugnação ao cumprimento de sentença, não são cabíveis honorários advocatícios.

Súmula 531. [art. 700, *caput*, do CPC] – Em ação monitória fundada em cheque prescrito ajuizada contra o emitente, é dispensável a menção ao negócio jurídico subjacente à emissão da cártula.

Súmula 540. [art. 53, V, do CPC] – Na ação de cobrança do seguro DPVAT, constitui faculdade do autor escolher entre os foros do seu domicílio, do local do acidente ou ainda do domicílio do réu.

Súmula 549. [art. 832 do CPC] – É válida a penhora de bem de família pertencente a fiador de contrato de locação.

Súmula 558. [art. 319, II, do CPC] – Em ações de execução fiscal, a petição inicial não pode ser indeferida sob o argumento da falta de indicação do CPF e/ou RG ou CNPJ da parte executada.

Súmula 568. [art. 932, IV, "c", do CPC] – O relator, monocraticamente e no Superior Tribunal de Justiça, poderá dar ou negar provimento ao recurso quando houver entendimento dominante acerca do tema.

Súmula 570. [art. 45, *caput*, do CPC] – Compete à Justiça Federal o processo e julgamento de demanda em que se discute a ausência de ou o obstáculo ao credenciamento de instituição particular de ensino superior no Ministério da Educação como condição de expedição de diploma de ensino a distância aos estudantes.

Súmula 579. [art. 1.029, *caput*, do CPC] – Não é necessário ratificar o recurso especial interposto na pendência do julgamento dos embargos de declaração, quando inalterado o resultado anterior.

Súmula 581. [art. 779 do CPC] – A recuperação judicial do devedor principal não impede o prosseguimento das ações e execuções ajuizadas contra terceiros devedores solidários ou coobrigados em geral, por garantia cambial, real ou fidejussória.

Súmula 594. [art. 177 do CPC] – O Ministério Público tem legitimidade ativa para ajuizar ação de alimentos em proveito de criança ou adolescente independentemente do exercício do poder familiar dos pais, ou do fato de o menor se encontrar nas situações de risco descritas no art. 98 do Estatuto da Criança e do Adolescente, ou de quaisquer outros questionamentos acerca da existência ou eficiência da Defensoria Pública na comarca.

Súmula 601. [art. 177 do CPC] – O Ministério Público tem legitimidade ativa para atuar na defesa de direitos difusos, coletivos e individuais homogêneos dos consumidores, ainda que decorrentes da prestação de serviço público.

Súmula 637. [arts. 554 a 568 do CPC] – O ente público detém legitimidade e interesse para intervir, incidentalmente, na ação possessória entre particulares, podendo deduzir qualquer matéria defensiva, inclusive, se for o caso, o domínio.

ÍNDICE REMISSIVO

AÇÃO/AÇÕES, DA(S)
- de consignação em pagamento: arts. 539 a 549
- de dissolução parcial de sociedade: arts. 599 a 609
- de divisão e da demarcação de terras particulares: arts. 569 a 598
- de exigir contas: arts. 550 a 553
- de família: arts. 693 a 699
- e da jurisdição: arts. 16 a 20
- monitória: arts. 700 a 702
- possessórias: arts. 554 a 568
- rescisória: arts. 966 a 975

ADJUDICAÇÃO, DA: arts. 876 a 878

ADMINISTRADOR, DO DEPOSITÁRIO E DO: arts. 159 a 161

ADVOCACIA PÚBLICA, DA: arts. 182 a 184

AGRAVO, DO
- de instrumento: arts. 1.015 a 1.020
- em recurso especial e em recurso extraordinário: art. 1.042
- interno: art. 1.021

ALEGAÇÕES DO RÉU, DAS: arts. 351 a 353

ALIENAÇÃO, DA: arts. 879 a 903

ALIENAÇÃO JUDICIAL, DA: art. 730

ALIMENTOS, DA EXECUÇÃO DE: arts. 911 a 913

ALTERAÇÃO DO REGIME DE BENS DO MATRIMÔNIO, DO DIVÓRCIO E DA SEPARAÇÃO CONSENSUAIS E DA EXTINÇÃO CONSENSUAL DE UNIÃO ESTÁVEL, DA: arts. 731 a 734

AMICUS CURIAE: art. 138

APELAÇÃO, DA: arts. 1.009 a 1.014

APLICAÇÃO DAS NORMAS PROCESSUAIS: arts. 13 a 15

ARROLAMENTO, DO: arts. 659 a 667

ASSISTÊNCIA, DA: arts. 119 a 124
- litisconsorcial: art. 124
- simples: arts. 121 a 123

ATOS PROCESSUAIS, DOS: arts. 188 a 293
- atos das partes, dos: arts. 200 a 202
- atos do escrivão ou do chefe de secretaria, dos: arts. 206 a 211
- atos em geral, dos: arts. 188 a 192
- chefe de secretaria, dos atos do escrivão ou do: arts. 206 a 211
- comunicação dos: arts. 236 a 275
- das penalidades, da verificação dos prazos e: arts. 233 a 235
- disposições gerais: arts. 218 a 232
- forma dos atos processuais, da: arts. 188 a 211
- juiz, dos pronunciamentos do: arts. 203 a 205
- lugar, do: art. 217
- prática eletrônica: arts. 193 a 199
- prazos, dos: arts. 218 a 235
- prazos, verificação dos, e das penalidades, da: arts. 233 a 235
- pronunciamentos do juiz, dos: arts. 203 a 205
- tempo, do: arts. 212 a 216
- verificação dos prazos e das penalidades, da: arts. 233 a 235

AUD — CÓDIGO DE PROCESSO CIVIL

AUDIÊNCIA, DA
- de conciliação ou de mediação: art. 334
- de instrução e julgamento: arts. 358 a 368

AUXILIARES DA JUSTIÇA, DO JUIZ E DOS: arts. 139 a 175
Vide Juiz e dos auxiliares da justiça, do

AVALIAÇÃO, DA: arts. 870 a 875

AVALIAÇÃO E DO CÁLCULO DO IMPOSTO, DA: arts. 630 a 638

BENS DOS AUSENTES, DOS: arts. 744 e 745

CARTA ROGATÓRIA, DA HOMOLOGAÇÃO DE DECISÃO ESTRANGEIRA E DA CONCESSÃO DO *EXEQUATUR* À: arts. 960 a 965

CARTAS, DAS: arts. 260 a 268

CHAMAMENTO AO PROCESSO: arts. 130 a 132

CHEFE DE SECRETARIA E DO OFICIAL DE JUSTIÇA, DO ESCRIVÃO, DO: arts. 150 a 155

CITAÇÃO, DA: arts. 238 a 259

CITAÇÃO DO DEVEDOR E DO ARRESTO, DA: arts. 827 a 830

CITAÇÕES E DAS IMPUGNAÇÕES, DAS: arts. 626 a 629

COISA JULGADA, DA SENTENÇA E DA: arts. 485 a 508

COISAS VAGAS, DAS: art. 746

COLAÇÕES, DAS: arts. 639 a 641

COMPETÊNCIA: arts. 42 a 66
- cooperação nacional: arts. 67 a 69
- da ordem dos processos e dos processos de competência originária dos tribunais: arts. 926 a 993
- incompetência: arts. 64 a 66
- interna: arts. 42 a 69
- modificação da competência: arts. 54 a 63

COMUNICAÇÃO DOS ATOS PROCESSUAIS, DA: arts. 236 a 275
- cartas, das: arts. 260 a 268
- citação, da: arts. 238 a 259
- intimações, das: arts. 269 a 275

CONCILIADORES E MEDIADORES JUDICIAIS, DOS: arts. 165 a 175

CONFLITO DE COMPETÊNCIA, DO: arts. 951 a 959

CONTESTAÇÃO, DA: arts. 335 a 342

CONVERSÃO DA AÇÃO INDIVIDUAL EM AÇÃO COLETIVA, DA: art. 333

COOPERAÇÃO INTERNACIONAL: arts. 26 a 41
- auxílio direto: arts. 28 a 34
- carta rogatória: arts. 35 e 36

COOPERAÇÃO NACIONAL: arts. 67 a 69

CUMPRIMENTO DA SENTENÇA, DO: arts. 513 a 538
- cumprimento provisório da sentença que reconhece a exigibilidade de obrigação de pagar quantia certa, do: arts. 520 a 522
- definitivo, que reconhece a exigibilidade de obrigação de pagar quantia certa: arts. 523 a 527
- processo de conhecimento e, do: arts. 318 a 770
- que reconheça a exigibilidade de obrigação de entregar coisa: art. 538
- que reconheça a exigibilidade de obrigação de fazer, de não fazer ou de entregar coisa: arts. 536 a 538
- que reconheça a exigibilidade de obrigação de fazer ou de não fazer: arts. 536 e 537
- que reconheça a exigibilidade de obrigação de pagar quantia certa pela Fazenda Pública: arts. 534 e 535
- que reconheça a exigibilidade de obrigação de prestar alimentos: arts. 528 a 533

DECISÕES JUDICIAIS, DOS PROCESSOS NOS TRIBUNAIS E DOS MEIOS DE IMPUGNAÇÃO, DAS:
Vide: Processo(s), do(s), nos tribunais e dos meios de impugnação das decisões judiciais

DEFENSORIA PÚBLICA, DA: arts. 185 a 187

DENUNCIAÇÃO DA LIDE: arts. 125 a 129

DEPOSITÁRIO E DO ADMINISTRADOR, DO: arts. 159 a 161

DISPOSIÇÕES FINAIS E TRANSITÓRIAS: arts. 1.045 a 1.072

DISTRIBUIÇÃO E DO REGISTRO, DA: arts. 284 a 290

DIVERSAS ESPÉCIES DE EXECUÇÃO, DAS: arts. 797 a 913
- adjudicação, da: arts. 876 a 878
- alienação, da: arts. 879 a 903
- alimentos, da execução de: arts. 911 a 913
- avaliação, da: arts. 870 a 875

ÍNDICE REMISSIVO — HER

- citação do devedor e do arresto, da: arts. 827 a 830
- contra a Fazenda Pública, da: art. 910
- das obrigações de fazer ou de não fazer, da: arts. 814 a 823
- de alimentos, da: arts. 911 a 913
- embargos à execução, dos: arts. 914 a 920
- entrega de coisa certa, da: arts. 806 a 810
- entrega de coisa incerta, da: arts. 811 a 813
- expropriação de bens, da: arts. 876 a 903
- extinção do processo, da: arts. 924 e 925
- Fazenda Pública, contra a: art. 910
- obrigação de fazer, da: arts. 815 a 821
- obrigação de não fazer, da: arts. 822 e 823
- penhora, das modificações da: arts. 847 a 853
- penhora, de seu registro e do depósito, da documentação da: arts. 837 a 844
- penhora, do depósito e da avaliação da: arts. 831 a 875
- penhora, do lugar de realização da: arts. 845 e 846
- penhora, do objeto da: arts. 831 a 836
- penhora das quotas ou das ações de sociedades personificadas, da: art. 861
- penhora de créditos, da: arts. 855 a 860
- penhora de dinheiro em depósito ou em aplicação financeira, da: art. 854
- penhora de empresa, de outros estabelecimentos e de semoventes, da: arts. 862 a 865
- penhora de frutos e rendimentos de coisa móvel ou imóvel, da: arts. 867 a 869
- penhora de percentual de faturamento de empresa, da: art. 866
- por quantia certa, da: arts. 824 a 909
- satisfação do crédito, da: arts. 904 a 909
- suspensão do processo de execução, da: arts. 921 a 923

DIVÓRCIO E DA SEPARAÇÃO CONSENSUAIS, DA EXTINÇÃO CONSENSUAL DE UNIÃO ESTÁVEL E DA ALTERAÇÃO DO REGIME DE BENS DO MATRIMÔNIO, DO: arts. 731 a 734

EMBARGOS, DOS
- à execução: arts. 914 a 920
- de declaração: arts. 1.022 a 1.026
- de divergência: arts. 1.042 a 1.044
- de terceiro: arts. 674 a 681

ENTREGA, DA
- de coisa certa: arts. 806 a 810
- de coisa incerta: arts. 811 a 813

ESCRIVÃO, DO CHEFE DE SECRETARIA E DO OFICIAL DE JUSTIÇA, DO: arts. 150 a 155

EXECUÇÃO
- de alimentos: arts. 911 a 913
- diversas espécies de execução, das: arts. 797 a 913
- entrega de coisa, para a: arts. 806 a 813
- Fazenda Pública, contra a: art. 910
- obrigações de fazer ou de não fazer: arts. 814 a 823
- processo de: *Vide* Processo de execução, do
- quantia certa, por: arts. 824 a 909

EXECUÇÃO EM GERAL, DA: arts. 771 a 796
- competência, da: arts. 781 e 782
- exigibilidade da obrigação, da: arts. 786 a 788
- partes, das: arts. 778 a 780
- requisitos necessários para realizar qualquer execução, dos: arts. 783 a 788
- responsabilidade patrimonial, da: arts. 789 a 796
- título executivo, do: arts. 783 a 785

EXPROPRIAÇÃO DE BENS, DA: arts. 876 a 903

EXTINÇÃO CONSENSUAL DE UNIÃO ESTÁVEL, DO DIVÓRCIO E DA SEPARAÇÃO CONSENSUAIS E DA ALTERAÇÃO DO REGIME DE BENS DO MATRIMÔNIO, DA: arts. 731 a 734

EXTINÇÃO DO PROCESSO, DA: arts. 316, 317 e 354

EXTINÇÃO DO PROCESSO DE EXECUÇÃO, DA: arts. 924 e 925

FATO IMPEDITIVO, MODIFICATIVO OU EXTINTIVO DO DIREITO DO AUTOR, DO: art. 350

FAZENDA PÚBLICA, DA EXECUÇÃO CONTRA A: art. 910

FORMAÇÃO DO PROCESSO, DA: art. 312

FUNÇÃO JURISDICIONAL, DA: arts. 16 a 69

HABILITAÇÃO, DA: arts. 687 a 692

HERANÇA JACENTE, DA: arts. 738 a 743

HOM   CÓDIGO DE PROCESSO CIVIL

HOMOLOGAÇÃO DE DECISÃO ESTRANGEIRA E DA CONCESSÃO DO *EXEQUATUR* À CARTA ROGATÓRIA, DA: arts. 960 a 965

HOMOLOGAÇÃO DO PENHOR LEGAL, DA: arts. 703 a 706

IMPEDIMENTOS E DA SUSPEIÇÃO, DOS: arts. 144 a 148

IMPROCEDÊNCIA LIMINAR DO PEDIDO, DA: art. 332

INCIDENTE, DO
- de arguição de inconstitucionalidade: arts. 948 a 950
- de assunção de competência: art. 947
- de desconsideração da personalidade jurídica: arts. 133 a 137
- de resolução de demandas repetitivas: arts. 976 a 987

INDEFERIMENTO DA PETIÇÃO INICIAL, DO: arts. 330 e 331

INTERDIÇÃO, DA: arts. 747 a 758

INTERDITO PROIBITÓRIO, DO: arts. 567 e 568

INTERNACIONAL, DA COOPERAÇÃO: arts. 26 a 41

INTERPELAÇÃO, DA NOTIFICAÇÃO E DA: arts. 726 a 729

INTÉRPRETE E DO TRADUTOR, DO: arts. 162 a 164

INTERVENÇÃO DE TERCEIROS, DA: arts. 119 a 138
- *amicus curiae*, do: art. 138
- assistência, da: arts. 119 a 124
- assistência litisconsorcial, da: art. 124
- assistência simples, da: arts. 121 a 123
- chamamento ao processo, do: arts. 130 a 132
- denunciação da lide, da: arts. 125 a 129
- disposições comuns: arts. 119 e 120
- incidente de desconsideração da personalidade jurídica, do: arts. 133 a 137

INTIMAÇÕES, DAS: arts. 269 a 275

INVENTARIANTE E DAS PRIMEIRAS DECLARAÇÕES, DO: arts. 617 a 625

INVENTÁRIO E DA PARTILHA, DO: arts. 610 a 673

JUIZ E DOS AUXILIARES DA JUSTIÇA, DO: arts. 139 a 175
- administrador, do depositário e do: arts. 159 a 161
- auxiliares da justiça, dos: arts. 149 a 175
- chefe de secretaria, do escrivão e do oficial de justiça, do: arts. 150 a 155
- conciliadores e mediadores judiciais, dos: arts. 165 a 175
- depositário e do administrador, do: arts. 159 a 161
- escrivão, do chefe de secretaria e do oficial de justiça, do: arts. 150 a 155
- impedimentos e da suspeição, dos: arts. 144 a 148
- intérprete e do tradutor, do: arts. 162 a 164
- oficial de justiça, do escrivão e do chefe de secretaria, do: arts. 150 a 155
- perito, do: arts. 156 a 158
- poderes, dos deveres e da responsabilidade do juiz, dos: arts. 139 a 143
- tradutor, do intérprete e do: arts. 162 a 164

JULGAMENTO, DO
- antecipado do mérito: art. 355
- antecipado parcial do mérito: art. 356
- conforme o estado do processo: arts. 354 a 357
- dos recursos extraordinário e especial repetitivos: arts. 1.036 a 1.041

JURISDIÇÃO, DA
- e da ação: arts. 16 a 20
- nacional, dos limites: arts. 21 a 25

JURISDICIONAL, FUNÇÃO: arts. 16 a 69

LEGITIMIDADE PARA REQUERER O INVENTÁRIO, DA: arts. 615 e 616

LIMITES DA JURISDIÇÃO NACIONAL, DOS: arts. 21 a 25

LIQUIDAÇÃO DE SENTENÇA, DA: arts. 509 a 512

LITISCONSÓRCIO, DO: arts. 113 a 118

MANUTENÇÃO E DA REINTEGRAÇÃO DE POSSE, DA: arts. 560 a 566

MARÍTIMOS, DA RATIFICAÇÃO DOS PROTESTOS, E DOS PROCESSOS TESTEMUNHÁVEIS FORMADOS A BORDO: arts. 766 a 770

ÍNDICE REMISSIVO **PET**

MATRIMÔNIO, DA ALTERAÇÃO DO REGIME DE BENS; DO DIVÓRCIO E DA SEPARAÇÃO CONSENSUAIS E DA EXTINÇÃO CONSENSUAL DE UNIÃO ESTÁVEL: arts. 731 a 734

MEDIAÇÃO, DA AUDIÊNCIA DE CONCILIAÇÃO OU DE: art. 334

MEDIADORES JUDICIAIS, DOS CONCILIADORES E DOS: arts. 165 a 175

MEIOS DE IMPUGNAÇÃO DAS DECISÕES JUDICIAIS, DOS PROCESSOS NOS TRIBUNAIS E DOS: *Vide:* Processo(s), do(s) nos tribunais e dos meios de impugnação das decisões judiciais

MINISTÉRIO PÚBLICO, DO: arts. 176 a 181

NÃO INCIDÊNCIA DOS EFEITOS DA REVELIA, DA: arts. 348 e 349

NORMAS, DAS
– fundamentos do processo civil: arts. 1º ao 12
– processuais, aplicação das: arts. 13 a 15
– processuais civis: arts. 1º ao 15

NOTIFICAÇÃO E DA INTERPELAÇÃO, DA: arts. 726 a 729

NULIDADES, DAS: arts. 276 a 283

OBRIGAÇÃO, DA
– de fazer: arts. 815 a 821
– de não fazer: arts. 822 e 823

OFICIAL DE JUSTIÇA, DO ESCRIVÃO E DO CHEFE DE SECRETARIA, DO: arts. 150 a 155

OPOSIÇÃO, DA: arts. 682 a 686

ORDEM DOS PROCESSOS NO TRIBUNAL, DA: arts. 929 a 946
– ação rescisória, da: arts. 966 a 975
– carta rogatória, da homologação de decisão estrangeira e da concessão do *exequatur* à: arts. 960 a 965
– conflito de competência, do: arts. 951 a 959
– homologação de decisão estrangeira e da concessão do *exequatur* à Carta rogatória, da: arts. 960 a 965
– incidente de arguição de inconstitucionalidade, do: arts. 948 a 950
– incidente de assunção de competência, do: art. 947
– incidente de resolução de demandas repetitivas, do: arts. 976 a 987

– processos de competência originária dos tribunais: arts. 926 a 993
– reclamação, da: arts. 988 a 993

ORGANIZAÇÃO E DA FISCALIZAÇÃO DAS FUNDAÇÕES, DA: arts. 764 e 765

PAGAMENTO DAS DÍVIDAS, DO: arts. 642 a 646

PARTES E DOS PROCURADORES, DAS: arts. 70 a 112
– capacidade processual, da: arts. 70 a 76
– despesas, dos honorários advocatícios e das multas, das: arts. 82 a 97
– deveres, dos: arts. 77 e 78
– deveres das partes e de seus procuradores, dos: arts. 77 a 102
– gratuidade da justiça, da: arts. 98 a 102
– procuradores, dos: arts. 103 a 107
– responsabilidade das partes por dano processual, da: arts. 79 a 81
– sucessão das partes e dos procuradores, da: arts. 108 a 112

PARTILHA, DA: arts. 647 a 658
– do inventário e: arts. 610 a 673

PEDIDO DA PETIÇÃO INICIAL, DO: arts. 322 a 329

PENHORA, DA
– da documentação de seu registro e do depósito: arts. 837 a 844
– das modificações: arts. 847 a 853
– das quotas ou das ações de sociedades personificadas: art. 861
– de créditos: arts. 855 a 860
– de dinheiro em depósito ou em aplicação financeira: art. 854
– de empresa, de outros estabelecimentos e de semoventes: arts. 862 a 865
– de frutos e rendimentos de coisa móvel ou imóvel: arts. 867 a 869
– de percentual de faturamento de empresa: art. 866
– do depósito e da avaliação da: arts. 831 a 875
– do lugar de realização: arts. 845 e 846
– do objeto: arts. 831 a 836

PERITO, DO: arts. 156 a 158

PETIÇÃO INICIAL, DA: arts. 319 a 331
– indeferimento: arts. 330 e 331

- pedido: arts. 322 a 329
- requisitos: arts. 319 a 321

PODERES, DOS DEVERES E DA RESPONSABILIDADE DO JUIZ, DOS: arts. 139 a 143

PROCEDIMENTO COMUM, DO: arts. 318 a 512
- ação de consignação em pagamento, da: arts. 539 a 549
- ação de dissolução parcial de sociedade, da: arts. 599 a 609
- ação de divisão e da demarcação de terras particulares, da: arts. 569 a 598
- ação de exigir contas, da: arts. 550 a 553
- ação monitória, da: arts. 700 a 702
- ações de família, das: arts. 693 a 699
- ações possessórias, das: arts. 554 a 568
- admissibilidade e do valor da prova testemunhal, da: arts. 442 a 449
- alegações do réu, das: arts. 351 a 353
- alienação judicial, da: art. 730
- alteração do regime de bens do matrimônio, do divórcio, da separação consensuais e da extinção consensual de união estável, da: arts. 731 a 734
- arguição de falsidade, da: arts. 430 a 433
- arrolamento: arts. 659 a 667
- arrolamento no inventário e da partilha, do: arts. 659 a 667
- ata notarial, da: art. 384
- audiência de conciliação ou de mediação, da: art. 334
- audiência de instrução e julgamento, da: arts. 358 a 368
- avaliação e do cálculo do imposto, no inventário e na partilhado, da: arts. 630 a 638
- bens dos ausentes, dos: arts. 744 e 745
- citações e das impugnações no inventário e na partilhado, das: arts. 626 a 629
- coisa julgada, da sentença e da: arts. 485 a 508
- coisas vagas, das: art. 746
- colações no inventário e na partilhado, das: arts. 639 a 641
- confissão, da: arts. 389 a 395
- contestação, da: arts. 335 a 342
- conversão da ação individual em ação coletiva, da: art. 333
- cumprimento da sentença, do: arts. 513 a 538
- cumprimento de sentença que reconheça a exigibilidade de obrigação de entregar coisa, do: art. 538
- cumprimento de sentença que reconheça a exigibilidade de obrigação de fazer, de não fazer ou de entregar coisa, do: arts. 536 a 538
- cumprimento de sentença que reconheça a exigibilidade de obrigação de fazer ou de não fazer, do: arts. 536 e 537
- cumprimento de sentença que reconheça a exigibilidade de obrigação de pagar quantia certa pela Fazenda Pública, do: arts. 534 e 535
- cumprimento de sentença que reconheça a exigibilidade de obrigação de prestar alimentos, do: arts. 528 a 533
- cumprimento definitivo da sentença que reconhece a exigibilidade de obrigação de pagar quantia certa, do: arts. 523 a 526
- cumprimento provisório da sentença que reconhece a exigibilidade de obrigação de pagar quantia certa, do: arts. 520 a 522
- depoimento pessoal, do: arts. 385 a 388
- divórcio e da separação consensuais, da extinção consensual de união estável e da alteração do regime de bens do matrimônio, do: arts. 731 a 734
- documentos eletrônicos, dos: arts. 439 a 441
- elementos e dos efeitos da sentença, dos: arts. 489 a 495
- embargos de terceiro, dos: arts. 674 a 681
- exibição de documento ou coisa, da: arts. 396 a 404
- extinção consensual de união estável, do divórcio, da separação consensuais e da alteração do regime de bens do matrimônio, da: arts. 731 a 734
- extinção do processo, da: art. 354
- fato impeditivo, modificativo ou extintivo do direito do autor, do: art. 350
- força probante dos documentos, da: arts. 405 a 429
- habilitação, da: arts. 687 a 692

ÍNDICE REMISSIVO — PRO

- herança jacente, da: arts. 738 a 743
- homologação do penhor legal, da: arts. 703 a 706
- improcedência liminar do pedido, da: art. 332
- indeferimento da petição inicial, do: arts. 330 e 331
- inspeção judicial da prova documental: arts. 481 a 484
- interdição, da: arts. 747 a 758
- interdito proibitório, do: arts. 567 e 568
- interpelação, da notificação e da: arts. 726 a 729
- inventariante e das primeiras declarações, do: arts. 617 a 625
- inventário e da partilha, do: arts. 610 a 673
- julgamento antecipado do mérito, do: art. 355
- julgamento antecipado parcial do mérito, do: art. 356
- julgamento conforme o estado do processo, do: arts. 354 a 357
- julgamento das ações relativas às prestações de fazer, de não fazer e de entregar coisa, do: arts. 497 a 501
- legitimidade para requerer o inventário, da: arts. 615 e 616
- liquidação de sentença, da: arts. 509 a 512
- manutenção e da reintegração de posse, da: arts. 560 a 566
- matrimônio, do divórcio e da separação consensuais, da extinção consensual de união estável e da alteração do regime de bens, do: arts. 731 a 734
- mediação, da audiência de conciliação ou de: art. 334
- não incidência dos efeitos da revelia, da: arts. 348 e 349
- notificação e da interpelação, da: arts. 726 a 729
- oposição, da: arts. 682 a 686
- organização e da fiscalização das fundações, da: arts. 764 e 765
- pagamento das dívidas, do: arts. 642 a 646
- pagamento das dívidas, no inventário e na partilha: arts. 642 a 646
- partilha, da: arts. 647 a 658
- partilha, do inventário e da: arts. 610 a 673
- pedido da petição inicial, do: arts. 322 a 329
- petição inicial, da: arts. 319 a 331
- procedimentos de jurisdição voluntária, dos: arts. 719 a 770
- produção antecipada das provas, da: arts. 381 a 383
- produção da prova documental, da: arts. 434 a 438
- produção da prova testemunhal, da: arts. 450 a 463
- prova documental, da: arts. 405 a 438
- prova pericial, da: arts. 464 a 480
- prova testemunhal, da: arts. 442 a 463
- provas, das: arts. 369 a 484
- providências preliminares e do saneamento, das: arts. 347 a 353
- ratificação dos protestos marítimos e dos processos testemunháveis formados a bordo, da: arts. 766 a 770
- reconvenção, da: art. 343
- regulação de avaria grossa, da: arts. 707 a 711
- remessa necessária, da sentença e da coisa julgada, da: art. 496
- requisitos da petição inicial: arts. 319 a 321
- restauração de autos, da: arts. 712 a 718
- réu, das alegações do: arts. 351 a 353
- revelia, da: arts. 344 a 346
- revelia, da não incidência dos efeitos da: arts. 348 e 349
- saneamento e da organização do processo, do: art. 357
- sentença, da liquidação de: arts. 509 a 512
- sentença e da coisa julgada, da: arts. 485 a 508
- separação consensual, do divórcio, da extinção consensual de união estável e da alteração do regime de bens do matrimônio, da: arts. 731 a 734
- testamentos e dos codicilos, dos: arts. 735 a 737
- tutela e à curatela, disposições comuns à: arts. 759 a 763

PRO — CÓDIGO DE PROCESSO CIVIL

PROCEDIMENTOS DE JURISDIÇÃO VOLUNTÁRIA, DOS: arts. 719 a 770

PROCEDIMENTOS ESPECIAIS, DOS: arts. 539 a 770

PROCESSO(S), DO(S)
- civil, normas fundamentais do: arts. 1º ao 12
- da ordem dos processos e dos processos de competência originária dos tribunais: arts. 926 a 993
- extinção do: arts. 316 e 317
- formação do: art. 312
- nos tribunais e dos meios de impugnação das decisões judiciais: arts. 926 a 1.044
- suspensão do: arts. 313 a 315

PROCESSO DE CONHECIMENTO E DO CUMPRIMENTO DE SENTENÇA, DO: arts. 318 a 770
- cumprimento da sentença, do: arts. 513 a 538
- procedimento comum, do: arts. 318 a 512
- procedimentos especiais, dos: arts. 539 a 770

Vide: Cumprimento da sentença, do; Procedimento comum, do; Procedimentos especiais, dos

PROCESSO DE EXECUÇÃO, DO: arts. 771 a 925
- adjudicação, da: arts. 876 a 878
- alienação, da: arts. 879 a 903
- alimentos, da execução de: arts. 911 a 913
- avaliação, da: arts. 870 a 875
- citação do devedor e do arresto, da: arts. 827 a 830
- competência, da: arts. 781 e 782
- diversas espécies de execução, das: arts. 797 a 913
- embargos à execução, dos: arts. 914 a 920
- entrega de coisa certa, da: arts. 806 a 810
- entrega de coisa incerta, da: arts. 811 a 813
- execução contra a Fazenda Pública, da: art. 910
- execução das obrigações de fazer ou de não fazer, da: arts. 814 a 823
- execução de alimentos, da: arts. 911 a 913
- execução em geral, da: arts. 771 a 796
- execução para a entrega de coisa, da: arts. 806 a 813
- execução por quantia certa, da: arts. 824 a 909
- exigibilidade da obrigação, da: arts. 786 a 788
- expropriação de bens, da: arts. 876 a 903
- extinção do processo de execução, da: arts. 924 e 925
- Fazenda Pública, da execução contra a: art. 910
- obrigação de fazer, da: arts. 815 a 821
- obrigação de não fazer, da: arts. 822 e 823
- partes, das: arts. 778 a 780
- penhora, das modificações da: arts. 847 a 853
- penhora, de seu registro e do depósito, da documentação da: arts. 837 a 844
- penhora, do depósito e da avaliação, da: arts. 831 a 875
- penhora, do lugar de realização da: arts. 845 e 846
- penhora, do objeto da: arts. 831 a 836
- penhora das quotas ou das ações de sociedades personificadas, da: art. 861
- penhora de créditos, da: arts. 855 a 860
- penhora de dinheiro em depósito ou em aplicação financeira, da: art. 854
- penhora de empresa, de outros estabelecimentos e de semoventes, da: arts. 862 a 865
- penhora de frutos e rendimentos de coisa móvel ou imóvel, da: arts. 867 a 869
- penhora de percentual de faturamento de empresa, da: art. 866
- processo de execução, do: arts. 771 a 925
- requisitos necessários para realizar qualquer execução, dos: arts. 783 a 788
- responsabilidade patrimonial, da: arts. 789 a 796
- satisfação do crédito, da: arts. 904 a 909
- suspensão do processo de execução, da: arts. 921 a 923
- título executivo, do: arts. 783 a 785

PROCESSUAIS CIVIS, NORMAS: arts. 1º ao 15

PROCURADORES, DAS PARTES E DOS: arts. 70 a 112

Vide: Partes e dos procuradores, das

ÍNDICE REMISSIVO — SUS

PROTESTOS MARÍTIMOS, RATIFICAÇÃO DOS, E DOS PROCESSOS TESTEMUNHÁVEIS FORMADOS A BORDO: arts. 766 a 770

PROVA(S), DA(S): arts. 369 a 484
- admissibilidade e do valor da prova testemunhal, da: arts. 442 a 449
- arguição de falsidade, da: arts. 430 a 433
- ata notarial, da: art. 384
- confissão, da: arts. 389 a 395
- depoimento pessoal, do: arts. 385 a 388
- documental: arts. 405 a 438
- documentos eletrônicos, dos: arts. 439 a 441
- exibição de documento ou coisa, da: arts. 396 a 404
- força probante dos documentos, da: arts. 405 a 429
- inspeção judicial, da: arts. 481 a 484
- pericial: arts. 464 a 480
- produção antecipada, da: arts. 381 a 383
- produção da prova documental, da: arts. 434 a 438
- produção da prova testemunhal, da: arts. 450 a 463
- testemunhal: arts. 442 a 463

PROVIDÊNCIAS PRELIMINARES E DO SANEAMENTO, DAS: arts. 347 a 353

PÚBLICA, DA ADVOCACIA: arts. 182 a 184

PÚBLICA, DA DEFENSORIA: arts. 185 a 187

PÚBLICO, DO MINISTÉRIO: arts. 176 a 181

RECLAMAÇÃO, DA: arts. 988 a 993

RECONVENÇÃO, DA: art. 343

RECURSO(S): arts. 994 a 1.044
- agravo de instrumento, do: arts. 1.015 a 1.020
- agravo em recurso especial e em recurso extraordinário, do: art. 1.042
- agravo interno, do: art. 1.021
- apelação, da: arts. 1.009 a 1.014
- embargos de declaração, dos: arts. 1.022 a 1.026
- embargos de divergência, dos: arts. 1.043 e 1.044
- especial e extraordinário: arts. 1.029 a 1.041
- extraordinário e especial: arts. 1.029 a 1.041
- julgamento dos recursos extraordinário e especial repetitivos, do: arts. 1.036 a 1.041
- ordinário, do: arts. 1.027 e 1.028
- Superior Tribunal de Justiça, para o: arts. 1.027 a 1.044
- Supremo Tribunal Federal, para o: arts. 1.027 a 1.044

REGISTRO, DA DISTRIBUIÇÃO E DO: arts. 284 a 290

REGULAÇÃO DE AVARIA GROSSA, DA: arts. 707 a 711

REQUISITOS DA PETIÇÃO INICIAL, DOS: arts. 319 a 321

RESTAURAÇÃO DE AUTOS, DA: arts. 712 a 718

REVELIA, DA: arts. 344 a 346

SANEAMENTO E DA ORGANIZAÇÃO DO PROCESSO, DO: art. 357

SATISFAÇÃO DO CRÉDITO, DA: arts. 904 a 909

SENTENÇA, DA
- elementos e dos efeitos, dos: arts. 489 a 495
- julgamento das ações relativas às prestações de fazer, de não fazer e de entregar coisa, do: arts. 497 a 501
- liquidação de: arts. 509 a 512
- processo de conhecimento e do cumprimento, do: arts. 318 a 770
- remessa necessária, da: art. 496
- sentença e da coisa julgada, da: arts. 485 a 508

SEPARAÇÃO CONSENSUAIS, DO DIVÓRCIO, DA EXTINÇÃO CONSENSUAL DE UNIÃO ESTÁVEL E DA ALTERAÇÃO DO REGIME DE BENS DO MATRIMÔNIO, DA: arts. 731 a 734

SUJEITOS DO PROCESSO, DOS: arts. 70 a 187

SUPERIOR TRIBUNAL DE JUSTIÇA, DOS RECURSOS PARA O: arts. 1.027 a 1.044

SUPREMO TRIBUNAL FEDERAL, DOS RECURSOS PARA O: arts. 1.027 a 1.044

SUSPENSÃO DO PROCESSO, DA: arts. 313 a 315

SUSPENSÃO DO PROCESSO DE EXECUÇÃO, DA: arts. 921 a 923

TERCEIROS, DA INTERVENÇÃO DE: arts. 119 a 138

TESTAMENTOS E DOS CODICILOS, DOS: arts. 735 a 737

TRADUTOR, DO INTÉRPRETE E DO: arts. 162 a 164

TRANSITÓRIAS, DISPOSIÇÕES FINAIS E: arts. 1.045 a 1.072

TUTELA DA EVIDÊNCIA, DA: art. 311

TUTELA E À CURATELA, DISPOSIÇÕES COMUNS À: arts. 759 a 763

TUTELA PROVISÓRIA: arts. 294 a 311
– procedimento da tutela antecipada requerida em caráter antecedente, do: arts. 303 e 304
– procedimento da tutela cautelar requerida em caráter antecedente, do: arts. 305 a 310
– urgência, de: arts. 300 a 310

VALOR DA CAUSA, DO: arts. 291 a 293

Este livro foi impresso pela Gráfica Grafilar
em fonte Arial sobre papel Offset 70 g/m²
para a Edipro.